21世纪全国高职高专汽车系列技能型规划教材

汽车发动机电控技术

主　编　张　俊
参　编　程建忠　赵子民　张　红　宋丹丹
　　　　赵伟章　吴笑伟　张保欣　靳方国
主　审　宋保林

北京大学出版社
PEKING UNIVERSITY PRESS

内容简介

本书系统地介绍了电控发动机的功用、组成、工作原理、维护与故障检修方法。主要内容有：汽车电子控制系统、汽油机电控燃油喷射系统、电控点火系统、汽油机怠速控制系统、进气控制系统、排放控制系统、失效保护与故障自诊断系统、电控发动机的故障诊断、柴油机电控系统等。

本书图文并茂，层次清晰，易学易懂，维修操作规范，可操作性高，“经验点拨”实用、见效快，是一套规范化、实用化的职业教育教材。

本书适合作为汽车检测与维修、汽车运用技术、汽车运用与维修等汽车类专业的教材，也可作为汽车技术培训的教材，以及广大汽车维修人员的“专业资料库”或工具书。

图书在版编目(CIP)数据

汽车发动机电控技术/张俊主编. —北京：北京大学出版社，2011.6
(21世纪全国高职高专汽车系列技能型规划教材)
ISBN 978-7-301-18494-3

Ⅰ. ①汽…　Ⅱ. ①张…　Ⅲ. ①汽车—发动机—电子系统：控制系统—高等学校：技术学校—教材
Ⅳ. ①U464

中国版本图书馆CIP数据核字(2011)第011798号

书　　名：汽车发动机电控技术
著作责任者：张　俊　主编
策 划 编 辑：赖　青
责 任 编 辑：张永见
标 准 书 号：ISBN 978-7-301-18494-3/U·0045
出　版　者：北京大学出版社
地　　址：北京市海淀区成府路205号　100871
网　　址：http://www.pup.cn　http://www.pup6.com
电　　话：邮购部62752015　发行部62750672　编辑部62750667　出版部62754962
电 子 邮 箱：pup_6@163.com
印　刷　者：北京富生印刷厂
发　行　者：北京大学出版社
经　销　者：新华书店
787mm×1092mm　16开本　23.75印张　551千字
2011年6月第1版　2013年8月第2次印刷
定　　价：46.00元

前　言

中国汽车总产量2001年是200万辆，2006年是720万辆，2009年是1379万辆(2009年日本是793万辆，美国是570万辆)，预计2020年中国汽车保有量将达到2亿辆。中国的汽车保有量正以前所未有的速度快速攀升。汽车数量的快速膨胀，急需一大批专业技术人才的补充。

2009年，汽车工业被列入我国国民经济的十大支柱产业(世界上很多国家也是如此)。汽车工业涉及很多相关行业，与人们的生活息息相关，渗透到了人们生活的每一个角落。

目前，汽车技术与计算机技术、电子控制技术、网络通信技术、人工智能技术形成了完美的结合。汽车是高新技术的代表，是衡量国家经济实力、科技水平的试金石。面对高科技的现代汽车，面对电子化、智能化的汽车，维修与保养也是一件复杂、高智能的工作。编写出一套系统、规范、易学、指导性高的好教材是摆在广大职业教育者面前的急切任务。

本书以实际案例为导向，理论精简、贴近实际应用；工学结合，突出实践能力培养；以就业为导向，增强学生的职业能力。本书在编写过程中，充分考虑了目前国内高职教育的特点，力求从生产一线对该专业人才知识、能力需要出发，本着知识必需、够用的原则，对汽车发动机电控系统的基本组成、结构原理、故障诊断与检修方法进行了剖析。其中，发动机ECU及其控制电路、汽车故障诊断的方法与技巧等内容新颖、见解独到。同时，主要章节增设了来自工作一线的“经验点拨”，本书是广大在校生迅速掌握汽车维修技巧的捷径，也是广大汽车维修人员吸取外来经验的知识宝库。日积月累他人的经验，有利于完成跳跃式的专业技能的提高，期望本书对读者能有较大的帮助。

本书共九章：汽车电子控制系统、汽油机电控燃油喷射系统、电控点火系统、汽油机怠速控制系统、进气控制系统、排放控制系统、失效保护与故障自诊断系统、电控发动机的故障诊断、柴油机电控系统。

本书由河南交通职业技术学院张俊担任主编，河南交通职业技术学院宋保林担任主审。编写分工如下：河南交通职业技术学院程建忠编写第1章，张俊编写第2、7、8章，河南交通职业技术学院赵了民编写第3章，河南交通职业技术学院张红编写第4、6章，河南交通职业技术学院宋丹丹编写第5章，河南交通职业技术学院赵伟章编写第9章。吴笑伟编写实训1～4，黄河水利出版社张保欣编写实训5～11，河南信息工程学校靳方国编写实训12～16。张俊负责全书的组织和审定工作。

本书中摘录了许多汽车原配图，为与原图保持一致，方便读者与原图对照、查阅，书中部分电路图中的图形符号与文字符号未按国家标准订正。

由于时间仓促和水平有限，书中不当之处在所难免，恳望使用本书的师生和读者批评指正，并将意见及时反馈给我们，以便修订时改进。

编　者

2011年

目 录

第1章

汽车电子控制系统

学习目标

通过本章的学习，了解汽车电子技术的发展历程；了解汽车电子控制系统的组成；熟悉汽油发动机电子控制系统的组成与工作原理；了解电控汽油发动机常用传感器、执行器及其功用；了解电控柴油发动机电子控制系统的基本组成。为全面系统地掌握发动机电子控制系统的构造、原理与故障检修打下坚实的基础。

学习要求

能力目标	知识要点	权重	自测分数
熟练阐述汽车电子控制系统的组成及其功能	汽车电子控制系统包括六大系统：发动机电子控制系统、底盘电子控制系统、车身电子控制系统、信息与通信系统、整车控制系统	10%	
熟练阐述电子控制系统的基本组成与工作原理，准确将传感器、执行器进行归类	(1) 电子控制系统由传感器、执行器和ECU组成； (2) 传感器和执行器各有六大类； (3) ECU控制执行装置工作方式有四种	40%	
熟练阐述汽油发动机电子控制系统各子系统的功用，熟练找到相关零部件	汽油发动机电子控制系统由电控燃油喷射系统、电控点火系统、怠速控制系统等系统组成	40%	
熟练描述电控柴油发动机的基本组成与工作原理	电控柴油机有直列泵式、分配泵式、泵喷嘴式、单缸泵式和共轨式多种。电子控制系统均由传感器、执行器和ECU组成	10%	

引言

在世界上第一辆汽车中，所谓的“电气系统”仅仅是由卡尔·本茨设计的由点火线圈和蓄电池所组成的点火装置。在随后生产的汽车中又增设了前灯和发动机起动机这类的电气设备。汽车电子技术的第一次出现是20世纪30年代早期安装在轿车内的真空电子管收音机。电子管收音机具有不抗震、体积大、耗电多等弊病，成为其在汽车上推广应用的主要障碍，但是在汽车中安装收音机的设想始终没有放弃。1948年晶体管的发明及1958年第一块集成电路(IC)的出现才真正开创了汽车电子技术的新纪元。

1955年晶体管收音机问世后，采用晶体管收音机的汽车迅速增加，并作为标准部件安装在德国大众汽车上。从20世纪60年代起，轿车中开始使用半导体元器件。在汽车中首先使用的半导体元件是硅二极管，作为功率晶体管来替代原有的像电压调节器之类的电磁接触器等元器件。功率晶体管元件的应用极大地改善了汽车的性能和可靠性。20世纪60年代是汽车电子化的活跃时代。

标志着汽车电子控制技术真正发展的是在1967年首次将集成电路元件应用到汽车中，其结果是电子技术与汽车发动机电气系统相结合，开发出如车用发电机集成电路调压器、集成电路点火器等汽车电子产品。在同一年代，美国的克莱斯勒公司在其生产的汽车中配置电子控制的点火装置，而德国的波许公司则开发出电子控制的燃油喷射装置。1975年日本汽车也装上了这种装置。这些可以说是当今汽车电子燃油喷射控制的雏形。

大约在同一时期，电子技术有了长足的进展，促进了一系列利用模拟电路的汽车电子产品的研制与开发。如发动机喷油系统控制，车辆行驶控制，防抱死制动系统(ABS)和变速控制系统均已成功地应用于实际。但是，由于当时集成电路元器件的价格昂贵，对汽车用户而言，采用电子控制技术所能得到的收益并不很大，从而使得所开发的这些控制系统不能在汽车中得到广泛应用。

随着汽车保有量越来越多，安全、节能和排放问题日益突出。传统的机械控制技术已无法解决上述问题，汽车控制电子化是唯一的出路。即汽车由单纯的机械产品向机电一体化(机电液、机电热、机电光)方向发展，汽车进入由微处理器控制的“电子汽车”时代是历史的必然。汽车技术与电子技术(计算机技术、电子控制技术、人工智能技术、网络通信技术)完美结合——智能汽车终将成为现实。典型的现代汽车电子控制系统如图1.1所示。

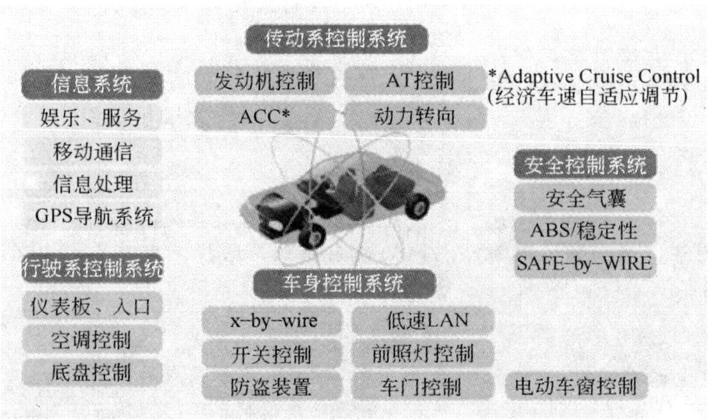

图1.1　典型的现代汽车电子控制系统

1.1 汽车电子控制系统概述

1.1.1 汽车电子控制系统的发展历程

从传统意义上讲，汽车由发动机、底盘、车身和电气设备四部分组成。而汽车发展至今，电子控制技术已贯穿于汽车的每一部分，如发动机燃油喷射控制、自动变速器控制、悬架智能控制、驱动防滑控制、电子防撞控制和空调自动控制等。

汽车电子化经历了四个阶段：二极管的发明促使了汽车电子的诞生(第一阶段，车载收音机、发电机硅整流器和晶体管无触点点火是当时的代表技术)、晶体管和模拟集成电路的诞生促生了汽车电子技术的第二次飞跃(发动机电子管理系统、电控自动变速器系统、制动防抱死系统等得到了很大的发展)、微型计算机的兴起使汽车电子进入了第三阶段(动力总成控制系统、制动/转向/悬架控制系统、车身电子控制系统、通信和导航系统等)、微型传感器和大容量存储系统的发展使汽车电子进入第四阶段(电子技术、自动控制技术、传感器技术、网络技术和机电一体化技术综合应用在汽车上)。汽车电子技术的发展历程如图 1.2 所示。

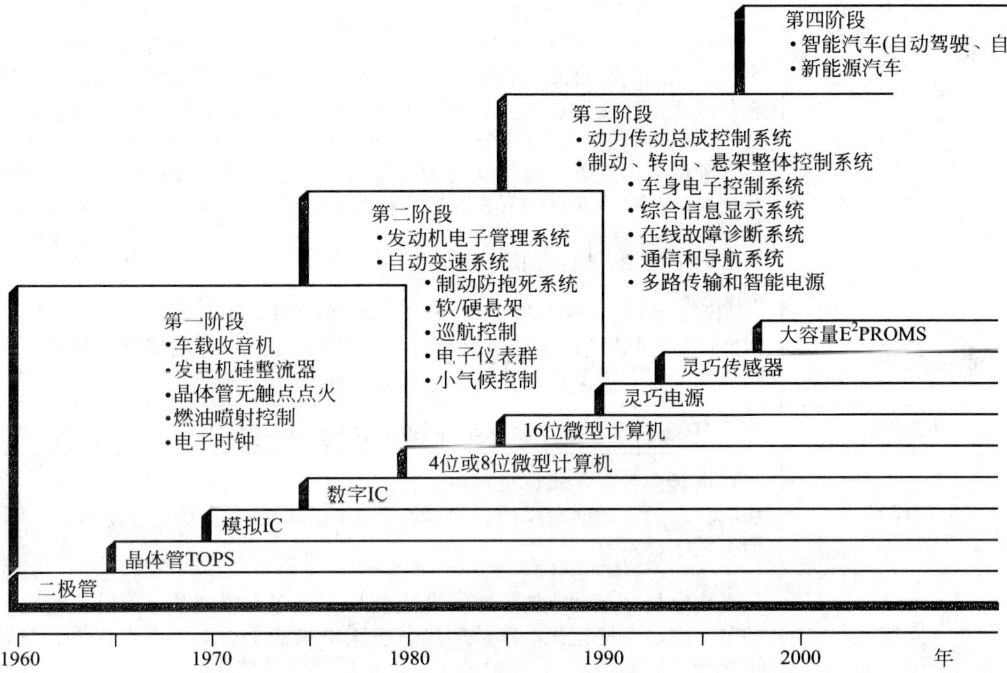

图 1.2 汽车电子技术的发展历程

1.1.2 现代汽车电子控制系统

引例

全世界汽车制造厂商无数，生产的汽车无数，但价格差异巨大，见表 1-1。

表 1-1 不同轿车的参考售价

序号	汽车名称	报价/万元	序号	汽车名称	报价/万元
1	劳斯莱斯 6.7	618～1888	6	广州本田雅阁	22.98
2	奔驰 s600	215～361.8	7	丰田花冠 1.6	11.48～12.68
3	宝马 760Li	249.96	8	吉利金刚	4.68～5.28
4	雷克萨斯 LX570	129.8～164.8	9	奇瑞 QQ	3.2～4.48
5	奥迪 A6L	35.5～69.6	10	长安奔奔	2.79～5.88

请思考：汽车价格差异为什么那么大？原因何在？汽车配制不同，价格差异巨大。

知识链接

奔驰 S 系列轿车的主要配置(见表 1-2)

表 1-2 奔驰 S 系列(S300、S350、S500、S600)轿车的主要配置

序号	系统	配置
1	动力系统	3.0～5.5L 发动机，连续可变气门系统、定速巡航控制系统，电子限速及可变限速装置、7 速 Touch shift 自动变速器，带转向盘换挡按钮
2	安全	驾驶员安全气囊、副驾驶员安全气囊、前排头部气囊(气帘)、后排头部气囊(气帘)、前排侧气囊、后排侧气囊、膝部气囊
3	防盗	车内中控锁、遥控钥匙、无钥匙启动系统
4	操控	ABS、制动力分配(EBD)、牵引力控制(ASR/TCS/TRC/ATC)、制动辅助(EBA/BAS)、车身稳定控制(ESP/DSC/VSC)、电控空气悬挂、胎压监测装置、零胎压继续行驶、动力随速转向、主动转向系统
5	外部配置	天窗(手动、电动、全景)、同色后视镜、运动板包围、铝合金轮毂
6	内部	真皮转向盘、左脚休息踏板、转向盘上下调节、转向盘前后调节、多功能转向盘、转向盘换挡、定速巡航、泊车辅助、多功能显示屏、HUD 抬头数字显示
7	座椅	真皮座椅、运动座椅、座椅高低调节、腰部支撑调节、前排座椅电动调节、电动座椅记忆、座椅加热、前座中央扶手、后坐中央扶手、前后排杯架、座椅按摩/通风、后排座椅整体放倒及按比例放倒
8	多媒体	GPS 导航系统、DVD 语音电子导航系统、多媒体控制系统、蓝牙系统、车载电视、车载电话、中控台液晶屏、后排液晶屏、MP3 支持、单 CD(光盘)、多 CD 转换器、多 DVD 系统、2～3/4～5/6～7/8 喇叭以上扬声器系统
9	灯光	氙气大灯、自动大灯、转向灯、前后雾灯、大灯高度可调、大灯清洗装置

（续）

序号	系　　统	配　　置
10	车窗/后视镜	前电动车窗、后电动车窗、防夹手功能、电动后视镜、后视镜加热、后视镜电动折叠、手动后遮阳帘、电动后遮阳帘、后视镜防眩目、后排侧遮阳帘、遮阳板化妆镜、感应雨刷
11	空调/冰箱	手动或自动空调、后座出风口、温度分区控制、车内空气调节、车载冰箱

汽车电子控制系统包括：发动机电子控制系统、底盘电子控制系统、车身电子控制系统、信息与通信系统和整车控制系统等，如图 1.3 所示。

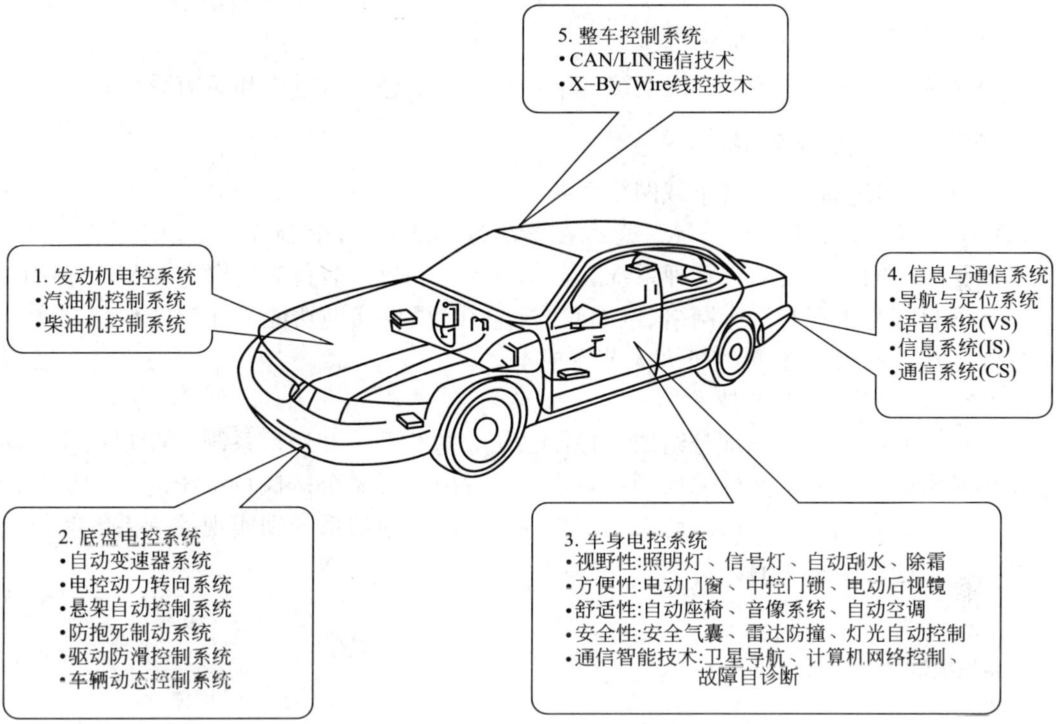

图 1.3　汽车电子控制系统

1. 发动机电子控制系统

发动机电子控制系统(EECS)通过对发动机点火、喷油、空燃比和尾气排放等进行控制，使发动机在最佳状态下工作，达到整车性能好、节约能源、降低尾气排放的目的。

发动机电子控制系统主要包括：电控点火系统(ESA)、电控燃油喷射系统(EFI)、废气再循环控制(EGR)和怠速控制系统(ISC)等。

特别提示

新型汽车均使用了发动机管理系统。发动机管理系统对喷油、点火和进气过程等进行综合控制，保证发动机在保持良好动力性的基础上，达到最优的燃油经济性和排放性，同时降低了噪声和振动。

2. 底盘电子控制系统

汽车底盘电子控制系统包括电控自动变速器系统、电控动力转向系统、电控悬架系统、防抱死制动系统、驱动防滑控制系统、巡航控制系统和车辆动态控制系统等。

3. 车身电子控制系统

汽车车身电子控制系统包括改善汽车的视野性、安全性、方便性、舒适性、娱乐性、通信与智能系统等。例如，汽车灯光自动控制系统、自动刮水与洗涤系统、自动门窗、电动天窗、自动座椅、汽车音像、自动空调、安全气囊和自动防撞系统等。

4. 通信系统

通信系统包括汽车导航与定位系统、语音系统、信息显示系统和通信系统等。

5. 整车综合控制系统(技术)

(1) CAN/LIN 通信技术(车载网络系统)。

CAN 即控制器局域网络。CAN 总线在整车各 ECU(电子控制单元)之间交换信息，形成汽车电子控制网络。发动机管理系统、自动变速器和仪表装备等均嵌入 CAN 控制系统。

LIN 的目标是为现有汽车网络(例如 CAN 总线)提供辅助功能。在智能传感器和制动装置之间通信，使用 LIN 总线可大大节省成本。

(2) X - By - Wire(线控技术)。

X - By - Wire 系统由三部分组成：控制系统、执行系统和通信系统。控制系统的功能是根据驾驶员的意图和车辆行驶状况，对执行器发出执行命令；执行系统的功能是在控制系统的控制下，完成具体的执行动作(转向、制动等)；通信系统则实现控制系统和执行系统内部及其之间的信息传输。

特别提示

传统的机械和液力系统由于结构的原因(间隙、运动惯量等)，从控制指令发出到指令执行会有一定的延迟(即反应滞后)，这在极限情况下是不能允许的，因时间滞后极易产生致命的后果。X - By - Wire 系统中所有元件的控制和通信都是通过电子来实现的。因此，它灵敏度高，缩短了滞后时间，为危险情况下的紧急处理赢得了宝贵的时间。

目前，通用公司在 Autonomg 上已使用了 Steer - By - Wire 和 Brake - By - Wire。预计，到 2013 年 60%的欧洲产汽车将采用 X - By - Wire 技术。

1.2 汽车电子控制基础知识

1.2.1 汽车电子控制系统的组成与工作原理

任何电子控制系统均由传感器、执行器和控制单元三部分组成。汽车电子控制系统

(ECU)及传感器、执行器的分类如图 1.4 所示。

在汽车电子控制系统工作过程中，ECU 不断地接收传感器检测到的车辆各系统运行参数，按设定的程序进行比较、运算，将计算结果转化成相应的操作指令输出给执行器；执行器工作，实现相应功能。同时，ECU 还对系统的工作状况进行检测，把系统状况与程序参数进行比较，判断有无潜在故障。当某系统工作状态超出极限值发生故障时，ECU 就会开启故障指示灯，设置故障码指示故障的种类及故障部位。当故障导致系统不能正常工作时，ECU 会利用故障处理程序将故障影响降到最低程度(如备用功能)，维持系统继续运转。

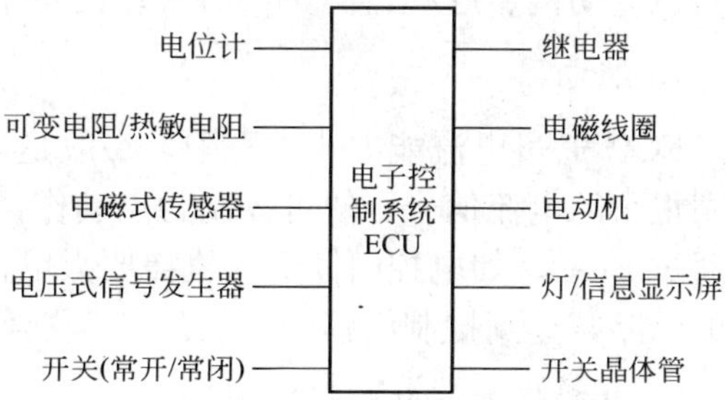

图 1.4　汽车电子控制系统组成示意图

1.2.2　信号输入装置(传感器)

传感器负责采集 ECU 所需的各种控制参数，并将各种物理量转换成 ECU 可以识别的电信号。传感器相当于汽车的“眼睛”、“鼻子”等。传感器有五种类型，分别是电位计、可变电阻器、磁电式传感器、电压信号发生器和开关。

1. 电位计

电位计将机械运动变成电压变化信号输送给 ECU。例如，随着节气门的转动，节气门位置传感器就随时将变化着的电压信号送给 ECU，ECU 据此控制喷油量等，实现目标工况的调配。

2. 可变电阻器(热敏电阻器)

热敏电阻器能将温度的变化改变成对应的电阻值，ECU 根据检测到的电阻值，实现相应的控制功能。例如，冷却液温度传感器(负温度系数热敏电阻器)随时将水温变化的信息变换成电压变化的数值，ECU 据此控制着喷油、点火和空调等机构的工作。

3. 磁电式传感器(磁脉冲发生器)

磁脉冲发生器通常用来向 ECU 发送与被监测部件转速有关的数据，如发动机转速、车速和车轮转速等参数，ECU 据此控制仪表、巡航、防抱死制动和自动驾驶等系统。

4. 电压信号发生器

电压信号发生器能根据某些输入(如氧)产生电压。例如，氧传感器基本上就是一个小型电压发生器，它安装在发动机排气管中，对氧的存在非常敏感，稀混合气产生低电压，浓混合气产生高电压。

5. 开关

开关也相当于“传感器”。开关可向 ECU 传送开关接通与断开的信息。开关即可向 ECU 提供电源信号，也可向 ECU 提供搭铁信号。

1.2.3　ECU 控制的执行机构

汽车电子控制系统中，由 ECU 控制的执行装置有五种类型，分别是：继电器、电磁线圈、电动机、灯/信息显示屏和(开关晶体管)。

1. 继电器

ECU通过电流能力非常有限，一般是通过继电器控制大电流用电器。ECU给继电器线圈很小的电流信号，便可控制触点动作，继而使用电器工作。应用继电器可以避免大电流通过ECU。如电控门锁电动机需要大电流通过，ECU激励继电器，接通蓄电池到电动机的电路，达到控制门锁的目的。

2. 电磁线圈（电磁阀）

ECU通过输出驱动器为电磁线圈提供搭铁来接通电磁线圈。电磁线圈非常适合循环工作制工作，常用于真空及压力控制部件的控制。电磁阀有直动力式和旋转式两种。

孔式喷油器的线圈、开关式怠速控制阀、废气再循环电磁阀、炭罐通气电磁阀和后备箱锁等均用直动式电磁阀。

旋转式电磁阀通电后产生角位移，使阀体做相应的转动，完成控制目的。部分怠速控制阀使用旋转式电磁阀。

3. 电动机

电动机有直流电动机和步进电动机两种。

普通电动机通电后产生持续的旋转运动，通过机械传动带动执行机构工作，采用这种电动装置的执行器如燃油泵、节气门直动怠速控制电动机等。

步进电动机按“步”转动，通过控制转动的角度和方向，实现控制参量的调节和定位控制。很多电子控制系统采用步进电动机作为执行器(如怠速控制阀、汽油泵电动机等)。

4. 灯/信息显示屏

仪表板上的液晶显示屏或其他灯光警告装置也受ECU控制。

5. 开关晶体管

ECU提供晶体管(三极管)基极电流，以便控制大电流电路的导通。这种输出与继电器类似，只是该装置是一种晶体管元件，而不是机械装置。

1.2.4 ECU

1. ECU的基本组成

ECU(控制单元)主要由微处理器、输入电路、输出电路、A/D转换器等组成，如图1.5所示。ECU的作用是根据传感器经输入电路送来的信号，用存储器中的控制程序进行运算和处理，之后输出控制信号，通过输出电路控制点火器、喷油器、怠速控制阀等执行机构的工作。

(1) 输入电路。微处理器只能识别0～5V的数字信号。但传感器输送给发动机ECU的信号有两种：一种是数字信号，一种是模拟信号。输入电路可将模拟信号的杂波滤去，或将数字信号作削峰处理，换算成0～5V的方波，以便微处理器识别。

(2) A/D转换器。微处理器不能直接处理模拟信号，A/D转换器可将模拟信号转换成数字信号，然后输入微处理器进行处理。

(3) 微处理器。微处理器包括中央处理器(CPU)、存储器和输入输出接口。

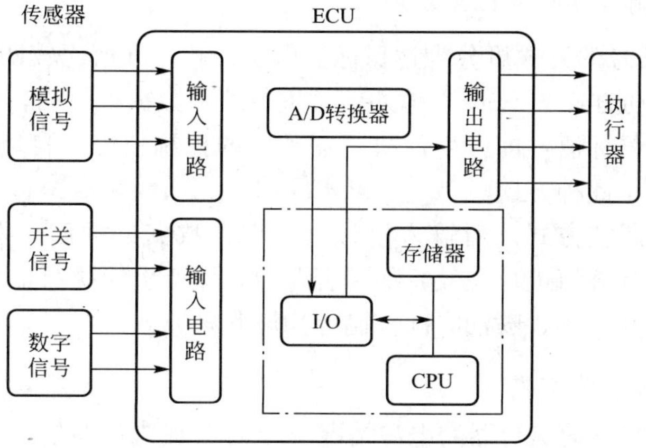

图 1.5　汽车 ECU 及其控制系统

中央处理器是整个控制系统的核心，所有的数据都要在 CPU 内进行运算，当接收到传感器的信号后，中央处理器根据预先设定的程序进行运算，控制燃油喷射、点火、怠速、排放系统等；存储器主要用来储存信息，分为随机存储器和只读存储器；输入/输出接口是 CPU 与传感器、执行器进行正常通信的控制电路，是微型计算机中不可缺少的部分。

知识链接

既能读出又能写入的存储器称为随机存储器 RAM，其主要用来存储计算机操作时的可变数据，如发动机的自学习参数、故障代码等，起暂时储存作用。当电源切断时，所有存入 RAM 的数据会完全丢失。在发动机运行过程中，为了长期保存存入 RAM 的某些数据，如故障代码、空燃比学习修正值等，防止点火开关关闭时这些数据的丢失，RAM 一般都通过专用的后备电源电路与蓄电池直接连接，使它不受点火开关的控制。但当后备电源电路断开或蓄电池上的电源线拔掉时，存入 RAM 的数据也会丢失。

只能读出的存储器称为只读存储器 ROM，用来储存一系列控制程序，如喷油特性脉谱图、点火正时脉谱图等，是制造厂一次性写入的，只读存储器中的内容不可更改。

特别提示

清除故障代码和冻结帧数据前，应先读取并打印存储器中的故障代码和冻结帧数据。不要轻易断开蓄电池负极，否则，将丢失存储器中的故障代码、冻结帧数据、设定的参数、自适应参数、时钟信息等，甚至部分车型音响系统会被锁死。

用解码器对发动机 ECU 进行编程或编码时，ECU 的供电电压必须正常(12～14V)，而且操作过程中不能断电，否则编程和编码会失效，甚至会损坏 ECU。

(4) 输出电路。输出电路将低电压的数字信号转换成可以驱动执行器工作的控制信号。一般是由 CPU 输出的信号控制大功率电子元件(如三极管)的导通与截止，控制执行器的供电或搭铁，从而控制执行器的动作。

ECU 按照拟定的程序对各项输入参数进行比较、计算，产生输出信号送往执行器。执行器再将电子信号转换为机械动作，实现对系统进行控制和调节。

2. ECU 产生控制信号的依据与方式

ECU 产生控制信号的方式可分为达目标值启动式和标准值比较调整式两大类：

(1) 达目标值启动方式。ECU 对输入信号进行综合数据处理后，与设定的目标值进行比较，达到或超过了目标值，即产生使执行器动作的控制信号。自动变速器的换挡控制、发动机怠速控制等就是此种方式。

(2) 标准值比较调整方式。对输入信号进行综合数据处理后，得到一个最佳的目标值，并与当前的实际状态值进行比较，如果有差异，即产生使执行器改变工作状态的控制信号。发动机点火时间控制、喷油时间控制等均属此种方式。

3. 驱动执行器的方式

(1) 根据输出电路驱动执行器的电源情况，分为控制执行器搭铁式和向执行器提供电压脉冲式两种。

(2) 根据执行器的驱动电源方式，有电压驱动式和电流驱动式两种。例如，喷油器就有电压驱动式和电流驱动式两种。

4. 输出电路输出信号的类型

对不同的执行器，ECU 通过输出电路输出控制信号的类型也不同，有占空比控制、相位移动控制、通断控制和顺序脉冲控制等。

特别提示

所谓占空比就是电流导通时间与单位周期时间的比值。在单位时间内，灯泡导通时间长则灯泡亮(相对亮度、平均亮度强)；灯泡在单位周期内导通的时间短，则灯泡暗(相对亮度弱)。高占空比产生明亮的灯光，低占空比则产生暗淡的灯光。例如，灯泡在50%的时间接通就比在80%的时间内接通要暗。

5. 电压信号方式

ECU 靠电(压)信号进行通信。电压信号用三种方式来传递信息：改变电压值、改变电压脉冲的形状、改变信号接通和切断电压的速度。

6. ECU 信号的反馈

一般情况下，汽车 ECU 通过反馈信号实现闭环控制。如 ECU 发出一条开启节气门的命令信号，执行器便回送任务已执行的反馈信号，证实节气门的位置和运行状态。反馈还可以使 ECU 能够监测开关、继电器或其他执行器的工作状态。执行器的状态发生改变，传感器便将执行器的状态变化反馈给 ECU，ECU 通过比较运算发出新的指令修正执行器的运行状态。如果执行器不接受反馈信号修正运行状态，ECU 便会设置一故障码。通过反馈，ECU 可以对控制命令执行的结果进行检测，并根据检测的结果对系统进行修正、调整，以保证系统的可靠性和稳定性。

1.3 汽油发动机电子控制系统

丰田 COROLLA 轿车发动机电子控制系统的组成与安装位置分别如图 1.6 和图 1.7

所示。

1.3.1 汽油发动机主要电子控制子系统

目前，汽车上广泛采用发动机集中控制系统。发动机电子控制系统主要包括：电控燃油喷射系统、电控点火系统、怠速控制系统、进气控制系统、排气净化控制系统、失效保护系统与应急备用系统、故障自诊断系统及故障警告提示系统等。

1. 电子控制燃油喷射系统

汽油机电子控制燃油喷射(EFI)系统使用各种传感器探测发动机和车辆的运行工况，据此计算出喷油量，并驱动喷油器，在最佳时刻喷射合适的油量。

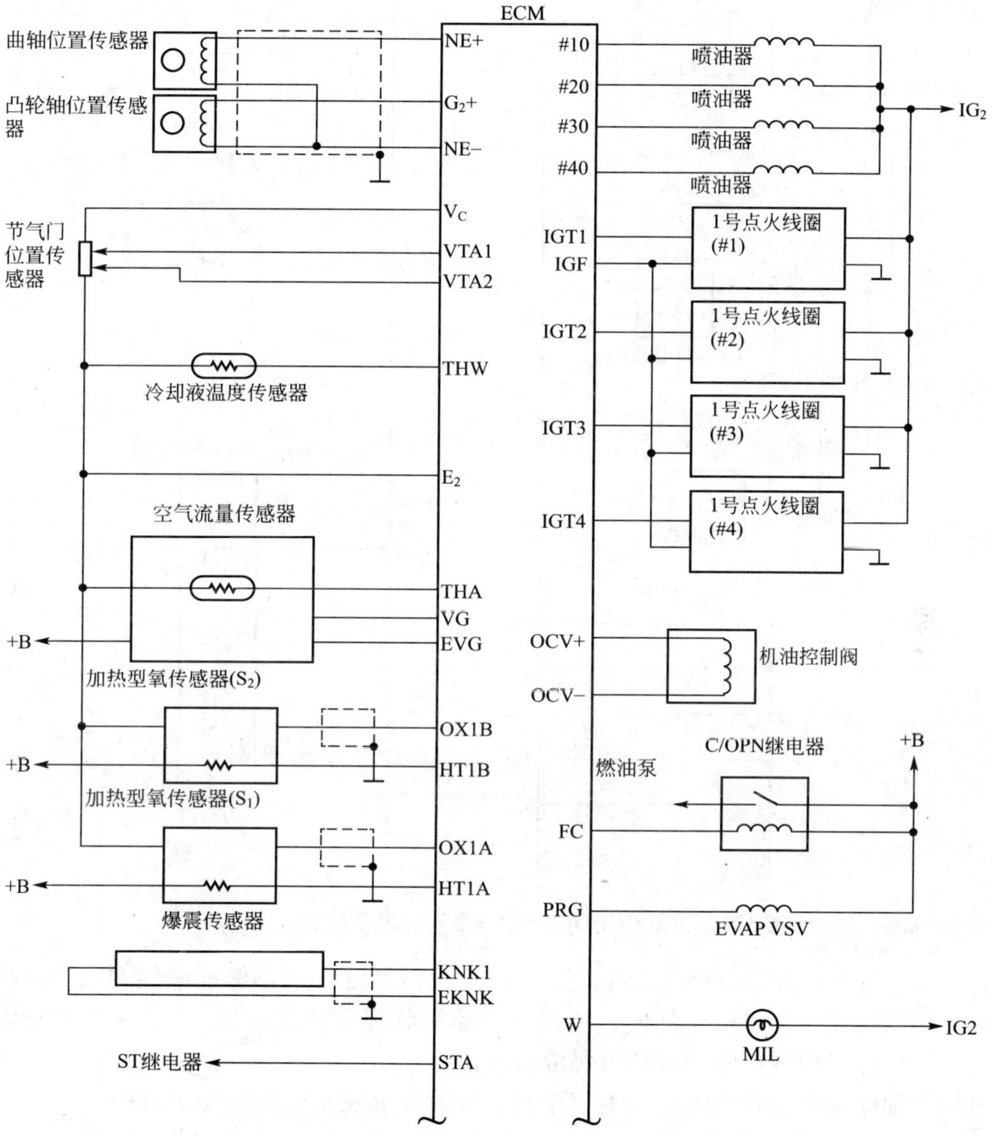

图 1.6 丰田 COROLLA 轿车发动机电子控制系统

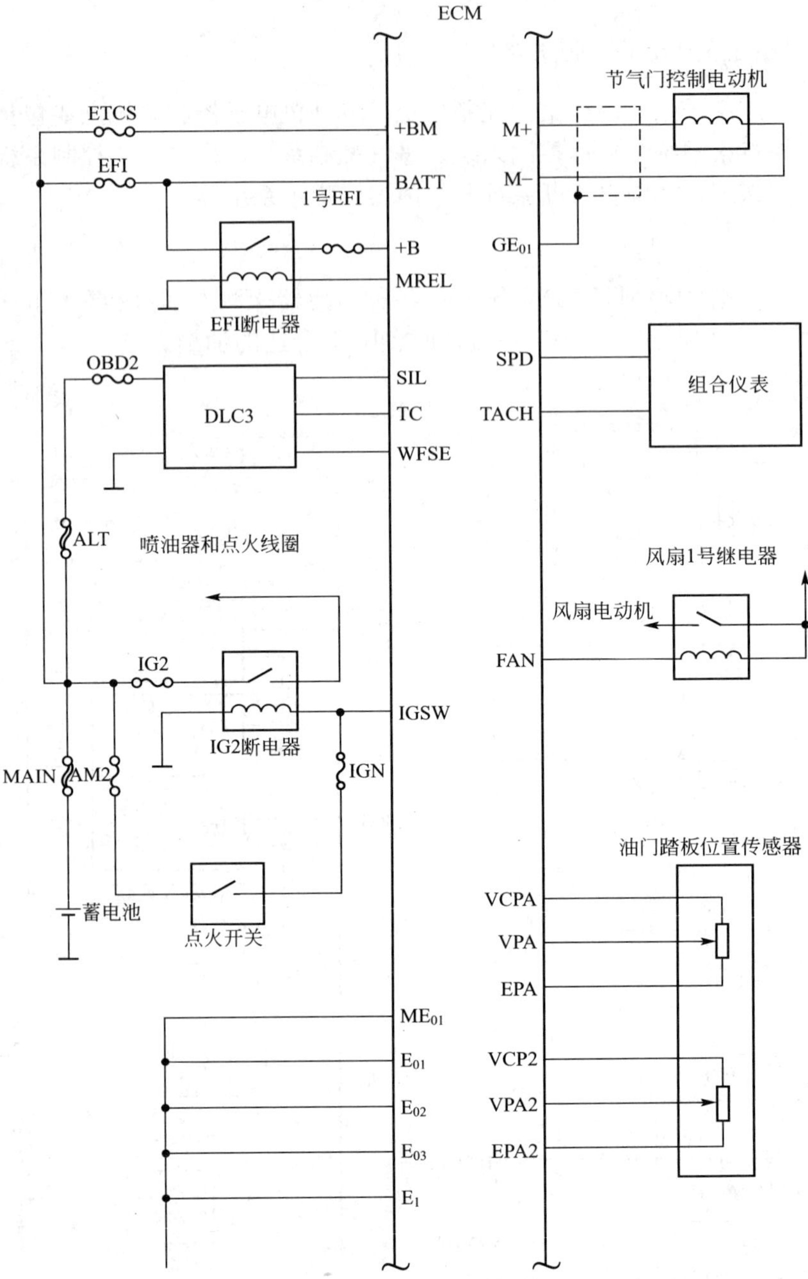

图 1.6　丰田 COROLLA 轿车发动机电子控制系统(续)

在正常情况下，配制空燃比为 14.7∶1 的理论可燃混合气，保证最佳的动力输出、燃油消耗和尾气排放；在暖机、加速、减速、高速等状况下，发动机 ECU 对基本喷油量进行修正，以便随时配制相应的最佳可燃混合气。

电控燃油喷射包括对喷油量、喷射正时、减速断油及超速断油等进行控制。

2. 电子控制点火系统

电子控制点火系统(ESA)根据各种传感器的信号感知发动机工况，选择最佳点火提前

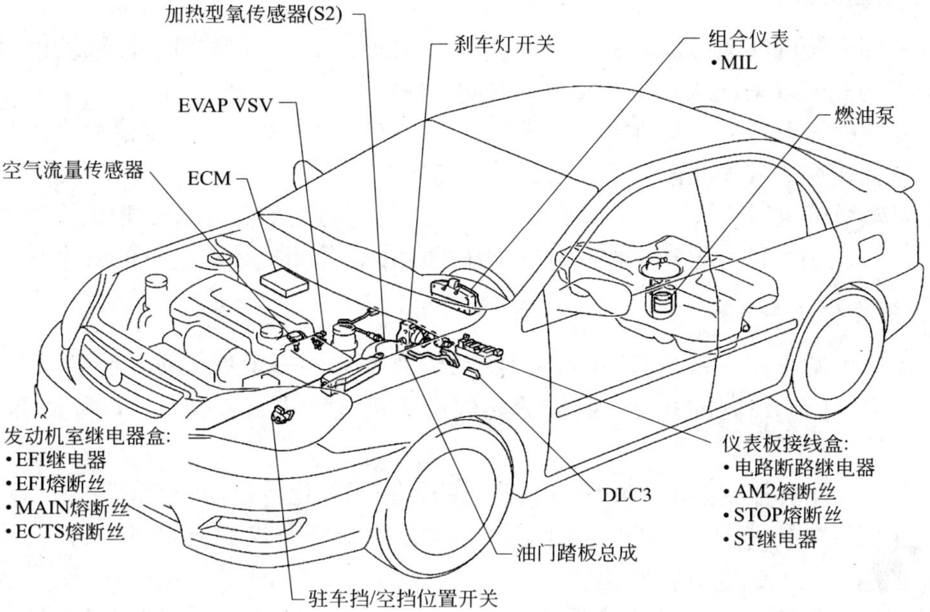

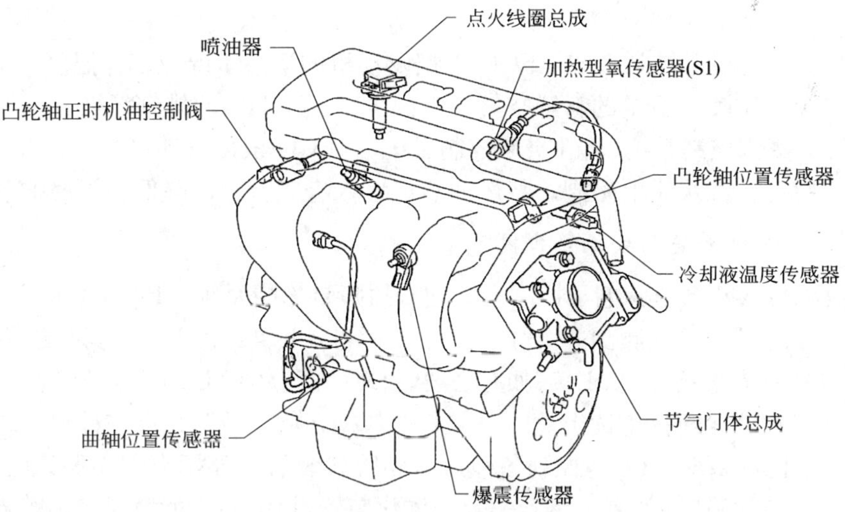

图 1.7　丰田 COROLLA 轿车发动机电子控制系统部件安装位置

角，进行点火正时控制。通过 ESA 系统可改进发动机功率，净化尾气，有效地防止发动机爆震。

发动机转速和发动机负荷是决定点火提前角的基本要素，冷却液温度、燃油品质、空燃比等是点火提前角的修正参数。

点火控制包括点火提前角控制、通电时间控制和爆震控制等。

3. 怠速控制系统

正常工况下，怠速控制系统(ISC)能使发动机燃油消耗量和噪声减至最小，使发动机保持在最低转速下稳定运转；当发动机冷机、使用空调等电负荷增大时，通过增速以确保适当的暖机性和驾驶性。

4. 进气控制系统

进气控制系统的功能是根据发动机转速和负荷的变化，对发动机的进气进行控制，以提高发动机的充气效率，从而改善发动机的动力性。

(1) 可变进气道控制。发动机在不同负荷下，ECU 通过控制真空电磁阀来控制动力阀的开闭，从而改变进气量，改善发动机的输出扭矩与动力。

(2) 涡轮增压控制系统。在装有废气涡轮增压装置的汽车上，ECU 根据检测到的进气管压力，对增压装置进行控制，控制进气增压的强度，从而提高输出扭矩和动力。

5. 排气净化控制系统

(1) 废气再循环控制系统(EGR)。当发动机温度达到一定数值时，ECU 根据发动机负荷和转速控制 EGR 阀的开度，将部分尾气引入进气管进行再循环，以降低 NO_x 的排放量。

(2) 开环与闭环控制系统。在装有氧传感器、三元催化转化器的发动机中，ECU 根据发动机的工况及氧传感器反馈的空燃比信号，确定进行开环控制或闭环控制。当 ECU 根据发动机的运行工况确定对空燃比实行闭环控制时，ECU 根据氧传感器的反馈信号修正喷油持续时间，把空燃比精确控制在 14.7∶1 附近，使三元催化净化装置具有最高的净化效率。

(3) 二次空气喷射控制系统。ECU 根据发动机的运行工况及工作温度，向排气歧管或三元催化转化器中喷入适量的新鲜空气，以减少 CO 和 HC 的排气污染。

(4) 燃油蒸汽控制系统(活性炭罐控制系统)。ECU 根据发动机的工作温度、转速、负荷等信号，打开活性炭罐电磁阀，将燃油蒸汽导入进气管，以降低油箱燃油蒸发污染。

6. 故障自诊断系统及故障警告提示系统

(1) 故障自诊断系统。电子控制系统均有故障自诊断系统。ECU 不断地监视由各种传感器传来的信号。如果探测到一个故障的输入信号，ECU 用 DTC(诊断故障代码)记录该故障，并点亮故障指示灯(MIL)。如有必要，ECU 能够使 MIL 闪烁，或通过 DTC 表示故障代码。通过故障诊断仪可读出故障码或其他数据，便于故障诊断与检修。

(2) 警告提示系统。ECU 控制各种指示和警告装置，显示有关控制系统的工作状况。当控制系统出现故障时(如氧传感器失效、催化装置过热等)，能及时发出警告信号。

7. 失效保护系统与应急备用系统

(1) 失效保护系统。当传感器及其线路发生故障时，控制系统自动按 ECU 中预先设定的参考值工作，以便发动机能继续运转。如冷却液温度传感器电路有故障时，可能会向 ECU 输入低于－50℃或高于 139℃的冷却液温度信号，失效保护系统将自动按设定的标准冷却液温度(80℃)信号工作，否则会引起混合气过浓或过稀，导致发动机不能工作；当对发动机工作影响较大的传感器或电路发生故障时，失效保护系统则会自动控制发动机停止工作(如 ECU 收不到点火器反馈的点火确认信号时，失效保护系统则会立即停止燃油喷射，以防大量燃油进入汽缸而无点火)。

(2) 应急备用系统(安全回家功能)。ECU 发生故障时，自动启用备用系统，按设定的信号控制发动机转入强制运转状态，以防止车辆停驶在路途中。

特别提示

应急备用系统只能维持发动机运转的基本功能，不能保证发动机保持良好的工作性能。

8. 其他控制系统

除上述控制系统外，冷却风扇、配气正时、发电机等也受发动机ECU的控制。

特别提示

发动机不同，电子控制系统的结构与多少也不同，不可能每一台发动机上均安装了上述所有装置。随着汽车技术和电子技术的发展，发动机控制系统的功能与数量必将日益增加。

1.3.2　汽油发动机电子控制系统的主要传感器

电控汽油机上装用的传感器见表1-3。

表1-3　汽油发动机电子控制系统的主要传感器

序号	传感器名称	类　型	功　用
1	空气流量传感器(AFS)	质量型：热线、热膜 体积型：叶片※、卡尔曼※	测量通过进气管的空气量，ECU根据该信号确定发动机的基本喷油量和点火正时
2	进气压力传感器(MAP)	压阻效应式、电容式、电感式	测量进气歧管中绝对压力，ECU根据该信号确定发动机的基本喷油量和点火正时
3	节气门位置传感器(TPS)	线型、开关型※、霍尔元件型、双节气门位置传感器※	检测节气门开度、速率，ECU据此控制喷油量、点火正时、废气再循环、空调、怠速和变速器换挡等
4	节气门踏板位置传感器(VPA)	线型、霍尔元件型、双节气门踏板位置传感器※	检测气节门踏板开度、速率，用于汽车加速、巡航和空调控制等
5	凸轮轴位置传感器(CMP，G信号发生器)	分电器型和独立型	采集凸轮轴位置信号，ECU据此识别第一缸压缩上止点位置，实现对各缸喷油正时、点火正时控制
6	曲轴位置传感器(CPS，NE信号发生器)	电磁感应式、霍尔式、光电式	向ECU输送曲轴转角(转速)信号，ECU据此和进气流量信号一起决定发动机在各种工况下的基本喷油量(主喷油量)和基本点火提前角；控制点火时刻和喷油时刻；影响怠速控制阀的工作；影响排放控制系统(EGR、活性炭罐等)的工作
7	进气温度传感器(IAT)	负温度系数热敏电阻器	检测进气温度，ECU据此修正燃油喷射量、点火正时、加速增油、废气再循环等
8	冷却液温度传感器(CTS)	负温度系数热敏电阻器	检测发动机冷却液温度，ECU据此修正燃油喷射、点火正时、废气再循环、空调、怠速、变速器换挡、爆震、冷却风扇等

（续）

序号	传感器名称	类　型	功　用
9	氧传感器(O_2S)	氧化锆型、氧化钛型；带加热器、不带加热器	向ECU提供尾气中氧的浓度，ECU据此控制空燃比在14.7∶1附近
10	空燃比传感器(A/F)	带加热器、不带加热器型	向ECU提供尾气中氧的浓度，ECU据此控制空燃比在14.7∶1附近
11	车速传感器(VSS/SPD)	磁阻元件(MRE)、ABS SPD替代型(舌簧开关※、光电耦合※、磁电感应※)	检测实际车速；控制怠速、加速、减速的空燃比等
12	爆震传感器(KNK)	电感共振型、压电非共振型	向ECU发出爆震信号，ECU据此修正点火正时，推迟点火，以减小发动机爆震
13	启动信号(STA)	开关通断型	检测曲轴是否转动，转动时加大喷油量
14	空挡启动开关信号(NSW)	开关通断型	检测变速杆是否在P或N位置，是则允许发动机启动；控制怠速
15	空调器信号(A/C)	开关通断型	检测到发动机怠速且空调工作时，控制点火正时、怠速、燃油切断等
16	电负荷信号	开关通断型	检测到前照灯、后窗除雾器等大负荷电器工作时，提高发动机怠速

注：标注※者为不常用型或已淘汰型，本书不予重点介绍。

1.3.3 汽油发动机电子控制系统的主要执行器

电控汽油机上装用的执行器见表1-4。

表1-4　汽油发动机电子控制系统主要执行器及其功用

序号	名　称	功　用
1	电动汽油泵	向供油总管提供高压油；分为涡轮式和滚柱式两种
2	喷油器	在ECU的控制下，将燃油以高压雾状喷出；分为低电阻型和高电阻型
3	怠速控制阀	控制发动机怠速转速
4	点火器	切断点火系低压电路，控制点火正时
5	炭罐电磁阀	控制活性炭罐的出口，使燃油箱进入活性炭罐的蒸汽适时进入进气管，减少HC污染
6	电子节气门电动机	控制节气门运行

（续）

序号	名　　称	功　　用
7	可变配气相位电磁阀	控制发动机充气量，以提高发动机功率
8	谐波增压电磁阀	控制进气通道路线，以提高发动机动力性
9	氧传感器加热器	使氧传感器能够在正常温度下工作
10	EGR电磁阀	控制进行废气再循环的数量，减少 NO_x 污染
11	二次空气供给电磁阀	控制进入排气管中空气量，以减少CO污染

1.4　柴油发动机电子控制系统

柴油机电控技术与汽油机电控技术有许多相似之处，整个系统都是由传感器、执行器和电控单元三部分组成。在电控柴油机上所用的传感器中，如转速、压力、温度等传感器和油门踏板传感器等，与汽油机电控系统大致相同。汽油机电控技术在国内外已经成熟，商品化程度已很高，因此大部分传感器和电控单元已不是难点，也不是柴油机电控技术的难点。柴油机电控技术有两个明显的特点：一是其关键技术和技术难点在柴油喷射电控执行器上；二是柴油电控喷射系统的多样化。

电控柴油喷射系统根据其产生高压燃油的机构，可分为直列泵电控喷射系统、分配泵电控喷射系统、泵喷嘴电控喷射系统、单缸泵电控系统和共轨式电控喷射系统。

高压共轨型柴油机电子控制喷油系统的组成及功能见表1－5。

表1－5　高压共轨型柴油机电子控制系统主要机件及其功能

类别	名　称	功　　能
传感器	空气流量传感器	检测进气流量
	节气门踏板位置传感器	检测节气门踏板开启角度和怠速工况
	凸轮轴位置传感器	识别各汽缸
	进气温度传感器	检测进气温度
	涡轮增压压力传感器	检测进气歧管压力
	冷却液温度传感器	检测冷却液温度
	曲轴位置传感器	检测曲轴转角
	燃油压力传感器	检测共轨管中的燃油压力
	燃油温度传感器	检测燃油温度
执行器	喷油器	依照信号喷射燃油
	EGR(废气再循环)	根据ECU的信号开启或关闭，以调节废气中的 NO_x
	SCV阀(吸入控制)	调节进入供给泵的燃油量
ECU及其他	ECU	根据来自各传感器的信号确定工况并发送最佳控制信号
	电驱动器	放大ECU的信号，以驱动喷油器

（续）

类别	名　称	功　　能
ECU及其他	共轨	储存高压燃油
	供给泵	向共轨管中提供高压油
	燃油滤清器	从燃油中除去杂质和水分
燃油流和信号流	一般柴油机燃油量和信号	供给泵中的输油泵把油箱中的燃油吸出来，燃油被供给泵压缩并送到储油的共轨中，所储存的燃油通过高压油管分配至各缸喷油器中，当喷油器工作时，燃油就喷出
	信号流	ECU收集来自各传感器的信号，控制SCV以获得目标燃油压力；来自共轨管中的燃油压力信号反馈至ECU，ECU通过EDU控制喷油器，喷油器将燃油雾状喷出

小　　结

汽车发展至今，汽车电子控制技术已贯穿于汽车的每一部分。如发动机电子控制系统、底盘电子控制系统、车身电子控制系统、信息与通信系统、整车信息控制系统等。

电子控制系统均由信号输入装置(传感器)、输出装置(执行器)和电子控制单元(ECU)三部分组成。汽车上使用的信号输入装置有电位器、可变电阻器(热敏电阻器)、磁电式传感器(磁脉冲发生器)、电压信号发生器和开关五种类型；执行器有继电器、电磁线圈、电动机、灯/信息显示屏和开关晶体管五种类型。

ECU是整个电子控制系统的核心。ECU按照拟定的程序对各项输入参数进行比较、计算,产生输出信号送往执行器。执行器再将电子信号转换为机械动作,实现对系统进行控制和调节。

汽油发动机电子控制系统包括:电子控制燃油喷射系统、电子控制点火系统、怠速控制系统、进气控制系统、排放控制系统、自诊断系统、失效保护系统与应急备用系统,以及冷却风扇控制、配气正时控制、发电机控制等电子控制子系统。而且,随着汽车技术和电子技术的发展,发动机控制系统的功能必将日益增加。

习　　题

一、选择题

1. 属于发动机电子控制系统的是(　　)。

A. EFI　　B. EGR　　C. ESA　　D. ESP

2. 发动机电子控制系统的英文缩写是(　　)。

A. EECS　　B. ECU　　C. ECM　　D. EDS

3. 汽车线控技术的英文缩写是(　　)。

A. X-By-Wire　　B. CAN　　C. LIN　　D. LAN

二、简答题

1. 现代轿车有哪些电子控制系统？
2. 请列举发动机电子控制系统的10种传感器，简述其功用。
3. 发动机电子控制系统有哪些子系统？各有何功用？
4. 电子控制系统的传感器有哪些类型？
5. 电子控制系统的执行器有哪些类型？

三、填空

1. 请填写表1-6的相关内容。

表1-6　汽油发动机电子控制系统主要传感器描述

序号	名　称	安装位置	功用	插接器端子数及代号	类型	失效后的影响
1	空气流量传感器					
2	节气门位置传感器					
3	进气温度传感器					
4	冷却液温度传感器					
5	凸轮轴位置传感器					
6	曲轴位置传感器					
7	爆震传感器					
8	车速信号					
9	氧传感器					

2. 请填写表格1-7的相关内容。

表1-7　汽油发动机电子控制系统主要执行器描述

序号	名　称	安装位置	功用	插接器端子数及代号	失效后的影响
1	电动汽油泵				
2	炭罐电磁阀				
3	喷油器				
4	点火器				
5	氧传感器加热器				
6	空调电磁离合器线圈				
7	节气门控制组件				

第 2 章

汽油机电控燃油喷射系统

学习目标

通过本章的学习，能够熟练阐述汽油机电控燃油喷射系统的组成及其工作原理；能够正确检修发动机控制单元(ECU)的电源、搭铁与信号电路故障；熟练阐述汽油机电控燃油喷射系统常用传感器与执行器的类型、结构、工作原理及其控制电路；能够熟练识读国内典型电控发动机的电路图，阐述其工作原理；能够对汽油机电控燃油喷射系统进行规范化的拆装与检修。

学习要求

能力目标	知识要点	权重	自测分数
熟练描述汽油机电控燃油喷射系统的类型	汽油机电控燃油喷射系统有多种，主要分为压力型(D型)和流量型(L型)两种	10%	
掌握汽油机电控燃油喷射系统的组成及其工作原理	燃油供给系统、空气供给系统、电子控制系统的功用与组成	30%	
掌握发动机ECU的电源、搭铁与信号控制电路	发动机ECU的基本功能；发动机ECU的电源控制、搭铁控制；传感器信号的五种输出方式	15%	
掌握汽油机电控燃油喷射系统常用传感器与执行器的结构、工作原理、控制电路及对发动机性能的影响	空气流量传感器、进气压力传感器、曲轴位置传感器、凸轮轴位置传感器、节气门位置传感器、冷却液温度传感器和进气温度传感器的功用、结构与工作原理；燃油泵、喷油器、油压调节器的功用、组成与工作原理；控制系统机件故障后对发动机性能的影响	30%	
能够熟练识读国内典型电控发动机的电路图，阐述其工作原理	汽油机电子控制系统的组成与工作原理	15%	

引言

说到目前的车用发动机，有人说是“电喷发动机”，有人说是“电控发动机”。哪一个更为准确呢？

其实，“电喷”是指在汽油机的燃油供给方式上不是采用化油器供油，而是用电子技术控制喷油器喷射供油；“电控”是指在发动机内部的许多控制中采用电子技术，用电子技术来完善发动机的内部协调操作。“电喷”里边包含一半的“电控”，而“电控”未必一定就包含“电喷”。因此，目前车用发动机应称为“电子控制燃油喷射发动机”。

电(子)控(制)燃油喷射发动机的核心是电子控制燃油喷射系统，该系统以控制单元(ECU 或 ECM)为核心，以空气流量和发动机转速为控制基础，以喷油器、怠速控制阀等为控制对象，保证获得与发动机各种工况相匹配的最佳混合气成分和点火时刻。

特别提示

电控燃油喷射系统(EFI)是电控发动机最重要的控制系统。现代轿车的电控发动机已全部采用发动机集中管理系统(简称 EMS 或 ECCS)。所谓发动机集中管理系统，就是将电控燃油喷射、点火控制、怠速控制、进气控制、尾气排放控制、失效后备控制、故障自诊断、数据通信等进行统一控制与管理，达到发动机功率最优、油耗最低、排放最佳的目标。

2.1　汽油机电控燃油喷射系统的类型

2.1.1　根据计量空气量的方式分类

1. 压力检测型电控燃油喷射系统(D 型、间接检测型)

压力检测型电控燃油喷射系统通过进气压力传感器检测进气管的绝对压力，换算成发动机的进气量，从而对发动机进行综合控制。桑塔纳 2000GLi 型轿车发动机即采用 D 型电控燃油喷射系统，如图 2.1 所示。

知识链接

新“D”型电控燃油喷射式发动机采用运算速度更快、内存容量更大的 ECU，再结合发动机转速和节气门位置等信号，使供油量的控制精度达到很高的精度。通用、福特、克莱斯勒、丰田、本田、铃木和大发等公司的部分轿车上有应用。

2. 流量检测型电控燃油喷射系统(L 型、直接检测型)

流量检测型电控燃油喷射系统通过空气流量传感器检测吸入发动机的空气量，进而对发动机实施综合控制。

空气流量传感器对空气流量的检测可分为体积流量型和质量流量型两种。体积流量型包括叶片式空气流量传感器和卡门旋涡式空气流量传感器等；质量流量型包括热线式空气流量传感器和热膜式空气流量传感器。桑塔纳 2000GSi 型轿车 AJR 发动机就采用 L 型电控燃油喷射系统，如图 2.2 所示。

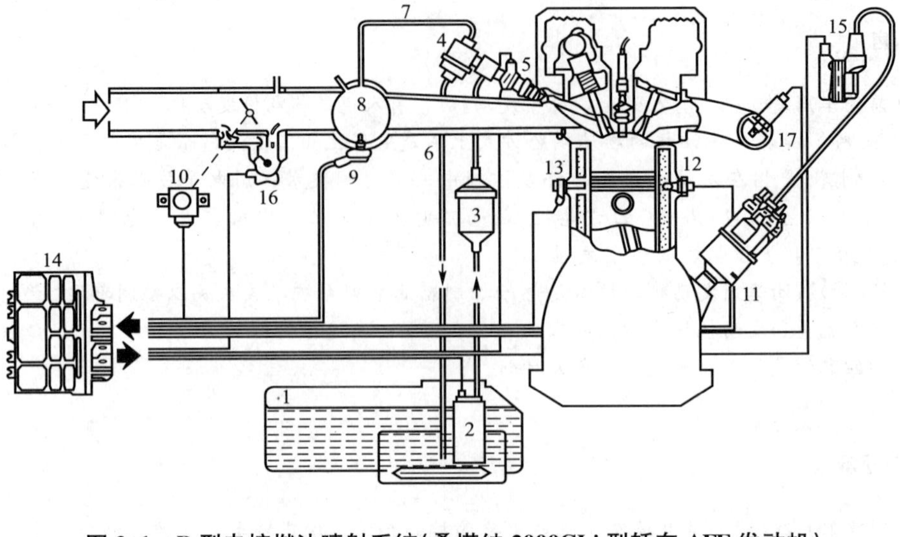

图 2.1　D 型电控燃油喷射系统(桑塔纳 2000GLi 型轿车 AFE 发动机)

1—汽油箱；2—汽油泵；3—汽油滤清器；4—油压调节器；5—喷油器；6—回油管；7—真空管道；8—空气缓冲平衡箱；9—进气压力传感器与进气温度传感器；10—节气门位置传感器；11—凸轮轴位置传感器；12—冷却液温度传感器；13—爆震传感器；14—发动机电控单元(ECU)；15—点火线圈；16—怠速控制阀；17—氧传感器

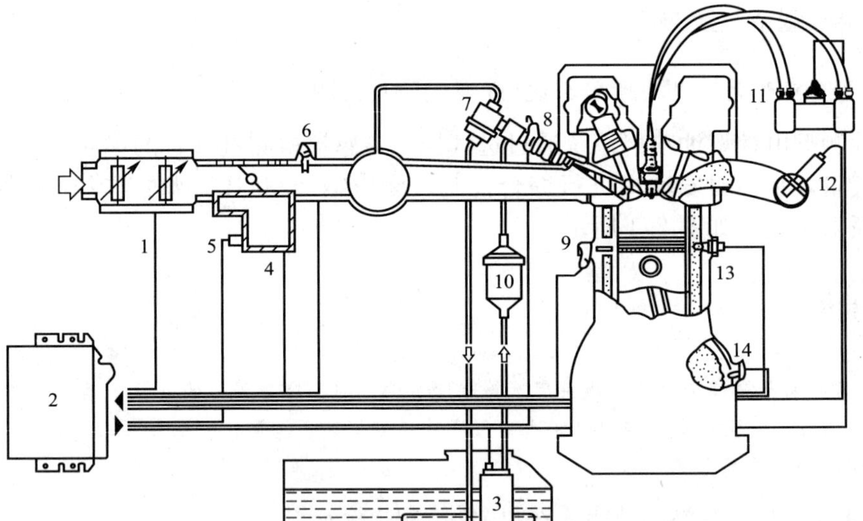

图 2.2　L 型电控燃油喷射系统(桑塔纳 2000GSi 型轿车 AJR 发动机)

1—热线式空气流量传感器；2—ECU；3—电动汽油泵；4—节气门控制器；5—怠速电动机；6—进气温度传感器；7—油压调节器；8—喷油器；9—爆震传感器；10—汽油滤清器；11—点火线圈；12—氧传感器；13—冷却液温度传感器；14—曲轴位置传感器(转速传感器)

特别提示

L型电控燃油喷射发动机是现代轿车燃油喷射方式的主流，广泛应用于各大汽车公司的各类轿车上。

2.1.2 根据燃油喷射位置分类

1．缸外喷射(进气管喷射)

缸外喷射是指将汽油喷射在进气管道相应部位。根据喷油器数量和安装位置，缸外喷射分为单点喷射和多点喷射两种，如图2.3所示。

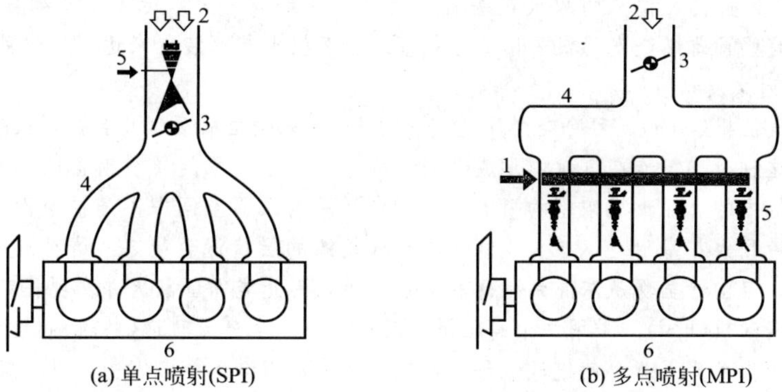

图2.3 缸外喷射(单点喷射和多点喷射)

1—供油总管(燃油分配管)；2—空气；3—节气门；4—进气管；5—喷油器；6—发动机

(1) 单点喷射(single point injection，SPI)：在进气总管的节气门上方安装1～2个喷油器进行燃油喷射，现已淘汰。

(2) 多点喷射(Multi-point injection，MPI)：在每个汽缸进气门之前分别设置一个喷油器，实行各缸独立喷射供油，现代轿车广泛使用。

特别提示

缸外喷射采用低压(0.3～0.4MPa)喷射。成本低，工作效果好，是目前四冲程汽油机最常用的喷射方式。

2．缸内喷射

缸内喷射是指将气油直接喷入汽缸内。缸内喷射需要较高的喷射压力(3～4MPa)，但由于汽油黏度较低，需要供油系统机件更加精密。随着材料及制造技术的提高，动态响应性好，功率和扭矩可以同时提升，油耗低等优势得以体现，在高档轿车电控汽油机上应用越来越多。

知识链接

缸内喷射采用稀薄燃烧技术。目前，世界各大汽车公司都拥有自己的缸内喷射稀薄燃烧式发动机及其稀薄燃烧技术。稀薄燃烧发动机的共同点是：利用缸内涡流运动，使聚集在火花塞附近的最浓混合气先被点燃，之后迅速向外层推进燃烧，并有较高的压缩比。

1. 汽油机稀薄燃烧技术的特点

(1) 压缩比高。采用紧凑型燃烧室，通过进气口位置的改进，使缸内形成较强的空气运动涡流，以提高气流速度；将火花塞置于燃烧室中央，缩短点火距离；提高压缩比至13∶1左右，促使燃烧速度加快。

(2) 分层燃烧。常规发动机，空燃比达到25∶1时，混合气是无法点燃的。但通过由浓到稀的分层燃烧方式，通过缸内空气的特殊运动，在火花塞周围形成易于点火的浓混合气，空燃比达到12∶1左右，外层逐渐稀薄。浓混合气点燃后，燃烧迅速波及外层。为了提高燃烧的稳定性，降低氮氧化物(NO_x)，采用燃油喷射定时与分段喷射技术，即将喷油分成两个阶段。初期喷油，燃油首先进入缸内下部，随后在缸内均匀分布；后期喷油，浓混合气喷在火花塞四周，被点燃后实现分层燃烧。采用稀薄燃烧技术后，空燃比能够达到25∶1。

(3) 高能点火。高能点火和宽间隙火花塞有利于火核的形成，火焰传播距离缩短，燃烧速度增快，稀薄燃烧极限大。有些稀薄燃烧发动机采用双火花塞或者多极火花塞装置来达到上述目的。

2. 典型缸内喷射式发动机

三菱缸内直喷汽油机(GDI)。可令空燃比达到40∶1。它采用立式吸气口，从汽缸盖上方吸气，产生强大的下沉气流。这种下沉气流在汽缸内形成纵向涡旋气流。在高压旋转喷射器的作用下，压缩过程后期被直接喷射进汽缸内的燃油形成浓密的喷雾，喷雾在活塞的顶面空间中不是扩散而是汽化。这种混合气被纵向涡旋转流带到火花塞附近，在火花塞四周形成较浓的层状混合状态。这种混合状态虽从燃烧室整体来看十分稀薄，但由于呈现从浓厚到稀薄的层状分布，因此能保证点火并实现稳定燃烧。

大众缸内直喷汽油机(FSI)。采用一个高压泵，汽油通过一个分流轨道(共轨)到达喷油器。它的特点是在进气道中已经产生可变涡流，使进气流形成最佳的涡流形态进入燃烧室内，以分层填充的方式推动，使混合气体集中在位于燃烧室中央的火花塞周围。

本田缸内直喷汽油机。将VTEC技术与稀燃技术相结合。当低转速时令其中一组进气门关闭，在燃烧室内形成一道稀薄的混合气体涡流，层状分布集结在火花塞周围点燃引爆，从而起到稀薄燃烧作用。

2.1.3 根据燃油喷射方式分类

1. 连续喷射

连续喷射是指在发动机运转期间汽油被连续不断地喷射出去。喷油量多少取决于燃油压力的高低，无须考虑发动机的工作顺序和喷油时刻。多被应用于机械控制和机电混合控制式燃油喷射系统中，现已淘汰。

2. 间歇喷射

间歇喷射又称脉冲喷射，是指在发动机运转期间汽油被间断地喷射出去。每次喷射时刻和喷油量的多少取决于喷油器针阀开启时刻和开启持续时间。间歇喷射能对喷油量进行精确控制，被广泛地应用于现代电控燃油喷射发动机中。

间歇多点喷射按喷射时序不同分为同时喷射、顺序喷射和分组喷射，如图2.4、图2.5和图2.6所示。

同时喷射。发动机ECU用一个喷油指令控制所有喷油器，所有喷油器同时开启、同时关闭，同时动作。采用同时喷射的电控燃油喷射系统，曲轴每转一圈各缸同时喷油一次，完成1/2的供油量；一个工作循环，每个汽缸喷油两次。

顺序喷射。各缸喷油器按发动机的工作顺序，在各缸排气行程上止点前某一曲轴转角顺序轮流喷射。发动机每转两圈(一个工作循环)，每缸喷油器各喷油一次。

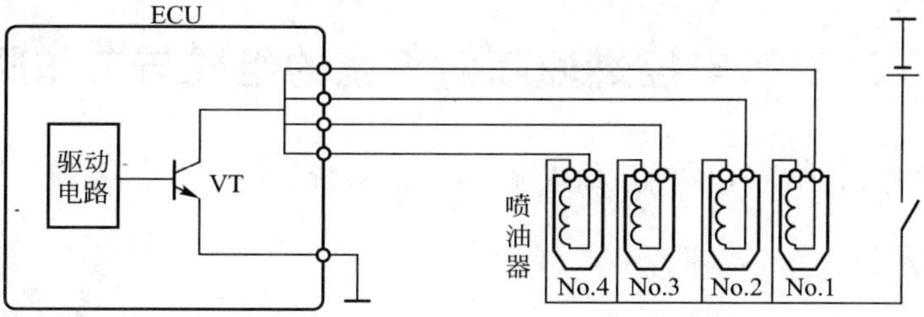

图 2.4　同时喷射控制电路图

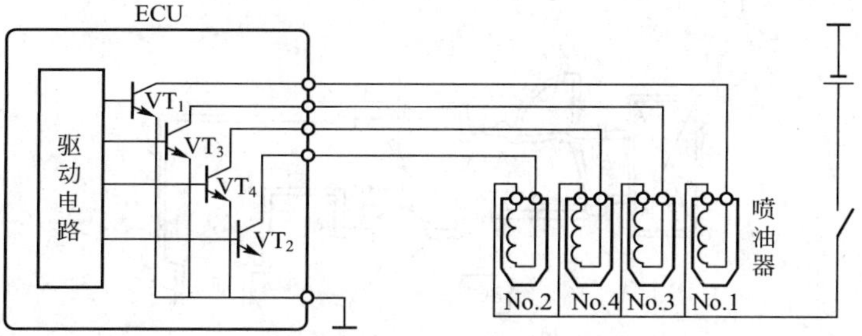

图 2.5　顺序喷射控制电路图

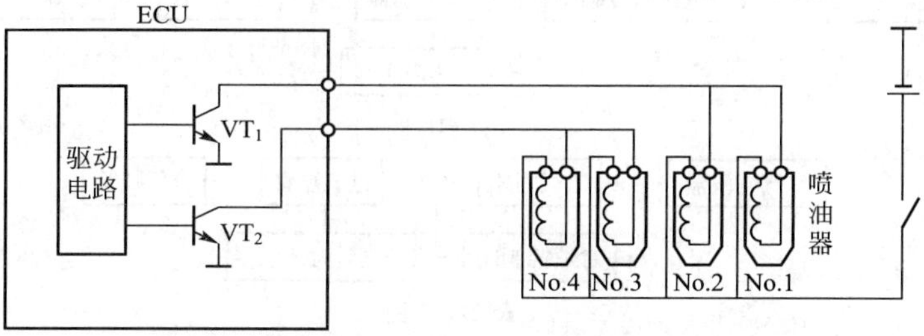

图 2.6　分组喷射控制电路图

分组喷射。所有汽缸的喷油器分成 2～4 组交替喷油，同一组中的喷油器同时喷油。

2.1.4　根据喷射控制装置的结构型式分类

分为机械式、机电混合式和电子控制式三种。目前，现代轿车上广泛使用电控燃油喷射系统，其他两种型式已经被淘汰。

知识链接

燃油喷射发动机的历史进程。1934 年首先用于军用发动机上，1954 年德国奔驰汽车公司首次在奔驰 300SL 汽车上装用机械式汽油喷射系统，简称 K 型汽油喷射系统；1967 年在 K 型的基础上出现了机电混合式汽油喷射系统，简称 KE 型，如德国奔驰 380SE、500SL 等轿车；1972 年德国 BOSCH 公司研制成功电控燃油喷射系统（EFI），并历经晶体管。集成电路到微处理器三大发展历程；20 世纪 80 年代初期，电控燃油喷射系统得到了迅猛的发展，化油器式发动机逐渐被淘汰。

目前，各国汽车上应用的电控燃油喷射系统都是以 BOSCH 公司产品为原形发展起来的。

电控燃油喷射系统(EFI)用各种传感器来探测发动机工作状态和汽车行驶状态，发动机 ECU 计算出最佳的燃油喷油量，控制喷油器将燃油高压雾状喷出，从而极大地改善了发动机的性能。发动机动力性、经济性、启动性、加速性等得到很大改善，尾气排放大大降低。

2.2 汽油机电控燃油喷射系统的组成与工作原理

电控燃油喷射系统由空气供给系统、燃油供给系统和电子控制系统三部分组成。

2.2.1 空气供给系统

空气供给系统也称进气系统，由空气滤清器、空气流量传感器、节气门体(节气门、怠速控制阀和节气门位置传感器)、进气总管和进气歧管等组成，如图 2.7 所示。

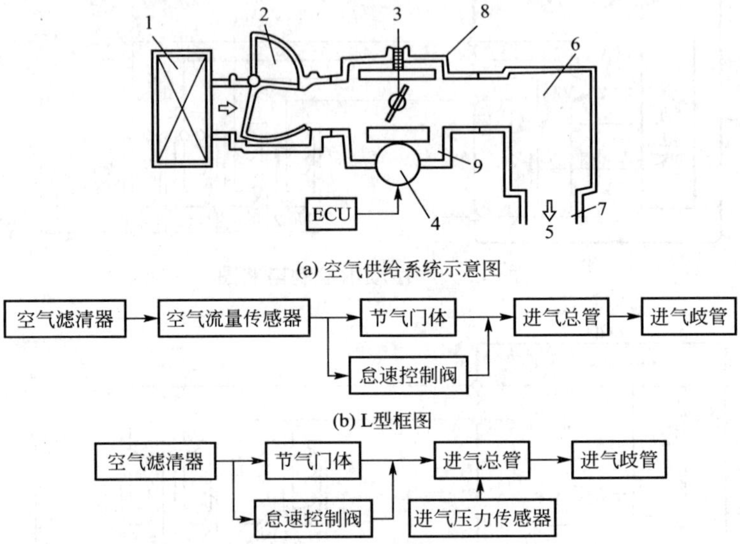

(a) 空气供给系统示意图

(b) L型框图

(c) D型框图

图 2.7 空气供给系统

1—空气滤清器；2—空气流量传感器；3—节气门；4—怠速(空气)控制阀；
5—至汽缸；6—进气总管；7—进气歧管；8—节气门体；9—旁通气道

空气供给系统为发动机提供必要的清洁空气，测量和控制燃油燃烧所需的空气量。空气经空气滤清器过滤后，用空气流量传感器(或进气压力传感器)进行计量，然后通过节气门到达进气总管，再分配给进气歧管。喷油器喷出的汽油与空气在进气管内混合后，被吸入汽缸内进行燃烧。

知识链接

(1) 发动机正常工作时，空气流量由节气门(油门)来控制。踩下节气门踏板(油门踏板)时，节气门开度增大，进入的空气量增多。L 型 EFI 基本空气通道为：进气口→空气滤清器→空气流量传感器→节气门→进气总管→进气歧管→进气门→汽缸。D 型 EFI 基本空气通道为：空气滤清器→节气门→进气总管→进气歧管→进气门→汽缸，如图 2.7 (c) 所示。

(2) 发动机怠速气流的控制方式有旁通气道式和节气门直动式两种。详见本书第 4 章相关内容。

2.2.2 燃油供给系统

燃油供给系统由燃油箱、电动燃油泵、燃油滤清器、燃油分配管(供油总管)、喷油器、油压调节器和回油管等组成，如图 2.8 所示。燃油供给系统向燃油分配管供给一定压力的燃油，由 ECU 控制的喷油器将燃油以高压雾状喷出，以便形成所需的可燃混合气。

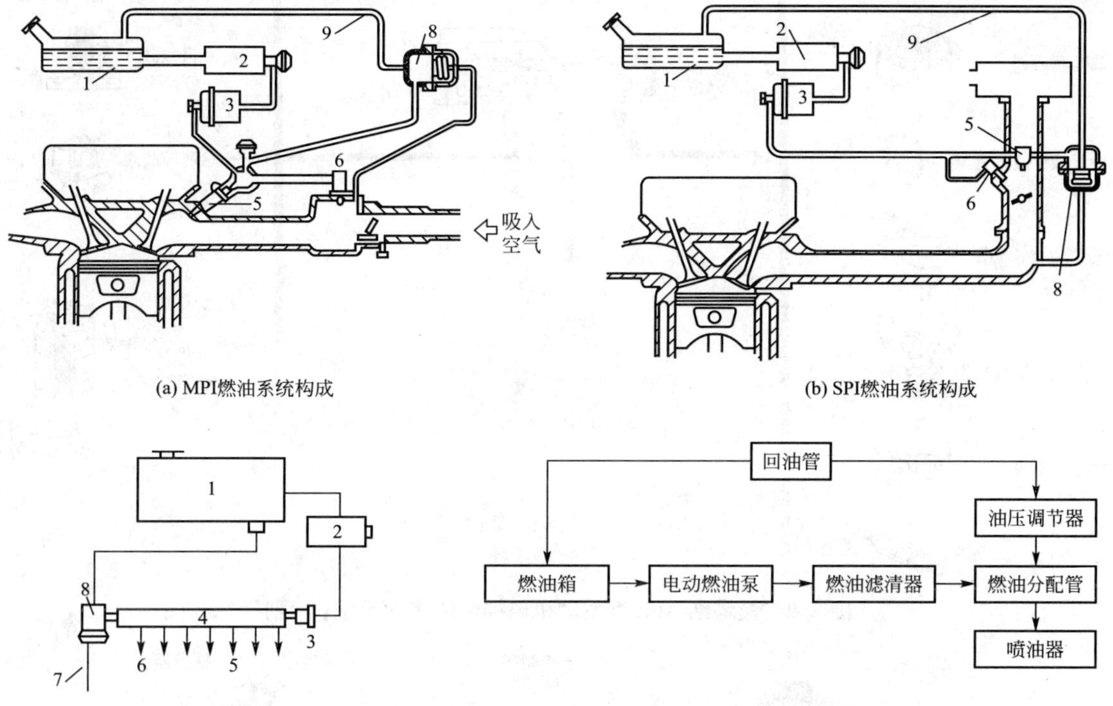

(a) MPI燃油系统构成　　(b) SPI燃油系统构成

(c) 框图　　(d) 燃油系统框图

图 2.8　燃油系统

1—燃油箱；2—燃油泵；3—燃油滤清器；4—燃油分配管；5—接喷油器；
6—接冷启动喷油器；7—真空管；8—油压调节器；9—回油管

电动燃油泵将燃油从油箱中泵出，经过燃油滤清器除去杂质及水分后，送至燃油分配管；当由 ECU 控制的喷油器开启时，燃油以高压雾状喷出，并与空气混合，形成可燃混合气；当进气门开启时，可燃混合气被吸入汽缸。

经验点拨

安装在燃油分配管上的燃油压力调节器用以调节燃油系统的油压(通过将多余燃油泄回汽油箱来调节)，目的在于保持喷油器内与进气歧管内的压力差为恒定值(压力差一般为 250kPa)，喷油量多少只受开启时间的影响，不受环境的影响。

燃油供给系统的主要故障有燃油压力过低、油压过高、喷油器漏油、喷油器堵塞、喷油器雾化不良等。燃油压力过低，将导致车辆怠速时运转不稳、加速不良、回火、车辆行驶无力等；燃油压力过高，将导致混合气过浓，往往导致车辆燃油消耗较大，排气冒黑烟，甚至车辆难以启动；喷油器漏油会使发动机燃油消耗加大；雾化不良则易造成混合气无法正常燃烧，爆发力小，影响车辆运转的稳定性。

2.2.3　电子控制系统

电子控制系统包括传感器、ECU 和执行器。图 2.9 所示为桑塔纳 AFE 型发动机电控燃油喷射系统(D 型)，图 2.10 所示为桑塔纳 AJR 型发动机电控燃油喷射系统(L 型)。

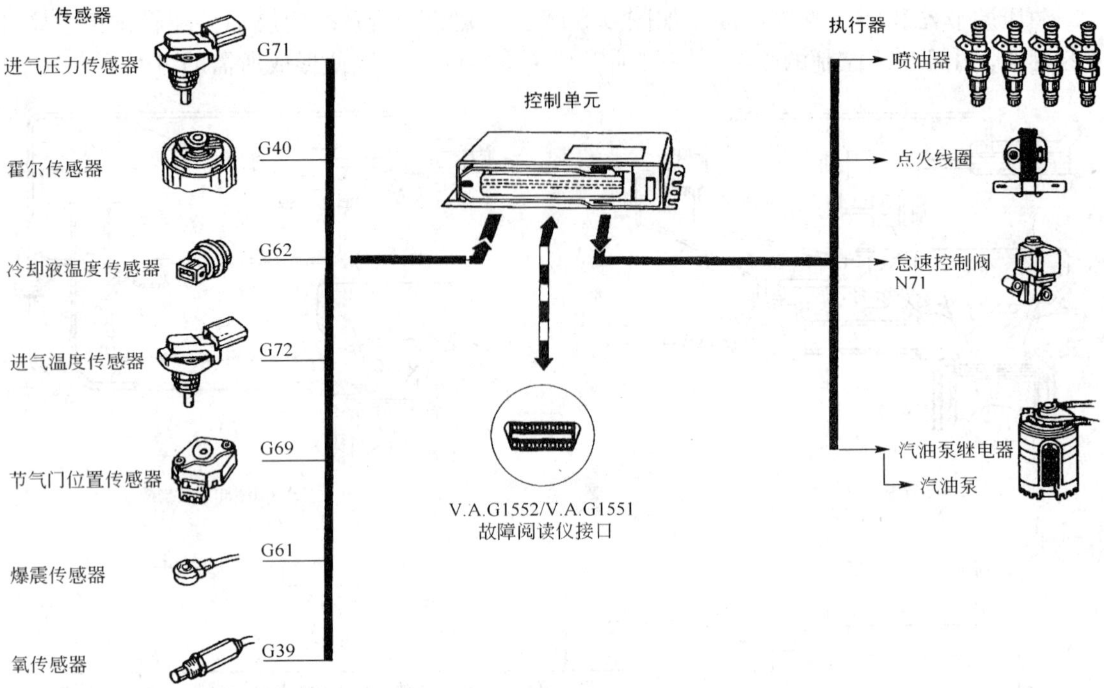

图 2.9　桑塔纳 AFE 型发动机电控燃油喷射系统(D 型)

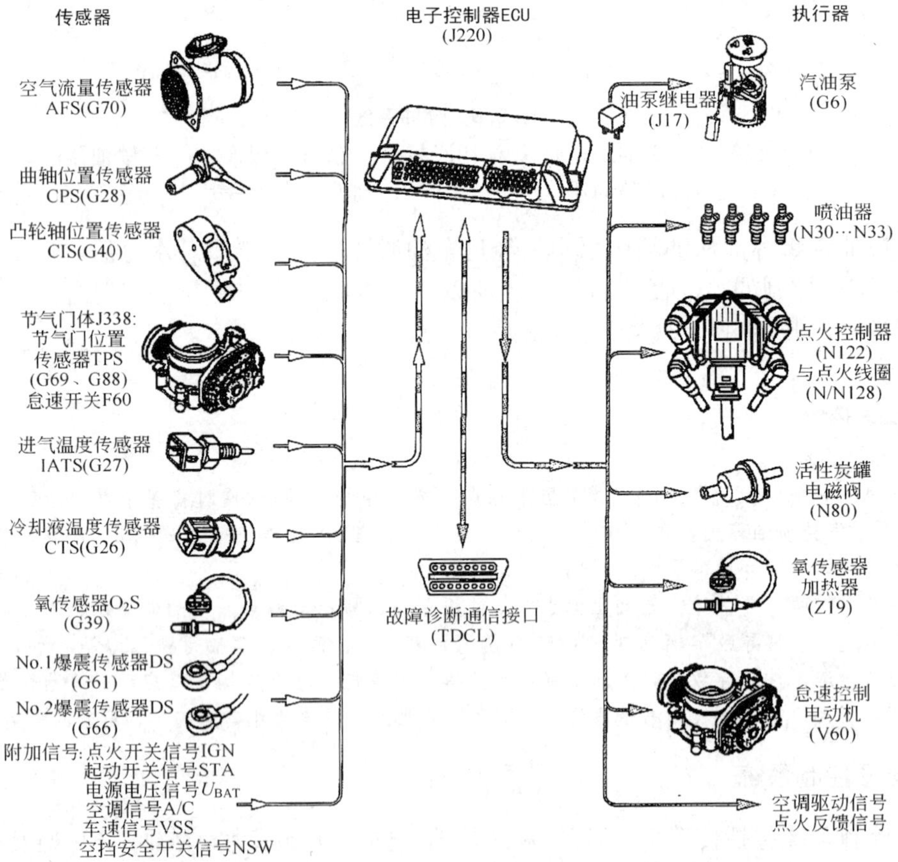

图 2.10　桑塔纳 AJR 型发动机电控燃油喷射系统(L 型)

发动机电子控制系统的功能是根据发动机运转状况和车辆运行状况确定最佳喷油量和喷油时刻。供给发动机的汽油量由喷油持续时间来控制，而喷油持续时间则由ECU根据进气歧管压力传感器或空气流量传感器检测到的进气量来决定。根据进气量和转速计算出基本喷油持续时间，然后进行温度、海拔高度、节气门开度等各种工作参数的修正，最终得到发动机在这一工况下运行的最佳喷油持续时间，精确地控制喷油量。

知识链接

传感器与人的感觉器官对比见表2-1，汽车传感器的类型见表2-2。

表2-1 传感器与人的感觉器官对比

人的感觉与器官	有关现象	传感器
视觉-眼睛	光	光电变换元件，如光电池、光导元件、光敏二极管、光敏晶体管
听觉-耳	声波	压电转换元件，如压电元件、压阻元件、压敏二极管
触觉-皮肤	位移、压力	位移变换元件，如应变片
肤觉-皮肤	温度	热电变换元件，如热敏电阻、热电偶
嗅觉-鼻/味觉-舌	分子吸附	气体传感器、温度传感器、离子检测

表2-2 汽车传感器的类型

种类	检测量及检测对象
温度传感器	冷却液、排出气体、吸入空气、发动机机油、自动变速器液、车内外空气
压力传感器	进气管压力、大气压力、燃油压力、机油压力、自动变速器液压力、制动液压力、轮胎气压
转速传感器	曲轴转角、曲轴转速、转向盘转角、车轮速度
速度、加速度传感器	车速、加速度
流量传感器	吸入空气量、燃油流量、废气再循环量、二次空气量、制冷剂流量
液量传感器	燃油、冷却液、电解液、洗涤液、机油、制动液
位移传感器	节气门开度、废气再循环阀门开度、车辆高度(悬架、位移)、行驶距离、行驶方位、GPS(全球定位系统)
气体浓度传感器	氧气、二氧化碳、NO_x、HC、柴油烟度
其他传感器	转矩、爆震、燃料成分、湿度、玻璃结霜、鉴别饮酒、睡眠状态、电池电压、蓄电池容量、灯泡断线、风量、日照、地磁等

知识链接

(1) 传感器还有其他一些分类方法。如按工作原理不同，分为电阻式、电容式、电感式、应变式、光电式、光敏式、压电式和热电式等；按输出信号不同，分为模拟式和数字式。

(2) 全球生产汽车电控单元的厂家主要有德尔福公司、博世公司、西门子公司和电装公司等跨国公司。虽然各厂家生产的电控单元的结构不完全相同，但是作用、原理和基本组成还是相同的。

(3) 发动机电子控制系统的执行元件主要有：喷油器、点火器、怠速控制阀、巡航控制电磁阀、节气门控制电动机、EGR阀、进气控制阀、二次空气喷射阀、活性炭罐电磁阀、油泵继电器、风扇继电器、空调压缩机继电器、仪表显示器、自诊断显示与报警装置等。

ECU根据空气流量信号和发动机转速信号确定基本喷油时间，再根据其他传感器对喷油时间进行修正，并按最后确定的总喷油时间向喷油器发出指令，使喷油器喷油或断油。

2.3 发动机ECU及其控制电路

2.3.1 发动机ECU的基本功能

ECU是控制系统的核心。ECU按照一定的程序对各种输入信号进行运算、储存、分析处理，然后输出指令，控制相关执行元件工作，以达到快速、准确、自动控制发动机工作的目的。

电控发动机ECU的主要控制功能有：燃油喷射控制、点火控制、怠速控制、进气控制、尾气排放控制，以及充电控制、空调压缩机控制、冷却风扇控制和速度控制等。除此之外，ECU还具有失效保护、故障自诊断等功能。

经验点拨

发动机ECU常见故障有：焊点松脱、电容器失效、集成元件损坏、控制单元固定脚螺钉松动、电子元器件损坏等。发动机ECU一旦出现故障，会造成发动机不能启动或启动困难、无高速、油耗过大等故障。使用时间过长，自然磨损老化、环境因素、电流超载、不规范操作等均会导致ECU故障。

如果发动机ECU中进水，将造成短路和不可恢复的腐蚀。插接器损坏等；机件过热和振动，也可能会在电路板中引起微小的裂纹；电磁阀或执行器内的电路短路将导致ECU电流超载，如果短路的电磁阀或执行器未被发现和修复，就直接更换发动机ECU，新换的发动机ECU还会再次损坏。因此，在更换新的ECU之前，一定要彻底查清原ECU损坏的原因；在拆装过程中未采取静电防护措施、安装发动机ECU之前未断开蓄电池、电源检测时ECU回路中电阻较小(电流较大)等也会损坏ECU。

特别提示

(1) 在维修中，如果怀疑ECU有故障，可通过检测ECU各端子的工作参数与标准参数进行比较来确定；用一个已知无故障的ECU替代旧ECU进行试验，若故障现象消失，说明原ECU有故障；一般情况下，ECU是不可修复件，有故障必须更换。

(2) 对于大部分电控系统，接通点火开关，各个传感器、执行器的正极就被接通，ECU需要对它们进行控制时，就接通其负极。所以温度传感器输出电压过低，而其他传感器输出电压过高时，应首先检查ECU上传感器的搭铁线接触是否良好，传感器的导线是否有断路处。当然，也有少数执行器是通过ECU接通正极电源端来对传感器和执行器进行控制的。

(3) ECU一旦进水或受潮，必须在最短的时间内拆下，擦干净表面浮水，用塑料口袋封闭，用真空机将内部的水分抽干净。不要将ECU放入低温烤箱内烘烤，也不要用热风机烘烤ECU，那样会使水分进入 ECU 电路板内部，造成永久性损坏。ECU 进水后不得继续行驶或重新启动，继续行驶或重新启动可能使进水的 ECU 内部短路。

(4) 更换发动机 ECU 之前，需要检查所有的传感器工作是否正常，蓄电池的电压是否正常，搭铁是否良好。

(5) 更换发动机 ECU 时，需要识别车辆的年款、厂家、型号、发动机排量、发动机 ECU 上的 OEM 零件号。更换发动机 ECU 后，许多车型必须将 ECU 与发动机进行匹配。

(6) 拆卸旧发动机 ECU 和安装新发动机 ECU 之前，都应断开蓄电池。装好发动机 ECU 并重新连接好线束后，再重新接上蓄电池。许多发动机 ECU 在安装后，或断开电源后，必须要经过“再学习”过程。比如，对于某些车型，蓄电池断开后，可能要经过特定程序才能建立基本怠速，而有些车型只需经过短时期的驾驶让 ECU 自我调节。

2.3.2　发动机 ECU 的电源控制

发动机 ECU 的电源电路包括：＋B、＋B_1 接通电路或 EFI 主继电器工作电路。电源电路有点火开关控制式和发动机 ECU 控制式两种。

1. 点火开关控制式

如图 2.11 所示，EFI 主继电器由点火开关直接控制。当接通点火开关，电流进入 EFI 主继电器线圈，触点闭合，给发动机 ECU 的＋B 和＋B_1 端子提供电压。

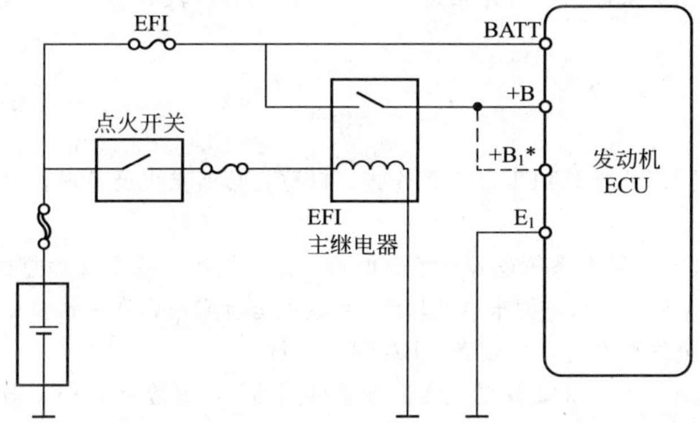

图 2.11　点火开关控制 ECU 电源

特别提示

更换发动机 ECU 之前，需要检查所有的传感器工作是否正常，蓄电池的电压是否正常，搭铁是否良好。

断开点火开关，BATT 电压为 10～14V；接通点火开关，＋B 或＋B_1 与 E_1 的电压应在 10～14V 之间。如果电压为 0，则将万用表负极表笔接车身搭铁处，正极表笔接＋B 或＋B_1，接通点火开关；如果电压在 10～14V 之间，说明 E_1 搭铁不良(与车身之间)或 ECU 有故障；如果电压仍为 0，说明蓄电池电源未送到＋B(检查＋B 电源电路，如 EFI 15A 熔断器、易熔线、点火开关等)。如果以上检查都正常，则检查主继电器及蓄电池与继电器之间线路。(此项检查的主要目的是检验 E_1 是否搭铁良好)

2. 发动机 ECU 控制式

如图 2.12 所示，当点火开关处于 ON 时，蓄电池向发动机 ECU 的 IGSW 端子供电；发动机 ECU 又通过 M-REL 向 EFI 主继电器提供控制信号，使 EFI 主继电器接通，从而蓄电池通过 EFI 主继电器向发动机 ECU 的＋B 端子提供电源电压。

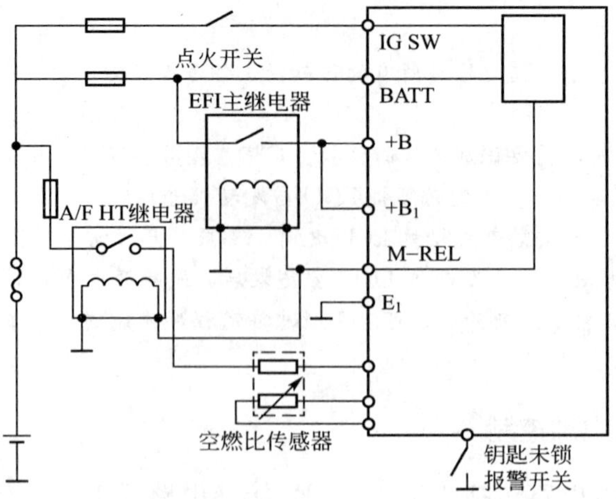

图 2.12 ECU 控制 ECU 电源

特别提示

EFI 主继电器向 ECU 提供电源，断开点火开关后，ECU 在一段时间内仍为发动机提供电压。

经验点拨

(1) 蓄电池与发动机 ECU 的 BATT 端子常连接，以防止切断点火开关时，故障码和存储器中的其他数据消失。

(2) 有些车辆还为大电流用电系统设置专用继电器，如空燃比传感器及加热器电路。

(3) 在发动机 ECU 控制停车系统的车辆中，EFI 主继电器也有用钥匙未锁报警开关来控制主继电器。

(4) 发动机 ECU 的电源线路可能有四条：BATT、+B、$+B_1$、IGSW。

(5) 用万用表检查 BATT 与 E_1 之间的电压。如果电压为 0，则检查 BATT 与搭铁之间电压。如果电压为 12V，说明 E_1 搭铁不良或电控单元有故障；如果电压为 0，则检查蓄电池正极与电控单元的 BATT 端子之间线路。

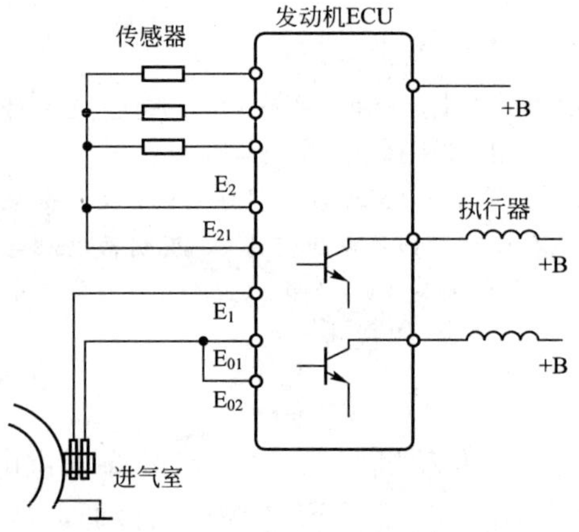

图 2.13 ECU 搭铁端子及搭铁位置

2.3.3 发动机 ECU 的搭铁控制

发动机 ECU 有三条基本的搭铁电路，有 E_{01}、E_{02}、E_1、E_2、E_{21} 等接地端子，如图 2.13 所示。

1. 发动机 ECU 工作搭铁电路(E_1)

E_1 是发动机 ECU 的搭铁端子，通常接在发动机进气室附近。

2. 传感器搭铁电路(E_2、E_{21})

发动机 ECU 的 E_2 和 E_{21} 端子是传感器搭铁端子，与 ECU 内部电路中的 E_1 端子相连。通过外部搭铁使传感器搭铁电位与发动机 ECU 搭铁电位有相同值，以防止传感器探测电压值产生误差。

3. 用于驱动器工作的搭铁电路(E_{01}、E_{02})

发动机 ECU 的 E_{01} 和 E_{02} 端子是执行器搭铁端子，用于喷油器、怠速控制阀和空燃比传感器加热器等执行器的搭铁。与 E_1 端子一样，它们都连接在发动机进气室上。

经验点拨

ECU 上喷油器接地线不实(接触不良)导致发动机转速丢转(丢失转速)。

汽车在中速行驶中有时会出现发动机转速丢转，发动机转速突然下降 200r/min 左右，丢转时间通常持续数秒，然后发动机转速恢复正常。丢转故障的出现时间没有规律性。这类故障通常是由于 ECU 上喷油器接地线不实造成的。

ECU 上喷油器接地线不实，导致喷油器接地电阻增大，流经喷油器电磁线圈的电流明显减小，从而使喷油器开阀时间(在触发脉冲加到电磁线圈后，从脉冲开始到针阀形成最大升程状态的时间)延长，数据流上显示的喷油脉宽没有改变，但喷油器的实际喷油量小于正常值，导致混合气偏稀，虽经氧传感器调节，仍无法满足工作需要，于是汽车在中速行驶中有时会出现发动机转速丢转，并会留下混合气浓度和燃油修正控制有关的故障码。

2.3.4 传感器信号电路

传感器将各种信号转换成可以被发动机 ECU 检测的电压变化信号。传感器信号与 ECU 的连接关系有以下五种类型。

1. "恒定电压+电位器"向 ECU 提供 0～5V 模拟信号(TPS、MAP)

如图 2.14 所示，ECU 向传感器提供 5V 恒定电压。形成 5V 恒压、固定电阻和电位器的电路。按照分压原理，检测出端子 VS 的电压，即可计算出电位器滑动臂的位置，换算成节气门开度、进气压力等信号。传感器用 0～5V 的电压变化来反映被检测的节气门开度或进气歧管压力。

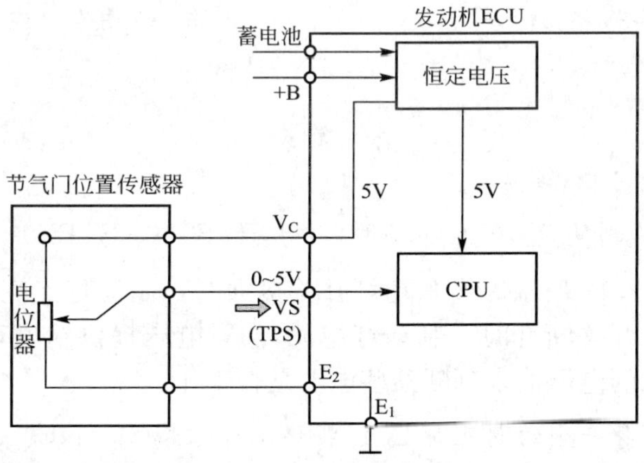

图 2.14 "恒定电压+电位器"向 ECU 提供 0～5V 模拟信号

特别提示

如果恒定电压电路失灵或 Vc 电路短路，CPU 的电源供应中断，会使发动机 ECU 停止工作、发动机失速。

2.“恒定电压＋热敏电阻器”向 ECU 提供 0～5V 模拟信号(THW、THA)

发动机 ECU 提供一个 5V 的恒定电源，利用热敏电阻器电阻值随温度的变化而变化的特性，检测出图 2.15 中 A 点电压的变化，即可得出“温度的变化”。

特别提示

当热敏电阻器断路时，A 点的电压 5V；当传感器不正常搭铁短路时，A 点电压为 0V。因此，发动机 ECU 的自诊断功能很容易检测出传感器断路、短路故障。

3.“恒定电压＋开关”向 ECU 提供 0 或 5V 数字信号(IDL、NSW、晶体管)

如图 2.16 所示，发动机 ECU 提供一个 5V 的恒定电压给开关或晶体管。当开关或晶体管断开时，发动机 ECU VC 端子电压是 5V；当开关或晶体管接通时，V_C 端子电压是 0V。发动机 ECU 根据电压变化来检测传感器(IDL、NSW、晶体管)的工作情况。

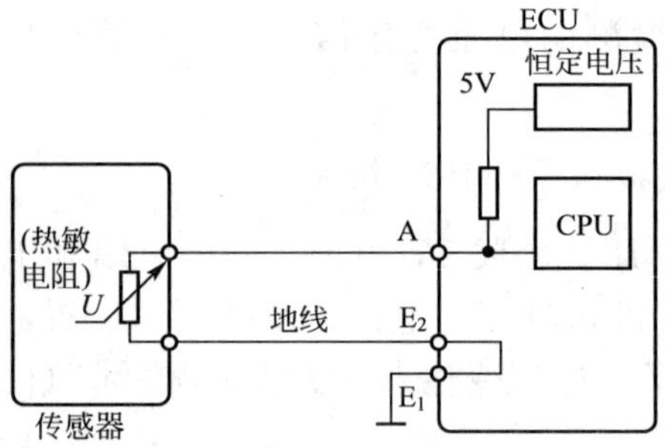

图 2.15 “恒定电压＋热敏电阻器”向 ECU 提供 0～5V 模拟信号

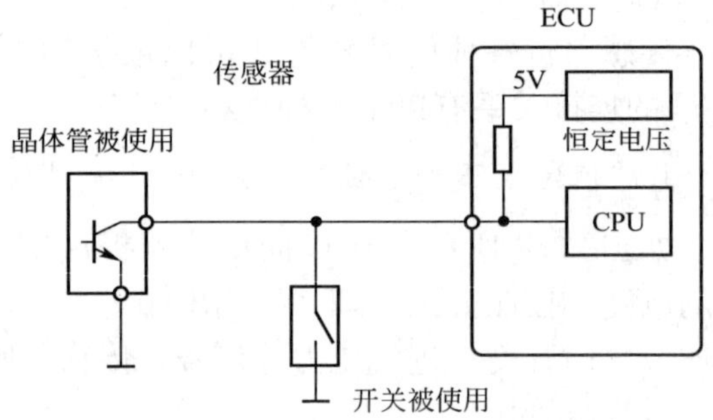

图 2.16 “恒定电压＋开关”向 ECU 提供 0 或 5V 数字信号

特别提示

有些电子控制系统使用 12V 的电源。

4.发动机 ECU 以外电源向 ECU 提供工作信号(STA、STP)

制动灯电路如图 2.17 所示。当制动灯开关接通时，制动灯点亮，12V 电压提供给发动机 ECU；当制动灯开关断开时，制动灯熄灭，0V 电压提供给发动机 ECU。即发动机 ECU 通过检测被提供的电压值来判断某些电器是否工作。

5.利用传感器自身产生的电压向 ECU 提供工作信号(G、NE、OX、KNK)

G、NE、OX、KNK 等传感器，由于传感器自身发电和输出功率，就不需要外加电压，发动机 ECU 通过接收产生的电压和频率来确定它的工况，如图 2.18 所示。

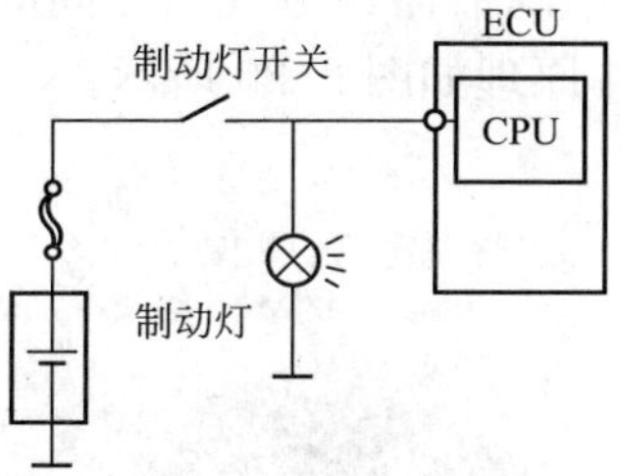

图 2.17　发动机 ECU 以外电源向 ECU 提供工作信号

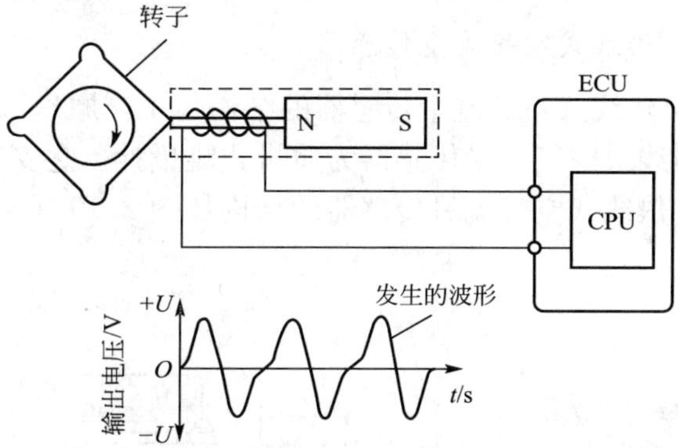

图 2.18　利用传感器自身产生的电压向 ECU 提供工作信号

特别提示

由于 NE 信号、KNK 信号是以交流形式输出的，当检查发动机 ECU 端子电压时，需要使用示波器等高精密测量仪器进行测量。

2.4　汽油机电控燃油喷射系统的主要传感器

电控燃油喷射系统的传感器主要有：空气流量传感器、进气压力传感器、曲轴位置传感器、凸轮轴位置传感器、节气门位置传感器、冷却液温度传感器和进气温度传感器等。

2.4.1　空气流量传感器

引例

一辆上海别克轿车，当车速在 100km/h 以上时，发动机喘振，而且爬坡无力。清洁空气滤清器，更换汽油滤清器，拆下喷油器清洗，均不见效。拆下空气流量传感器冲洗热线之后，故障排除。

空气流量传感器的作用是什么？它失效后对发动机技术状况有何影响呢？

空气流量传感器(Air Flow Sensor，AFS)的主要作用是对进入汽缸的空气量进行计量，并把空气流量信号输送到发动机 ECU。ECU 据此决定基本喷油量和点火时间。即空气流量传感器是电控发动机喷油量和点火正时的主控信号。空气流量传感器失效后，基本喷油脉宽由节气门位置传感器和发动机转速传感器负责。

知识链接

空气流量传感器又称空气流量计(Air Flow Meter，AFM；Mass Air Flow sensor，MAF)。

电控燃油喷射系统测量汽缸进气量的方式有两种：一是采用空气流量传感器直接测量进气的体积流量或质量流量；二是利用进气压力传感器测量进气歧管的绝对压力，然后 ECU 根据进气歧管压力、发动机转速和节气门开度信号，换算成相应的空气流量。

1. 热线式空气流量传感器

1）热线式空气流量传感器的结构与工作原理

热线式空气流量传感器为质量式流量计。它安装在空气滤清器与节气门之间的进气通道中。热线式空气流量传感器的结构如图 2.19 所示，工作原理如图 2.20 所示。

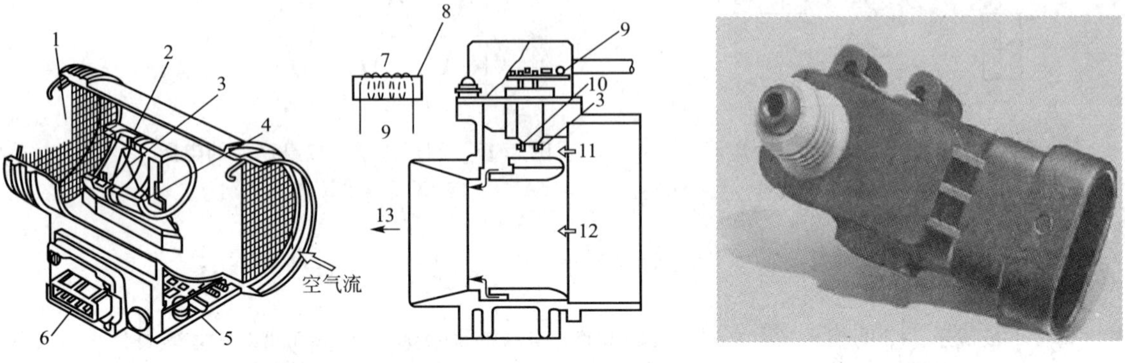

(a) 主流测量热线式空气流量传感器　(b) 旁通测量热线式空气流量传感器　(c) 实物图

图 2.19　热线式空气流量传感器的结构图和实物图

1—防护网；2—取样管；3—热线；4—温度补偿电阻；5—控制电路；6—插接器；7—热线；8—陶瓷螺线管；9—接控制电路；10—进气温度传感器(冷线)；11—旁通气道；12—主气道；13—通向发动机

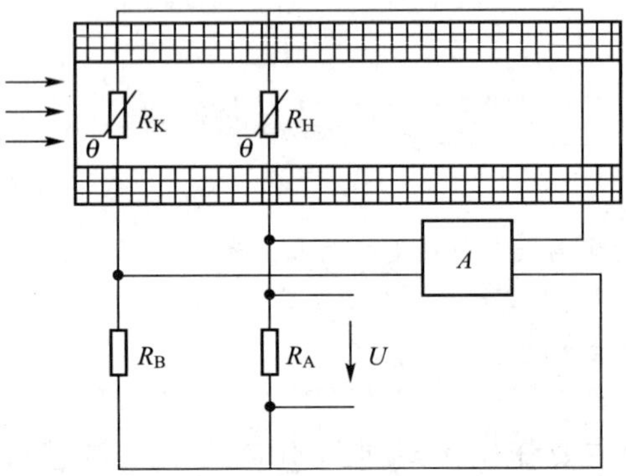

图 2.20　热线式空气流量传感器的工作原理

A—混合集成电路；R_H—热线电阻；R_K—温度补偿电阻；R_A—精密电阻；R_B—电桥电阻

热线式空气流量传感器是利用空气流过热线时的冷却效应制成的。它由热线铂丝电阻 R_H、温度补偿电阻 R_K(又称冷线)、控制电路板(包括 R_A、R_B 两个固定电阻)、防护网及外壳等组成。空气流量传感器内的取样管上装有一根直径约为 0.07mm 的铂丝热线和一个温度补偿电阻。铂丝热线和其他几个电阻组成惠斯通电桥电路。铂丝热线的电阻值与其本身的温度成正比。在环境温度一定时，给惠斯通电桥电路供电，它便会达到平衡。当有空气流过取样管中的铂丝热线时，进气会带走热线的热量，使其温度降低，热线的电阻值随即也降低，电桥电路的平衡被破坏。为重新达到平衡，使热线电阻恢复到原来数值，就必须增大电流，使热线温度提高。空气流量越大，带走的热量就越多，热线电阻值的变化就越大，为重新达到平衡所需增加的电流值也就越大。这样，就把空气流量的变化转换为电流的变化。电流的变化又使固定电阻 R_A 两端的电压 V_A 发生变化，此变化的电压就是热线式空气流量传感器的传感信号。

环境温度的变化也会引起热线本身的温度变化，破坏电桥电路的平衡，引起电桥电路中电流的变化，从而造成空气流量传感器输出不能正确反映进气量的信号。为消除环境温度的影响，设置了一个温度补偿电阻 R_K，其电阻值也随进气温度的变化而变化，从而抵消了环境温度的影响。当发动机工作时，传感器中的控制电路调节作用在铂丝热线和温度补偿电阻上的加热电流(50～120mA)，使铂丝热线和温度补偿电阻上的温差始终保持在100℃，也只有在此温差时惠斯通电桥电路才能达到平衡。这样，就彻底消除了环境温度对测量的影响，提高了热线式空气流量传感器的测量精度和适应性。

2）热线式空气流量传感器的工作电路

图 2.21 和图 2.22 分别为丰田 COROLLA 轿车空气流量传感器的原理图及工作电路图。

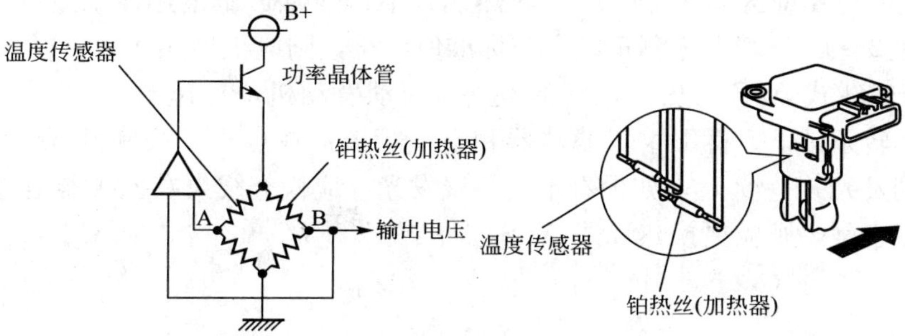

图 2.21　丰田 COROLLA 轿车空气流量传感器的结构与原理

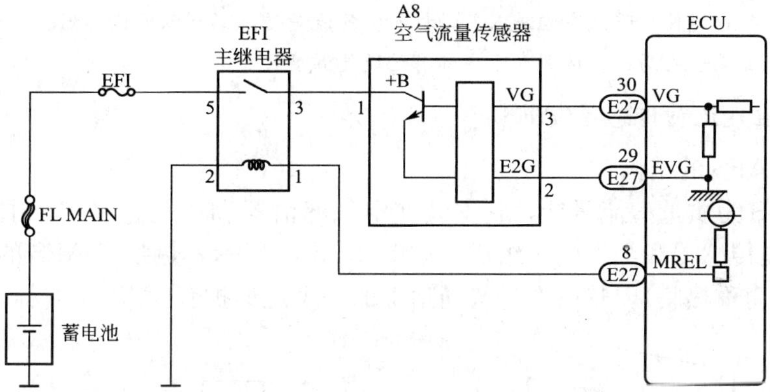

图 2.22　丰田 COROLLA 轿车空气流量传感器的工作电路图

注：原车空气流量传感器有五个端子，即 1 为电源，2、5 为搭铁，
3 为 AFS 信号，4 为进气温度信号。

3）热线式空气流量传感器的自清洁

热线式空气流量传感器使用一段时间后，热线表面会附着一层尘埃，从而影响测量精度。常通过下列措施之一消除尘埃：一是通过提高热线的保持温度(保持温度升高到 200℃以上)防止灰尘黏附；二是设置自清洁功能，通过 ECU 控制加热热线来清除污垢。

知识链接

空气流量传感器的自清洁功能是指当发动机停转后，在 ECU 的控制下，将热线自动加热到 1 000℃约 1s，烧掉附着在热线上的灰尘。

4）热线式空气流量传感器(AFS)的检测(参照图 2.21)

(1) 工作电路检查。热线式 AFS 有五根引线，检查热线式 AFS 与 ECU 的连接导线是否正常，插接器插接是否可靠。

(2) 外观检查。检查热线式 AFS 的热丝有无折断及脏污现象，护网有无堵塞及破损现象。若有，则应更换热线式 AFS。

(3) 电源电压检查。断开热线式 AFS 插接器，点火开关置于“ON”，检查热线式 AFS 电源电压为 9～12V。

(4) 空气流量传感器输出信号电压检查。拆下热线式 AFS，将蓄电池电压接至热线式 AFS，测量信号电压应为 0.2～4.9V；向热线式 AFS 吹风(不准用压缩空气)，同时测量信号电压应为 2～4V。若上述测量结果与标准值不符，则应更换热线式 AFS。

(5) 检查热线式 AFS 的热线自清洁电路。启动发动机，加速至 2 500r/min 以上；在发动机怠速运转条件下，拆下空气滤清器和空气管道；在点火开关断开 5s 后，检查热线是否能加热到发光并持续 1s；如果看不到热线发光，应检查线束及插接器是否导通。如果线束及插接器正常，则应更换热线式 AFS。

特别提示

在检查热线式 AFS 时，切不可将手指或工具伸入传感器进气通道内，以免损坏传感器；清洁空气滤清器时要用布将进气口堵住，避免灰尘进入发动机和空气流量传感器，以免传感器损坏；热线式 AFS 有四端子式(导线)和五端子式两种，区别在于内部有无进气温度传感器。

2. 热膜式空气流量传感器(AFS)

1）热膜式 AFS 的结构

热膜式 AFS 为质量型流量计，它安装在空气滤清器和进气管之间，主要由控制电路板、热膜、温度传感器和金属网等组成，如图 2.23(a)所示。热膜式 AFS 的感知元件为铂金属膜电阻器(简称热膜)。热膜在进气通道上的一个矩形护套(相当于取样管)内。设有空

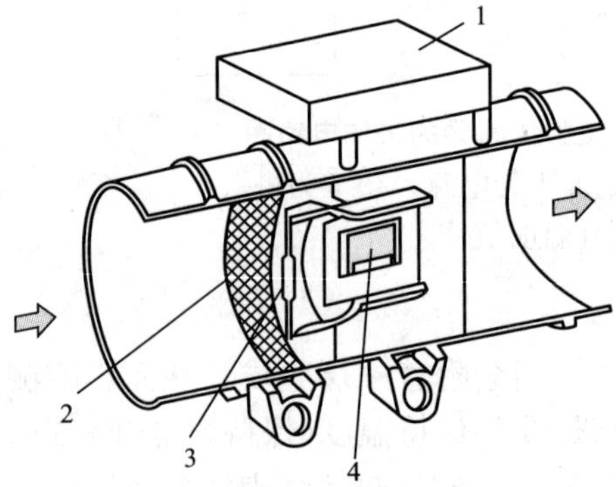

(a) 结构

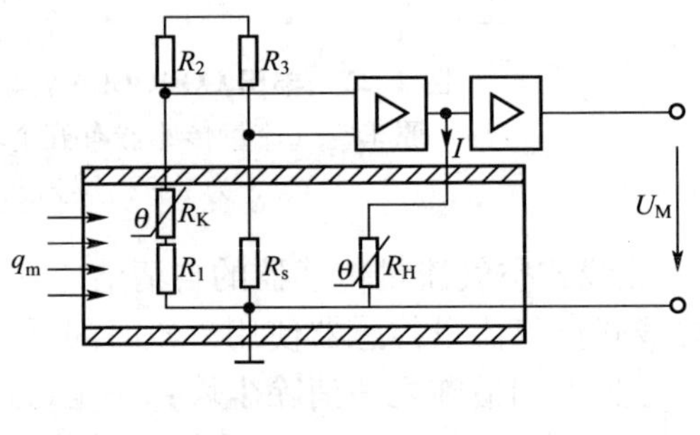

(b) 原理

图 2.23 热膜式 AFS 结构及其工作原理

1—控制电路板；2—金属网；3—温度传感器；4—热膜；

R_H—热线电阻；R_1、R_2、R_3—高阻值电阻；R_S—精密电阻；

U_M—电压输出信号；I—加热电流；q_m—空气的质量流量；R_K—信号取样电阻

气过滤层以过滤空气中的污物，防止污物沉积到热膜电阻上影响测量精度。上流温度传感器为“温度补偿电阻”。

2）热膜式 AFS 的工作原理

热膜式 AFS 的工作原理如图 2.23(b)所示。当进气管空气流量增大时，由于空气带走的热量增多，为了保持热膜电阻与吸入空气的温差，控制电路使热膜电阻通过的电流增大；反之，则减小。使通过热膜电阻的电流与空气流量成正比，即流经热膜电阻的电流随空气流量增大而增大，随空气流量减小而减小。惠斯通电桥电路中精密电阻上的电压即为热膜式 AFS 的输出电压信号。

3）热膜式 AFS 常见故障及其线路检测

热膜式 AFS 常见故障及对发动机性能的影响见表 2-3。

表 2-3　热膜式 AFS 常见故障及影响

故 障 原 因	对电控燃油喷射系统的影响	对电控发动机的影响
热膜玷污	空气流量信号电压下降而使流量过小	发动机运转不平稳或不工作，发动机运转无力，加速不良
热膜损坏	无空气流量信号输出	发动机不能工作
热敏电阻不良	空气流量信号电压不准确	发动机油耗过高或运转不平稳

(1) 供电电压的检测。断开热膜式 AFS 插接器，将点火开关置于 ON，测量热膜式 AFS 插接器的电源电压，其值应与蓄电池电压一致；若无电压或读数偏差太大，应检查热膜式 AFS 的电源线路及 ECU。

(2) 信号电压检测。将点火开关置于 OFF，拆下 AFS。在静态不吹风的情况下，测量热膜式 AFS 信号电压应为 0.3V；将 450W 电吹风的出风口紧靠传感器入口，用冷风挡向传感器内吹风时，电压值为 2.3±0.1V；吹风机缓慢远离热膜式 AFS，随着距离的增大，电压值应逐渐减小；当吹风机距传感器入口端 0.2m 时，电压值应为 1.5±0.1V。否则，应更换热膜式 AFS。

(3) 线路检测。将点火开关置于 OFF，拔下 ECU 插接器，拔下热膜式 AFS 插接器，测量 ECU 与热膜式 AFS 间线束阻值，其值应小于 1Ω；否则，更换线束。

(4) 输出信号波形的检测。关闭所有附属电气设备，启动发动机，发动机怠速稳定后，检查怠速热膜式 AFS 输出信号电压。做加速和减速试验，检查热膜式 AFS 输出信号波形，若波形不合格则更换热膜式 AFS。(将发动机转速从怠速增加到节气门全开并持续 2s；减速到怠速状况并持续 2s；急加速至节气门全开再降到怠速；定住波形，观察热膜式 AFS 波形。)

经验点拨

通常热膜式 AFS 输出电压范围：从怠速时大于 0.2V 变至节气门全开时大于 4V；当全减速时输出电压应比怠速时的电压稍低；发动机运转时波形的幅值可能会不断地波动(因为热膜式 AFS 内没有任何运动部件，所以它能对空气流量的变化作出快速反应。在加速时的波形中所看到的杂波实际是在进气真空度较低的情况下各汽缸的空气气流脉动，ECU 中的处理电路会清除这些信号)。

热膜式 AFS 常见的故障为信号不准。如发动机在冷机时排气管冒黑烟，热机后排气管不再冒黑烟，通常是热膜式 AFS 信号不准所致。热机后因氧传感器参与工作，所以排气管不再冒黑烟。

热膜式 AFS 信号偏高，实际进气量少于热膜式 AFS 检测到的进气量，会造成混合气偏浓，导致 CO 和 HC 排放超标。浓混合气会造成排气管冒黑烟，严重时会使发动机无法启动或突然熄火。这种故障可能是热膜式 AFS 和 ECU 之间信号传输线路同正极短路，使电阻值异常减小造成的。

热膜式 AFS 信号偏低，说明实际进气量多于热膜式 AFS 检测到的进气量，造成混合气偏稀，使发动机在大负荷高速时动力不足，急加速缓慢。严重时，发动机会出现冷启动困难、怠速抖动的现象。

对于热膜式 AFS 信号失真造成的混合气浓度偏差，ECU 会根据其他传感器信号进行修正，但通常无法弥补。

4）空气流量的检测

（1）空气流量的检测条件。负责传感器的熔断器必须正常，发动机冷却液温度≥85℃，所有的用电设备必须关闭，自动变速器置于 P 位或 N 位。而且，空气流量的检测必须和发动机转速、节气门开度及行驶中可能发生的振动的检查结合起来，才有意义。

（2）怠速空气流量的检测。发动机怠速不稳时，应进行怠速空气流量的检测。

用故障诊断仪读取数据流。以大众汽车为例，选择 08 数据，选 001 组读取发动机冷却液温度，待冷却液温度到 85℃时，再选 002 组读取怠速空气流量和节气门开度。大众汽车采用直动式怠速控制系统。怠速时，标准空气流量为 2～4g/s，节气门开度为 0～5°。

怠速时，节气门开度在正常范围内，而空气流量超过正常范围，说明空气流量传感器输出信号过高，输出信号过高会造成混合气过浓(排气管冒黑烟)，油耗过高，尾气排放中 CO 和 HC 的含量过高；怠速时，节气门开度在正常范围内，而空气流量明显小于正常范围，说明热膜式 AFS 输出信号过低，输出信号过低会造成混合气过稀。

特别提示

若热膜式 AFS 和 ECU 之间信号传输线路与正极短路或热膜式 AFS 被积炭污染形成隔热层，都会导致热膜式 AFS 输出信号过低，进而导致混合气过稀，行驶中动力不足，加速不良，怠速时严重抖动，急加速进气管回火，油耗大，尾气排放中 NO_x 严重超标，但故障报警灯显示正常。若空气导流网积尘，清洗后加速性能即可恢复正常。否则，则需更换热膜式 AFS。

（3）加速空气流量的检测。发动机加速不良时，应进行加速空气流量的检测。接上故障诊断仪，用吹风机的不同挡位代替空气流量的变化读数据流，检测热膜式 AFS 输出信号能否随吹风机的风量同步变化；如热膜式 AFS 输出信号不能随吹风机的风量变化而变化，必须更换热膜式 AFS。

特别提示

测试中用手轻轻拍击热膜式 AFS(模拟行驶中车辆受到振动)，读数应不受其影响。如静态读数恒定，但手轻轻拍击时不稳定，应更换热膜式 AFS。

进行加速空气流量检测时，还可以用一辆正常的同类型汽车和可能有故障的汽车进行比较。吹风机选择相同的挡位分别向这两辆车的热膜式 AFS 送风，如两辆车的热膜式 AFS 输出电压信号一样，空气流量的加速检测合格。如不一样。说明该热膜式AFS有故障，必须更换热膜式AFS。

某些车怠速空气流量正常，怠速良好，但加速不良。可连接好故障诊断仪，将汽车举升或路试进行检查。如大众汽车在120km/h时空气流量应为60g/s，如实测明显低于60g/s，就会造成加速无力。如测量结果不符，应检查热膜式AFS的热丝或热膜是否已被积炭污染。如被积炭污染可在热机状态下就车清洗；如热丝或热膜没有被积炭污染，维修时必须更换热膜式AFS。

3. 卡尔曼涡流式AFS

1）卡尔曼涡流式AFS的结构与工作原理

卡尔曼涡流式AFS通常安装在空气滤清器与节气门之间的进气管路上，或装在空气滤清器的外壳上。

在稳定的流体中放置一圆柱状物体后，其下游的流体就会产生相互平行的两列涡旋，而且涡旋交替出现，这就是卡尔曼涡流现象(见图2.24)。其中用于产生涡流的柱状物体称为涡流发生器。当流体的流速变化时，卡尔曼涡流产生的频率也将发生变化。测出涡流的频率，可以计算出流体的流速，从而标定出流体的流量。

图2.24　卡尔曼涡流产生的机理

卡尔曼涡流式AFS主要包括光电式AFS和超声波式AFS两种。

(1) 光电式AFS。

光电式AFS由涡流发生器、发光二极管、光敏晶体管和反射镜等组成，如图2.25所示。其中发光二极管、光敏晶体管和反射镜构成了涡流频率的检测器。

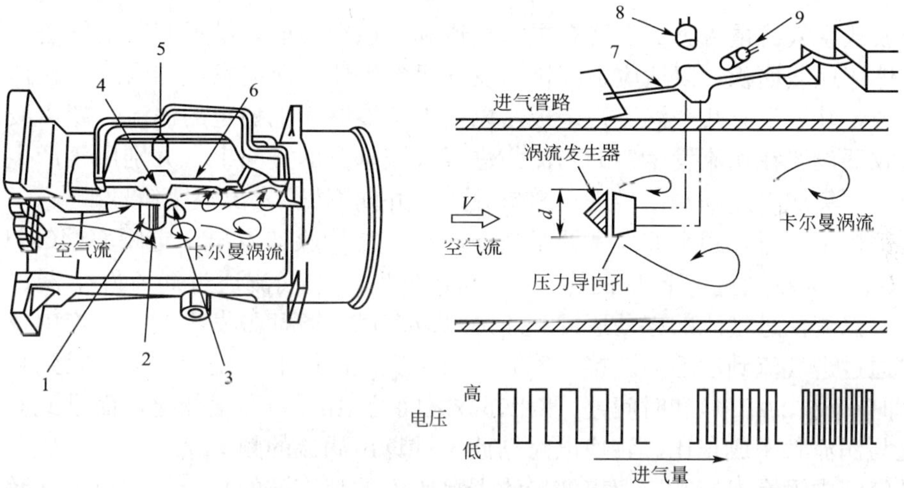

图2.25　光电式AFS的工作原理

1—涡流发生器；2—压力导向孔；3—光电晶体管；4—反光镜；5—发光二极管；6—钢板弹簧；7—支承板；8—发光二极管；9—光电晶体管

当空气流过涡流发生器时，便产生卡尔曼涡流。这时，涡流发生器的锥形体外围侧空气压力会发生变化，通过导压孔将压力的变化引向由金属膜制成的反射镜表面，使反光镜产生振动，反光镜的振动频率等于涡流的频率。当发光二极管产生的光线经反射镜反射到光敏晶体管上时，光敏晶体管导通；当光线不能反射到光敏晶体管上时，光敏晶体管截止。光敏晶体管导通与截止的频率与反射镜振动的频率成正比，同样与涡流的频率成正比。通过光敏晶体管可以检测到卡尔曼涡流的频率。ECU 据此便可计算出空气流量，进而确定基本喷油量和基本点火提前角。

(2) 超声波式 AFS。

超声波式 AFS 由涡流发生器、涡流稳定板、超声波发生器、超声波接收器、转换电路、整流栅等组成(见图 2.26)。其中超声波发生器、超声波接收器和转换电路用于检测卡尔曼涡流的频率。

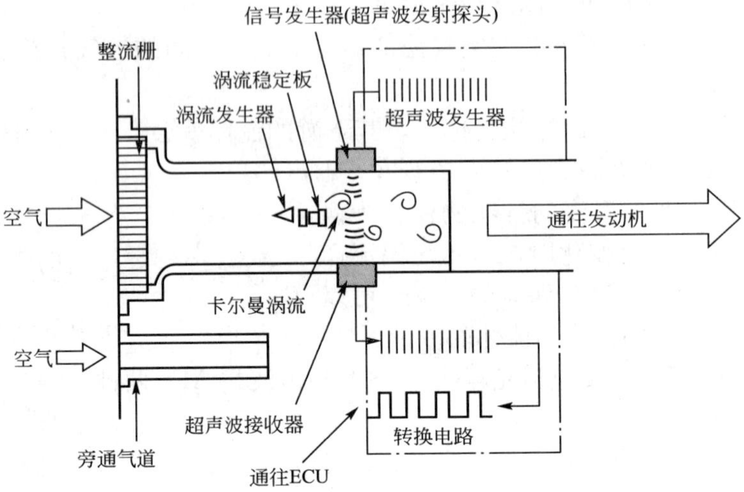

图 2.26 超声波式空气流量传感器的工作原理

超声波式空气流量传感器设置有主空气道和旁通空气道，设置旁通空气道可以调节传感器的气体流通截面积，以适应不同排量发动机的需要。涡流发生器为三棱柱体，设置在主空气道内，其后设有几个涡流稳定板，以使下游能够产生稳定的涡流。超声波发生器和超声波接收器设置在涡流发生器的两侧与进气气流垂直的方向上，分别用于产生、发射和接收超声波。集成电路则对信号进行整形处理，并向 ECU 发出数字信号。

当发动机工作时，超声波发生器不断地向超声波接收器发出一定频率(40kHz)的超声波(超声波是指频率超过 20kHz 的声波)。与此同时，进气流通过涡流发生器，并在其后产生涡流，涡流使进气流的移动速度和压力(即进气流的密度)发生变化。当由发生器发射的超声波通过进气流到达超声波接收器时，由于涡流的影响，使接收器接收到超声波信号的时间(即单个波的相位)和时间差(即相邻波之间的相位差)发生变化，而且此时间和时间差的变化与涡流频率成正比。转换电路据此可计算出涡流的频率。

当进气流中没有涡流时，超声波接收器接收到的超声波的相位与相位差和超声波发生器发射的超声波完全相同。当进气流中有涡流时，有的超声波由于受到涡流的加速作用而提前到达接收器，有的超声波由于受到涡流的减速作用而滞后到达接收器。ECU 根据此传感器信号便可计算出空气流量，进而控制基本喷油量和基本点火提前角。整流器使吸入的空气在涡流发生器上游形成稳定的气流，减小外界气流的干扰。

经验点拨

卡尔曼涡流式 AFS 具有体积小、质量轻、进气阻力小、无磨损、不怕废气返流，而且测量精度高、工作稳定性好等优点，用于三菱公司、丰田公司和韩国现代公司生产的中高档轿车上(如部分雷克萨斯LS400、丰田皇冠3.0采用了光电式AFS；日本三菱吉普车、我国长风猎豹吉普车和韩国现代轿车采用了超声波式AFS)。

卡尔曼涡流式AFS输出的信号是与涡流频率同步的脉冲数字信号，其响应速度是AFS中最快的，几乎能同步反映空气流速的变化；由于测量的是体积，需要根据进气温度和大气压力对其进行修正，所以使用卡尔曼涡流式AFS的汽车均装配有进气温度传感器和大气压力传感器。

热膜型AFS遇到进气道回火或废气返流时，热膜上易生成隔热的积炭，因此在使用中存在测量精度下降和易发生故障的问题。进气压力传感器由于不装在进气管上，只是通过真空软管感受进气管内的真空度，而真空软管容易发生脱落、裂口或堵塞，引发故障。只有卡尔曼涡流式AFS在长期使用中性能不会发生变化，最为稳定。

2) 卡尔曼涡流式AFS的工作电路

卡尔曼涡流式AFS的工作电路如图2.27所示，ECU通过V_C端子向传感器提供5V的工作电压，传感信号从KS端子输入ECU信号，空气流量传感器的E_2端子经机体直接搭铁；THA和E_1端子分别为光电式AFS上进气温度传感器信号输入端子和搭铁端子。

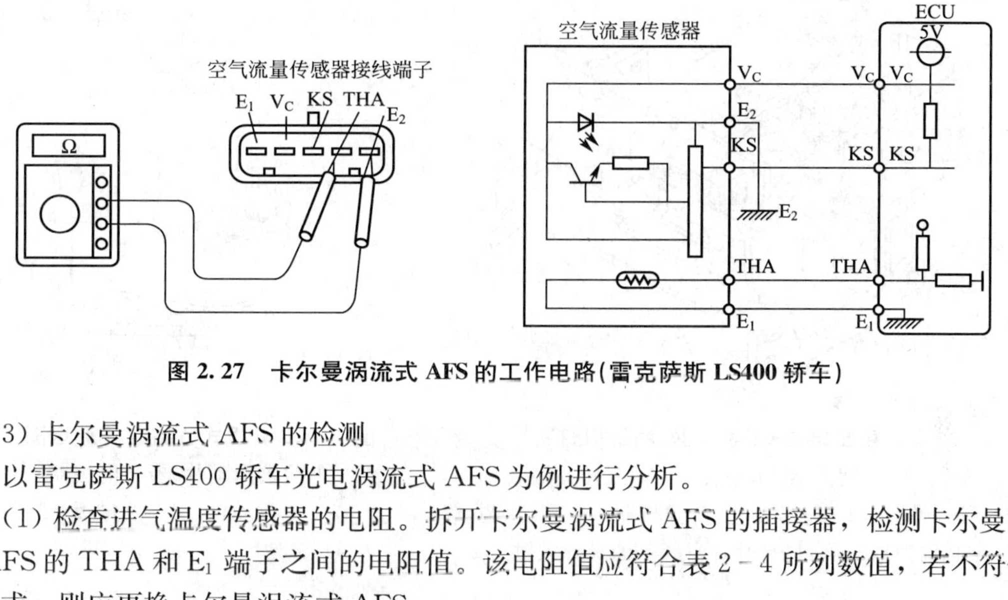

图2.27 卡尔曼涡流式AFS的工作电路(雷克萨斯LS400轿车)

3) 卡尔曼涡流式AFS的检测

以雷克萨斯LS400轿车光电涡流式AFS为例进行分析。

(1) 检查进气温度传感器的电阻。拆开卡尔曼涡流式AFS的插接器，检测卡尔曼涡流式AFS的THA和E_1端子之间的电阻值。该电阻值应符合表2-4所列数值，若不符合规定要求，则应更换卡尔曼涡流式AFS。

表2-4 LS400轿车空气流量传感器THA和E_1端子间的电阻值

电阻值/kΩ	温度/℃	电阻值/kΩ	温度/℃
10～20	−20	0.9～1.3	40
4～7	0	0.4～0.7	60
2～3	20		

(2) 检查整流栅(蜂窝状零件)是否发生变形和损坏。视需要决定是否更换卡尔曼涡流式AFS。

(3) 检查卡尔曼涡流式AFS各端子对应电压，检查结果应符合表2-5所列数值。

表 2-5 卡尔曼涡流式空气流量传感器的检测数据

检测项目	测量条件	正常电压范围/V
KS-E_2	拔下空气流量传感器插接器，点火开关 ON	4.5～5.5
	插好空气流量传感器插接器，点火开关 ON	2～4
	插好空气流量传感器插接器，点火开关 ON	脉冲发生
V_C-E_2	脱开空气流量传感器插接器，点火开关 ON	4.5～5.5
THA-E_1	插好空气流量传感器插接器，点火开关 ON，进气温度 20℃时	1～3
	插好空气流量传感器插接器，点火开关 ON，进气温度 40℃时	0.5～1.0

4. 翼板式 AFS

翼板式 AFS 为体积式流量计，逐渐被淘汰。图 2.28、图 2.29 和图 2.30 所示分别为翼板式空气流量传感器的结构图、工作原理图和接线端子图。

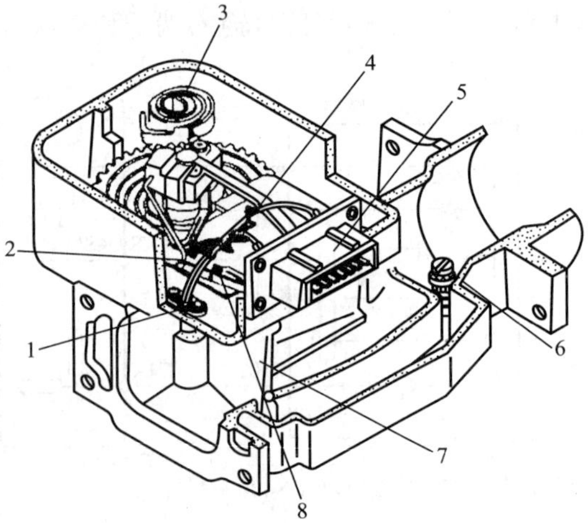

图 2.28 翼板式 AFS 的结构图

1—进气温度传感器电阻；2—油泵开关触点 1；3—弹簧；4—电位器；5—插接器；6—怠速调整螺钉；7—测量板(叶片)；8—油泵开关触点 2

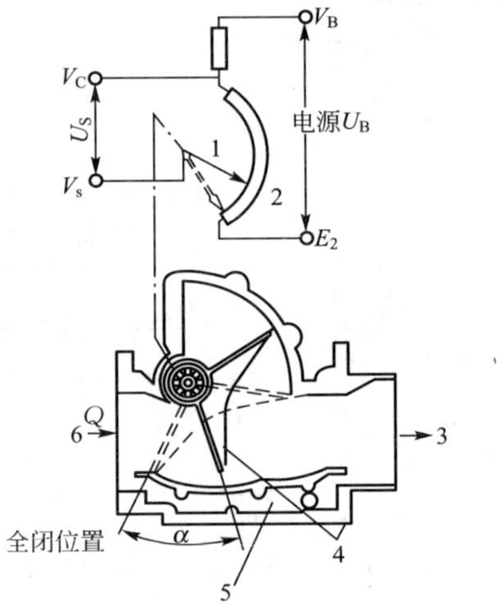

图 2.29 翼板式 AFS 工作原理图

1—电位器滑动片；2—电位器；3—至发动机；4—测量板；5—旁通气道；6—空气进入

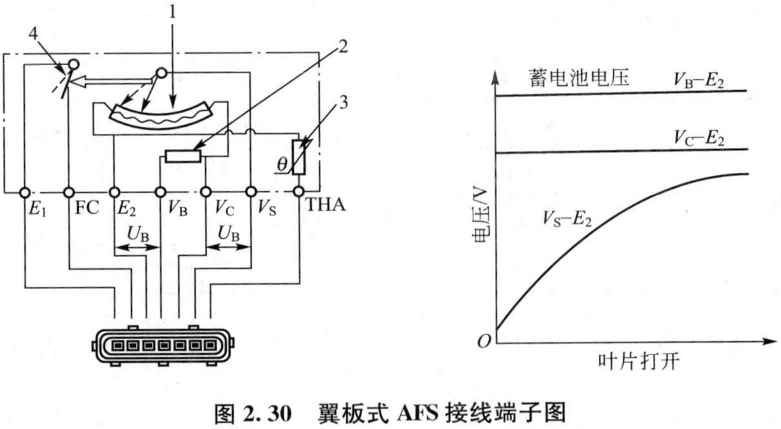

图 2.30 翼板式 AFS 接线端子图

1—电位计；2—电阻；3—进气温度传感器热敏电阻；4—油泵开关

2.4.2　进气压力传感器

引例

一辆“别克”牌轿车，随着发动机温度升高出现怠速不稳的现象，且温度越高怠速越粗暴，最后导致熄火，再次启动非常困难，只有等温度下降后才可再次启动，并且仪表板上的发动机故障指示灯不亮。用故障诊断仪调取故障代码，显示进气压力传感器信号电压过高，更换进气压力传感器后，故障排除。

进气压力传感器的作用是什么？它对发动机技术状况有何影响？

发动机工作时，节气门后方的绝对压力反映了发动机的负荷状况，间接反映了发动机的进气量。进气压力传感器(Manifold Absolute Pressure Sensor，MAP，又称进气歧管绝对压力传感器)的作用是测量出进气歧管节气门后方的进气压力，经 ECU 转换成进气量后用来确定基本喷油量。进气压力传感器失效后，ECU 按照设定的固定值控制喷油量，使用应急备用系统维持发动机基本运转。

进气压力传感器按信号产生原理分为电压型和频率型两种。电压型又分为压敏电阻式、电感式，频率型又分为电容式和表面弹性波式。以半导体压敏电阻式应用最多。

1. 压敏电阻式进气压力传感器

1）结构与工作原理

如图 2.31 所示，压敏电阻式进气压力传感器由绝对真空室、硅膜片等组成。硅膜片的一侧是真空室，另一侧承受来自进气歧管中气体的压力，在气体压力的作用下，硅膜片会产生变形，且压力越大形变越大，硅膜片上应变电阻阻值变化越大。压力传感器把进气歧管内压力的变化转换成电信号送入 ECU，计量出空气流量。压敏电阻式进气压力传感器的控制电路如图 2.32 所示。

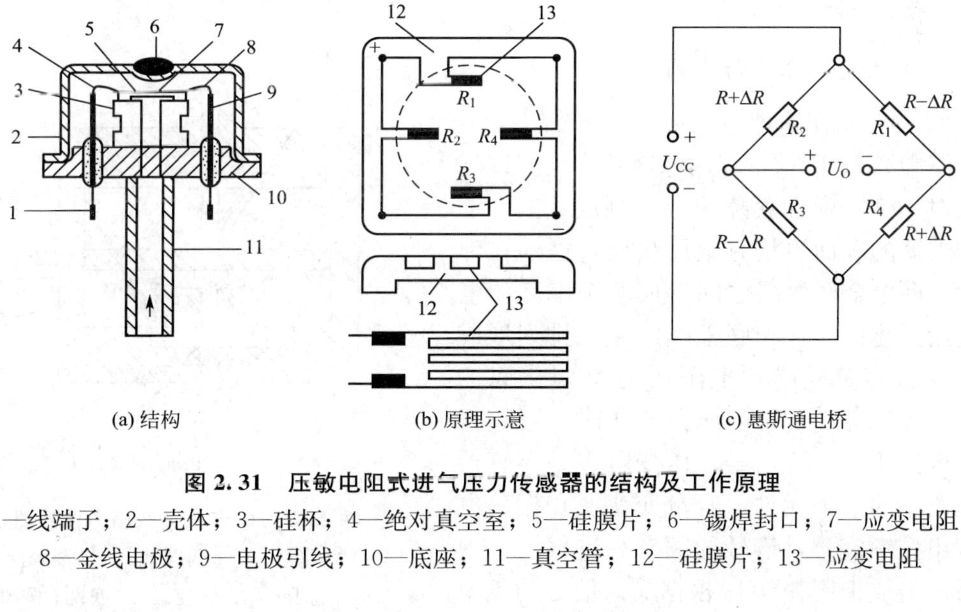

图 2.31　压敏电阻式进气压力传感器的结构及工作原理

1—线端子；2—壳体；3—硅杯；4—绝对真空室；5—硅膜片；6—锡焊封口；7—应变电阻；8—金线电极；9—电极引线；10—底座；11—真空管；12—硅膜片；13—应变电阻

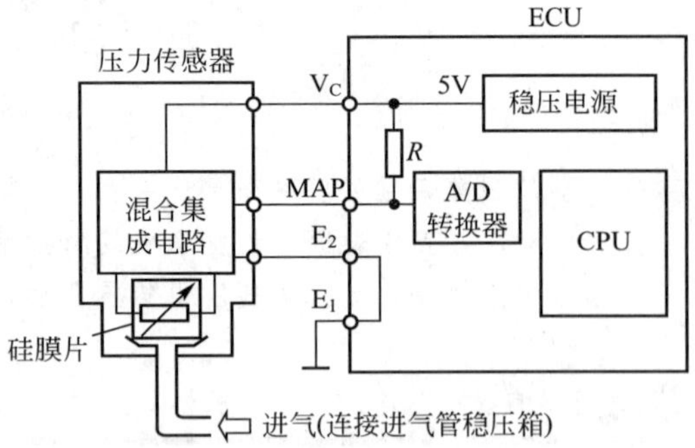

图 2.32　压敏电阻式进气压力传感器的原理框图

进气压力传感器通常通过一根真空软管与进气道相通。它尺寸小、成本低、精度高、响应性和抗振性好，大众、丰田等轿车的部分发动机采用压敏电阻式进气压力传感器。

2）压敏电阻式进气压力传感器的常见故障及其检测

压敏电阻式进气压力传感器系统发生故障后，ECU 不能正常地进行喷油量的控制，造成混合气过浓或过稀，导致发动机运转不正常、发动机油耗过大、排气管冒黑烟、车辆行驶无力等。

电路方面有插接器接触不良、无电源、搭铁线路断开、传感器信号线断开等故障；传感器方面有传感器内部损坏、无信号电压或信号电压不准等故障；真空管方面有真空管插头脱落，真空管插接不牢，真空管插错位置，真空管老化、开裂或堵塞等故障。

（1）检查进气压力传感器的电源电压。拆开传感器的插接器，接通点火开关，测量端子 V_C 和 E_2 之间的电压，正常电压应为 5V 左右。

（2）检查进气压力传感器的输出信号电压。打开点火开关，发动机不运转，检查压敏电阻式进气压力传感器输出信号电压，标准值为 3.8～4.2V；发动机怠速运转时，信号电压应为 0.8～1.3V；当加大油门时，信号电压应上升。如果信号电压经检查不符合上述规定，说明压敏电阻式进气压力传感器已经损坏，应进行更换。

特别提示

桑塔纳 2000GLi、丰田皇冠 3.0、切诺基、广州本田等轿车等均采用压敏电阻式进气压力传感器，但检测方法与参数略有不同。

2. 电容式进气压力传感器

1）结构与工作原理

如图中 2.33 所示，利用电容效应检测进气歧管绝对压力。弹性膜片用金属制成，上、下两个凹玻璃的表面也均有金属涂层，这样在弹性膜片与两个金属涂层之间形成两个串联的电容。利用氧化铝膜片和底板彼此靠近排列形成电容，其电容量随膜片上下压力差变化而变化，当发动机进气歧管内压力变化时，可获得与压力成正比的电容信号，压变电容是传感器振荡电路中的一个元件，容量变化便在振荡电路中输出变频信号，信号的频率与进气歧管内的绝对压力成正比。ECU 根据输入信号的频率

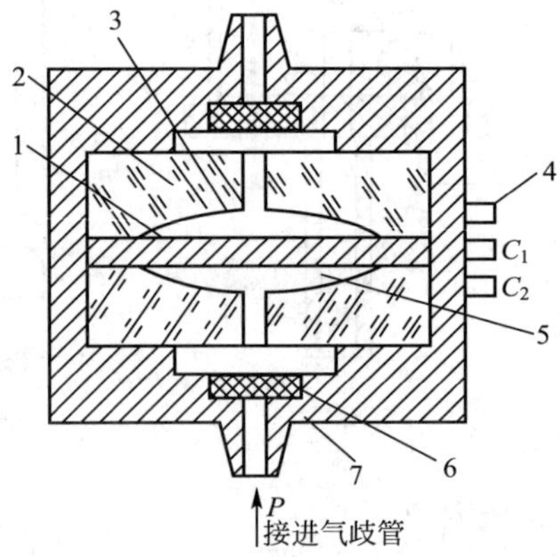

图 2.33　电容式进气压力传感器

1—弹性膜片；2—凹玻璃；3—金属涂层；4—输出端子；5—空腔；6—滤网；7—壳体

便可感知进气歧管内的压力，进而确定发动机的实际进气量，控制喷油器按照最佳汽油需求量喷射汽油。

2）电感式进气压力传感器的检测

(1) 输出信号电压。在传感器插接器插接良好时，将万用表表笔从插接器的背部插入相应端子中，测量传感器的输出信号电压。接通点火开关，传感器受到大气压力作用时(真空管拔下悬空)，信号电压为 1.5V；用嘴对真空管道吸气时，电压从 1.5V 逐渐降低；怠速时，电压降到 0.4V 左右；当转速升高时，电压值也会随之升高。若测量结果与上述情况不符，则说明传感器有故障。

发动机工作中进气压力传感器输出电压信号明显偏低，会造成发动机加速不良。

(2) 传感器线圈有无断路。断开点火开关，拔出传感器的插接器，测量其初级绕组、次级绕组的电阻，阻值应符合规定，电阻为无穷大时说明断路。

3. 电感式(真空膜盒式)进气压力传感器

1）可变电阻式进气压力传感器

如图 2.34 所示，节气门开度小，进气管压力小，膜片下行，输出信号电压高；进气管压力大，膜片上行，输出信号电压低。

2）可变电感式进气压力传感器

如图 2.35 所示，膜片带动铁心上下移动，从而使两互感线圈 W1 和 W2 之间的互感系数发生变化，进而改变输出电压的大小。

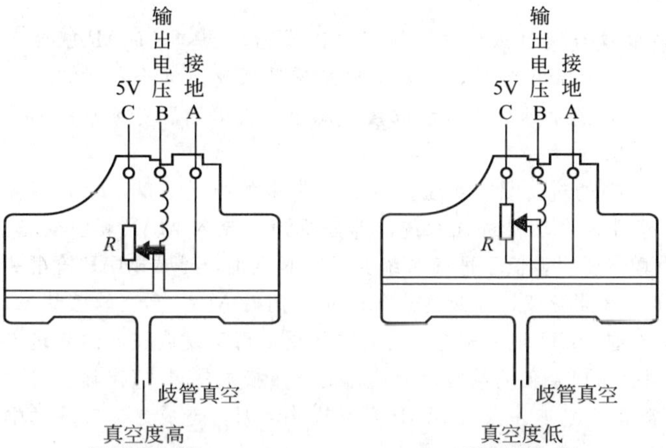

图 2.34 可变电阻式进气压力传感器

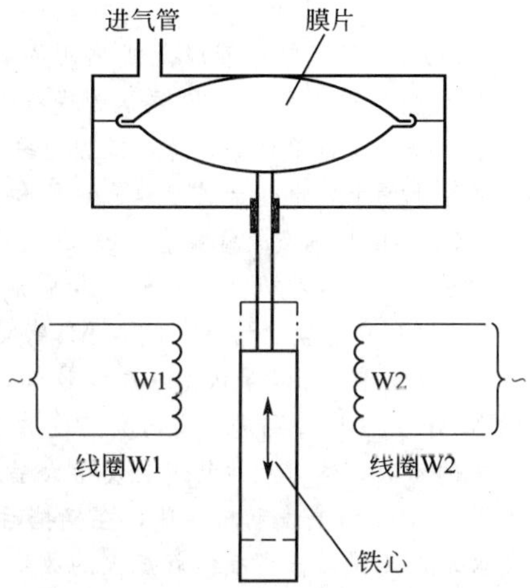

图 2.35 可变电感式进气压力传感器

3）差动变压器式进气压力传感器

差动变压器式进气压力传感器由真空膜盒、铁心、传感线圈和电子电路等组成，如图 2.36 所示。

传感线圈由一次绕组和二次绕组组成，如图 2.37 所示。一次绕组与振荡电路连接，产生交变电压，并在线圈周围产生磁场；二次绕组为两个感应线圈，产生感应信号电压。当交流电通过一次绕组时，两个二次绕组都产生感应电压。当铁心在中心位置时，两个二次绕组的感应电压大小相等，方向相反，传感器的输出电压为零。当铁心从中间向一端移动时，一个二次绕组输出的电压大于另一个二次绕组，这两个二次绕组的电压差 e_s 即为输出信号电压，其大小由铁心移动距离决定。

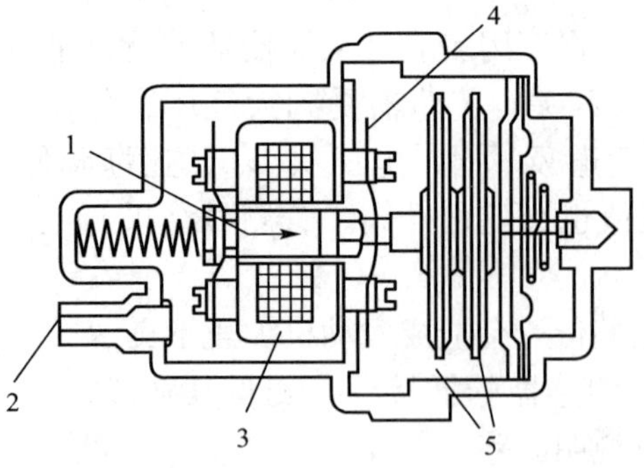

图 2.36 差动变压器式进气压力传感器的结构

1—铁心；2—接进气歧管；3—传感线圈；4—弹线；5—真空膜盒

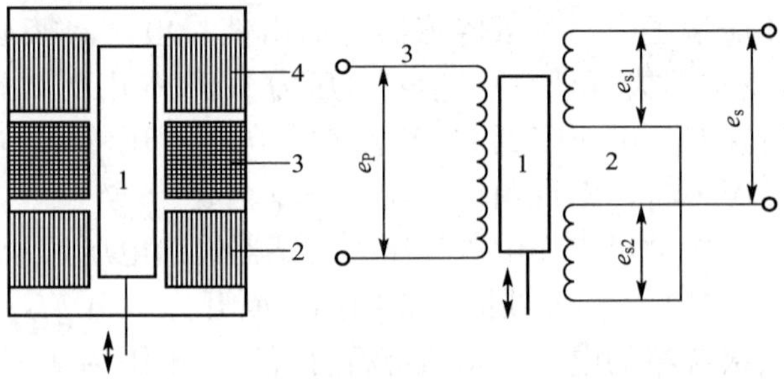

图 2.37 差动变压器式进气压力传感器的工作原理图

当进气歧管压力发生变化时，真空膜盒的外伸与回缩带动铁心在磁场中移动，使感应线圈产生的信号电压发生变化，输入到 ECU。

经验点拨

(1) MAP 真空软管脱落或出现裂口会造成混合气过浓。真空软管脱落或出现裂口，MAP 就会向 ECU 发出错误信号，ECU 误认为进气量增大，而加大供油量，使发动机怠速及低速时混合气过浓，致使尾气呛人，排放严重超标，低速行驶平稳性差，急加速无力。读取数据流会发现喷油脉宽增加，如果泄漏过于严重，也会造成混合气过稀和失火。

(2) MAP 真空软管堵塞，ECU 无法知道正确的进气量。由于废气反流带来的积炭，以及曲轴箱内压力过高，使一些机油顺着曲轴箱强制通风管进入发动机进气系统，部分机油又流入 MAP 真空软管，导致 MAP 真空软管堵塞。使 MAP 感受到的真空度明显低于进气系统实际的真空度，造成 MAP 输出高电压信号，使 ECU 误认为进气量较大，而加大喷油脉宽，导致混合气过浓。同时 MAP 真空软管堵塞，使 MAP 无法感知到进气道内真空度的变化，致使 ECU 无法知道正确的进气量，而反复调整怠速步进电动机的步数，这时怠速转速会发生大幅度波动。有时会使安装自动变速器的汽车摘挡就熄火(怠速挂挡时 ECU 会自动调高发动机转速，在摘挡后则回到正常怠速。由于 MAP 真空软管堵塞，造成怠速转速大幅度波动，于是就出现摘挡就熄火的故障)。

正常情况下，进气压力传感器的输出信号电压应随节气门开度(空气压力)的变化而同步连续变化。如果改变节气门开度时，进气压力传感器的输出电压不能同步连续变化，说明 MAP 真空软管堵塞或传感器损坏，应更换真空软管或传感器。

由于软管堵塞属于机械故障，用故障诊断仪无法检测到，即无故障码输出，故障具有一定的隐蔽性。

(3) 用真空表检测进气压力传感器。塞住进气压力传感器通往进气道的真空软管，手工操作真空泵，当增加或减少真空度时，如能产生喷油脉宽和怠速转速同步变化，说明进气压力传感器可正常工作。

应用案例

一辆“别克”牌轿车，随着发动机温度升高出现怠速不稳，并且温度越高怠速越粗暴，最后导致熄火，再次启动非常困难，只有等温度下降后才可再次启动，并且仪表板上发动机的故障指示灯不亮。用故障诊断仪调取故障码，显示进气压力传感器信号电压过高，更换进气压力传感器后，故障排除。

【检修过程】

拆下空气滤清器观察喷油器的喷油情况，发现当车抖动的时候，喷油量明显减少，显然是ECU给喷油器的指令有问题。分析原因有两个：一是各传感器输送的信号有误；二是喷油器的驱动回路接触不良。

读取故障码，输出两个故障码12和34。12含义为未收到发动机转速信号，这个故障码在未启动发动机时是正常的；34为MAP信号电压过高，于是调查进气压力传感器及其线路。传感器为三线式，打开点火开关测量其1、3脚的电源电压，符合标准值4～6V；测量传感器到ECU的导线电阻接近值0Ω，也正常；测量其信号线在不同真空度时的对地电压，果然如指示灯所示，输出电压较标准值高。更换该传感器后故障现象消失。

【案例点评】

传感器输出较高的电压，表示进气管的压力比较低，即进气量少，负荷小，使ECU根据该信号减少喷油时间，造成了混合气过稀。在暖机过程中，由于有启动后加浓及冷车加浓，故障现象被掩饰，随着暖机过程的结束，混合气变得过于稀薄而导致熄火。

总之，故障灯不亮并不意味着电控系统一定无故障，应先读取故障码，再综合考虑故障排除方法，以便少走弯路。

2.4.3 曲轴位置传感器与凸轮轴位置传感器

引例

一辆韩国现代轿车，发动机有时启动十多次后才能着车，启动后发动机工作正常；但有时多次启动也无法着车，而且无着车征兆。经检查发现曲轴位置传感器线圈有接触不良故障，更换曲轴位置传感器后，故障排除。

曲轴位置传感器的作用是什么？它对发动机技术状况有何影响？

曲轴位置传感器(Crankshaft Position Sensor，CPS或CKP)又称发动机转速传感器，是点火系统和燃油喷射系统共用的传感器。曲轴位置传感器的功用是检测发动机曲轴转角(Ne信号，控制喷油)和活塞运行位置(G信号，控制点火)。发动机ECU据此信号控制点火正时和喷油正时，并提供发动机转速信号(Ne信号)。

知识链接

发动机ECU接收到CPS信号后用于：①和空气流量传感器信号一起决定发动机在各种工况下的基本喷油量(即主喷油量)和基本点火提前角；②控制点火时刻和喷油时刻；③影响怠速控制阀的动作；④影响排放控制系统(EGR、活性炭罐)的工作。

特别提示

大部分发动机的曲轴位置传感器没有失效保护，出现短路或断路故障后，行驶中会立即熄火，无法启动。现在一些车型升级了电控系统，曲轴位置传感器断路后，ECU进入失效保护状态，改用凸轮轴位置传感器提供的信号计算发动机转速，并确定凸轮轴的位置(一缸压缩行程上止点的位置)。同时为了保护发动机，ECU 会降低发动机的最高转速，有些车型还会没有超速挡。

曲轴位置传感器通常安装在下列位置：曲轴前端、凸轮轴前端、飞轮壳上和分电器内部等，如图 2.38 所示。曲轴位置传感器有磁电感应式、霍尔式和光电式三种型式。

1. 磁电感应式曲轴位置传感器

1）磁电感应式曲轴位置传感器的结构与工作原理

磁电感应式曲轴位置传感器由信号转子(触发齿轮)、永久磁铁、铁心和感应线圈等组成，如图 2.39 所示。

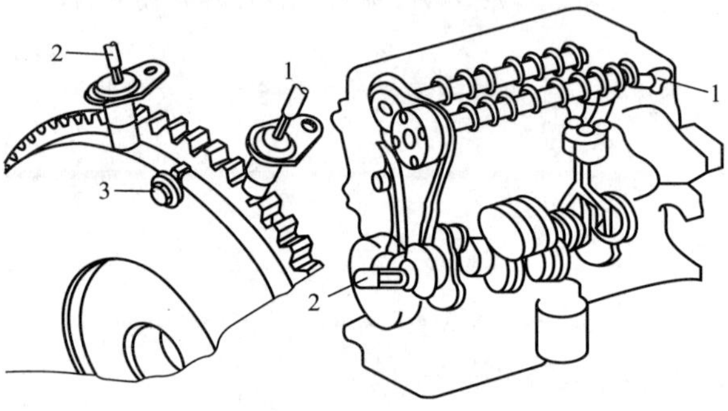

图 2.38　曲轴位置传感器的安装位置示意图

1—凸轮轴位置传感器；2—曲轴位置传感器；3—曲轴位置感应标记

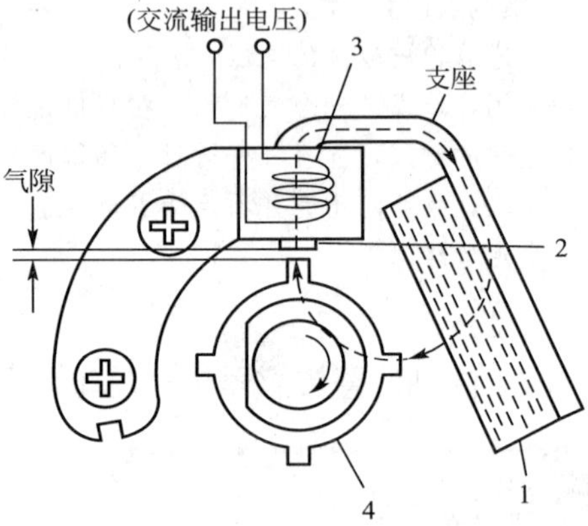

图 2.39　磁电感应式曲轴位置传感器

1—永久磁铁；2—铁心；3—感应线圈；4—信号转子

发动机运转时带动信号转子转动，磁路中的气隙便不断发生变化，穿过感应线圈的磁通量也不断变化，从而在感应线圈中感应出电信号。如图 2.40 所示，当转子上的齿逐渐接近铁心时，磁路中的气隙逐渐变小，通过线圈的磁通量逐渐增大，于是在线圈中产生感

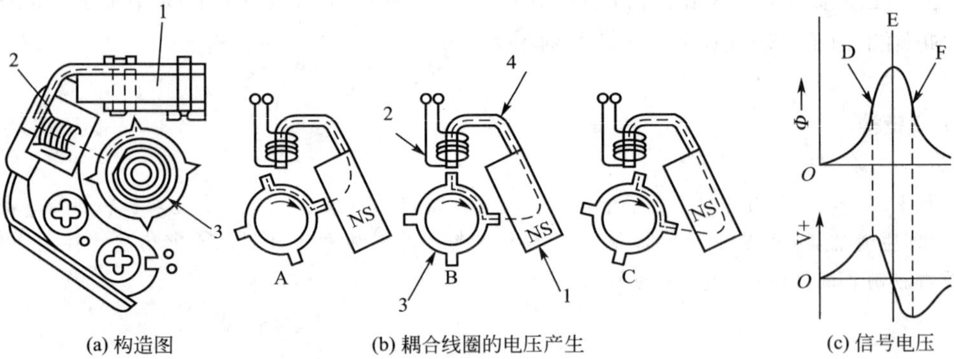

(a) 构造图　(b) 耦合线圈的电压产生　(c) 信号电压

图 2.40　磁电感应式曲轴位置传感器的工作原理

1—永久磁铁；2—耦合线圈；3—信号转子；4—支座；

A—靠近；B—正对；C—远离；D、E、F 分别为 A、B、C 三处对应电压；Φ—通过线圈的磁通量；

应电动势；当转子上的齿正对铁心时，磁路中的气隙最小，此时通过线圈的磁通量最大，但其变化率为零，因而在感应线圈中产生的感应电动势为零；当转子上的齿逐渐离开铁心时，磁路中的气隙逐渐增大，通过线圈的磁通量逐渐变小，于是在感应线圈中产生一反向电动势。如此反复，即可产生脉冲式曲轴位置传感信号。

图 2.41 所示为安装在分电器内部的磁电感应式曲轴位置传感器。该传感器分上、下两部分，上面部分为带 1 个齿的转子和两个对称布置的耦合线圈；下面部分为带 24 个齿的转子和耦合线圈。2 个转子均装在分电器轴上，随分电器轴同步转动。

G_1 和 G_2 耦合线圈产生的信号用于检测活塞在汽缸中的位置。当发动机工作时，分电器轴转过一圈(曲轴转两圈)，其上的正时转子也转过一圈，耦合线圈 G_1 和 G_2 各产生一个电脉冲信号。通过合理的设计，使 G 转子上的齿分别在 1 缸和 6 缸压缩上止点前 10°时与两线圈最接近，即在 1 缸、6 缸压缩上止点前 10°时，耦合线圈 G_1 和 G_2 各产生一个电脉冲信号，ECU 以此信号为基准来判定各缸活塞的工作位置。

Ne 转子上有 24 个齿，Ne 耦合线圈用来产生曲轴转角信号。当 Ne 转子随分电器轴转 1 圈(即曲轴转 2 圈)时，Ne 耦合线圈产生 24 个电压脉冲信号。ECU 根据某段时间内产生的脉冲信号数计算出发动机转速。同时，为提高喷油时刻和点火时刻的控制精度，ECU 内部的分频器将每个 Ne 电压脉冲信号等分成 30 个脉冲信号，每个脉冲信号相当于曲轴转角 1°。

丰田 2JZ-GE 发动机曲轴位置传感器确定上止点位置的方法如图 2.42 所示。曲轴位置传感器的信号轮均分 36 等分，留有 34 个齿，缺少 2 个齿。由于信号轮上有 2 个缺齿，则曲轴每转 360°，有一个大的交流信号，与此信号对应的就是活塞上止点位置，作为 ECU 计算点火提前角的基准。

2）磁电感应式曲轴位置传感器及其工作电路的检测

磁电感应式曲轴位置传感器的基本检测方法如下(见图 2.42)。

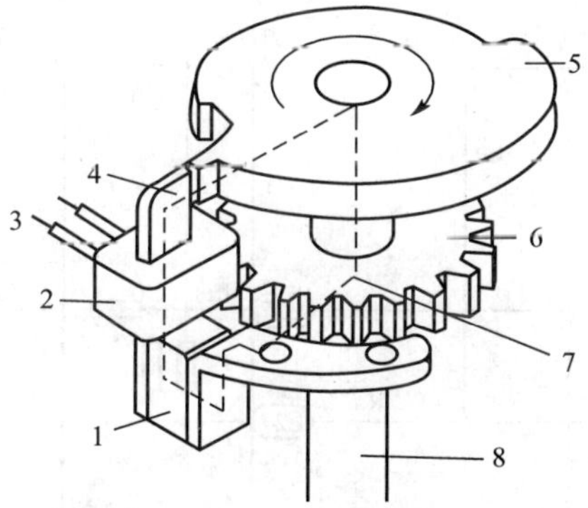

图 2.41　安装在分电器内装式曲轴位置传感器(丰田)

1—永久磁铁；2—线圈；3—信号输出；4—铁心；5—G_1G_2 转子；6—Ne 转子；7—磁路；8—分电器轴

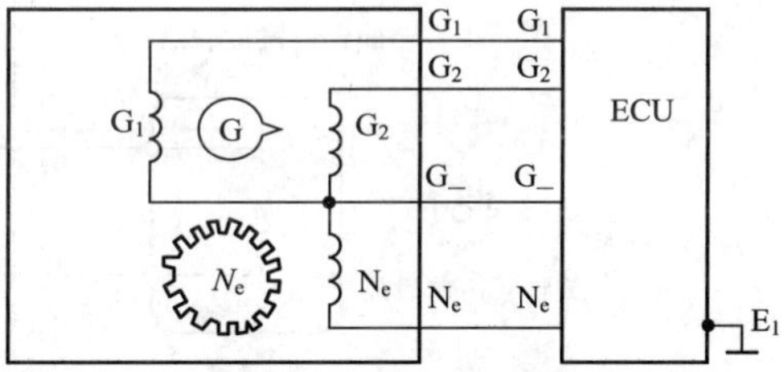

图 2.42　丰田 2JZ-GE 发动机磁电感应式曲轴位置传感器的工作电路

(1) 检查传感器内线圈电阻。拔下传感器插接器，分别测量传感线圈上 G_- 端子与 G_1、G_2、Ne 端子之间的电阻值，标准值见表 2-6。若不相符，应更换分电器壳体总成。

表 2-6　曲轴位置传感器线圈电阻值　　单位：Ω

	2JZ-GE 发动机		2TZ-FE 发动机电阻值
	冷态电阻值	热态电阻值	
G_1—G_-	125～200	160～235	125～190
G_2—G_-	125～200	160～235	125～190
Ne—G_-	155～250	190～290	155～240

(2) 检查传感器的输出信号。

方法一：使发动机怠速运转，分别测量曲轴位置传感器上 G_1 与 G_-、G_2 与 G_-、Ne 与 G_- 之间的电压。传感器正常时，应有脉冲信号输出。若无脉冲信号输出，则更换曲轴位置传感器。

方法二：在发动机怠速运转时，用示波器检查曲轴位置传感器上 G_1 与 G_-、G_2 与 G_-、Ne 与 G_- 之间的波形，其波形应符合要求。

(3) 检查磁隙。用塞尺检查信号转子与传感线圈凸出部分的间隙。标准值为 0.2～0.4mm。若不符合标准，则更换分电器总成。

(4) 检查传感器连接导线。传感器与 ECU 之间的三根连接导线，均应导通。否则，修复或更换导线。

图 2.43 为丰田 1ZZ-FE 发动机的曲轴与凸轮轴位置传感器电路图。曲轴位置传感器标准电阻值为：冷态 985～1 600Ω，热态 1 265～1 890Ω。凸轮轴位置传感器标准电阻值为：冷态 1 630～2 740Ω，热态 2 065～3 225Ω。冷态是指−10℃～+50℃，热态是指 50℃～100℃。

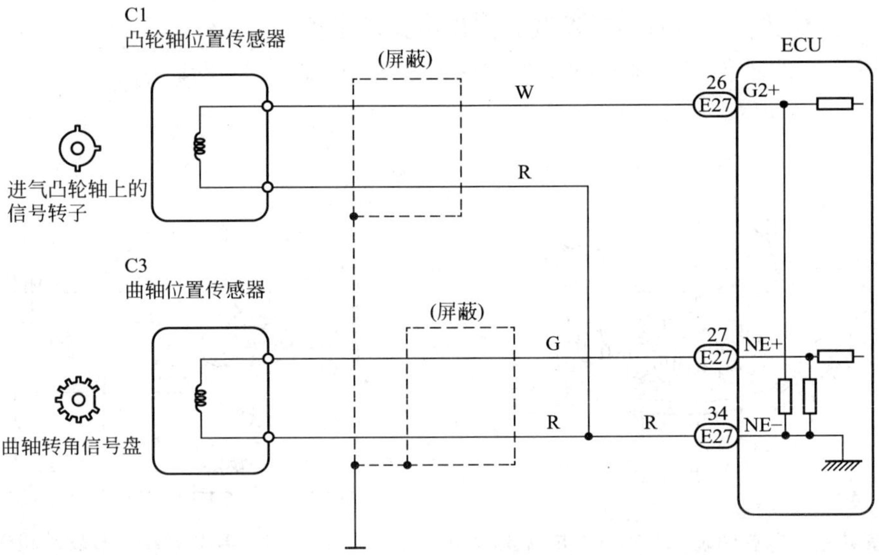

图 2.43　丰田 COROLLA 轿车 1ZZ-FE 发动机曲轴与凸轮轴位置传感器电路图

3) 磁电感应式曲轴位置传感器的故障诊断

(1) 曲轴位置传感器触头上吸附过多杂质或气隙过大会造成断路。曲轴位置传感器触头上吸附过多的金属颗粒，会丢失信号，数据流给出的发动机转速会明显低于实际转速，有时会突然熄火。触头和转子气隙如大于 2.3mm(正常气隙应为 0.8mm 左右)或触头损伤，信号会变得不可信或消失。信号不可信，会造成发动机熄火；信号消失，发动机不能启动，在信号消失瞬间发动机会立即停转。

将汽车专用万用表转到交流(AC)挡，按功能键选择“AC”和“Hz”，旋转曲轴，让曲轴位置传感器的铁质齿圈(转子)转动，观察信号的数值和频率，二者应随发动机转速同步增加。如信号的幅值很小，可能是曲轴位置传感器触头和转子气隙过大。

(2) 曲轴位置传感器触头与转子的气隙过小，会造成喷油量过少，发动机启动困难。可在触头端部贴上 0.8mm 左右的纸片(塞尺)来查气隙是不是合适。

(3) 曲轴位置传感器电阻值的检测。曲轴位置传感器通常为三根线，端子 1 和 2 之间为磁感应线圈，电阻值由厂家确定(正常值为 450～1 000Ω 或 800～1 000Ω)。端子 3 为屏蔽线，所以端子 1 和 3 之间，端子 2 和 3 之间的电阻值应为∞。

(4) 曲轴位置传感器输入电源电压的检测。关闭点火开关，断开其插接器，打开点火开关，正常的输入电压应为 12V，否则应检查电源电路(重点检查传感器的搭铁线)。

特别提示

磁电感应式曲轴位置传感器的搭铁线只与 ECU 相连，而不能和车架或车身搭铁。

(5) 热机时曲轴位置传感器断路故障的检测。有的磁电感应式曲轴位置传感器，冷机时电阻很正常，热机后电阻值变成∞；热机发动机熄火，无法立即启动着车，冷却 10min 后电阻值恢复正常，可以启动，启动后行驶正常。开始时 10 多天出现一次，如不及时修理，发展下去，每天会出现若干次。此时，可用加热法检查它的热稳定性：用吹风机的最高挡将传感器加热至接近 60℃，测量曲轴位置传感器的电阻值，看是否正常。

(6) 磁电感应式曲轴位置传感器磁性的检查。凡是磁电感应式的凸轮轴位置传感器、曲轴位置传感器、车速传感器、变速器转速传感器、轮速传感器等，如电阻值和输出电压均符合厂家规定，应进一步进行磁性检查。

特别提示

现在许多磁电感应式传感器用人工合成磁铁代替天然永久磁铁，人工合成磁铁在受到剧烈撞击后磁性会部分丢失，此时磁电感应式曲轴位置传感器电阻值和输出电压虽然均正常，但实际已经失效。相反，如磁电感应式曲轴位置传感器电阻值输出电压正常，磁性正常，就说明传感器自身可以正常工作，不必再进行波形检查。

(7) 热机断路故障的路边急救。冷机时启动，行驶正常；热机后，曲轴位置传感器、点火器或点火线圈在出现高温时断路或短路，无法启动。此时可用物理方法降温(如用水使外壳降温，但不要弄湿端子)，降温后电阻值恢复正常，可以正常启动和行驶。

2. 霍尔式曲轴位置传感器及同步信号传感器

1) 霍尔式曲轴位置传感器

如图 2.44 所示，把一个通有电流的霍尔半导体基片(霍尔元件)放置在与电流方向垂

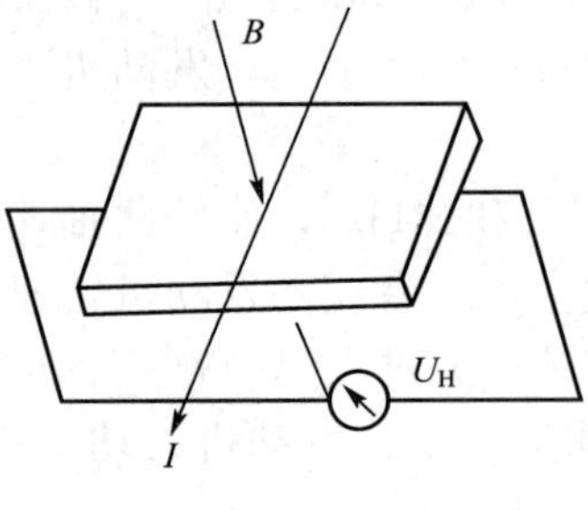

图 2.44　霍尔效应原理图

直的磁场中时，在垂直于电流和磁场的方向上就会产生一个微量电压，称为霍尔电压。霍尔电压与通过的电流和外加磁场的强度成正比。

图 2.45 所示为叶轮触发霍尔式曲轴位置传感器。霍尔元件固定在支座上，永久磁铁在其对面，两者之间有空气间隙。霍尔元件的工作电流由 A、B 端供给，霍尔电压由 C、D 端输出。触发叶轮上有和发动机汽缸数目相同的缺口和叶片，它们随同分电器轴或曲轴一起旋转。当叶片离开磁铁与霍尔元件之间的间隙时，永久磁铁的磁场穿过霍尔元件，产生霍尔电压。当叶片进入磁铁与霍尔元件之间的间隙时，磁场被叶片隔离，没有磁场加在霍尔元件上，不产生霍尔电压。如此往复，产生与叶片相对应的脉冲信号，可换算成发动机转速等信号。

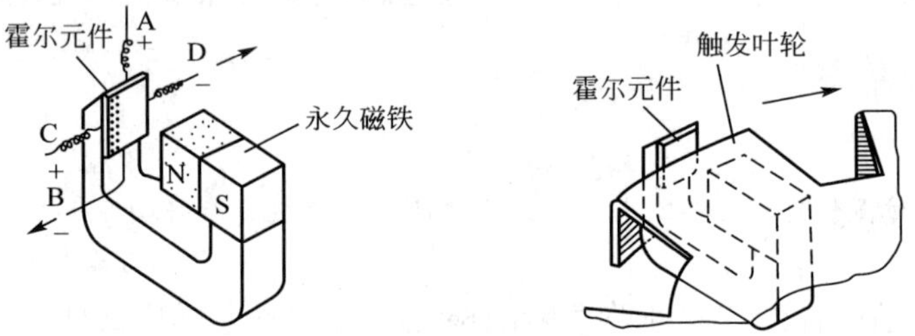

图 2.45　霍尔式曲轴位置传感器

图 2.46 所示为轮齿触发霍尔式曲轴位置传感器的原理图。它利用触发轮齿改变霍尔元件和磁铁间的空气间隙，从而产生霍尔电压。四缸发动机飞轮上有 8 个槽，分成两组，每 4 个槽为一组，两组相隔 180°，每组中相邻两个槽间隔 20°。六缸发动机飞轮上有 12 个槽，每 4 个槽为一组，分成三组，每组相隔 120°，每组中相邻两个槽也相隔 20°。

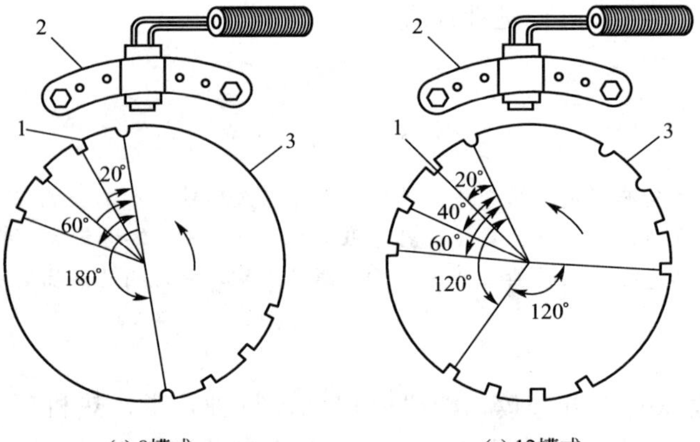

图 2.46　轮齿触发霍尔式曲轴位置传感器原理图(北京切诺基汽车)

1—槽；2—曲轴位置传感器；3—飞轮

当飞轮齿槽通过传感器顶部时，传感器产生约 5.0V 的霍尔信号电压；当飞轮齿顶与传感器顶部对正时，传感器产生 0.3V 的低电压。当飞轮上的每组齿槽通过传感器顶部时，传感器将产生 4 个电压脉冲。其中 4 缸发动机曲轴每转一圈产生两组脉冲信号，六缸发动机曲轴每转一圈产生 3 组脉冲信号。通过合理设计，使每组齿槽的第 4 个槽的电压脉冲下降沿(信号高电压变为低电压的时刻)对应活塞上止点前 4°。这样，在四缸发动机上可利用一组传感器信号判断第 1 缸和第 4 缸活塞接近上止点的位置；利用另一组传感器信号，可判断第 2 缸和第 3 缸活塞接近上止点的位置。同理，在六缸发动机上利用 3 组传感器信号可分别判断第 1 缸和第 6 缸活塞、第 3 缸和第 4 缸活塞、第 2 缸和第 5 缸活塞接近上止点的位置。另外，ECU 可以计算出发动机转速。

2）同步信号传感器

利用霍尔式曲轴位置传感器，ECU 可以判断出有两个缸的活塞同时接近上止点，但不能判断哪个缸是压缩上止点，哪个缸是排气上止点，因此，还需要另外一个同步信号传感器配合来确定发动机的点火时刻和喷油时刻。

丰田轿车凸轮轴位置传感器产生的 G_1、G_2 信号为判缸信号，即为同步信号发生器；北京切诺基汽车的同步信号传感器也是霍尔式传感器，如图 2.47 所示。它安装在分电器内，脉冲环随分电器轴一起转动。当脉冲环进入信号发生器时，传感器输出 5.0V 高电压；当脉冲环离开信号发生器时，传感器输出 0V 低电压。脉冲环占分电器轴转角的 180°，所以在分电器轴转 1 周的过程中高、低电压各占 180°。

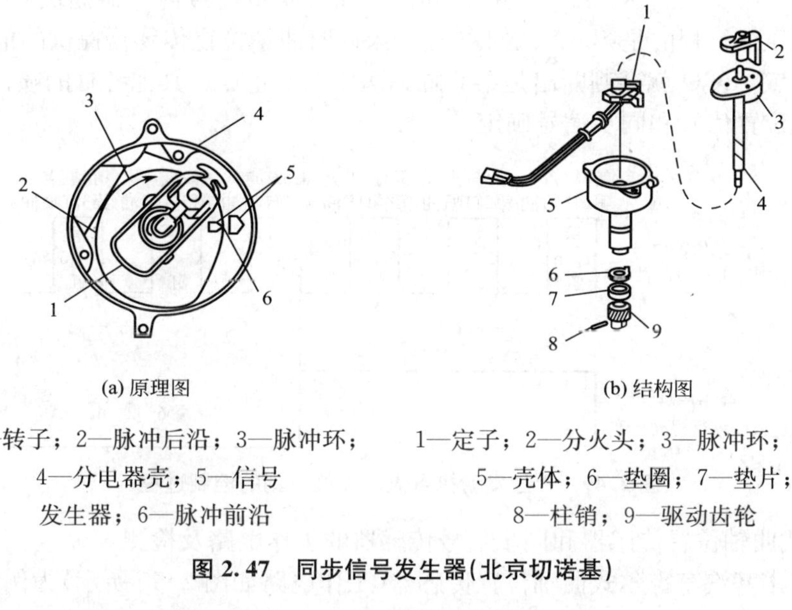

(a) 原理图　　(b) 结构图

1—转子；2—脉冲后沿；3—脉冲环；4—分电器壳；5—信号发生器；6—脉冲前沿

1—定子；2—分火头；3—脉冲环；4—轴；5—壳体；6—垫圈；7—垫片；8—柱销；9—驱动齿轮

图 2.47　同步信号发生器(北京切诺基)

3）发动机点火时刻、喷油时刻的控制

(1) 四缸发动机点火时刻、喷油时刻的控制过程。对四缸发动机来说，当同步信号发生器的高电位脉冲上升沿出现时，表示第 1、3 缸活塞要相继进入压缩行程，如图 2.48 所示。如果此时曲轴位置传感器提供的信号表示第 1、4 缸到达上止点(压缩上止点或排气上止点)。综合这两个信号，ECU 就可判断出是第 1 缸到达压缩上止点，从而控制该缸的点火。同样，ECU 可判断第 4 缸到达排气行程上止点，据此可确定第 4 缸在排气行程上止点前 64°时喷油。

当脉冲环离开信号发生器(即信号电压降为 0V)时，表示即将进入压缩行程的是第 4、

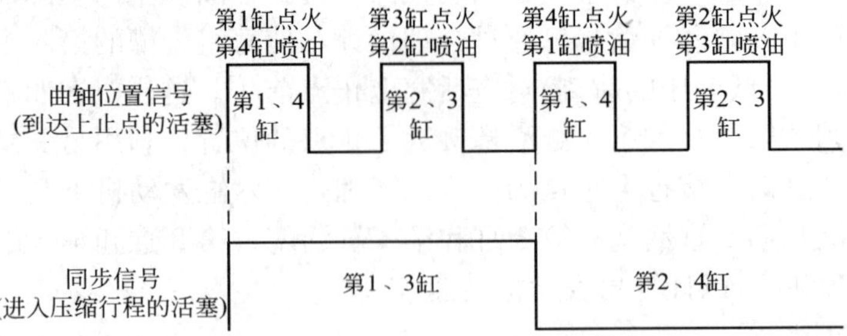

图 2.48 四缸发动机喷油、点火时刻的控制过程

2 缸；如果此时曲轴位置传感器提供的信号表示第 1、4 缸到达上止点。综合这两个信号，ECU 就可以判断出是第 4 缸到达压缩上止点，从而控制该缸点火。同样，ECU 可判定第 1 缸处于排气行程，并控制该缸喷油。第 2、3 缸的点火、喷油时刻同样也由曲轴位置信号和同步信号确定。

(2) 六缸发动机点火时刻、喷油时刻的控制过程。对于六缸发动机来说，同步信号传感器产生 5V 高电压时，表示下面相继进入压缩行程的是第 1、3 缸，如图 2.49 所示。如果此时曲轴位置传感器提供的信号表示第 1、6 缸到达上止点，那么 ECU 综合这两个信号就可以判断出是第 1 缸到达压缩上止点。同样，如果同步信号传感器提供 0V 低电压，则表示相继进入压缩行程的是第 6、2、4 缸；如果此时曲轴位置传感器提供的信号表示第 1、6 缸到达上止点，ECU 就会判断出是第 6 缸到达压缩上止点。其他各缸的喷油、点火时刻同样也由曲轴位置信号和同步信号确定。

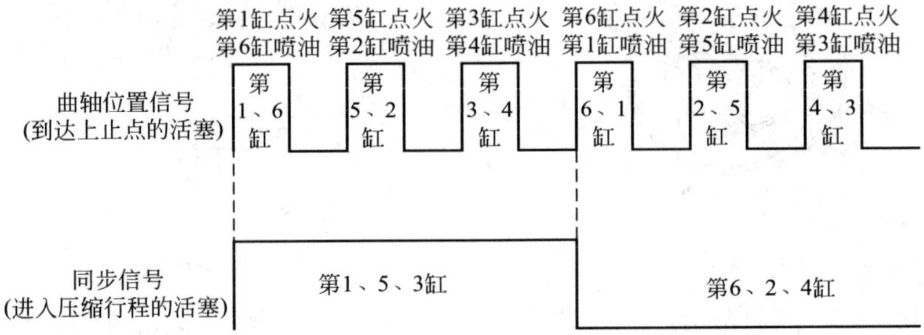

图 2.49 六缸发动机点火、喷油时刻的控制过程

4) 霍尔式曲轴位置传感器和同步信号传感器的工作电路及检测

以北京切诺基汽车霍尔式曲轴位置传感器(工作电路如图 2.50 所示)为例予以介绍。

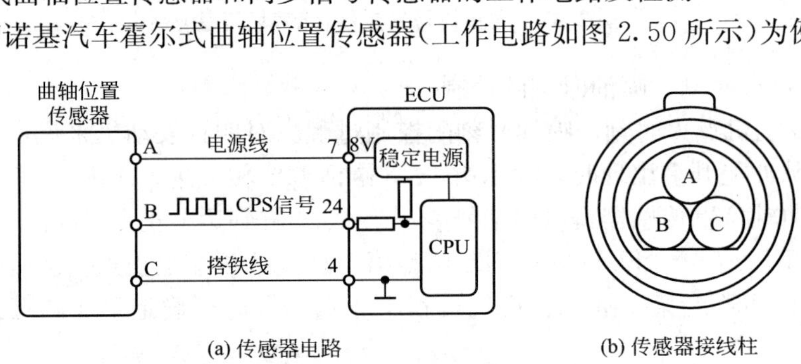

图 2.50 霍尔式曲轴位置传感器的工作电路(北京切诺基)

(1) 检查曲轴位置传感器的电源电压。接通点火开关，测量曲轴位置传感器电源电压(图中端子 A 与 C)。标准电压值为 8V，否则应检查 ECU 与传感器之间的连接线路。

(2) 检查曲轴位置传感器的信号电压。接通点火开关，启动发动机并使其怠速运转，测量端子 B 与 C 之间的电压，标准电压值应在 0.3～5V 范围内变化(电压表指针来回摆动)。否则，应进一步检查传感器的电源电压及传感器与 ECU 之间导线的连接情况。也可在端子 B 与 C 之间串联一只发光二极管(正极连接 B 端子)和一只 330Ω 的电阻。发动机正常运转时，发光二极管应当间歇闪亮；否则，应进一步检查传感器的电源电压及传感器与 ECU 之间导线的连接情况。

(3) 检查传感器的连接线束。测量传感器与 ECU 之间的连接线路，正常情况下其阻值应小于 0.5Ω。如果阻值为无穷大，说明线路断路，应更换线束。

(4) 检测同步信号发生器。测试传感器三个接线柱 A、B、C 之间的电压值(测试时不要将分电器上的插接器拆下)。若传感器正常，接通点火开关(ON)时接线柱 A、C 间的电压值约为 8V。拆下分电器盖，转动发动机曲轴，使脉冲环进入同步信号发生器，这时接线柱 B、C 间的电压值大约为 5V；如继续转动，电压表的指针应在 0～5V 范围内来回摆动。若测试结果与上述不符，则应进一步检查传感器导线连接情况。若传感器导线连接正常，应更换同步信号传感器。

3. 光电式曲轴位置传感器

1) 光电式曲轴位置传感器的结构和工作原理

光电式曲轴位置传感器是利用半导体的光电效应原理制成的，如图 2.51 所示。有光线时，光敏晶体管导通，有电流输出；没有光线时，光敏晶体管截止，没有电流输出。

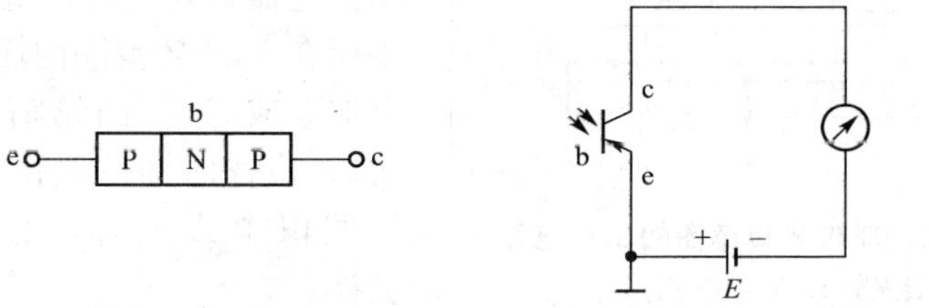

(a) 光敏晶体管结构简图　　(b) 光敏晶体管的光电效应原理

图 2.51　光敏晶体管的结构与原理图

如图 2.52 所示，光电式曲轴位置传感器由发光二极管、光敏晶体管、信号盘(转盘)及整形电路等组成。信号盘位于发光二极管和光敏晶体管之间。信号盘上有 360 条细缝，每条细缝用于产生一个 1°信号(曲轴转角信号)，还有 6 条用于产生 120°信号(曲轴位置信号)的粗缝，其中较宽的一条粗缝用于产生 1 缸上止点对应的 120°信号。

装在分电器内的光电式曲轴位置传感器(日产轿车)共有两组发光二极管和光敏晶体管，其中一组正对着信号盘的细缝隙，另一组正对着信号盘的粗缝隙，都安装在信号盘的上下两侧。信号盘装在分电器轴上，发动机工作时，信号盘随着分电器轴同步旋转，信号盘上的缝隙便断续接通从发光二极管照向光敏晶体管的光束。当发光二极管发出的光线穿过信号盘上的缝隙照射到光敏晶体管上时，光敏晶体管导通；当发光二极管发出的光线被信号盘遮挡住时，光敏晶体管截止。这样，光敏晶体管便连续不断地向外输出反映曲轴转角和曲轴位置(活塞在汽缸中的位置)的脉冲信号。

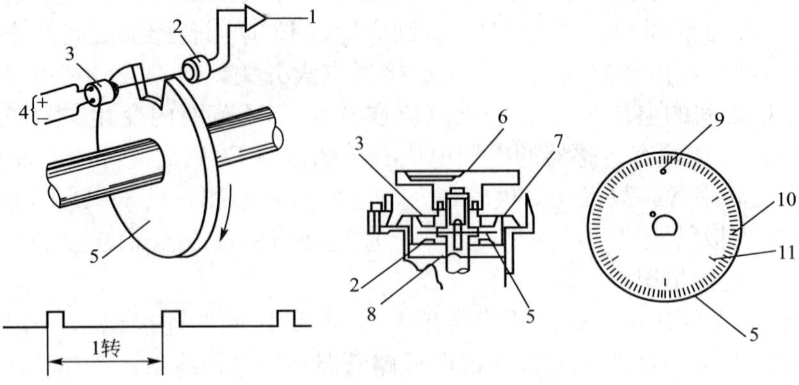

(a) 工作原理图　　(c) 结构图　　(c) 转盘

图 2.52　光电式曲轴位置传感器

1—输出信号；2—光敏二极管；3—发光二极管；4—电源；5—转盘；6—转子头盖；7—密封盖；8—波形电路；9—第一缸 120°信号缝隙；10—1°信号缝隙；11—120°信号缝隙

2）光电式曲轴位置传感器的检测

日产阳光轿车 B14 车系光电式曲轴位置传感器的工作电路如图 2.53 所示。

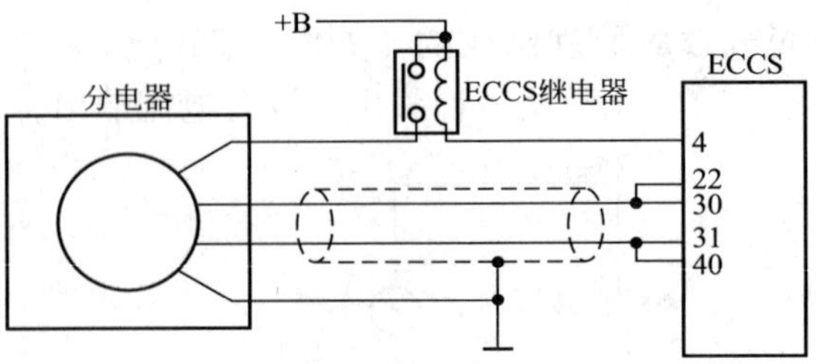

图 2.53　光电式曲轴位置传感器的工作电路（日产阳光轿车 B14 车系）

从发动机上拆下分电器(曲轴位置传感器线束插接器保持连接)，断开点火线，然后将点火开关置于 ON 位，用手缓慢转动分电器轴，同时检查信号输出电压，电压应在 0～5V 范围内摆动，否则应更换分电器总成(连同凸轮轴位置传感器一同更换)；检查曲轴位置传感器信号的转子盘是否积尘或损坏，必要时加以清洗或更换。

特别提示

大部分发动机 CPS 损坏后，发动机无法启动。但也有少数发动机 CPS 损坏后，ECU 启动失效保护系统，发动机在失效保护模式下运转。

4. 凸轮轴位置传感器

在许多旧款的电控发动机上，有 CPS(曲轴位置传感器)就没有 CMP(camshaft position sensor，凸轮轴位置传感器)，有 CMP 就没有 CPS。因为这两个传感器的作用是一样的，只是安装位置不同，名称不同而已。因此，过去往往习惯性地将凸轮轴位置传感器又称曲轴位置传感器。

在有些发动机上，既安装了 CPS，又安装了 CMP。一般 CPS 主要用来检测发动机的转速、曲轴的位置，而 CMP 主要用来发送上止点信号，即将过去的一个传感器的任务分配给两个传感器去完成。

随着发动机可变正时等新技术的出现，需要分别检查凸轮轴和曲轴的位置，这时的CMP与传统的CMP的作用完全不同。此时，CMP用来控制配气正时，从而提高发动机的功率。

特别提示

如凸轮轴位置传感器失效退出，无法提供初始点火提前角信号。发动机转速传感器(曲轴位置传感器)装在曲轴前端或飞轮上的车型，上面均设计有断齿(压缩行程上止点)。进入失效保护后初始点火提前角信号则改由发动机转速传感器负责，初始点火提前角控制不受影响，但启动时发动机会延迟2s启动。

1）霍尔式凸轮轴位置传感器

捷达、桑塔纳2000GSi、北京切诺基等轿车采用霍尔式凸轮轴位置传感器，安装在发动机进气凸轮的一端。

霍尔式凸轮轴位置传感器由集成电路、永久磁铁和导磁片等组成。霍尔元件与永久磁铁之间有1mm的间隙，当信号转子随进气凸轮轴一同转动时，隔板和窗口从集成电路与永久磁铁之间的间隙中转过。当信号转子的隔板进入间隙时，霍尔集成电路中的磁场被旁路，霍尔元件上没有磁感线穿过，霍尔电压U_H为零，集成电路输出极晶体管截止，传感器输出的信号电压为高电位，约4.0V；当信号转子的隔板离开间隙时，永久磁铁的磁通经导磁片和霍尔元件集成电路构成回路，这时产生的霍尔电压约为2.0V，集成电路输出极晶体管导通，传感器输出的信号电压为0.1V，为低电位。

发动机工作时，曲轴位置传感器和凸轮轴位置传感器产生的信号不断地输入ECU，当ECU同时接收到曲轴位置传感器大齿缺对应的低电位信号(15°)和凸轮轴位置传感器窗口对应的低电位信号时，可以识别出第1缸活塞在压缩上止点、第4缸活塞处于排气行程，并根据曲轴位置传感器小齿缺对应输出的信号控制点火提前角。由于凸轮轴位置传感器与曲轴位置传感器同时输出信号，凸轮轴位置传感器信号作为判缸信号，所以凸轮轴位置传感器又称同步信号传感器。

霍尔式凸轮轴位置传感器与ECU的连接电路如图2.54所示。该传感器G40有三个接线端子：1为传感器电源正极端子，2为传感器信号输出端子，3为传感器电源负极端子。

2）磁电式凸轮轴位置传感器

丰田等汽车的凸轮轴位置传感器为磁电感应式，如图2.55所示。

进气凸轮轴的可变气门正时(VVT)传感器(G信号)由磁铁和MRE元件组成。VVT凸轮轴主动齿轮有一个信号盘，信号盘的外圆周上有三个齿。齿轮旋转时，信号盘和耦合线圈间隙会发生变化，从而影响磁铁。结果，MRE材料的电阻就会发生波动。凸轮轴位置传感器将齿轮旋转数据转换为脉冲信号，并将这些脉冲信号发送到ECU来确定凸轮轴角度。ECU利用此数据来控制燃油喷射时间即喷油正时。

曲轴位置信号盘有34个齿。发动机每转一周，耦合线圈产生34个信号。ECU根据G信号和实际曲轴转角来检测正常的曲轴转角。ECU还可以根据Ne信号来检测发动机转速。

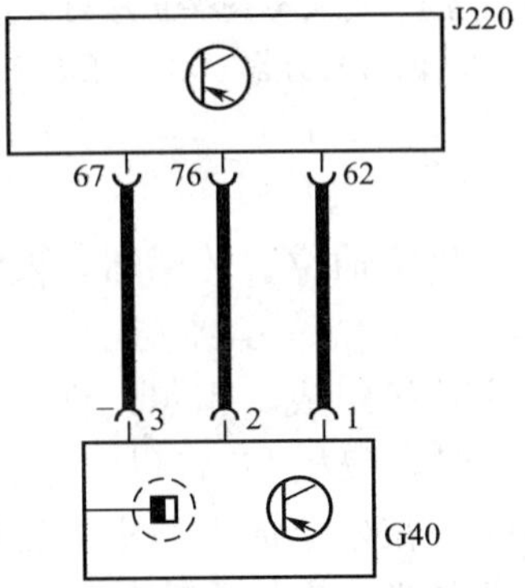

图 2.54　霍尔式凸轮轴位置传感器与 ECU 的连接电路

1—电源正极端子；2—信号输出端子；3—电源负极端子

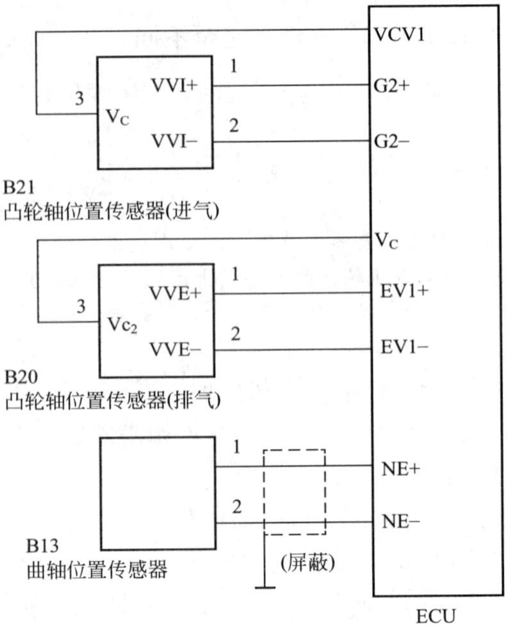

图 2.55　磁电感应式凸轮轴位置传感器(丰田)

2.4.4　节气门位置传感器

引例

一辆广州本田轿车，出现怠速不稳、尾气超标并且开空调后发动机易熄火的故障现象。用故障诊断仪检测，在观察数据流时，发现：发动机怠速时，节气门位置传感器开度信号值为 80%。为什么发动机在怠速工况下，节气门位置传感器开度信号值这么大呢？这里存在明显的信号误差。将三条引线按正确线路接好，故障排除。

节气门位置传感器的作用是什么？失效或性能不良时，会导致发动机产生哪些故障现象？

1. 节气门位置传感器的作用

节气门位置传感器(Throttle Position Sensor，TPS)的作用是把汽油机运转过程中节气门的位置或开启变化率转换成电压信号。该信号输入 ECU 后用于：

(1) 控制怠速控制阀的动作。发动机怠速运转时，节气门位置传感器产生对应于节气门最小开度的电信号并输入 ECU。ECU 根据此信号判定发动机处于怠速工况，控制怠速控制阀动作，以稳定怠速转速。

(2) 修正喷油量。当节气门开度变化(发动机负荷变化)时，节气门位置传感器输出的信号电压也变化。ECU 据此来修正喷油量，以适应不同工况对混合气浓度的要求。当节气门急速开、闭时，线性节气门位置传感信号电压也急速变化，ECU 根据此信号判断加速、减速工况，控制喷油器在加速时多喷油，在急减速时少喷油或断油。

(3) 修正点火提前角。发动机怠速运转时，ECU 会根据节气门位置传感器的信号来调整点火提前角，以稳定怠速转速。

(4) 影响废气再循环(EGR)系统的工作。当发动机怠速运转时，ECU 根据“节气门在怠速位置”的信号，控制废气再循环系统停止工作，断开排气管至进气系统之间的通道，以稳定怠速。

(5) 控制自动变速器的工作。ECU 根据节气门位置传感器输入的节气门开度信号、车速信号等控制自动变速器的换挡时刻及锁止离合器的锁止时刻。

特别提示

如节气门位置传感器输出电压信号严重失准，进入失效保护后，改用怠速触点信号，只要节气门开启，无论开启角度大小，一律按开启50%进行控制。

2. 节气门位置传感器的结构与工作原理

节气门位置传感器安装在节气门轴一端，通过节气门轴带动内部的电刷、触点转动，从而把节气门开度变化的电信号输送给 ECU。节气门位置传感器的类型见表 2-7。

表 2-7　节气门位置传感器的类型

分类标准	类　型	备　注
根据输出特性	线性式、开关式	节气门位置传感器(TPS)多为四端子式，常见端子含义：V_C 为电源电压；VTA 为输出信号电压；IDL 为怠速触点开关；E_2 为搭铁线。若装有怠速步进电动机时，端子可达 8 个
根据接线端子数	3、4、7、8 端子	
根据工作原理	可变电阻式、霍尔式、通断式	
根据导通元件	触点式、电刷式、感应式	

1) 开关式节气门位置传感器

开关式节气门位置传感器的结构如图 2.56 所示。节气门轴转动时带动转盘转动，转盘上的导槽拨动活动触点。节气门关闭时，活动触点与怠速触点分开；节气门接近全开时，活动触点与全开触点闭合。

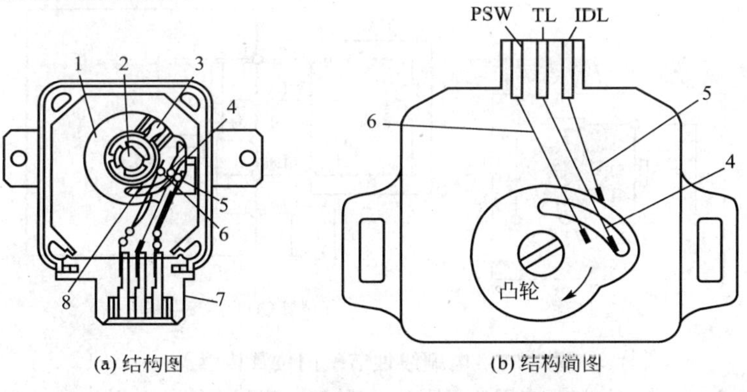

(a) 结构图　　(b) 结构简图

图 2.56　开关式节气门位置传感器

1—导向凸轮；2—节气门轴；3—控制杆；4—可动触点；5—怠速触点；6—全开触点(功率触点)；7—插接器；8—导向凸轮槽

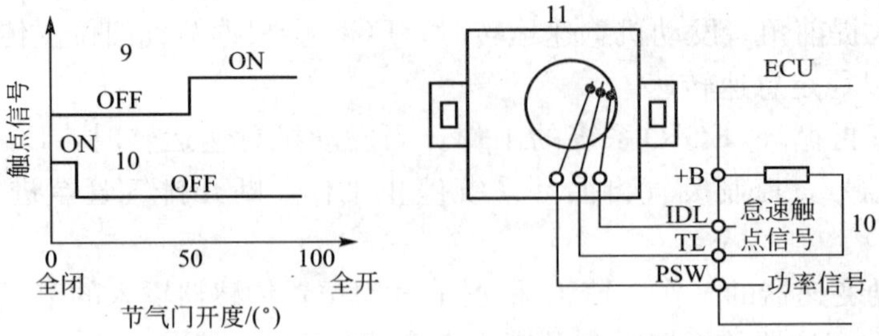

(c) 输出特性　　(d) 与ECU的连接电路

图 2.56　开关式节气门位置传感器(续)

9—全开触点信号；10—怠速触点信号；11—节气门位置传感器

IDL—怠速触点信号；PSW—节气门全开信号；TL—节气门开度信号

某些有自动变速器的轿车采用了多触点式(如 8 个接线端子)节气门位置传感器。触点数目多，能更精确地反映发动机负荷的变化，以便更加精确地控制自动变速器的换挡时刻和变矩器锁止离合器的锁止时刻。

2) 电刷线性节气门位置传感器

电刷线性节气门位置传感器的结构如图 2.57 所示。节气门轴带动滑动电刷在电阻片上滑动，从而将节气门开度的变化转变为电压的变化。

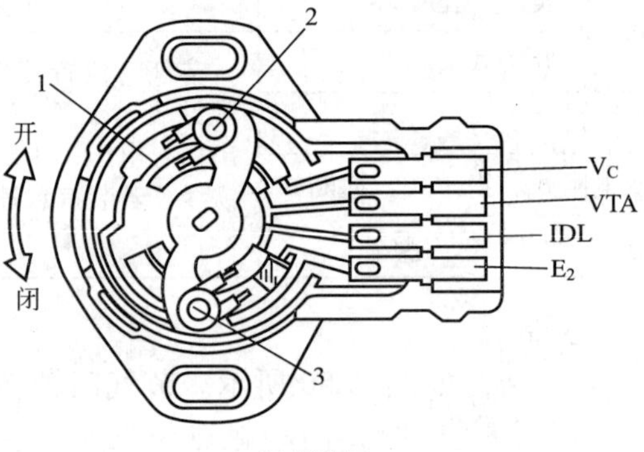

(a) 结构图

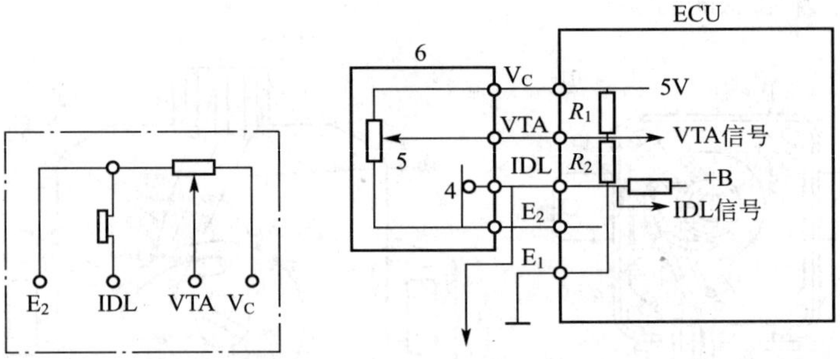

(b) 内部电路　　(c) 与ECU的连接电路

图 2.57　电刷线性节气门位置传感器

1—电阻体；2—检测节气门开度用的电刷；3—检测节气门全闭的电刷；4—怠速触点开关；

5—滑动触点；6—节气门位置传感器；V_C—电源端子；VTA—节气门开度信号

+B—输出端子；IDL—怠速触点；E_2、E_1—搭铁

电刷线性节气门位置传感器可以产生节气门从全闭到全开所有开启角度连续变化的信号，以及表示节气门开度变化速率的信号。

特别提示

为了使ECU更加准确地得到节气门怠速位置信号，有的车型(如丰田、马自达等)在电刷线性节气门位置传感器的基础上增设了一个怠速开关。节气门处于怠速开度时，怠速开关触点闭合。ECU不仅可以根据此信号确定怠速状态，而且可以在节气门位置传感器安装位置发生变化、电阻有误差等情况，将其作为ECU校正节气门开度信号值的基准点。

3）霍尔线性节气门位置传感器

如图2.58所示，霍尔元件型节气门位置传感器由霍尔元件和可绕其转动的磁铁制成的IC构成。磁铁与节气门同轴，和节气门一起转动。当节气门开启时，磁铁也同时转动。此时，霍尔IC探测到磁铁位置变化所造成磁通量的变化，并根据此变化从VTA1端子和VTA2端子输出最终的霍尔电压，发动机ECU据此换算成节气门开度信号。

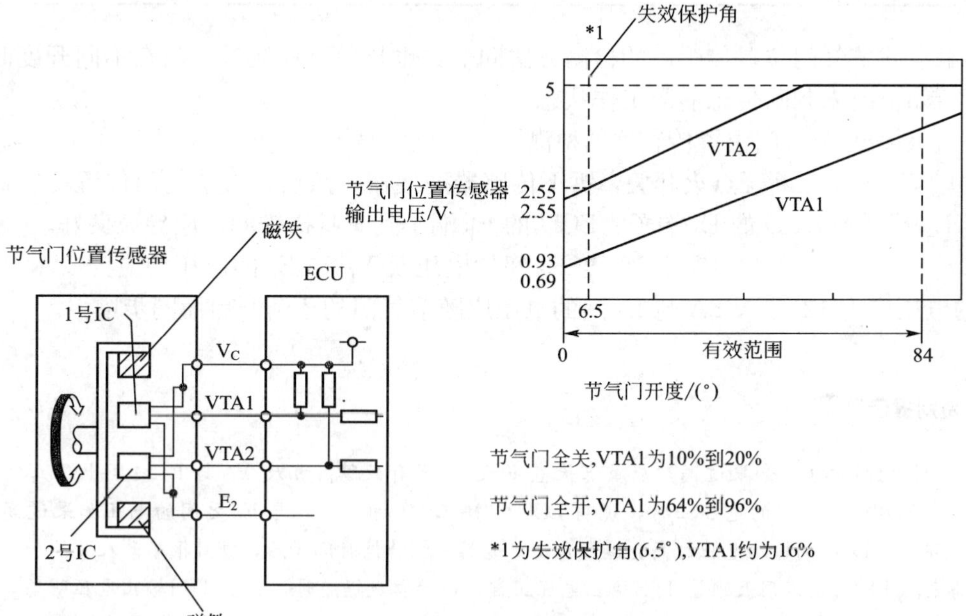

图2.58　霍尔线性节气门位置传感器(丰田COROLLA轿车)

注：传感器端子VTA1检测的节气门开度以百分比形式表示。

霍尔线性TPS不仅能精确地探测节气门开启程度，而且采用了无接触方式，结构简单，不易发生故障。甚至采用了双节气门开度输出信号，使得信号更加准确可靠。

3. 节气门位置传感器的常见故障及其检测

节气门位置传感器的常见故障有插接器松动、导线断开、电刷和电阻片损坏、触点接触不良或损坏等。节气门位置传感器工作不正常可能会引起无怠速、加速无力、减速冒烟、启动困难等故障。

1）开关式节气门位置传感器的检测

（1）搭铁电路。断开点火开关，拆下传感器插接器，测量线束插接器 E_1 端子与车身之间的电阻，其电阻值应为 0，否则应检查 ECU 的 E_1 端子与搭铁部位之间是否导通。

（2）工作电压。接通点火开关，检测线束插接器另外两个端子与车身之间的电压。电路正常时应有 12V 左右的电压，若没有电压，则说明传感器的电源线路有故障。此时应检测传感器电源线、ECU 电源线、主继电器及熔断器等。

（3）导通情况。在节气门限位螺钉与限位杆之间插入规定厚度的塞尺，检查各端子之间的导通情况，应符合表 2－8 中的要求，否则应更换节气门位置传感器。

表 2－8　节气门位置传感器各端子间的导通情况

限位螺钉与限位杆间的间隙	各端子间导通情况		
	IDL—E_1	PSW—E_1	IDL—PSW
0.5mm	通	不通	不通
0.9mm	不通	不通	不通
节气门全开	不通	通	不通

多触点式节气门位置传感器的检测方法同上，也是通过检测节气门在不同开度时各触点的开、闭情况来判断传感器的工作状态。

2）电刷线性节气门位置传感器的检测

（1）搭铁电路。断开点火开关，拆下传感器插接器，然后检查节气门位置传感器线束插接器 E_2 端子到 ECU 的 E_2 端子、ECU 的 E_1 端子到车身搭铁间，应导通良好。

（2）工作电压。正常情况下 V_C 与 E_2 间的电压及 V_C 与 E_1 间电压均应为 5V，IDL 与 E_2 间的电压应为 12V。VTA 与 E_2 间的电压应随节气门的逐渐开启而同步增大。

特别提示

V_C 与 E_2 之间的电压如果过高，应重点检查 ECU 是否有故障。相反 V_C 与 E_2 之间电压正常，说明 ECU 正常。V_C 与 E_1 之间的电压正常，说明 ECU 搭铁正常；相反 V_C 与 E_1 之间的电压如果过高，说明 ECU 搭铁不良。ECU 的输入电压过高会造成自动变速器 1 挡升挡时间滞后，并且很难升入 3 挡和 4 挡，汽车没有高速。此时，用万用表测量 TPS 输出电压正常，但读取数据流时，显示 TPS 输出电压明显偏高。测量 TPS 输出电压正常，说明 TPS 正常，ECU 处理后不正常，应重点检查节气门拉索是否过松；节气门踏板能否完全踩到底（脚垫铺得是否合适），TPS 和 ECU 线束端子是否锈蚀；传输线路电阻是否产生分压。

（3）传感器电阻值。在节气门限位螺钉和限位杆之间插进塞尺，并检查各端子之间的电阻，应符合表 2－9 所示的要求，否则应更换节气门位置传感器。

表 2－9　节气门位置传感器的检测数据

限位螺钉与限位杆间的间隙/mm	端 子 对	电阻/kΩ
0	VTA—E_2	0.34～6.3
0.45	IDL—E_2	0.5 或更小

（续）

限位螺钉与限位杆间的间隙/mm	端 子 对	电阻/kΩ
0.55	IDL—E_2	无穷大
节气门全开	VTA—E_2	2.4～11.2
—	VC—E_2	3.1～7.2

特别提示

检查节气门位置传感器时，主要检测节气门全关和全开时电阻值是否和厂家规定相符。

使用(8～9)×10^4km以上的车辆，还应缓慢开启节气门，在开启节气门的过程中用手拍打节气门位置传感器，看其电阻值有无波动，如有波动必须更换。

节气门位置传感器信号电压过小或过大都会造成加速时少数汽缸缺火，减速或急剧改变载荷时有颠簸感。旧车节气门位置传感器中段磨损会造成四速自动变速器的3挡和4挡升挡点滞后，严重时3挡和4挡还会有换挡冲击。TPS信号过小时，应检查节气门踏板是否能完全踩到底(查脚垫铺设是否适当)。

经验点拨

节气门位置传感器内部短路。TPS内部烧蚀，造成V_C和VTA之间短路，无论节气门的开启角度和开启速率是多少，输出电压始终为输入电压(5V或接近5V)。导致自动变速器只有1挡，无法升挡，必须更换TPS。

节气门位置传感器滑线电阻断路。在怠速状态下发动机转速会明显提高，而行驶中由于ECU改用TPS上怠速触点信号，只要节气门开启，不论开启角度还是开启速率发生什么变化，ECU一律按照节气门开启50%进行控制，所以TPS进入失效保护后会出现加速不良。急加速时可能会因混合气过稀而熄火(节气门全开进气量增大，但进油量仍按节气门开启50%配给)。

节气门位置传感器的装配孔有圆孔和长孔两种，其中长孔的为可调式节气门位置传感器，圆孔的为不可调式。调整可调式TPS时，打开点火开关，不踩油门踏板，在TPS输出电压端和地线间接上电压表，松开TPS固定螺钉，旋转TPS直至怠速输出电压值和厂家规定值一样时，在此位置将固定螺钉拧紧。

3）节气门清洗后出现怠速过高

节气门过脏，造成怠速时节气门开启角度过大，行驶基本正常，但一松开油门踏板发动机就熄火。若清洗节气门后出现怠速升高或怠速自提速，有的发动机怠速升到1 500r/min(因ECU保护转速学习值偏离基本值过大)。要想回到基本怠速，ECU需重新学习，反复启动几次，或行驶一段时间后怠速即可慢慢地自己恢复正常。

如用户提出立即恢复正常怠速时，可用故障诊断仪进行几次节气门基本调整，怠速即可恢复正常。也可以利用故障诊断仪对发动机ECU进行重新编码，怠速也能立即恢复正常。不同汽车自适应方法不同，常见方法如下。

(1) 菲亚特汽车在完成节气门的清洗或更换后，把点火开关旋转到ON位，停留10s，关闭点火开关，再重新启动发动机，即可完成节气门位置传感器的自适应，使怠速恢复到正常。

(2) 大众系列汽车在更换节气门位置传感器后，新的节气门位置传感器必须用故障诊断仪与发动机 ECU 进行匹配。

(3) 日式和美式发动机在清洗或更换节气门后，断开蓄电池负极 1min，即可完成节气门位置传感器的自适应，使怠速恢复到正常。否则会因 ECU 的残存记忆，造成怠速转速过高。

4) 空气流量传感器(AFS)和节气门位置传感器(TPS)对比判断故障

AFS 和 TPS 一起控制喷油脉宽，但在急加速的瞬间，AFS 相对于 TPS 的信号有滞后性。因此，在加速的初期混合气的控制主要靠 TPS，后期的过渡圆滑控制则主要靠 AFS。加速初期回火故障原因在 TPS，加速后期回火故障原因在 AFS。

如混合气过浓或过稀，导致发动机功率不足，可在熄火状态下，拔下 AFS 的端子，然后重新启动，ECU 由于无法收到 AFS 的信号，改用 TPS 和曲轴位置传感器(CPS)的信号，如此时混合气正常，说明 TPS 和 CPS 工作正常，故障在 AFS。

5) 节气门位置和进气量对比判断故障

读取数据流看节气门开度和进气量的数值是否匹配。

(1) 使用进气压力传感器(MAP)的汽车。MAP 没有直装在进气系统上，而是通过一根真空软管与进气系统相连。读取数据流，如节气门开度正常，但显示进气量过大，导致混合气过浓，应重点检查进气系统的密封性和 MAP 的真空软管是否畅通。

特别提示

使用进气压力传感器的进气系统发生泄漏，会造成真空度降低。而正常情况下发动机负荷越大真空度越低，所以 MAP 会误认为发动机进入大负荷工况，因此加大喷油脉宽，供给浓混合气。

MAP 的真空软管被积炭堵塞，造成真空度低，ECU 同样会误认为进入大负荷工况，ECU 会为此加大喷油脉宽，供给浓混合气，所以氧传感器输出电压信号过高。

MAP 的真空软管被积炭堵塞，使 ECU 感受到的真空度明显低于进气系统实际的真空度，造成数据流显示的进气量明显高于正常值。ECU 无法得知准确的进气量，而反复调整怠速步进电动机步数，使怠速转速处于不断游车状态，使用自动变速器的汽车摘挡时，会因怠速转速不稳出现高挡熄火的故障。

(2) 使用热线式空气流量传感器的汽车。热丝或热膜被污染后，在热丝或热膜上形成隔热层，导致空气流量传感器输出信号过低，会造成混合气过稀。例如，帕萨特轿车在怠速时空气进气量应为 2～4g/s，节气门开度为 0°～5°。如怠速时节气门开度正常，而空气进气量明显小于下限的 2g/s，应重点检查热丝或热膜是否被废气返流污染。如传感器没有被污染，应进一步检查空气流量传感器和 ECU 之间信号传输线路是否同正极短路，使电阻值异常减小。

(3) 更换空气流量传感器和节气门位置传感器后需要重新匹配。无论何时，只要更换了影响发动机运转的部件(如空气流量传感器、节气门位置传感器等)，就应该重新设置自适应记忆功能。如没有重新设置或断开蓄电池负极使其失去自适应记忆，发动机重新启动并运行在开环模式时，ECU 将利用部件失效时存储的长期自适应数值进行喷油脉宽的修正，使汽车在热机状态工作粗暴。

知识链接

电子节气门(节气门踏板位置传感器)

节气门踏板位置传感器将驾驶员将要加速的信号传给ECU。传感器是两个三线式线性传感器，向ECU提供与节气门踏板位置成比例的电压信号。两个传感器的电压信号不一样，当节气门开启，一个传感器信号的增加率是另一个传感器信号增加率的两倍。两个传感器有完全独立的电路，各自拥有独立的5V参考电压、信号线和搭铁线。两个节气门踏板位置传感器(APPS)装在同一个壳体内，都位于节气门踏板的上方。

采用电子节气门加强了乘员室的密封性，防止发动机的工作噪声传入乘员室；加强了工作的可靠性，不会出现节气门拉索过紧或过松的故障；避免反映滞后性。

节气门踏板上装有滑线电阻式电子节气门的汽车，十字路口等红灯出现重新起步迟缓或汽车无法行驶的故障，通常是由于错误驾驶操作造成的。驾驶员同时踩下节气门踏板和制动踏板，将使制动功能超过节气门控制功能。此时，虽然踩下节气门踏板，但发动机仍回到怠速运行模式，造成加速迟缓。尽管不会留下故障码，但汽车无法行驶。出现此类故障时只要发动机故障指示灯不亮，没有电子节气门故障码，就说明节气门控制装置反应迟缓或无响应是由于错误驾驶操作造成的。只需改变错误驾驶习惯，不同时踩下节气门踏板和制动踏板，故障就不会再现。

电子节气门若被灰尘严重污染，就会导致发动机怠速不稳，尾气排放超标，严重时还会出现怠速熄火，但中高速时运转平稳。遇到此类故障，认真清洗节气门即可排除故障。

使用电子节气门的汽车，任何时候都不要手动打开节气门翼板，一定要使用诊断仪驱动打开翼板。

2.4.5　冷却液温度传感器与进气温度传感器

引例

某辆丰田轿车，冷机时启动困难，要反复启动多次；暖机阶段怠速转速低于标准怠速转速，热机后怠速稳定，加速正常；在热机状态下再次启动也完全正常。但第二天启动依然困难，还是要反复启动多次。发动机故障指示灯亮，读取故障码，为冷却液温度传感器故障。更换传感器后发动机工作恢复正常。

冷却液温度传感器的作用是什么？失效或工作不良时，会导致发动机产生哪些故障(现象)？

1. 冷却液温度传感器

1) 冷却液温度传感器的作用

冷却液温度传感器(Coolant Temperature Sensor，CTS，简称水温传感器)用来检测冷却液温度并将其转换为电信号。该信号输入ECU后用于：

(1) 修正喷油量。发动机低温运转时增加喷油量，形成较浓的混合气。

(2) 修正点火提前角。发动机低温运转时，增大点火提前角；高温运转时，为防止发生爆震，将点火提前角推迟。

(3) 冷启动时决定喷油量。冷启动时，ECU根据水温信号决定冷启动喷油量。水温越低，喷油量越大，从而形成较浓的可燃混合气，以利于发动机顺利启动。

(4) 影响怠速控制阀动作。低温时，为了使发动机温度尽快达到正常值，ECU 根据冷却液温度传感器信号控制怠速控制阀的动作，提高怠速转速。

(5) 影响怠速断油。汽车急减速滑行时，若 ECU 检测到水温正常，就控制喷油器在短时间内停止喷油，直到发动机转速下降到设定的低转速时再恢复供油。

(6) 影响废气再循环(EGR)。冷却系水温较低时，由于燃烧不稳定，缸内温度较低，发动机运转不平稳。此时，ECU 输出信号停止废气再循环系统的工作。随着水温的升高，又控制废气再循环系统开始工作。

冷却液温度传感器有时也会标为 THW(Thermometer of Water)，进气温度传感器有时也会标为 THA(Thermometer of Air)。

2) 冷却液温度传感器的结构

冷却液温度传感器多安装在缸体水道上或节气门附近。如图 2.59 所示，冷却液温度传感器的核心是负温度系数的热敏电阻(水温越低，电阻越大；水温越高，电阻越小)。

3) 冷却液温度传感器的工作电路

图 2.60 所示为冷却液温度传感器的工作电路。ECU 内部的 5V(或 12V)电压通过分压电阻 R 加在冷却液温度传感器内的热敏电阻上，再通过 ECU 搭铁构成回路。传感信号为加在热敏电阻上的电压。温度越高，电阻越小，信号电压就越低；温度越低，电阻越大，信号电压就越高。信号电压为 5V，表明传感器断路；信号电压为 0V，表明传感器短路。

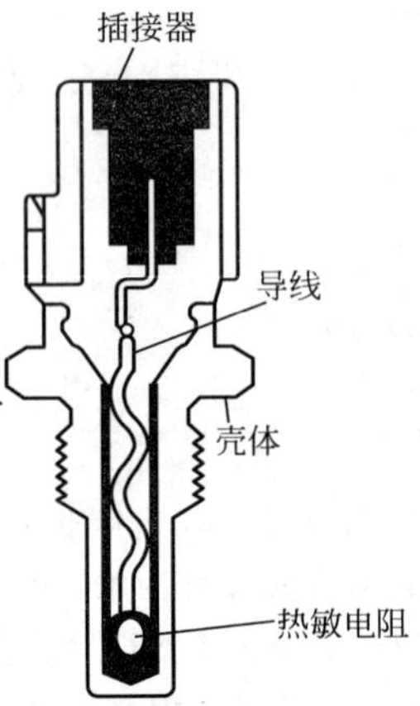

图 2.59　冷却液温度传感器的结构

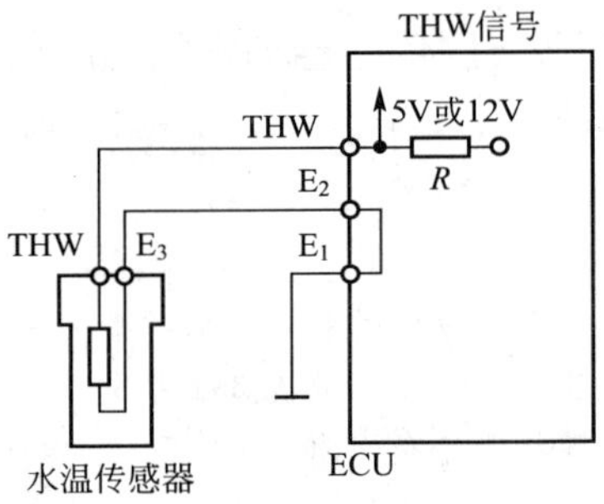

图 2.60　冷却液温度传感器的工作电路

4) 冷却液温度传感器的常见故障及检测

冷却液温度传感器的常见故障有传感器外部破损、插接器插接不牢、导线断开、热敏电阻阻值不准确等。冷却液温度传感器信号不正常会引起喷油量控制、点火提前角控制、冷启动喷油量控制及 EGR 控制等失常，从而导致启动困难(冷机、热机均启动困难)、怠速不稳(冷机、热机均怠速不稳)、油耗上升和失速等故障。

(1) 检查冷却液温度传感器的电源电压。拆下 CTS 的插接器，接通点火开关，测量线束端插接器上两端子之间的电压。正常情况下，该电压值应为 5V；若电压值不正常，则应检查线路及 ECU。

(2) 检查冷却液温度传感器的信号电压。连接好 CTS 的插接器，接通点火开关，测量传感器两端子之间的电压。水温为80℃时，该电压值应为0.2～1.0V。

特别提示

发动机冷却液温度传感器输出的信号电压失准，会造成冷机或热机均启动困难，还会造成混合气过稀或过浓的故障；CTS信号电压过高的实质是信号线断路；CTS信号电压过低的实质是信号线对地短路。

(3) 检查冷却液温度传感器的工作特性(电阻值)。拆下冷却液温度传感器，按图2.61所示方法对水加热，测量不同水温下CTS的电阻值，将其与标准值对比，即可判定CTS是否正常。丰田2JZ-GE发动机CTS的标准电阻值见表2-10，桑塔纳2000GLi、GSi型轿车CTS的标准电阻值见表2-11。

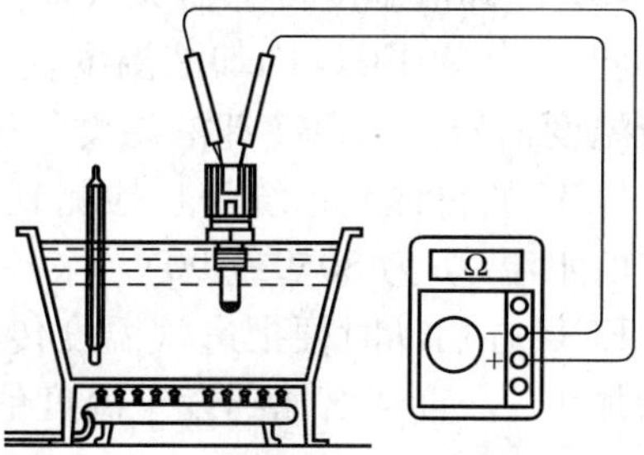

图2.61　冷却液温度传感器的检查

表2-10　丰田车系冷却液温度传感器的标准电阻值

温度/℃	电阻值/kΩ	温度/℃	电阻值/kΩ
-20	10～20	40	0.9～1.3
0	4～7	60	0.4～0.7
20	2～3	80	0.2～0.4

表2-11　桑塔纳2000GLi、GSi型轿车冷却液温度传感器的标准电阻值

温度/℃	电阻值/kΩ	温度/℃	电阻值/kΩ
-20	14～20	50	0.72～1.0
0	5～6.5	60	0.53～0.65
10	3.3～4.2	70	0.38～0.48
20	3.3～4.2	80	0.28～0.35
30	1.4～1.9	90	0.21～0.28
40	1.0～1.4	100	0.17～0.20

(4) 读取数据流。如数据流显示发动机冷却液温度为141℃，说明CTS搭铁线短路；如数据流显示发动机冷却液温度为-40℃，说明CTS正极断路。如数据流显示发动机冷却液温度和实测温度相差很大时，须检查CTS的电阻值。

经验点拨

读数据流和红外线测温仪检测相结合诊断故障。热机后排气管冒黑烟，为证实CTS是否有故障，可读取CTS的数据流，如数据流显示冷却液温度40℃，而用红外线测温仪检测散热器的进水管(发动机冷却液温度)是90℃，说明CTS输出电压失准，应更换CTS。

发动机冷却液温度90℃时已经进入正常工作温度范围，ECU应按温度正常对喷油脉宽进行控制。而发动机冷却液温度40℃时发动机还处于暖机的第一阶段，ECU按低温加大喷油脉宽(浓混合气)。所以就出现冷机排气管不冒黑烟，热机后排气管冒黑烟。

发动机启动正常，加速正常，排气管冒黑烟。在熄火状态下，断开发动机CTS的插接器，重新启动，如排气管不再冒黑烟，说明CTS有故障。

(5) 冷却液温度传感器失效保护。冷却液温度一般设定在－50～150℃之间(各车会稍有不同)。如果ECU冷却液温度信号不在上述范围内，ECU便命令控制程序停止采集冷却液温度信号，保存冷却液温度传感器故障码，并点亮发动机故障灯。

ECU的自诊断系统一旦检测到CTS信号不正常，即启用安全保险程序，自动按某个规定的水温(多为80℃或90℃)来控制发动机的工作。一旦在存储器上储存有CTS的故障码，ECU在启动时便把进气温度传感器的信号当作替代值。然后每运转20s，使冷却液温度增加1℃，直到增加到设定温度值(如80℃或90℃)为止。

特别提示

冷却液温度传感器进入失效保护后，ECU改用进气温度传感器信号代替，同时进入“跛行模式”：发动机的转速被控制在1 500～4 500r/min，发动机启动后散热器风扇始终高速旋转。

捷达王轿车断开冷却液温度传感器端子后发动机无法启动，即使重新连接好传感器端子也无法启动，只有通过ECU对冷却液温度传感器进行重新设定后才能正常启动。

应用案例

某辆丰田轿车，冷机时启动困难，要反复启动多次；暖机阶段怠速转速低于标准怠速转速，热机后怠速稳定，加速正常；在热机状态下再次启动也完全正常。但第二天启动依然困难，还是要反复启动多次。发动机故障指示灯亮，读取故障码，为冷却液温度传感器故障。更换传感器后发动机工作恢复正常。

【案例点评】

发动机在冷机启动和暖机期间，ECU主要是根据冷却液温度传感器的信号来控制怠速步进电动机的开启角度，从而控制发动机的怠速转速。没有冷却液温度传感器的信号，冷机启动时，ECU无法确定怠速步进电动机的开启状态，所以冷机启动困难。

2. 进气温度传感器

引例

一辆富康轿车，发动机能正常启动，但排气管冒黑烟，驾驶室内能闻到一股生油味。用故障诊断仪调取故障码，发现进气温度传感器有故障。更换进气温度传感器后故障消失。

进气温度传感器的作用是什么？它对发动机技术状况有何影响？

1) 进气温度传感器的作用

进气温度传感器(Intake Air Temperature sensor，IAT)装在AFS内或装在进气软管上，而不是装在进气歧管上。根据进气温度的变化，调节混合气浓度和点火提前角，也是自动变速器和怠速控制的参考信号。进气温度升高时，空气密度小，混合气偏浓，发动机转速通常也相应增加；进气温度降低时，空气密度大，混合气偏稀，发动机转速通常也相应降低。

特别提示

使用进气压力传感器的汽车，IAT是必装件；使用热丝、热膜式空气流量传感器的车型，IAT是选装件；卡尔曼涡流式空气流量传感器则不装IAT。

进气温度传感器信号严重失准，ECU收到超过正常范围(低于－30℃或高于120℃)的温度信号，若电控燃油喷射系统按此调节喷油脉宽，就会造成和冷却液温度传感器信号严重失准一样的故障。为了避免这种情况发生，ECU进入失效保护。进入失效保护后，ECU按设定的进气温度进行控制，大部分发动机按进气温度19～20℃进行控制。

2）进气温度传感器及其控制电路

进气温度传感器的核心是负温度系数的热敏电阻(温度越高，电阻值越低，输出信号越低)。结构、工作原理与冷却液温度传感器相同，控制电路如图2.62所示。

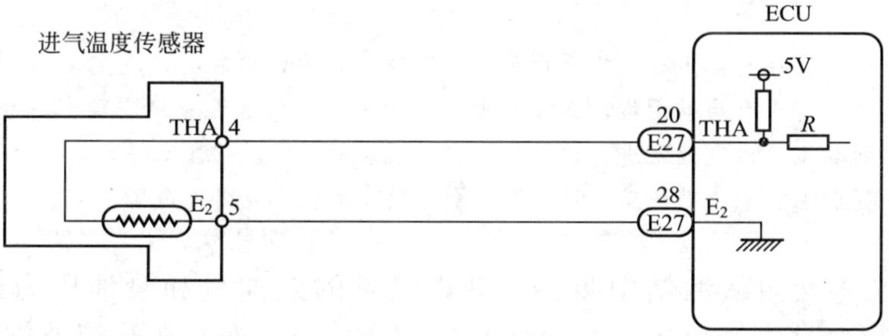

图2.62　进气温度传感器的工作电路(丰田COROLLA轿车)

3）进气温度传感器的常见故障与危害

进气温度传感器(IAT)感受温度部分被废气返流污染，使传感器热敏元件感受进气温度变化的灵敏度下降，导致电阻值不能反应实际进气温度。可拆下传感器，用清洗剂洗，晾干后可恢复正常。

IAT内部线路接触不良或IAT热敏元件性能不良，使传感器无信号或信号不正常。进气温度传感器信号失真时，ECU对混合气浓度和点火提前角的修正会出现偏差，导致发动机动力不足、加速缓慢、怠速不稳，甚至会造成冷机时无怠速；会造成燃油经济性下降，出现爆震现象；会影响到ECU对EVAP和EGR的控制精度。

在某特定的温度范围内发动机运转不正常，读取数据流时进气温度没有随热机连续升高，输出电压(温度信号)不时地被中断，说明IAT有故障，应更换。

4）进气温度传感器的检测

将进气温度传感器放入盛满水的容器中，加热容器中的水，分别在0℃、20℃和80℃等温度下，用欧姆表测传感器的电阻值，看是否与厂家规定相符(见表2-12)。如果测量时传感器的电阻值过大或过小，电阻值随温度的变化与特性曲线不符，均需更换。

表 2-12　桑塔纳 2000GLi、GSi 型轿车空气温度传感器的标准电阻值

温度/℃	电阻值/kΩ	温度/℃	电阻值/kΩ
−20	10～20	40	0.9～1.3
0	4～7	60	0.4～0.7
20	2～3	80	0.2～0.4

2.5　汽油机电控燃油喷射系统的主要执行器

电控汽油发动机的执行器主要有：电动汽油泵、喷油器、怠速控制阀、点火器、炭罐电磁阀、电子节气门电动机、可变配气相位电磁阀、谐波增压电磁阀、氧传感器加热器、EGR 电磁阀和二次空气供给电磁阀等。

2.5.1　电动汽油泵

引例

一辆韩国现代轿车，在炎热天气条件下行驶一段时间(约 30min)后，出现发动机动力不足、行驶无力的现象，并曾经自行熄火且启动困难，而在阴雨天行驶正常，该车无故障码输出。经多方面检查发现汽油泵进油滤网过脏堵塞。对汽油泵进行清洗后，发动机启动正常。

汽油泵的作用是什么？它失效或工作不良时，会导致发动机产生哪些故障？

电动汽油泵将燃油从油箱中吸出，并以足够的泵油量和泵油压力向燃油系统供油。安装在油箱内时称为内装式电动汽油泵(涡轮式)，安装在油箱外供油管路上时称为外装式电动汽油泵(滚柱式)。目前，汽油机电控燃油喷射系统多采用内装式电动汽油泵。

知识链接

汽油泵通过支架固定在油箱的顶部，支架和油箱顶部之间装有橡胶垫，以防止汽油泵将振动传给油箱而引起噪声。汽油泵的下端放在油箱底部的一个小油箱内，汽油泵的底部与油箱之间有一个小间隙，以防止油泵的振动传给油箱。

在油箱内再安装一个小油箱的目的有两个：一是可以防止汽油泵吸入空气(当油箱中汽油不足时，汽车转弯或倾斜会引起汽油泵周围汽油的移动，使汽油泵的进油口露在空气中)；二是可以防止气阻(燃油供给系统的回油管直接通到小油箱内，从回油管流回的汽油具有一定压力不易蒸发)。

1. 电动汽油泵的结构与工作原理

根据泵体结构不同，电动汽油泵分为滚子泵、齿轮泵和涡轮泵等。

1) 涡轮式电动汽油泵

涡轮式电动汽油泵由永磁电动机、涡轮泵、单向阀(止回阀)及溢流阀(限压阀)等组成，如图 2.63 所示。通过电刷给电动机电枢供电时，电动机就带动涡轮转子(叶轮)转动，

叶轮上的叶片在离心力的作用下贴紧外壳，形成一个个小的密封腔室，涡轮转子的转动将汽油从进油口带到出油口，并以一定的压力输出。在汽油泵出油口处设有止回阀，作用是让汽油只能向外单向流动，不倒流。保证发动机熄火后，供油管内的燃油仍有一定压力，便于下一次顺利启动。汽油泵上的溢流阀(限压阀)能防止汽油泵压力过高。当汽油泵压力过高时，溢流阀打开，汽油又流回进油腔内。涡轮式电动汽油泵的泵油量大，输油压力稳定，其输出油压可达 294kPa。

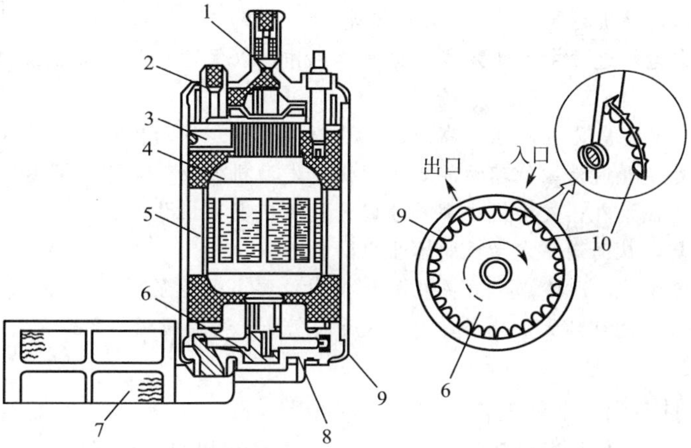

(a) 结构图

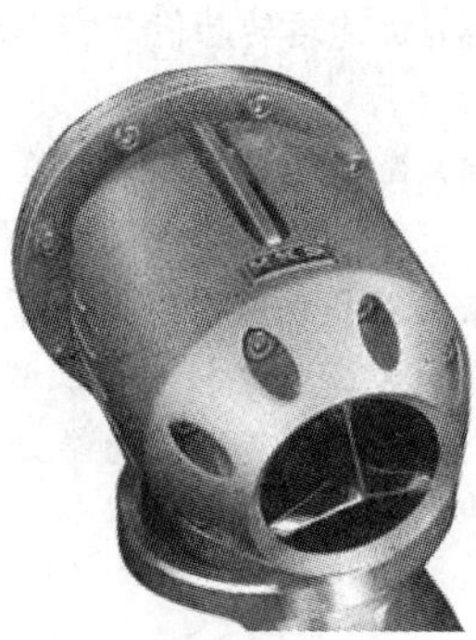

(b) 实物图

图 2.63　涡轮式电动汽油泵的结构

1—出油阀；2—溢流阀；3—电刷；4—电枢；5—磁极；6—叶轮；
7—滤网；8—泵盖；9—泵壳；10—叶片沟槽

电动汽油泵输送的汽油都从电动机中流过，对电动机的线圈、轴承、油泵本身都起着润滑和冷却作用。因此，在无油情况下禁止运转电动汽油泵。

2）滚柱式电动汽油泵

滚柱式电动汽油泵由永磁电动机、滚柱式油泵、单向阀(止回阀)及溢流阀等组成，如图 2.64 所示。当给永磁电动机通电时，电动机便带动滚柱式汽油泵运转。转子被偏心地装在泵体内，滚柱放在转子边缘上的凹槽内。当转子转动时，位于凹槽内的滚柱便在离心力作用下压在泵体内表面上，从而在相邻滚柱间形成密封腔室。由于转子被偏心安装，腔室的容积在转动过程中不断变化。当腔室容积变大时，其内部形成低压，将燃油吸入；当腔室容积变小时，其内部压力增大，将燃油挤出。这样就可以将燃油从油箱内吸出，加压后排到供油管路中。

滚柱式电动汽油泵出口处设有缓冲器，以减小出油口处的油压脉冲和降低运转噪声。

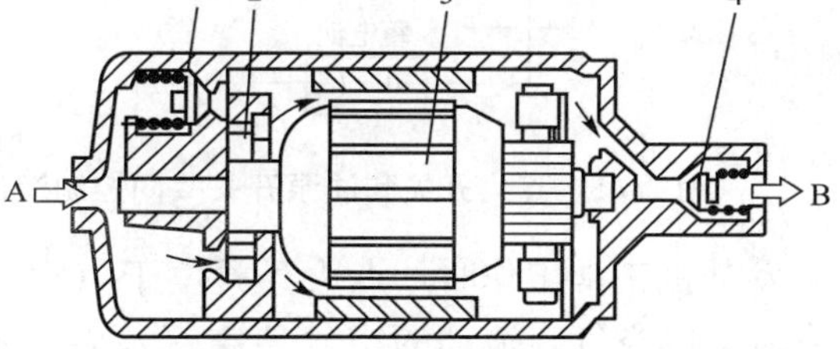

图 2.64　滚柱式电动汽油泵的结构

1—溢流阀；2—滚柱式油泵；
3—永磁电动机；4—单向阀；
A—进油口；B—出油口

2. 电动汽油泵的控制电路

知识链接

电动汽油泵控制电路有五项功能(但并非每一辆汽车汽油泵控制电路均具有五项功能，视车型而定)。

(1) 预运转功能。点火开关处于ON位而不启动发动机时，油泵能运转3～5s，向油管中预充压力燃油以利于启动。

(2) 启动运转功能。在起动机带动发动机运转的过程中，油泵能同时运转，保证启动供油。

(3) 恒速运转功能。在发动机正常运转过程中，油泵能始终恒速工作，以保证正常的泵油量和泵油压力。

(4) 变速运转功能。根据发动机工况的变化控制油泵高速、低速变换运转。发动机在低转速或中小负荷工况下工作时，燃油消耗量比较小，此时油泵低速运转就可以满足发动机的燃油需求，同时又可减少油泵的磨损、噪声，减少不必要的电能消耗；发动机在高转速或大负荷工况下工作时，燃油消耗量比较大，油泵高速运转，可以增加泵油量，从而满足发动机对燃油的需求。

(5) 自动停转保护功能。发动机熄火后，即使点火开关仍处于接通位置，汽油泵也能自动停转。从而防止汽车因撞车等事故造成油管破裂时的燃油大量外溢，而点火开关仍处于接通位置，导致火灾。

1) 点火开关和油泵开关共同控制汽油泵工作

如图2.65所示，点火开关接至启动挡(ST挡)，开路继电器线圈L_2中有电流通过，继电器触点闭合；与此同时，EFI主继电器接通。汽油泵工作，进行启动供油。

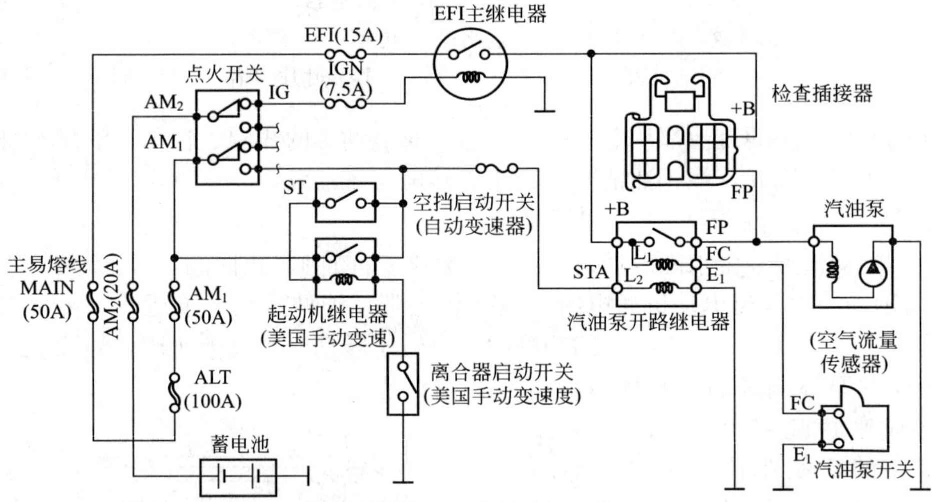

图2.65 点火开关和油泵开关共同控制汽油泵工作(丰田2TZ-FE/3VZ-FE发动机)

发动机正常工作时，点火开关位于点火挡(IG挡)。此时，由于发动机工作，进气管内有流动的空气，流动的空气使空气流量传感器内汽油泵开关闭合，开路继电器中线圈L_1中有电流流过，继电器触点闭合，接通汽油泵电路，汽油泵正常供油。

当点火开关位于点火挡而发动机并未运转时，由于空气流量传感器内无空气流动，汽油泵开关断开，开路继电器的线圈L_1和L_2中均无电流流过，继电器仍保持开路，汽油泵不运转，无燃油输出(自动停转保护功能)，可防止因事故造成燃油外溢而酿成火灾。

特别提示

用连接导线将检查插接器中的+B和FP插孔连接起来，这时汽油泵应能运转自如。用这种方法可判断电动汽油泵及其控制电路的故障。

2）点火开关和ECU共同控制汽油泵工作

（1）如图2.66所示，点火开关由OFF挡转至ON挡，但不运转发动机时，ECU会控制电动汽油泵运转3～5s(预运转供油功能)，使油路中的油压提高，从而方便启动。

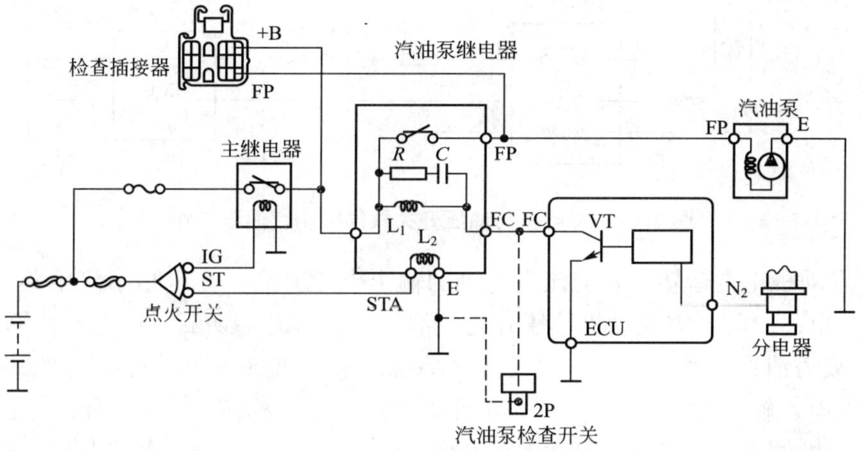

图2.66　点火开关和ECU共同控制汽油泵工作(丰田2RZ-FE/5S-FE发动机)

（2）发动机启动时，点火开关处于启动挡(ST挡)，油泵继电器的线圈L_2通电，继电器触点闭合，汽油泵工作，处于启动供油状态。

（3）当发动机正常运转时，ECU根据转速传感器N_2送来的信号控制FC端子搭铁，线圈L_1通电，断开继电器触点闭合，汽油泵工作。

（4）当发动机停止运转时，ECU因接收不到转速信号而使线圈L_1的搭铁回路断开，继电器触点断开，汽油泵停止工作。

特别提示

用连接线将检查插接器中的+B和FP插孔连接起来，汽油泵应该运转，否则说明汽油泵及其控制电路有故障。

3）发电机与油压开关共同控制的油泵工作

（1）如图2.67所示，启动发动机时，启动电源向汽油泵继电器Ⅰ的B点供电。与此同时，点火电源向汽油泵继电器Ⅰ的线圈L_1供电，电流通过交流发电机的充电指示灯电路使其搭铁(充电指示灯电路在发动机输出电压较低时接通，在发电机输出电压较高时断开)，使触点P_1闭合。而此时由于发动机启动时油压较低，油压开关也处于闭合状态。这样，继电器线圈L_2中就有电流通过，使触点变换开关接至B点，启动电源向汽油泵继电器Ⅱ的线圈 L_3 供电，触点 P_2 闭合，汽油泵工作。

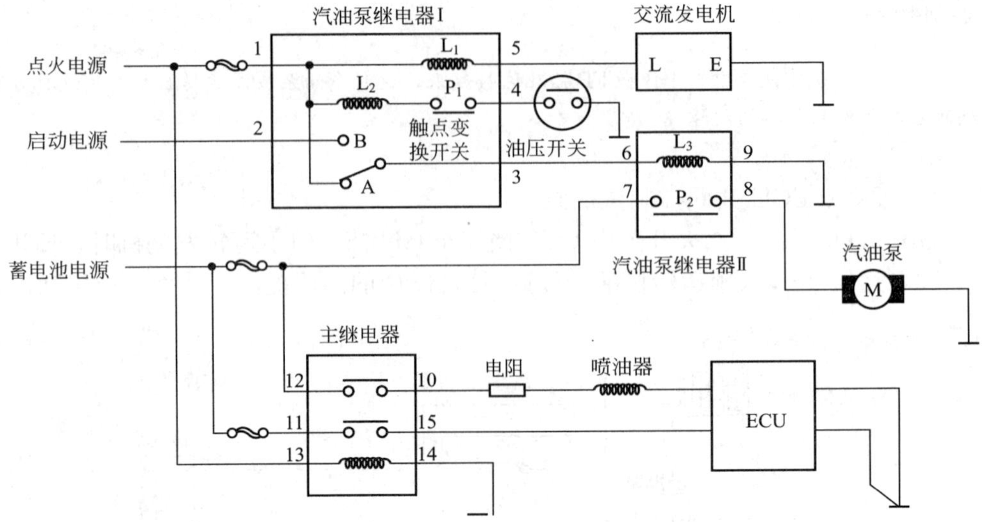

图 2.67 发电机与油压开关共同控制汽油泵工作

(2) 在发动机正常运转时，交流发电机的输出电压升高，充电指示灯电路断开，继电器线圈 L_1 断电。同时，因发动机油压升高，油压开关打开，切断了继电器线圈 L_2 的搭铁电路，电磁吸力消失，触点变换开关又接至 A 点。点火电源通过 A 点向汽油泵继电器Ⅱ的线圈 L_3 供电，触点 P_2 闭合，汽油泵工作。

(3) 发动机停止运转但点火开关 ON 时，继电器线圈 L_1、L_2 中有电流通过，使触点变换开关接至 B 点，但因启动电源是断开的，B 点无电，因此汽油泵不能运转。

4) 汽油泵继电器与 ECU 共同控制汽油泵工作

如图 2.68 所示，当电阻器串入汽油泵的电路中时，汽油泵就低速运转；当电阻器被隔除时，汽油泵高速运转，这样就可实现汽油泵的变速控制。

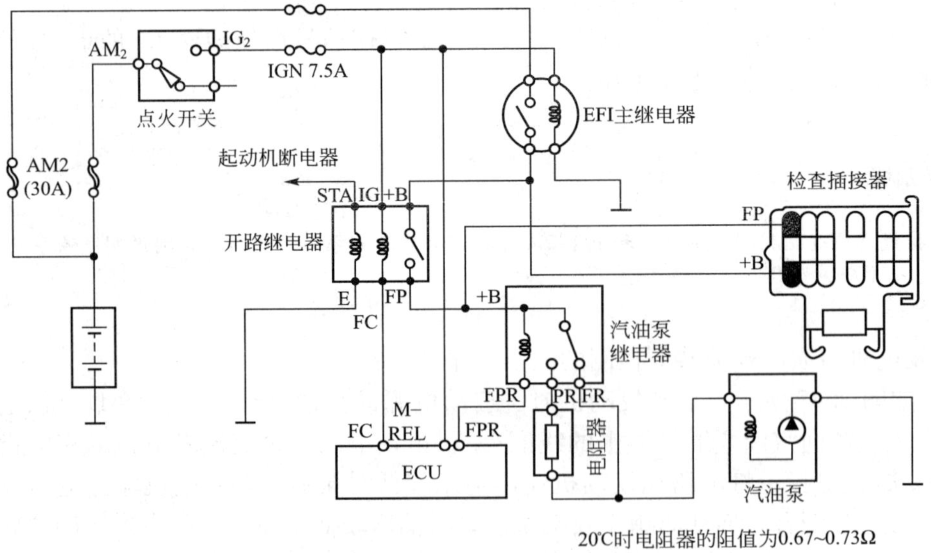

图 2.68 汽油泵继电器与 ECU 共同控制汽油泵工作(丰田 1UZ-FE 发动机)

电阻器的接入与隔除由 ECU 的 FPR 端子控制。当发动机在小负荷下工作时，ECU 就控制 FPR 端子搭铁，汽油泵继电器动作，电阻器被接入汽油泵电路，油泵低速运转；当发动机在大负荷或加速工况下工作时，ECU 切断 FPR 端子的搭铁电路，电阻器就被隔除，蓄电池电压直接加在汽油泵上，汽油泵高速运转。

5）发动机 ECU 和汽油泵 ECU 共同控制汽油泵工作

如图 2.69 所示，通过汽油泵 ECU 和发动机 ECU 的共同控制，可以实现汽油泵变速控制，即根据发动机的工况(启动、小负荷和大负荷等)变化，使汽油泵高速或低速运转。

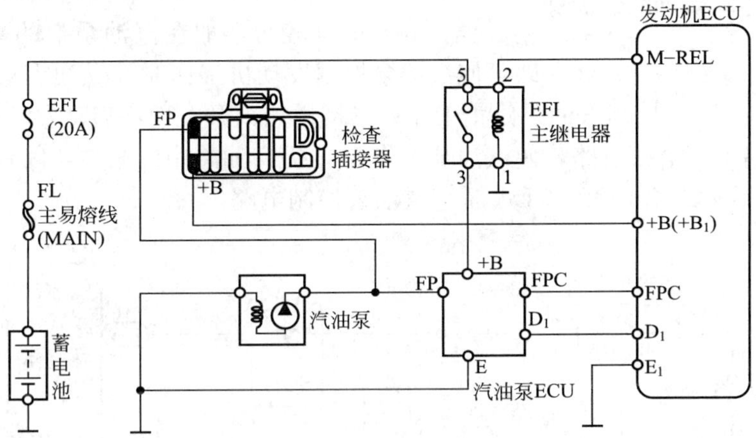

图 2.69　发动机 ECU 和汽油泵 ECU 共同控制汽油泵工作(丰田 2JZ－GE 发动机)

当发动机在启动或大负荷等工况下工作时，发动机 ECU 会通过 FPC 端子向汽油泵 ECU 输出一个高电位信号，汽油泵 ECU 根据此信号向汽油泵输出高电压(12～14V)，使汽油泵高速运转，增大供油量。

当发动机在怠速、小负荷工况工作时，发动机 ECU 向汽油泵 ECU 输出低电位，汽油泵 ECU 根据此信号向汽油泵输出低电压(8～10V)，使汽油泵低速运转，输出小流量燃油。

当发动机转速低于规定的最低转速(120r/min)时，汽油泵 ECU 断开汽油泵电路，使汽油泵不工作。所以，点火开关即使接通，在发动机不运转时汽油泵也不会工作。发动机 ECU 与汽油泵 ECU 的 D_1－D_1 线为汽油泵工作的反馈信号线，用以监视汽油泵的工作状态。

特别提示

这种型式，虽然实现油泵的两级变速控制，汽油泵的供油量总是远远大于发动机的消耗量，仍有大量富余的燃油通过回油管流进油箱，并不能真正达到按需供油的目的。

6）发动机 ECU 单独控制汽油泵工作

如图 2.70 所示，电动汽油泵受发动机 ECU 控制(根据发动机的工作状态)，供需基本吻合。缩短了汽油泵工作时间，节约了电能，降低了噪声，也延长了汽油泵使用寿命。

发动机 ECU 检测到发动机处于启动工况时，便控制接通 20 号端子的搭铁电路 30s，

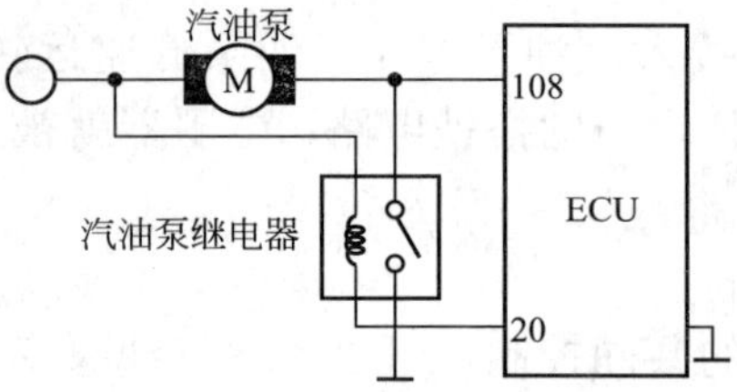

图 2.70　发动机 ECU 单独控制汽油泵工作(日产汽车 VG30E 发动机)

继电器触点闭合，使汽油泵工作 30s，进行启动供油；当发动机启动完毕进入正常运转阶段时，ECU 切断 20 号端子的搭铁电路，同时根据发动机工况控制 108 号端子搭铁电路的通断；当发动机转速较高或负荷较大时，ECU 接通 108 号端子搭铁电路的时间长，切断搭铁电路的时间短，加在汽油泵上的平均电压较高，汽油泵的泵油量就较大；反之，当发动机转速较低或负荷较小时，ECU 接通 108 号端子搭铁电路的相对时间较短，加在汽油泵上的平均电压较低，汽油泵的泵油量就较小。如此，即可使汽油泵根据发动机工作时的燃油需求量来供油。发动机熄火 1s 内，ECU 控制汽油泵停止工作；当接通点火开关而不启动发动机时，ECU 控制接通 108 号端子的搭铁电路，使汽油泵工作 5s，提高油路中的压力，以利于启动。

图 2.71 所示为丰田 COROLLA 轿车汽油泵控制电路。

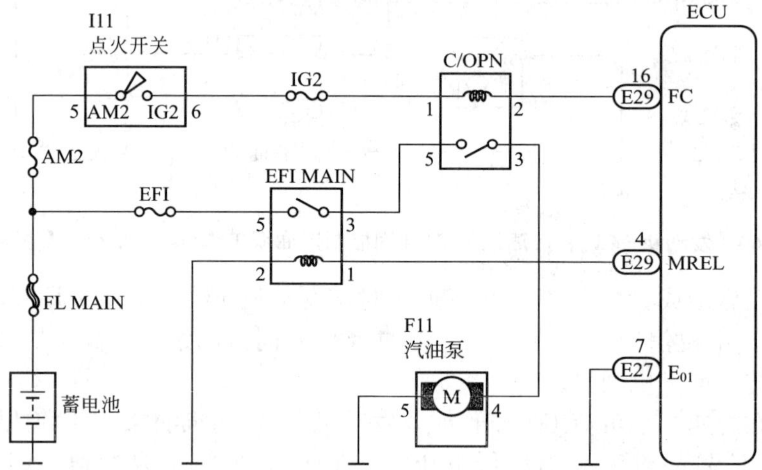

图 2.71　丰田 COROLLA 轿车汽油泵控制电路

3. 电动汽油泵及控制电路的检测

1) 供油系统检修时的注意事项

在对供油系统进行检测时，不可避免地要拆装油管、喷油器等零部件。拆卸油管前，应先释放油压。方法是：拔下电动汽油泵导线插接器，启动发动机，直到发动机自动停机；将油盘放在油管接头下面，并用毛巾导引，松开油管接头，将油管内的燃油放尽。

燃油系统维修后应检查有无漏油处，方法是：在发动机停机的情况下，将点火开关置于 ON 位；用连接线将检查插接器的端子 FP 和＋B 连接起来(见图 2.69)；当夹住回油软管时，高压油管内的燃油压力会达到 392kPa。此时，检查和观察燃油系统各部位是否有漏油现象(只能夹住软管，不可弯曲软管，否则会使软管裂开)。

2) 汽油泵工作情况的检查

用连接线将检查插接器上的＋B 和 FP 端子连接起来；将点火开关置于 ON 位，但不要启动发动机；用手指触摸燃油滤清器的进油软管处，应能感觉到油压，也应能听到燃油回流的声音。若有油压，即断开点火开关，从检查插接器上取下连接线；若没有油压，应检查EFI主继电器易熔线、EFI熔断器(20A)、EFI主继电器、汽油泵ECU、发动机ECU和各线束插接器。

3) 燃油压力的检查

检查燃油压力时，蓄电池电压应不低于12V，并检查静态油压、动态油压和保持油压。

(1) 静态油压的检查。从蓄电池上拆下搭铁线，把油压表接到总输油管上，再用连接线把检查插接器的+B和FP端子连接起来，装上蓄电池搭铁线，然后接通点火开关。此时油压表的读数即为静态油压，其标准值应为265～304kPa。如果油压过高，则应更换燃油压力调节器；如果油压过低，则应检查燃油管、管接头(有无渗漏)、汽油泵、燃油滤清器和燃油压力调节器等。

(2) 动态油压的检查。装上油压表，启动发动机后使发动机怠速运转，然后从油压调节器上拆下真空管并用塞子塞住管口，此时油压表的读数应为265～304kPa；当重新接上油压调节器处的真空管后，油压表的读数应为196～236kPa。若上述油压检查不符合要求，则应检查真空管和燃油压力调节器。

(3) 保持油压的检查。启动发动机并让其运转一段时间，然后熄火，检查其油压是否能保持5min而不降低。若不能保持，则应检查汽油泵、燃油压力调节器和喷油器。检查完毕，应先拆下蓄电池搭铁线，再拆下油压表。待重新装上蓄电池搭铁线后，再检查各接头处燃油有无渗漏现象。

4) 汽油泵的检查

(1) 拆下电动汽油泵。拆下蓄电池搭铁线；拆下行李箱内挡板；拆开油泵导线插接器；从油泵支架上拆下进油管和回油管(注意：打开油箱加油口盖，以免汽油流出。在松开接头螺栓时，要放置合适的容器和毛巾于汽油泵支架下面)；从油箱上拆下油泵支架(要拆下固定螺栓)；抽出油泵支架总成，从支架上取下衬垫，汽油泵拆卸完毕。

(2) 检查汽油泵线圈电阻。测量端子1和端子2之间的电阻值，20℃时应为0.2～3.0Ω。若阻值不当，应更换汽油泵。(皇冠2JZ-GE发动机汽油泵线圈电阻为0.2～0.5Ω；日产阳光GA16DE发动机油泵线圈电阻为0.2～3.0Ω。)

(3) 检查汽油泵的工作情况。将蓄电池电压加在汽油泵二端子上，若汽油泵不运转，则应更换汽油泵。注意：尽量使汽油泵远离蓄电池；每次接通的时间不要超过10s(时间过长会烧坏汽油泵线圈)。

5) 汽油泵ECU的检查

先拆下蓄电池负极桩夹，拔下ECU插接器，然后再装上蓄电池负极桩夹，测量汽油泵ECU线束插接器上各端子的电压，电压值应符合表2-13所列数值。若不符合，则应更换汽油泵ECU。

表2-13　汽油泵ECU各端子电压测量条件及标准值

检查项目	连接端	条件	标准值/V
导通情况	E—搭铁	—	通
导通情况	D_1—搭铁	—	通
电压	FP—搭铁	突然加速	12～14
		怠速	8～10

（续）

检查项目	连接端	条　　件	标准值/V
电压	＋B—搭铁	点火开关置于 ON 位	8～16
电压	FPC—搭铁	突然加速到 800r/min 或更高	4～6
		怠速	2.5

6）开路继电器的检查

在丰田子弹头汽车 2TZ－FE 发动机（汽油泵控制电路如图 2.72 所示）和丰田佳美汽车 5S－FE 发动机的燃油系统中没有设置汽油泵 ECU，而是通过开路继电器控制汽油泵的工作。拆下开路继电器检查，STA 端子和 E_1 端子应导通，＋B 端子和 FC 端子应导通，而＋B 端子与 FP 端子应不导通，否则，应更换继电器；在 STA 端子和 E_1 端子上加蓄电池电压时，＋B 端子与 FP 端子应导通，否则应更换继电器；当在＋B 端子和 FC 端子上加蓄电池电压时，＋B 端子与 FP 端子应导通，否则应更换继电器。

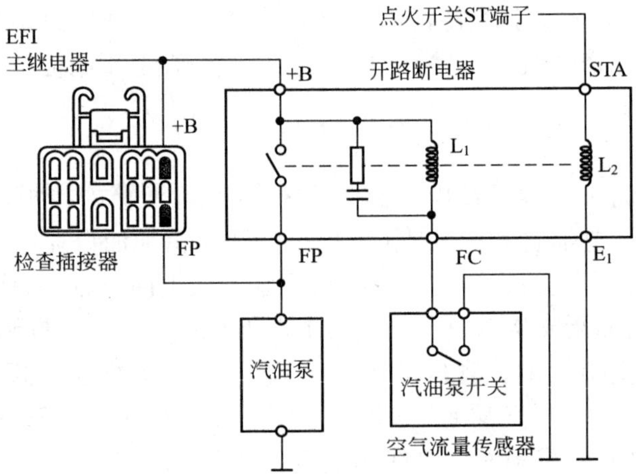

图 2.72　开路继电器电路

4. 汽油泵系统的故障诊断

汽油泵及其控制电路的常见故障有汽油泵不工作、泵油压力不足、油压不能保持等。引起这些故障的原因可能是汽油泵电动机故障、汽油泵继电器故障、插接器松动、线路烧断、熔断器烧断及汽油泵 ECU 损坏等。

2.5.2　喷油器

喷油器的作用是将汽油泵提供的压力油定时定量地喷入进气管中，从而形成符合发动机运行工况要求的可燃混合气。ECU 通过控制喷油器可以实现对喷油量和喷油正时（喷油顺序和喷油时刻）的控制。

1. 喷油器及其驱动电路

喷油器的结构及实物如图 2.73 所示，由针阀、衔铁和电磁线圈等组成。当 ECU 发出指令使电磁线圈得电时，电磁线圈产生的电磁力将衔铁和针阀吸起，阀门打开，高压汽油便通过针阀与喷孔的环形间隙喷向进气门前方，与进气歧管的空气混合后进入汽缸。当电源被切断后，针阀便在回位弹簧的作用下关闭喷孔，停止喷油。喷油量与喷油器的喷油时间(就是针阀打开的时间)成正比，而针阀打开的时间又由 ECU 输出的电脉冲宽度控制。

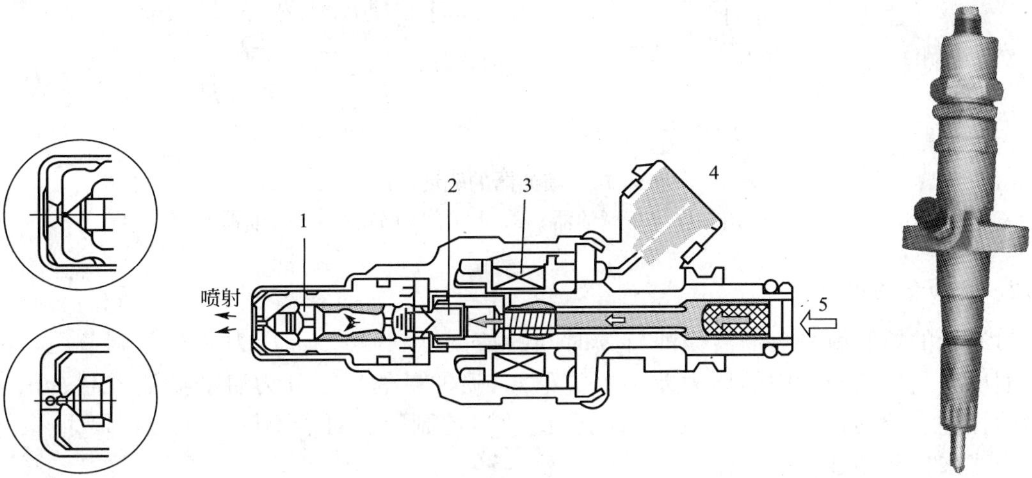

(a) 结构图　　(b) 实物图

图 2.73　喷油器的结构及实物图

1—针阀；2—衔铁；3—电磁线圈；4—插接器座；5—进油口

喷油器按喷孔的数目可分为单孔式、双孔式及环孔式三种。由于双孔式喷油器既有利于均匀喷射，又不易堵塞，因而得到了广泛应用。

按电磁线圈电阻值大小，分为低电阻喷油器(0.6～3Ω)和高电阻喷油器(12～17Ω)。喷油器的驱动电路有电压驱动式和电流驱动式两种。喷油器阻值不同，其驱动电路也不同。

1) 电压驱动式

所谓电压驱动式，就是指通过控制喷油器的工作电压来控制喷油器的工作。在电压驱动喷油器电路中，可将蓄电池电压直接加在高电阻的喷油器上；使用低电阻喷油器时，则应在电路中串入附加电阻，将蓄电池电压分压后加在喷油器上。低电阻喷油器电磁线圈的匝数少、电阻小，电流大，发热快，易损坏，串入附加电阻可以保护低电阻喷油器。图 2.74(a)所示为喷油器的电压驱动电路。

2) 电流驱动式

所谓电流驱动式，就是指通过控制喷油器的工作电流来控制喷油器的工作。在电流驱动喷油器电路中，只能使用低电阻喷油器。如图 2.74(b)所示，蓄电池电压直接加在喷油器上。由于喷油器电阻值较小，当接通驱动电路时，通过电磁线圈的电流会上升很快，使针阀快速打开。随着电流的上升，检测点 A 的电位也很快升高。当 A 点电位上升到设定值时，电流控制回路会控制功率晶体管 VT_1，以 20MHz 的频率交替地导通和截止，使通过喷油器电磁线圈的平均电流保持为 1～2A，保持针阀的开启状态。这种喷油器的响应特性好，可缩短无效喷油时间，既防止了电磁线圈的发热损坏，又减少了能量消耗。

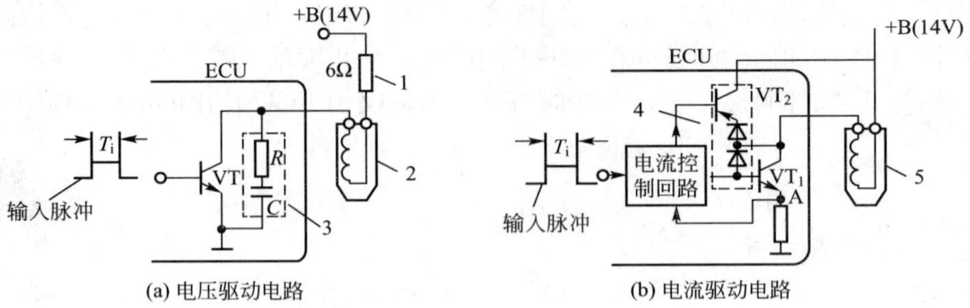

图 2.74　喷油器的驱动电路

1—附加电阻；2—喷油器；3、4—消弧回路；5—喷油器

2. 喷油量的控制

喷油量的控制就是喷油器喷油持续时间的控制(因为经燃油压力调节器调节后，油管中燃油压力与进气歧管内的压力差为恒定值)。喷油量的控制分为启动喷油控制、正常运转喷油控制、反馈控制、断油控制和混合比学习控制等。对于不同的工况，ECU会按不同的模式来控制喷油器的工作。

知识链接

ECU根据启动开关信号可确定发动机启动工况；根据节气门位置传感器的怠速开关信号、全负荷开关信号及节气门的开关速率可确定发动机的怠速工况、大负荷工况及加减速工况。

1) 启动喷油控制

在发动机启动时，由于吸入汽缸的空气较少，空气流量传感器的检测精度低，因此启动时不把空气流量传感器的信号作为喷油控制的依据，而是根据预先设定的启动程序来进行喷油量控制。

经验点拨

在启动工况下，发动机转速低且不稳定，ECU会按内存的启动程序供给较浓的混合气。喷油量由ECU根据发动机水温、进气温度和启动转速来确定。如果启动发动机时环境温度很低，属于冷启动，ECU会按冷启动工况进行控制，由各缸喷油器额外喷入一部分燃油，以弥补因燃油冷凝而造成的混合气过稀。当发动机高温熄火时，高温的发动机就会成为加热汽油的热源，并且有可能使汽油温度上升到80～100℃，一旦汽油温度上升到这样高的温度，喷油器内的汽油就会沸腾，产生汽油蒸汽。此时，若启动发动机，则喷油器的喷油量就会因汽油中含有汽油蒸汽而减小，从而使混合气变稀。因此，在高温启动时，应增大喷油量，以解决因汽油蒸汽存在而引起的混合气变稀的问题。一般是当冷却水温度上升到设定值(如100℃)以上时，增大喷油量。汽车在高温行驶时，由于行驶中风力的强冷却作用，汽油温度不会太高，最高不超过50℃，因此在高温行驶时不用对喷油量进行修正。

特别提示

若发动机多次启动未成功，将会造成混合气过浓而将火花塞浸湿，使启动更加困难。为此，ECU设置了溢油消除功能。所谓溢油消除功能，是指在启动时踩下油门踏板并且使节气门全开时，ECU将控制喷油器中断喷油。所以，在电控汽油喷射发动机启动时，不必踩下油门踏板，发动机就可启动；反之，若踏下油门踏板，则有可能进入溢油消除状态而不启动。

2）正常运转喷油控制

发动机在正常运转工况下，ECU主要根据空气流量传感器(或进气压力传感器)和发动机转速传感器来计算基本喷油量。并经过进气温度、大气压力、蓄电池电压、发动机水温、怠速、加速、全负荷等参数修正后，控制喷油器喷油，保证相应工况的正常工作。即喷油量包括基本喷油量、修正量和增量三部分，三部分之和为总喷油量。

(1) 基本喷油量。基本喷油量是根据发动机每个工作循环的进气量，按理想空燃比(14.7∶1)计算出的喷油量。每循环基本喷油量＝比例常数×空气流量/发动机转速(每循环的基本喷油量与空气流量成正比，与发动机转速成反比)。

(2) 修正量。当发动机实际运行条件改变时，应对基本喷油量进行适当的修正，以保证发动机正常运行，一般主要考虑进气温度、大气压力以及蓄电池电压三个方面的影响。修正量的大小用修正系数表示：修正系主数＝修正后的喷油量/基本喷油量。

进气温度修正。由于温度会影响到进气的密度，所以在体积式空气流量传感器内部装有进气温度传感器，以便对喷油量进行修正。当进气温度升高时，同样体积的进气量，气体质量会随着温度的升高而降低，若不对喷油量进行修正，则混合气会变浓。

大气压力修正。当汽车行驶到高原地区时，海拔高度增加，大气压力降低，使空气密度降低。同样体积的空气流量，其质量就会降低。为避免混合气过浓及油耗过高，应根据大气压力对喷油器的喷油时间进行修正。

蓄电池电压修正。通常采用修正通电时间的方法来消除蓄电池电压变化对喷油量的影响，如图2.75所示。当电源电压较低时，适当延长喷射时间；当电源电压较高时，适当缩短喷射时间。另外，喷油时间的修正值还与喷油器的规格及驱动方式有关。

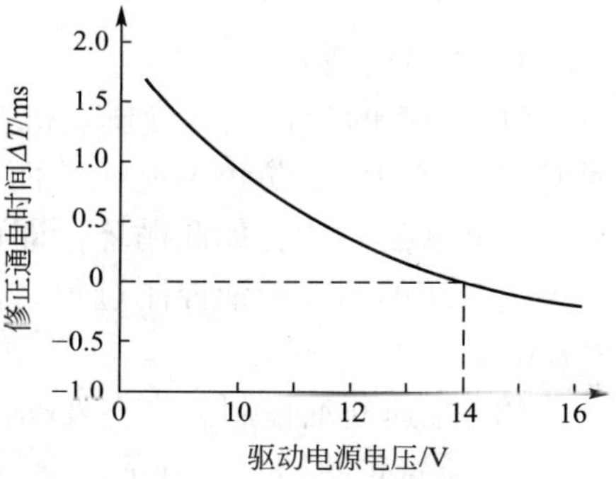

图2.75　电压修正特性

知识链接

由于喷油器针阀的机械惯性、电磁线圈的磁滞特性及磁路效率的影响，在喷油电脉冲加到电磁线圈后，针阀并不是随着电脉冲同步升起并上升到最大值，而是有一段滞后时间。通常把从脉冲开始出现到针阀呈现最大升程所需的时间称为开阀时间T_0；同样，从脉冲消失到针阀落座关闭需要一定的时间，该段时间称为关阀时间T_c，如图2.76所示，其中，T_i为通电时间(即脉宽)，a、b分别为针阀全开位置和全关位置。开阀时间与关阀时间之差(T_0-T_c)称为无效喷射时间，在这段时间内喷油器并不喷油。其中开阀时间受蓄电池电压的影响较大，而关阀时间受蓄电池电压的影响较小。当蓄电池电压变化时，会影响到喷油器开启时刻，从而造成喷油量的误差，所以，ECU也会根据蓄电池电压对喷油时间进行修正。

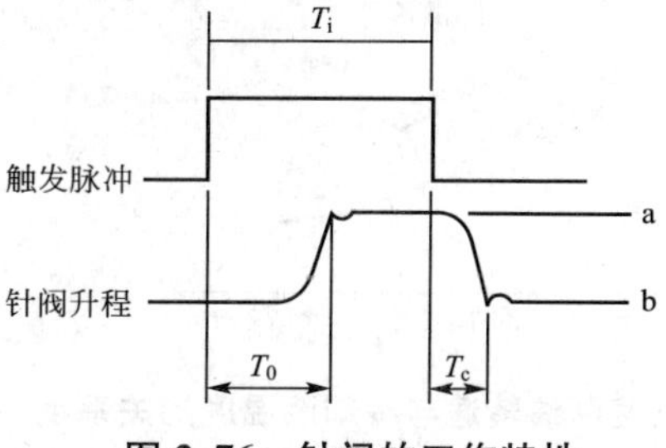

图2.76　针阀的工作特性

(3) 增量。当发动机运行在某些特殊工况时(如急加速、大负荷等)，需要在基本喷油量的基础上额外增加一部分喷油量，以加浓混合气。一般在低温启动后、暖机过程、加速过程、大负荷等工况下，需要加浓混合气。增量的大小用增量比表示，增量比=(基本喷油量+增量)/基本喷油量。

知识链接

发动机低温启动后的一段时间内，由于温度较低，混合气形成不良，部分燃油在进气管上沉积，从而导致混合气变稀。为保证发动机稳定运转、不熄火，在低温启动后的一段时间内应额外增加喷油量。启动后增量比的大小取决于此时发动机的温度，并随发动机运转时间的增长而逐渐减小为1。

在发动机暖机运转过程中，发动机的温度仍然较低，燃油与空气的混合仍然不十分均匀，仍有一部分较大的油滴会凝结在较冷的进气管道及汽缸壁上，进而导致混合气较稀，因此在暖机过程中仍需额外增加喷油量以加浓混合气。暖机增量比的大小取决于冷却水温度传感器测得的发动机温度。当温度升高到80℃时，暖机过程结束，增量比变化为1。

在大负荷工况(节气门大开度)下，发动机需较浓的混合气，以发出最大功率。此时，ECU会根据全负荷开关信号(或节气门位置传感器输出的大开度信号)控制喷油器增大喷油量。

在加速工况下，为改善加速性能，短时间内同样需要较浓的混合气。此时，ECU会根据节气门开启的速率判断发动机所处的加速工况，供给浓混合气。加速增量比及加速增量时间取决于发动机的水温，水温越低，加速增量比越大，持续时间也越长。

3) 断油控制

(1) 超速断油控制。当发动机转速达到ECU设定的最高转速时，ECU会控制喷油器暂时中断喷油，以防止超速运转而损坏机件。待发动机转速降低到规定值时，ECU控制喷油器又恢复喷油。如此循环，即可防止发动机转速无限上升。图2.77所示为发动机电子控制系统的超速断油控制过程。在实行超速断油控制时，发动机工作在n_0(最高转速)±80r/min转速范围内。

(2) 减速断油控制。当在发动机运转过程中突然松开节气门踏板，且满足某些条件时(节气门位置传感器怠速开关接通；发动机转速高于ECU内存的设定值；发动机水温已达正常值)，ECU会控制喷油器停止喷油，即实行减速断油。待发动机转速下降到规定值时，ECU又控制喷油器恢复供油。

停止与恢复供油的转速与发动机冷却液温度及外加负荷有关，如图2.78所示。发动

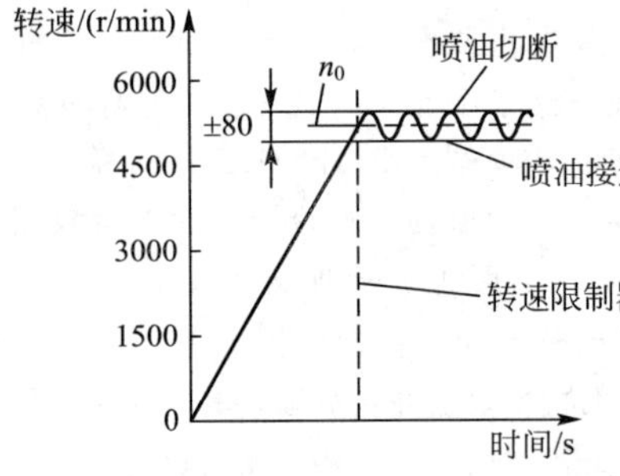

图2.77 发动机电子控制系统超速断油控制

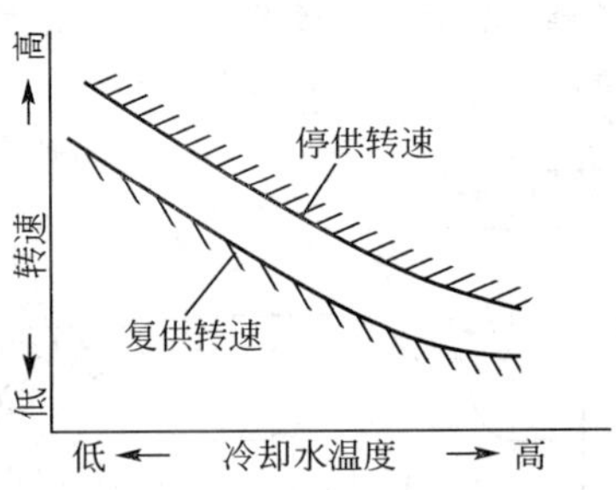

图2.78 减速断油转速与冷却液温度的关系

机水温越低，外加负荷越大，则停止与恢复供油的转速越高；反之，发动机水温越高，外加负荷越小则停止与恢复供油的转速就越低。减速断油既可以降低燃油消耗，又可以减少污染物的排放。

(3) 减扭矩断油控制。自动变速器的汽车自动升挡时，ECU会控制个别缸的喷油器暂时中断喷油，以减小发动机输出扭矩，降低发动机转速，减轻换挡冲击。

4) 燃油喷射的反馈控制

为了降低发动机有害气体的排放量，许多汽车上装备了三元催化转换装置。但三元催化转换装置只有在混合气浓度处于理想空燃比附近时才能使CO、HC的氧化反应和NO_x的还原反应同时进行，才能最大限度地降低有害气体的排放量。为了将混合气浓度控制在理想空燃比附近，在发动机的排气管中安装了氧传感器，ECU通过氧传感器的反馈信号对喷油量进行控制，进而控制混合气的浓度。

5) 空燃比自学习控制

空燃比自学习控制可以消除制造因素和使用因素造成的误差，提高混合气空燃比的控制精度。对于特定型号的发动机而言，各种工况下的基本喷油时间是固定不变的。但是，在发动机的实际运转过程中，由于制造误差或使用中零部件性能的变化，实际空燃比有时会严重偏离理想空燃比。比如，空气供给系统堵塞会造成混合气过浓，喷油器堵塞会造成混合气过稀。虽然借助于氧传感器可以实现空燃比的反馈控制，将混合气浓度修正到理想空燃比附近，但是反馈控制修正的范围是有限的，一般在0.8～1.2内，如图2.79(a)所示。当修正值超过修正范围时，会造成控制上的困难。为此，ECU根据反馈修正值的偏离情况设定一个学习修正值(学习修正系数)，从而实现对基本喷油时间的总修正。混合比自学习控制的过程如下：首先计算出实际空燃比与理想空燃比的差值，再计算出空燃比偏离量的修正系数(即学习修正值)，然后将符合当前条件的学习修正值反映到喷射时间上。如图2.79(b)所示，假设混合气实际空燃比由于某种原因而偏离理想空燃比10%时，则进行反馈控制时反馈修正的中心位置为0.9(即减少了10%)。如果要使反馈修正值的中心回到理想空燃比14.7∶1的位置上，则学习控制修正值应为0.9。

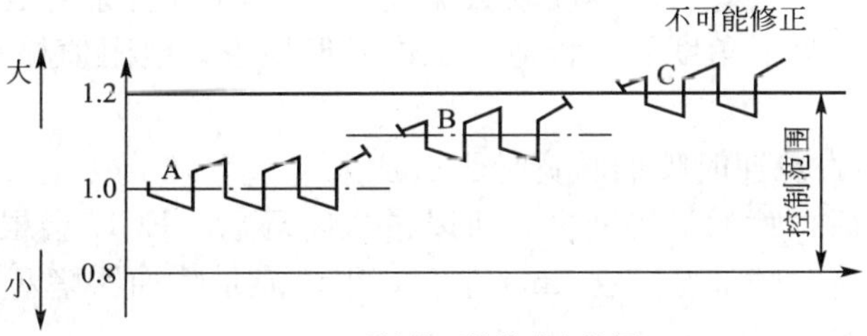

(a) 反馈修正值的中心位置

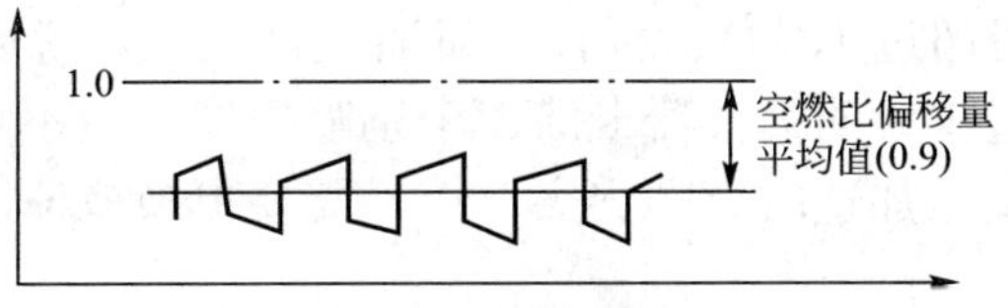

(b) 空燃比偏离量

图2.79　学习控制示意图

ECU 计算出学习修正值后，将该值存入存储器中，在以后的使用过程中把符合当前条件的学习修正值都反映到喷射时间上，做到持续修正。

3. 喷油正时控制

喷油正时控制包括喷油时刻与喷油顺序的控制。顺序喷油能让各缸得到准确的喷油正时，是主流控制电路。图 2.80 所示为丰田 COROLLA 轿车喷油器控制电路。

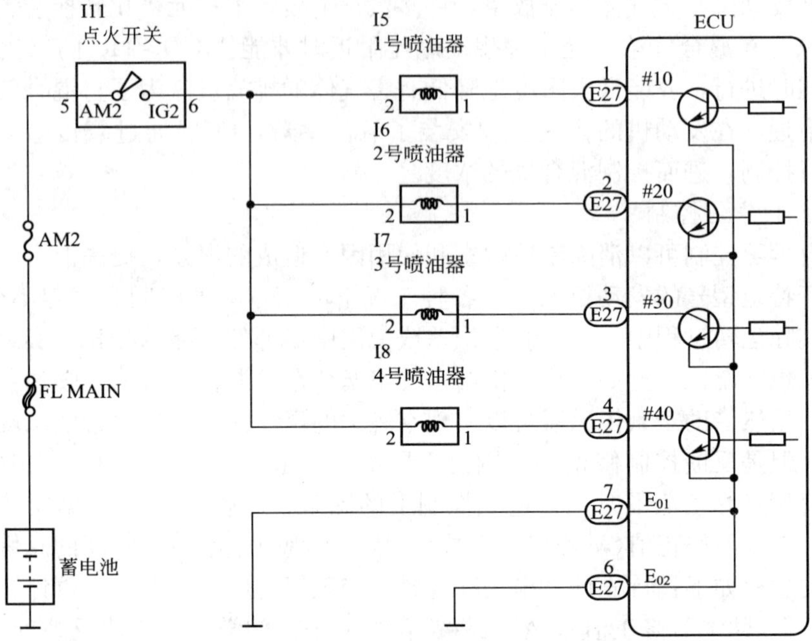

图 2.80 丰田 COROLLA 轿车喷油器控制电路

4. 喷油器的检测

判断喷油器性能的方法有：通过读取数据流看怠速时喷油脉宽是否被加大、30s 喷油量、喷油器有无滴漏、喷射角度是否合适、工作波形检查、电阻值检查、就车检查和燃油切断转速变化等。

1）读取数据流检查怠速时喷油脉宽是否被加大

由于喷油器堵塞后，喷油量将减少。所以进入闭环后，ECU 会根据氧传感器的信号，加大喷油脉宽。若怠速时喷油脉宽在 5ms 左右，很可能是喷油器堵塞。

2）30s 喷油量检测

检查 30s 喷油量是否符合厂家规定(大部分厂家规定单缸 30s 喷油量为 85～95mL，各缸 30s 喷油量相差不得超过 10%)。所有缸喷油量都过少，说明全部喷油器或汽油滤清器堵塞；个别缸喷油量过少说明喷油器卡滞。个别喷油器卡滞不喷油，会造成第一次启动困难，也会造成加速不良，加速时有“突突”声，需要更换或清洗卡滞的喷油器。

知识链接

喷油量不足原因分析：

(1) 喷油器外观检查。喷油器堵塞后，喷油器头部发黑。

(2) 汽油滤清器堵塞或燃油管路碰扁。汽油滤清器堵塞不会降低燃油压力，但会明显降低供油量。燃油压力正常，但燃油流量过低，喷油器不发黑，但猛踩节气门踏板燃油流量也不上升，说明汽油滤清器堵塞或燃油管路被碰扁。

在正常使用的情况下，每隔 20 000～30 000km 就应该更换一次汽油滤清器。因为汽油滤清器堵塞虽然不会降低燃油压力，但会明显降低供油量。汽油滤清器外壳上印有箭头，装配时须注意滤清器外壳上标志，不能装反，装反后只要启动就必须换新的。

(3) 喷油器堵塞、卡滞后会使喷油量减少，导致冷机启动性能不好，冷机时怠速极其不稳定，加速性能差，热机后启动性能和怠速略好些，进入闭环控制后，由于混合气过稀，ECU 根据氧传感器信号加大喷油脉宽。所以，进入闭环控制后读取数据流，怠速喷油脉宽为 5ms，明显高于正常值。用超声波清洗机对喷油器进行清洗，可排除故障。

3) 喷油器滴漏检测

滴漏是不受 ECU 控制的额外供油，滴漏会造成混合气过浓，严重时会造成该缸不工作。滴漏不仅造成发动机抖动、油耗增加、三元催化转化器(TWC)堵塞，而且若废气在 TWC 内燃烧，还可能烧坏 TWC。要求 30s 喷油时间内，各喷油器不得有滴漏现象发生，哪个喷油器发生滴漏现象就必须更换；每分钟漏油不允许超过一滴，否则，应更换喷油器。

4) 喷射角度检测

喷射角度主要影响喷射的雾化状况，如图 2.81 所示。喷射角度不好，雾化不好，会造成加速缓慢，尾气中 CO 增加。

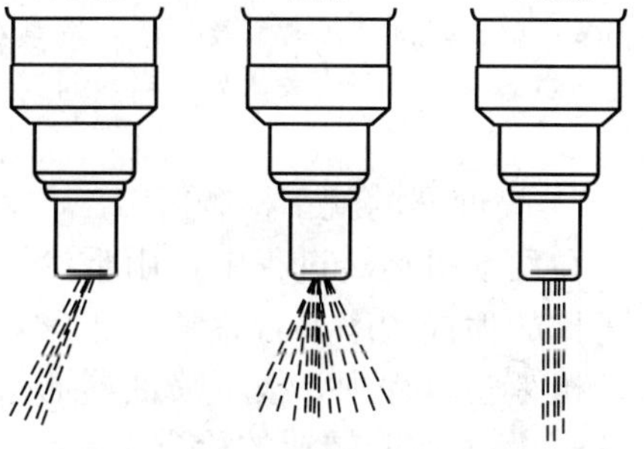

图 2.81 喷油器喷射角度与雾化情况

5) 喷油器工作波形的检测

检测喷油器的工作波形就是检测喷油器工作电流的变化，以及喷油脉宽为此所受到的影响。喷油器正常的波形如图 2.82 所示，图中各段分析如下。

A：ECU 命令接通喷油器，造成电压突然降低。

B：从 B 点看，2V 电压降到与搭铁电压相近的值(不足 0.2V 电压)。

C：降至 B 点后电流开始流经喷油器线圈，产生反向电压，形成波形底部反向电压降；从 B 点到 C 点为喷油器通电后准备喷油的时间，此段越短喷油脉宽就越有保证。

D：从 C 点到 D 点为喷油脉宽。

将发动机各缸的喷油器波形进行比较，哪个缸的喷油器波形中 C 点到 D 点的距离短，说明哪个缸的喷油器或电路有故障。

有故障的喷油器主要是反向电流小于正常值，由于喷油器线圈是高阻抗，使 B 点至 C 点喷油器通电后准备喷油的时间过长，导致从 C 点到 D 点的喷油脉宽明显减小，造成喷油器针阀开启时间滞后，燃油供给不足，引起间歇性缺火，使发动机怠速抖动。此类故障应检查喷油器电源端。反向电流小于正常值时的喷油器波形如图 2.83 所示。

6) 喷油器电阻值的检测

低电阻值喷油器电阻值应为 3～4Ω，高电阻值喷油器电阻值应为 12～16Ω。

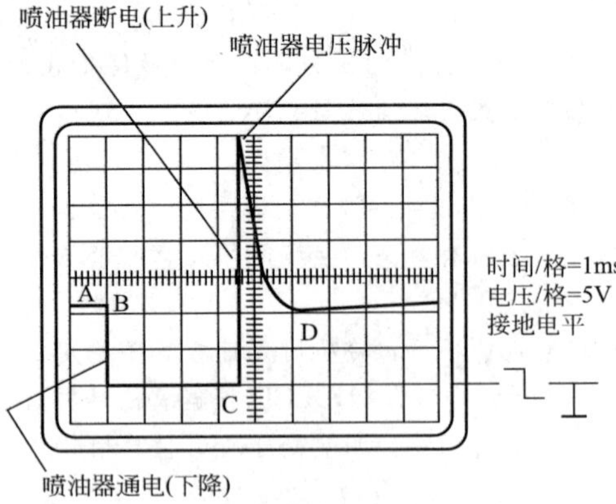

图 2.82　正常的喷油器波形

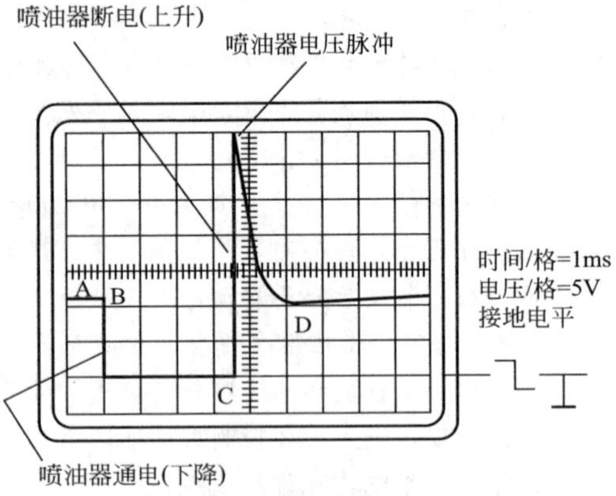

图 2.83　反向电流小于正常值时的喷油器波形

特别提示

汽车在中速行驶中有时会出现发动机转速丢转，发动机转速突然下降 200r/min 左右，丢转时间通常持续数秒，然后发动机转速恢复正常。丢转故障的出现时间没有规律性。这类故障通常是由于 ECU 上喷油器搭铁线不实造成的。

ECU 上喷油器搭铁线不实，导致喷油器搭铁电阻增大，使流经喷油器电磁线圈的电流明显减小，从而使喷油器开阀时间(在触发脉冲加到电磁线圈后，从脉冲开始到针阀形成最大升程状态的时间)延长，数据流上显示的喷油脉宽没有改变，但喷油器的实际喷油量小于正常值，导致混合气偏稀，虽经氧传感器调节，仍无法满足工作需要，于是汽车在中速行驶中有时会出现发动机转速丢转，并会留下与混合气浓度和燃油修正控制有关的故障码。

7）喷油器的就车检查

在发动机运转过程中，用听诊器或手指接触喷油器时，可听到或感觉到与发动机转速成正比的喷油频率。若感觉不正常，则应检查喷油器及 ECU 输出的喷油信号。另外，在发动机运转过程中，拔下喷油器插接器，发动机转速应明显下降。

8）燃油切断转速的检查

运转发动机，使其冷却水温达到正常值；使发动机转速达到 2 500r/min 以上，这时可听到喷油器工作的声音，也可用手指来感觉，然后放开油门。在放开油门的短时间内喷油声应停止，接着又恢复。恢复供油转速为 1 400r/min。这就是说，发动机在减速及强制怠速时喷油器不喷油，以便节油和减少排气污染。

特别提示

检查时应关闭空调及其他附属电器，汽车变速器置于空挡或停车挡。

2.5.3　燃油压力调节器

引例

一辆奥迪 100(2.2E)轿车(装备 V6 电控发动机)，发动机冷机时，能顺利启动；热机熄火后立即启动，也能顺利着火；但发动机热机熄火，再停放0.5h以后，则启动困难，必须连续多次用起动机带动曲轴转动，发动机方能着火。经查故障为燃油压力调节器膜片破裂造成的，更换新的燃油压力调节器后，发动机能够顺利启动。

燃油压力调节器的作用是什么？它失效后对发动机的技术状况有何影响？

在电控汽油喷射系统中，ECU是通过控制喷油器针阀打开的时间来控制喷油量的。当在ECU的控制下打开喷油器针阀时，燃油是借助于喷油器进、出口之间的压力差喷入进气管的。这就是说，喷油器的喷油量不仅与针阀打开的时间成正比，还与喷油器进、出口的压力差成正比。喷油器进口的压力(即供油管中的油压)是脉动的，喷油器出口的压力(即进气歧管的压力)也是随时变化的，因此喷油器进、出口的压力差是变化的。若要喷油量仅受喷油器打开时间的控制，就必须将喷油器进、出口的压力差调节在恒定值。燃油压力调节器的作用是自动调节燃油压力，使燃油供给系统的压力(即系统油压)与进气歧管压力之差保持为恒定值(一般为285kPa)。在油路中安装燃油压力调节器后，就可实现ECU对喷油量的精确控制。

1. 燃油压力调节器的结构与工作原理

燃油压力调节器一般安装在燃油分配油管(供油总管)的一端，其进油口和分配油管相连，出口接回油管，真空管接口通过一个软管和进气歧管相连，如图2.84所示。

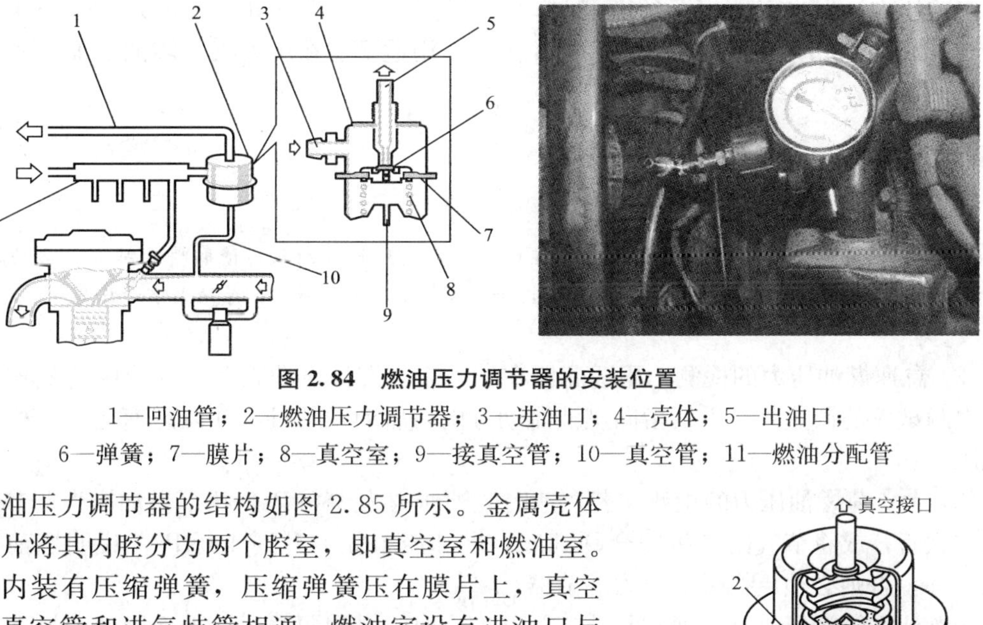

图2.84　燃油压力调节器的安装位置

1—回油管；2—燃油压力调节器；3—进油口；4—壳体；5—出油口；6—弹簧；7—膜片；8—真空室；9—接真空管；10—真空管；11—燃油分配管

燃油压力调节器的结构如图2.85所示。金属壳体内的膜片将其内腔分为两个腔室，即真空室和燃油室。真空室内装有压缩弹簧，压缩弹簧压在膜片上，真空室通过真空管和进气歧管相通。燃油室设有进油口与出油口，二者之间的通道由回油阀控制。发动机工作时，进气歧管内的真空度对膜片有吸引力；而汽油泵输送至燃油室的压力燃油又对膜片有推动力。当燃油压力与进气歧管的真空吸力之和大于弹簧的弹力时，膜片被顶起，回油阀打开，部分燃油流回油箱。反之，当燃油压力和进气歧管的真空吸力之和小于弹簧的弹力时，膜片落下或不被顶起，回油阀关闭，没有燃油

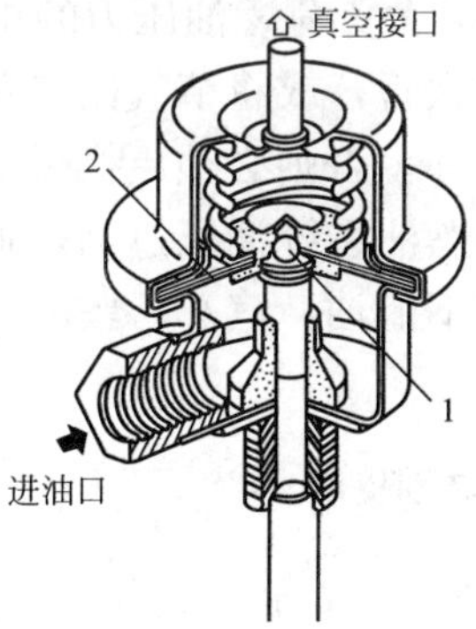

图2.85　燃油压力调节器的结构

1—回油阀；2—膜片

流回油箱。燃油压力调节器如此循环工作，即可将系统油压与进气歧管的压力之差稳定为一个恒定值。

特别提示

一些轿车燃油压力调节器和进气管之间装有ECU控制的压力调节器电磁阀。它的主要作用是在发动机冷却液温度过高时关闭进气管到燃油压力调节器间的真空通道。在发动机冷却液温度超过100℃的热启动时，点火开关由启动位置回到接通位置3s后，ECU可使压力调节器电磁阀关闭，截断燃油压力调节器真空室的真空来源，在节气门开度较小时压力调节器也不向燃油箱回油，使燃油压力提高，消除燃油由于热膨胀产生的影响，改善发动机热启动性能。

2. 燃油系统的检测

燃油油压的大小是由燃油泵和燃油压力调节系统决定的。燃油流量的大小是由燃油滤清器和喷油器是否发生堵塞、燃油管路是否被碰瘪决定的。如喷油器堵塞严重时燃油量会减少。本节主要介绍燃油压力的检测。

燃油压力检测包括怠速燃油压力、大负荷燃油压力、保持压力的检测。

(1) 燃油压力检测前的准备工作。先在进油管路上连接燃油压力表。有些汽车接油压表前需先卸压，拔下燃油泵的熔断器或继电器，反复启动3次发动机，以有效地降低燃油管路内的压力。但也有些汽车留有测试口，不需卸压只需关闭点火开关，松开油管接头(在油管接头下方垫上棉布)，将溢出的油擦干。用适配器在压力表与燃油供油管和燃油分配油管处连接。

特别提示

在发动机热机时拔下燃油泵的熔断器或继电器，连接故障诊断仪，读取喷油脉宽。启动发动机，ECU为了弥补燃油压力下降带来的混合气过稀，会根据氧传感器输送的信号增大喷油脉宽。

(2) 怠速燃油压力的检测。用适配器在压力表与燃油供油管和燃油分配管处连接，打开压力测试仪的截止阀，手柄指向燃油流动方向，启动发动机，并以怠速运转，检测燃油系统压力。

(3) 大负荷燃油压力的检测。若怠速时燃油压力为350kPa，拔下燃油压力调节器上方的真空软管，或将节气门踏板完全踩到底，燃油压力如上升到400kPa，说明燃油压力调节器良好，否则必须更换燃油压力调节器。

如燃油系统油压过高，通常是节气门开度小时，燃油压力调节器不回油或燃油泵限压阀卡滞不泄油，汽车行驶时会有不平顺的感觉。

特别提示

怠速燃油压力过低，会造成怠速运转不平稳；大负荷燃油压力过低，会造成高速时汽车动力不足、加速无力，严重时行驶中自动熄火；保持压力过低或没有会造成发动机启动困难(需要连续启动两次才能着车)。

(4) 用真空泵检测燃油压力调节器。启动发动机，打开燃油压力测试仪的截止阀，加大节气门开度，使燃油压力上升到400kPa。关闭点火开关，拔下燃油压力调节器上的真空管，连接手动真空泵。启动发动机并怠速运转，用手动真空泵向燃油压力调节器施加不同的真空度，燃油压力表应随真空度变化而变化。真空度高，燃油压力降低，真空度低，燃油压力上升，说明燃油压力调节器正常。否则说明燃油压力调节器有故障。

特别提示

如果燃油压力调节器膜片破裂，怠速和小负荷时进气系统真空度高，部分汽油被直接吸入进气歧管，没有经过喷油器，直接进入燃烧室，将导致怠速和小负荷时混合气过浓，排气管冒黑烟，怠速转速过高。维修时必须更换燃油压力调节器。

知识链接

大负荷燃油压力不足的原因：

(1) 怠速燃油压力正常，大负荷燃油压力不足的原因是燃油压力调节器密封不良。燃油压力调节器密封不良导致大负荷时回油管路仍有回油，大负荷燃油压力和怠速燃油压力相近，低于正常值。发动机怠速运转正常，在挂空挡时加速、大负荷运转正常，但行驶中加速不良。

(2) 启动发动机路试，试车过程中如油压保持不住，说明燃油管路过脏。

(3) 高速时如感觉跟不上油，加速无力，行驶当中就慢慢地熄火了，熄火前出现车身抖动，熄火后马上启动，启动不着，停一会儿再启动就着车了。开始时几十千米出现一次自动熄火，如此反复，后来行驶不足1km就自动熄火，说明燃油箱过脏或燃油滤清器堵塞。

知识链接

燃油压力调节器故障引发的燃油压力过高或混合气过浓的分析。

燃油压为调节器调节不当，造成发动机中小负荷时燃油压力过高。大多数时是由于积炭堵塞燃油压力调节器与进气管间真空软管造成的。喷油压力过高不仅会造成燃油消耗增加，而且会造成发动机低速时工作粗暴，从尾气中可以闻到浓浓的臭味(三元催化转化器内散发出来的)。

燃油压力调节器膜片破裂会造成混合气过浓。调节器膜片破裂后部分燃油不经喷油器，经调节器真空软管、进气歧管、进气门直接进入燃烧室导致混合气过浓。

(5) 保持压力的检测。保持压力关系到发动机是否能够正常启动，没有保持压力，发动机必须连续启动两次才能启动。保持压力检测方法：在连接好燃油压力表的前提下，熄火，关闭燃油压力测试仪的截止阀，10min后打开燃油压力测试仪的截止阀，保持压力应不小于250kPa。如保持压力过低，应分别检查燃油泵的出油单向阀、喷油器和燃油压力调节器回油孔的密封性。

知识链接

造成燃油保持压力过低的原因有燃油泵出油单向阀的密封不良、燃油压力调节器密封不良和喷油器密封不良。

先检查燃油泵出油单向阀的密封性。燃油保持压力低于标准值，可以用排除法检测。先关闭截止阀，使燃油泵到燃油压力表之间处于密封状态。重新进行一次保持压力检测，如果此次保持压力正常，说明燃油泵出油单向阀和油压表前的管路密封不良。这将产生：燃油泵出油单向阀密封不良，关闭点火开关后燃油压力下降很快，不到1min燃油压力表就很快归零了(正常情况下熄火10min后燃油压力不得低于250kPa)；燃油泵出油单向阀密封不良，熄火后立即启动可正常启动，熄火后稍停片刻再启动就会出现启动困难；跑长途时加速迟缓无力。此时，必须更换燃油泵总成方能排除上述故障。

检查燃油压力调节器的密封性。关闭截止阀后，燃油压力依然低于标准值，说明燃油泵出油单向阀和油压表前的管路密封良好。用钳子夹住燃油压力调节器的回油管，重新进行一次保持压力检测，若此次保持压力正常，说明燃油压力调节器回油阀损坏。

检查喷油器的密封性。用钳子夹住燃油压力调节器的回油管后，燃油压力依然低于标准值，则说明喷油器有泄漏。进行30s喷油器滴漏检测，在30s内滴漏不许超过一滴，否则说明密封不良。

燃油保持压力明显低于标准值会造成启动困难，需连续两次启动才能着车。喷油器有泄漏，属于额外供油，还会造成混合气过浓。燃油泵出油单向阀密封不良或燃油压力调节器回油阀损坏还会造成第一次启动不着车，第二次启动虽然可以着车，但由于油压低，容易出现怠速抖动。维修时需要更换燃油泵。

燃油保持压力略低于标准值，启动正常，冷机正常，热机后会产生气阻，出现怠速抖动、游车、车身振抖动，特别是发动机电控冷却风扇开始旋转后抖动更为严重。

小　　结

1. 电控燃油喷射系统以控制单元为核心，以空气流量和发动机转速为控制基础，以喷油器、怠速控制阀等为控制对象，保证获得与发动机各种工况相匹配的最佳混合气成分和点火时刻。

2. 汽油机电控燃油喷射系统有很多种类型。按计量空气量的方式分为压力检测型(D型)和流量检测型(L型)；按燃油喷射位置分为缸外喷射(进气管喷射)和缸内喷射；按燃油喷射方式分为连续喷射、间歇喷射；按喷射时序不同分为同时喷射、顺序喷射和分组喷射；按照喷射控制装置的结构型式分为机械式、电子控制式和机电混合式。

3. 电控燃油喷射系统包括空气供给系统、燃油供给系统和电子控制系统。

4. ECU是控制系统的核心。ECU按照一定的程序对各种输入信号进行运算、储存、分析处理，然后输出指令，控制相关执行元件工作，以达到快速、准确、自动控制发动机工作的目的。

5. 电控发动机ECU的主要控制功能有：燃油喷射控制、点火控制、怠速控制、进气控制、尾气排放控制、充电控制、空调压缩机控制、冷却风扇控制和速度控制等。除此之外，ECU还具有失效保护、故障自诊断等功能。

6. 发动机ECU的电源电路包括：+B、+B1接通电路或EFI主继电器工作电路。电源电路有点火开关控制式和发动机ECU控制式两种。

7. 发动机ECU有三条基本的搭铁电路，有E_{01}、E_{02}、E_1、E_2、E_{21}等接地端子。E_1为发动机ECU工作搭铁电路，E_2、E_{21}为传感器搭铁电路，E_{01}、E_{02}用于驱动器工作的搭铁电路。

8. 传感器将各种信号转换成可以被发动机ECU检测的电压变化信号。传感器信号及与ECU的连接关系有五种类型：①“恒定电压+电位计”向ECU提供0～5V模拟信号

(VTA、MAP)；②“恒定电压＋热敏电阻器”向ECU提供0～5V模拟信号(THW、THA)③“恒定电压+开关”向ECU提供0或5V数字信号(IDL、NSW、晶体管)；④发动机ECU以外电源向ECU提供工作信号(STA、STP)；⑤利用传感器自身产生的电压向ECU提供工作信号(G、NE、OX、KNK)。

9. 电控燃油喷射系统的传感器有：空气流量传感器、进气压力传感器、曲轴位置传感器、凸轮轴位置传感器、节气门位置传感器、冷却液温度传感器和进气温度传感器等。

10. 电控燃油喷射系统中测量进入汽缸的空气量主要有两种方式：一种采用空气流量传感器直接测量进气的体积流量或质量流量；另一种是利用进气压力传感器测量进气歧管的绝对压力，然后由ECU根据测量的进气歧管压力、发动机转速和节气门开度信号，换算出相应的空气流量。

11. 空气流量传感器(MAF，又称空气流量计)的主要作用是对进入汽缸的空气量进行计量，并把空气流量信号输送到发动机ECU。ECU据此决定基本喷油量和点火时间。即空气流量传感器是电控发动机喷油量和点火正时的主控信号。

12. 空气流量传感器有热线式空气流量传感器、热膜式空气流量传感器、卡尔曼涡流式空气流量传感器、翼板式空气流量传感器等型式。

13. 发动机工作时，进气管内节气门后的绝对压力反映了发动机的负荷状况，间接反映了发动机的进气量。进气压力传感器(MAP，全称是进气歧管绝对压力传感器)的作用是测量出进气歧管节气门后方的进气压力，经ECU转换成进气量后用于确定基本喷油量。

进气压力传感器按信号产生原理分为电压型和频率型两种。电压型又分为压敏电阻式、电感式；频率型分为电容式和表面弹性波式。半导体压敏电阻式应用最多。

14. 曲轴位置传感器(CKP，又称发动机转速传感器)是电控发动机中最重要的传感器之一，也是点火系统和燃油喷射系统共用的传感器。

曲轴位置传感器的功用是检测发动机曲轴转角和活塞运行位置。发动机ECU据此信号控制点火正时和喷油正时，并提供发动机转速信号(Ne信号)。没有曲轴位置传感器的信号，发动机既不会喷油，也不会点火，即发动机不可能运行着车。

曲轴位置传感器有磁电感应式、霍尔式和光电式三种类型。

15. 有些发动机既安装了曲轴位置传感器，又安装了凸轮轴位置传感器，一般曲轴位置传感器主要用来检测发动机的转速、曲轴的位置，而凸轮轴位置传感器主要用来发送上止点信号。这种做法，其实只是将过去的一个传感器的任务分配给两个传感器去完成。

随着发动机可变正时等新技术的出现，需要分别检查凸轮轴和曲轴的位置，这时凸轮轴位置传感器与传统的凸轮轴位置传感器的作用完全不同。

16. 节气门位置传感器(TPS)的作用是把汽油机运转过程中节气门的位置或开启变化率转换成电压信号。该信号输入ECU后用于：①控制怠速控制阀的动作；②修正喷油量；③修正点火提前角；④影响废气再循环(EGR)系统的工作；⑤控制自动变速器的工作。节气门位置传感器有开关式节气位位置传感器、电刷线性节气门位置传感器和霍尔式节气门位置传感器。

17. 冷却液温度传感器(CTS，又称水温传感器)用来检测冷却液温度并将其转换为电信号。该信号输入ECU后用于：①修正喷油量；②修正点火提前角；③冷启动时决定喷油量；④影响怠速控制阀动作；⑤影响怠速断油；⑥影响废气再循环(EGR)。冷却液温度传感器的核心部件是负温度系数的热敏电阻。

18. 进气温度传感器(IAT)根据进气温度的变化，调节混合气浓度和点火提前角，也是自动变速器和怠速控制的参考信号。进气温度升高时，空气密度小，混合气偏浓，发动机转速通常也相应增加；进气温度降低时，空气密度大，混合气偏稀，发动机转速通常也相应降低。

19. 电动汽油泵将燃油从油箱中吸出，并以足够的泵油量和泵油压力向燃油系统供油。安装在油箱内时电动汽油泵称为内装式电动汽油泵(涡轮式)，安装在油箱外供油管路上时称为外装式电动汽油泵(滚柱式)。目前，汽油机电控燃油喷射系统多采用内装式电动汽油泵。不同汽车控制汽油泵的工作电路不同。

20. 喷油器的作用是将汽油泵提供的压力油定时定量地喷入进气管中，从而形成符合发动机运行工况要求的可燃混合气。ECU 通过控制喷油器可以实现对喷油量和喷油正时(喷油顺序和喷油时刻)的控制。

喷油器按喷孔的数目可分为单孔式、双孔式及环孔式三种。由于双孔式喷油器既有利于均匀喷射，又不易堵塞，因而得到了广泛应用。

21. 喷油量的控制就是喷油器喷油持续时间的控制(因为经燃油压力调节器调节后，油管中燃油压力与进气歧管内的压力差为恒定值)。喷油量的控制分为启动喷油控制、正常运转喷油控制、反馈控制、断油控制和混合比学习控制等。对于不同的工况，ECU 会按不同的模式来控制喷油器的工作。

22. 喷油器的检测包括：通过读取数据流看怠速时喷油脉宽是否被加大、30s 喷油量、喷油器有无滴漏、喷射角度是否合适、工作波形检查、电阻值检查、就车检查和燃油切断转速变化判断喷油器的性能。

23. 燃油压力调节器的作用是自动调节燃油压力，使燃油供给系统的压力(即系统油压)与进气歧管压力之差保持为恒定值(一般为 285kPa)。在油路中安装燃油压力调节器后，就可实现 ECU 对喷油量的精确控制。

24. 燃油油压的大小是由燃油泵和燃油压力调节系统决定的，燃油量的大小是由燃油滤清器和喷油器是否发生堵塞，燃油管路是否被碰瘪决定的。如喷油器堵塞严重时燃油流量会减少。燃油压力检测包括怠速燃油压力、大负荷燃油压力、保持压力的检测。

习　　题

一、选择题

1. 发动机 ECU 的搭铁电路有(　　)条。

A. 1　　B. 2　　C. 3　　D. 4

2. 发动机 ECU 的电源电路至少有(　　)条。

A. 1　　B. 2　　C. 3　　D. 4

3. 发动机 ECU 传感器信号有(　　)种基本类型。

A. 3　　B. 4　　C. 5　　D. 6

4. 决定发动机基本喷油量的是(　　)。

A. 空气流量传感器　　B. 进气温度传感器

C. 空燃比传感器　　D. 节气门位置传感器

5. 节气门位置传感器信号失准后，发动机 ECU 一律按开启(　　)%进行控制。
   A. 50　　B. 60　　C. 70　　D. 80
6. 不在曲轴位置传感器信号控制范围内的是(　　)。
   A. 喷油正时　　B. 点火正时　　C. 爆震控制　　D. 排放控制
7. 冷却液温度传感器失效保护温度是(　　)℃。
   A. 50　　B. 60　　C. 70　　D. 80
8. 发动机正常工作时，喷油修正量不受(　　)的影响。
   A. 进气温度　　B. 大气压力　　C. 蓄电池电压　　D. 发动机转速
9. 燃油压力调节器能使燃油系统压力与进气歧管压力差保持在(　　)kPa 范围内。
   A. 225　　B. 255　　C. 285　　D. 355

二、简答题

1. 发动机 ECU 的基本搭铁电路有哪几条？请加以分析。
2. 发动机 ECU 的电源电路有哪几条？请加以分析。
3. 电控燃油喷射系统中传感器的信号类型有哪几种？
4. 热膜式空气流量传感器故障对发动机有何影响？
5. 试分析压敏电阻式进气压力传感器常见故障及对发动机性能的影响。
6. 试分析曲轴位置传感器常见故障及对发动机性能的影响。
7. 节气门位置传感器常见故障有哪些？如何进行检测？
8. 冷却液温度传感器的作用是什么？故障后对发动机性能有何影响？
9. 电动汽油泵有哪些控制功能？
10. 燃油压力调节器故障对发动机性能有何影响？

第3章 电控点火系统

学习目标

通过本章的学习，了解汽油机电控点火系统的类型；掌握电控点火系统的组成及其工作原理；了解电控点火的影响因素；掌握电控点火系统常用传感器与执行器的类型、工作原理、系统控制电路；能够对电控点火系统的故障进行正确的检查、准确的判断、合理的维修，为能够准确排除电控发动机常见故障打下坚实的基础。

学习要求

能力目标	知识要点	权重	自测分数
阐述汽油机电控点火系统的种类和优点	分电器和无分电器；优点	10%	
掌握电控点火系统的组成及其工作原理	组成(相关传感器、计算机、点火控制器点火线圈等)；工作原理	15%	
了解电控点火的影响因素	燃油品质、温度、转速、负荷、启动、空燃比等	5%	
掌握电控点火系统常用传感器与执行器的类型、工作原理、系统控制电路	爆震传感器、曲轴转角(位置)传感器、ECU、点火控制器、点火线圈；工作原理；系统控制电路解读	35%	
能够对电控点火系统的故障进行正确的检查、准确的判断、合理的维修，为能够准确排除电控发动机常见故障打下坚实的基础	电控点火系统的故障的检查、判断、排除	35%	

引言

普通电子点火系统相对于传统点火系统来说，由于利用晶体管的开关特性控制点火线圈初级电路的导通与切断，取消了分电器内的断路器触点，增加了闭合角控制，动、静态控制等，使点火系统的性能有了很大的提高。但普通电子点火系统对点火提前角的调整，仍采用真空和离心式机械点火提前机构控制，其调整精度距发动机最佳点火提前角的要求相差很远。从图 3.1 所示可以看出，对于要求较高的现代汽车来说，普通电子点火系统已不能很好地满足发动机对最佳点火提前角的要求。新型的微机控制点火系统便应运而生。

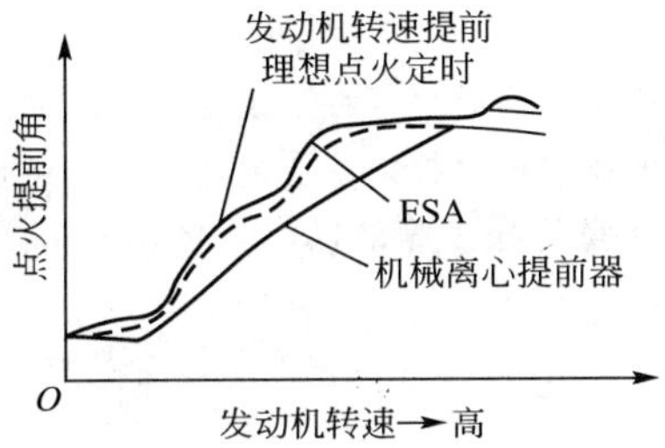

(a) 转速对点火提前角的影响

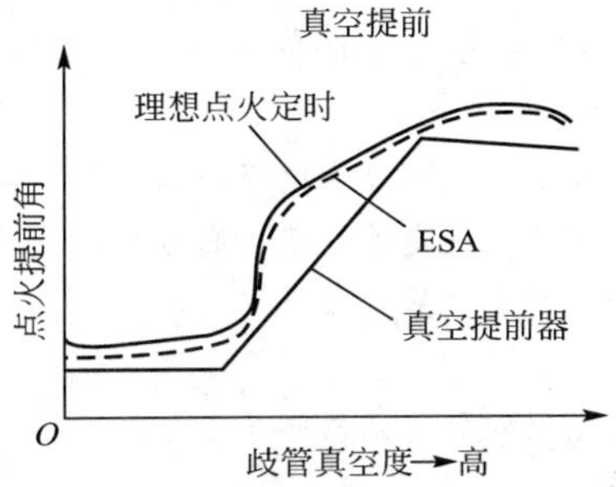

(b) 歧管真空度对点火提前角度的影响

图 3.1 发动机转速及歧管真空度对点火提前角的影响

特别提示

本章介绍普通电子控制点火系统和微机(计算机)控制点火系统，重点是电控点火系统。电控是电子计算机(ECU)控制的简称，有时厂家为宣传需要，把 IC(电子控制)也称作计算机，如该车有 36(或 41)块电子计算机芯片，实质上是 IC(电子控制)芯片和计算机芯片共有 36(或 41)块。ECU 和 IC 的实质区别在于 ECU 内有 CPU(微处理器)而 IC 内没有 CPU。

知识链接

汽油发动机都需要点火系统，点火的最终控制都是通过控制点火线圈的初级电流来实现的。传统的蓄电池点火系统是靠机械(触点＋真空提前＋离心提前)式直接控制点火线圈的初级电流；普通的电子点火系统是靠机械＋电子(传感器＋控制器＋真空提前＋离心提前)式控制点火线圈的初级电流；计算机控制点火系统是靠全电子(相关的传感器＋计算机＋控制器)控制点火线圈的初级电流。

3.1 电控点火系统的种类与工作原理

3.1.1 电控点火系统的种类

按储能方式不同电控点火系统可以分为电感点火系统和电容点火系统两大类，两者又各有无触点和有触点两种类型。

按点火信号发生器的工作原理的不同可分为磁电式、光电式、霍尔元件式、电磁振荡式等。其中磁电式和霍尔元件式应用较多。

按所用电子器件不同可分为分立元件、集成电路、微机构成的电子点火系统。

按有无分电器可分为无分电器点火系统和有分电器点火系统，无分电器点火系统又分为同时点火方式和单独点火方式。

知识链接

传统的高压配电方式，不管曲轴位置传感器是否装在分电器内，同时都还保留了分电器，即由分火头将高压分配至分电器盖旁电极，再通过高压线送至各缸火花塞。这种配电方式存在如下不足：

(1) 分火头和分电器盖旁电极间的跳火会损失一部分能量，同时也是一个重要的无线电干扰源。

(2) 为抑制对无线电的干扰，高压导线采用高电阻性电缆，但这样做就会消耗一部分能量。

(3) 配电器承受高压，故障率高，分火头、分电器盖及高压导线等漏电，会导致火花减弱、缺火或完全断火。

(4) 由于曲轴位置传感器转子由分电器轴驱动，分电器转动机构的机械磨损，会影响点火时刻控制精度。

(5) 分电器安装的位置和占有的空间，给发动机的布置结构和汽车外形的设计造成一定的困难。由于传统的高压配电方式的这些缺点，汽车设计、制造者们又对电子控制电火系统进行了改进、完善。于是，无分电器电子点火系统应运而生。

同时点火方式指一个点火线圈的两个高压输出端分别与两个火花塞相连，负责对两个缸进行点火，即两个缸共用一个点火线圈。

单独点火方式指每个汽缸配用一个点火线圈单独进行点火。

特别提示

无分电器点火(DLI)系统又称直接点火系统，它取消了传统点火系统或普通电子点火系统中的分电器总成(包括分火头和分电器盖等)，直接将点火线圈次级绕组的两端与火花塞相连接，即把点火线圈产生的高压电直接送至火花塞进行点火。

3.1.2 电控点火系统的工作原理

电子点火系统控制的方式不同，工作原理也有所不同，现以磁电式无触点电子点火系统为例介绍如下。

1. 组成

磁电式无触点电子点火系统主要由点火信号发生器、点火模块、分电器、点火线圈，以及火花塞等组成，如图 3.2 所示。

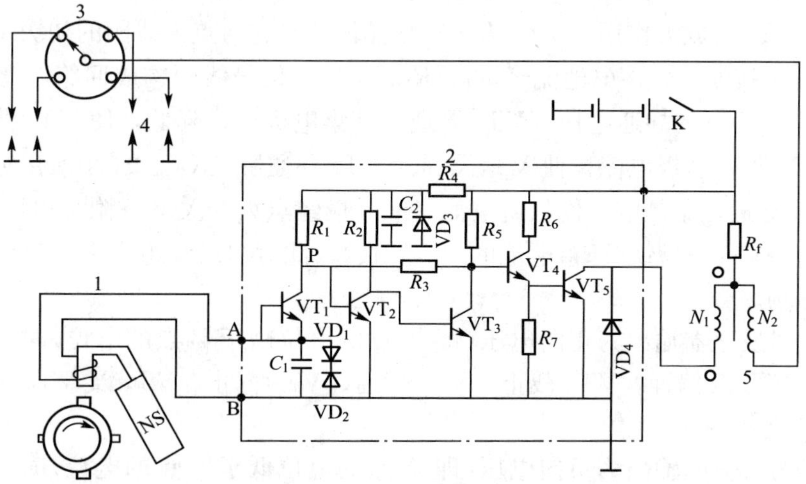

图 3.2　日本丰田磁电式无触点电子点火系统

1—点火信号发生器；2—点火模块；3—分电器；4—火花塞；5—点火线圈

知识链接

点火信号发生器由转子(叶轮)、永久磁铁、铁心和绕在铁心上的信号线圈组成，转子由分电器轴带动，其上齿数与发动机汽缸数相同。点火信号发生器和点火模块一起取代了传统点火系统分电器内的触点。

2. 工作原理

1) 电子点火系统信号的产生

永久磁铁的磁通从N极→空气隙→转子→空气隙→铁心→S极。转子由发动机的曲轴带动，在转子转动过程中，空气隙随着变化，磁阻也随着变化(空气的磁阻大约为铁磁物质的上千倍)。空气隙最小时，磁通最小，空气隙最大时，磁通最大。这样在转子转动过程中，信号线圈中的磁通发生周期性变化，因此，在线圈中便感应出近似正弦波的电势信号。转子每转过一个齿，感应电动势正好完成一个周期。转子每转过一周，便产生四个近似的正弦信号。该信号输出给电子点火模块，即可控制点火系统的工作。

知识链接

电磁感应有两种：一是导体切割磁感线；二是磁通变化引起感应电动势或感应电流。磁电式就是利用转子在转动过程中线圈中的磁通变化产生感应电动势(点火信号)。点火信号的大小受转速的影响，转速高信号强，反之则信号弱。

霍尔式点火信号传感器(发生器)产生的点火信号的大小几乎不受转速的影响。

2) 电子点火模块的工作过程(工作原理)

图 3.2 所示的电子模块共有五个晶体管。VT_1 主要起温度补偿作用，由于其发射极和

基极相接，故相当于一个二极管，只有当 P 点电位高于 A 点时才能导通。VT_2 起触发管作用，VT_3、VT_4 起放大作用，VT_5 为大功率晶体管，它与点火线圈的初级绕组串联。

点火开关 K 接通后，蓄电池流经 R_4、R_1、VT_1、信号线圈构成回路，此时 P 点对地电压高于晶体管 VT_2 的导通电压，VT_2 导通，其集电极电位降低，使 VT_3 截止。蓄电池通过 R_5 向 VT_4 提供基极电流，使 VT_4 导通。VT_4 导通后，R_7 上的压降给 VT_5 提供正向偏压，使 VT_7 导通，于是电流便从蓄电池“＋”极经点火开关 K→附加电阻 R_f→点火线圈的初级绕组→VT_7→搭铁(即蓄电池的“－”极)，此时初级绕组中有电流流过，在点火线圈中形成磁场。

当点火信号发生器输出为正向电压(即 A 点的电位高于 B 点的电位)时，该电压和电源电压相减，VT_1 反偏置，VT_1 截止、VT_2 导通、VT_3 截止、VT_4 及 VT_5 导通，初级绕组中仍有电流流过。

当点火信号发生器输出为负向电压(即 A 点的电位低于 B 点的电位)时，该电压和电源电压相加，VT_1 正偏时，VT_1 导通、VT_2 截止、VT_3 导通、VT_4 及 VT_5 截止，初级绕组中的电流被切断，磁场迅速消失，次级绕组产生高压，再由分电器分配至各缸火花塞，使之跳火，点燃混合气，这样转子每转动一周，各缸轮流点火一次。

特别提示

图 3.2 所示的 VT_1 和 VT_2 型号相同，能起到温度补偿作用：在温度升高时，VT_2 的开启电压 U_{BE} 降低，使 VT_2 提前导通而截止滞后，从而导致点火迟后。将温度特性与 VT_2 相同的 VT_1 与之并联，温度升高时，由于 VT_1 管压降也降低，使 VT_2 的导通滞后、截止提前时，正好补偿了温度升高对 VT_2 的影响，使 VT_2 的导通和截止时间与常温时基本相同。R_3 是正反馈电阻，可加速 VT_2(也即 VT_5)的翻转，这样可减少 VT_5 的翻转(工作在放大状态)时间，降低 VT_5 的温升。同时还可以提高切断初级电流的速度，从而提高点火线圈所产生的高压。另外还有去电压“毛刺”用的 C_1，保护用的 VD_1 和 VD_4 等器件。

霍尔元件式、光电式和电磁振荡等形式的无触点电子点火系统基本和磁电式相同，只不过是它们的点火信号发生器分别由霍尔式、光电式和电磁振荡式传感器所代替。

3.2 直接点火系统

无分电器点火(DLI)系统又称直接点火系统，它比有分电器点火系统性能优越，无分电器点火(DLI)系统有如下优点：

(1) 点火电压高，火花能量大。

(2) 点火电压上升速度快，受火花塞积炭影响较小。

(3) 改善了传统点火系的点火特性，在发动机低速启动和高速运转时，均能供给足够高的点火电压。

(4) 维护频率低，寿命长。

(5) 由于废除了分电器，所以节省了安装空间。

(6) 由于废除了配电器，不存在分火头与分电器旁电极间的电火花，因此，可有效地降低点火系对无线电的干扰。同时因点火系高压电路中的阻抗减小，点火更加可靠。

3.2.1　无分电器点火系统的组成

无分电器点火系统(DLI 或 DIS)取消了机械配电方式，而采用电子配电。常见的电子配电方式如图 3.3 所示。

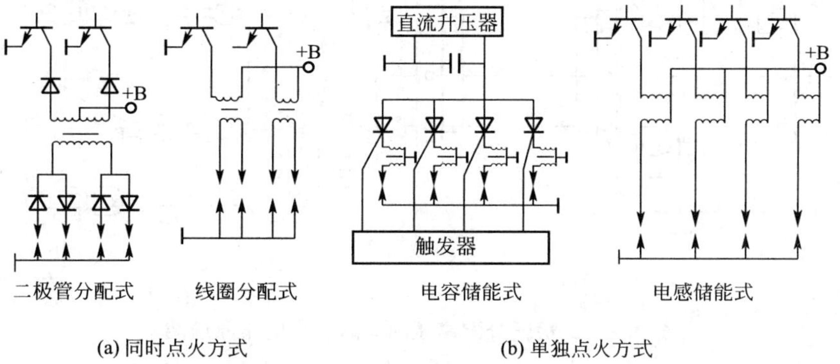

图 3.3　高压电子配电方式

特别提示

无分电器点火系统虽然采用的电子配电方式有所不同，但系统的组成基本相同，主要由电控单(ECU)、点火控制器(电子点火器)、点火线圈、火花塞和各种相关传感器组成。

3.2.2　无分电器点火系统的原理

无分电器点火系统实际上就是计算机(ECU)控制点火，各种无分电器点火系统小的细节有所不同，原理基本相同。

发动机在运转过程中，与点火相关的传感器把各信号传送给 ECU，经 ECU 处理、分析、加工、放大后控制执行器(点火控制器)工作，再由点火控制器(电子点火器)直接控制点火线圈的初级电流通断，使点火线圈的次级产生高压，准确而及时地点燃汽缸中的混合气，使发动机能正常工作。

3.2.3　同时点火方式

同时点火方式是指点火线圈每产生一次高压，都使成对的两缸火花塞跳火。当然，只有一缸是有效点火，而另一缸是无效点火。配对的无效的点火缸恰好处在排气行程，缸内的温度较高而压力很低，火花塞电极间隙的击穿电压很低，故对有效点火缸火花塞的电极电压和跳火放电能量影响很小，同时点火高压配电有两种形式：二极管分配方式和点火线圈分配方式。

1. 二极管分配方式

用二极管来分配高压的同时点火方式的实例如图 3.4 所示。

点火线圈采用一个次级绕组、两个初级绕组的结构形式，次级绕组的两端通过四个高压二极管与火花塞构成回路。四个二极管有内装式(安装在点火线圈内部)和外装式两种。

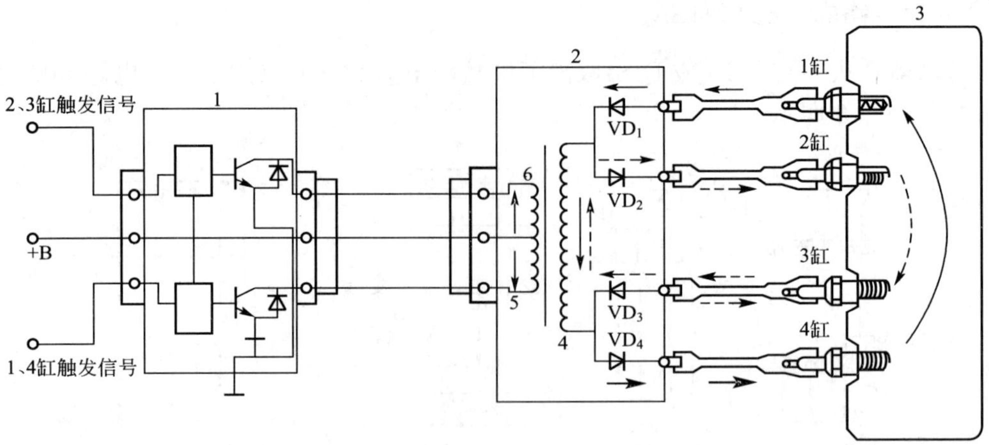

图 3.4　二极管分配高压的同时点火电路原理图

1—电子点火器；2—点火线圈(带电子配电)；3—汽缸盖；

4—次级绕组；5—初级绕组 A；6—初级绕组 B

图 3.4 所示的同时点火方式，二极管为内装式，对于点火顺序为 1—3—4—2 的发动机 1、4 缸为成对的缸，2、3 缸为另一成对的缸。点火电子组件中两个功率晶体管各控制一个初级绕组，两个功率晶体管则由电子控制单元按点火顺序交替触发导通或截止。

当 1、4 缸点火触发信号输入电子点火组件时，下面的功率晶体管截止，初级绕组 A 断电，次级绕组产生如图 3.4 实线箭头所示方向的电动势 e。在此电动势作用下，VD_1、VD_4 正向导通，1、4 缸火花塞电极电压迅速升高直至跳火；VD_2、VD_3 反向截止，故 2、3 缸火花塞无高压电而不跳火。而当 2、3 缸点火触发信号输入电子点火组件时，上面的功率晶体管截止，点火线圈初级绕组 B 断电，次级绕组产生如虚线箭头所示方向的电动势 e，VD_2、VD_3 正向导通，VD_1、VD_4 截止，故 2、3 缸火花塞跳火。

2. 点火线圈分配方式

用点火线圈直接分配高压的同时点火方式如图 3.5 所示。

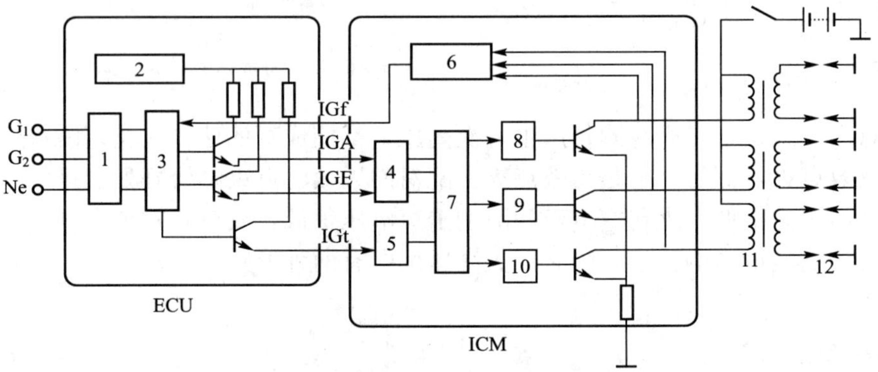

图 3.5　点火线圈分配同时点火方式电路原理图

1—输入电路；2—稳压电源；3—微处理器；4—输入电路；5—闭和角控制电路；

6—IGf 信号发生器；7—汽缸鉴别电路；8、9、10—驱动电路；11—点火线圈；12—火花塞

在点火线圈组件中有两个(四缸)或三个(六缸)独立的点火线圈，每个点火线圈供给成对的两个火花塞工作。电子点火组件中有与点火线圈数量相等的功率晶体管，每一个功率晶体管分别控制一个点火线圈工作。电子点火组件根据ECU输出的点火控制信号，按点火顺序轮流触发功率晶体管导通、截止，控制每个点火线圈轮流产生高压，通过高压导线直接供给两成对缸火花塞工作。

特别提示

有些点火线圈分配式同时点火系统，在点火线圈次级也接有一个高压二极管，二极管的作用是阻止点火线圈初级绕组通路时次级产生的电压(3 000V左右)加在火花塞上，以防止误点火。

3.3 有分电器点火系统

3.3.1 有分电器点火系统的组成

有分电器点火系统的组成(见图3.6)主要由微处理器及其接口、相关的各种传感器、功率放大器(点火控制器)、点火线圈、分电器和火花塞等组成。

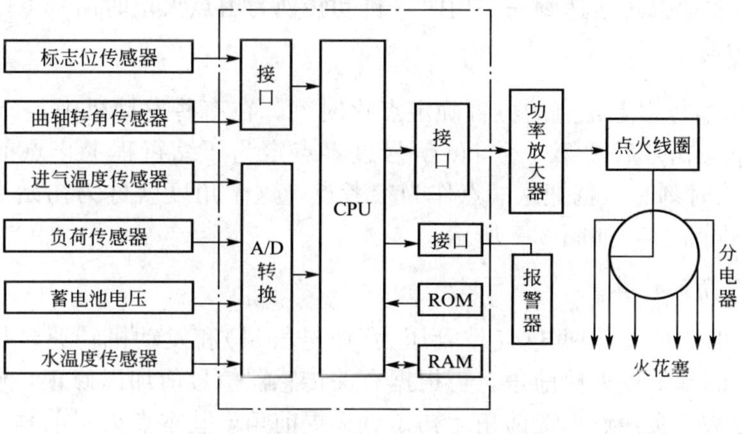

图3.6 有分电器ECU控制点火系统

3.3.2 有分电器点火系统的工作原理

有分电器点火系统的工作原理同无分电器点火系统(直接点火系统)的工作原理基本相同，区别就在于有分电器点火系统多了一个高压配电。

点火控制器的叫法和在图上的表现形式有多种，常见的主要有：点火控制器、电子点火控制器、IC、ICM、功率放大器、执行器等。

发动机在运转过程中，与点火相关的标志位(位置)、温度、曲轴转角、负荷等传感器把各信号传送给ECU，经ECU处理、加工、分析、放大后控制执行器(点火控制器)工作，再由点火控制器(电子点火器)直接控制点火线圈的初级电流通断，使点火线圈的次级产生高压，经分电器准确而及时的分配给对应的缸点燃该汽缸中的混合气，使发动机能正常工作。

3.4 点火控制

点火控制实际上就是对点火提前角及闭合角(通电时间)进行控制，要研究点火控制首先就要了解影响点火的因素。影响点火的因素主要有：初始点火提前角、进气歧管压力(或进气量)、发动机转速、温度、爆震、空燃比、负荷、汽缸压力、积炭、燃烧室形状、燃油品质等。

特别提示

点火控制虽是ECU控制，但对影响点火的部分因素(汽缸压力、积炭、燃油品质等)却无法解决，这些因素一旦出现问题就不能完成发动机的正常工作。

3.4.1 点火提前角控制

在点火提前角控制系统中，根据有关传感器送来的信号，电子控制单元(ECU)计算出最佳的点火时刻(即点火提前角)，输出点火正时信号(IGt信号)，控制电子点火器实现点火。在发动机启动时，不经ECU计算，点火时刻直接由传感器信号控制一个固定的初始点火提前角。当发动机转速达到一定值时，自动转换为由点火正时信号IGt控制。

1. 初始点火提前角

ECU根据压缩行程上止点的位置确定点火时刻。在有些发动机中，ECU把曲轴位置传感器中G_1或G_2信号后的第一个Ne信号过零点定为压缩行程上止点前10°曲轴转角，在ECU计算点火时刻时，就把这一点作为参考点，这个角度就称为初始点火提前角，其大小随发动机不同而异，如图3.7所示。

2. 点火提前角的计算

发动机工作时，ECU根据进气歧管压力(或进气量)和发动机转速，从存储器储存的数据中找到相应的基本点火提前角，再根据有关传感器信号值加以修正，便得出实际点火提前角，计算方法：实际点火提前角=初始点火提前角+基本点火提前角+修正点火提前角(或延迟角)，如图3.8所示。

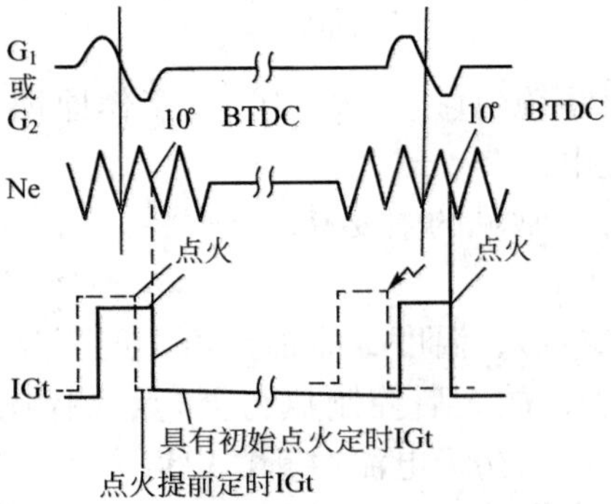

图3.7 初始点火提前角

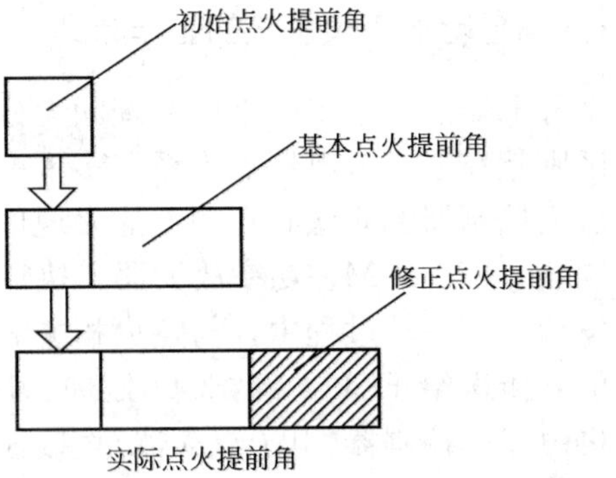

图3.8 点火提前角的计算

3. 点火提前角的控制

如图 3.9 所示，点火提前角的控制包括两种基本情况。一是启动时的点火提前角控制：发动机在启动时，以固定的初始点火提前角点火，与发动机的工况无关。二是启动后发动机正常工作期间的点火提前角控制：正常工作中，点火时间由进气歧管压力(或进气量)和发动机转速确定基本点火提前角，并根据有关传感器的信号和发动机的特性曲线加以修正。修正项目随发动机不同而异。一般发动机的修正项目有：暖机修正、稳定怠速修正、空燃比反馈修正、过热修正、爆震修正、最大提前/延迟角控制和其他修正。

- 点火正时控制
  - 启动点火时间控制——固定点火提前角
  - 启动后点火时间控制
    - 基本点火提前角——由进气歧管压力和转速确定
    - 修正点火提前角
      - 暖机修正量
      - 稳定怠速修正量
      - 空燃比反馈修正量
      - 过热修正量
      - 爆震修正量
      - 最大提前/延迟角控制
      - 其他修正值

图 3.9 点火提前角的控制

3.4.2 闭合角控制

所谓闭合角即是点火线圈初级电路的导通时间即通电时间。通过对电子点火系的学习我们已经知道，对电感储能式电子点火系统来说，当点火线圈的初级电路被接通后，初级电流是按指数规律增长的，变化关系为

$$i_1=\frac{U_e}{R}(1-e^{-\frac{Rt}{L}})$$

从公式中可以看出，当时间趋于无穷大时，初级电流趋于一恒定值(也是最大值)。但在工作过程中，初级电路被切断时的电流并非是其最大值，电能转换成为磁场能的多少与电路切断时电流(称之为初级断开电流)的平方成正比，初级断开电流的大小取决于初级电路的导通时间——即闭合角的大小。初级电路导通时间(通电时间)越长——即闭合角越大，初级断开电流越大，能量转换越多(即点火能量越大)，点火越可靠。但闭合角不但影响点火电压的高低，而且对电子点火器(或 ECU 内的开关控制电路)中的大功率晶体管的消耗和点火线圈的发热量有严重的影响。闭合角过大会由于功率晶体管和点火线圈的发热量增加而带来一些负面影响。

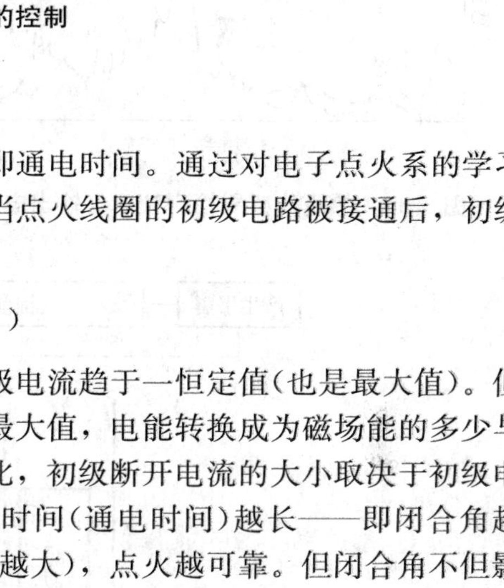

图 3.10 蓄电池电压与通电时间之间的关系

然而发动机转速的变化，会带来点火周期的增长和缩短，从而使点火线圈的通电时间增长和缩短。同时，电源电压的变化也对初级断开电流的大小有影响，当蓄电池电压下降时，在相同的通电时间内，初级电流减小，因此在电源电压发生变化时，必须对通电时间进行修正。图 3.10 所

示为蓄电池电压与通电时间之间的关系。

综上所述，为了消除由于发动机转速和电源电压的变化而带来点火特性和管消耗的变化，点火控制系统应能在发动机工作过程中根据其实际工况自动调节点火线圈的通电时间。使发动机在任何转速下，都能保持有足够的点火能量，而又不会对控制电路和点火线圈造成威胁。

在电子控制点火系中，为了减小转速对点火电压的影响，提高点火能量，采用了初级线圈电阻很小的高能点火线圈，其电流最大值可达30A以上。为了防止初级电流过大烧坏点火线圈，在点火控制系统中增加了恒流控制电路，保证发动机在任何转速下初级电流都能达到规定值(7A)，改善了点火性能。

3.4.3 爆震控制

在发动机工作过程中，不同振动频率的振动，传感器产生不同的电压信号，当发动机发生爆震时，爆震传感器的感应性能最好，产生的信号电压最大，如图 3.11 所示。因来自爆震传感器的信号中含有各种不同的频率，因此，首先须经滤波电路将爆震信号与其他振动信号分离，只允许特定范围频率的爆震信号通过滤波电路，再将此信号的最大值与爆震强度基准值进行比较，如大于基准值，则将爆震信号电压输入到 ECU，表示已发生爆震，由 ECU 进行处理后发出控制指令。ECU 对爆震现象的判断原理如图 3.12 所示。

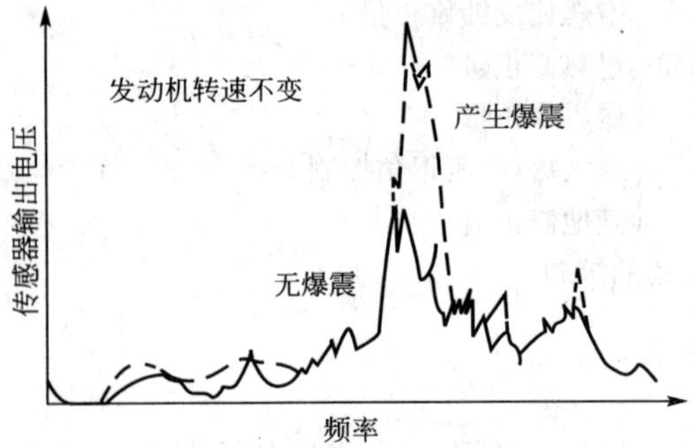

图 3.11 爆震传感器检测频率与输出电压

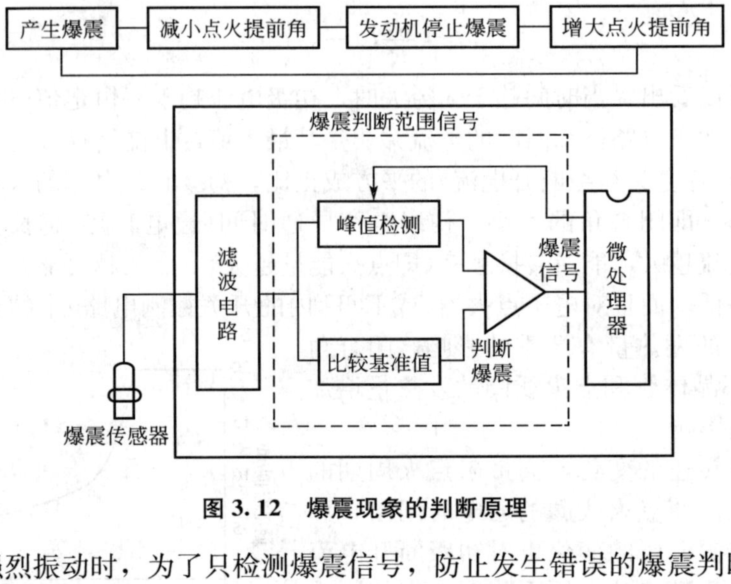

图 3.12 爆震现象的判断原理

在发动机强烈振动时，为了只检测爆震信号，防止发生错误的爆震判断，爆震信号的输入并非随时进行。它有一个判断范围如图 3.13 所示，只限于判断发动机点火后爆震可能发生时的振动，在这个范围内，爆震传感器的信号才被输入比较电路。

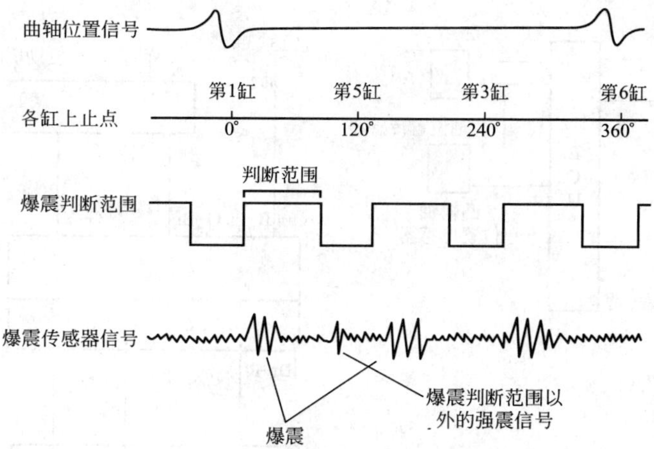

图 3.13 爆震判断的范围

爆震强度的判断：爆震强度以超过基准值的次数来衡量，超过次数越多，则爆震强度越大；反之，则爆震强度越小，ECU 对爆震强度的判断如图 3.14 所示。ECU 将根据爆震强度的大小确定点火提前角调整的幅度。当爆震消失后，恢复正常的点火提前角。

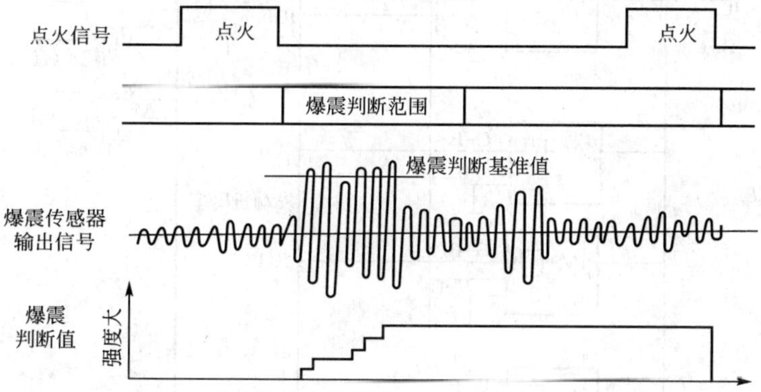

图 3.14 爆震强度的判断

3.5 典型汽油发动机电控点火系统原理简图

要了解电控点火系统的工作原理，就必须了解其组成及控制电路，其中控制电路的阅读更为重要。控制电路的阅读要解决以下几个问题：①控制电路中字母及数字代号的含义；②控制电路中符号的含义；③控制的方块图；④组成；⑤控制电流流向；⑥每个部件上的输入、输出及供电；⑦每个部件的作用及内部组成；⑧从控制电路中找出每个部件的检修方法。

典型轿车点火系统电路如图 3.15～图 3.18所示。

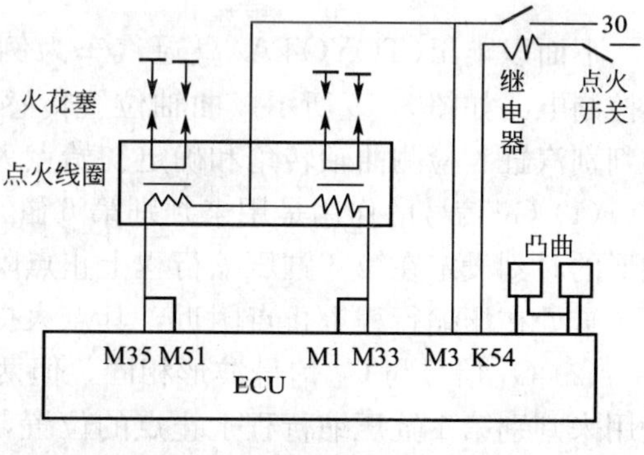

图 3.15 别克轿车点火系统电路

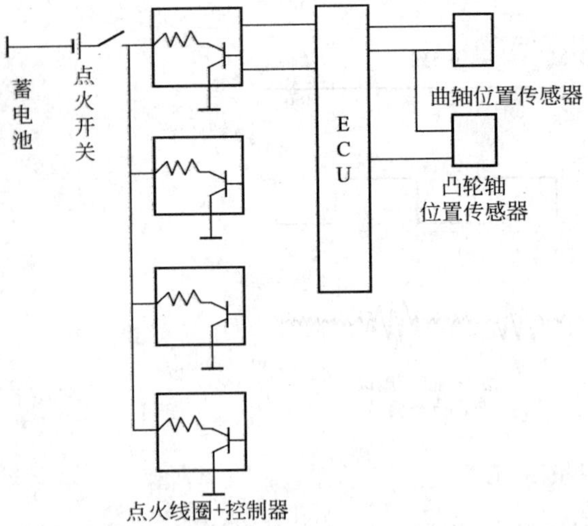

图 3.16　丰田花冠发动机电控点火系统电路

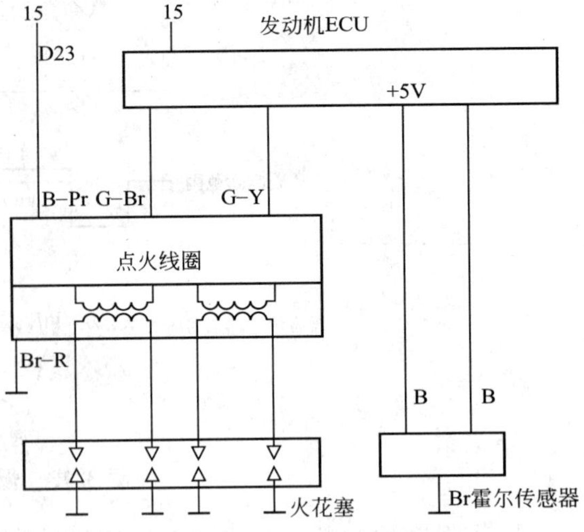

图 3.17　桑塔纳 3000 点火系统电路

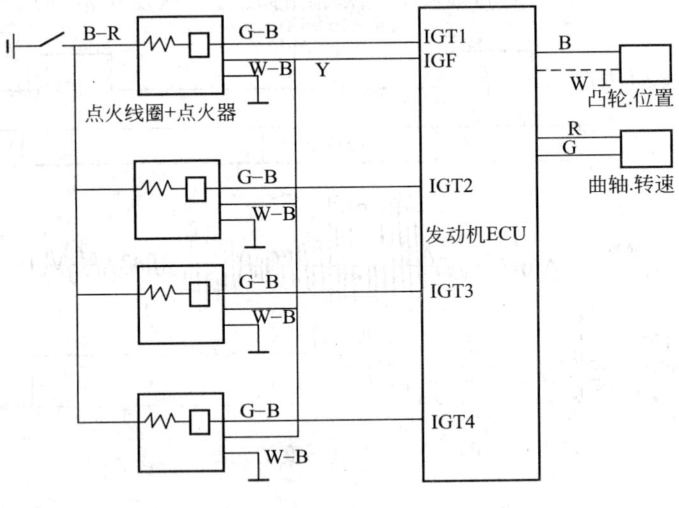

图 3.18　威驰轿车电控点火系统电路

3.5.1　无分电器同时点火方式

下面以丰田(TOYOTA)皇冠汽车为例分析无分电器同时点火系统的基本控制原理。其控制电路如图 3.19 所示。曲轴位置传感器可向 ECU 输出 G_1、G_2 和 Ne 三个信号，用于判别汽缸、检测曲轴转角和确定初始点火提前角。

(1) G_1 信号的作用是用来判别第 6 缸压缩行程上止点的位置：G_1 信号线圈产生电压波形的时刻设定在第 6 缸压缩行程上止点附近，因此只要 G_1 信号出现，ECU 即可断定为第 6 缸处在压缩行程上止点附近，其点火提前角和闭合角仍由 ECU 根据 Ne 信号决定。

(2) G_2 信号与 G_1 信号波形相同，但两信号相隔 180°(360°曲轴转角)。因此，其作用是用来判别第 1 缸压缩行程上止点的位置，即当 G_2 信号出现时，表示第 1 缸在压缩行程附近，点火提前角和闭合角由 ECU 根据 Ne 信号决定。

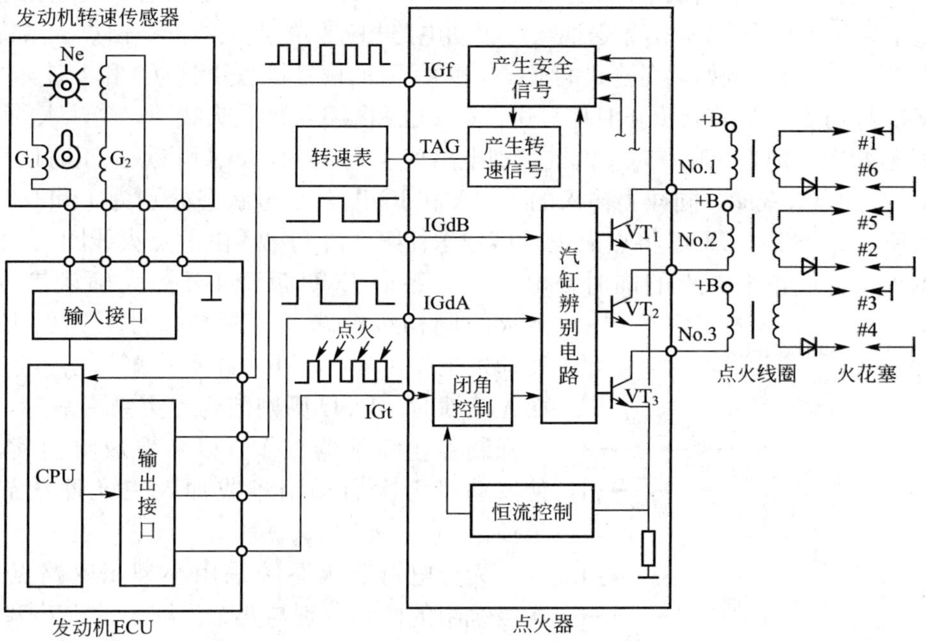

图 3.19 丰田皇冠汽车无分电器点火系统

(3) Ne 信号的转子上有 24 个齿，每旋转一周(发动机旋转两周)产生 24 个信号，其波形与 G_1 和 G_2 信号波形基本相同。每个 Ne 信号波形表示 15°凸轮轴转角(即 30°曲轴转角)，由于每个波形表示的曲轴转角过大，点火控制会引起较大误差，因此需要通过转角脉冲发生器将传感器一转 24 个脉冲转变成为 1440 个脉冲，即每个 Ne 波形表示 0.5°曲轴转角，从而提高了点火提前角和闭合角的控制精度。实际点火控制就是以 G 信号为基准信号，根据 Ne 信号确定点火提前角和闭合角。

在启动发动机的瞬间，如果已超过了 G_1 信号的产生期，而 G_2 信号的产生期又未到，此时 ECU 将无法判别汽缸，因此，必须等到 G 信号产生判别汽缸的信号后，ECU 才能执行点火控制。

(4) ECU 通过曲轴位置传感器接收到 G_1、G_2、Ne 信号后，向电子点火器输出 IGt、IGdA、IGdB 三个信号。其中 IGt 信号是点火止时信号，IGdA 和 IGdB 信号是 ECU 输送给点火器的判断信号，它存储于 ECU 的存储器中，如图 3.20 所示。ECU 根据 G_1、G_2、Ne 信号查表选择 IGdA 和 IGdB 的信号状态(见表 3-1)，以确定各缸的点火顺序。

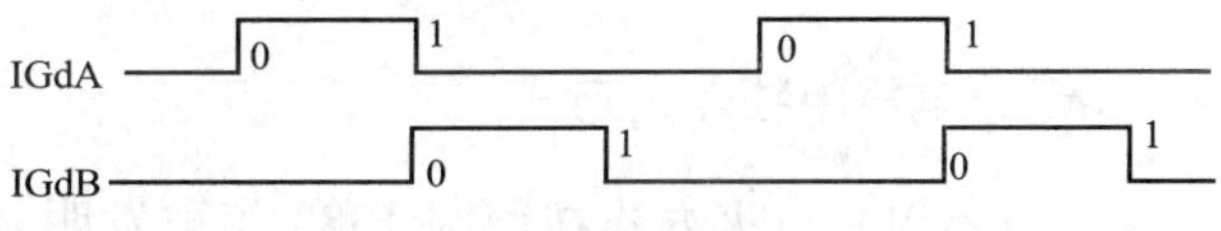

图 3.20 IGdA 和 IGdB 信号

表 3-1 IGdA 和 IGdB 的信号状态

信号状态 / 点火线圈	IGdA	IGdB	结果	信号状态 / 点火线圈	IGdA	IGdB	结果
No. 1　No. 6	0	1	点火	No. 3　No. 4	1	0	点火
No. 5　No. 2	0	0	点火				

电子点火器中的汽缸判别电路根据输入的IGdA和IGdB的信号状态，决定接通哪条驱动电路，并将点火正时的IGt信号送往与此驱动电路相连接的点火线圈，由点火线圈产生高电压完成某缸的点火。例如，当输入的IGdA和IGdB的信号状态分别为0和1时，汽缸判别电路使VT_1导通，ECU将点火正时信号送往第1缸和第6缸的点火线圈。当输入的IGdA和IGdB的信号状态分别为0和0时，汽缸判别电路使VT_2导通，ECU将点火正时信号送往第5缸和第2缸的点火线圈。同样当输入的IGdA和IGdB的信号状态分别为1和0时，汽缸判别电路使VT_3导通，ECU将点火正时信号送往第3缸和第4缸的点火线圈。

在点火系完成正常点火的同时，电子点火系向ECU反馈IGf点火确认信号，即将点火线圈初级电路通、断的信号反馈给ECU。在发动机工作过程中，当IGf点火确认信号连续3～5次无反馈时，ECU则判断为点火系有故障，发出指令强制停止喷油器工作，以免造成缸内喷油过多，使发动机再次启动困难或加大三元催化剂系统的负荷。

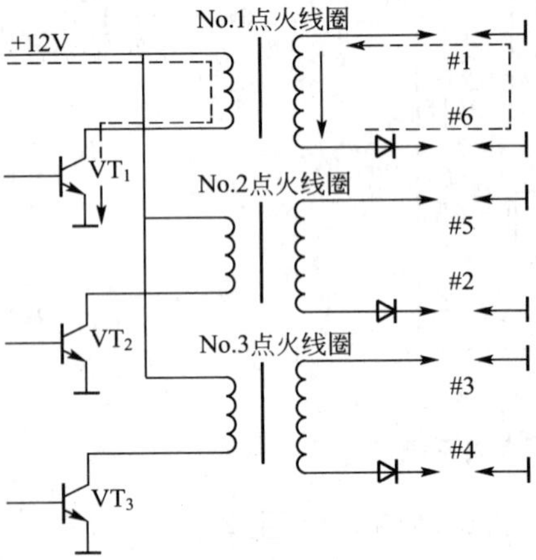

图3.21　六缸发动机的点火组合方式

无分电器点火系统采用小型闭磁路点火线圈，次级绕组的两端分别与两个汽缸上的火花塞相连接。汽缸的组合原则为：其中一缸活塞处在压缩行程上止点时，另一缸活塞处在排气行程上止点，曲轴旋转360°后两缸活塞所处的行程正好相反。由此可得，六缸发动机的点火组合方式为：第1、6缸一组，第2、5缸一组，第3、4缸一组，如图3.21所示。

当点火线圈初级电路被切断时，两缸火花塞同时跳火，但由于压缩缸的汽缸压力较高，击穿火花间隙放电较为困难，排汽缸的压力接近大气压力，击穿火花塞间隙放电容易，因此，虽然同时击穿两个火花塞间隙，但所需要的击穿电压增高却较低。

在点火系初级电路导通的瞬间，点火线圈次级绕组内产生1 500V左右的高电压，此时活塞正处在进气行程末期与压缩行程初期之间，汽缸内压力较低，火花塞间隙容易击穿，若火花塞在此时跳火，则发动机不能正常运转，并会产生回火现象。为了避免此现象的发生，电路中设置有高压二极管。当初级电路导通时，次级绕组产生的1 500V高压反向加在二极管的两端，二极管截止，高压无法使火花塞跳火。当大功率晶体管截止时，次级绕组产生高电压，二极管导通，可使火花塞顺利地跳火。

3.5.2　无分电器单独点火方式

无分电器单独点火方式在德国1983年被发明并采用。这种点火方式特别适合在四气门发动机上应用，如图3.22(a)所示。火花塞安装在两根凸轮轴的中间，每缸火花塞上直接压装一个点火线圈，在布局上很容易实现。

图3.22(b)所示为奥迪汽车四气门五缸发动机点火线圈的安装情况。每个点火线圈通过导向座用螺钉固定在汽缸的盖板上，然后再扣压到各缸火花塞上。

无分电器单独点火方式的控制电路基本相同，但根据车型的不同也存在一些差异。

图3.22(c)所示为日产公司无分电器点火系的电路控制原理图。它主要由各缸分别独立的点火线圈和电子点火器及ECU、火花塞等所组成。各缸点火线圈的初级绕组分别由

电子点火器中的一个大功率晶体管控制。整个点火系统的工作由 ECU 控制。发动机工作时，ECU 根据曲轴位置及发动机转速传感器、空气流量传感器、冷却液温度传感器、爆震传感器、点火开关等产生的有关输入信号，与存储器中存储的数据相比较，并经分析、计算后适时地向电子点火器输出点火信号，由电子点火器中的大功率晶体管分别接通与切断各缸点火线圈的初级电路，在点火线圈次级绕组中产生出高电压，击穿火花塞间隙，点燃可燃烧混合气。

图 3.22(d)所示为奥迪汽车五缸发动机采用的无分电器点火系统的电路控制原理图。该点火系统中的五个点火线圈分别由两个电子点火器 N122 和 N127 控制。其中 N122 控制第 1、2、3 缸的点火，N127 控制第 4、5 缸的点火。两电子点火器由 ECU 控制。其控制原理与日产公司无分电器单独点火系统基本相同，在此不再重复。

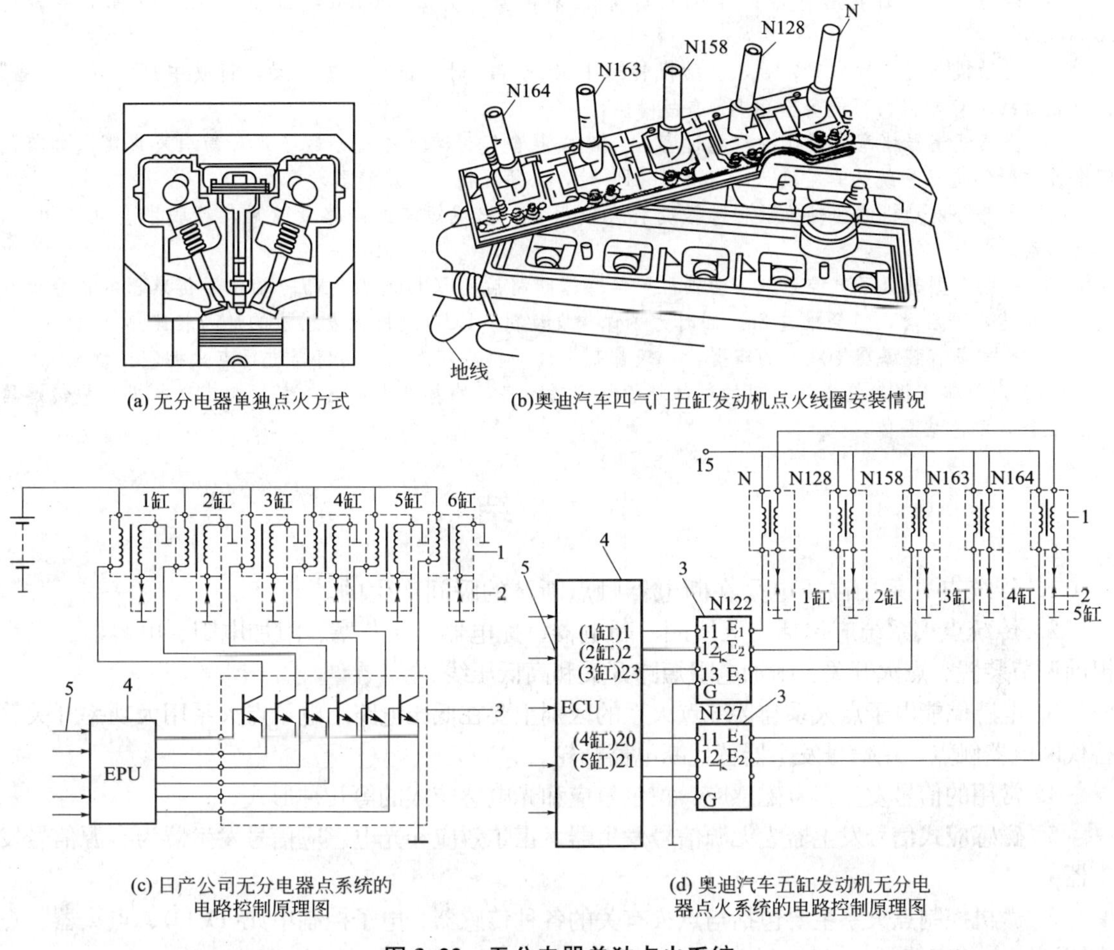

(a) 无分电器单独点火方式　　(b)奥迪汽车四气门五缸发动机点火线圈安装情况

(c) 日产公司无分电器点系统的电路控制原理图　　(d) 奥迪汽车五缸发动机无分电器点火系统的电路控制原理图

图 3.22　无分电器单独点火系统

1—点火线圈；2—火花塞；3—点火器；4—发动机 ECU；5—各传感器和开关输入信号

单独点火方式的优点是：

(1) 由于无机械分电器和高压导线，因而能量损失、漏电损失小，各缸的点火线圈和火花塞均由金属罩包覆，其电磁干扰大大减小。

(2) 由于采用了与汽缸数相同的特制点火线圈，该点火线圈的充放电时间极短，能在发动机转速高达 9 000r/min 时，提供足够的点火电压和点火能量。

（3）由于无机械分电器，又恰当地将点火线圈安装在双凸轮轴的中间，充分利用了有限空间，因而节省了发动机周围的安装空间，使其结构更加紧凑，安装更加合理。

经验点拨

（1）点火控制模块接地线接触不良，在坏路上行驶，或急加速、急减速、发动机振动较大时会使高压线失火，导致发动机抖动。

（2）爆震传感器(KS)失效退出后，ECU 为了防止发生爆震会将点火提前角推迟 15°，行驶中就会出现加速不良、油耗高和排气管冒黑烟的故障。

（3）KS 为三针插头，用欧姆表测量任意二端子间的电阻，电阻值都应为∞。

（4）普通火花塞的使用寿命按车辆行驶路程来衡量，为 25 000km，白金火花塞的使用寿命为 70 000km。

（5）发动机前支座软垫破裂后，发动机转速 1 500r/min 时会出现严重抖动，行驶中可听到“当当”声，此时故障存储器内可能会显示 KS 有故障。

（6）空气滤清器堵塞或新换的滤芯过密，会造成混合气过浓和充气系数不足，易引发爆震。如节气门全开的瞬间进气系统的真空度大于等于 15kPa 时，必须更换空气滤清器。

（7）大部分发动机的曲轴位置转感器没有失效保护，出现短路或断路故障后，行驶中会立即熄火，无法启动。

（8）一些车型升级了电控系统，曲轴位置传感器断路后，ECU 可改用凸轮轴位置传感器的信号计算发动机转速，可启动，但会推进 2s。同时为了保护发动机，ECU 会降低发动机的最高转速。

（9）凡是没有装爆震传感器的车型，一般都是用发动机冷却液温度传感器进行点火控制。

（10）汽缸垫或涡轮增压发动机的进气歧管垫密封不良，冷却液进入燃烧室，火花塞电极和氧传感器触点上会有白色结晶体。

小　　结

1. 传统点火系中高压电是在断电器触点断开的瞬间产生的。

2. 传统点火系统应包括点火线圈、断电器、配电器、火花塞、附加电阻、电容器、点火提前调节装置、点火开关、附加电阻短路开关和高低压线。

3. 电感储能电子点火系与传统点火系的区别主要在低压电路，电子点火系用大功率开关管替代断电器触点，用信号发生器替代断电器凸轮。

4. 常用的信号发生器有磁感应、霍尔效应和光电感应式的等几种形式。

5. 磁感应式信号发生器为无源信号发生器、霍尔效应和光电感应信号发生器为有源信号发生器。

6. 微机控制点火系主要包括与点火有关的各种传感器、电子控制单元(ECU)、点火器、点火线圈、火花塞等。

习　　题

一、简答题

1. 如何判断点火系统的故障(包括传统点火系统和电子点火系统)？

2. 微处理器控制电子点火系统是如何控制点火提前的?

3. 什么是点火提前角的开环控制和闭环控制?

4. 传统点火系统、电子点火系统、电控点火系统的区别是什么?

二、判断题

1. 传统点火系统主要由分电器、点火线圈、火花塞、点火开关、电源等组成。　(　　)

2. 分电器总成包括断路器、分火头、电容器和点火提前装置组成。　(　　)

3. 点火线圈有两接柱和三接拄之分，两者的主要区别在于有无附加电阻。　(　　)

4. 点火系统按照储能的方式分，可分为电感和电容两种类型。　(　　)

5. 点火提前机构只能控制点火系统的点火提前角，而不能影响点火电压。　(　　)

6. 因为节气门开度变小，点火提前角将增大，而怠速时节气门开度最小，所以怠速时的点火提前角是比较大的。　(　　)

7. 电容器与触点串联，它的作用是保护触点和提高次级电压。　(　　)

8. 普通电子点火系用晶体管替代传统点火系统的断电器触点，用信号发生器替代传统点火系统断电器的凸轮。　(　　)

9. 电子点火系统常用的信号发生器有霍尔式、磁脉冲式和光电感应式。　(　　)

10. ECU控制点火系统按对点火提前角的控制方式不同可分为启动期间控制方式和启动后控制方式。　(　　)

三、选择题

1. 在对电子点火系统的信号发生器进行检查时，关于磁感应式的信号发生器，甲认为应有三个接头，其中一个是电源接头，乙认为应有两个接头，其中无电源接头。你认为(　　)。

A. 甲对　　B. 乙对　　C. 甲乙都对　　D. 甲乙都不对

2. 在检查点火器好坏时，甲认为可在点火器的信号输入端输入模拟的点火信号，检查点火器的大功率晶体管的通断情况的方式来确定点火器的好坏，乙认为只要总高压线无火，就说明点火器已经损坏。你认为(　　)。

A. 甲对　　B. 乙对　　C. 甲乙都对　　D. 甲乙都不对

3. 电子点火系统的执行器是(　　)。

A. 火花塞　　B. 点火线圈　　C. 点火控制器　　D. 传感器

4. 微处理器控制点火系的执行器是(　　)。

A. 火花塞　　B. 点火线圈　　C. 点火控制器　　D. 传感器

5. 霍尔传感器上有(　　)根引线，输出的是(　　)信号，它(　　)电源。

A. 2　模拟　需要　　B. 3　模拟　需要

C. 2　模拟　不需要　　D. 3　数字　需要

6. 磁感式传感器上有(　　)根引线，输出的是(　　)信号，它(　　)电源。

A. 2　模拟　需要　　B. 3　模拟　需要

C. 2　模拟　不需要　　D. 3　数字　需要

7. 电子点火常用的传感器有(　　)三种。

A. 磁感式、霍尔式、光电式　　B. 磁感式、霍尔式、磁脉冲式

C. 磁感式、磁脉冲式、光电式　　D. 磁感式、霍尔式、开关式

第4章

汽油机怠速控制系统

学习目标

通过本章的学习，了解汽油机怠速控制系统的功能与组成；了解汽油机怠速控制执行元件的类型、工作原理和检测方法；能够依据发动机的数据流判断怠速控制阀的工作状态，通过适当的诊断流程寻找怠速控制系统问题的根源。

学习要求

能力目标	知识要点	权重	自测分数
阐述怠速控制系统的功能	实现发动机启动后的快速暖机；自动维持发动机稳定怠速	10%	
掌握怠速控制系统的组成与分类	怠速控制系统主要由ECU、执行器(怠速阀)和各传感器等组成；怠速控制可分为旁通空气式和节气门直动式	30%	
能够正确地检查发动机怠速转速	发动机怠速工况的正常转速	20%	
掌握汽油机怠速控制执行元件的类型和工作原理、检测方法	步进电机型和旋转电磁阀型怠速控制阀的检查	40%	

引言

一辆“北京现代”轿车，在不开启空调时怠速转速正常，稳定在750r/min；接通空调A/C开关时，怠速转速立即下降至500r/min，CHECK灯点亮后熄灭。另外，该车不接空调开关时，怠速、点火、供油均正常。

故障的原因是什么呢？

特别提示

发动机怠速运转的规定范围通常是：四缸发动机怠速转速是600～800r/min，六缸发动机怠速转速是600～700r/min，八缸发动机怠速转速是600～650r/min。当接通空调，动力转向、自动变速器等负载时，怠速转速需提升。

4.1　怠速控制系统的功能

4.1.1　怠速控制系统的功能

怠速是指节气门关闭，节气门踏板完全松开，且发动机对外无功率输出并保持最低转速稳定运转的工况。在汽车使用中，发动机怠速运转的时间约占30%，怠速转速的高低直接影响燃油消耗和排放污染。怠速转速过高，燃油消耗增加，但怠速转速过低，又会增加排放污染。此外，怠速转速过低，发动机冷车运转、空调打开、电器负荷增大、自动变速器挂入挡位、动力转向时，由于运行条件较差或负载增加，容易导致发动机运转不稳甚至熄火。

怠速控制的功用：一是实现发动机启动后的快速暖机过程；二是自动维持发动机怠速稳定运转，即在保证发动机排放要求且运转稳定的前提下，尽量使发动机的怠速转速保持最低，以降低怠速时的燃油消耗量。

怠速控制的实质就是控制怠速时的空气吸入量，所以也将怠速控制系统称为怠速空气控制系统(Idle Air Control system，IAC)。ECU根据发动机工作温度和负载，自动控制怠速工况下的空气供给量，维持发动机以稳定怠速运转。

4.1.2　怠速控制执行方式

(1) 旁通空气式。采用这种方式的系统在怠速时节气门完全关闭。怠速空气通过一条跨接在节气门两端的怠速通道流入汽缸。怠速通道中装有一个不同类型的怠速空气控制阀，如图4.1(a)所示。

(2) 节气门直动式。采用这种方式的系统没有跨接在节气门两端的怠速通道。怠速时，节气门踏板虽然完全松开，但节气门并不完全关闭，而是仍通过它提供怠速空气，如图4.1(b)所示。

4.1.3　怠速控制系统的组成

下面以旁通空气式怠速控制系统为例进行介绍。其主要由传感器、ECU和执行元件三部分组成，如图4.2所示。

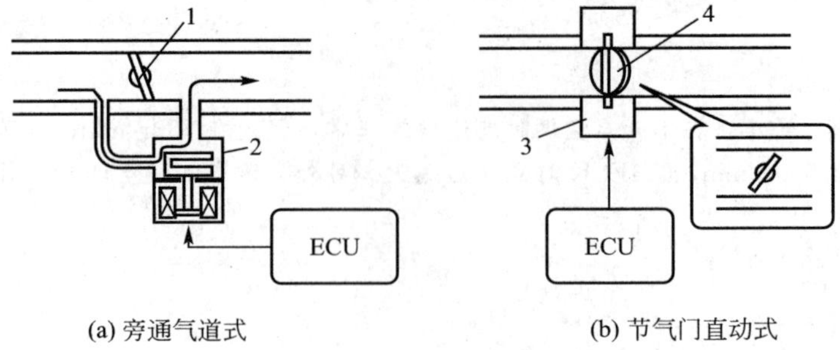

图 4.1　怠速控制方式

1、4—节气门；2—怠速空气控制阀；3—节气门控制电动机

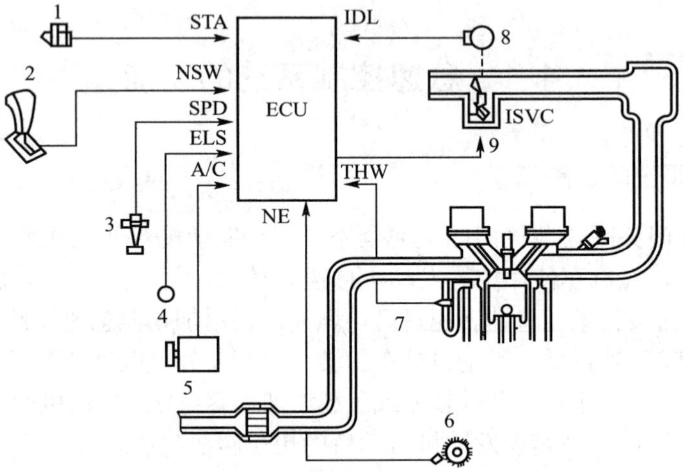

图 4.2　发动机怠速控制系统的组成

1—起动机；2—空挡启动开关；3—车速传感器；4—电负荷；5—A/C 放大器；6—曲轴位置传感器；7—冷却液温度传感器；8—节气门位置传感器；9—怠速空气控制阀

传感器的功用是检测发动机的运行工况和负载设备的工作状况，ECU 则根据各种传感器的输入信号确定一个怠速运转的目标转速，并与实际转速进行比较。根据比较结果，控制执行元件工作，以调节进气量，使发动机的怠速转速达到所确定的目标转速。目标怠速的主要影响因素有：

(1) 冷却液温度。当发动机冷却液温度较低时，系统给出较高的目标怠速转速(1 200r/min)以加速暖车；而对于采用机械风扇的发动机，当发动机冷却液温度过高时，系统也会施以较高的怠速转速(1 300r/min)，目的是增加冷却水箱的进风量；

(2) 外加负载。空调发生变化时，系统将提高怠速转速 150r/min；

(3) 近光灯开启。为补偿其电力消耗，目标怠速转速将提升 50r/min；

(4) 系统电压补偿。当系统电压低于 12V 时，系统会自动提升目标怠速转速 50r/min；

(5) 车速补偿。车辆在行驶时，目标怠速转速较停车时提高 50r/min；

(6) 减速调节。减速及停车时，逐步递减至停车状态目标怠速转速。

4.1.4　怠速工况的识别

在怠速以外的其他工况下，若系统对发动机实施怠速控制，会与驾驶员通过节气门踏板对进气量的调节发生干涉。因此，在怠速控制系统中，ECU需要根据节气门位置信号和车速信号确认怠速工况，只有在节气门全关、车速为零时，才进行怠速控制。

4.2　发动机怠速控制的工作原理

以旁通式怠速控制系统为例，这种怠速控制系统目前主要有以下两种基本类型：步进电动机型(step motor type)和旋转电磁阀型(rotary solenoid type)。

4.2.1　步进电动机怠速控制阀

步进电动机怠速控制阀有一内置步进电动机，该电动机顺时针或逆时针方向转动转子，阀沿轴向移动，改变阀与阀座之间的间隙，以调节节气门旁通气道的空气量，如图4.3所示。

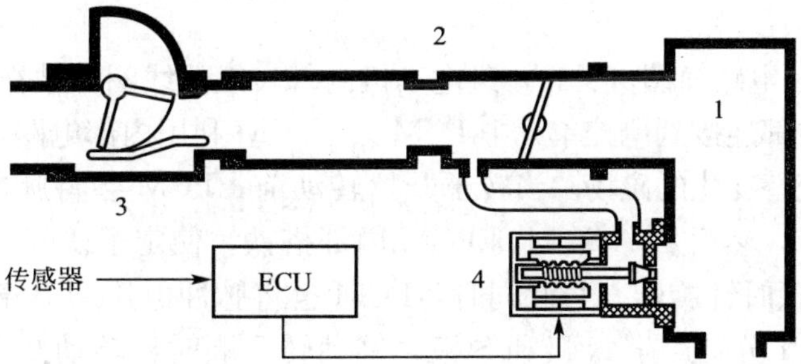

图4.3　步进电动机型怠速控制系统

1—进气室；2—节气门；3—空气流量传感器；4—步进电动机

步进电动机由转子和定子构成，其转子用永久磁铁制成，定子是电磁线圈和爪极组成。丝杠机构将步进电动机转子的旋转运动转变为阀轴的直线运动，阀与阀轴制成一体。步进电动机型怠速控制阀安装在节气门体上，阀伸入到设在怠速空气道内的阀座处。ECU通过对定子线圈通电顺序和输入脉冲数量的控制，即可改变步进电动机型怠速控制阀的位置，从而控制怠速空气量。由于给步进电动机每输入一定量的脉冲只转过一定的角度，其转动是不连续的，所以称为步进电动机。

怠速空气控制用的步进电动机常用的有4线的和6线的，通用公司使用的步进电动机为4线的，丰田公司使用的步进电动机为6线的。

1. 通用公司怠速控制用步进电动机

通用公司的步进电动机结构及电路如图4.4所示。此种控制阀的步进电动机转子是一个具有N极和S极的永久磁铁，定子为两组相互独立的线圈，每组由两个线圈组成。在控制方式上，该种步进电动机电控单元内部控制电路最复杂。

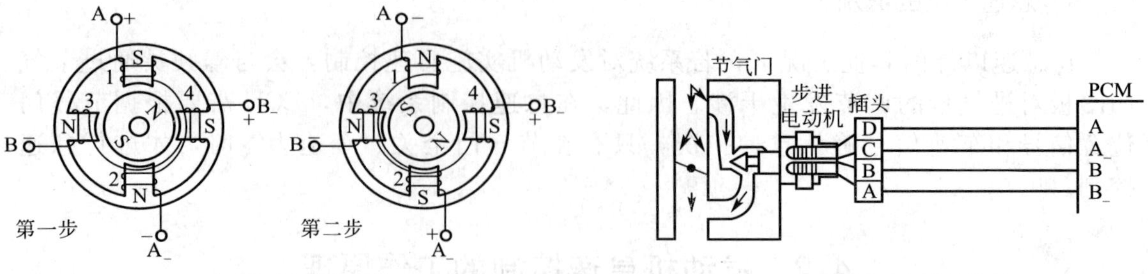

(a) 步进电动机内部结构
(b) 步进电动机连线情况

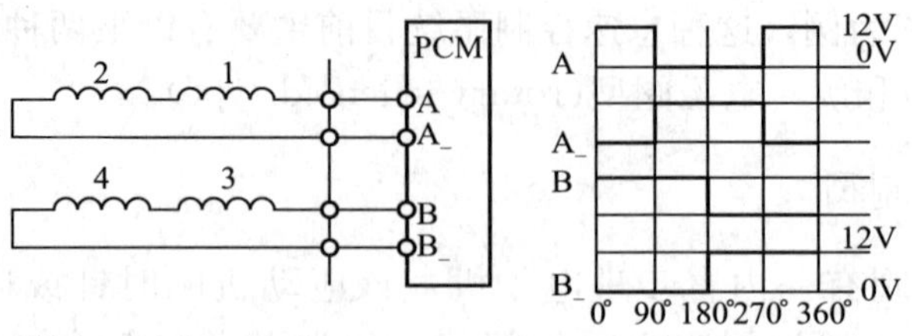

(c) 步进电动机控制电路简图

图 4.4　通用公司步进电动机型怠速控制阀

由图 4.4(c)所示电路简图可见，步进电动机内每一组的线圈都被视为一个单独的元件，线圈的所有四个接线都连接到电控单元中 PCM 去。PCM 利用内部电路，改变两组线圈的电流方向，使之产生交替变化的磁场。当转子开始转动前，PCM 会将脉冲电压信号(12V)从 A 端送入线圈 1 和 2，然后从 A-端回到 PCM 内部搭铁，使定子线圈 1 和 2 分别产生 S 极和 N 极，吸引转子顺时针旋转。与此同时，PCM 也将脉冲电压从 B 端送入定子线圈 3 和 4，使定子线圈 3 和 4 分别产生 N 极和 S 极，推动转子顺时针转动 90°，成为图 4.4(a)所示的情形。

2. 丰田公司怠速控制用步进电动机

1) 丰田公司步进电动机的结构与工作原理

丰田公司的步进电动机结构与通用公司不同的是，步进电动机内的定子由四组相互独立的线圈构成，如图 4.5 所示。

由图 4.5(c)所示可知，EFI 主继电器触点闭合后，蓄电池电源经主继电器到达步进电动机的 B1 和 B2 端子、ECU 的＋B 和＋ B1 端子，B1 端子向步进电动机的 C1—C3 相两个线圈供电，B2 端子向 C2—C4 相两个线圈供电。4 个线圈分别通过端子 S1、S2、S3 和 S4 与 ECU 端子 ISC1、ISC2、ISC3 和 ISC4 相连，ECU 控制各线圈的搭铁回路，以控制怠速控制阀的工作；当 ECU 控制使步进电动机的电磁线圈 C1、C2、C3、C4，按 1—2—3—4 顺序通过晶体管依次搭铁时，定子磁场顺时针转动，由于与转子磁场间的相互作用(同性相斥，异性相吸)，使得转子转动。同理，如果按 C4、C3、C2、C1 的顺序依次搭铁，步进电动机的线圈按相反的顺序通电，转子则随定子磁场同步反转。一台实际的步进电动机将利用四组电磁线圈，使转子永久磁铁旋转一圈具有 32 步。

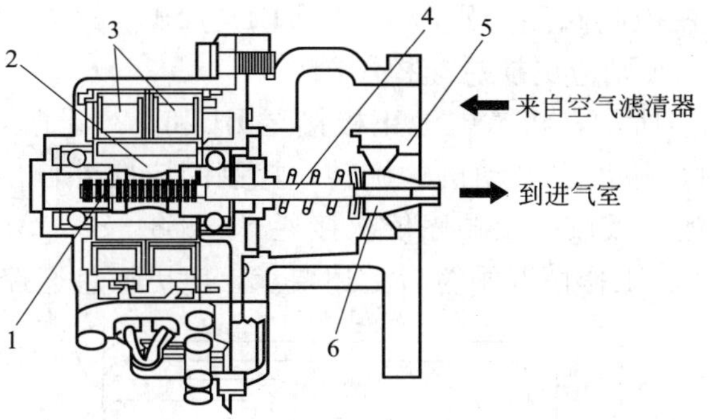

(a) 步进电动机内部结构

(b) 步进电动机连线情况

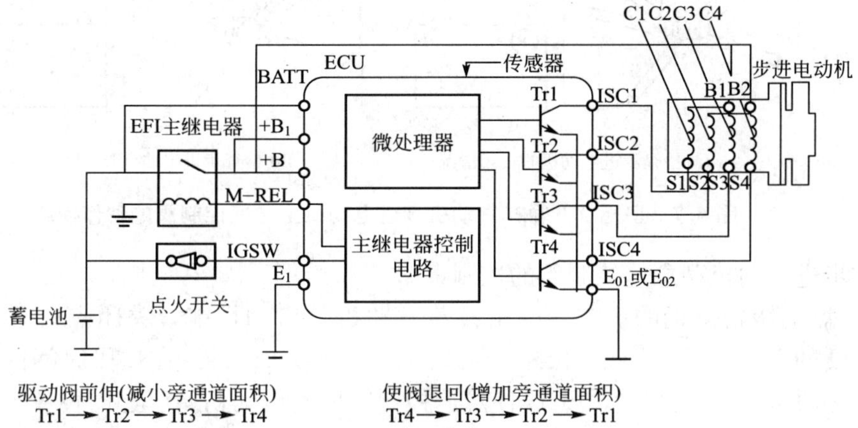

(c) 步进电动机控制电路简图

图 4.5　丰田公司步进电动机型怠速控制阀

1—停止销；2—转子；3—定子线圈；4—阀轴；5—阀座；6—阀

2）丰田公司步进电动机型怠速控制阀的检测方法

检修步进电动机型怠速控制阀的步骤如下。

(1) 步进电动机型怠速控制阀线圈电阻的检测。拆下怠速控制阀，用万用表欧姆挡测量怠速控制阀线圈的电阻值，如图 4.6 所示。脉冲线性电磁阀式怠速控制阀只有一组线圈，其电阻值为 10～15Ω。步进电动机型怠速控制阀通常有 2～4 组线圈，各组线圈的电阻值为 10～30Ω。如线圈电阻值不在上述范围内，应更换怠速控制阀。

(2) 步进电动机型怠速控制阀动作的检测方法如下：

① 拆开怠速控制阀线束插接器，将点火开关转至“ON”位置但不启动发动机，在线束侧分别测量 B1 和 B2 端子与搭铁之间的电压，均应为蓄电池电压(9～14V)，否则说明怠速控制阀电源电路有故障。

② 发动机启动后再熄火时，2～3s 内怠速控制阀附近应能听到内部发出“嗡嗡”的声音，否则应进一步检查怠速控制阀、控制电路及 ECU。

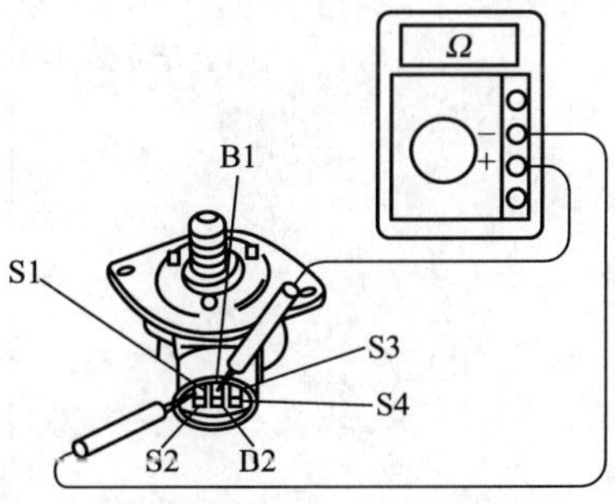

图 4.6　皇冠 3.0 轿车 2JZ－GE 发动机

③ 拆开怠速控制阀线束插接器，在控制阀侧分别测量端子 B1 与 S1、S3，B2 与 S2、S4 之间的电阻，阻值均应为 10～30Ω，否则应更换怠速控制阀。

④ 拆下怠速控制阀后，如图 4.7(a)所示，将蓄电池正极接至 B1 和 B2 端子，负极按顺序依次接通 S1—S2—S3—S4 端子时，随步进电动机的旋转，控制阀应向外伸出，关闭怠速旁通道；如图 4.7(b)所示，蓄电池负极按相反顺序依次接通 S4—S3—S2—S1 时，则控制阀应向内缩回，开启怠速旁通道。若工作情况不符合上述要求，应更换怠速控制阀。

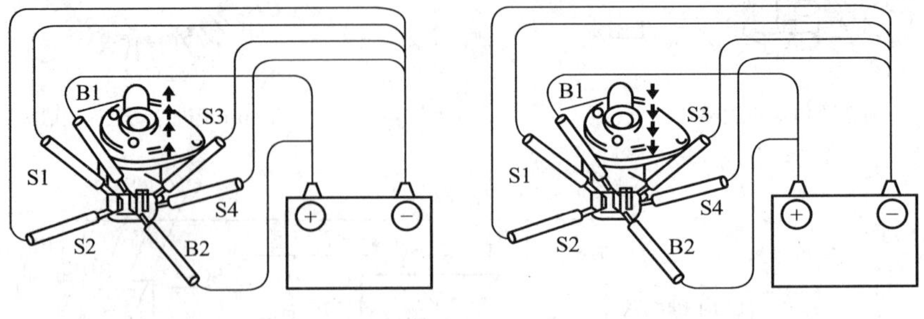

(a) 检查步进电动机的关闭情况　　(b) 检查步进电动机开启情况

图 4.7　皇冠 3.0 轿车发动机步进电动机型怠速控制阀的动作检测

3）步进电动机型怠速控制阀的控制策略

（1）启动初始位置的设定。为了改善发动机的启动性能，关闭点火开关使发动机熄火。ECU 的 M－REL 端子向主继电器线圈供电延续 2～3s。在这段时间内，蓄电池继续给 ECU 和步进电动机供电，ECU 使怠速控制阀回到启动初始(全开)位置。待步进电动机回到启动初始位置后，主继电器线圈断电。蓄电池停止给 ECU 和步进电动机供电，怠速控制阀保持全开不变，为下次启动做好准备。

（2）启动后控制。发动机启动时，由于怠速控制阀预先设定在全开位置，在启动期间经怠速空气道可供给最大的空气量，有利于发动机启动。但怠速控制阀如果始终保持在全开位置，发动机启动后的怠速转速就会过高。所以在启动期间 ECU 根据冷却液温度的高低控制步进电动机，调节控制阀的开度，使之处于启动后暖机控制的最佳位置，此位置随冷却液温度的升高而减小，控制特性(步进电动机的步数与冷却液温度的关系曲线)存储在 ECU 内。

步进电动机启动初始位置的设定和启动后的控制原理如图 4.8 所示$\left(\frac{t}{℃}=\frac{5}{9}\left(\frac{Q}{℉}-32\right)\right.$，$t$ 为摄氏温度，Q 为华氏温度$\left.\right)$。

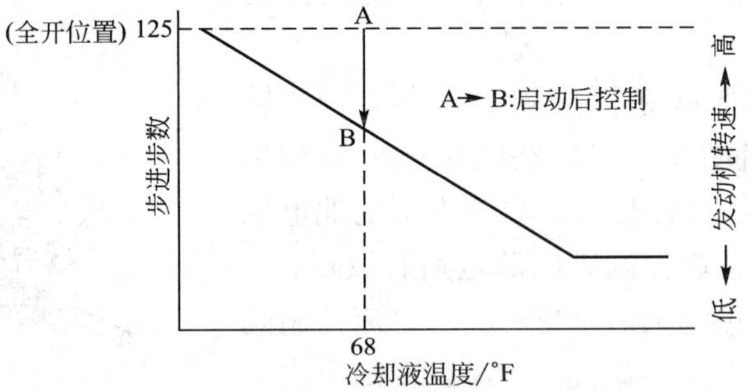

图4.8　步进电动机启动初始位置的设定和启动后控制

(3) 暖机控制。暖机控制又称快怠速控制，在暖机过程中，ECU 根据冷却液温度信号按内存的控制特性控制怠速控制阀开度，随着温度上升，怠速控制阀开度逐渐减小。当冷却液温度达到 70℃时，暖机控制过程结束。步进电动机暖机控制原理如图 4.9 所示。

(4) 怠速稳定控制。在怠速运转时，ECU 将接收到的转速信号与确定的目标转速进行比较，其差值超过一定值(一般为 20r/min)时，ECU 将通过步进电动机控制怠速控制阀，调节怠速空气供给量，使发动机的实际转速与目标转速相同。怠速稳定控制又称反馈控制，如图 4.10 所示。

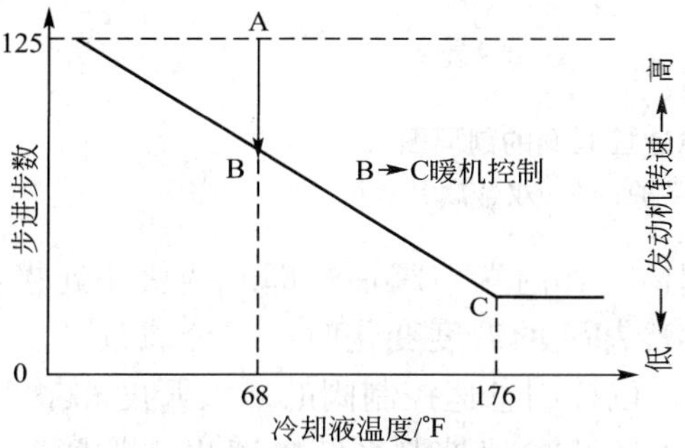

图 4.9　步进电动机暖机控制

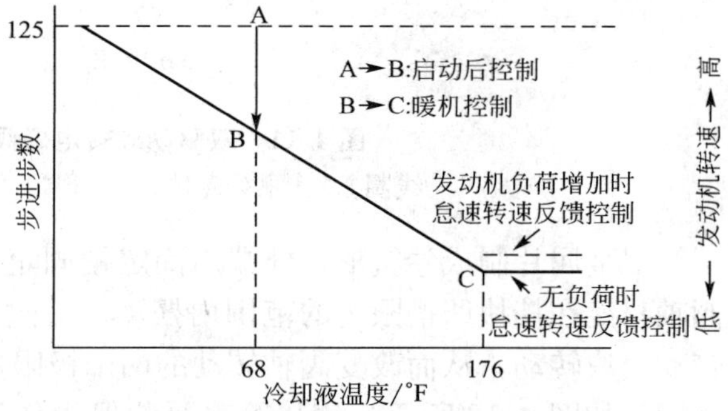

图 4.10　步进电动机怠速稳定控制

(5) 怠速预测控制。发动机在怠速运转时，如变速器挡位、动力转向、空调工作状态的变化都将使发动机的转速发生可以预见的变化。为了避免发动机怠速转速波动或熄火，在发动机负荷出现变化时，不等发动机转速变化，ECU 就会根据各负载设备开关(A/C 开关等)信号，通过步进电动机提前调节怠速控制阀的开度。

(6) 电器负载增多时的怠速控制。在怠速运转时，如使用的电器负载增大到一定程度，蓄电池电压就会降低。为了保证电控系统正常的供电电压，ECU 根据蓄电池电压调节怠速控制阀的开度，提高发动机的怠速转速，以提高发动机的输出功率。

(7) 学习控制。在 ECU 的存储单元中，存储着怠速控制阀的步数与发动机怠速转速的对应表。但在发动机使用过程中，由于磨损等原因会导致怠速控制阀的步数与发动机怠转速的对应关系发生改变。在此情况下，ECU 利用反馈控制功能使怠速转速回归到目标值的同时，还可将对应的实际步数存储在 ROM 中，以便在此后的怠速控制过程中使用。ECU 会定期更新怠速控制阀步数与发动机转数对应的数据表，以便在以后的怠速控制中使用。

4.2.2　旋转电磁阀型怠速控制阀

1. 双驱动旋转电磁阀型怠速控制阀的结构与工作原理

双驱动旋转电磁阀型怠速控制阀的结构如图 4.11 所示控制阀安装在阀轴的中部，阀轴的一端装有圆柱形永久磁铁，阀轴的另一端装有双金属片。永久磁铁对应的圆周位置上装有位置相对的两个线圈，由 ECU 控制两个线圈的通电或断电，改变两个线圈产生的磁场强度，两线圈产生的磁场与永久磁铁形成的磁场相互作用，使永久磁铁带动阀轴一起旋转，转过的角度由使永久磁铁转动的转矩和与双金属片回位转矩相平衡的情况决定。

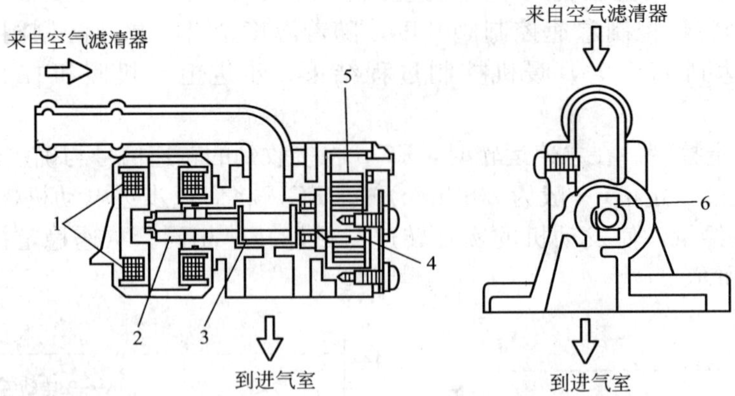

图 4.11　双驱动旋转电磁阀型怠速控制阀的剖面图

1—线圈；2—永久磁体；3—阀门；4—保护；5—双金属片；6—阀

双金属片制成卷簧形，外端用固定销固定在阀体上，内端与阀轴端部的挡块相连接，阀轴只能在挡块凹槽限定的范围内摆动。流过阀体冷却液的温度变化时，双金属片变形，带动挡块转动，从而改变阀轴转动的两个极限位置，以控制怠速控制阀的最大开度和最小开度，如图 4.12 所示。此装置主要起保护作用，可防止怠速控制系统电路出现故障时，发动机转速过高或过低。只要怠速控制系统工作正常，阀轴上的限位杆就不会与挡块的凹槽两侧接触。

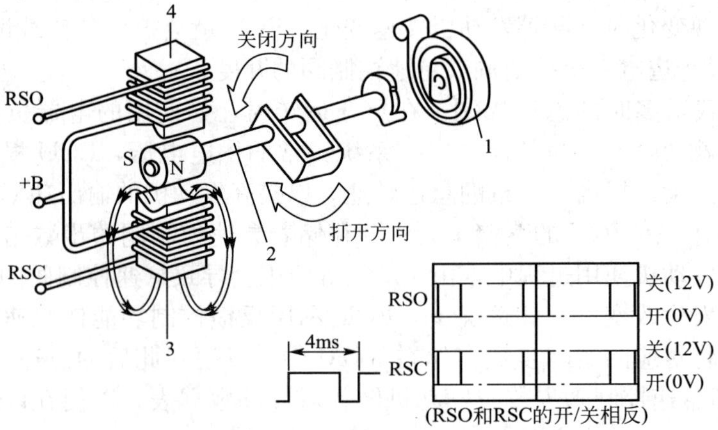

图 4.12　双驱动旋转电磁阀型怠速控制阀的工作原理

1—双金属片；2—阀门；3—线圈 L2；4—线圈 L1

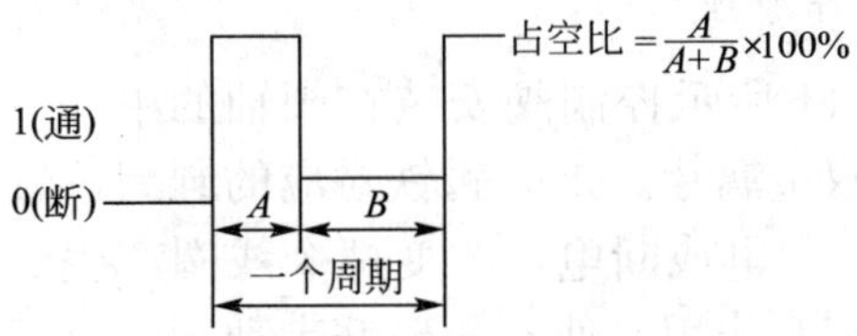

图 4.13　占空比概念

ECU 控制旋转电磁阀型怠速控制阀工作时，控制阀的开度是通过控制两个线圈的平均通电时间(占空比)来实现的。占空比是指脉冲信号的通电时间与通电周期之比，如图 4.13 所示。

通电周期一般是固定的，所以占空比增大，

即延长通电时间。当占空比为50%时，两线圈的平均通电时间相等，两者产生的磁场强度相同，电磁力相互抵消，阀轴不发生偏转。当占空比大于50%，因有反向器的作用，两个线圈的平均通电时间一个增加，而另一个减小，两者产生的磁场强度也不同，所以使阀轴偏转一定角度，控制可开启怠速空气口，如图 4.14 所示。占空比越大，两个线圈产生的磁场强度相差越多，控制阀开度越大。因此，ECU 通过控制脉冲信号的占空比即可改变控制阀开度，从而控制怠速时的空气量。控制阀从全闭位置到全开位置之间，旋转角度限定在 90°以内，ECU 控制的占空比调整范围为 18%～82%。

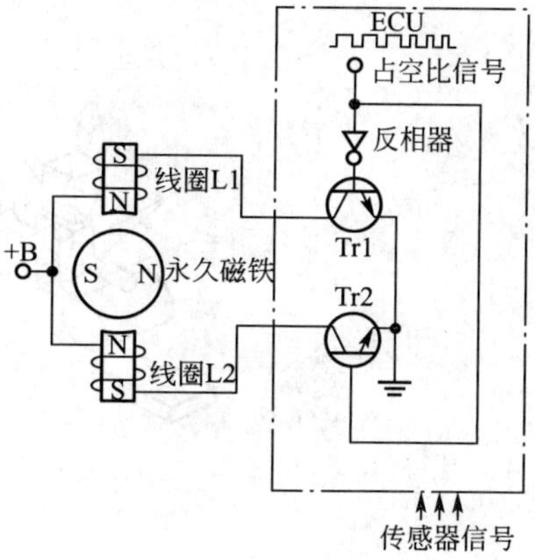

图 4.14　双驱动旋转电磁阀型怠速控制阀的工作原理

2. 单驱动旋转电磁阀型怠速控制阀的结构和工作原理

单驱动旋转电磁阀包括一组电磁线圈，另有永久磁铁、阀门以及自带 IC(集成电路)，如图 4.15 所示。单驱动旋转电磁阀怠速控制阀附接在节气门体上。

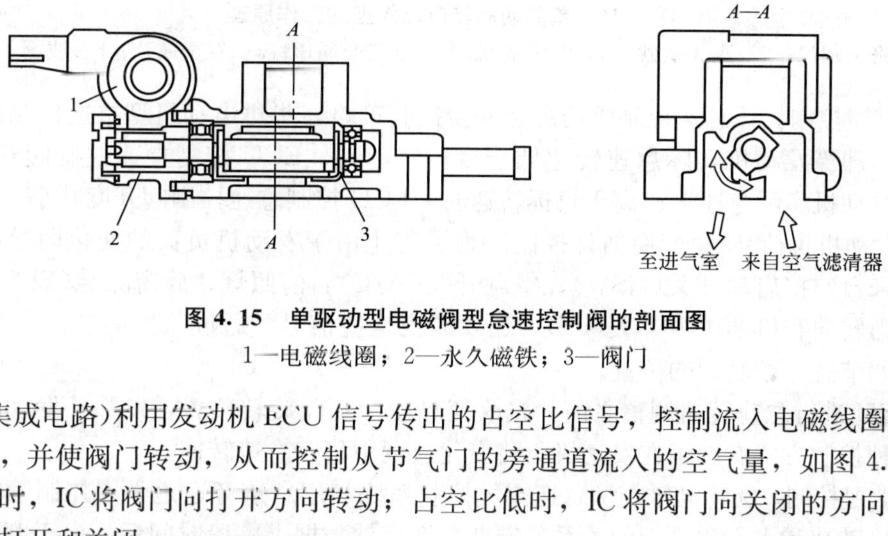

图 4.15　单驱动型电磁阀型怠速控制阀的剖面图

1—电磁线圈；2—永久磁铁；3—阀门

IC(集成电路)利用发动机 ECU 信号传出的占空比信号，控制流入电磁线圈电流的方向及大小，并使阀门转动，从而控制从节气门的旁通道流入的空气量，如图 4.16 所示。占空比高时，IC 将阀门向打开方向转动；占空比低时，IC 将阀门向关闭的方向转动，该阀就这样打开和关闭。

当怠速控制阀控制电路出现故障时，会在永久磁铁的作用下，将阀门固定在一定开度的位置，这时发动机的怠速转速还可以达到 1 000～2 000r/min。

3. 旋转电磁阀型怠速控制阀的控制内容

(1) 启动控制。当发动机 ECU 接收到启动信号(STA)，发动机 ECU 确定发动机将启动，打开怠速控制阀以改善启动性。依据冷却液温度和发动机转速信号来控制怠速控制阀的开启位置。

(2) 暖机(快怠速)控制。发动机启动后，发动机 ECU 按照冷却液温度打开怠速控制阀以增加怠速转速。当冷却液温度升高时，发动机 ECU 控制怠速控制阀使其趋向关闭方向以降低怠速转速。

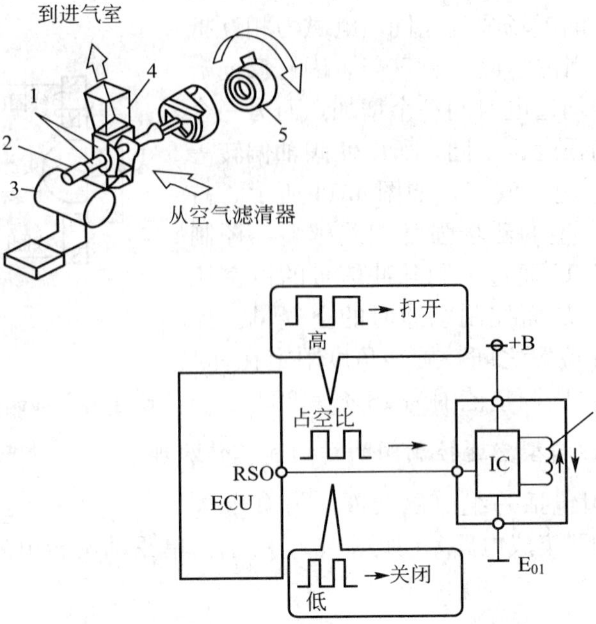

图 4.16　单驱动旋转电磁阀型的工作原理

1—阀门；2—永久磁铁；3—电磁线圈；4—空气旁通道；5—双金属片；6—线圈

(3) 反馈控制。该怠速控制阀的怠速反馈控制策略与步进电动机型怠速控制阀的控制策略相似，即当发动机实际怠速转速低于目标转速时，ECU 控制怠速控制阀开度加大；反之，当发动机实际怠速转速高于目标转速时，ECU 控制怠速控制阀开度减小。

(4) 发动机负荷/转速变换估计控制。为了防止由于发动机负荷的变化而导致转速的明显变化来自空挡启动开关(NSW)、空调开关(A/C)、前照灯、后窗除雾(ELS)的信号，若装有动力转向和机油压力开关(PS)，还要监视这些信号。通过监控信号，ECU 确定目标，从而调节怠速控制阀的位置。

在 ECU 进行怠速转速调整之前，先改变怠速控制阀旋转位置，以弥补发动机负荷的变化。这种控制方式有助于在发动机负荷变化过程中稳定怠速转速。

(5) 学习控制。旋转电磁阀型怠速空气控制系统利用怠速旁通道学习控制策略。ECU 记忆发动机转速和占空比之间的关系，定期更新存储数据。一段时间后，由于磨损和其他原因转速和占空比之间的关系发生变化，在怠速反馈控制作用下，调整后的发动机转速和占空比之间的对应关系被记忆在 ECU 内。在 ECU 定期更新记忆内容，可以让旋转电磁更快地适应发动机转速的变化。

对怠速控制内容的理解，对分析怠速控制的相关故障很有帮助。同样，如果蓄电池断开了，ECU 将重新进行怠速控制的学习。

4. 旋转电磁阀型怠速控制阀的检修

1) 双驱动旋转电磁阀型怠速控制阀的检修

旋转电磁阀型怠速控制电路(如丰田 PREVIA 轿车)如图 4.17 所示，维修时，一般要进行如下检查。

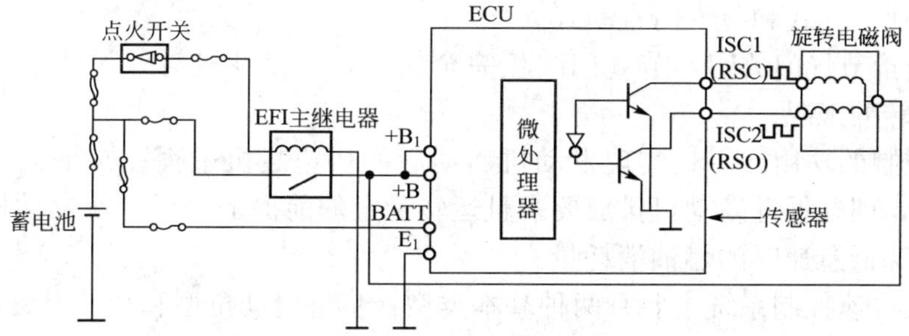

图 4.17 日本丰田 PREVIA 轿车旋转电磁阀型怠速控制阀电路图

① 拆开怠速控制阀线束插接器，将点火开关转至“ON”位置但不启动发动机，在线束侧测量电源端子(+B)与搭铁之间的电压，应为蓄电池电压(9～14V)，否则说明怠速控制阀电源电路有故障。

② 发动机达到正常工作温度、变速器处于空挡位置时，使发动机维持怠速运转。用专用跨接线故障诊断座上的 TE_1 与 E_1 端子，发动机转速应保持在 1 000～1 200r/min，5s 后转速下降约 200r/min。若不符合上述要求，应进一步检查怠速控制阀电路、ECU 和怠速控制阀。

③ 拆开怠速控制阀上的三端子线束插接器，在控制阀侧分别测量间端子(+B)与两侧端子(ISC1 和 ISC2)之间的电阻，正常应为 18.8～22.8Ω，否则应更换怠速控制阀。

2) 单驱动旋转电磁阀型怠速控制阀的检修

① 单驱动旋转电磁阀型怠速控制阀内部是 IC(集成电路)，无法检测电阻，可用丰田手持式测试仪判断怠速控制阀内部的好坏。根据手持式测试仪上的信息选择动态测试模式。当发动机负荷改变时(开空调、打转向或开前照灯等)，观察发动机怠速转速是否根据负荷的变化而增加，依此判断怠速控制阀的好坏。

② 断开怠速控制阀线束插接器，将点火开关转至“ON”位置但不启动发动机，在线束侧测量电源端子(+B)与搭铁之间的电压，应为蓄电池电压(9～14V)，否则说明怠速控制阀电源电路有故障。

③ 断开发动机 ECU 线束插接器，检查发动机 ECU 插接器的端子与怠速控制阀插接器端子 RSO 之间的导通性，电阻应小于 1Ω。

④ 断开发动机 ECU 线束插接器，检查发动机 ECU 插接器的端子与怠速控制阀插接器端子 E_{01} 之间的导通性，电阻应小于 1Ω。

特别提示

无论是旁通气道式，还是节气门直动式怠速控制装置，在怠速接通空调、动力转向、自动变速器等时，ECU 要给怠速控制电动机一个提速信号，电动机工作，额外空气进入发动机，怠速转速升高。若转速未升高，需要查找 ECU 是否给出了提速信号及控制阀是否动作。

小　　结

1. 电控发动机怠速控制的实质就是控制怠速时的空气吸入量。电控发动机怠速空气提供方式有旁通空气式和节气门直动式。

2. 怠速是指节气门关闭，节气门踏板完全松开，且发动机对外无功率输出并保持最低转速稳定运转的工况。

3. 怠速控制的功用：一是实现发动机启动后的快速暖机过程；二是自动维持发动机怠速稳定运转，即在保证发动机排放要求且运转稳定的前提下，尽量使发动机的怠速转速保持最低，以降低怠速时的燃油消耗量。

4. 旁通式怠速控制系统主要有两种基本类型：步进电动机型和旋转电磁阀型。

5. ECU控制旋转电磁阀型怠速控制阀工作时，控制阀的开度是通过控制两个线圈的平均占空比(通电时间)来实现的。占空比是指脉冲信号的通电时间与通电周期之比。

6. 步进电动机型怠速控制阀安装在节气门体上，阀伸入到设在怠速空气道内的阀座处。ECU通过对定子线圈通电顺序和输入脉冲信号的控制，即可改变步进电动机型怠速控制阀的位置，从而控制怠速吸入空气量。

习　题

1. 怠速控制的实质就是对怠速工况下的__________进行控制。

2. 在怠速控制系统中ECU需要根据__________、__________确认怠速。

3. 控制怠速进气量方法有__________和__________两种类型。

4. 怠速控制系统由______、______、______三部分组成。

5. 怠速控制的目的是在保证发动机________要求且运转稳定前提下以降低怠速时________。

6. 在暖机过程中，ECU根据________按内存的控制性控制控制阀的开度。

7. 为保证电控系统正常供电电压，ECU根据蓄电池电压调节__________的开度，提高发动机的怠速转速。

8. 发动机启动时，怠速控制阀预先设定在______________位置。

9. 旋转电磁阀的开度是通过控制两个线圈的______________来实现的。

10. 占空比是指脉冲信号的____________和____________之比。

第5章

进气控制系统

学习目标

通过本章学习，了解汽车进气控制系统基本情况；掌握可变进气系统(动力阀控制系统和谐波进气增压系统等)、可变配气相位控制系统、废气涡轮增压系统的类型及工作原理，了解电控节气门系统的控制原理及检测方法。为全面系统地掌握汽车发动机电子控制系统的类型、结构、工作原理与故障检修打下坚实的基础。

学习要求

能力目标	知识要点	权重	自测分数
阐述汽车进气控制系统基本情况	汽车进气控制系统基本情况	10%	
掌握可变进气控制系统、可变配气相位控制系统和废气涡轮增压系统的类型及工作原理	(1) 可变进气系统包括动力阀控制系统和谐波进气增压系统，掌握各自工作原理； (2) 可变配气相位控制系统包括可变配气正时和可变配气升程，掌握其类型及工作原理； (3) 废气涡轮增压系统的类型及工作原理	60%	
了解电控节气门系统的控制原理及检测方法	电控节气门系统的控制原理及检测方法	30%	

引言

现代发动机很多采用了多气门技术，这使发动机转速及动力性能有了进一步的提高。同时，发动机在高速大负荷与中低速小负荷下动力性差别的矛盾、燃油经济性与排放性能之间的矛盾也更为突出。而提高充气效率，增加进气量是解决以上矛盾的最佳途径，这就对进气控制系统提出了较高的要求。

可变技术的应用可使内燃机的各项性能在整个使用工况变化范围内得到优化。如果说，活塞式内燃机经过百余年的研究与发展，在技术上已达到相当高的水平，那么，可变技术就是使其性能进一步取得重大突破的途径之一。因而，可变技术的发展前景十分诱人。可变技术的广泛应用需解决两个关键问题：其一是研制出可改变参数的结构；其二是确保这种结构在工作过程中的可靠性。近代电子技术的发展，使改变结构参数的调控过程更易实施，有些可变技术已在轿车上使用并取得了较好的效果，常见的可变进气技术有哪些？它们是如何工作的？

5.1 进气控制系统概述

为了提高进气量，改善发动机动力性能，可变技术在车用内燃机上得到了广泛的应用。可变技术(variable technology)是指随着使用工况及要求的变化，或者为了解决矛盾及避免内燃机不正常工作现象的出现，使相关系统的结构或参数作相应的变化，从而使内燃机在各种工况下，综合性能指标能大幅度地提高，而且避免不正常燃烧及超负荷现象的产生的技术。可变技术涉及范围较广，如可变压缩比、可变进气系统、可变配气相位、可变喷油系统、可变增压系统等。在解决较大转速范围内动力性和经济性的矛盾方面，可变技术显示出独特的优势。近代电子技术的发展，促成了可变技术的迅速推广，使可变技术在汽车用内燃机上的应用和影响日渐突出。

5.1.1 可变压缩比(VCR)

压缩比越大，内燃机循环效率越高，经济性越好。因此，在中、小负荷时采用较大的压缩比，以提高经济性；而在高负荷时，适当减小压缩比，可避免汽油机爆震或柴油机压力过高。改变内燃机压缩比可通过改变汽缸的工作容积和燃烧室容积来实现。通常采用可变容积燃烧室、可变压缩高度活塞、可移动的汽缸盖和汽缸体、可变长度连杆、偏心主轴承和可变的曲柄连杆机构等方法来改变汽缸压缩容积，还可采用偏心连杆轴承改变汽缸压缩容积和工作容积。

5.1.2 可变工作汽缸数

改变内燃机工作汽缸数即在低负荷运行时，关闭部分汽缸，停止对其供油，以便使其他汽缸在较高的负荷下工作，可以提高低负荷时的热效率和经济性。德国FEV内燃机技术公司的电磁控制全可变气门机构就是一种合适的可改变工作汽缸数的机构。部分汽缸工作存在的主要问题是内燃机运转时平稳性下降，实现内燃机工作汽缸数可变需要增加新的控制机构，势必造成内燃机成本的提高，而且工作过程中的稳定性也有所下降。

5.1.3 可变配气相位(VVT)

传统内燃机配气相位在内燃机运转过程中是固定不变的，不能同时兼顾各种转速的要求，也就很难达到真正的最佳配气相位。而采用可变配气相位则可以在内燃机整个工作范围内，提供合适的气门开启、关闭时刻或升程，从而改善内燃机进、排气性能，较好地满足高转速和低转速，大负荷和小负荷时的动力性、经济性以及废气排放的要求。综上所述，可变配气相位改善内燃机性能，主要体现在以下几个方面：①能兼顾高速及低速不同工况，提高内燃机的动力性和经济性；②改善内冉机怠速及低速时的性能及稳定性；③降低内燃机的排放。目前有两类可变配气相位机构，一类为可变配气相位，这类方法能提高中、低速转矩，改善低速稳定性。但由于最大气门升程保持不变，所以对燃油经济性改善不大，在此不作详细论述。另一类为在低速和高速时应用不同的凸轮来同时调节配气正时和气门升程，并对高速凸轮和低速凸轮及工况转换点同时进行优化，使内燃机在整个转速范围内获得良好的性能。

5.1.4 可变进气管

由内燃机进气的惯性效应和波动效应可知，内燃机在高转速、大功率时，粗短的进气管较为适宜；而中、低速最大转矩时应装配细长的进气管。由试验可知，可变进气管使所有转速的转矩均增加，平均可提高8%左右，最大转矩可提高12%～14%，中、低速转矩最大提高了10%。

5.1.5 废气涡流增压技术

废气涡轮增压系统是利用发动机排出的废气作为动力来推动涡轮增压机内的涡轮(位于排气道内)，涡轮又带动同轴的压缩轮(位于进气道内)，压缩轮压缩由空气滤清器管道送来的新鲜空气，再送入汽缸。

5.2 动力阀控制系统

引言

目前，很多发动机上采用动力阀控制系统，它根据发动机的不同负荷改变进气量。那它是如何实现进气量改变的呢?

动力阀控制系统的功能是控制发动机进气道的空气流通截面积大小，以适应发动机不同转速和负荷时对进气量的要求，从而改善发动机的动力性。

控制进气道空气流通截面积大小的动力阀安装在进气管上，动力阀的开闭由真空控制阀控制动作，ECU根据各传感器信号通过真空电磁阀(VSV)控制真空罐和真空控制阀的真空通道。

当发动机小负荷运转时，进气量较少，ECU断开真空电磁阀，真空罐中的真空进入真空控制阀，动力阀处于关闭位置，进气通道面积变小。当发动机大负荷运转时，进气量较多，ECU接通真空电磁阀搭铁回路，真空罐中的真空不能进入真空控制阀，控制动力阀开启，进气通道面积变大。ECU控制的动力阀控制系统工作原理如图5.1所示。

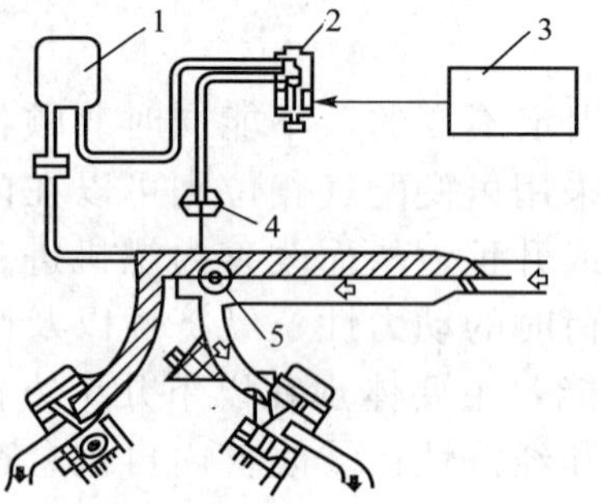

(a) 动力阀关闭

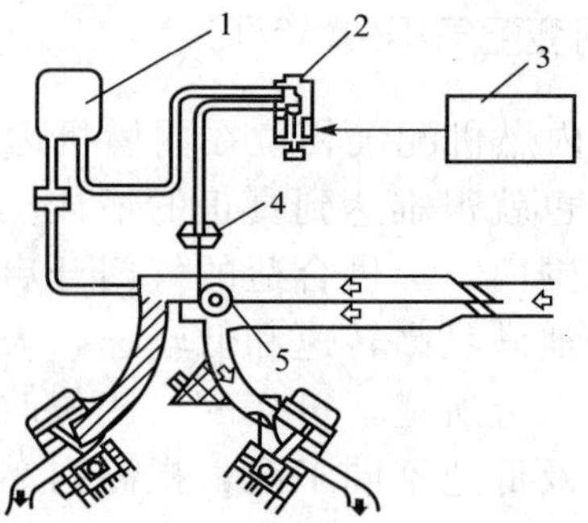

(b) 动力阀开启

图 5.1 动力阀控制系统

1—真空罐；2—真空电磁阀；3—ECU；4—膜片真空气室；5—动力阀

在检修时，应主要检查：真空罐、进气室和真空管路有无漏气，真空电磁阀电路有无短路或断路，真空电磁阀电阻是否符合标准。视检测的结果及情况应维修还是更换损坏的元件。

知识链接

真空电磁阀用于切断动力阀控制的进气管真空信号。它由电子控制单元的开关信号控制，当关闭电磁阀时，切断来自进气管的真空。当电子控制单元发出导通信号后，打开电磁阀，真空作用在动力阀执行器上(膜片真空气室)。

5.3 谐波进气增压系统

引言

发动机的四个冲程是周期性工作的，进气系统会产生气体的波动效应，在进气管中产生两种波：压缩波和膨胀波。在进气门关闭前，如果压缩波进入汽缸，则提高进气压力，增加进气量，发动机的功率和转矩输出也相应提高；如果膨胀波进入汽缸，则产生相反的作用。

谐波进气增压系统(ACIS)就是保证进入汽缸的是压缩波而不是膨胀波。

5.3.1 谐波进气增压系统的功能及工作原理

1. 功能

谐波进气增压控制系统的功能就是根据发动机转速的变化，改变进气管内压力波的传播距离，以提高充气效率，改善发动机性能。

2. 工作原理

当气体高速流向进气门时，进气门突然关闭，进气门附近的气体流动突然停止，由于惯性，进气管仍在进气，进气门附近的气体被压缩，压力上升。当气体的惯性过后，被压缩的气体开始膨胀，向着进气气流相反的方向流动，此时压力下降。当反流的膨胀气体传到进气管口时又被反射回来，如此反复进行就形成了压力波。

如果使上述进气脉动压力波与进气门开闭相配合，使反射的压力波集中于要打开的进气门附近，即使进气管内的空气产生谐振，那么在进气门打开时也会形成增压进气的效果。就压力波的传递而言，通常受进气管长度的影响。当进气管长时，形成的压力波波长就长，这种情况适应发动机在中低速区域，因为此时进气频率小，波长长的波频率小，与之相合吻合，所以可提高充气效率从而提高功率。当进气管短时，压力波波长就短，适应高转速情况，此时发动机进气门开闭频率高，波长较短的压力波与之相适应也能提高充气效率，从而有利于发动机高速范围内输出功率的增加。

显然，如果进气管长度可变化，那么就可兼顾增大功率和增大转矩。但是，一般进气管的长度是不能改变的。因此，可以在发动机的进气管中部加设一个大容量的真空气室和电控真空阀，实现压力波传播路线长度的改变，从而兼顾低速和高速的进气增压效果，如图 5.2 所示。

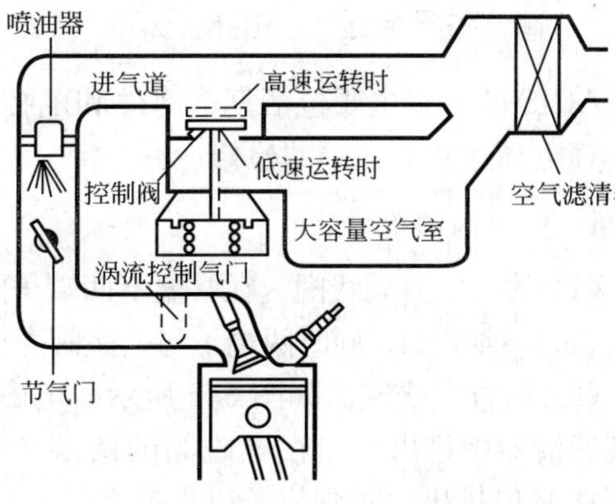

图 5.2　ACIS 工作原理图

气室出口的进气增压控制阀(简称控制阀)关闭时，进气管内的脉动压力波传递路径为由滤清器到进气门。此距离最长，它适宜发动机在中低转速区域形成气体动力增压效果。当控制阀开启时，由于大容量空气室的参与，进气脉动压力波不能在空气室出口与进气门之间传播，这样便缩短了压力波的传播距离，使发动机在高速区也能得到较好的气动增压效果。

发动机工作时，真空罐是靠电磁真空通道阀(简称电磁阀)与真空马达(膜片式驱动装置)相通，而电磁阀受发动机 ECU 控制。当 ECU 接收低转速信息时，就发出驱动电磁阀关闭的信号，使真空罐与真空马达截止(不通)，从而保证进气管中的控制阀关闭，进气压力波在最长距离内传递。

当 ECU 接收到高转速信息发出驱动电磁阀开启的信号时，真空马达与真空罐相通，真空马达在负压的作用下产生移动，打开控制阀，此时压力波在最短距离内传递。可见，发动机是在 ECU、电磁阀、真空罐和真空马达的共同作用下，可以实现最佳的进气增压效果，其控制原理如图 5.3 所示。

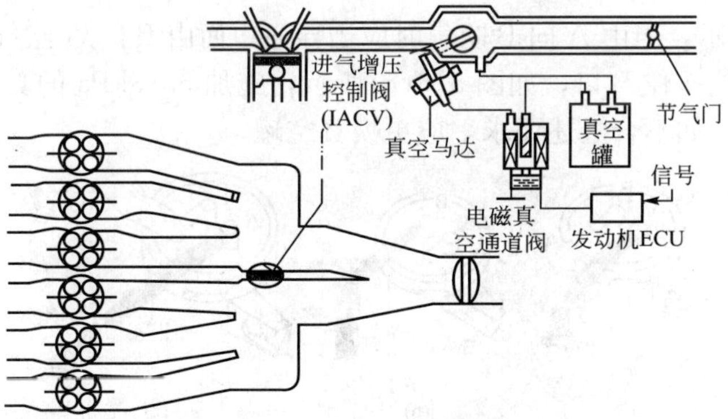

图 5.3　ACIS 控制原理图

知识链接

据统计，配备 ACIS 的发动机最大功率提高 10%以上；高速转矩增加 15%～20%；油耗下降 3%～5%；噪声下降 30%。

5.3.2 谐波进气增压系统的检修

ACIS 的检修主要包括真空部件和电控部件工作情况的检查，下面介绍 ACIS 的电磁阀、真空马达和真空罐的检修。

1. 电磁阀的检修

(1) 检查电磁阀线圈。在常温下两端子间的电阻测量如图 5.4 所示。当测得两端子间电阻是 38.5～44.5Ω，同时两端子与电磁阀壳体也不导通时，表示正常；否则应予以更换。

(2) 检查电磁阀。如图 5.5 所示，电磁阀未通电时，空气应能从通道 E 进入，然后从空气滤清器中排出。当在电磁阀的两端子上施加 12V 电压时，空气应能从通道 E 进入，然后从 F 口排出。否则应予以更换。

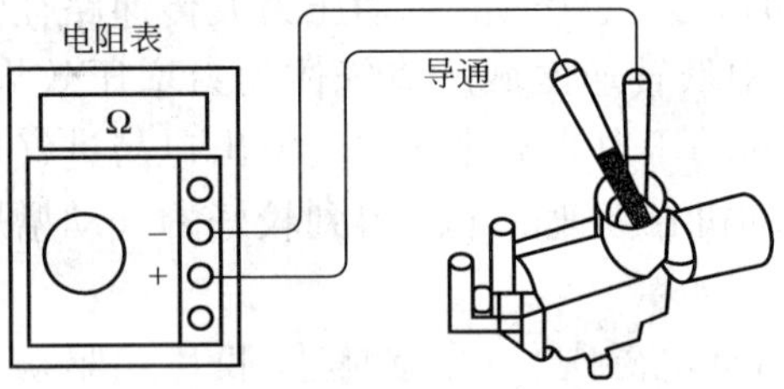

图 5.4　电磁阀线圈的检修

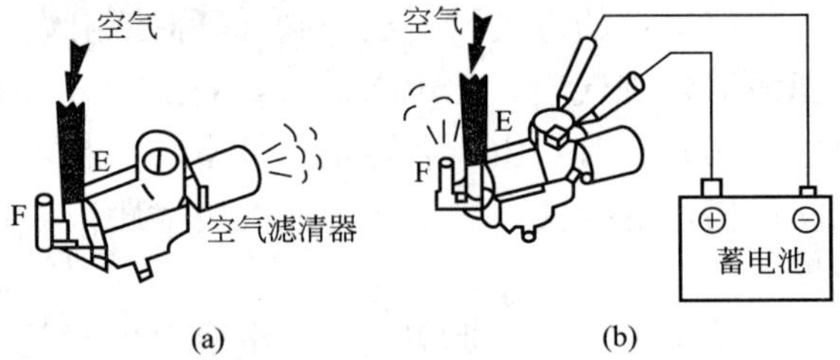

图 5.5　电磁阀的检修

2. 真空马达的检修

当施加 53.3kPa(44mmHg)的真空度时，检查真空室阀杆有无移动。当真空施加 1min 后，泄放真空。观察阀杆是否回位，如果上述操作后发现阀杆不动或不回位，先旋转其调整螺钉进行调节，如仍无反应则予以更换。

3. 真空罐的检查

如图 5.6(a)所示，当由 A 向 B 吹气时应当导通；而由 B 向 A 吹气时应当截止，如图 5.6(b)所示。用手指按住 B 口，如图 5.6(c)所示，施加 53.3kPa 的真空，观察 1min，表头真空度应无变化。如不合上述要求，应更换真空罐。

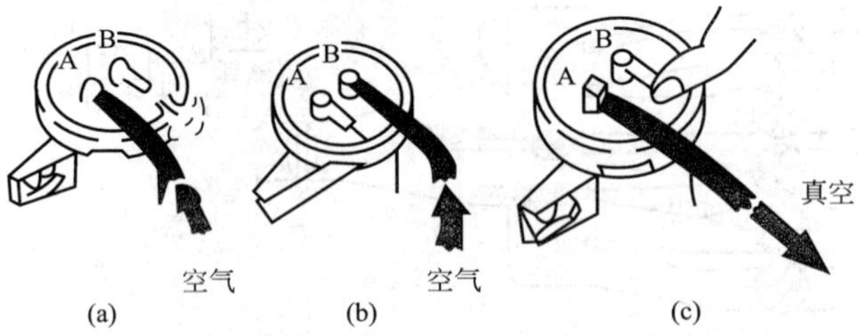

图 5.6　真空罐的检查

5.4 可变配气相位控制系统

引言

在现在的轿车发动机上，经常可以看见像VVT-i、VTEC-i、VVL、VVTL-i等技术标号。这些标号都代表发动机采用了可变气门正时技术。

可变气门正时(VVT)技术是近十几年来应用在发动机上的新技术，它改变了传统发动机中配气相位固定不变的状态，使配气相位优化，从而较好地解决了发动机高转速与低转速、大负荷与小负荷工况下动力性与经济性的矛盾，同时在一定程度上改善了排放性能。

可变配气技术，包括可变气门正时和可变气门升程两大类。

5.4.1 可变气门正时

在普通的发动机上，进气门和排气门的开闭时间是固定不变的，这种固定不变的正时很难兼顾到发动机不同转速的工作需求。采用可变气门正时(Variable Valve Timing，VVT)技术，改善了发动机在低、中转速下的扭矩输出，大大增强驾驶的操纵灵活性，发动机的转速也能够设计得更高。

知识链接

例如，日产的2升VVL发动机与没有配备VVT的相同结构的发动机相比，可以提供超过25%的动力输出。又如菲亚特1.8L VVT发动机，能在2 000～6 000r/min之间输出90%的转力。

可变气门正时可简单分为：①连续可变气门正时和不连续可变气门正时；②进气可变气门正时和进排气双可变气门正时。

特别提示

简单的可变配气相位只有两段或三段固定的相位角可供选择，通常是0°或30°中的一个；更高性能的可变配气相位VVT系统能够连续可变相位角，根据转速的不同，在0°～30°之间线性调控配气相位角。显而易见，连续可变气门正时系统更适合匹配各种转速，因而能有效提高发动机的输出性能，特别是发动机的输出平顺性。

ECU根据发动机转速和负荷等传感器信号来控制凸轮轴调整机构的机油压力，从而改变进、排气门的开启和关闭时刻，这样的系统又称智能可变气门正时(Variable Valve Timing-intelligent，VVT-i)，如图5.7所示。

1. 智能可变气门正时系统的组成及功用

智能可变气门正时系统主要包括VVT-i控制器、凸轮轴正时机油控制阀、凸轮轴位置传感器、曲轴位置传感器。

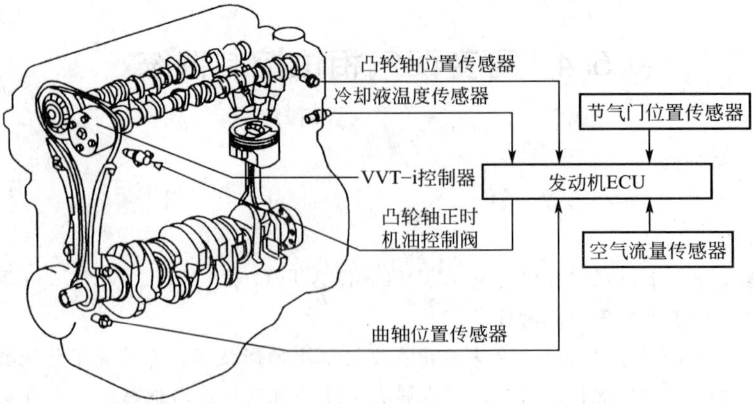

图 5.7　丰田进气门智能可变气门正时系统

1）凸轮轴/曲轴位置传感器

VVT－i 系统利用曲轴位置传感器和 VVT 传感器（凸轮轴位置传感器）来感知凸轮轴转动变化量，来获知凸轮轴转动方向及转动量。

2）VVT－i 控制器

VVT－i 控制器有叶片式和螺旋齿轮式两种类型。

（1）叶片式 VVT－i 控制器。叶片式 VVT－i 控制器由定时链条驱动的外壳、固定在凸轮轴上的叶片组成，如图 5.8 所示。

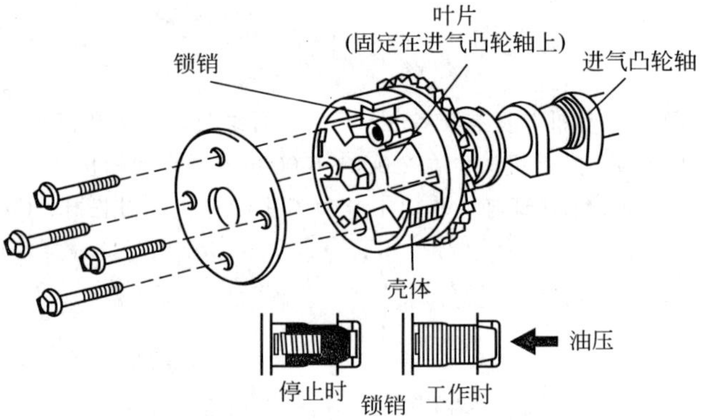

图 5.8　叶片式 VVT－i 控制器的结构

（2）螺旋齿轮式 VVT－i 控制器。螺旋齿轮式 VVT－i 控制器由螺旋齿轮、直齿轮（内齿为螺旋齿轮）、活塞、回位弹簧、齿毂（外壳）等组成，螺旋齿轮与凸轮轴固连，如图 5.9 所示。

当机油压力作用在活塞上，克服弹簧力推动直齿轮轴向运动，与之内啮合的螺旋齿轮则会旋转，同时带动凸轮轴转动一定角度，改变了凸轮轴的位置。

（3）链式 VVT－i 控制器。链式 VVT－i 控制器是在进、排气凸轮轴之间安装的一个链传动机构，如图 5.10 所示。排气凸轮轴由曲轴通过传动带直接驱动，进气凸轮轴通过链轮和链条由排气凸轮轴驱动。机油压力作用在活塞上推动链条张紧器上下的移动，改变进气凸轮轴的转动角度。这种调整结构只改变进气凸轮轴正时，上海帕萨特 B5 和一汽奥迪 A6 汽车的 VVT－i 系统即采用该种结构。

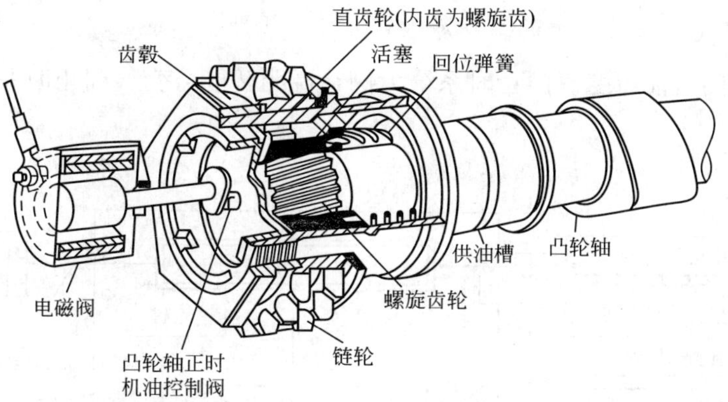

图 5.9 螺旋齿轮式 VVT－i 控制器的结构

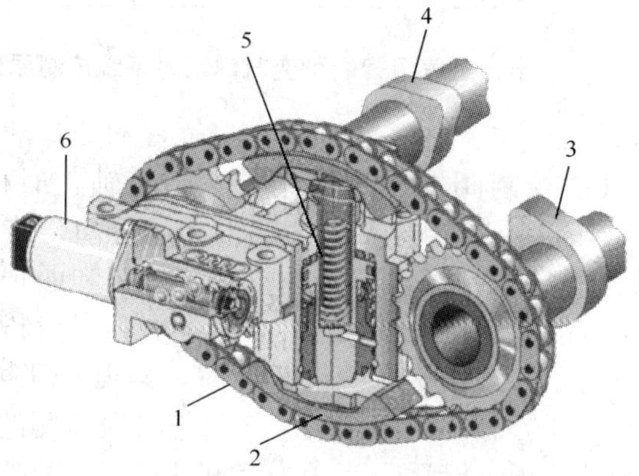

图 5.10 链式 VVT－i 控制器的结构

1—驱动链条；2—张紧器；3—排气凸轮轴；4—进气凸轮轴；5—液压缸；6—凸轮轴正时控制阀

3）凸轮轴正时机油控制阀

凸轮轴正时机油控制阀是由发动机 ECU 进行占空比控制的，用于控制滑阀位置和分配 VVT－i 控制器加到提前侧或滞后侧的油压。发动机停止时，进气门正时是处于最大延迟角度位置。凸轮轴正时机油控制阀的结构如图 5.11 所示。

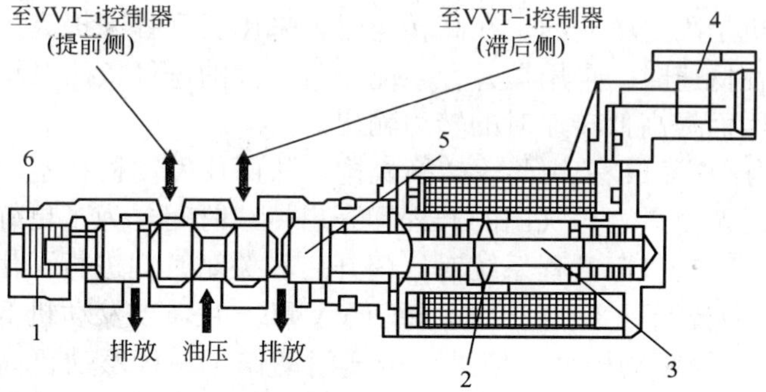

图 5.11 凸轮轴正时机油控制阀

1—弹簧；2—线圈；3—柱塞；4—插接器；5—滑阀；6—套管

2. 智能可变气门正时系统的工作原理

以丰田进气门智能可变气门正时系统为例，说明智能可变气门正时系统的控制原理如图 5.12 所示。

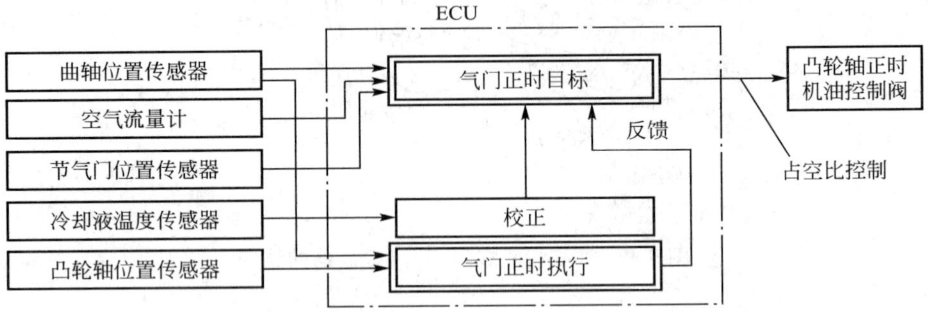

图 5.12　丰田进气门智能可变气门正时系统控制原理

发动机 ECU 根据发动机转速、进气量、节气门位置和冷却液温度计算出一个最优气门正时，向凸轮轴正时机油控制阀发出控制指令，凸轮轴正时机油控制阀根据发动机 ECU 的控制指令选择 VVT－i 控制器的不同油路以处于提前、滞后或保持这三个不同的工作状态。此外，发动机 ECU 根据来自凸轮轴位置传感器和曲轴位置传感器的信号检测实际的气门正时，从而尽可能地进行反馈控制，以获得预定的气门正时。凸轮轴正时机油控制阀提前、滞后和保持这三种工作状态：正时提前，当由发动机 ECU 发送给凸轮轴正时机油控制阀的占空比变大(50%)，油压作用于气门正时提前侧的叶片室，使进气凸轮轴向气门正时的提前方向旋转；正时滞后，当由发动机 ECU 发送给凸轮轴正时机油控制阀的占空比变大(50%)，油压作用于气门正时延迟侧的叶片室，使进气凸轮轴向气门正时的推迟方向旋转；正时保持，发动机 ECU 根据各传感器的信息进行处理，并计算出气门正时角度，当达到目标气门正时以后，凸轮轴正时机油控制阀通过关闭油道来保持油压。

5.4.2　可变气门升程

1. 可变气门升程系统概述

发动机的气门升程是受凸轮轴转角长度控制的，在普通的发动机上，凸轮轴的转角长度固定，气门升程也是固定不变的。在高转速时，采用长升程来提高进气效率，让发动机的进排气更顺畅，在低速时，采用短升程，能产生更大的进气负压及更多的涡流，让空气和燃油充分混合，因而提高低转速时的转力输出。

基于 VVT 机构，VVTL 采用凸轮转换机构，从而使发动机在不同的转速工况下由不同的凸轮控制，及时调整进、排气门的升程和开启持续时间。为了更好地提高发动机转速和获得更高的输出，可变气门升程系统对气门开启和关闭时刻进行了优化，大大提高了燃油经济性。图 5.13 为智能可变气门升程系统(VVTL－i)，当发动机低、中速转动时，由凸轮轴上的低-中速凸轮驱动摇臂，使进、排气门动作。一旦发动机高转速运行时，来自传感器的信号使 ECU 控制机油控制阀动作，调节摇臂活塞液压系统，使高速凸轮工作，这样进、排气门的升程和开启持续时间增加，发动机的充气效率得以提高。

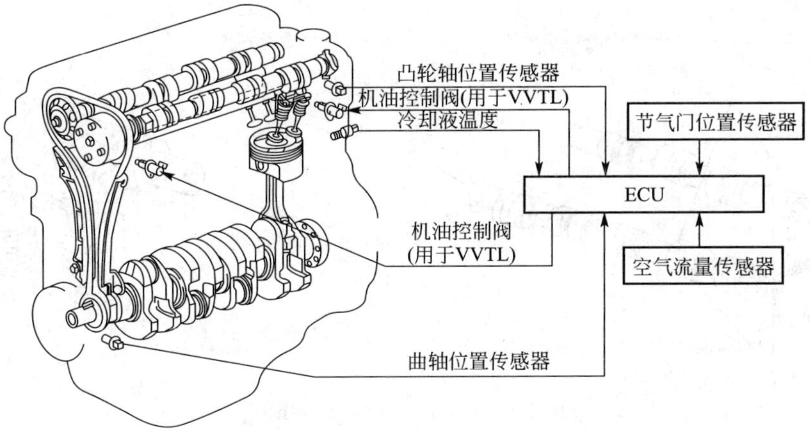

图 5.13　智能可变气门升程系统

2. 可变气门升程系统组成及控制原理

VVTL-i的组成与VVT-i相似，控制系统也包括曲轴位置传感器、凸轮轴位置传感器、节气门位置传感器、冷却液温度传感器和空气流量传感器(见图 5.14)，而驱动部件则包括机油控制阀(OCV)，特殊的凸轮轴和摇臂组件(见图 5.15、图 5.16 和图 5.17)等。VVTL-i的控制原理如图 5.14 所示。VVTL-i系统的工作过程见表 5-1。

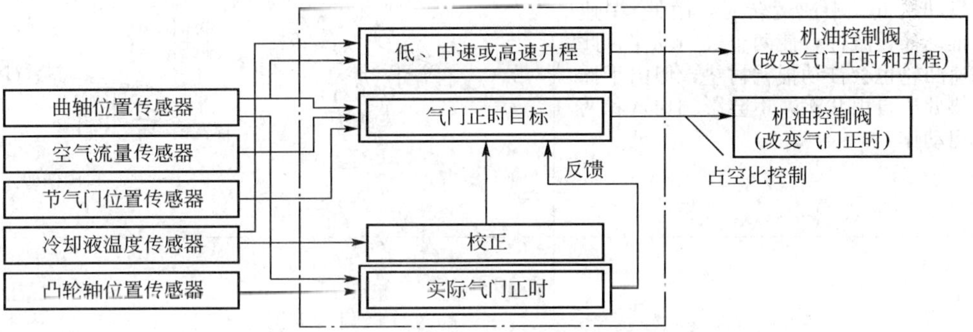

图 5.14　智能可变气门升程系统控制原理图

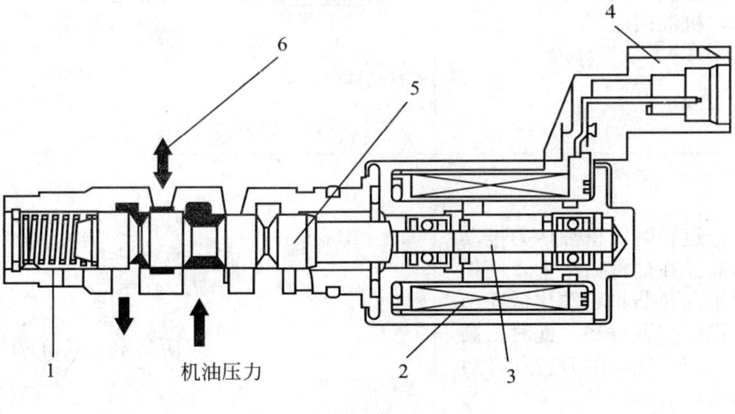

图 5.15　机油压力控制阀

1—弹簧；2—线圈；3—活塞；4—插接器；5—伺服阀；6—凸轮转换机构

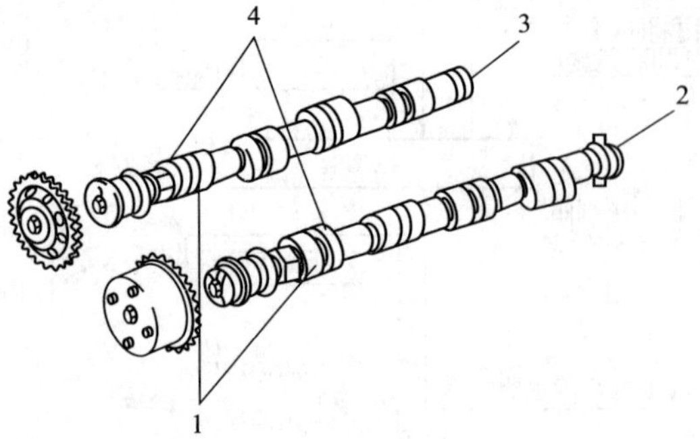

图 5.16　VVTL－i 系统的凸轮轴

1—高速凸轮；2—进气凸轮轴；
3—排气凸轮轴；4—低-中速凸轮

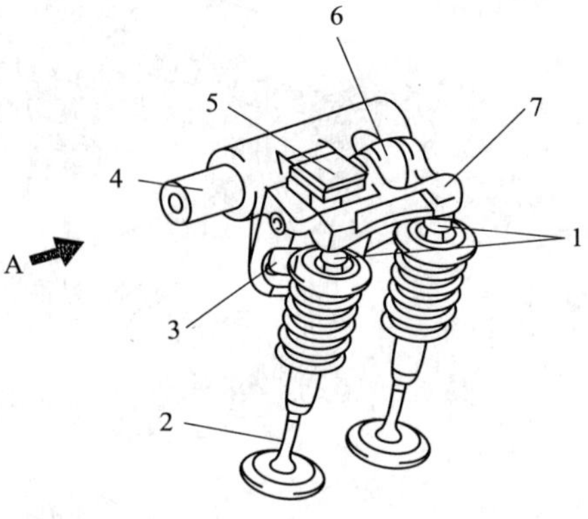

图 5.17　VVTL－i 系统的摇臂图

1—调整垫片；2—气门；3—摇臂销；
4—摇臂轴；5—摇臂衬垫；6—滚轮
（与摇臂构成一个整体）；7—摇臂

表 5－1　VVTL－i 系统的工作过程

当发动机低、中速运转时，由低-中速凸轮推动摇臂滚柱，使两个气门动作，此时高速凸轮也会推动摇臂衬垫，但由于摇臂衬垫处于自由状态，不会影响摇臂和两个气门动作	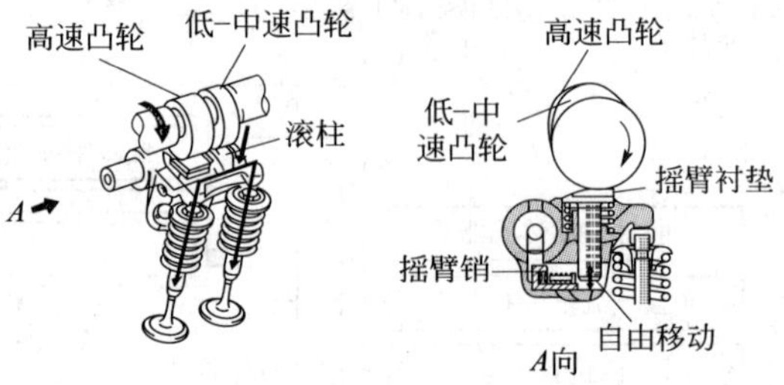
当发动机处于低、中转速时，ECU 读取各传感器信号，控制机油压力控制阀关闭，回油侧开启，机油回流	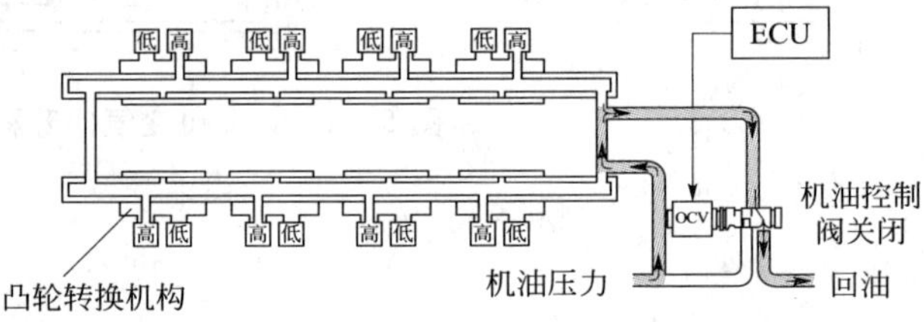
当发动机高转速运转时，机油压力推动摇臂销，摇臂销插栓在摇臂衬垫下，使摇臂衬垫锁住。由于高速凸轮轮廓比低速凸轮大，高速凸轮推动摇臂衬垫，此时由高速凸轮驱动两个气门，气门的升程和开启持续时间得以延长	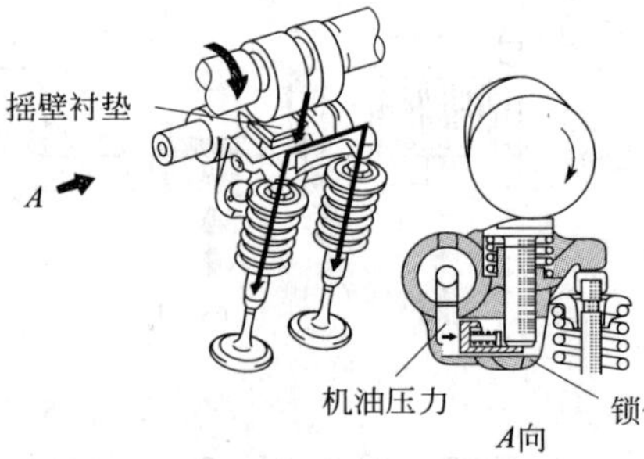

（续）

当发动机高速运转时，机油压力控制阀开启，机油直接通往在凸轮转换机构上，使高速凸轮起作用	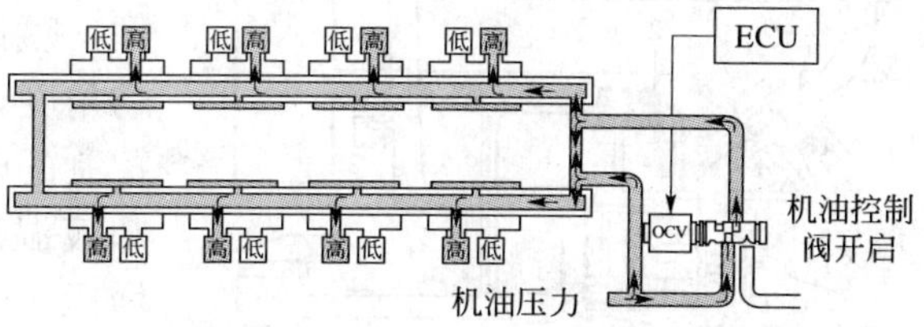

机油压力控制阀中的伺服阀是由 ECU 进行占空比控制的。当发动机高速运转时，机油压力控制阀开启，机油直接通往在凸轮转换机构上，使高速凸轮起作用。

5.5 废气涡轮增压系统

引言

涡轮增压发动机可以提升发动机的功率，而且加速性能非常好。比如帕萨特 B5/1.8T，10s 内车速即可从 0 加速到 100km/h。

增压发动机有什么优点？为什么废气涡轮增压发动机越来越多？

5.5.1 废气涡轮增压系统的功能

废气涡轮增压系统如图 5.18 所示。当发动机转速加快，废气排出速度与涡轮转速也同步加快，空气压缩程度就得以加大，发动机的进气量就相应的得到增加，发动机的输出功率便增加了。

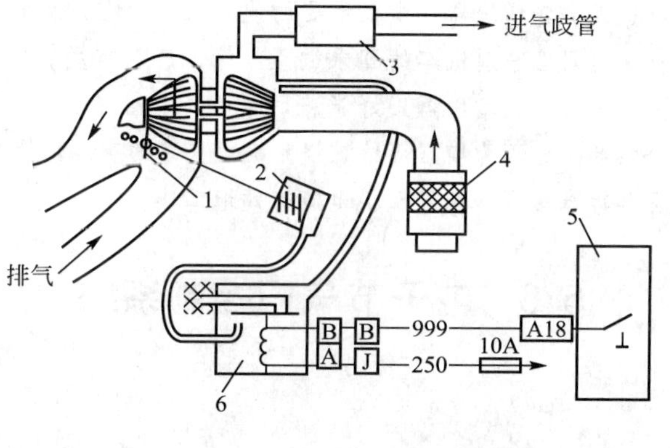

图 5.18 废气涡轮增压控制系统

1—切换阀；2—驱动气室；3—空气冷却器；4—空气滤清器；5—ECU；6—释压电磁阀

5.5.2 废气涡轮增压系统的工作原理

涡轮增压的最大优点是它可在不增加发动机排量的基础上，大幅度提高发动机的功率。

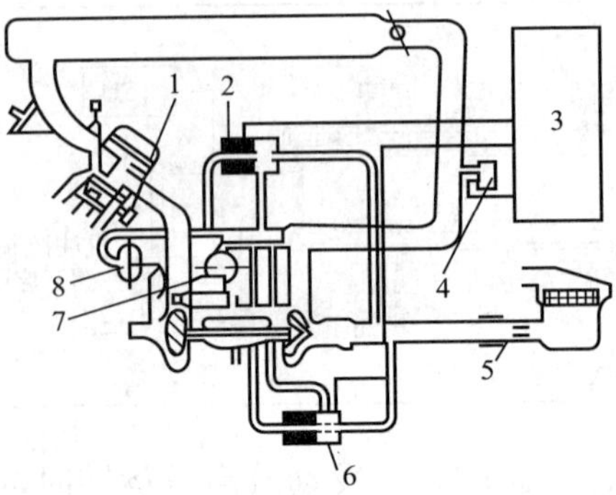

图 5.19 废气涡轮增压控制系统工作原理

1—爆震控制器；2—切换阀控制电磁阀；3—ECU；4—进气管绝对压力传感器；5—空气流量计；6—喷嘴环控制电磁阀；7—喷嘴环驱动气室；8—切换阀驱动气室

废气涡轮增压系统的工作过程如图 5.19 所示。

切换阀驱动气室工作时可改变切换阀的开度，喷嘴环驱动气室工作时可改变增压器喷嘴环的角度，两个驱动气室的空气通道都装有受 ECU 控制的电磁阀。ECU 根据发动机的运行工况(冷却液温度、进气量、加速、爆震等信号)，确定增压压力的目标值，并通过进气管压力传感器来检测发动机的实际增压压力值。ECU 根据实际增压压力值与目标值的差值，控制给电磁阀的脉冲信号占空比，调节电磁阀的开度，控制进入驱动气室的空气压力，改变增压器喷嘴环的角度和切换阀的开度，控制废气涡轮增压器的转速，使实际增压压力符合发动机所需要的目标增压压力。

可见增压压力的大小决定了膜片受压后的变形量，进而决定了废气阀的开度、废气旁通量的多少，最终增压压力发生改变，这就是一个闭环控制过程。

知识链接

一台发动机装上涡轮增压器后，其输出的最大功率与未装增压器的相比，可增加大约40%甚至更多。这意味着一台小排量的发动机经增压后，可以产生同较大排量发动机相同的功率。但凡事有利就有弊，涡轮增压也不例外。发动机在采用废气涡轮增压技术后，工作中产生的最高爆发压力和平均温度将大幅度提高，从而使发动机的机械性能、润滑性能都会受到影响，而且还会提高进气温度。

环保、更低的排放标准也是涡轮增压器一个很重要的优点。因为在污染日趋严重的今天，一个有高度责任感的汽车制造商不仅要满足客户对汽车的驾乘欲望，保证产品有足够的驾驶乐趣，更要以保护环境、创造良好的生存空间为己任。涡轮增压器正好能满足即提高燃油经济性，降低排放，同时又不会以失去驾驶乐趣为代价的综合性要求。因为增压会给燃烧室提供更多的空气，使燃烧更彻底，排放更干净。特别在高海拔空气稀薄地区和严寒地区涡轮发动机也能有效地工作。

5.6 电子节气门控制系统

引言

与拉线式节气门总成相比，电子节气门开启角度不再由节气门踏板拉索控制。节气门踏板控制节气门踏板位置传感器，该传感器只是以电压信号反映车主的力矩指令，而不是节气门的实际开度。电子节气门轴上的双轨道节气门电位计用来检测节气门的准确开度，此开度与车主的意图(加速、减速)并不完全一致。此外，怠速调节阀也被取消，由电子节气门直接进行怠速调节。

5.6.1　电子节气门控制系统的功能

节气门的作用是控制进入发动机的空气流量，决定发动机的运行工况。电子节气门控制系统(ETCS)是一种柔性控制系统(x－by－wire)，它取消了传统节气门与节气门踏板之间采用拉索或杠杆机构的直接机械连接，在电子控制单元的控制下，通过节气门体上的电动机驱动节气门，可实现节气门开度的快速精确控制，使发动机在最适当的状态下工作，从而提高了汽车的动力性、安全性及舒适性以及降低排放污染。目前，ETCS被广泛地运用于汽车的怠速控制(ISC)、巡航控制(CCS)、驱动防滑控制(ASR)及车辆稳定性控制(VSC)等汽车动力控制系统中，为集中控制和简化结构提供了基础，并逐渐成为标准配置。目前，一汽大众奥迪A6、上海大众帕萨特B5 1.8T和2.8L、1998款皇冠3.0和雷克萨斯LS400，以及上海通用和广州本田等公司生产的部分高级轿车上已经配置了ETCS。

5.6.2　ETCS的结构组成及工作原理

如图5.20所示，ETCS主要由节气门(体)、节气门踏板、节气门踏板位置传感器、节气门位置传感器、节气门驱动装置和节气门电子控制单元(绝大部分与发动机ECU集成为一体)等组成。

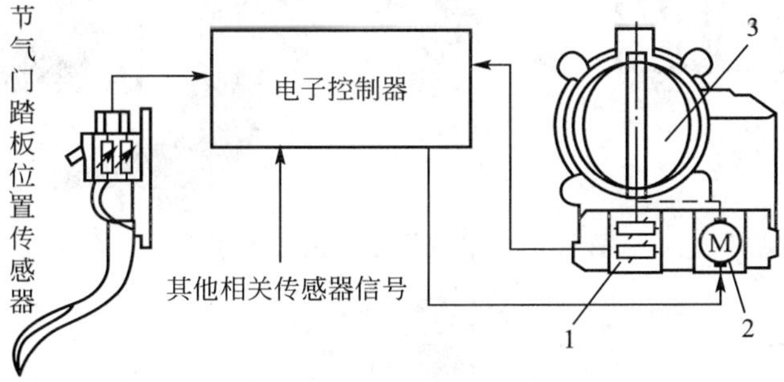

图5.20　电控节气门结构

1—节气门位置传感器；2—直流电动机；3—节气门

节气门踏板位置传感器产生反应节气门踏板下踏量大小和变化速率的电压信号输入电子控制单元，用于检测节气门踏板的位置变化情况。电子控制单元由信息处理模块和电动机驱动电路模块两部分组成，它根据节气门踏板位置传感器及其他相关传感器的信号进行最佳节气门开度判断，并输出控制指令。节气门驱动装置由执行电动机和机械传动机构组成。其作用是按照电子控制单元的指令动作，及时将节气门调整到适当开度。节气门位置传感器用于将节气门的位置信息反馈给电子控制单元。节气门体取消了传统节气门的旁通气道和怠速旁通阀，怠速空气流量通过节气门的小开度进行控制。节气门体上的复位弹簧可使节气门回转到一个微小的开度，以保证在系统失去作用后发动机仍有一个较高的转速。

驾驶员操纵节气门踏板，节气门踏板位置传感器产生相应的电压信号输入ECU，ECU根据当前的工作模式、踏板移动量和变化率解析驾驶员意图，计算出对发动机转矩的基本需求，得到相应的节气门转角的基本期望值。同时，ECU还获取到发动机转运自动变速器挡位、空调压缩机负载等其他各种传感器信号和 ASR、CCS 等其他控制系统的控制信号，由此计算出所需求的全部转矩，通过对节气门转角基本期望值进行修正，得到节气门的最佳开度参数。节气门位置传感器随时监测节气门的位置并把节气门的开度信号反馈给 ECU，当节气门的开度与最佳开度参数不一致时，ECU 把相应的电压信号发送到驱动电路模块，驱动执行电动机使节气门处于最佳的开度位置。由此可以看出，整个系统控制过程是典型的闭环反馈控制。

1. 电子节气门系统的基本结构

（1）节气门踏板位置传感器。节气门踏板位置传感器由两个无触点线性电位器传感器组成，如图 5.21 所示。在同一基准电压下工作，基准电压由 ECU 提供。随着节气门踏板位置的改变，电位器阻值也发生线性的变化，由此产生反应节气门踏板下踏量大小和变化速率的电压信号输入 ECU，如图 5.22 所示。

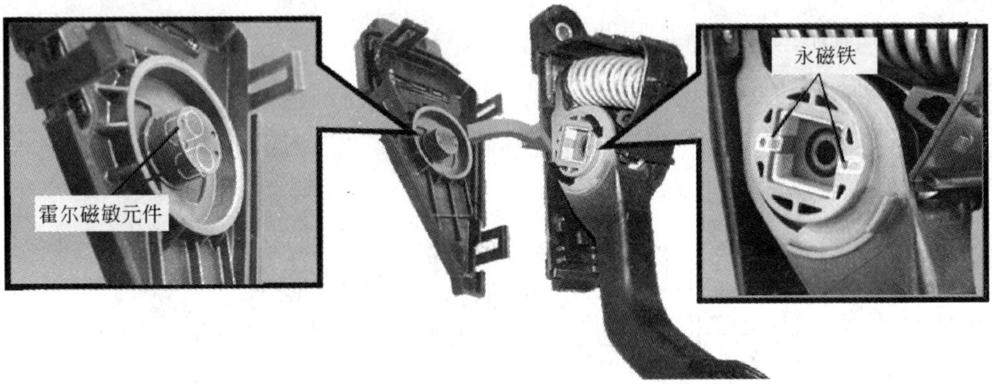

图 5.21　节气门踏板位置传感器

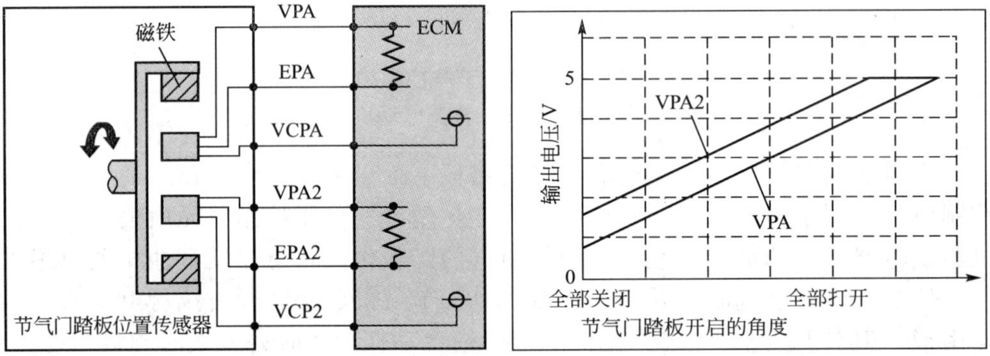

(a) 电路图　　(b) 输出信号

图 5.22　节气门踏板位置传感器电路图与输出信号

（2）节气门位置传感器。节气门位置传感器由两个无触点线性电位器传感器组成，如图 5.23 所示。由 ECU 提供相同的基准电压。当节气门位置发生变化时，电位器阻值也随之线性地改变，由此产生相应的电压信号输入 ECU，该电压信号反映节气门开度大小和变化速率，如图 5.24 所示。

图 5.23　节气门位置传感器

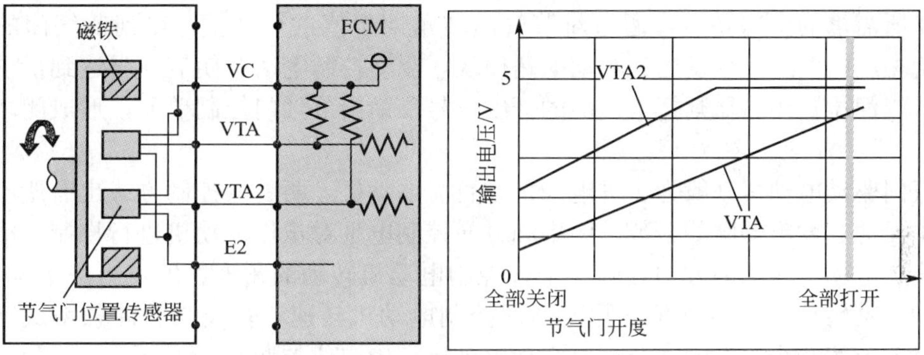

(a) 电路图　　(b) 输出信号

图 5.24　节气门位置传感器电路图与输出信号

(3) 节气门控制电动机。节气门控制电动机一般选用步进电动机或直流电动机，经过两级齿轮减速来调节节气门开度。早期以使用步进电动机为主。步进电动机精度较高、能耗低、位置保持特性较好，但其高速性能较差，不能满足节气门较高的动态响应性能的要求，所以现在比较多地采用直流电动机。直流电动机精度高、反应灵敏、便于伺服控制，如图 5.25 所示。

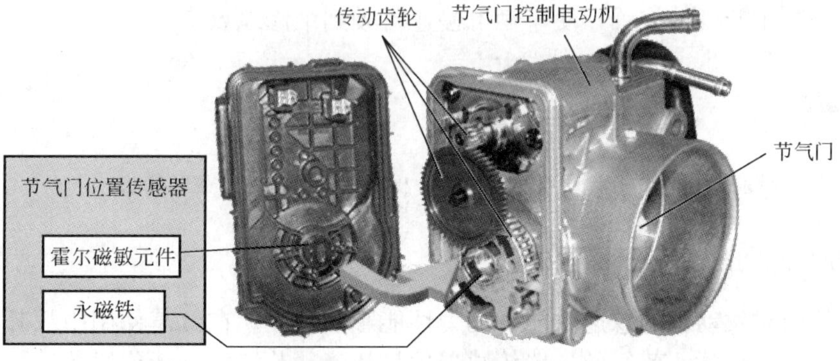

图 5.25　节气门控制电动机

(4) 电子控制单元(ECU)。电子控制单元(ECU)是整个系统的核心，包括信息处理模块和电动机驱动电路模块。

信息处理模块接收来自节气门踏板位置传感器的电压信号，经过处理后得到节气门的最佳开度，并把相应的电压信号发送到电动机驱动电路模块。

电动机驱动电路模块接收来自信息处理模块的信号，控制电动机转动相应的角度，使节气门达到或保持相应的开度。电动机驱动电路应保证电动机能双向转动。

2. 电子节气门系统的工作原理

驾驶员操纵节气门踏板，节气门踏板位置传感器将节气门踏板位置信号输入到 ECU，ECU 首先对输入的信号进行滤波，以消除环境电磁波的影响，然后根据当前的工作模式、节气门踏板移动量和变化率解析驾驶员意图，计算出对发动机转矩的基本需求，得到相应的节气门转角的基本期望值。然后再经过 CAN 总线和整车控制单元进行通信，获取其他工况信息以及各种传感器信号，如发动机转速、挡位、节气门位置、空调能耗等，由此计算出整车所需求的全部转矩，通过对节气门转角期望值进行补偿，得到节气门的最佳开度，并把相应的电压信号发送到驱动电路模块，驱动控制电动机使节气门达到最佳的开度位置。节气门位置传感器则把节气门的开度信号反馈给节气门控制单元，形成闭环的位置控制。

节气门驱动电动机一般为步进电动机或直流电动机，两者的控制方式也有所不同。电子控制单元通过发出的脉冲个数、频率和方向控制电平对步进电动机进行控制。电平的高低控制步进电动机转动的方向，脉冲个数控制电动机转动的角度，即发出一个脉冲信号，步进电动机就转动一个步进角，脉冲频率控制电动机转速，转速与脉冲频率成正比。因此，通过对上述三个参数的调节可以实现电动机精确定位与调速。

控制直流电动机采用脉冲宽度调制(PWM)技术，其特点是频率高、效率高、功率密度高、可靠性高。电子控制单元通过调节脉宽调制信号的占空比来控制直流电动机转角的大小，电动机方向则是由和节气门相连的复位弹簧控制的。电动机输出转矩与脉宽调制信号的占空比成正比。当占空比一定，电动机输出转矩与回位弹簧阻力矩保持平衡时，节气门开度不变；当占空比增大时，电动机驱动力矩克服回位弹簧阻力矩，节气门开度增大；反之，当占空比减小时，电动机输出转矩和节气门开度也随之减小。

ECU 对系统的功能进行监控，如果发现故障，将点亮系统故障指示灯，提示驾驶员系统有故障。同时电磁离合器被分离，节气门不再受电动机控制。节气门在回位弹簧的作用下返回到一个小开度的位置，使车辆可慢速行驶到维修地点。

知识链接

电子节气门控制系统的最大优点是可以实现发动机全范围的最佳转矩的输出。

5.6.3 电子节气门控制系统常见故障分析

电子节气门对发动机的怠速性能、动力性能影响较大，在汽车使用中故障率较高。常见的有节气门开度故障、节气门位置传感器信号故障、节气门踏板位置传感器故障、怠速控制阀故障、节气门体漏气等。

1. 节气门位置传感器故障

节气门位置传感器的主要作用是输出怠速、部分负荷、大负荷及加速负荷信号，ECU根据节气门传感器信号完成怠速调节、喷油脉宽调节和加速异步控制。当节气门信号不良或出现短路、断路故障时，发动机一般表现为怠速不稳、加速不良或“回火”、尾气排放异常等。

2. 节气门体漏气

节气门体的真空管或接合部位漏气，会引起真空作用力失常，有关的真空执行元件不能正常动作。部分空气通过节气门体的漏气部位进入汽缸内，由于这部分气体未经过空气流量传感器计量或未经节气门控制，会导致怠速失速、开空调或起步时自动变速器车型发动机怠速过低或熄火、发动机冷启动困难(空气量过多)、滑行时发动机熄火、冷车高怠速转速过低等故障现象。

3. 自适应功能设定故障

当对节气门进行清洁或更换新的节气门体或者ECU后，必须进行节气门体的自适应设定。自适应设定时ECU会驱动节气门动作，同时采集相应信号并储存起来，以修正节气门的位置。如果不进行初始设定，ECU将不能正常驱动节气门电动机控制怠速，会出现怠速过高、怠速不稳及车辆滑行熄火等故障现象。

4. 自适应能力超出范围

当节气门体长期处于脏污状态时，ECU将驱动节气门逐渐开大，当节气门开度大于一定角度(一般为8°)时，会出现自适应能力超出范围故障。此时，应清洗节气门并进行自适应设定，若无法完成初始设定，应更换节气门体。

5. 节气门轴转动阻力过大或节气门驱动电动机磨损节气门轴转动阻力过大或节气门驱动电动机磨损，会造成发动机转速下降。此时应清洁节气门体，润滑节气门轴，检查蓄电池电压(应大于11V)并进行重新设定。

小　　结

1. 动力阀控制系统的功能是控制发动机进气道的空气流通截面积大小，以适应发动机不同转速和负荷时对进气量的要求，从而改善发动机的动力性。当发动机小负荷运转时，进气量较少，ECU断开真空电磁阀，真空罐中的真空进入真空控制阀，动力阀处于关闭位置，进气通道面积变小。当发动机大负荷运转时，进气量较多，ECU接通真空电磁阀搭铁回路，真空罐中的真空不能进入真空控制阀，控制动力阀开启，进气通道面积变大。

2. 谐波进气增压控制系统就是根据发动机转速的变化，改变进气管内压力波的传播距离，以提高充气效率，改善发动机性能。当进气管长时，形成的压力波波长就长，这种情况适应发动机在中低速区域；当进气管短时，压力波波长就短，适应高转速情况。

3. 智能可变气门正时系统(VVT-i)是指ECU根据发动机转速和负荷等传感器信号来控制凸轮轴调整机构的机油压力，从而改变进、排气门的开启和关闭时刻的系统，它主要包括VVT-i控制器、凸轮轴正时机油控制阀、凸轮轴位置传感器、曲轴位置传感器；

发动机的气门升程(VVTL－i)是受凸轮轴转角长度控制的，在高转速时，采用长升程来提高进气效率，在低速时，采用短升程，能产生更大的进气负压及更多的涡流；VVTL－i控制系统也包括曲轴位置传感器、凸轮轴位置传感器、节气门位置传感器、冷却液温度传感器和空气流量计，而驱动部件则包括机油控制阀(OCV)、特殊的凸轮轴和摇臂组件等。

4. 废气涡轮增压系统是利用发动机排出的废气作为动力来推动涡轮增压机内的涡轮，涡轮又带动同轴的压缩轮，压缩轮就压缩由空气滤清器管道送来的新鲜空气，再送入汽缸。

5. 电子节气门控制系统(ETCS)是一种柔性控制系统(x－by－wire)，在电子控制单元的控制下，通过节气门体上的电动机驱动节气门，可实现节气门开度的快速精确控制。

习　题

一、单选题

1. 若控制智能可变气门正时系统，发动机ECU根据发动机转速和负荷等传感器信号来控制凸轮轴调整机构的机油压力，从而改变(　　)。

A. 进、排气门的开启和关闭时刻　　B. 进气门的开启和关闭时刻

C. 排气门的开启和关闭时刻　　D. 进、排气门的升程

2. 参与智能可变气门正时控制的传感器不包括下面哪一个(　　)。

A. 节气门位置传感器　　B. 空气流量传感器

C. 发动机转速传感器　　D. 车速传感器

3. 一旦发动机高转速运行时，进、排气门的开启持续时间(　　)。

A. 不变　　B. 增加　　C. 减少　　D. 都有可能

4. 动力阀式可变进气控制系统在进气量较少的低速、小负荷功能工况下，使进气道空气流通截面积(　　)。

A. 减小　　B. 增大　　C. 不变　　D. 都有可能

5. 进气谐振式可变进气控制系统在发动机处于高速时，使进气空气控制阀开启，进气歧管的通道(　　)。

A. 变短　　B. 不变　　C. 变长　　D. 都有可能

6. 进气惯性增压系统通过改变(　　)达到进气增压效果。

A. 进气通道截面积　　B. 压力波传播路线长度

C. 废气流动路线　　D. 进气管长度

二、判断题

1. VVL系统是可变气门正时系统。(　　)

2. 智能可变气门正时系统无须发动机负荷信号。(　　)

3. 电控废气涡轮增压的控制对象是进气侧的增压压力，以调节排气侧的压力。(　　)

4. 汽车进入巡航控制状态后，若车速过低，ECU将自动解除巡航控制。(　　)

5. 汽车在坡道较大的道路上行使时，使用巡航控制系统，会引起发动机转速变化过大。(　　)

6. 涡轮增压器内的动力涡轮和增压涡轮安装在同一根轴上。(　　)

7. 在拆卸涡轮机时，壳体和零件间无相对位置，因而没有必要加注标志。（　）

8. 涡轮增压器损坏会造成发动机动力性能下降。（　）

9. 在谐波增压控制系统中，当气体惯性过后进气门附近被压缩的气体膨胀而流向与进气相同的方向。（　）

10. 进气管内的压力被反射回到进气门所需时间取决于压力传播路线的长度。（　）

11. 在可配气相位控制系统中，凸轮轴沿工作方向转过一个角度，如气门提前开启角增大，则滞后关闭角也增大。（　）

12. VTEC 系统中电磁阀通后，通过水温传感器给 ECU 提供一个反馈信号，以便监控系统工作。（　）

三、问答题

1. 什么是可变气门正时？可变气门正时系统有哪些类型？

2. 什么是可变气门升程？可变气门升程系统与可变气门正时系统有什么区别？

3. 常见可变进气控制系统有哪些类型？各自的工作原理是怎样的？

4. 解释电控废气涡轮增压系统的工作原理。

5. 简述电控节气门系统的原理和常见故障分析。

第6章

排放控制系统

学习目标

通过本章的学习，能够依据发动机数据流和发动机征兆，判断催化转化器的工作状态；能解释依据氧传感器信号判断混合气浓稀的原理；能够依据发动机数据流和发动机征兆判断氧传感器、空燃比传感器及其加热装置的工作情况；能够依据发动机数据流和EVAP系统压力测试结果，判断出EVAP系统的工作状态；能够采用合适的诊断流程，寻找EVAP系统、EGR系统出现问题的原因。

学习要求

能力目标	知识要点	权重	自测分数
能判断催化转化器的工作状态	催化转化器的结构和工作原理	10%	
能够依据氧传感器信号判断混合气浓稀	氧传感器的类型及工作原理	20%	
能够依据测试结果，判断EGR系统的工作状态	EGR系统的结构组成和工作原理	20%	
能够依据检测结果，判断二次空气供给系统的工作状态	二次空气供给系统的结构组成和工作原理	10%	
能够依据测试结果，判断出EVAP系统的工作状态	EVAP系统的结构组成与工作原理	20%	
能够采用合适的诊断流程，判断出排放各系统的故障原因	掌握排放控制的各系统的诊断流程	20%	

引言

随着汽车的保有量不断增加，汽车排放污染对人类环境的危害已日趋严重。汽车的排放污染主要来源于发动机排出的废气(占65%以上)、曲轴箱窜气(占20%)和燃料供给系统中蒸发的燃油蒸汽(占10%～15%)。汽油机的主要排放污染物是一氧化碳(CO)、碳氢化物(HC)和氮氧化物(NO_x)，针对汽车污染源和各种污染物的产生原理，近年来，在现代汽车尤其是轿车上装用了多种排放控制系统，主要包括：曲轴箱强制通风(PCV)控制系统、废气再循环(EGR)控制系统、三元催化转换器(TWC)控制系统、二次空气供给系统、热空气供给系统、燃油蒸汽排放(EVAP)控制系统等。其中EGR控制系统、TWC控制系统、二次空气供给系统、EVAP控制系统采用了ECU控制。

6.1　三元催化转换与闭环控制系统

6.1.1　TWC功能

为了达到排放法规的要求，国外1996年以后生产的车辆必须配置OBDⅡ系统，也就必须安装三元催化转化器(Three Way Catalytic converter，TWC)。所谓“三元”，是指能同时处理CO、HC和NO_x三种有害气体，而早期的二元式，仅能针对CO和HC做转化。三元催化转化器安装在排气管中部，其功能是利用转换器中的三元催化剂，将发动机排出废气中的有害气体CO、HC和NO_x转变为无害气体H_2O、CO_2和N_2排出。

特别提示

装备有催化器的车辆需要使用无铅汽油。如果使用有铅汽油，铅将黏附于催化剂的表面，使催化剂失效。

空气-燃油混合气过浓，或者燃油直接进入到催化器内，会造成催化器过热，导致催化器损坏。

6.1.2　TWC的构造

根据催化剂载体的结构特点，TWC可分为颗粒式和整体式两种类型。颗粒式载体将催化剂沉积在颗粒状氧化铝载体表面，主要用于美国和日本生产的汽车上，其应用趋向减少。整体式载体分成陶瓷和金属两种，它将催化剂沉积在蜂窝状表面，可增大催化剂与废气的实际接触面积。

以整体式三元催化转化器为例进行介绍，其主要由四部分组成：载体、涂在载体上的催化活性层、承纳载体的钢板壳体和钢板壳体之间的隔离层或缓冲层，如图6.1所示。

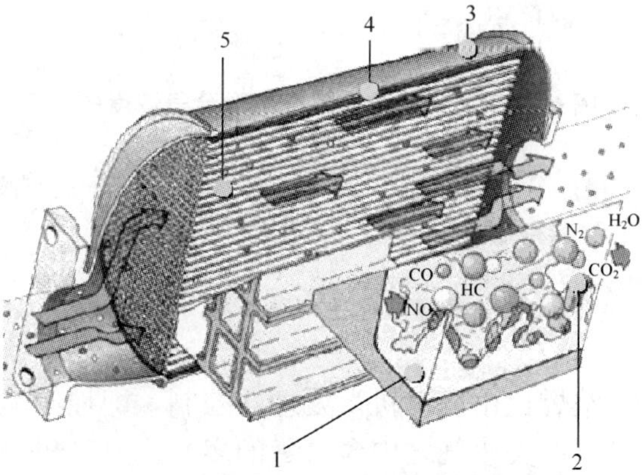

图6.1　三元催化转化器的内部结构

1—催化活性层；2—活性催化剂；3—外壳；
4—隔离层；5—整体式陶瓷蜂窝载体

6.1.3 TWC与闭环控制的工作原理

1. TWC的工作原理

TWC先利用内含的贵重金属铑作催化剂，将NO_x还原成无害的氮气(N_2)。还原过程中所生成的O_2，再加上TWC内由二次空气导管所导入的新鲜空气中的O_2(有些车型才有)，以铂(Pt)或钯(Pd)作催化剂和CO、HC一起进行氧化反应，使其转变为无害的CO_2和H_2O，这种还原-氧化的过程又称为二段式转化，如图6.2所示。

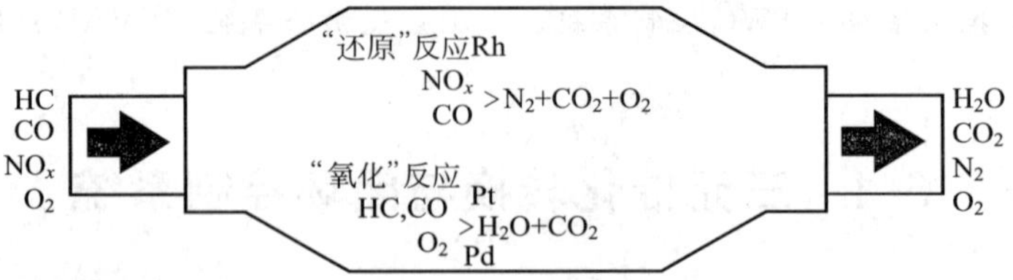

图6.2 三元催化转换器内部的化学反应过程

TWC将有害气体转变成无害气体的效率受诸多因素的影响，其中影响最大的是混合气的浓度和排气温度。三元催化转化器最低工作温度为246～302℃，最高工作温度为760～982℃。发动机的排气温度过高(815℃以上)时，TWC的转化效率将明显下降。有些三元催化转化装置中装有排气温度报警装置，当报警装置发出报警信号时，应停机熄火，查明排气温度过高的原因，予以排除。在使用中，燃气温度过高一般是由于发动机长时间在大负荷下工作或因故障而燃烧不完全所致。

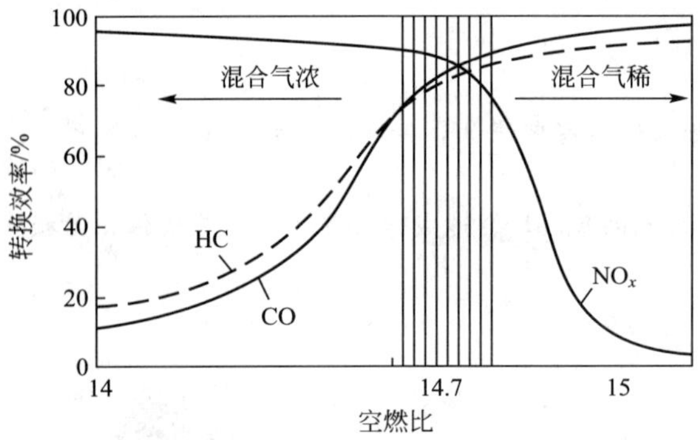

图6.3 TWC的转换效率与混合气浓度的关系

2. 闭环控制的工作原理

三元催化转化器的转化效率与发动机的空燃比也有关系。根据实验发现，当空燃比维持在14.7∶1左右时，三元催化转化的效率几乎可达到90%以上，如图6.3所示。这是因为混合气过浓时，HC、CO含量将增多，使转化的效率降低，但若混合气过稀时，NO_x排量也会增多，如此也将使转化的效率降低。

特别提示

空燃比小，说明空气少，燃油多，即混合气浓；空燃比大，说明空气多，燃油少，即混合气稀。

空燃比由发动机微处理器控制，即控制喷油量，喷油量的大小取决于氧传感器送给微处理器有关废气之中含氧量的多少。发动机微处理器根据氧传感器的信号调节喷油量，这就是所谓的发动机闭环控制。微处理器将发动机空燃比尽可能地控制在理想值附近，此时发动机燃烧完全，工作效率最高，催化转化装置转化效率也最高，即发动机工作时最省油，动力性最佳，污染排放量最少。

3. 闭环控制的条件

在装有氧传感器的电控燃油喷射发动机上，电控燃油喷射(EFI)系统并不是在所有工况下都进行闭环控制。在发动机启动、怠速、暖机、加速、全负荷、减速断油等工况下，发动机不可能以理论空燃比工作，仍采用开环控制方式。此外，氧传感器温度在400℃以下、氧传感器或其电路发生故障时，也只能采用开环控制。电控燃油喷射系统进行开环控制还是进行闭环控制，由ECU根据相关输入信号确定。

4. 影响TWC转换效率的因素

如果出现有关催化转化的故障码，就需要判断TWC是否失效。通常三元催化转化器是不会损坏的，主要是TWC会失效，导致性能退化。其原因主要有：

(1) 发动机性能方面。如高转速是功率损失大，难于启动、加速性能差或燃油经济性差等。

(2) 催化转化器过热。由于混合气过浓或发动机熄火导致未燃的燃油排放太多，造成在催化转化器内的燃烧，而导致过热。

(3) 过多的燃油和机油消耗。催化转化器的故障也可能与使用旧零件或排放系统泄漏等因素有关。

6.2 氧传感器

氧传感器的最初功用是将闭环控制下的喷油脉宽修正，现今还用于检测催化转化器的转化效率。

为最大限度地发挥装有三元催化转化器(TWC)发动机的排气净化性能，必须将空燃比保持在理论空燃比附近很小的范围内。发动机ECU根据氧传感器输出的信号，判断混合气是浓还是稀，通过增加或减少燃油喷射量，使空燃比保持在理论空燃比附近。发动机排气管上安装有两种类型的传感器；一种是窄型氧传感器，即老式的氧传感器，简称氧传感器；另一种是宽型氧传感器，即新型的氧传感器，称为空燃比(A/F)传感器。

6.2.1 氧传感器

1. 氧传感器的类型及安装位置

按材质氧传感器分为氧化锆(ZrO_2)式和氧化钛(TiO_2)式两种类型；按作用分为非加热型的和加热型的；按在排气管中的安装数量分为单氧传感器和双氧传感器。双氧传感器用在采用OBDⅡ系统的车辆上，一个氧传感器安装在催化转化器前面排气管上(上游氧传感器)，另一个安装在催化转化器的后面排气管上(下游氧传感器)。上游氧传感器被ECU用于进行空燃比调节，下游氧传感器被ECU用于判断三元催化转化器的转化效率。氧传感器的安装方式如图6.4所示。

2. 氧化锆氧传感器

1) 氧化锆氧传感器的结构

氧化锆氧传感器的构造如图6.5(a)所示，该传感器主要由氧化锆管、铂电极和保护套组成。氧化锆管固定在带有安装螺纹的固定套中，氧化锆管的内、外表面均覆盖着一层多

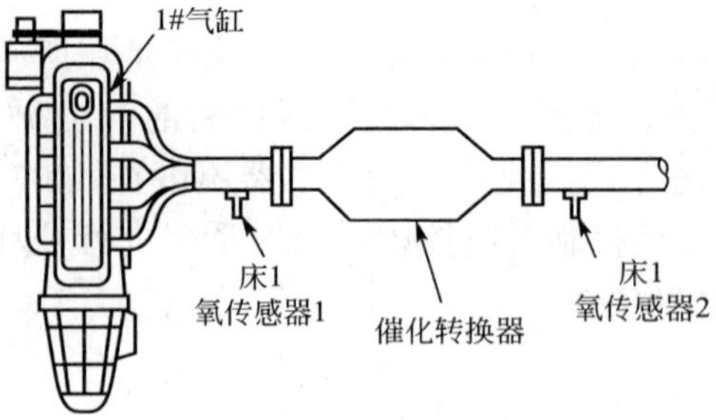

(a) 单排汽管式

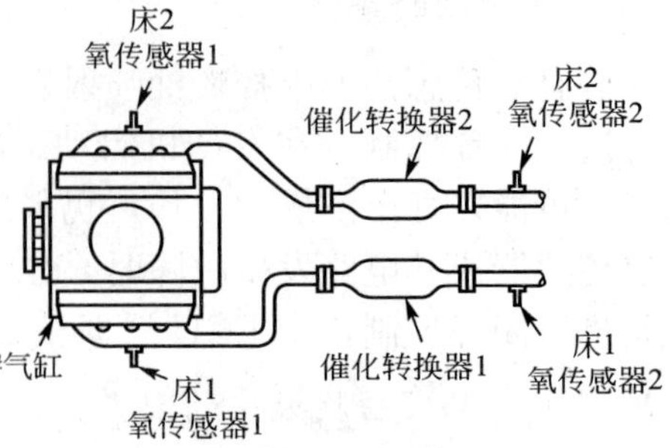

(b) 双排汽管式

图 6.4　常见氧传感器的安装方式

孔性铂膜作为电极，氧化锆管内侧通大气，外侧直接与排气管中的废气接触。在氧化锆管外表面的铂膜层上，还覆盖着一层多孔的陶瓷涂层，并加有带槽口的保护套，用来防止废气对铂电极产生腐蚀；在传感器的线束插接器端有金属护套，上面开有小孔，以便使氧化锆管内侧通大气。

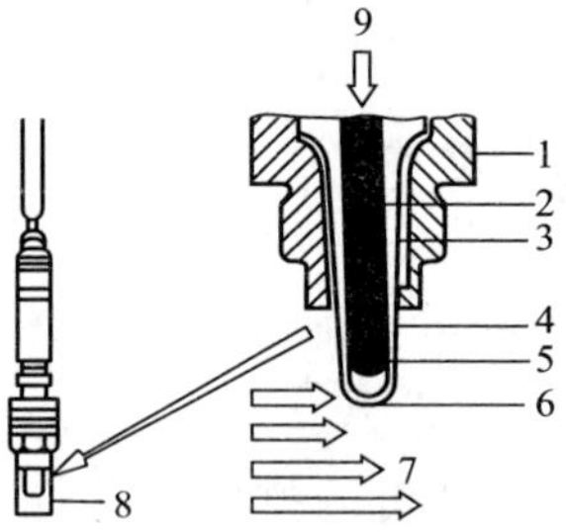

(a) 结构

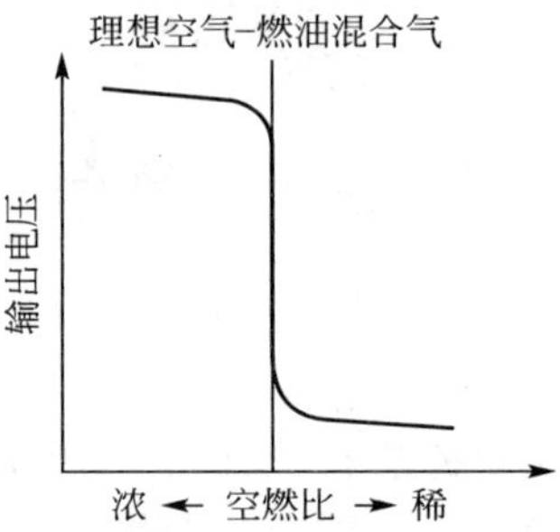

(b) 输出特性

图 6.5　氧化锆氧传感器及其输出特性

1—法兰；2—铂电极；3—氧化锆管；4—铂电极；5—加热器；
6—涂层；7—废气；8—套管；9—大气

2）氧化锆氧传感器的工作原理

氧化锆氧传感器实质是一个化学电池，又称氧浓差电池。在 400℃以上的高温时，氧气发生电离，若氧化锆管内、外表面接触的气体中存在氧的浓度差，则在固体电解质(二氧化锆元件)内部氧离子从大气一侧向排气一侧扩散，形成微电池，氧化锆管内、外表面的两个铂电极之间将会产生电压。发动机工作时，由于氧化锆管内表面接触的大气中氧浓度是固定的，而与氧化锆管外表面接触的废气中氧浓度是随空燃比变化的，所以可将氧化锆管内、外表面两个电极间产生的电压输送给 ECU，作为判断实际空燃比的依据。当混合气过稀时，排出的废气中氧含量高，氧化锆管内、外侧氧浓度差小，产生的电压很低(接近 0V)；当混合气过浓时，排出的废气中氧含量低，氧化锆管内、外侧氧浓度差大，两电极间产生的电压高(接近 1V)，如图 6.5(b)所示。

因为氧传感器的工作特性与温度密切相关，温度强烈地影响着氧化锆管对氧离子的导通能力。氧化锆只能在 400℃以上的高温时才能正常工作，低于 350℃时几乎没有信号。另外，输出信号电压随混合气空燃比变化的响应时间也与温度有关。为保证发动机在进气量少、排气温度低时也能正常工作，有的氧传感器内装有加热器，加热器也由发动机ECU控制，如图6.6所示。加热式的锆管内有加热元件，通电30s便达到工作温度。加热元件为正温度系数(PTC)电阻，温度较低时电阻很小，加热电流、功率大，加热很快。加热后电阻升高，功率不大。

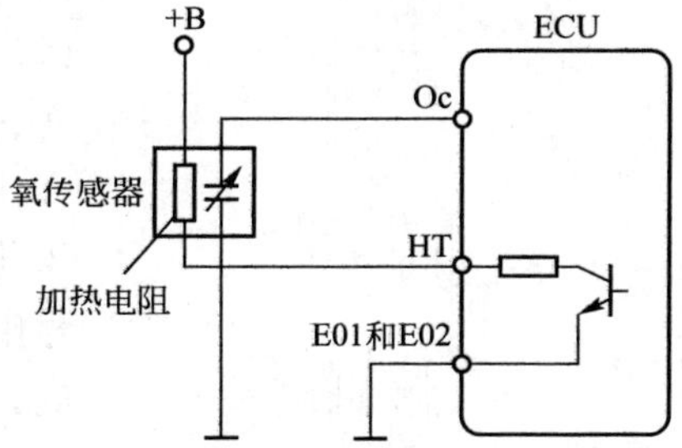

图6.6　氧传感器控制电路

3）氧化锆氧传感器的形式

(1) 单引线式。氧传感器只有一根信号线，以外壳做搭铁回路。该种氧传感器依靠排气管散发的热量才能正常工作，当发动机怠速工作达不到正常工作温度时，ECU会以一固定值代替氧传感器信号值。

(2) 两线式。一条为信号线，另一条则为搭铁线。

(3) 三线式。使用在加热型的氧传感器上，其中两条引线同上述，第三条线为来自继电气(或点火开关)的12V加热电源线。

(4) 四线式。信号线与加热线各自有搭铁回路，即有两条搭铁线。

4）氧化锆氧传感器的信号电压特征

当发动机在浓混合气的状态下运行时，其输出信号电压应在0.8～1V之间；当发动机在稀混合气的状态下运行时，其输出电压应在0～0.2V之间(根据制造型号不同，这些参数会存在细微的差异)。氧传感器信号电压的变化情况见表6-1，氧传感器的电压波形见表6-2。

表6-1　氧传感器信号电压变化

废气中氧的含量	氧传感器输出信号电压/V	判断混合气状况
低	0.8～1	浓
高	0～0.2	稀

表6-2　氧传感器电压信号波形

	正　常	异　常　1	异　常　2	异　常　3
1V —— 0.55V --- 0.4V --- 0V ---				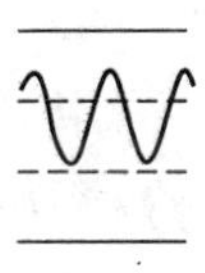

3. 氧化钛氧传感器

1）氧化钛氧传感器的结构

氧化钛氧传感器因其结构简单、价格较低、体积小而得到了广泛的应用。氧化钛氧传感器的结构如图6.7所示，主要由二氧化钛元件、引线、保护外壳和接线端子等组成。

2）氧化钛氧传感器的工作原理

氧化钛氧传感器是利用电阻的变化来判别其中的含氧量。对氧气敏感、易于还原的半

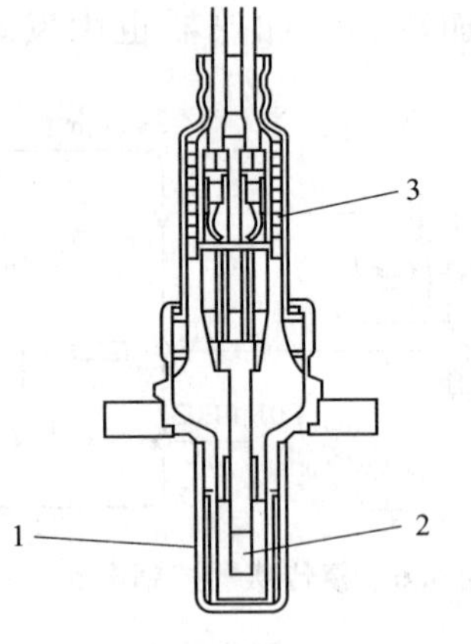

图 6.7　氧化钛式氧传感器

1—保护外壳；2—二氧化钛元件；3—引线

导体材料氧化钛与氧气接触时发生氧化还原反应，使晶体结构发生变化，从而导致电阻值变化。它是一种电阻型气敏传感器，就像冷却液温度传感器一样，有着电阻高低的变化，这时只要供给一参考电压，即可由电压得知当时混合比的状况。近年来的车型为了使氧化钛氧传感器有着与氧化锆氧传感器相同的变化，将参考电压改1V，所以其信号电压也在0～1V的范围内。混合气稀，尾气中氧的含量高，则氧化钛氧传感器呈现高电阻的状态，此时1V电源电压经氧传感器电阻降压，返回ECU的输出电压信号OX电压低于0.45V；混合气浓，尾气中氧的含量少，则氧化钛氧传感器因缺氧而形成低电阻的氧化半导体，此时1V电源电压经氧传感器电阻降压，返回ECU的OX信号电压高于0.45V，如图6.8和图6.9所示。

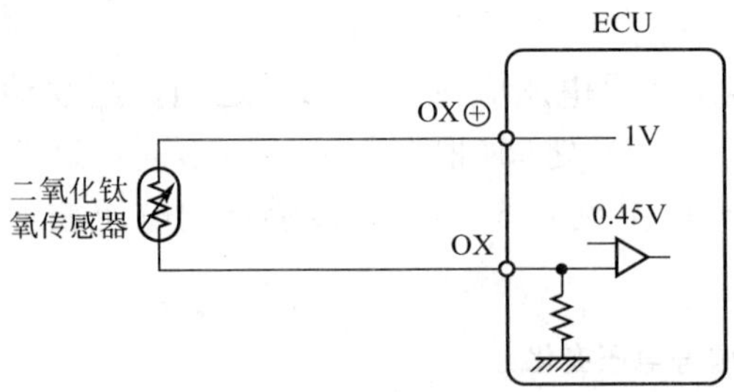

图 6.8　氧化钛式氧传感器电路原理

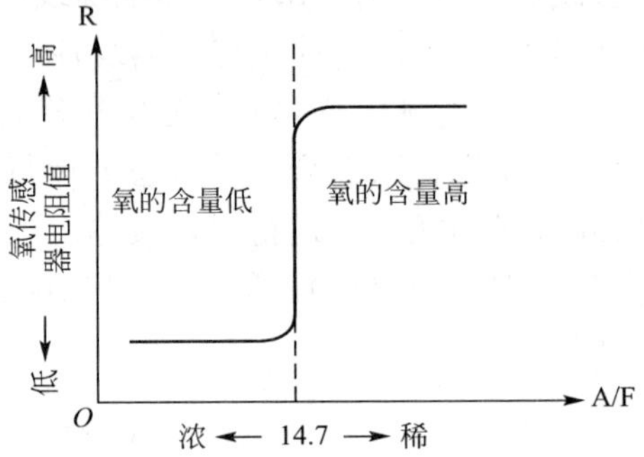

图 6.9　氧化钛式氧传感器的电压特性

为了使氧化钛氧传感器能迅速达到它的工作温度(300℃)，在氧传感器内部有热敏电阻加热元件进行加热，所以目前的氧化钛氧传感器都为四线的。氧化钛氧传感器应用范围很小，其数量为车上氧传感器使用数量的1%。氧化钛氧传感器的安装螺纹直径为14mm，而氧化锆氧传感器的安装螺纹直径为18mm，两者不能互换。

6.2.2　氧传感器的常见故障及检测方法

1. 氧传感器的常见故障

(1) 氧传感器中毒。这是经常出现且较难防治的一种故障。使用含铅汽油，是导致氧传感器中毒的主要原因。现今汽油和润滑油中含有的硅化合物燃烧后生成的二氧化硅及硅橡胶密封垫圈使用不当散发出的有机硅气体，也会使氧传感器失效，因而要使用品质好的燃油和润滑油。修理时要正确选用和安装橡胶垫圈，不要在传感器上涂敷制造厂规定使用以外的溶剂和防粘剂等。

(2) 积炭。发动机燃烧不良，会在氧传感器表面形成积炭，或氧传感器内部进入了油污或尘埃等沉积物，会阻碍或阻塞外部空气进入氧传感器内部，使氧传感器输出的信号失准，不能及时地修正空燃比。产生积炭，主要表现为油耗上升，排放浓度明显增加。此时，若将沉积物清除，就会恢复正常工作。

(3) 氧传感器陶瓷碎裂。氧传感器的陶瓷硬而脆，用硬物敲击或用强烈气流吹洗，都可能使其碎裂而失效。因此，处理时要特别小心，发现问题应及时更换。

(4) 加热器电阻丝烧断。对于加热型氧传感器，如果加热器电阻烧蚀，就很难使传感器达到正常的工作温度，导致传感器失去作用。

(5) 氧传感器线路问题。氧传感器线路出现异常将会造成输送给 ECU 的信号不准确，如氧传感器的信号线断路或搭铁短路，输入给 ECU 的信号会变成零；如果信号线接线不良，将使线路的电阻增大，这会使 ECU 所接收到的电压信号比氧传感器所发出的低。

2. 氧传感器的检测方法

(1) 氧传感器加热电阻的检查。拔下氧传感器线束插头，用万用表欧姆挡测量氧传感器接线端中加热器接柱与搭铁接柱之间的电阻，其阻值多为 4～40Ω。如不符合标准，应更换氧传感器。

(2) 氧传感器反馈电压的测量。用数字高阻抗万用表检测氧传感器是否正常工作。发动机熄火，万用表的红表笔与氧传感器的信号线连接。启动发动机，并使发动机运转到闭环控制状态，闭环控制时，发动机必须满足以下三个标准：发动机冷却液高于 38℃；氧传感器必须产生变化的、可用的电压信号；发动机从开始的开环控制到进入闭环控制，要经过一段时间。由于车辆类型和发动机温度的不同，这段时间从几秒到几分不等。

检测结果说明如下：数字式万用表置于直流电压“DC”量程，在发动机运转期间，用万用表测试氧传感器的信号电压，读取最小和最大值。好的氧传感器应该能被检测到小于 0.3V、高于 0.8V 的信号电压。

如果氧传感器失去反应，输出信号电压停留在 0.45V，说明氧传感器已损坏，需要更换；如果氧传感器的信号电压一直很高(高于 0.55V)，说明燃油系统供油过多，混合气浓，或氧传感器遭到污染；如果氧传感器信号电压一直很低(低于 0.35V)，说明燃油系统供油量少，混合气稀。检查进气歧管有没有泄漏，个别喷油器有没有堵塞。

在正常情况下，随着反馈控制的进行，氧传感器的反馈电压将在 0.45V 上下不断变化，1s 内反馈电压的变化次数应不少于 8 次，如图 6.10 所示。如果少于 8 次，则说明氧传感器或反馈控制系统工作不正常。其原因可能是氧传感器表面有积炭，使灵敏度降低所致。

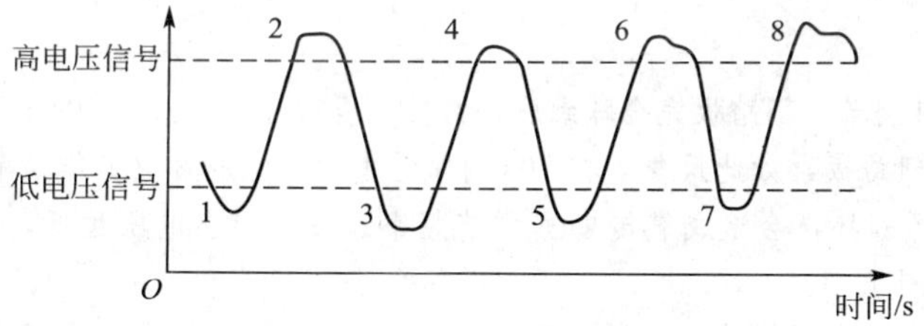

图 6.10 反馈控制时的 1s 内氧传感器的变化次数

(3) 检查氧传感器有无损坏。拔下氧传感器的线束插头，使氧传感器不再与微机连接。反馈控制系统处于开环控制状态、将万用表电压挡的红表笔直接与氧传感器反馈电压输出接线柱连接，黑表笔良好搭铁。在发动机运转中测量反馈电压。先脱开接在进气管上的曲轴箱强制通风管或其他真空软管，人为地形成稀混合气，同时观看电压表，其指针读数应不下降。然后接上脱开的管路，再拔下冷却液温度传感器插头，用一个4～8kΩ的电阻代替冷却液温度传感器，人为地形成浓混合气，同时观看电压表，其指针读数应上升。也可以用突然踩下或松开节气门踏板的方法来改变混合气的浓度，在突然踩下节气门踏板时，混合气变浓，反馈电压应上升；突然松开节气门踏板时，混合气变稀，反馈电压应下降。如果氧传感器的反馈电压无上述变化，说明氧传感器已损坏。

另外，氧化钛氧传感器在采用上述方法检测时，可拆下氧传感器并暴露在空气中，冷却后测量其电阻值，若电阻值很大。说明传感器是好的，否则应更换氧传感器。

(4) 氧传感器外观颜色的检查。从排气管上拆下氧传感器，检查传感器外壳上的通气孔有无堵塞，陶瓷芯有无破损，如有破损，则应更换氧传感器。通过观察氧传感器顶尖部位的颜色也可以判断故障：淡灰色顶尖，这是氧传感器的正常颜色；白色顶尖，由硅污染造成的，此时必须更换氧传感器；棕色顶尖，由铅污染造成的，如果严重，也必须更换氧传感器；黑色顶尖，由积炭造成的，在排除发动机积炭故障后，氧传感器上的积炭一般可以自动清除。

知识链接

现代新型国产轿车上，在三元催化转换器前安装有一个空燃比传感器，而氧传感器安装在催化器后。

氧传感器与空燃比传感器在输出特性上不同：①空燃比传感器应用大约0.4V的恒定电压，它的输出电流根据排放物中氧的浓度改变而改变。发动机ECU把输出电流的变化转化成电压信号，线性地检测当前的空燃比。②氧传感器的输出电压根据排放物中氧的浓度改变而改变，发动机ECU用该输出电压来决定当前空燃比是否比理想空燃比大。

氧传感器与空燃比传感器的基本结构相同，现代所用到的空燃比传感器是新型平面型传感器，氧传感器是杯型传感器。平面型传感器与杯型传感器的区别是：①杯型传感器包括一个围绕着加热器的传感器元件。②平面型加热器用氧化铝制成，它有较好的导热性能和绝缘性能，以使传感器元件和加热器结合在一起，这样提高了传感器的加热性能。平面型传感器加热时间为10s左右，而杯型传感器加热时间为30s左右。

经验点拨

(1) 每次都必须迅速将节气门踏板完全踩到底，待发动机转速上升到3000r/min以上，不到4000r/min时，迅速完全放松节气门踏板，如此反复，在10s内氧传感器能完成8次工作频率变化为合格。

(2) 氧传感器加热器损坏，会造成氧传感器调节频率过慢，输出电压过低，导致混合气过浓，在发动机部分负荷时排气管冒黑烟。

(3) 传感器输出电压新车通常在0.3～0.7V间变动；燃烧室被积炭轻度污染时在0.2～0.8V间变动；燃烧室被积炭严重污染时在0.1～0.9V间变动。

(4) 短期燃油调整显示正值，则表示混合气较稀；短期燃油调整显示负值，则表示混合气较浓。

(5) 使用含铅汽油，会使汽油中的铅和积炭覆盖在TWC上；混合气过浓，积炭覆盖催化剂层；汽缸垫或涡轮增压的进气歧管垫密封不良，冷却液进入，都会导致TWC损坏，汽车没有高速。

(6) 氧传感器前端的排气系统泄漏，会造成排气管冒黑烟，而氧传感器输出电压却持续过低。

(7) 在常温下，用万用表测试，大众车系氧传感器二端子间电阻应为1～5Ω，如电阻无穷大说明氧传感器加热元件断路，应更换。

(8) 用手堵住空气滤清器进气口，会使充气系数降低，混合气变浓，氧传感器输出电压应为0.7～0.9V；拔下一根真空软管，混合气变稀，输出电压应为0.1～0.3V。

(9) TWC最害怕使用含硫高、含磷高的汽油和机油，以及尾气中的CO过高。烧机油、混合气过浓、冷却进入排气系统，都会造成三元催化转化器在短期内失效。

(10) 因碰撞、振动等使三元催化转化器壳体或陶瓷载体破裂变形也会降低催化剂的作用。用橡胶锤敲击三元催化转化器外壳，如听到陶瓷载体有破裂声，则需要更换。

6.3 废气再循环控制系统

6.3.1 废气再循环控制的作用及工作原理

废气再循环(EGR)系统用于降低废气中的氮氧化物(NO_x)的排出量。汽车废气是一种不可燃气体(不含燃料和氧化剂)，在燃烧室内不参与燃烧。它通过吸收燃烧产生的部分热量来降低燃烧温度和压力，以减少氧化氮生成量。为了避免影响电控燃油喷射的性能，一些比较新的发动机已不需要EGR系统来降低排放，而是利用进、排气门的重叠开启时刻，吸入一些废气到汽缸内重新燃烧。

当发动机在负荷下运转时，EGR阀开启，使少量的废气进入进气歧管，如图6.11所示。在进气歧管内，废气与新鲜空气混合，同时也取代了一部分新鲜空气。这样最终进入到燃烧室内的新鲜空气少了。再循环的废气是惰性的，不参与燃烧过程。废气再循环的结果就是降低燃烧的最高温度，减少氮氧化物的生成。

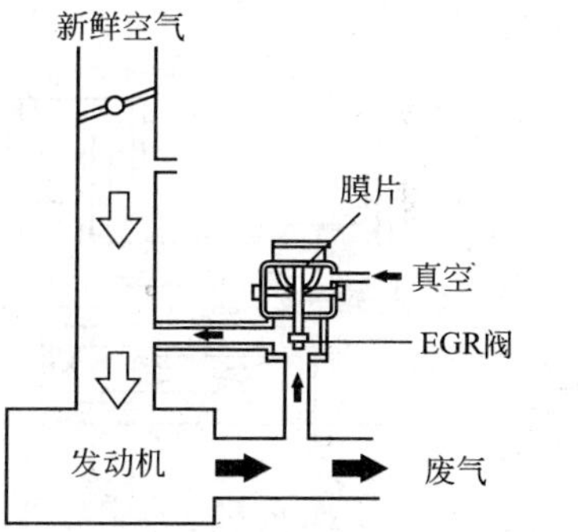

图6.11　废气再循环系统的工作原理

6.3.2 废气再循环控制的类型及结构

依据控制方式的不同，EGR阀分为真空动作EGR阀、排气背压EGR阀、电控EGR阀。采用不同控制方式的EGR阀，则EGR系统也就有所不同。

1. 真空控制的EGR系统

真空控制的EGR系统中主要由真空控制阀(VCV)、真空电磁阀(VSV)、EGR阀位置传感器、EGR阀组成，如图6.12所示。

(1) 真空控制阀(VCV)。真空控制阀为机械式真空开关阀，如图6.13所示。它位于真空电磁阀和进气歧管之间，其作用是调节加在真空电磁阀的真空，使真空保持在恒定水平(－17kPa/－130mmHg)。进气歧管真空通过S口作用在VSV的膜片上，如果真空度大，在弹簧作用下膜片下移关闭S口；如果真空度小，克服弹簧力，阀开启，给VSV提供真空，这个动作过程不断地调整，使提供给VSV的真空保持恒定。

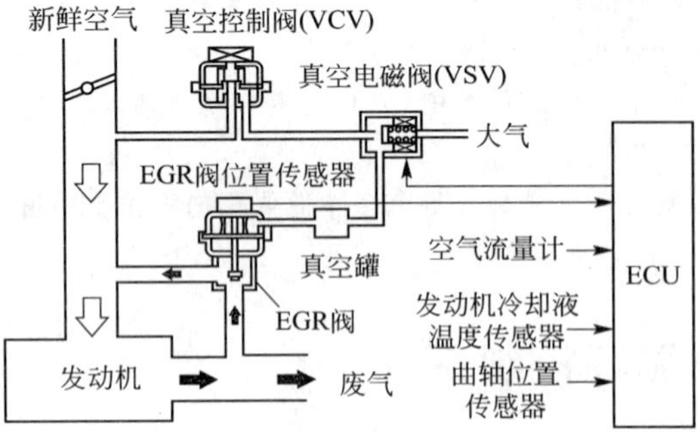

图 6.12　真空控制的 EGR 系统

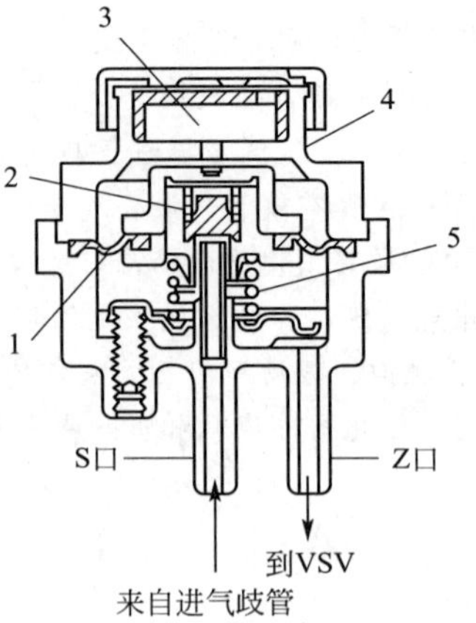

图 6.13　真空控制阀的结构

1—膜片；2—阀；3—过滤器；
4—通大气；5—弹簧

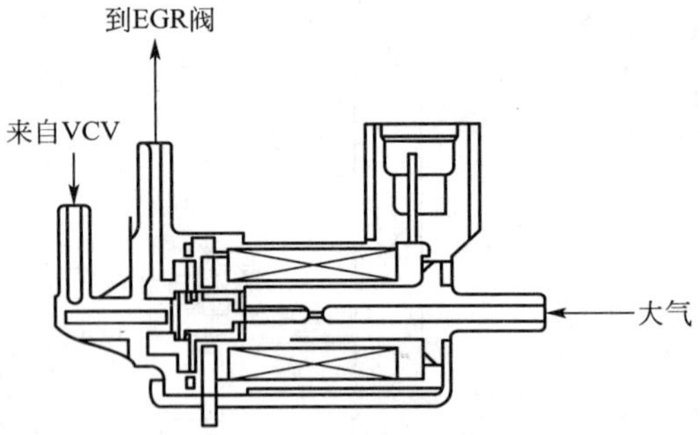

图 6.14　真空电磁阀

(2) 真空电磁阀。真空电磁阀是三通的，当其断电时，大气压力通过该阀直接作用在 EGR 阀上，使其保持关闭，如图 6.14 所示。在一定条件下 ECU 控制 VSV 阀的脉宽来改变其开启高度(开度)，从而使提供给 EGR 阀的真空发生变化，最终使 EGR 阀保持在一定的开度。

(3) EGR 阀位置传感器。该传感器利用由一个柱塞推动的电位器向发动机控制器传送 ECR 阀的实际位置信号。ECU 利用 EGR 阀位置传感器的信号控制 EGR 阀开度、感知 EGR 量。ECU 中储存有多种工况下 EGR 阀的最佳位置，如果实际位置与储存的最佳值不同，ECU 对 VSV 进行脉宽调制。例如，若需要增加废气再循环量，ECU 就提高 VSV 阀的脉宽，VSV 阀开度增加，则提供给 EGR 阀更多的真空，EGR 阀位置提升，废气再循环量增加。

发动机冷却液温度低于 57℃时、减速期间、发动机负荷小(进气量少)时、怠速时、节气门全开时 EGR 阀关闭，几乎没有废气再循环至发动机。进入燃烧室的废气量随发动机负荷的增加而增加。

(4) EGR 阀。该阀靠近节气门体。其作用是使一定量的废气流入进气歧管进行再循环。EGR 阀膜片的一侧连接一根阀轴杆，另一侧与弹簧相连(弹簧使阀门保持常闭)，如图 6.15 所示。当加

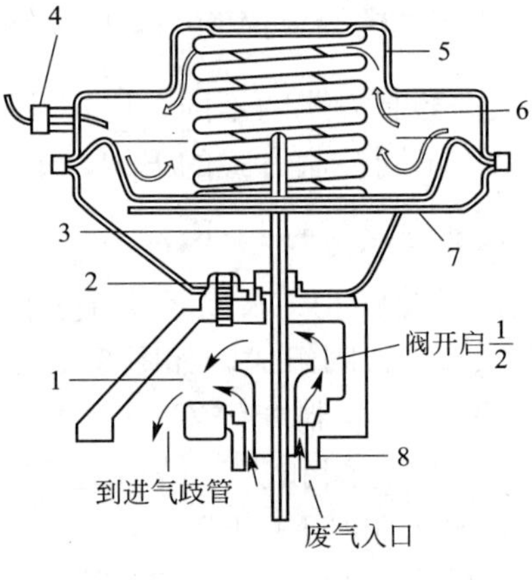

图 6.15　EGR 阀的结构

1—废气室；2—密封垫；3—阀轴；
4—受控真空连接；5—真空室；
6—弹簧；7—动作膜片；8—阀座

在膜片上的真空压力大于弹簧力时，阀轴杆被拉离原位，通道打开，使废气进入再循环系统。真空电磁阀开启真空通路，因而真空压力吸动EGR阀上的动作膜片，使阀打开，将废气引入汽缸，使NO_x排放降低。

2. 排气背压控制的EGR系统

发动机的排气压力随着进气量的增加而按比例增大。节气门开度越大，进气量增加越多，一个较高的排气压力作用于EGR真空调节阀的恒压室，它将推动EGR真空调节阀的膜片向上运动，从而增加了EGR真空调节阀进气室的通道面积。当节气门开启，发动机转速增加，进气歧管的真空增加，进气室感知作用于节气门体的E孔和R孔(见图6.16)处的进气歧管真空。当真空电磁阀VSV开启，真空作用在EGR阀的真空室上。由于EGR阀真空室内的真空度增大，导致EGR阀门打开，从而把废气引入进气室，和新鲜空气一起进入燃烧室。由于EGR阀的打开，使恒压室压力下降，反过来降低了EGR真空调节阀的膜片压力使EGR真空调节阀开度减小，废气再循环量也相对减少。由此可知，废气再循环系统是根据进气的真空度和排气压力的大小来控制废气再循环量的，即随发动机负荷的变化来控制废气再循环的。

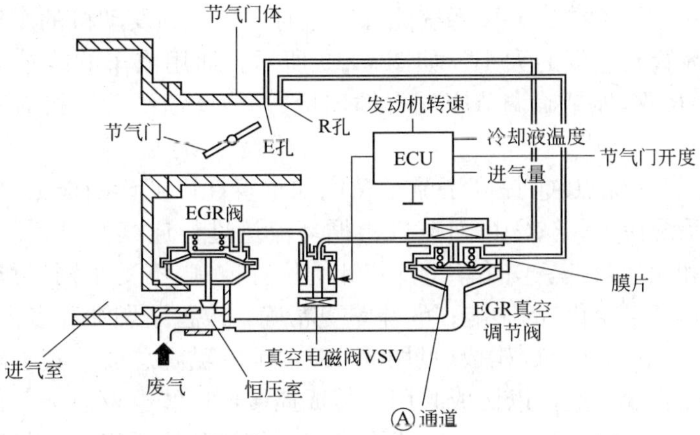

(a)

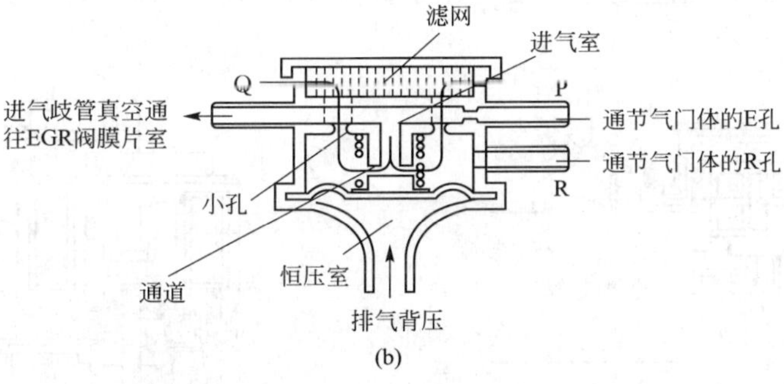

(b)

图6.16 排气背压控制的EGR系统和EGR真空调节阀的结构

3. 电控EGR阀

从20世纪90年代中期开始，许多发动机使用ECU直接控制的EGR阀，如电磁阀式、步进电动机式(也称为线控EGR阀)。

(1) EGR 电磁阀。通用电控 EGR 电磁阀如图 6.17 所示，完全是电子操作的电磁阀，不需要真空。发动机中有两个或三个 ECU 控制的电磁阀操作各自排气阀，以关闭或打开 EGR 阀排放口。各电磁阀共用一个电源，而各自分别通过 ECU 搭铁，如图 6.18 所示。

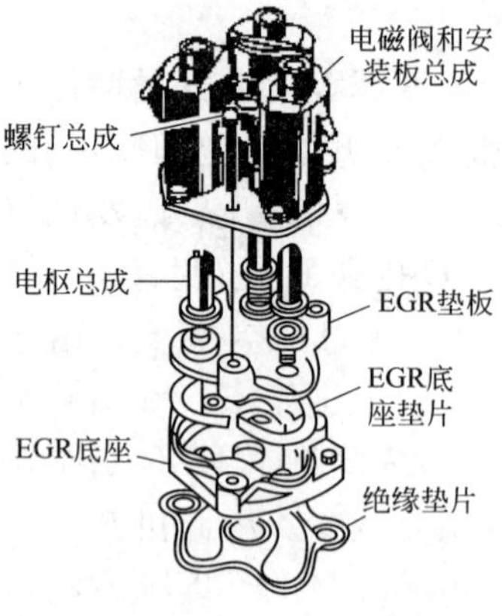

图 6.17　通用电控 EGR 电磁阀

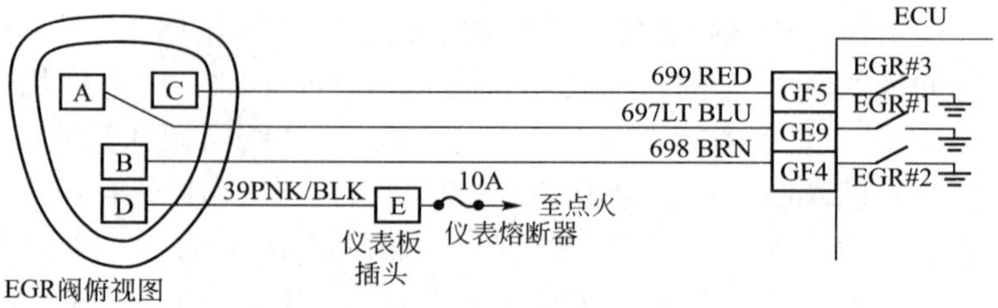

图 6.18　电控 EGR 电磁阀电路原理图

(2) 线控 EGR 阀。线控 EGR 系统能独立地对再循环到发动机的废气量进行准确的控制，而不管进气歧管真空度的大小，如图 6.19 所示。通用汽车的线控废气再循环系统的步进电动机式 EGR 阀，能精确调节废气再循环量，并能反馈给计算机有关阀准确位置的电位计信号。

线控 EGR 系统的优点：①提高了流量精度和重复性以及诊断能力，反应时间比真空操作的废气再循环系统快 10 倍；②可对废气再循环流量进行连续变量控制；③直接经阀体操作控制最大流量和快速反应；④因有“闭环”针阀位置控制，不受车辆工作状态变化(如车辆电压、环境温度和真空变化)的影响；⑤流量更精确，改善了燃油和点火控制。

线控 EGR 阀由下列子总成构成(见图 6.20)：①电磁阀总成，其电磁阀为封装的并连接到针阀位置传感器端子上，以构成共用子总成插接器；②电枢总成，位于绕线管和线圈总成之中，含有针阀和阀总成，底座总成由底座、垫片和垫板组成；③底座有两种尺寸的节流孔，气体经大节流孔流进阀体，废气经小节流孔再经阀门流入进气歧管。

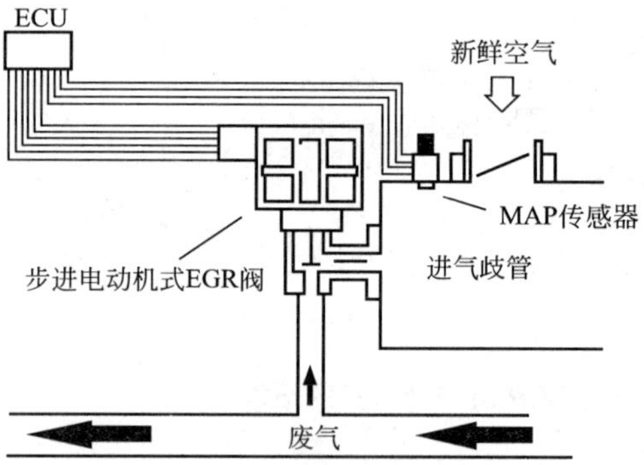

图 6.19　线控 EGR 系统的原理

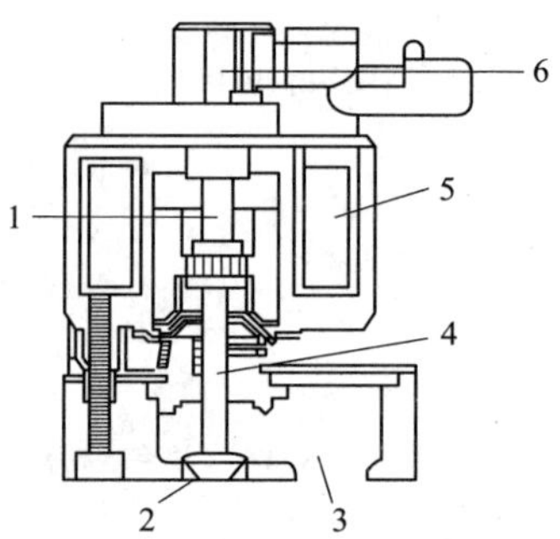

图 6.20　线性(步进电动机式)EGR 阀的结构

1—电枢总成；2—小节流孔；3—大节流孔；4—针阀；5—绕线管和线圈总成；6—针阀位置传感器

6.3.3　废气再循环系统的检测

1. 废气再循环系统引起的故障现象

如果EGR阀不能开启或废气流动受到限制，那么将可能出现如下现象：在加速或发动机转速稳定时，听到火花爆震所引起的“砰砰”声；排放的氮氧化物过多。

如果EGR阀由于黏滞而关闭不严，那么会出现下列现象：怠速不稳或频繁停机；发动机性能变差、动力不足。

2. 废气再循环系统的故障检测方法

进行故障诊断的第一步就是全面地观察。检测真空操作的EGR阀是否正常动作，可按下列步骤进行：

(1) 检查EGR阀内的真空膜片能否保持真空。用手动真空泵给EGR阀提供真空，以检测阀的动作情况。实际情况下，当有真空提供时，EGR阀动作，发动机的工作会受到影响。有真空提供时，EGR阀应能保持住真空，若EGR阀内真空下降，那么说明阀有故障。

(2) 检查排气阻力。如果EGR阀能保持住真空，但是当EGR阀开启时，发动机的运转未受到影响，那么必须检查排气阻力。如果EGR阀不能保持住真空，说明阀本身有问题，需要更换了。

6.4　二次空气喷射系统

二次空气喷射(AIR)系统利用空气泵将新鲜空气经空气喷管喷入排气管或催化转化器，使排气中的CO和HC进一步燃烧氧化成为CO_2和H_2O，如图6.21所示。二次空气喷射系统的作用是为了进一步降低排气中的有害排放物，并提高三元催化转化器的转化效率。

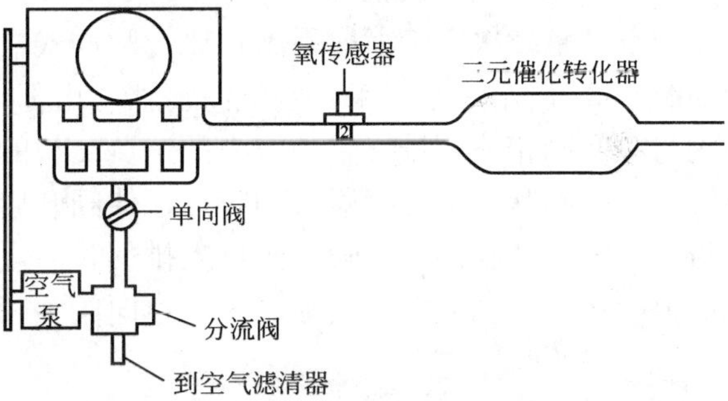

图6.21　二次空气喷射系统

空气何时进入排气总管及三元催化转化器空气室，则由ECU进行控制。按空气供给动力源进行分类，二次空气喷射系统分为两种：一种采用空气泵的二次空气喷射系统和利用排气压力将空气导入的脉冲式二次空气喷射系统。

6.4.1　空气泵二次空气喷射系统

新型微处理器控制的空气泵二次空气喷射系统如图6.22所示。空气泵通常由发动机驱动，产生的低压空气称作二次空气。ECU操纵各种电磁阀的动作，来控制空气泵输出空气的流向。有两种类型的空气泵系统：带驱动型空气泵、电动机驱动型空气泵。所有空气泵二次空气喷射系统中都有一个单向阀，让空气流进排气歧管，而阻止热排气倒流入控制泵。

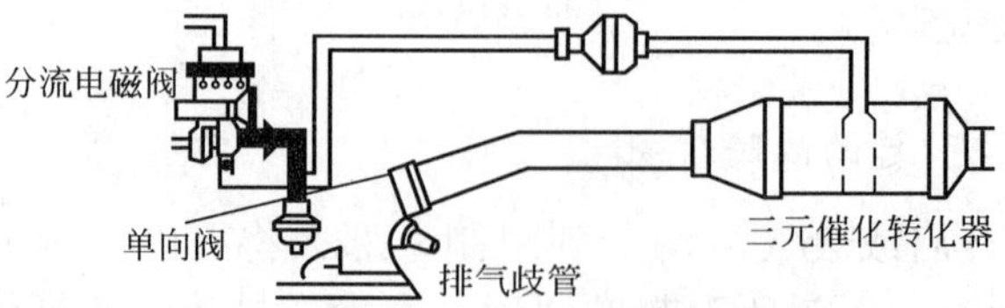

(a) 发动机处于冷机状态时

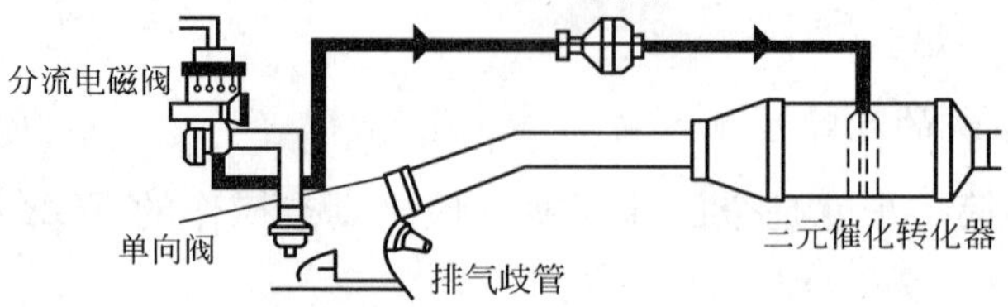

(b) 发动机处于暖机状态并进入闭环控制状态

图 6.22　空气泵二次空气喷射系统原理

当发动机处于冷机状态时，空气泵直接输出空气到排气歧管中，有助于让更多地氧与HC、CO进行反应，生成 H_2O 和 CO_2，如图 6.22(a)所示。当发动机暖机并处于闭环控制状态时。ECU 控制分流电磁阀，让空气泵直接给到催化转化器输送空气，如图 6.22(b)所示。当进气歧管真空度快速增加，已超过怠速时的正常水平，如在快速减速期间，ECU 控制分流电磁阀，使空气泵的空气直接输出到空气滤清器，抑制空气脉动，降低进气噪声，同时也有效阻止了减速期间的排放回火。

带驱动型空气泵使用离心式空气滤清器，当空气泵旋转时，从其下部吸入空气，空气被轻微压缩。电动机驱动型空气泵通常只在发动机冷机状态时使用。

6.4.2　脉冲式二次空气喷射系统

同空气泵二次空气喷射系统相比，脉冲式二次空气喷射系统不需要空气泵，其工作原理如图 6.23 所示，空气来自空气滤清器，由 ECU 控制真空电磁阀的开启和关闭，真空电磁阀与单向阀相连，排气中的压力是正负交替的脉冲压力波。当真空电磁阀开启时，进气歧管真空吸起脉冲空气喷射阀的膜片，使阀开启。此时由于排气负压，将来自空气滤清器的新鲜空气，经脉冲空气喷射阀导入排气管内，加大了三元催化转化器的还原功能。当排气压力为正时，脉冲空气喷射阀内的单向阀关闭，排气不会返回到进气管。

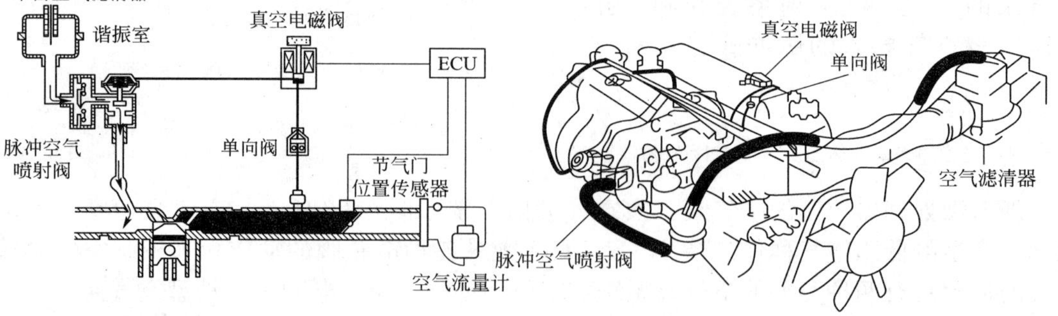

(a)　(b)

图 6.23　脉冲式二次空气喷射系统

6.4.3　空气泵送系统的故障诊断

1. 观察

如果排放系统检测不出问题，就应观察空气泵输送系统。仔细观察二次空气喷射系统所有的管道及管接头，如有任何的孔洞而导致漏空气或尾气，就应将其更换掉。当空气泵工作不良时，应检查单向阀的情况，看是否有尾气倒流现象，以防止损坏空气泵。二次空气吸入阀损坏(常通)等会导致怠速不稳，加速无力。对于带驱动型空气泵，应检查驱动带是否磨损，以及是否有足够的张力。

2. 二次空气喷射系统的主动测试方法

(1) 通过性测试。检查二次空气是否充足，方法是关闭闭环控制，使发动机进入开环控制(让发动机在浓混合气下运转)，同时二次空气泵被接通，于是新鲜空气被引入排气歧管，从而提高了废气中的氧含量。此时应能检测到较稀的混合气，说明二次空气已经足够，以此来判断二次空气喷射系统正常。

(2) 密封性测试。密封性测试目的是检测分流阀的关闭是否良好。检测方法：当发动机在正常工作温度怠速时，二次空气泵被接通，但让分流阀处于关闭状态。二次空气泵接通，发动机控制单元就开始检测空燃比传感器或氧传感器信号。如果密封良好，新鲜空气就不能到达排气歧管，空燃比传感器或氧传感器信号无明显变化；如果系统漏气，闭环控制调节会使混和气浓度明显变大，空燃比传感器或氧传感器会识别出此变化过程。

6.5　燃油蒸气排放控制系统

1. 燃油蒸气排放控制系统的功能

汽车上排放的HC有20%来自于燃油蒸发，燃油蒸气排放系统简称EVAP系统，其功能是收集燃油箱和浮子室(化油器式汽油机)内蒸发的燃油蒸气，并将燃油蒸气导入汽缸参加燃烧，从而防止燃油蒸气直接排入大气而造成污染。燃油蒸气应在发动机处于闭环控制时导入燃烧室燃烧，只有在闭环控制时才能对因额外蒸气作用导致混合气变浓的情况下调节喷油量。同时，还必须根据发动机工况，控制导入汽缸内参加燃烧的燃油蒸气量。EVAP系统不正确的操作会造成因混合气浓而出现驱动性下降、怠速不稳或排放不合格等问题。

2. EVAP控制系统的结构与工作原理

EVAP控制系统是密封的，并保持燃油箱蒸气压力稳定，燃油蒸气不会泄漏。当燃油箱蒸气压力过高时，燃油蒸气就会进入活性炭罐。在发动机工作条件允许的情况下，燃油蒸气再导入到进气歧管，回到燃烧室燃烧。在装有EVAP控制系统的汽车上，汽油箱盖上只有真空阀，而不设蒸气放出阀。

EVAP控制系统的组成如图6.24所示，在装有EVAP控制系统的汽车上，燃油箱盖上只有空气阀，而不设蒸气放出阀。活性炭罐与油箱之间设有排气管和单向阀，汽油箱内的燃油蒸气超过一定压力时，顶开单向阀经排气管进入活性炭罐，活性炭罐内的活性炭将燃油蒸气吸附在炭罐内。发动机工作时，活性炭罐内的燃油蒸气经定量排放孔被吸入进气管，然后进入汽缸燃烧。活性炭罐的上端设有一个真空控制阀，真空控制阀为一个膜片阀，膜片上方为真空室，控制阀用来控制定量排放孔的开闭。真空控制阀与进气管之间的真空管路中设有受ECU控制的电磁阀，用以调节真空控制阀上方真空室的真空度，改变真空控制阀的开度，从而控制吸入进气管的燃油蒸气量，这样，也有利于抑制爆震。当发动机判断要产生爆震时，立即使炭罐电磁阀关闭，切断真空，关闭排放电磁阀，直至爆震消失后且超过150ms时，ECU才使炭罐电磁阀恢复工作。另外，为防止活性炭罐内燃油蒸气被吸入进气管后使混合气变浓，活性炭罐下方设有进气滤芯并与大气相通，使部分清洁空气与活性炭罐内的燃油蒸气一起被吸入进气管，同时空气从炭罐下部进入时还可清洗活性炭。

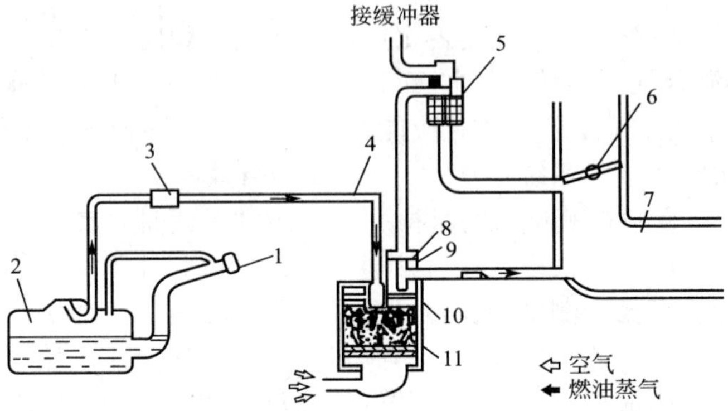

图6.24　EVAP控制系统的组成

1—燃油箱盖；2—燃油箱；3—单向阀；4—排气管，5—炭罐电磁阀；6—节气阀；7—进气阀；8—真空室；9—真空控制阀；10—定量排放孔；11—活性炭罐

在部分EVAP控制系统中，活性炭罐上也有不设真空控制阀的，而是将受ECU控制的电磁阀直接装在活性炭罐与进气管之间的吸气管中。如图6.25所示为韩国现代轿车装用的EVAP控制系统，ECM根据节气门位置传感器、水温传感器和进气温度传感器信号控制炭罐电磁阀通电或断电，炭罐电磁阀控制活性炭罐与进气管之间的吸气通道。当发动机怠速或温度较低时，ECM使炭罐电磁阀断电，关闭吸气通道，活性炭罐内的燃油蒸气不能被吸入进气管。

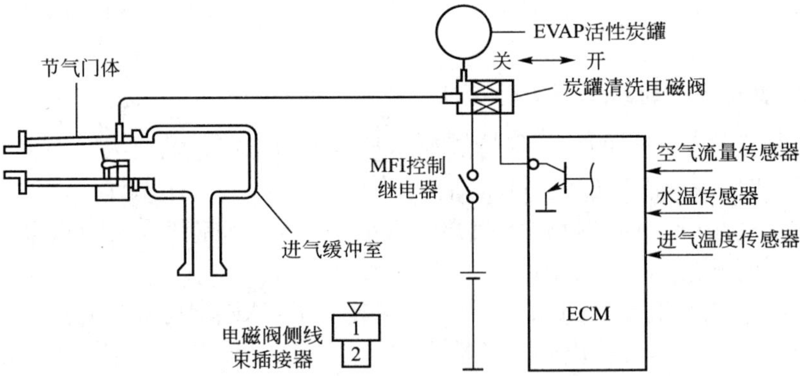

图6.25　韩国现代轿车EVAP系统

3. EVAP控制系统的检修

(1) 一般维护。在使用中，应经常检查各种连接管路有无破损或漏气，必要时应更换连接软管；检查活性炭罐壳体有无裂纹、底部进气滤芯是否脏污，必要时应更换活性炭罐或进气滤芯，一般汽车每行驶20 000km，就应更换活性炭罐底部的进气滤芯。

(2) 真空控制阀的检查。如图6.26所示，从活性炭罐上拆下真空控制阀，用手动真空泵由真空管接头给真空控制阀施加约5kPa真空度时，从活性炭罐侧孔处吹入空气应畅通；不施加真空度时，吹入空气则不通。若不符合上述要求，应更换真空控制阀。

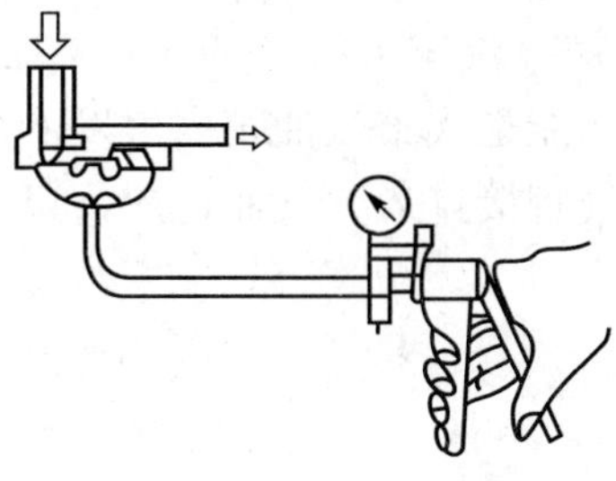

图6.26 真空控制阀的检查

(3) 电磁阀的检查。发动机不工作时，拆开电磁阀进气管一侧的软管，用手动真空泵由软管接头给控制电磁阀施加一定真空度，电磁阀不通电时应能保持真空度，若给电磁阀接通蓄电池电压，真空度应释放；拆开电磁阀侧线束插接器，测量电磁阀两端子间电阻应为36～44Ω。若不符合上述要求，应更换控制电磁阀。

经验点拨

(1) 汽车排放的HC中，燃油箱蒸发约占25%，曲轴箱自然通风进入大气的约占25%，尾气排放约占50%。

(2) 点火提前角越临近爆震临界点，发动机输出功率越大，但增大点火提前角会使NO_x增加。

(3) EGR不开启，高怠速负载进行工况测试时NO_x含量高，加速时易产生爆震。

(4) EGR电磁阀密封不良时，怠速抖动非常厉害，加速不良，但中速运转稳定(中速时EGR阀开启)。

(5) 炭罐内的空气滤清器堵塞，随着燃油箱内燃油的减少，箱内产生真空，造成燃油箱底变形，集滤器大部分空间被挡住，燃油供给量明显减少，会出现急加速不良，热车启动困难的故障。

(6) PCV阀开启量过大会造成混合气过稀，发动机怠速运转不平稳。

(7) 热车后拔下CANP通往EVAP上方的真空软管，在怠速时用手指堵住，应感觉不到有真空吸力，在2 000r/min时再用手指堵住，应感觉到有真空吸力。

(8) CANP因过脏卡滞在开启位置，热天燃油蒸发量大，会因混合气过浓而无法启动。冷大燃油蒸发量小，会造成混合气过稀。

(9) 二次空气喷射(AIR)系统的功用是在冷启动和暖车期间(在进入闭环前)有效地控制CO和HC的排放。

(10) 进入闭环后，AIR系统的电磁阀关闭不严，氧传感器的输出电压信号就会很低，ECU根据这一错误信号修正喷油脉宽，增加了燃油消耗和CO的排放量。

小　　结

1. 三元催化转化器安装在排气管中部，其功能是利用转换器中的三元催化剂，将发动机排出废气中的有害气体CO、HC和NO_x转变为无害气体H_2O、CO_2和N_2。

2. 闭环控制就是发动机计算机根据氧传感器的信号调节喷油量，使空燃比尽可能地控制在理想空燃比14.7∶1附近。

3. 废气再循环(EGR)系统将废气导入燃烧室中用以降低燃烧温度和压力，以减少氮氧化物的生成量。

4. 二次空气喷射(AIR)系统利用空气泵将新鲜空气经空气喷管喷入排气管或三元催化转化器，使排气中的CO和HC进一步氧化或燃烧成为CO_2和H_2O。二次空气喷射系统的作用是为了进一步降低排气中的有害排放物，并提高三元催化转化器的转化效率。

5. 汽车上排放的HC有20%来自于汽油蒸发，燃油蒸气排放系统简称EVAP系统，其功能是收集汽油箱内蒸发的燃油蒸汽，并将燃油蒸汽导入汽缸参加燃烧，从而防止燃油蒸气直接排入大气而造成污染。

习　题

一、判断题

1. 三元催化转化器可促使CO、HC的还原，也能促使NO_x的氧化。（　）
2. 只有当发动机在标准的理论空燃比下运转时，三元催化转换器的转换效率才最佳。（　）
3. 活性炭罐是为了消除汽油蒸汽对空气造成污染而设置的。（　）
4. 如果二次空气喷射系统发生故障时，会使HC的排放量降低。（　）
5. EGR系统的作用是为了减少发动机CO的排放量。（　）
6. 当氧化锆氧传感器内外侧氧浓度差小时，两电极产生的是高电压(约1V)。（　）
7. 氧传感器失效时会导致混合气过稀，不会导致混合气过浓。（　）
8. 怠速时，CO的排放量最多，NO_x最少。（　）
9. 加速时，HC排放量最少，NO_x显著增加。（　）

二、选择题

1. 废气再循环的作用是抑制(　)的产生。
   A. HC　　B. CO　　C. NO_x　　D. 有害气体
2. 进入进气歧管的废气量一般控制在(　)范围内。
   A. 1%～2%　　B. 2%～5%　　C. 5%～10%　　D. 6%～13%
3. 在(　)时废气再循环控制系统不工作。
   A. 行驶　　B. 怠速　　C. 高转速　　D. 热车
4. 采用三元催化转换器必须安装(　)。
   A. 前氧传感器　　B. 后氧传感器
   C. 前、后氧传感器　　D. 以上都不对
5. 如果三元催化转换器良好，后氧传感器信号波动(　)。
   A. 频率高　　B. 增加　　C. 没有　　D. 缓慢
6. 发动机过热将使(　)。
   A. EGR系统工作不良　　B. 燃油蒸发量急剧增多
   C. 三元催化转换器易损坏　　D. 曲轴箱窜气增加
7. 氧化锆只有在(　)以上的温度时才能正常工作。
   A. 90℃　　B. 40℃　　C. 815℃　　D. 500℃
8. 氧化钛氧传感器工作时，当废气中的氧浓度高时，二氧化钛的电阻值(　)。
   A. 增大　　B. 减小　　C. 不变　　D. 以上都不对

第7章

失效保护与故障自诊断系统

学习目标

通过本章的学习，熟悉汽车失效保护的功能及其保护方案；熟悉备用系统的功能及其保护方案；熟悉故障自诊断系统的功能及其应用；熟悉解码器、示波器等电控系统常用检修设备的功能及其使用方法。

学习要求

能力目标	知识要点	相关知识	权重	自测分数
能根据故障现象判断故障大致原因	(1) 失效保护的功能及其控制； (2) 备用系统的功能及其控制； (3) 故障自诊断系统的功能	(1) 失效保护后的故障现象； (2) 备用系统起作用时的故障现象； (3) 通用故障码的含义	60%	
能使用解码器、示波器诊断控制系统故障	(1) 解码器的功用及其使用方法； (2) 示波器的功用、类型及其使用方法	(1) 不同类型解码器的使用； (2) 故障码的含义； (3) 标准波形与故障波形的比较	30%	
典型故障分析	利用故障码诊断与排除电控系统的故障	(1) 故障报警系统； (2) 数据流与故障分析	10%	

引言

一辆装备V12、M70发动机的宝马750i轿车，排气管冒黑烟，怠速不稳，1 000～1 500r/min时排气管“放炮”；在行驶过程中，间歇进入电控自动变速器的加速到“失效保护”状态——在仪表信息液晶显示屏上出现“TRANS PROGRAM”字样，挂进D、3、L位时速度加不起来，即使节气门踏板全踩下也只能维持在800～1 000r/min；行驶中有时还会熄火，但马上又可启动；挂进N、P挡位发动机加速良好；发动机故障警告灯有时亮起。故障的原因是什么？如何尽快恢复汽车的完好状况呢？

7.1 失效保护系统

在电控系统工作中，当某一传感器或其电路出现故障(即失效)时，如果ECU仍然按通常的方式控制发动机运转，就可能会使发动机及其部件出现问题。为了避免出现这种情况，当ECU诊断出故障时，ECU不再使用已经发生故障的传感器及其电路输入的信号，而采用存储器中预先存入的代用值来替代，使控制系统继续工作，确保车辆继续行驶。此外，当个别重要的信号传感器或其电路发生故障时，有可能危及发动机的安全运转，失效保护系统则会使ECU立即采取强制措施，切断燃油喷射，使发动机停止运转，确保车辆安全。可见，失效保护是ECU在检测出故障后采取的一种保护措施。

失效保护系统依靠ECU内的软件完成其功能。当控制系统出现故障时，给ECU提供的设定值不可能与实际工作情况一致。失效保护系统只能维持发动机继续运转，但不能保证控制系统的优化控制，发动机的性能必然有所下降。

7.1.1 电控燃油喷射系统进入失效保护

1. 空气流量传感器的失效保护

空气流量传感器失效时，ECU无法根据其信号决定基本喷油脉宽。进入失效保护后，基本喷油脉宽的调节由节气门位置传感器和发动机转速传感器负责。

2. 进气压力传感器的失效保护

进气压力传感器输出电压信号严重失准，将会造成发动机失速或不能启动，因为ECU根据其信号决定基本喷油脉宽。进入失效保护后，ECU按设定的固定值控制喷油量，使用应急备用系统维持发动机运转。

3. 节气门位置传感器的失效保护

如果节气门位置传感器输出电压信号严重失准，ECU进入失效保护后，改用怠速触点信号，只要节气门开启，无论开启角度大小，一律按开启50%进行控制。

4. 发动机冷却液温度传感器的失效保护

如果发动机冷却液温度传感器信号严重失准，ECU收到超过正常范围(低于－40℃或高于130℃)的温度信号，若电控燃油喷射系统按此信号调节喷油脉宽，就会造成混合气过浓或过稀，导致发动机运转不稳、性能下降。为了避免这种情况发生，ECU进入失效保护。进入失效保护后，ECU在启动时便用进气温度传感器的信号作为替代值。然后温度控制随存储在ECU中的模型特性曲线升高，当发动机达到正常工作温度，在一定时间后便升到一个固定替代值，如按冷却液温度80℃进行控制。该固定替代值又和进气温度相关。

5. 进气温度传感器的失效保护

如果进气温度传感器信号严重失准，ECU收到超过正常范围(低于－30℃或高于120℃)的温度信号，若电控燃油喷射系统按此调节喷油脉宽，就会造成混合气过浓或过稀，导致发动机运转不稳、性能下降。为了避免这种情况发生，ECU进入失效保护。进入失效保护后，ECU按设定的进气温度进行控制，大部分发动机按进气温度19～20℃进行控制。

6. 氧传感器的失效保护

如果氧传感器信号失准，ECU进入失效保护后，将按所收到的氧传感器输出的最后一个信号进行控制。

7.1.2　电控点火系统进入失效保护

1. 凸轮轴位置传感器的失效保护

如凸轮轴位置传感器失效，无法提供初始点火提前角信号。ECU进入失效保护后，初始点火提前角信号则改为发动机转速传感器负责，初始点火提前角控制不受影响，但启动时发动机会延迟2s启动。

2. 发动机曲轴位置传感器的失效保护

(1) 曲轴位置传感器没有失效保护功能。大部分发动机的曲轴位置传感器没有失效保护，出现短路或断路故障后，行驶中会立即熄火，无法启动。

(2) 曲轴位置传感器有失效保护功能。现在一些车型升级了电控系统，曲轴位置传感器断路后，ECU进入失效保护状态，改用凸轮轴位置传感器提供的信号计算发动机转速，并确定凸轮轴的位置(一缸压缩行程上止点的位置)。同时为了保护发动机，ECU会降低发动机的最高转速，有些车型还会没有超速挡。

3. 点火确认信号

点火系统发生故障，不能点火，ECU接收不到点火模块反馈的点火确认信号时，如果喷油器继续喷油，大量的未燃混合气就会流入三元催化转化器，不仅造成燃油浪费、排气污染，而且未燃混合气在三元催化转化器内燃烧，会烧熔三元催化转化器，为了避免这种情况发生，ECU进入失效保护时，立即切断喷油器供电，使发动机停止运转。

4. 爆震传感器的失效保护

如果爆震传感器信号失准，点火提前角无法由爆震传感器提供信号进行反馈控制。进入失效保护后，无论是否发生爆震，ECU都将自动把点火提前角推迟一个固定的角度。发动机的功率会有所降低。

5. 蓄电池正负极接反的保护

某些车型(如日产)电子控制系统有一个安全继电器。蓄电池正负极接反时，安全继电器将蓄电池和燃油泵的电源线断开，以保护 ECU 和喷油器。

知识链接

如果 ECU 从信号输入系统中检测到故障时，失效保护功能将用储存在发动机 ECU 中的标准值来连续控制带有异常信号的线路，从而防止可能引起发动机故障或催化转化器过热，导致发动机停止运转等。异常信号电路和失效保护功能的关系如见表 7－1。

表 7－1　异常信号电路和失效保护功能的关系

带异常信号的电路	端子	失效保护功能
点火确认信号电路	IGF	停止喷油，使发动机停止运转
进气压力传感器电路	MAP	燃油喷射持续时间和点火正时可通过 TPS 和发动机转速传感器来确定或计算
空气流量传感器电路	AFS	燃油喷射持续时间和点火正时可通过 TPS 节气门打开和发动机转速来确定或计算
节气门位置传感器电路	TPS	控制在标准值(阀门开度为 0°或 25°)
冷却液温度传感器电路	CTS	控制在标准值(冷却液温度为 80℃)
进气温度传感器电路	ITA	控制在标准值(进气温度为 20℃)
爆震传感器电路	KNK	校正点火延迟角被开到最大值，发动机功率有所下降
氧传感器电路	O_2S	按 ECU 所收到的氧传感器输出的最后一个信号进行控制
凸轮轴位置传感器电路	CMP	初始点火提前角由发动机转速传感器提供，发动机延迟 2s 启动
曲轴位置传感器电路(一)	CPS	无保护，发动机立即熄火，无法启动
曲轴位置传感器电路(二)	CPS	由凸轮轴位置传感器信号代替，但发动机最高转速下降
蓄电池正负极接反的保护		将蓄电池和燃油泵的电源线断开，以保护 ECU 和喷油器

7.2　应急备用系统

当 ECU 内的微处理器或少数重要的传感器出现故障，车辆无法行驶时，应急备用系统将燃油喷射和点火正时控制在设定的水平上，作为一种备用功能使汽车能维持基本行驶，以便把汽车开到最近的维修站，所以该系统又称为回家系统。

应急备用系统的功能由 ECU 内的备用集成电路(IC)来完成，该功能又称为备用功能。应急备用系统只能维持汽车的基本功能，而不能保证发动机按正常性能运行。当自诊断系统判定发生某些故障而车辆无法行驶时，在点亮“故障指示灯”搭铁回路的同时，将自动启动应急备用系统。

只要发生下列条件之一，将启动应急系统：①ECU 中的中央处理器、输入/输出(I/O)接口和存储器发生故障；②曲轴位置传感器或其电路发生故障，ECU 接收不到 G1 和 G2 信号；③在 D 型电控燃油喷射系统中，进气压力传感器或其电路发生故障。

应急备用系统的工作原理如图7.1所示。当启动备用系统工作时，备用IC根据控制所需的几个传感器信号，按照固定的程序对执行元件进行简单的控制。应急备用系统工作时，只能根据启动开关(STA)信号和怠速IDL触点信号将发动机的工况简单地分为启动、怠速、非怠速三种，并按照预先设定的固定数值输出喷油控制信号和点火控制信号。因此，后备系统只能简易控制，维持车辆能继续行驶，而不能保持正常运转时的最佳性能，不宜长期在此状态下行驶，应尽快对汽车进行检修。

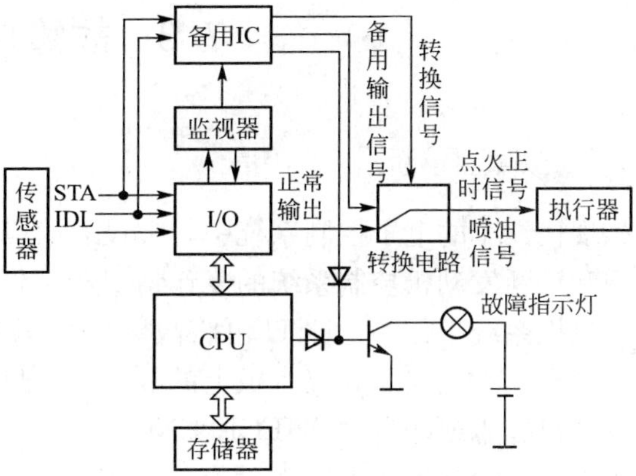

图7.1 应急备用系统的工作原理

应急备用系统工作时，接收到STA信号即判定发动机处于启动工况，接收到IDL信号即判定发动机处于怠速工况。在不同工况、不同故障时，应急备用系统中预先设定的固定值不同。日产汽车某发动机应急备用系统设定的固定数值见表7-2。

表7-2 日产轿车应急备用系统设定的固定数值

	ECU发生故障时			ECU收不到G1和G2信号		
	启动	怠速	非怠速	启动	怠速	非怠速
喷油时间	12.0ms	2.3ms	4.1ms	1.0ms	与进气量成正比	
喷油频率	2次/每循环			1次/65.3ms	1次/69.9ms	1次/30ms
点火提前角/频率	10°	10°	20°	1次/50ms	1次/23ms	1次/5ms
闭合时间	5.12ms	5.12ms	5.12ms	3ms	4ms	3ms

对于丰田轿车，如果CPU不能输出点火正时(IGT)信号，发动机ECU就转换到备用模式。一旦执行了备用模式，燃油喷射持续时间和点火正时就根据起动机信号(STA)和IDL信号分别以固定值进行控制。这种情况下故障指示灯点亮，通知驾驶员有故障发生(发动机ECU并不储存故障代码)。响应STA信号和IDL信号的燃油喷射持续时间和点火正时固定值见表7-3。

表7-3 响应STA信号和IDL信号的燃油喷射持续时间和点火正时数值

STA	IDL	燃油喷射持续时间/ms	点火正时
开	/	20.0	BTDC71/4CA
关	开	3.5	
	关	6.0	

注：表中数据随车型而变

7.3 故障自诊断系统

7.3.1 故障自诊断系统的功能

现代汽车的电子控制系统中，都设有故障自诊断系统。电控发动机故障自诊断系统可监测和诊断发动机控制系统的工作情况和工作中出现的故障。

电控系统工作时，ECU 可将故障以代码的形式存储在 RAM 中，以便查找故障时调用。同时，点亮安装在仪表板上的故障指示灯，以提醒驾驶员及时检修。故障指示灯为带有发动机标志或印有“CHECK ENGINE”字样的黄色信号灯，安装在仪表板上。在仪表板的下方或熔断器盒上通常设有一个专用接口，即故障自诊断接口。该接口直接与 ECU 相连，将解码器插入这个专用接口，就可将故障码或诊断的数据读出，以便在控制系统出现故障时，能及时快速地查找和排除故障。

故障自诊断系统的功能主要包括：

(1) 通过自诊断测试并判断电控系统有无故障。当出现故障时，点亮故障指示灯发出报警信号，将诊断结果以代码的形式存储。但自诊断系统并非对所有系统都能进行检测，如对机械装置、真空装置的故障还应采取传统的检测诊断方法。

(2) 在维修时，通过一定的操作程序可将故障码调出，以便迅速、准确地确定故障的性质和部位，有针对性地检查有关元器件、线路，排除故障。故障排除后，还应将存储的故障码清除，以便自诊断系统进行新的自诊断测试；如不将旧的故障码清除掉，可能会给下一次维修带来不必要的麻烦。

(3) 当传感器或其电路发生故障时，自动启动失效保护功能，以保证发动机能继续运转，或强制中断燃油喷射，使发动机停止运转。

(4) 当发生故障导致车辆无法行驶时，自动启用应急备用系统，以保证汽车可以继续行驶。

7.3.2 故障自诊断系统的工作原理

电控系统工作时，ECU 不断地收到各种传感器输入的信号，也不断向执行机构输出指令信号，自诊断系统根据这些信号来判断有无故障。

1. 传感器故障的自诊断原理

若某传感器输入 ECU 的信号超出正常范围，或在一定时间内 ECU 收不到该传感器的信号，或该传感器输入 ECU 的信号在一定时间内不发生变化，自诊断系统即判定为“故障信号”。若故障信号持续出现超过一定时间或多次出现，自诊断系统即判定有故障，并将此故障以故障码的形式输入到 ECU 内的存储器中，同时接通故障指示灯电路，警告驾驶员。此外，自诊断系统还会根据故障性质，自动启动失效保护系统或应急备用系统。

故障信号的产生原因除传感器自身的故障外，传感器电路接触不良、断路、短路，也会导致故障信号的产生。自诊断系统只能根据传感器输入信号来判定有无故障，但不能确定故障的具体部位。因此，在进行故障诊断时，除按调取的故障码含义对相应传感器进行检查外，还应检查与传感器相关的线路。

例如，冷却液温度传感器的故障自诊断原理如图 7-2 所示。正常工作时向 ECU 输送的信号电压应为 0.3～4.7V，当冷却液温度传感器向 ECU 输送的信号低于 0.3V 或高于 4.7V 时，自诊断系统则会判断为故障信号。此故障信号只是偶然出现，自诊断系统不会认为有故障，但若引故障信号持续出现超过一定时间或多次出现，自诊断系统即判定冷却液温度传感器或其电路有故障。

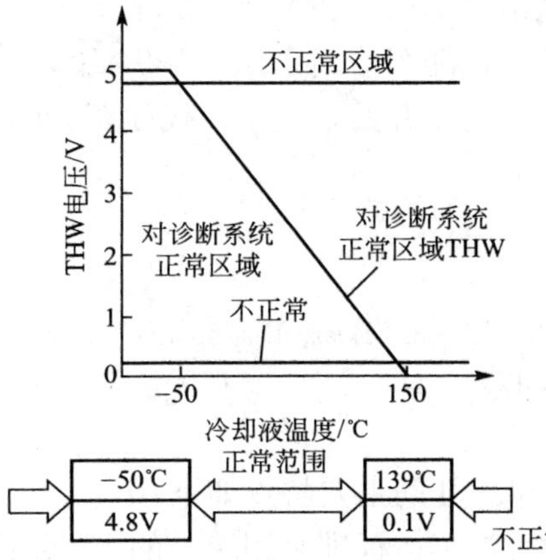

图 7.2　冷却液温度传感器故障自诊断原理图

2. 执行元件故障的自诊断原理

电控系统的执行元件一般只接收 ECU 的指令信号，所以在没有反馈信号的开环控制系统中，执行元件或其电路是否有故障，自诊断系统只能根据 ECU 输出的指令来判断，其自诊断原理与传感器相似。

带有反馈信号的闭环控制系统(如点火控制系统、爆震控制系统等)工作时，自诊断系统还可以根据反馈信号判定故障。这类系统出现故障，有些会导致电控系统停止工作。例如，电控点火系统在正常工作时，ECU 对点火进行控制，并在每次点火后根据点火器发回的反馈信号确认是否点火，如果点火器或其他元件出现故障，导致 ECU 连续 3～5 次收不到反馈信号，自诊断系统便判断电控点火系统有故障。当然，为避免燃油浪费和造成排放污染，ECU 会强制停止电控燃油喷射系统喷油，致使发动机熄火。

7.3.3　故障报警系统

在自诊断系统检测到故障时，仪表盘上的故障指示灯“CHECK ENGINE”闪亮，以警告驾驶员或维修人员。此时，可通过解码器或发动机故障测试仪调出故障码或读出数据流，帮助分析与排除故障。故障指示灯控制电路如图 7.3 所示。

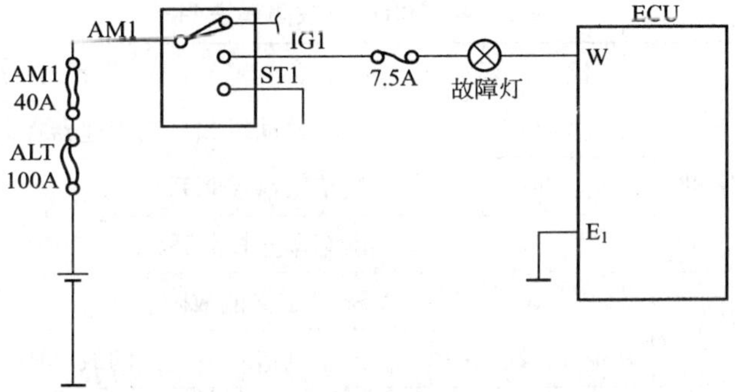

图 7.3　故障指示灯控制电路

7.3.4　故障码

在汽车技术发展的历程中，由于世界各大汽车制造公司的技术特点各不相同，缺乏统一的标准，导致各种汽车自诊断系统的故障诊断形式和位置、读取与清除故障码的方法各异，这给汽车用户和维修人员带来了很大不便。20 世纪 70 年代，汽车电控系统中开始采用了第一代随车诊断系统；1994 年以后，美国、日本和欧洲的主要汽车制造厂家生产的电控汽车逐步开始采用第二代随车诊断系统(OBD－Ⅱ)。

知识链接

OBD 是“On－Board Diagnostics”的英文缩写，即随车诊断系统。OBD一Ⅱ则是指第二代随车诊断系统。OBD－Ⅱ经美国汽车工程学会(SAE)提出，经环保机构(EPA)等认证通过。

OBD－Ⅱ的主要特点如下：

(1) 汽车按标准装用统一的 16 端子诊断座，如图 7.4 所示。并将诊断插座统一安装在驾驶室仪表盘下方。

(2) OBD－Ⅱ具有数据传输功能，并规定了两个传输线标准。欧洲统一标准规定：数据传输用“7”和“15”号端子；美国统一标准规定：数据传输用“2”和“10”号端子。

(3) OBD－Ⅱ具有行车记录功能，能记录车辆行驶过程中的有关数据资料；能记忆和更新显示故障码，并可利用仪器方便、快速地调取或清除故障码。

(4) 装用 OBD－Ⅱ的汽车，采用相同的故障码代号且故障码意义统一。故障码由 1 个英文字母和 4 个数字组成，如图 7.5 所示。故障说明见表 7－4。SAE 规定了 100 个统一的 OBD－Ⅱ故障码，表 7－5。

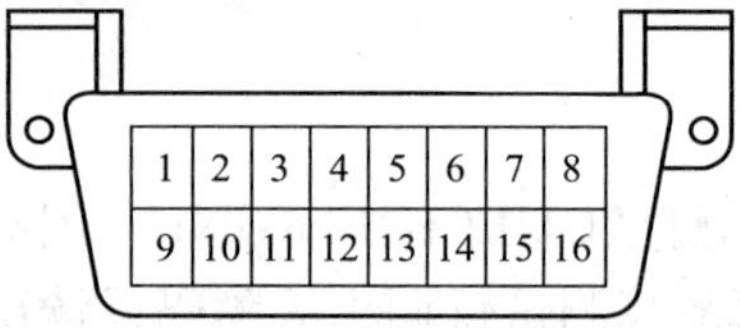

图 7.4　OBD－Ⅱ诊断座

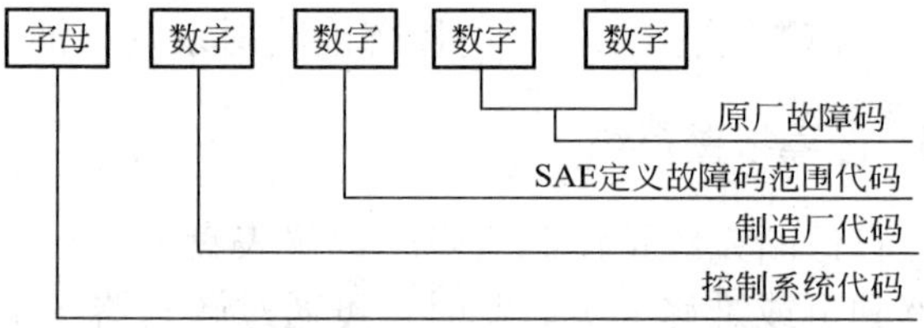

图 7.5　OBD－Ⅱ故障码形式

表 7－4　OBD－Ⅱ故障码说明

代码性质	代　　码	代码含义
控制系统代码(英文字母)	P	汽车发动机和自动变速器控制系统
	C	汽车底盘控制系统
	B	汽车车身控制系统
制造厂代码(一位数字)	0	SAE 定义的故障码
	其他 1、2、3…9	汽车制造厂自定义的故障码
SAE 定义故障码范围代码(一位数字)	1	燃油或进气测量系统代码
	2	燃油或进气测量系统故障
	3	点火系统故障或发动机间歇熄火故障
	4	废气控制系统故障
	5	怠速控制系统故障

（续）

代码性质	代　　码	代码含义
SAE定义故障码范围代码（一位数字）	6	ECU或执行元件控制系统故障
	7	自动变速器控制系统故障
	8	自动变速器控制系统故障
原厂故障码（两位数字）	—	由原厂规定的具体元件故障码有不同的含义

表7-5　OBD-Ⅱ标准故障码的含义

故障码	故障码含义	故障码	故障码含义
P0100	空气流量传感器线路故障	P0202	第2缸喷油器线路不良
P0101	怠速时空气流量传感器信号不良	P0203	第3缸喷油器线路不良
P0102	空气流量传感器电压过低	P0204	第4缸喷油器线路不良
P0103	空气流量传感器电压过高	P0205	第5缸喷油器线路不良
P0105	大气压力传感器信号不良	P0206	第6缸喷油器线路不良
P0107	进气压力传感器信号电压过高	P0207	第7缸喷油器线路不良
P0108	进气压力传感器信号电压过低	P0208	第8缸喷油器线路不良
P0110	进气温度传感器线路故障	P0300	发动机有间歇性不点火故障
P0111	进气温度传感器信号不良	P0301	第1缸有间歇性不点火故障
P0112	进气温度传感器线路短路	P0302	第2缸有间歇性不点火故障
P0113	进气温度传感器线路断路	P0303	第3缸有间歇性不点火故障
P0115	冷却液温度传感器线路故障	P0304	第4缸有间歇性不点火故障
P0116	冷却液温度传感器信号不良	P0305	第5缸有间歇性不点火故障
P0117	冷却液温度传感器线路短路	P0306	第6缸有间歇性不点火故障
P0118	冷却液温度传感器线路断路	P0307	第7缸有间歇性不点火故障
P0120	节气门位置传感器信号不良	P0308	第8缸有间歇性不点火故障
P0121	节气门位置传感器调整不当	P0320	发动机转速信号不良
P0122	节气门位置传感器信号电压过低	P0321	曲轴位置传感器信号不良
P0123	节气门位置传感器信号电压过高	P0325	前爆燃传感器信号不良
P0161	后氧传感器信号线路受干扰	P0330	后爆燃传感器信号不良
P0171	氧传感器信号电压过低	P0335	运转中未收到曲轴位置传感器信号
P0172	氧传感器信号电压过高	P0336	凸轮轴和曲轴位置传感器信号不良
P0174	后氧传感器信号电压过低	P0340	运转中未收到凸轮位置传感器信号
P0175	后氧传感器信号电压过高	P0400	EGR阀控制系统不良
P0201	第一缸喷油器线路不良	P0401	EGR阀控制系统温度信号或线路不良

（续）

故障码	故障码含义	故障码	故障码含义
P0402	EGR 阀怠速时漏气	P0445	活性炭罐电磁阀信号电压过高
P0403	EGR 阀控制系统线路不良	P0500	无车速信号
P0125	发动机无法达到闭环工作温度	P0501	实际车速在 29km/h 以上，但无车速信号
P0130	主氧传感器信号电压过高或过低	P0502	已挂入挡位，且发动机转速在 3 000r/min以上，但无车速信号
P0131	氧传感器信号电压过低		
P0132	氧传感器信号电压过高	P0505	怠速步进电动机不良
P0133	主氧传感器信号电压变化不灵敏	P0510	节气门位置传感器不良
P0135	主氧传感器加热线圈不良	P0605	主 ECU 的 ROM 存储器不良
P0136	副氧传感器信号电压过高或过低	P0703	制动灯开关信号不良
P0137	副氧传感器信号电压过低	P0705	挡位开关信号不良
P0138	副氧传感器信号电压过高	P0707	挡位开关信号电压过低
P0140	副氧传感器线路断路	P0708	挡位开关信号电压过高
P0141	副氧传感器加热线圈短路	P0712	变速器油温传感器短路
P0150	后氧传感器信号电压过高或过低	P0713	变速器油温传感器断路
P0151	前氧传感器信号电压过低	P0720	变速器输出轴车速传感器信号不良
P0152	前氧传感器信号电压过高	P0740	变速器离合器电磁阀不良
P0153	后氧传感器信号过慢	P0741	变矩器离合器电磁阀不良或卡在全开位置
P0154	前氧传感器线路断路		
P0155	后氧传感器加热线圈线路短路	P0743	变矩器离合器电磁阀控制线路不良
P0158	后副氧传感器信号电压过高	P0750	换挡电磁阀 A 不良
P0160	后副氧传感器信号线路不良	P0751	换挡电磁阀 A 卡在全开位置
P0420	TWC 或后氧传感器信号不良	P0753	换挡电磁阀 A 短路或断路
P0421	TWC 不良	P0755	换挡电磁阀 B 不良
P0422	TWC 不良	P0756	换挡电磁阀 B 卡在全开位置
P0430	后 TWC 不良	P0758	换挡电磁阀 B 短路或断路
P0440	活性炭罐堵塞或控制不良	P0770	变矩器离合器电磁阀不良
P0443	活性炭罐电磁阀线路不良	P0773	变矩器离合器电磁阀断路或短路
P0444	活性炭罐电磁阀信号电压过低		

7.4　电子控制系统专用检测设备

利用仪器设备检测出汽车工作过程中的参数，通过数据对比找出故障，是现代汽车维修的重要手段。因此，要求维修人员必须掌握各种检测仪器的使用方法，同时要了解各种检测仪器的局限性，要学会把仪器上显示的数据和厂家给出的规范结合起来，和汽车的构造和原理结合起来，要把单一的数据和数据的综合分析结合起来，才能成为一名优秀的汽车维修工。

发动机电控系统常用检测设备有：解码器(故障诊断仪)、汽车专用示波器、万用表、检测盒和燃油压力检测设备等。

7.4.1 解码器

汽车在行驶过程中，一旦电控系统出现故障，ECU可利用自身的自诊断功能，将故障检测出来，并以故障码的形式储存在ECU的存储器中。解码器的作用就是将故障代码从ECU中读出，为检修人员提供参考。

解码器可分通用型和专用型两种。专用型解码器只能检测指定的车型，它是各汽车制造厂商为自己生产的各种车型设计的专用解码器。例如德国大众公司的VAG155、VAG1552、VAG5501，美国通用公司的TECH-2，奔驰公司的STAR-2000，宝马公司的MODIS-3等。它们虽然适用车型单一，但就所测的车型来讲，其功能要强于通用型解码器，所以各车型的特约维修站均配置该车型的专用解码器。

通用型解码器的适用车型广，基本上涵盖了美、欧、亚及国产车系，其功能也与专用型解码器相近，能够满足用户的基本需要。如金德K81、修车王HY-222B、电眼睛431ME等，以及美国的OTC诊断仪、Scanner诊断仪(俗称红盒子)，德国的Bosch FS560诊断仪，瑞典的Multi-Test Plus诊断仪和OBD-Ⅱ欧洲车辆解码器等。

各种专用解码器的使用方法基本相同，本书以丰田专用解码器为例介绍解码器的功能与使用方法。

丰田故障自诊断系统的主要功能有正常模式DTC检查、检查模式DTC检查、正常模式传感器输入信号检查、检查模式传感器输入信号检查、数据读取(动态数据流和静态定格数据)和主动测试等。

特别提示

(1) ECU的信号电路出现故障时，ECU存储器会存储故障码。通过故障诊断仪，可以调出ECU存储的故障码，便于快速诊断与排除汽车故障。利用故障诊断仪可以读取动态数据流和静态定格数据。由于定格数据记录了故障被检测到时的发动机状况(燃油系统、ECU负载、水温、燃油调节、发动机转速、车速等)，所以它对于确定发生故障时车辆是在行驶或停止、发动机是否暖机、混合气稀或浓是非常有用的。

(2) 检查DTC时，有必要确定该DTC所表示的故障是否仍然存在，是否以前发生过但未消除；DTC应与故障症状相比较，以确定它们是否相关；在确认故障症状之前和之后都应查看DTC(明确故障症状是否存在)，以便确定当前系统状况；切勿跳过DTC检查，如果仅依靠故障现象，而不进行DTC检查，可能会对正常运行的系统进行不必要的故障排除，或进行与故障无关的维修操作。

1. 故障码DTC检查

以电控燃油喷射系统为例介绍智能故障诊断仪的使用方法，其他系统类推。

(1) 将故障诊断仪连接到DLC3(故障自诊断插座)上。

(2) 将点火开关置于ON位置，并接通故障诊断仪电源开关。

(3) 选择以下菜单项：Powertrain/Engine and ECT/DTC Current。

(4) 确认DTC和定格数据后将其记录下来。

(5) 确认DTC的详细内容。

2. 故障码DTC清除

(1) 将故障诊断仪连接到DLC3上。

(2) 将点火开关置于ON位置，并接通故障诊断仪电源开关。

(3) 选择以下菜单项：Powertrain/Engine and ECT/DTC/Clear。

(4) 按照检测仪屏幕上的提示清除DTC。

3. 读取数据表

使用故障诊断仪读取数据表，可以读取开关、传感器、执行器及其他数值或状态，而无须拆下任何零件。这种非侵入式检查非常有用，因为可在扰动零件或配线之前发现间歇性故障或信号。在故障排除时，尽早读取数据表信息是节省诊断时间的方法之一。

(1) 将故障诊断仪连接到DLC3。

(2) 将点火开关置于ON位置，并接通故障诊断仪。

(3) 选择以下菜单项：Powertrain/Engine and ECT/Data List。

(4) 根据检测仪屏幕上的提示读取数据表。

特别提示

汽车维修手册中均有相应系统正常状态时的标准参数值作参考，在确定零件是否出现故障时，不能仅依赖这些参考值。

4. 执行主动测试

使用故障诊断仪进行主动测试，无须拆下任何零件就可以进行继电器、VSV、执行器和其他项目的测试。这种非侵入式功能检查非常有用，因为可在扰动零件或配线之前发现间歇性故障。排除故障时，尽早进行主动测试可以缩短诊断时间。执行主动测试时，能显示数据表信息。

(1) 将故障诊断仪连接到DLC3。

(2) 将点火开关置于ON位置，并接通故障诊断仪。

(3) 选择以下菜单项：Powertrain/Engine and ECT/Active Test。

(4) 根据检测仪上的提示进行主动测试。

5. 检查模式

和正常模式相比，检查模式检测故障的能力更强。而且，正常模式下检测到的项目在检查模式下同样能够检测到。

(1) 确保满足相应工作条件。进行发动机电子控制系统检查的条件如下：蓄电池电压≥11V；节气门全关；变速器处于P或N位置；空调开关置于OFF位置。

(2) 将点火开关置于OFF位置。

(3) 将故障诊断仪连接到DLC3。

(4) 将点火开关置于 ON 位置，并接通故障诊断仪。

(5) 选择以下菜单项：Power train/Engine and ECT/Utility/Check Mode。

(6) 确保 MIL 灯以 0.13s 间隔闪烁。

特别提示

所有记录的 DTC 和定格数据在下列情况下将全部被清除：用故障诊断仪将 ECU 由正常模式转为检测模式或反之；或在检测模式中，点火开关从 ON 位置变为 ACC 位置或 OFF 位置。

(7) 启动发动机(MIL 应熄灭)。

(8) 模拟顾客描述的故障状况。

(9) 模拟完故障状况后，检查 DTC、定格数据及其他数据。

(10) 检查完 DTC 后，检查相应电路。

7.4.2　示波器

在汽车电控系统工作中，ECU 不断接收到各种传感器的输入信号，经判断处理后再向各种执行器输出控制信号使执行器工作。电控系统一旦出现故障，可以通过读取故障码来显示故障的大致部位，但无法知道引起故障的原因是传感器本身还是配线故障或 ECU 本身故障。例如故障码显示点火系统存在故障，既可能是传感器本身的故障所引起，也可能是导线故障所引起。

示波器检测元器件本身故障具有优势(示波器的检测则是非常准确的)。利用汽车专用示波器测试信号波形及信号电压的变化情况，能进一步确定元件的性能(好坏)。因此，在现代电控发动机的诊断与检测中，汽车专用示波器是必不可少的检修设备之一。

用示波器检查时，可以模拟发生故障的工况，查找瞬时出现的间歇故障。每一种电器总成都有自己特定的波形，如波形不符，则说明有故障。示波器可以记录下传感器或执行器在故障发生瞬间所显示的波形，将其和正常的波形比较，从而判定故障原因；还可以将同类电器部件的波形相比较，迅速查出其中不良的电器部件。例如，发现某个喷油器的工作波形与其他喷油器的工作波形存在明显差异，就可以判定这个喷油器的控制线路中一定有故障存在；又如，发动机出现间歇性无法启动，就可以用示波器分别检查凸轮轴位置传感器和曲轴位置传感器的工作波形，以便迅速作出正确的诊断。

汽车专用示波器的功能分为基本功能和附加功能。基本功能就是对汽车电控系统中的模拟与数字信号进行波形显示，附加功能包括万用表及发动机的性能测试等。

1. 示波器功能

(1) 测试电控系统中主要传感器与执行器的信号波形。如点火系统的初级与次级信号电压波形，以及进气压力传感器、空气流量传感器、节气门位置传感器、氧传感器、温度传感器、曲轴与凸轮轴位置传感器、ABS 传感器、喷油器、怠速控制阀、EGR 阀、等的波形。

图 7.6～图 7.8 所示分别为光电式、霍尔式、磁电式车速传感器的波形，图 7.9 所示为连续两次迅速开启和关闭节气门时氧传感器的波形，图 7.10 所示为空气流量传感器的

标准波形及喘抖故障波形。

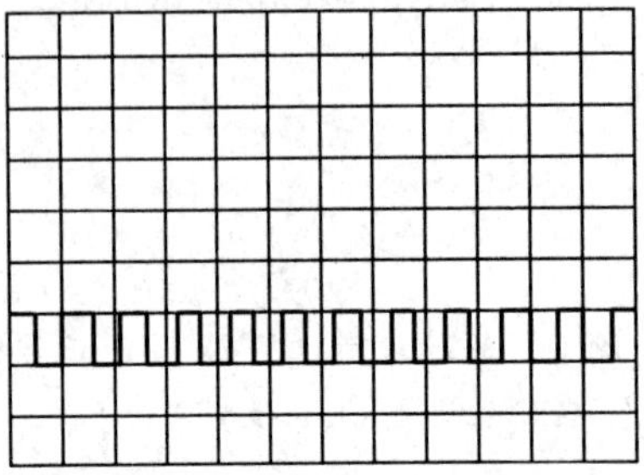

图 7.6　光电式车速传感器的波形

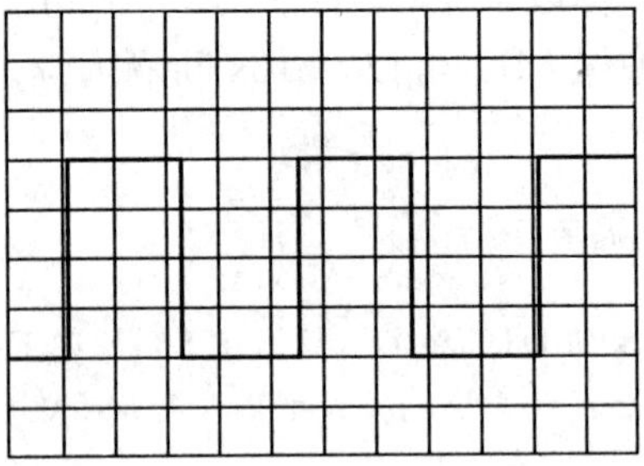

图 7.7　霍尔式车速传感器的波形

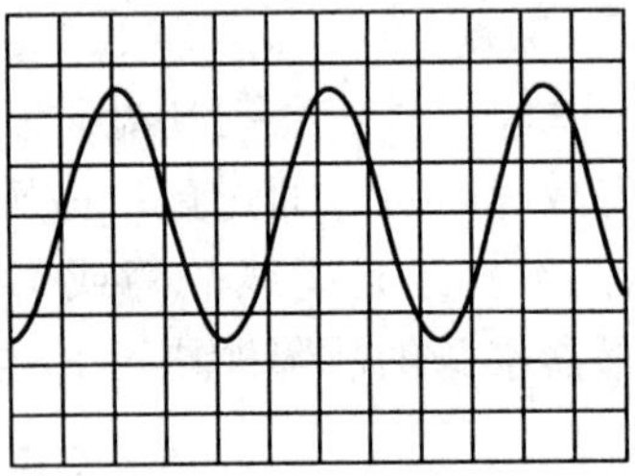

图 7.8　磁电式车速传感器的波形

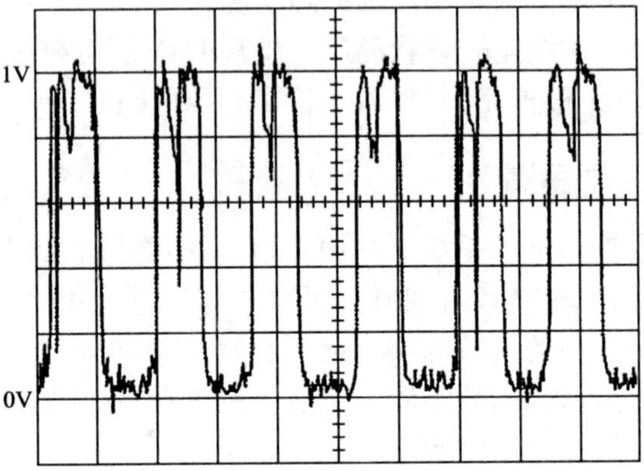

图 7.9　连续两次迅速开启和关闭节气门时氧传感器的波形

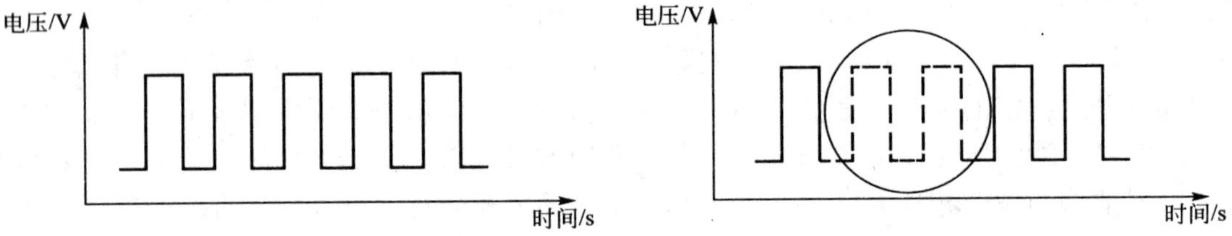

(a) 标准波形　　(b) 发动机喘抖故障波形

图 7.10　空气流量传感器标准波形及喘抖故障波形

(2) 多通道显示功能。示波器含有多通道接口，能够同时显示多组波形，把示波器连接到车辆上四个不同的传感器与执行器，即能将四种信号波形同时显示出，便于对比分析与判断。

(3) 信号波形的锁定与存储功能。当被测信号波形是你需要的和需要对波形进行分析时，可以通过功能键操作，对波形进行锁定并存储，以便仔细对波形进行分析判断，同样可以通过功能键的操作对存储的波形进行重新查看和删除。

(4) 设定功能。通过设定信号电压的大小和改变扫描时间的长短，可以确定所测波形的形状大小与屏幕坐标相配，使人们更加方便的观测与分析，当然也可以通过自动设定功能，使波形的显示自动与坐标相配，但在多组波形间同时显示时，使用自动设定功能会使各波形的时间单位不一致。

(5) 波形资料库。波形资料库收集有汽车各系统电子元件的标准波形，如传感器、执行器、点火波形等。可以通过实测波形与标准的对比，使波形分析变得方便、明了。标准波形有：DIS点火系统、常规点火系统、初级与次级信号电压、曲轴位置传感器信号、怠速步进电动机信号、普通脉冲信号、二极管信号波形和电控点火正时的信号波形等，通过功能键即可调出这些标准波形。

2. 万用表的功能

为扩大示波器的功能，方便使用者，一般示波器均含有万用表的功能。虽然对于较为复杂的信号例如点火波形与喷油器波形，利用示波器可以显示出它的变化规律与浮动范围，但对于一些简单特定的信号，使用万用表则更直接、易懂和方便。

3. 发动机的性能测试

通过一些附加测试探头与车辆的连接，测试发动机的启动电流、交流发电机的二极管、汽缸的效率和功率平衡(只针对非电控发动机)等。

总之，示波器可用于检测空气流量传感器、进气歧管绝对压力传感器、喷油器、车速传感器、轮速传感器、进气温度传感器、发动机冷却液温度传感器、自动变速器油温传感器、燃油温度传感器、机油温度传感器、凸轮轴位置传感器、曲轴位置传感器、点火初级信号波形、点火次级信号波形、怠速步进电动机、发动机涡轮增压系统、炭罐系统，以及自动变速器、ABS、ASR等系统的各种控制电磁阀等，并可辅助检查线路是否断路或短路。同时，示波器可以对点火线圈的充电闭合角和燃烧电压的持续时间进行精确的显示，还可以计算电器件的脉冲数、工作频率、周期和脉宽等。

小　　结

1. 失效保护系统只能维持发动机继续运转，但不能保证控制系统的优化控制，发动机的性能必然有所下降。总之，失效保护是ECU在检测出故障后，采取的一种保护措施。

2. 当ECU内的微处理器或少数重要的传感器出现故障、车辆无法行驶时，应急备用系统使用ECU把燃油喷射和点火正时控制在设定的水平上，作为一种备用功能使汽车能维持基本行驶，以便把汽车开到最近的维修站，所以该功能又称为回家系统。

3. 现代汽车发动机控制系统中，都设有故障自诊断系统。该系统可监测和诊断发动机控制系统的工作情况和工作中出现的故障。利用解码器可以调出储存的故障码，帮助检修汽车故障。

4. 电控系统常用检测设备有：燃油压力检测设备、解码器(故障诊断仪)、万用表、检测盒和多通道示波器。

5. 解码器的作用就是将故障码从电子控制单元中读出，为检修人员提供参考。解码器可分通用型和专用型两种。

6. 解码器的主要功能有正常模式DTC检查、检查模式DTC检查、正常模式传感器输入信号检查、检查模式传感器输入信号检查、数据读取(动态数据流和静态定格数据)和主动测试等。

7. 示波器可用于检测空气流量传感器、进气压力传感器、喷油器、车速传感器、轮速传感器、进气温度传感器、发动机冷却液温度传感器、自动变速器油温传感器、燃油温度传感器、机油温度传感器、凸轮轴位置传感器、曲轴位置传感器、点火初级信号波形、点火次级信号波形、怠速步进电动机、发动机涡轮增压系统、炭罐系统，以及自动变速器、ABS、ASR等系统的各种控制电磁阀等，并可辅助检查线路是否断路或短路。

习　题

一、单选题

1. 当空气流量传感器失效时，不正确的说法是(　　)。

A. 发动机不能启动　　B. 发动机能启动，但怠速过高

C. 发动机能启动，但怠速不稳　　D. 发动机能启动，但油耗过高

2. 当冷却液温度传感器信号严重失准时，将导致(　　)。

A. 发动机不能启动　　B. 发动机以水温40℃的条件工作

C. 发动机以水温80℃的条件工作　　D. 发动机工作与水温无关

3. 当进气温度传感器信号严重失准时，将导致(　　)。

A. 发动机不能启动　　B. 发动机以20℃的进气温度工作

C. 发动机以40℃的进气温度工作　　D. 发动机以60℃的进气温度工作

4. 当节气门位置传感器输出信号严重失准时，无论开启角度大小，一律按开启(　　)进行控制。

A. 40%　　B. 50%　　C. 60%　　D. 80%

5. 故障码中出现了英文字母“P”，说明故障出自(　　)。

A. 发动机和自动变速器控制系统　　B. 汽车底盘控制系统

C. 汽车车身控制系统　　D. 停车系统

二、简答

1. 电控发动机在什么情况下启用应急备用系统？
2. 汽车专用示波器有哪些功能？
3. 如何使用解码器调取故障码？
4. 电控发动机的故障自诊断系统有哪些功能？

第 8 章

电控发动机的故障诊断

学习目标

通过本章的学习，掌握汽车故障诊断的基本程序；掌握电控发动机故障诊断的基本方法；能够对汽车电子控制系统的故障进行诊断与排除；能够熟练诊断与排除电控燃油喷射系统常见故障；掌握电控发动机启动困难、怠速不良、失速与喘抖、动力不足、燃油消耗异常等故障的诊断与排除方法。

学习要求

能力目标	知识要点	权重	自测分数
熟练掌握汽车故障诊断的基本程序	对于汽车非电子控制系统和无故障码输出的电控系统的故障，需要准确再现用户所描述的故障症状，然后推测故障原因，验证故障原因；若未能排除故障，需要再推测、再验证，直至找出真正的故障原因。对于汽车电子控制系统的故障可借助故障自诊断系统及基本诊断程序诊断与排除汽车的故障	10%	
熟练掌握电控发动机故障诊断的基本方法	故障再现法、故障码分析法、ECU 数据流检查法、发动机转动阻力检查法、发动机启动状况检查法、点火与预热系统检查法、燃油系统检查法、压缩系统检查、断缸检查、空燃比检查、活塞环/气门导管漏油损失检查、排气状况检查和端子接触压力检查等快速查排故障的方法	30%	
熟练诊断与排除汽车电子控制系统故障及汽油机 EFI 常见故障	电子控制系统的故障诊断程序及方法；汽油机 EFI 系统常见故障的诊断与排除	30%	
能够熟练诊断与排除电控发动机常见故障	电控发动机启动困难、发动机怠速不良、发动机失速与喘抖、发动机动力不足、发动机燃油消耗异常等故障的现象、原因、故障诊断思路与排除方法	30%	

引言

随着汽车行驶里程的增加，汽车使用性能变差，甚至出现这样那样的故障是不可避免的。然而，只要我们了解故障的规律，掌握故障诊断的基本技能，并采取正确的诊断与排除措施，以高度的责任感面对客户的车辆，完全有能力将故障车辆恢复到完好的技术状况。

8.1 汽车故障诊断的基本程序

引例

一辆装有进气压力传感器的丰田轿车，怠速时排气管大量冒黑烟，而高速时工作正常，而且发动机故障报警灯长亮不熄灭。

故障的原因是什么？如何快速准确地恢复汽车完好的技术状况呢？

知识链接

汽车故障是指汽车部分或完全丧失工作能力的现象。汽车故障的分类见表8－1，汽车故障的表现形式见表8－2。

表8－1 汽车故障的类型

序号	故障类型	故障名称
1	按故障造成的性质	自然故障、人为故障
2	按故障发生的部位	整体故障、局部故障
3	按故障发生的时间	初始磨合期故障、正常使用期故障、即将报废期故障
4	按故障发展过程	突发性故障、渐进性故障
5	按故障存在时间	间歇性故障、持续性故障
6	按故障表现特征	功能性故障、警示性故障、隐蔽(检测)性故障
7	按故障生成原因	设计故障、制造故障、使用故障、维修故障
8	按故障危害程度	轻微故障、一般故障、严重故障、致命故障
9	按故障发生频率	偶发性故障、多发性故障
10	按故障影响程度	部分故障、完全故障
11	按故障发生状态	实际故障、潜在故障
12	按故障影响性质	功能故障、参数故障
13	按故障点的数量	单点故障、多点故障
14	按故障发生系统的关系	单系统故障、多系统故障

（续）

序号	故障类型	故障名称
15	按故障点与症状	一点多症故障、一症多点故障
16	按故障机电表现	电控症状机械故障、机械症状电控故障
17	按故障症状关系	单一症状与多种症状、简单症状与复合症状、伴随症状与因果症状

表 8-2　汽车故障的表现形式

序号	症状表现形式	症状现象
1	工作状况异常	行驶性能、运转性能、工作性能、操纵性能等不正常
2	仪表指示异常	仪表显示、灯光警示、屏幕显示不正常
3	各部响声异常	发动机、底盘、电气、车身等处运动零部件及总成异响
4	工作温度异常	发动机、传动、行驶、转向、制动等系统的各个总成及润滑油温度不正常
5	机械振动异常	发动机、底盘等系统运动/运转零部件及总成振动、摆动、跳动、抖动等
6	排放色味异常	尾气排放白烟、蓝烟、黑烟，尾气排放中有异味
7	气味颜色异常	发动机室、后备厢内外，各种油、液、气、橡胶件、塑料件颜色及气味异常
8	油液消耗异常	燃油、润滑油、冷却液、转向助力液、变速器液、差速器油等液体消耗量异常
9	汽车外观异常	车身、车架、轮胎、轮辋、悬架、发动机室、行李箱等外观变形
10	液体漏堵异常	发动机油、冷却液、转向助力液、变速器液、差速器油等渗漏、泄漏、堵塞
11	检测参数异常	力、力矩、角度、位移、压力、温度、功率、电压、电流、侧滑量、排放等超标

8.1.1　汽车故障诊断的基本思路

汽车发生了故障，需要准确再现用户所描述的故障症状，然后推测故障原因，检查诊断故障，根除故障；若故障未能排除，需要再推测、再检修排除，直至找出故障原因，根除故障。故障诊断的基本思路如图 8.1 所示。

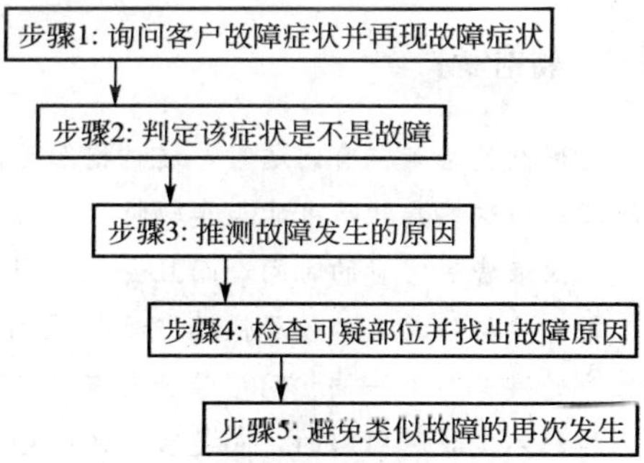

图 8.1　汽车故障诊断的基本思路

特别提示

如果维修人员检修车辆时未按照规范化的程序进行操作，有可能使故障变得更复杂，甚至可能由于错误的推测而采取不相干的维修程序。

1. 询问客户故障症状并再现客户投诉的故障症状

修复故障车辆时，首先要询问客户故障的现象，再现客户指出的故障症状，通过认真观察分析，做出客观的、正确的判断。

通过问诊，询问客户故障症状，并力图再现故障。若故障症状再现，认真观察、分析、排除故障；若症状不能再现，应采取“故障再现法”使症状再现，直到根除故障。

特别提示

(1) 为了再现故障症状，按表8-3所列内容进行问诊将会事半功倍。维修人员在进行问诊时不要使用专业术语，应该使用实际事例询问客户，使客户能够容易地进行回答提问。

表8-3 故障问诊内容及技巧

诊断问题	技巧
什么故障(现象)?	能听到刺耳尖叫声吗?
什么地方?	是左前轮吗?
在什么情况下发生?	如果你踩下制动器，你能听到该声音吗?
经常发生吗?	这种故障天天都有吗?
什么情况下发生的?	当时天气怎么样? 路况又怎么样?
发生了什么?	你的汽车百公里油耗是不是比以前高?

(2) 通过问诊，维修人员搞清：再现客户所述故障症状需要什么样的条件；当症状被再现出来时，客户的要求是什么；当症状没有被再现出来时，需要什么样的条件才能再现症状。

(3) 根据问诊得到的信息和ECU定格数据，需要通过路试来确认症状时，最好与客户一起进行路试。

(4) 如果有故障码输出时，应关注与该代码有关的症状；当正常代码被输出时，应注意诊断程序没有检测到的执行机构，并用故障再现法再现症状。

2. 判断客户描述的症状是不是故障

症状再现后，需要尽快确认“症状”是不是故障。不是故障就不能当故障来维修，应从另外的视角去处理，而不是进行故障维修。

特别提示

当用户抱怨车辆有问题时，这种抱怨可能是由很多原因造成的。然而并不是用户所说的所有症状都是故障，但这些症状很可能与车辆特性有关。如果维修人员花大量时间去修理一辆实际上并无故障的车辆，不仅浪费了宝贵的时间，而且会失去用户的信任。

当客户抱怨时，必须尽快确定故障原因是车辆本身，还是客户的使用原因，或者是两者兼而有之；用客户的汽车与另一辆相同型号的汽车进行比较。如果性能水平相等，又不能消除抱怨，维修人员应明确：抱怨不是故障引起的，而是客户的期望值太高，应从另一个角度去处理；如果性能水平大大差于另一辆相同型号的汽车，维修人员应明确：汽车的确有故障，并进行故障排除。

3．推测故障发生的原因

故障症状确认后，应系统地推测故障发生的原因。先把故障原因从全车缩小到具体的系统或总成，再把故障原因范围从总成缩小到具体的零部件。判断故障的思路很重要，经验积累可以事半功倍。为此，应尽可能全面掌握该车辆的功能、结构和运行情况，从系统逐渐缩小到单个零部件，做出准确的分析与判断；要充分利用故障诊断仪所测数据，帮助故障分析与判断故障。

特别提示

准确推断故障发生原因必须从大处着手，重点分析下列内容：如果故障反复出现，在这些事件中是否有共同特征？是不是用户的一些使用习惯影响了车辆的运行？在这之前类似故障维修的原因是什么？在过去的维修历史中是否有故障的前兆等。

4．检查可疑部位并找出造成故障的原因

故障诊断是在获取数据的基础上，做出自己的分析判断，验证(检查)自己的判断，并逐渐寻找故障真正原因的一个反复过程。为此，务必熟悉汽车的构造，并养成认真负责、一丝不苟的良好习惯。

5．根除故障，避免类似故障再次发生

只有当故障彻底根除，类似故障不会再次发生时，才意味着修理工作大功告成。有时，仅仅根据现象更换了零部件还不能真正解决问题，需要找到并根除导致故障的根本原因。例如，有时熔断器烧断只是现象，电路短路造成电流过大才是根本；仅更换熔断器解决不了实质问题，排除短路部位/部件，才能彻底防止熔断器再次烧断。

特别提示

为避免类似故障再次发生，故障排除后请认真检查与思考：该故障是一个单独的故障，还是一个由于其他部件引起的连锁故障；故障是不是由于零部件使用寿命到期造成的；故障是不是由于维修保养不当造成的；故障是不是由于使用不当造成的。若属于用户使用、保养不当造成的，应及时提醒用户。

综上，汽车故障的诊断思路与内容如图 8.2 所示。

8.1.2　汽车故障诊断的一般步骤

只要具有坚强的信心，科学的分析方法，缜密的分析思路，正确的诊断步骤，认真地检查测量，任何故障都会迎刃而解的。汽车故障诊断的一般步骤如下。

1．问诊

通过问诊并填写《问诊表》，掌握故障情况，为准确决断并排除故障奠定基础。

2．初步观察

根据问诊情况，做好重点观察，为作出准确判断打下基础。例如，打开发动机引擎盖观察：发动机部件是否完整，真空管有无脱落，电器插接器有无松脱，是否存在漏油、漏

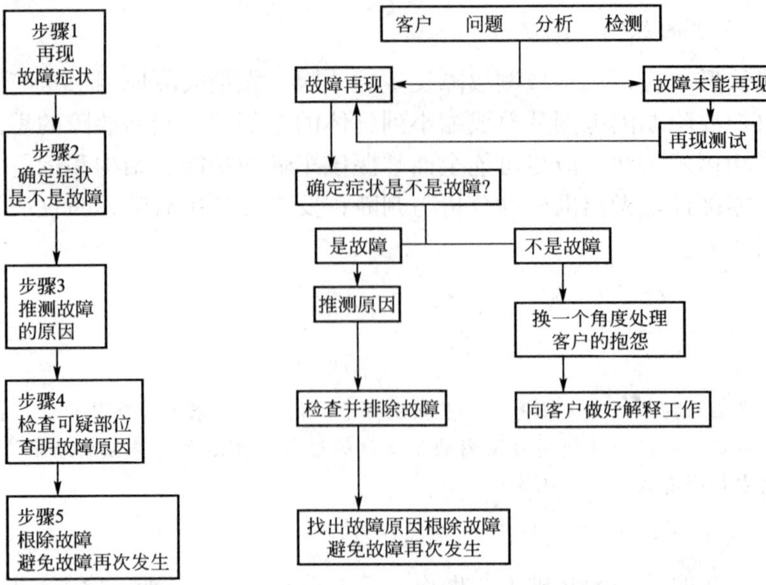

图 8.2　汽车故障诊断的思路与内容

液、漏气、漏电现象；打开点火开关，观察仪表指示情况，获取相关有用信息；检查发动机怠速运转是否平稳，排气管是否冒黑烟或有燃油味等异常现象。

3. 读码-清码-再读码

连接故障诊断仪，读取并记录故障码，然后清除故障码。启动发动机，待冷却液温度达到80℃以上，发动机高速运转数秒钟，创造故障再现条件并再现故障，再次读取并记录故障码。

4. 分析故障码

使用维修手册查阅故障码产生的原因、影响情况及排除方法，且不能忽视偶发性故障码。如果未显示故障码，要考虑ECU不能监视的系统，如很多车型的点火线圈存在故障时不会有故障码显示，应采用其他方法判断其是否存在故障。

5. 阅读数据流

数据流可以提供运转状态的实时数据。对于数据流中超出正常值的数据，应参照维修手册列出的故障原因进行分析，它对准确找到故障原因非常有益。能否正确全面地分析数据流体现着维修人员的技术水平。

6. 检查测量

根据故障现象、故障码内容及数据流的相关数值确定测量项目。可以使用万用表、二极管测试笔、废气分析仪、燃油压力表、真空表、汽缸压力表、示波器、模拟信号发生器、喷油器检测清洗仪等进行必要的测量。选择仪器的原则是能快速、准确地找出故障。

7. 排除故障

根据以上工作记录并参照维修手册或相关资料，对故障进行检查分析，得出诊断结论和修理方案。如清洗节气门、气门和进气道，调整或更换元器件，电路故障查找，清洁搭铁线等。

8. 竣工检验

再次使用故障诊断仪、废气分析仪等设备进行检测，确认故障已被排除。对于发动机熄火、加速闯车、动力不足的故障必须进行路试，待故障完全排除后，方能竣工交车。如果故障仍未排除或未全部排除，则根据需要再重复以上的诊断步骤。

对于汽车非电子控制系统和无故障码输出的电控系统的故障诊断可以按照图 8.2 的诊断思路进行，对于汽车电子控制系统的故障可以按照图 8.3 所示诊断程序进行。

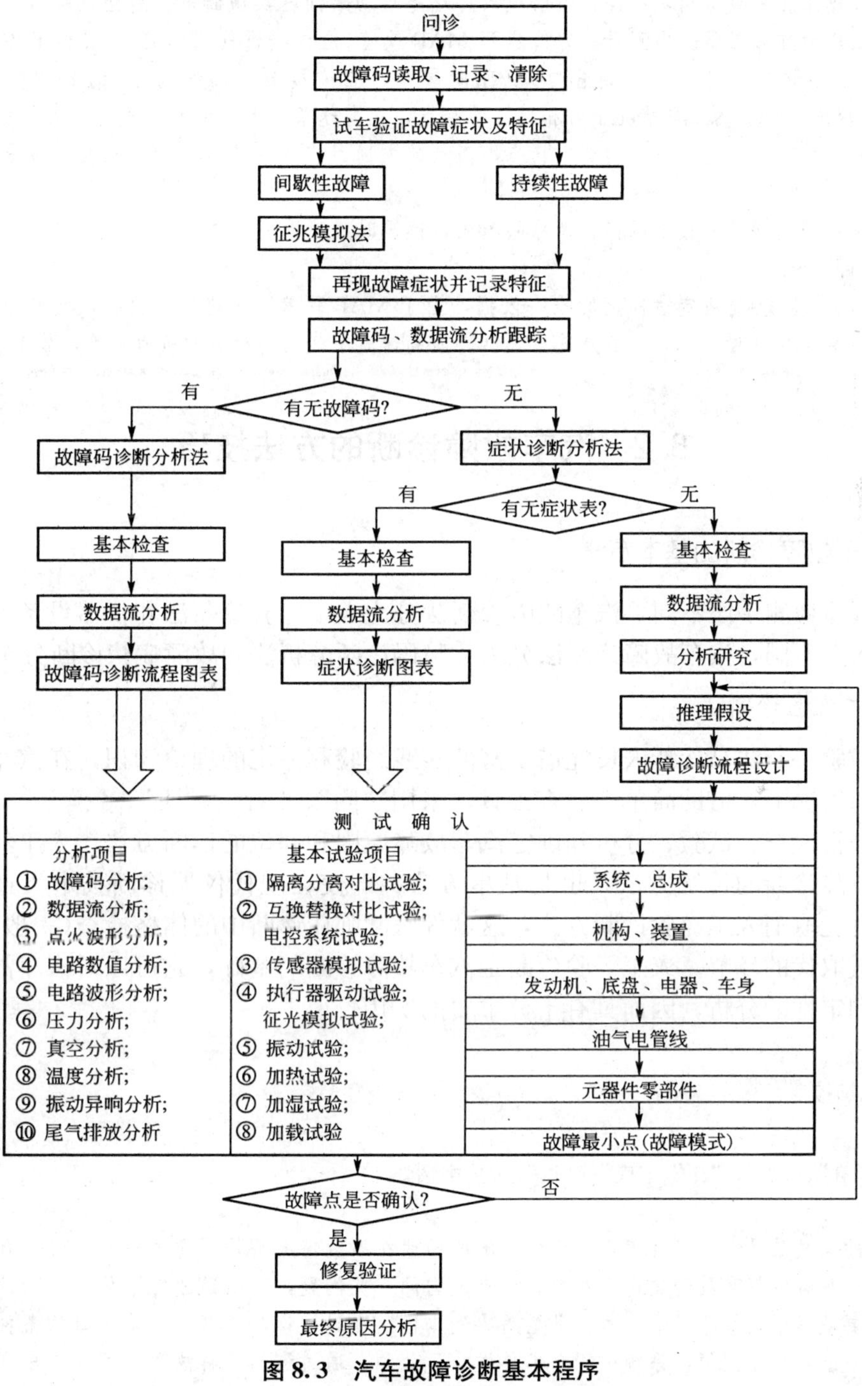

图 8.3　汽车故障诊断基本程序

故障案例

一辆装备进气压力传感器的丰田轿车，怠速时排气管内大量冒黑烟，但高速时工作正常，而且发动机故障报警灯长亮不熄灭。

【诊断与排除】

先问诊，再初查，并使用故障诊断仪检查，调出“P0172/26”(空燃比 A/F 过浓)的故障码。起初怀疑冷启动喷油器工作失灵，出现不停顿喷射现象。对冷启动喷油器实施断电、断油试验后，故障依旧存在。检测汽缸压力亦属正常。当测量压力传感器 MAP 软管(应该接进气门的后方)处的真空度时，发现只有 30kPa，而测量节气门另外一侧管口处(通向炭罐，应该接节气门的前方)的真空度时，其值为 60kPa。这一现象与应有的正常情况正好相反。实际上，在怠速条件下，由于节气门已基本关闭，其后方与发动机汽缸相接，应该处于较高的真空状态；而其前方通过空气滤清器与大气相接，应该处于较低的真空状态。

解决办法：将两根软管接头调换，消除故障码，试车时故障消失。

【案例点评】

进气压力(真空度)是决定喷油量的唯一依据，由于 MAP 软管与炭罐软管错接，使其错取了节气门前方的信号，导致喷油量加大，造成怠速冒黑烟；而高速时节气门前后方的压力相等，故工作正常。

8.2 汽车故障诊断的方法技巧

8.2.1 汽车故障诊断的基本方法

按照故障检测手段不同，汽车故障诊断法分为人工经验诊断法和仪器设备诊断法；按照诊断切入点不同，汽车故障诊断法分为故障码诊断分析法和故障症状诊断分析法。

1. 人工经验诊断法

人工经验诊断法是诊断人员凭借丰富的实践经验和一定的理论知识，在汽车不解体或局部解体的情况下，借助简单的检查工具，采用“问”、“看”、“听”、“摸”、“嗅”、“试”等手段，进行检查、试验、分析和确定汽车故障原因和部位的诊断方法。人工经验诊断法既是汽车故障诊断的传统方法，也是基本方法，即使在现代仪器诊断技术飞速发展的今天，也不可能取消人工经验诊断方法，这就像医学临床诊断中的体格检查(一般检查)一样是不可能被取代的环节。人工经验诊断是汽车故障诊断的基础，它可以对汽车故障做出初步的判断和定性的分析，因而具有十分重要的实用价值。

知识链接

“问”、“看”、“听”、“摸”、“嗅”、“试”应用举例。

1) 问

有经验的驾驶员是半个修理工，他们对故障的描述在多数情况下是非常准确的。而且有些故障很难再现，所以认真听取驾驶员的叙述，并有针对性地询问一些问题，可以迅速缩小故障诊断的范围。在问的过程中不要使用用户听不懂的术语，尽量用事例询问。通过问诊，得到故障发生时的条件和情况，以确定是哪个系统发生了故障，系统中哪个部件发生了故障。通过询问了解故障是否反复出现，如反复出现，是否有共同特性？是否因用户的不良习惯或不适当的使用影响了车辆的运行？在前期维护中是否有保养不当？以前维修时是否有故障先兆？是否存在任何驾驶方面的异常，如加速矬车、没有高速，什么车速下有异常响声等。如故障指示灯点亮，要问清楚故障指示灯什么时候被点亮，行驶过程中故障指示灯在车速多少时开始点亮，行驶过程中故障指示灯是否有时闪烁？车辆同一故障是否在其他地方维修过，更换了哪些部件，修理的内容是什么？在正常保修期内是否按期限进行维护，换油的间隔里程或时间如何？如发动机缺缸，火花塞和高压线使用多少里程等。

驾驶员或维修人员误操作造成的故障(人为造成的故障)，因为没有规律，所以诊断难度是最大的。如汽车同一个故障被多家修理部门维修过，认真听取前任维修人员和驾驶员对维修过程的陈述是非常重要的，这可为维修人员的诊断确定一个合乎逻辑的切入点。

2) 看

(1) 看清是什么车型、生产年份、配置。同一个车型不同年代配置就可能不一样。如不注意区分，一旦装错，就会导致发生新的故障。

(2) 观察易发生故障的部位。认真观察是否被污染、是否密封不良、是否颜色发生异常变化等。许多故障在外观上都留有一定的痕迹，只要注意观察，注意这方面的积累，就能达到快速准确诊断故障的目的。

(3) 看发动机的工作情况。发动机怠速时有无抖动；怠速高时，进气系统的真空软管是否发生破裂；发动机冷却液温度高时，在冷机时看散热器内冷却液液面高度有无异常。

(4) 观察发动机所有附件是否安装正确。

(5) 观察电器插接器连接是否良好，插接器是否锈蚀、松动，所有搭铁点是否接地良好。

3) 听

有经验的维修人员只要汽车从身边通过，就可以听出汽车的一些故障。即使在屋内也可从制动声中准确地判断出外边道路上汽车制动器的工作情况(制动力矩的大小、是否发生制动跑偏)。这些维修人员之所以能从声音中分辨出各种不同的故障，和他们在长期实践中认真体会、总结有关。系统地学好汽车的构造与工作原理、掌握材料的特性，对分析与排除故障非常有益。

要从声音变化中准确地分辨出故障，就要了解各种响声的特性。如连续性响与间断性响、脆响与闷响、有规律与无规律响等，以及异常响声在什么时候，什么工况时出现；失火的声音，燃油泵的噪声，急加速时分辨三元催化转化器烧熔导致内部松动的异常响声和消声器隔声板内部开焊引发的异常响声；动力总成的异常响声，高速旋转件(如传动轴)平衡不好造成的异常响声，正时传动带接触不良的异常响声，进、排气歧管垫或汽缸垫密封不良的异常响声，风阻造成的异常响声等。

为了听得更准确，有些部位还须借助听力棒、橡胶管、听诊器和专用设备。

4) 摸

触摸运动件壳体温度、液流管壳体温度、电子器件壳体温度及机件振动情况，可以判断有无故障。

(1) 运动件润滑不良、安装不当、间隙不当等都会造成机件过热。因此触摸运动件的外壳，过热、过冷、无振动就说明有故障。

(2) 液体流经件有堵塞，则会导致前后温差过大。因此空调管路中有异常过热部位，则说明有堵塞处；冷却液流经器件温差过大，说明该处有堵塞(如节温器未打开、胶管内层脱落堵塞管道等都会造成温差过大)。

(3) 触摸电子元器件的温度(如点火器、电磁阀等)。温度过高说明有故障，温度过低说明其不工作。

(4) 用手触摸蓄电池接线柱、发电机正极接线柱、起动机接线柱、各搭铁点。如果某个部位发热，就说明这个部件接触不良，应拆下它打磨干净，就能使故障排除。

(5) 发动机启动困难，在启动发动机的同时用手摸燃油系统进油软管，如有脉动，说明燃油泵工作。启动时进油软管没有脉动，说明燃油泵没有工作，应重点检查燃油泵继电器。

特别提示

红外线测温仪在汽车维修中的应用越来越多。它既可广泛应用于排气管、发动机冷却系等高温机件的测试，也可用于电气线路短路、器件接触不良故障的测试。测量精确、方便，解决了人体不能触摸的高温机件(如排气管、三元催化器的定量测试是它的优势)。

5）嗅

“嗅”就是闻有无异味。如导线过热或高温使胶皮烧焦的异味；皮带打滑烧焦的异味；摩擦片烧焦的异味；机械部件磨损、不正常摩擦的异味；排气管的生汽油味等。

6）试

为了正确诊断故障，对问诊中发现的问题，要创造出与故障症状相符合的条件和工况来验证故障症状，从而发现问题，解决问题。为了验证某些故障，单缸断火试验、高压跳火试验、急加速试验、急减速试验、汽车道路试验等在汽车故障诊断时经常使用。

路试车辆不仅可以再现故障，使维修人员获得第一手资料。而且在利用故障指示灯、故障诊断仪、多通道示波器检测故障时，有时也需要路试。如用多通道示波器检测热稳定性不好的点火系故障时，需将车预热后，才能做出正确诊断。通过试车可以发现一些特殊故障，如发动机在修竣后无负荷运转正常，有负荷时很可能挂挡后车辆加速不良、高速断火与换挡发闯，制动时转向发抖等。

单一的快速路试往往不能再现某些故障，无法做出正确诊断。路试要么就在特定的条件(突然加速、突然减速、突然制动、突然急转弯等)进行，要么就完成一个完整的驾驶循环。

(1) 启动发动机，热机后加速到高怠速 2 000r/min，保持 5min。

(2) 熄火，待发动机完全冷却后，打开点火开关至少 2s，重新启动发劫机，逐渐加速到 60～80km/h，保持车速行驶 5min。

(3) 停车，怠速运转 30s，以 50%的节气门开度加速到 60～80km/h，保持车速行驶 5min。

(4) 停车，怠速运转 1min，关闭发动机，完成一个完整的驾驶循环。

经验点拨

(1) 点火线圈表面温度超过 95℃，说明内部线圈短路，必须更换。

(2) 点火器表面温度超过 100℃，说明内部短路，必须更换。

(3) 三元催化转化器进入闭环控制温度为 350℃。如其前后温差不足 10℃，三元催化转化器必须更换。

(4) 检查发动机散热器进、出水管的温差。进水管的温度应比回水管的温度高 30℃，如进、出水管的温差过大，说明散热器内部有堵塞。

(5) 检测发动机水套前后端温差，如温差过大，说明发动机水套内水垢过多，应及时清理。

(6) 在大负荷用电时，水温表显示发动机冷却液温度过高，用红外线测温仪检测散热器冷却液温度正常，则可能是发动机搭铁线不实(接触不良)。

(7) 用红外线测温仪检测散热器进水管温度和数据流上的冷却液温度对比，可判断冷却液温度传感器信号是否准确。

(8) 用红外线测温仪检测自动变速器的油温正常，但数据流却显示其油温超过 150℃，说明自动变速器油温传感器或线束短路。

(9) 自动变速器油散热器进、出油管的温差应为 30℃。如进、出油管的温差过小，说明散热器内部水道有堵塞而散热不良；如进、出油管的温差过大，说明散热器内部变速器油道堵塞。

(10) 用红外线测温仪检测轮毂轴承、减速器轴承、制动器等处的温度，也能判断装配及工作是否正常。

(11) 冷机启动困难(有时能启动，有时多次也不能启动)，但热机后启动正常；怠速运转平稳，急加速时发动机转速不稳定，可能蓄电池、发动机、变速器或ECU的搭铁线中有一处搭铁不良。

(12) 燃油系统保持压力低于正常值时，通常表现为冷机启动基本正常，热机启动困难。因为高温使燃油分配管内燃油蒸发造成气阻。

(13) 冷机时启动和行驶正常；热机高速行驶时会突然熄火，熄火后无法再立即启动，过15min左右可正常启动。说明点火继电器、曲轴位置传感器、点火器和点火线圈中有一个热稳定性不好。

(14) 汽车行驶正常，但急加速时排气管冒黑烟，严重时急加速熄火。故障原因是燃油箱燃油过满，一部分燃油以液态形式直接进入炭罐。

(15) 每天第一次启动发动机时，排气管内冒蓝烟，发动机发出“突突”声10s，随后一天之内排气管不再冒蓝烟，说明气门油封密封不良。

(16) 热机急加速时排气管冒蓝烟，加速时气门室(打开气门室盖)也冒烟，说明活塞环密封不良。

(17) 打开空气滤清器，里边有黑色油液，说明曲轴箱通风阀堵塞。

(18) 怠速时发动机抖动得非常厉害，发动机故障指示灯不亮，试车时急加速矬车，大负荷时动力不足，但中速运转平稳，通常是废气再循环阀密封不良造成的。

(19) 每天第一次踩节气门踏板时感觉费劲，说明节气门处有较多的积炭，应及时清洗节气门系统和旁通空气道，否则会造成行驶正常，但放松节气门踏板熄火。

(20) 每天发动机第一次启动时困难，但启动时如踩下节气门踏板启动就不困难了，说明旁通空气道内有较多的积炭，应清洗旁通空气道内怠速步进电动机和怠速空气阀，洗后用压缩空气吹干净。

(21) 捷达轿车型号不同，发动机ECU版木也不同，所换的发动机ECU版本与原车不符，会造成换挡冲击、油耗增大。

(22) 蓝鸟轿车匹配有U12发动机和U13发动机，但发动机的许多件都不能互换，如发动机冷却液温度传感器互换后，会造成发动机启动困难或油耗高等故障。

(23) 桑塔纳2000和桑塔纳3000空气流量传感器的型号不同，不能互换。互换会导致混合气过浓，油耗增加。

(24) 氧传感器触头发白，说明被冷却液污染。应重点检查汽缸垫和涡轮增压发动机进气歧管垫的密封性。

(25) 每次启动需要滞后2s才能启动，说明凸轮轴位置传感器失效退出。

(26) 排气门烧蚀会使汽缸密封不良，导致冷机和热机都需连续两次启动，才能启动发动机。启动发动机时，在排气尾管出口处能听到“噗噗”声。

(27) 启动时用手摸燃油分配管前的汽油软管，应感觉到汽油在流动，否则说明电动油泵不工作。

(28) 手放到排气管出口处，用手感觉排气尾管的排气量，如过小说明发动机排气不畅。急加速时如有金属撞击声，说明消声器内部开焊；没有金属撞击声，则是三元催化转化器(TWC)堵塞。

2. 仪器设备诊断法

仪器设备诊断法是诊断人员在汽车不解体或局部解体的情况下，采用检测诊断设备对汽车各种诊断参数进行检测、试验、分析，最终确定汽车故障原因和部位的诊断方法。利用仪器设备对汽车进行多参数动态分析，可以迅速准确地诊断出汽车复杂的综合性故障，为汽车故障诊断技术从传统的经验体系向现代的科学体系发展奠定了坚实的基础。熟练使用各种检测诊断仪器设备已经成为现代汽车故障诊断人员的必备技能。

电控发动机常用诊断设备有：解码器(故障诊断仪)、汽车专用示波器、发动机综合性能测试仪和喷油器检测清洗仪等。

3. 故障码诊断分析法

故障码诊断分析法是仪器设备诊断法的一种特殊形式，它以汽车故障诊断仪调出的汽车电子控制系统故障码为切入点，进行汽车故障诊断分析的一种方法。汽车故障诊断仪在自诊断分析中最重要的是故障码和数据流这两种显示方式，故障码可以定性地给出故障点的描述，数据流可以定量地给出一批数据参数的显示，这些参数中不仅能对计算机输入输出信息进行多通路的即时显示，还可以对计算机控制过程的参数进行动态变化的显示。

4. 症状诊断分析法

症状诊断分析法是以故障所表现出来的症状为切入点，以汽车结构原理为基础，用故障症状与故障原因之间的逻辑关系进行分析，然后采用检测和试验的手段进行故障诊断分析的一种方法。这种方法适用于汽车非电子控制系统和无故障码输出的电子控制汽车各个系统的故障诊断。传统汽车故障诊断就是以症状诊断分析法为基础的故障诊断，症状诊断分析法同样采用人工经验诊断法和仪器设备诊断法相结合的综合诊断方式来完成。

症状诊断分析法是最基本的诊断分析方法，特别对自诊断系统不能准确把握的故障诊断项目需要借助于此方法。也就是说症状诊断分析法无论过去、现在还是将来都将是汽车故障诊断中的重要组成部分，特别是对于汽车动力机电热一体化、汽车传动操纵机电液一体化、汽车控制通信机电光一体化的发展趋势而言，汽车故障的多样性决定了症状诊断分析法仍然会起着不可忽视的作用。

综上所述，传统汽车故障诊断是以症状诊断分析法为基础，以人工经验诊断法为主要手段，仪器设备诊断法为辅助的汽车故障诊断。现代汽车故障诊断是以故障码(自诊断)诊断分析法为导向，以症状诊断分析法为基础，以综合诊断方法为主要手段的汽车故障诊断。汽车故障诊断法表示检测手段的不同，汽车故障诊断分析法则表示分析路径的不同。

8.2.2 汽车故障诊断的基本技能

汽车故障诊断的方法很多，如询问用户法、直观检查法、温度检查法、清洁检查法、振动检查法、电阻测量法、电压测量法、电流测量法、电源短接检查法、脱开支路检查法、元件替换法、刮火法、试灯检查法、重接或重焊检查法、比较法等。为了快速准确地识别出故障部位，应熟练掌握下列故障诊断方法：故障再现法、故障码分析法、ECU数据流分析法、发动机转动阻力检查法、发动机启动状况检查法、点火与预热系统检查法、燃油系统检查法、压缩系统检查法、断缸检查法、空燃比检查法、活塞环/气门导管漏油损失检查法、排气状况检查法和端子接触压力检查法等。

特别提示

排除故障时，单一的故障检查法难以快速见效，要将几种检查方法综合起来应用，方能见奇效。

1. 故障再现法

维修人员应根据故障症状及症状发生的条件，通过“施加振动”、“加热或致冷”、“淋水”和“加电负荷”等方法再现故障症状，如图8.4所示。如果振动电气线束或加热部件时症状被再现出来，则故障原因已明。同时通过电压测量，可进一步明确故障部位。

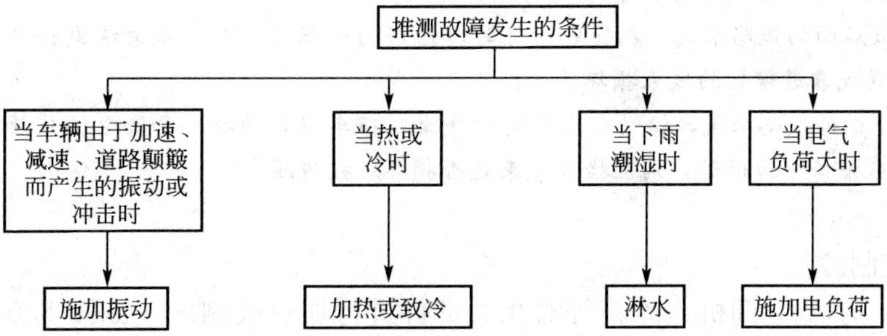

图 8.4　再现故障的基本方法

特别提示

在进行再现故障症状过程中，如果插接器无意中脱开或连接起来，接触状况将改变，症状可能再现不出来。因此，在症状通过再现被确认之前，不要试图脱开和连接插接器；在症状已被确认，维修人员能够进行故障排除之前，插接器不应当被脱开和连接起来。

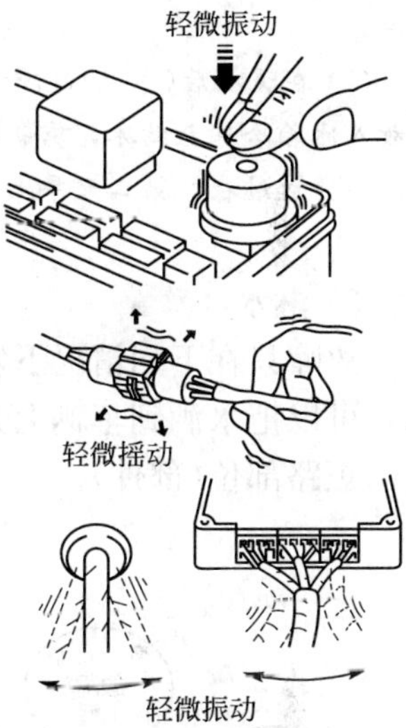

图 8.5　振动法再现故障或查找故障

1）施加振动

对于车辆在凹凸不平路面上行驶或当发动机振动(怠速空调运转)时，症状变得更加明显的故障。可用振动法帮助故障再现，并排除故障。

使用振动法再现故障时，可模拟车辆振动时造成发动机倾斜或电气线束被拉的情况，振动传感器和电气线束，以再现故障(包括接触不良)。

用手轻轻地上下或左右晃动线束、插接器、传感器、继电器等，查看被检查系统症状变化情况，从而判断有无松动、固定不良或接触不良的地方，如图 8.5 所示。

在 A/T 车辆中，发动机在 D 位或 R 位范围内失速，使发动机由于反转力而倾斜，可再现发动机室中的电气线束接触不良或拉伸故障。

特别提示

(1) 暴露在潮湿空气中的插接器的表面可能产生很薄的腐蚀层；如果某插接器插片松动，也会造成时断时连。如果故障间歇发生，可能是腐蚀或接触不良造成的。此时，若粗心地推动插接器，可能电路暂时接通，甚至故障消失了，故障也不能被再现出来，但故障并没有真正排除。因此，最好拆开插接器仔细检查，清理插接器端口，彻底消除故障隐患。

(2) 当车辆或发动机振动导致电气故障更加明显时，应着重检查发动机室的下列机件：插接器是否完全到位；线束长度是否不足(在发动机振动或摇晃时受力)；靠着支架或运动部件的电线；地线松动、脏污或腐蚀；导线距离发动机高温部件太近。

(3) 检查发动机室内的元器件时，从确认搭铁线完好开始，然后轻轻晃动线束或部件来检查连接是否松动，沿电路图指示检查线路是否导通。

(4) 对仪表板后面的线路来说，在安装附件时，错误的布线可能会使线束受到挤压。车辆振动时会使那些沿支架布置或靠近螺钉的线束损坏。

(5) 对座椅下面的线路来说，松动或未固定的线束，在车辆振动时，会使电线被座椅部件(如滑轨)挤压。如果电线从座椅下边通过，则应检查线束是否损坏或被挤压。

2) 加热或制冷

用吹风机、小型空调机、冰箱等对相关部件进行加热或制冷，如图 8.6 所示，以检查是否由于温度变化而导致零部件故障(电子元器件会因过热使性能变差，或热胀冷缩导致机件接触不良或不正常接触而短路)。

特别提示

(1) 车辆常在炎热天气或暂时停车时出现故障，可用加热枪或电吹风加热该元器件(不要将部件加热到超过 60℃)，通过热敏感情况判断有无故障。该元器件被加热后故障再现，则应更换它或正确隔离热源。

(2) 在暖机后(冬天)故障消失，其原因可能与电路系统的某机件过冷，甚至结冰有关。可将被怀疑件放入冰箱冷冻至结冰，重新将零部件装回，并检查故障是否再现。若再现，则更换该机件。也可使汽车露天停放过夜，第二天早上再对怀疑电气元件进行快速检查，以找出故障。

3) 淋水

故障只在下列情况下发生时：高湿度天气、雨雪天气、发动机室进水、插接器附近有水，可以把水洒到车辆上方或将车辆驶过清洗机来模拟故障产生条件，如图 8.7 所示，以查出短路部位(部件)。

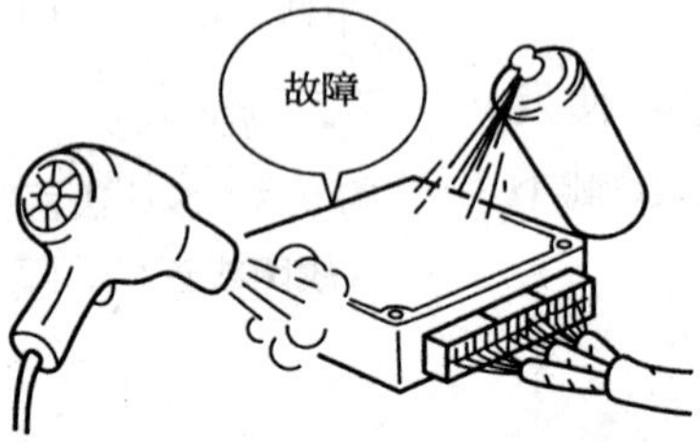

图 8.6　通过加热再现故障

图 8.7　淋水再现故障

特别提示

不要直接把水洒到发动机以及电子部件上。要把水喷到散热器的前部，间接把水汽加到发动机上。如果雨水漏进发动机室，水可能会通过电气配线进入 ECU 或插接器。对于有漏水历史的车辆，应重点进行水淋法检查。

4）施加电气负荷

打开所有电气装置(如空调鼓风机、大灯、后窗除雾器等)，以造成蓄电池电压降低或电压波动，检查是否由于负荷过大而导致的故障。

2. 故障码分析法

现代轿车的电子控制系统均有故障自诊断功能，可利用故障诊断仪调出故障码，通过对故障码分析，帮助排除故障。当DTC显示有故障时，被故障码指示系统中的传感器、执行器、线束和ECU可能有故障；当DTC显示正常时，说明有诊断功能的系统正常，故障可能在没有诊断功能的系统中；当无DTC显示时，ECU或ECU的电源系统有故障。

特别提示

(1) 无诊断功能的系统主要有点火系高压电路和燃油系统等。

(2) 故障诊断仪在正常模式时，不能测出短时间发生的故障(因为它不满足诊断条件)；此时，应转入检查模式，短时间发生的故障(例如接触不良等)能够被检测出来。

(3) 利用故障诊断仪诊断故障时，应先调出故障码，将故障码和定格数据记录下来，接着清除故障码(目的是清除残存的旧代码，以便调出现存故障码)；再现故障症状，再次读取故障码，并判断故障码是否与故障有关(若DTC指示与实际显示的故障系统不相符，应采用诊断性检查做出进一步判断)。

知识链接

现代汽车电子控制系统都具有故障自诊断功能，当发动机ECU检测到控制系统有故障时，ECU将故障信息存入存储器。同时启动“检查发动机”报警。通过一定的操作程序可将故障码从ECU中调出，从而缩小检查范围，迅速准确地确定故障的性质和部位，有针对性地去检查排除故障。但是读取故障码并不一定能快速排除故障，因为有故障码不一定有故障，无故障码的控制系统不一定正常。而且，故障码仅仅指出一个范围，有时还必须综合考虑其他因素。

故障码所覆盖的内容是ECU直接控制的相关元器件(如电动燃油泵的继电器)，非直接控制的电控元器件的好坏，只能通过现象来判断(如电动燃油泵)。因此，故障码和故障现象也存在着因果关系和非因果关系。

1) 有故障码但无故障现象

例如，克莱斯勒轿车瞬时发现“43”故障码(点火线圈初级峰值低)，因为点火和喷油是程序控制，必然出现“27”故障码(喷油器有故障)，实际上INJ没有故障，这是保护作用的反映。另外，“历史故障码”也属于有故障码但无故障现象。

2) 有故障现象但无故障码

如果读故障码时发现无故障码，不能肯定控制系统一定正常。因为没有故障码，传感器信号或开关信号不一定准确。这时应该用故障诊断仪读取发动机数据流，并将其与标准数据进行比较，检查传感器或开关信号是否正常。例如，运行中发生的轻微、瞬时性偶发故障(如偶发1～2次断火、瞬时断油、瞬时外界电磁波干扰、瞬时误操作又改正等)则为有故障而无故障码。

(1) 冷却液温度传感器(CTS)。CTS信号有一定的范围，如某超出信号范围，发动机ECU一定储存故障码；但如果信号在规定范围内，却不准确，肯定无故障码，但传感器不一定正常。例如，80℃时实际测出CTS的电阻值为2kΩ(CTS在20℃时的标准阻值为2kΩ，80℃标准值为200～400Ω)，发动机

ECU认为是冷机，增加喷油量，提供浓混合气，油耗大，热机却难启动。这种情况下，绝对读不出故障码(因为CTS的信号在规定范围内，ECU认为传感器是正常的)。同样，如果实测20℃时CTS的电阻值是200Ω，ECU认为是热机，不增加喷油量，会造成冷启动困难，暖机工况不良，因为CTS信号在规定范围内，没有开路或断路，ECU认为CTS正常，也没有故障码。

(2) 节气门位置传感器(TPS)。线性TPS信号电压为0.5～4.5V。如果节气门卡滞、拉索过紧、安装位置不当，就会使怠速时信号电压不正常。假如安装位置不当，怠速时信号电压为0.8V，ECU认为此时是小负荷工况，非怠速工况，不修正喷油量，使怠速时混合气稀而怠速不稳。这种情况下TPS有信号电压，ECU认为是正确的，所以没有故障码。TPS信号不正确还会使自动变速器的换挡点改变，如某克莱斯勒车TPS型号不对，怠速时信号电压为4.5V，节气门全开时信号电压为0.5V，因为有信号，所以没有故障码。该车会存在两个故障现象，一是不踩节气门踏板不启动，因为ECU收到TPS信号电压为4.5V，认为节气门全开，此时再收到启动信号，ECU即进入“清除溢油功能”，控制不喷油或空燃比为20∶1，造成不能启动。此时必须踩下节气门踏板才能启动，踩到底正好是0.5V。又因为怠速时TPS信号电压为4.5V，从而造成自动变速器换挡点错误；发动机转速很高而车速仅仅为20km/h左右。TPS信号错误还会使空调压缩机不工作，这些情况下都不会有故障码。

(3) 空气流量传感器(MAF)。MAF与发动机转速信号确定基本喷油量。如果MAF信号偏弱，或随着节气门开度增加，MAF信号上升很小，造成基本喷油量少，但实际进气量随着节气门开度的增加而增加，结果造成混合气稀，加速时动力反而下降，甚至熄火。此时MAF有信号，也没有故障码。

(4) 进气压力传感器(MAP)。节气门开度的增加使真空度下降，MAP信号同步变化。如果真空管漏气、发动机真空度低或MAP本身故障，MAP信号会偏离正常值，而由于MAP与发动机转速确定基本喷油量，所以会造成混合气浓或稀。因为有信号，所以也没有故障码。

(5) 氧传感器。氧传感器监测发动机燃烧情况，信号电压应该在0.45V左右变动。信号电压小于0.45V反馈给ECU后，ECU立即修正增加喷油量；信号电压大于0.45V反馈给ECU后，ECU立即修正减少喷油量。如果氧转感器本身故障造成信号电压一直偏低，即告诉ECU混合气稀，ECU立即增加喷油量。虽然增加喷油量，但氧传感器信号电压仍偏低，造成混合气越来越浓，甚至使排气管排出大量的黑烟。在这种情况下有的车会储存氧传感器信号偏低的故障码，有的车不会。

(6) 爆燃传感器。爆燃传感器监测发动机爆燃情况，有的爆燃传感器信号断路会储存故障码，有的车拔去爆燃传感器的信号线也不会产生故障码。

(7) 曲轴位置传感器(CKP)和凸轮轴位置传感器(CMP)。CKP没有信号一般不能启动发动机，当然也有极个别的例外，如一汽捷达前卫二气门发动机，当发动机转速及CKP出现故障后，ECU用CMP信号替代并换算出发动机转速及位置信号，发动机可以再启动。CMP没有信号时，有的车能启动，有的车根本不能启动，有的车能启动一瞬间然后立即熄火。本田飞度发动机如缺少CMP信号就像发动机缺少IGF信号一样中断燃油喷射，出现启动又立即熄火的现象。如果CKP或CMP由于脏污、信号盘缺齿或弯曲变形，造成信号不正确影响喷油正时和点火正时，就会造成转速不稳、动力性和加速性差、回火或放炮等故障现象，但不一定储存故障码。有的则需要用起动机带动发动机运转较长时间才能记忆故障码。

(8) 开关信号。怠速时接通空调A/C开关或变速杆由P位、N位换入D位或打方向使动力转向开关接通，此时ECU收到开关信号要提高怠速转速。如果由于开关信号损坏，接通上述开关时，开关信号没有传递给ECU，ECU就不会控制怠速提速。造成不接通上述开关时怠速正常，接通上述开关时怠速下降甚至熄火。开关信号断路或短路通常不会存在故障码。但在一定条件下，ECU根据逻辑判定法，可能检测到相应故障，进而存储故障码，如在一定持续时间内，车速已超过一定数据(一般为70km/h或更大)、发动机转速大于一定转速(一般为1 500～2 500r/min)，而空挡启动开关仍保持接通时，ECU则会存储空挡启动开关不良的故障码。

凡不受ECU直接控制的电子元器件、机械元器件、电控元器件，因未超出值域和时域范围时，有故障现象，但无故障码。如电动燃油泵油压偏低时，有怠速不稳和加速不良的故障现象，但无故障码，严重时氧传感器会代为报警。

3）故障码并不能指出具体故障部位

故障码指出了故障范围，并没有指出具体的故障部位。而且，故障码所指示的也不一定就是电气元器件及相关电路的问题，有些机械故障可能与电子故障相似或相反。控制系统的正常工作是以正常的发动机机械性能为前提的。控制系统出现的许多故障码，实际上可能是由发动机的机械磨损或机械故障所引起的。例如，故障指示灯点亮，并出现进气压力传感器(MAP)发生故障的故障码，那么除了检测MAP及其电路外，还应检查进气管有无真空泄漏。又如丰田车系发动机中的故障码71，内容为EGR系统故障。当行驶中故障灯亮，故障码为71时，清码后故障灯熄灭，如不进行相应的试车，故障灯一时不点亮，但通常在用户行驶几天后故障灯又会亮起。这时除了检查EGR气体温度传感器及其线路、EGR真空管软管的连接、EGR阀的工作、ECU是否不良外，还要检查EGR阀后方的废气进入进气歧管的通道是否阻塞。因为废气再循环通道堵塞，EGR阀打开时，废气无法进入进气歧管，这时EGR气体温度传感器感应到的温度值就和发动机机体温度相近，而且是在高温的废气温度。汽车ECU从EGR气体温度传感器电阻值的不正常变化中感觉到故障，因而点亮故障灯报警。

3. ECU数据流分析法

汽车故障诊断仪具有检测和清除故障码、读取数据流、冻结数据帧(定格数据)、系统动态监视、执行元件动作测试等功能。

无论有无故障码输出，阅读ECU的数据都是至关重要的。它是维修人员寻找故障原因，判断故障部位的重要依据。尤其是对于传感器失准类故障，更应该通过读取数据流分析判断故障。例如，冷却液温度传感器信号失真，既没有断路，也没有短路，只是信号电压反映的不是真实的冷却液温度，ECU的自诊断功能就不会认为它是故障；氧传感器反馈信号失真使尾气超标；空气流量传感器由于进气太脏导致实际进气量与空气流量传感器所检测到的进气量差异大等，都可能不被ECU记录。在这种情况下，阅读ECU数据成为解决问题的关键。通过阅读ECU数据，能够了解各传感器输送到ECU的信号值与ECU对某些执行器的输出值。通过实测值与标准值的比较，可找出确切的故障部位。

知识链接

1）汽车故障诊断仪显示的主要串行数据参数

(1) 系统电压。蓄电池和充电系统必须提供一个经过连续调节的12～14V的电压，ECU必须接收到12～14V的电压，系统才能正常工作。

(2) 发动机转速。发动机转速信号是发动机ECU最重要的一个信号。它能告诉ECU发动机是在启动、怠速、加速、减速，还是在常速运转。转速信号会影响到ECU对点火、燃油和变速器的全面控制。

(3) 进气量。进气量数据值可以是电压、频率、空气流量(g/s)。大多数控制系统将进气量测量值作为ECU计算发动机相对负荷的起始点。这些参数主要是作为燃油控制和点火控制的主控信号。有的发动机既有空气流量传感器(MAF)又有进气压力传感器(MAP)，但以MAF检测控制为主，当ECU检测到MAF失效时则采用MAP控制方式，两者配合可相互检测，并便于ECU利用逻辑判定法判断某些故障(如进气歧管漏气、空气流量传感器后方漏气等故障)，有的还可利用MAP判断EGR是否工作等。

(4) 节气门位置。因为在发动机加速、减速、常速、怠速工况时，ECU都要改变空燃比，因此节气门位置传感器信号对燃油控制系统有较直接的影响。而且它也是自动变速器变速控制的主控信号之一。以开启角度、百分比开度或信号电压表示。

(5) 温度参数。发动机冷却液温度、进气温度和自动变速器油温度均会对燃油、点火和排放系统的工作及变速器控制产生影响。

(6) 氧传感器。氧传感器的信号是ECU用来控制空燃比的反馈信号，也是ECU用来确定开环或闭环控制的主要信号。氧传感器测出废气中有过多的氧存在时，说明混合气过稀，ECU便略微加浓混合气。当氧传感器测量出废气中氧含量低于正常值时，表明混合气过浓，ECU将作出反应，使混合气略微变稀。

(7) 控制环路状态。根据需要实施开环或闭环控制。

(8) 长期和短期燃油修正值。许多燃油喷射系统提供一些数据参数，这些数据参数能指示出控制系统在稀或浓的方向上对燃油混合气进行修正的长期趋势或短期作用。短期校正表示ECU对混合气浓度变化立即作出反应的校正过程；而长期校正值则表示发动机ECU对所控制的混合气浓度的长期校正的程度，它取决于燃油短期修正值在一定时间内的变化情况。若ECU发现燃油短期修正值在一段时间内一直太大，就会增大燃油长期修正值，这表明ECU在一段时间内一直按增加喷油脉宽来控制发动机的工作。OBD-Ⅱ车载诊断标准要求这些值以百分数的形式给出。

(9) 车速。车速影响到变速器控制、点火正时、燃油计量和排放控制各子系统。它还是某些防抱死制动和巡航控制的输入信号。

(10) 怠速控制值。发动机转速信号反映实际怠速转速。大多数系统也提供这样的数据：所希望的怠速转速、怠速空气控制阀或节气门电磁阀和电动机的工作数据。这个数据项以占空比的百分数或怠速控制步进电动机步数等形式出现。

(11) 喷油脉宽。即喷油器每次喷油时的喷射时间。

(12) 点火提前角。反映点火正时，一般显示实际的点火提前角。

(13) 开关信号状态。开关信号状态主要有空调请求开关状态、变速器挡位开关状态、动力转向压力开关状态、制动开关状态、启动信号等。

(14) 继电器状态。继电器状态主要有空调压缩机电磁离合器继电器状态、燃油泵继电器状态、风扇控制继电器状态等。

(15) 活性炭罐清污电磁阀。显示燃油蒸发控制清污电磁阀的开关状态或占空比负载循环。

(16) 废气再循环控制。主要有EGR真空电磁阀、EGR电磁阀、EGR位置传感器等，以占空比的百分数或电压等形式出现。

2) 数据分析方法

数值分析法。在控制系统运行时，ECU将以一定的时间间隔不断接收各个传感器的输入信号和向各个执行器发出控制指令，对某些执行器的工作状态还根据相应传感器的反馈信号再写加以修正。维修人员可通过诊断仪器读取这些信号参数的数值加以分析。如系统电压，在发动机未启动时，其值应为当时的蓄电池电压，在启动后应等于该车充电系统的电压。若出现不正常的数值，就表示充电系统或发动机控制系统可能出现故障(有些车型的充电系统是由发动机ECU控制的)，有时甚至是ECU内部的电源部分出现故障。

对于发动机不能启动(启动系统正常)的情况，应注意观察发动机转速信号(用故障诊断仪)，因大多数发动机控制系统在对发动机进行控制时都必须知道发动机的转速，否则将无法确定发动机是否在转动，当然也无法计算进气量和进行点火及喷油的控制。

应用案例

某些车型冷却风扇的控制不是采用安装在散热器上的温控开关，而是发动机ECU接收冷却液温度传感器的电压信号来判断冷却液的温度变化，当达到规定的温度时，ECU将控制风扇继电器接通，使风扇工作。如一辆克莱斯勒汽车，发动机启动时间不长，冷却风扇即工作，此时凭手感可知发动机冷却液只有40～50℃。根据该车的电路图，可确定该车的风扇是由ECU控制的，故接上故障诊断仪，没有故障码存在，但在观察数据时发现，ECU读取的冷却液温度为115℃。根据该车的设计，发动机电风扇的开启工作温度为102～105℃，停止温度为96～98℃。所以可以判断ECU对风扇的控制电路是正常的，问题在于ECU得到的温度信号是不正确的，这可能是由冷却液温度传感器、线束插接器或ECU本身的故障引起的。经检查发现传感器的阻值不正确，更换后一切正常。原因在于该车在故障码的设定中，只规定了开路(－35℃以上)和短路(120℃以上)状态，并不能判断传感器温度值是否反映实际温度值，当然也就无法给出故障码了。从此例中可看出，应注意测量值和实际值的关系。对一个确定的物理量，不论是通过诊断仪或直接测量得到的值与实际值应差异不大(因测量手段不同)，否则就可能是测量值有问题了。

从ECU转给诊断仪的每项数据都有特定值，即汽车维修手册中给出的信号范围。维修人员必须了解这些数值范围并将它们与诊断仪目前的读数进行比较，以便识别出系统故障。别忘了有些信号还需要在发动机不同的工况下观察其动态变化来判断其好坏。

用故障诊断仪读取数据流来判别短路和断路是最容易的事。对电阻型传感器来说，诊断仪显示的读数为5.0V和接近5.0V的电压(大多数传感器均靠5V电压工作)，就表明到ECU的传感器电路断路，0V表明电路短路。

故障诊断仪动态数据可以是ECU输入和输出信号的数据，也可能是由ECU处理后的数值。在某些系统中，一个传感器发生故障将导致ECU忽视来自该故障传感器的信号，而是根据它自己的存储器内存储的备用值进行工作。在这种情况下，ECU传送给诊断仪的是此备用值而不是故障传感器的信号。如某些车的氧传感器线路断路，诊断仪上显示的氧传感器信号电压为0.45V。如果诊断仪的任何一个读数与特定故障或症状都没有关系，维修人员应直接用万用表、示波器、频率计数器等检测设备对系统选行检测。

时间分析法。ECU在分析某些数据参数时，不仅要考虑传感器的数值，而且要判断其响应的速率，以获得最佳的控制效果。如氧传感器的信号，不仅要求有信号电压和电压的变化，而且信号电压的变化频率在一定时间内要超过一定的次数(≥6～10次/10s)，当小于此值时，就会产生故障码，表示氧传感器响应过慢。有故障码的故障是比较好解决的。但当次数并未超过限定值，而又已经反应迟缓时，并不会产生故障码。此时如仔细体会，可能会感到一些故障症状。应接上仪器观察氧传感器的数据(包括信号电压和在0.45V上下的变化状态，以判断传感器的好坏)。如某奥迪轿车，当氧传感器的响应迟缓时，往往在1 600～1 800r/min之间出现转速自动波动(约100～200r/min)，甚至影响加速性。这往往是由于氧传感器响应迟缓，导致空燃比变化过大，造成转速的波动。对采用OBD－Ⅱ系统的车辆，三元催化转化器前后氧传感器的信号变化频率是不一样的。通常后氧传感器的信号变化频率至少应低于前氧传感器的一半，否则可能三元催化转化器的转化效率已减低了。

因果分析法。在各个系统的控制中，许多参数之间是有因果关系的。如ECU得到一个输入，肯定要根据此输入给出下一个输出。在认为某个过程有问题时，可以将这些参数连贯起来观察，以判断故障出现在何处。例如，在自动空调系统中，当按下空调选择开关后，该开关并不直接接通空调压缩机离合器，而是该开关信号作为空调请求信号被传送给发动机ECU。发动机ECU接收到此信号后，检查是否已满足设定的条件，若满足，就会向压缩机继电器发出控制指令，接通继电器，使压缩机工作。所以当空调不工作时，可观察在按下空调开关后，空调请求、空调允许、空调继电器等参数的状态变化，以判断故障点。

关联分析法。有时ECU对故障的判断是根据几个相关传感器信号的比较，当发现它们之间的关系不合理时，会给出一个或几个故障码，或指出某个信号不合理。此时一定不要轻易地断定该传感器不良，而要根据它们之间的相互关系进行进一步的检测，以得到正确的结论。例如，韩国大宇某些车有时会给出节气门位置传感器信号不正确，但不论用什么方法检查，该传感器及其设定值都无问题。而维修人员若能认真地观察转速信号，就会发现转速信号不正确，更换分电器中的转速传感器后，故障排除。故障原因是 ECU 在接收到此时不正确的转速信号后，并不能判断出转速信号是否正确(因无比较量)，而是比较此时的节气门位置传感器信号，认为其信号与接收到的错误转速信号不相符，故给出节气门位置传感器的故障码。

比较分析法。当维修人员没有足够的技术资料和详尽的标准数据，无法很准确地断定某个元器件的好坏时，可与同类车型或同类系统的数据进行比较。当然在修理中，很多人会使用替换实验进行判断，这也是一种简单的方法。但在进行时，注意应首先做一定的基本诊断，在基本确定故障趋势后，再替换被怀疑有问题的元器件，不可刚开始就乱换元器件，其结果可能是换了所有的元器件，仍未发现问题。要注意的是用于替换的元器件一定要确认是良好的，而不一定是新的，这是做替换实验的基本准则。

(1) 有故障码时。可以直接找出与该故障码相关的数据进行分析，并根据故障码设定的条件分析故障码产生的原因，进而对数据的数值及波形进行分析，找出故障点。

(2) 无故障码时。

① 读取相关数据参数。确认无故障码存在时，从故障现象入手，根据控制系统的工作原理和结构，推断相关数据参数，再用数据分析的方法对相关数据参数进行观察和全面分析。

② 用直接测量的方法鉴定故障诊断仪的数据并验证精度。用一个红外温度测量工具，在安装冷却液温度传感器的位置检查汽缸盖温度，同时观察故障诊断仪上的传感器读数。两个读数之间的偏差过大，就意味着冷却液温度传感器失调。对进气压力传感器也可如此测试：用手持式真空泵给传感器加真空，用数字式万用表测量传感器信号电压。在不同的真空度情况下测取电压读数，与标准比较，便可确定传感器校准正确与否。进行这种测试对消除运行故障的误诊断和不必要的部件更换是很重要的。

③ 运用多种数据分析法分析故障产生的原因。可运用数值分析法分析，对相关数据进行动态检测。再结合其他分析方法观察数据，进行逻辑推理和判断，找出导致数据不正常的某个或多个原因。在进行数据分析时，常常需要知道所修车辆系统的基本原理和结构、基本控制参数及其在不同工况条件下的正确读值，并同时运用多种数据分析方法，经过认真的分析，才有可能得出准确的判断。

④ 区分燃油系统和进气系统的电气/电子故障与机械故障。如经分析存在多个可能原因时，可逐个检查排除，并注意区分燃油系统和进气系统的电气/电子故障与机械故障。一些机械故障也会影响燃油控制系统，并会引起串行数据读数和电子控制系统的工作出现异常。如真空泄漏便是这种机械故障的最常见例子。排气不畅也是一种机械故障，它会影响歧管压力、燃油喷射脉宽和氧传感器信号。

⑤ 进一步检测、排除故障，并试车验证故障是否排除。

4. 发动机转动阻力检查法

拆下所有汽缸的火花塞/预热塞，将弯颈扳手放在曲轴皮带轮螺栓上，转动发动机以测量转动阻力。当发动机转动阻力很大时，拆下所有传动皮带，并重新检查发动机转动阻力。若转动阻力仍然很大，故障在发动机内部机构部件；若转动阻力变小，故障在发动机附件。

通过发动机转动阻力检查，能够确定发动机不能正确启动的原因是在发动机附件系统，还是在发动机本身机械系统。

特别提示

应该在发生故障的条件下(例如在冷车或热机时)进行检查；由于发动机转动阻力没有标准值，故应将其与正常发动机进行比较。

5. 发动机启动状况检查法

导致发动机启动异常的原因很多。因此，可通过发动机启动状况的检查，来缩小发动机不能启动的原因范围。

对于汽油发动机：无初始燃烧不能启动时，汽缸压缩压力、可燃混合气质量、点火能量三要素中的一个或一个以上可能存在故障；启动时间过长(不易启动)，根据发动机能够启动这个事实，可判断三要素正常，故障可能是由启动时空燃比不当引起的；有初始燃烧发生但立即熄火，说明点火系统和压缩系统正常，燃油系统仅在发动机启动时正常，故障可能由燃油压力降低及怠速控制阀故障引起的。

特别提示

如果踩下加速器踏板发动机能正常启动，松开节气门踏板发动机立即熄火，说明故障来自发动机怠速控制系统。

对于柴油发动机：无初始燃烧不能启动或需要很长的时间才能启动。故障可能是由于三要素中的一个引起的，但喷油正时故障不会使发动机启动变得困难；初始燃烧发生但立即失速。预热系统和压缩系统可以判断为正常，燃油系统可以判断为仅在发动机启动时正常，故障可能是在发动机怠速时喷油泵系统的问题。

6. 点火和预热系统检查法

通过点火和预热系统检查，以判断点火或预热系统是否正常。

对于汽油发动机。拆下火花塞，接好高压线，并将火花塞置于汽车机体上，启动发动机，查看火花塞跳火情况。火花呈蓝白色、清脆有力，说明点火系统正常；火花呈黄红色、声音微小，说明低压电路及点火线圈有故障；无火，说明点火系统有故障。

特别提示

在检查前，应拆下喷油器插接器，避免燃油喷出。对于柴油发动机。检查预热系统中的预热指示灯的点亮时间、预热功能和余辉功能。

7. 燃油系统检查法

1) 汽油发动机燃油系统检查

(1) 启动发动机时，用手捏住发动机室燃油软管，油管应有脉动感觉。没有燃油压力脉动，说明燃油泵系统可能有故障。

(2) 启动发动机时，应能听到各缸喷油器发出的声音。喷油器没有声音发出时，可将另一缸喷油器插接器插到该缸喷油器上，重新测试。如果能听到声音，说明喷油器正常，故障出自 ECU 与喷油器插接器之间。

2）柴油发动机燃油系统检查

（1）检查燃油能否能进入喷油器。启动发动机，旋松喷油器连接螺母，若燃油间歇地从松脱的接口处溢出，说明供油正常。

（2）检查喷油泵内有无燃油。如果开启和关掉点火开关(ON 或 OFF)时，能听到燃油切断电磁阀的声音，说明供油正常。

（3）检查燃油能否进入喷油泵。将喷油泵进口处软管脱开，启动发动机，若燃油能从进口处喷出，说明柴油箱与喷油泵之间连通正常。

特别提示

进行柴油发动机燃油系统检查时，应用一块布盖住喷油器头部，防止燃油飞溅出去；经上述(1)～(3)项检查没有故障，说明喷油泵有故障；共轨柴油发动机，不能在喷油器上进行检查。

8. 压缩系统检查法

使用汽缸压力表测量汽缸的压缩压力，可以判断活塞、活塞环与汽缸壁；气门与气门座；汽缸垫等处的密封性能。

当汽缸压缩压力低时，可从火花塞孔处注入少量机油，转动曲轴数圈后，重新测试。再次测试时压力上升，则活塞与缸壁间密封不良；若压力变化不大，则为气门与气门座或汽缸垫密封不良。

当汽缸压力过高时，应检查是否汽缸内有积炭，或其他导致压缩比过大的原因。

特别提示

下列现象说明汽缸压力肯定有问题：发动机启动时，从火花塞孔向外喷气；发动机启动时，凸轮轴皮带轮不转动(可从正时皮带盖中的检修孔中察看)；发动机启动时，发动机响声不正常。

9. 断缸检查法

汽油发动机。发动机运转中，逐个拆下各缸喷油器的插接器，通过检查发动机转速下降值和发动机壳体振动情况，判断个别汽缸有故障，还是所有汽缸有故障。断开某缸喷油器插接器，发动机转速不降低，或者变化很小，则该缸工作不良或不工作；发动机转速下降很大，则该缸工作良好；判断困难时，可稍微增大发动机转速，故障现象会变得更加明显。

柴油发动机。缓慢旋松或旋紧喷油器的连接螺母，控制喷入汽缸的油量，通过发动机转速和振动的变化情况，可判断柴油发动机各缸的工作情况：发动机转速不降低或变化很小时，则故障出自该缸。

特别提示

如果一只汽缸喷油比其他汽缸多或者功率比其他汽缸大，发动机转动就不稳定。在这种情况下，旋松连接螺母，放掉燃油，就可以稳定发动机的转速。

对于共轨型柴油发动机，需要使用故障诊断仪来停止各缸喷油，进行断缸检查。

10. 空燃比(A/F)检查法

使用故障诊断仪检查氧传感器，以确定故障是否因混合气过稀或过浓所致；用废气分析仪来检测尾气中 HC、CO 含量，同样也能测试混合气浓度是否符合要求。

特别提示

(1) 下列因素会引起喷油量增大或连续喷油，从而导致空燃比过小或混合气过浓：传感器范围/性能不良、传感器系统搭铁线接触不良和喷油器滴漏等。

(2) 下列因素会引起喷油量减少，从而导致空燃比过大或混合气过稀：传感器范围/性能不良、燃油压力低、喷油器搭铁线接触不良、氧气传感器系统故障(信号显示混合气浓)、积炭将燃油吸收等。

11. 机油消耗异常检查法(通过活塞环/气门导管损失)

当排气管冒蓝烟时，通过发动机转速的变化来判断机油异常消耗的原因(机油通过活塞环损失或通过气门导管损失)。解体发动机检查积炭情况，可进一步确认故障部位。

(1) 尾气检查法。在预热发动机后，发动机以大约 2 000～3 000r/min 的转速空转，检查尾气：随着发动机转速的升高，蓝烟数量增多，则机油通过活塞环损失。

预热发动机，发动机怠速运转约 5min 后空转，检查尾气：刚开始空转时有蓝烟排出(约 30～60s)，之后烟量逐渐减少，则机油从气门导管处泄漏。

知识链接

机油通过活塞环损失造成尾气冒蓝烟原因分析：当发动机怠速运转时，燃烧室温度低，即使机油通过活塞环吸入汽缸，机油也不燃烧，蓝烟量很少；当发动机转速增大时，燃烧室温度升高，吸到汽缸的机油量也增多，结果排出的蓝烟量增多。

机油通过气门导管损失造成尾气冒蓝烟原因分析：当发动机怠速运转时，进气管负压高，机油沿气门导管被吸入燃烧室，因燃烧室内温度低，机油积聚在气门或燃烧室上形成积碳，蓝烟量不多；随着发动机温度进一步上升，燃烧室温度升高，积聚的机油立即燃烧，使得大量蓝烟排出，当机油完全燃烧后，蓝烟量就会减少；如果发动机连续空转，燃烧室温度会进一步升高。由于原先积聚的机油已被燃烧掉了，即使机油再被吸入，蓝烟量也很少。

(2) 发动机解体检查法。机油通过活塞环被吸入汽缸时，很多积炭会附着在活塞顶部外周；机油通过气门导管吸入汽缸时，很多积碳会附着在进气门上、活塞顶部，而且使上述机件变潮。因此，拆开发动机，很容易检查出机油泄漏部位。

特别提示

排除故障必须从根源上消除故障(根除实质)。应注意下列事项，防止故障复发。

① 分清故障是一个部件本身的故障，还是由另一个部件引起的故障。当火花塞潮湿引起发动机启动困难时，仅通过更换或清洗火花塞来排除故障是不行的。由于真正原因没有检查出来，故障仍有可能发生。当电路非正常搭铁导致熔断器烧毁时，仅更换一个熔断器是解决不了真正问题的。

② 检查故障是否由于部件的使用寿命引起的。部件经过长时间使用后会老化，致使耐热性和耐用性变差或部件被磨损。结果，它们就不能保持原来的性能。因此，重要的是帮助客户懂得部件的使用寿命是有限的这样一个概念。

③ 检查故障是否由于维护不当引起的。即使由于发动机故障，所用的机油油量增多，真正的原因可能是由不充分的机油维护造成的机油降级而引起的发动机磨损。因此，重要的是帮助客户懂得维护的重要性。

④ 检查故障是否由于不恰当的驾驶、操作或使用情况造成的。即使在使用或道路条件相同的时候，加速或换挡上的不同也可能引起故障。通过诊断性提问检查有无不适当的驾驶情况，包括长途行驶，过载和车轮歪斜等。

⑤ 分析故障是否客户期望的性能太高。如果没有故障而且客户车辆的性能不比相同型号的其他车辆差，需要向客户说明车辆的性能情况，消除他的疑虑。

8.3 汽油机电子控制系统故障的诊断

8.3.1 汽油机电子控制系统的故障诊断程序

汽油机电控燃油喷射系统的故障诊断程序如图 8.8 所示，其他系统参照执行。

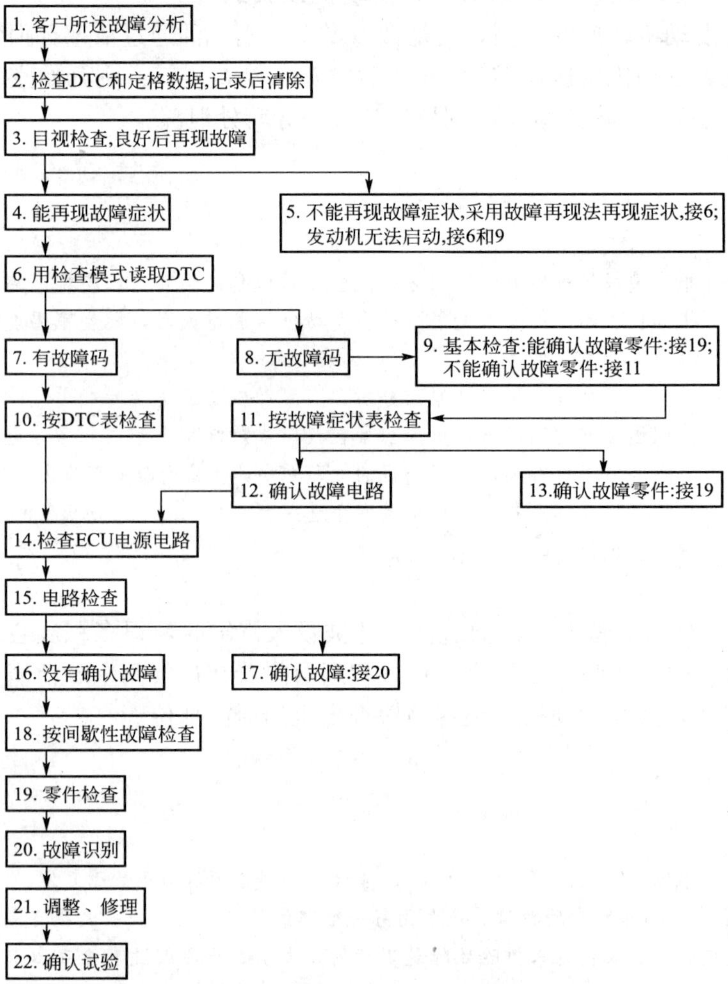

图 8.8　汽油机电控燃油喷射系统故障诊断程序

1. 客户所述故障分析(见表8-4)

表8-4　发动机控制系统故障分析检查表

<table>
<tr><td colspan="3">发动机控制系统检查表</td><td colspan="2">检查员姓名________</td></tr>
<tr><td colspan="2">客户姓名</td><td></td><td>车型与车型年份</td><td></td></tr>
<tr><td colspan="2">驾驶员姓名</td><td></td><td>车架号码</td><td></td></tr>
<tr><td colspan="2">车辆进厂日期</td><td></td><td>发动机型号</td><td></td></tr>
<tr><td colspan="2">车牌号码</td><td></td><td>里程表读数</td><td></td></tr>
<tr><td rowspan="6">故障症状表</td><td colspan="2">□发动机无法启动</td><td colspan="2">□发动机无法启动　□无初始燃烧　□燃烧不完全</td></tr>
<tr><td colspan="2">□启动困难</td><td colspan="2">□发动机启动缓慢　□其他__________</td></tr>
<tr><td colspan="2">□怠速情况差</td><td colspan="2">□首次怠速不准确　□怠速转速不正常　□高速(r/min)
□低速(r/min)　□怠速不稳　□其他__________</td></tr>
<tr><td colspan="2">□驾驶性能差</td><td colspan="2">□喘抖　□回火　□排气消声器爆燃(着火后)
□喘振　□爆燃　□其他__________</td></tr>
<tr><td colspan="2">□发动机熄火</td><td colspan="2">□启动后不久　□踩下节气门踏板后　□松开节气门踏板后
□空调操作期间　□从N挡换至D挡　□其他__________</td></tr>
<tr><td colspan="2">□其他</td><td colspan="2"></td></tr>
<tr><td colspan="3">产生故障频率</td><td colspan="2">□经常发生　□偶尔发生(次/天　次/月)
□仅有一次　□其他__________</td></tr>
<tr><td rowspan="5">故障出现条件</td><td colspan="2">天气</td><td colspan="2">□晴　□多云　□下雨　□下雪　□多变　□其他________</td></tr>
<tr><td colspan="2">室外温度</td><td colspan="2">□炎热　□温暖　□凉爽　□寒冷(约℃)</td></tr>
<tr><td colspan="2">地形</td><td colspan="2">□公路　□郊区　□市内　□上坡　□下坡　□道路崎岖
□其他__________</td></tr>
<tr><td colspan="2">发动机温度</td><td colspan="2">□冷机　□暖机　□暖机后　□任何温度　□其他__________</td></tr>
<tr><td colspan="2">发动机工况</td><td colspan="2">□启动　□刚启动之后　□怠速　□高速空转　□行驶　□匀速
□加速　□减速　□空调开关ON/OFF　□其他________</td></tr>
<tr><td colspan="3">检查发动机报警指示灯状态</td><td colspan="2">□持续点亮　□有时点亮　□不点亮</td></tr>
<tr><td rowspan="2">DTC检查</td><td colspan="2">正常模式(预先检查)</td><td colspan="2">□正常　□故障码(代码　　)　□定格数据(　　)</td></tr>
<tr><td colspan="2">检查模式</td><td colspan="2">□正常　□故障码(代码　　)　□定格数据(　　)</td></tr>
</table>

2. 故障码的读取与清除(详见本书第7章)

3. 故障基本检查的内容与程序(见图8.9)

当DTC检查中没有故障码时，应对所有被认为可能引起故障的电路进行基本检查，以迅速找出故障部位。在发动机故障排除中，基本检查是必不可少的。

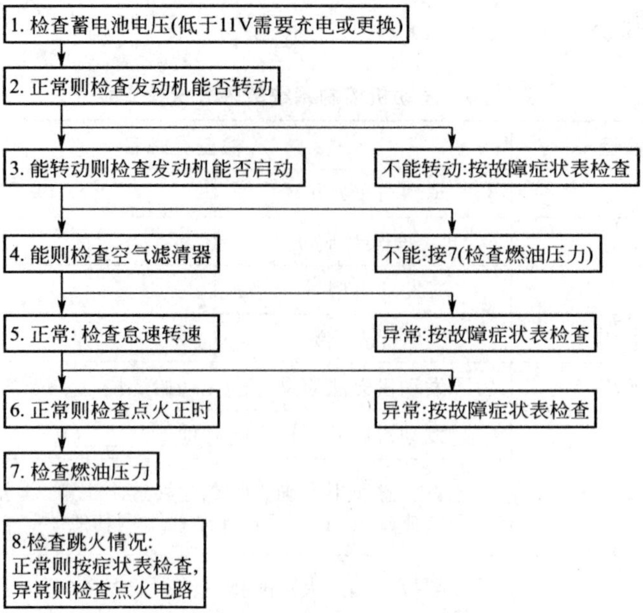

图 8.9　基本检查的内容与程序

4. 故障码表(见表 8-5)

表 8-5　丰田 1ZZ-FE 发动机故障码表

DTC 号	检测项目	故障可能发生部位
P0100/31	空气流量传感器电路故障	空气流量传感器及其电路开路或短路、发动机 ECU
P0110/24	进气温度传感器电路故障	进气温度传感器及其电路开路或短路、发动机 ECU
P0115/22	冷却液温度传感器电路故障	冷却液温度传感器及其电路开路或短路、发动机 ECU
P0120/41	节气门位置传感器电路故障	节气门位置传感器及其电路开路或短路、发动机 ECU
P0325/52	爆燃传感器 1 电路故障	爆燃传感器 1 及其电路开路或短路、发动机 ECU
P0335/12	曲轴位置传感器电路故障	曲轴位置传感器及其电路开路或短路、信号盘、发动机 ECU
P0335/13	曲轴位置传感器电路故障	曲轴位置传感器及其电路开路或短路、信号盘、发动机 ECU
P0340/12	凸轮轴位置传感器电路故障	凸轮轴位置传感器及其电路开路或短路、发动机 ECU
P0500/42	车速传感器电路故障	组合仪表、1 号车速传感器及其电路开路或短路、发动机 ECU
P0505/33	怠速控制系统故障	怠速阀黏滞或关闭、怠速阀电路开路或短路、空调开关电路开路或短路、进气系统、发动机 ECU
P1300/14	点火器电路故障(1 号)	点火系统、带点火器 1 号点火线圈及电路到发动机 ECU 的 IGF 和 IGT1 电路开路或短路、发动机 ECU

（续）

DTC 号	检 测 项 目	故障可能发生部位
P1305/15	点火器电路故障(2 号)	点火系统、带点火器 2 号点火线圈及电路到发动机 ECU 的 IGF 和 IGT2 电路开路或短路、发动机 ECU
P1310/14	点火器电路故障(3 号)	点火系统、带点火器 3 号点火线圈及电路到发动机 ECU 的 IGF 和 IGT3 电路开路或短路、发动机 ECU
P1315/15	点火器电路故障(4 号)	点火系统、带点火器 4 号点火线圈及电路到发动机 ECU 的 IGF 和 IGT4 电路开路或短路、发动机 ECU

5. 故障症状表(见表 8－6)

表 8－6　丰田 1ZZ－FE 发动机故障症状表

症　　状	故障可能发生部位
发动机不能转动，不能启动	起动机和启动继电器、空挡启动开关电路
无初始燃烧，不能启动	ECU 电源电路、点火线圈(带点火器)电路、燃油泵电路、喷油器
没有完全燃烧，不能启动	燃油泵电路、点火线圈(带点火器)电路、喷油器
发动机转动正常，难以启动	起动机信号电路、ISC 阀电路、燃油泵电路、点火线圈(带点火器)、火花塞、压缩压力、喷油器
冷发动机难以启动	起动机信号电路、ISC 阀电路、燃油泵电路、喷油器、点火线圈(带点火器)、火花塞
热发动机难以启动	起动机信号电路、ISC 阀电路、燃油泵电路、喷油器、点火线圈(带点火器)、火花塞
第一怠速不正确(怠速情况差)	ISC 阀电路
发动机怠速高(怠速情况差)	ISC 阀电路、ECU 电源电路、空挡启动开关电路、备用电源电路
发动机怠速低(怠速情况差)	ISC 阀电路、空挡启动开关电路※、燃油泵电路、喷油器、备用电源电路
怠速不稳(怠速情况差)	ISC 阀电路、喷油器、点火线圈(带点火器)、压缩压力、燃油泵电路、备用电源电路
调速不匀(怠速情况差)	ISC 阀电路、ECU 电源电路、燃油泵电路
喘抖/加速性能差(驾驶性能差)	喷油器、燃油泵电路、点火线圈(带点火器)、A/T 故障
着火后消声器爆燃(驾驶性能差)	点火线圈(带点火器)、火花塞、喷油器
喘振(驾驶性能差)	燃油泵电路、火花塞、喷油器
发动机失速(启动后不久产生)	燃油泵电路、ISC 阀电路
发动机失速(松开节气门踏板后)	喷油器、ISC 阀电路、发动机 ECU
发动机失速(由 N 挡换入 D 挡时)	空挡启动开关电路、ISC 阀电路

8.3.2 汽油机电控燃油喷射系统典型故障的诊断

花冠轿车1ZZ-FE发动机空气流量传感器电路如图8.10所示，假设发生了故障码为DTCP0100/31的故障，故障诊断方法如下(以下程序和内容均列在维修手册中，维修时可直接查阅执行)。

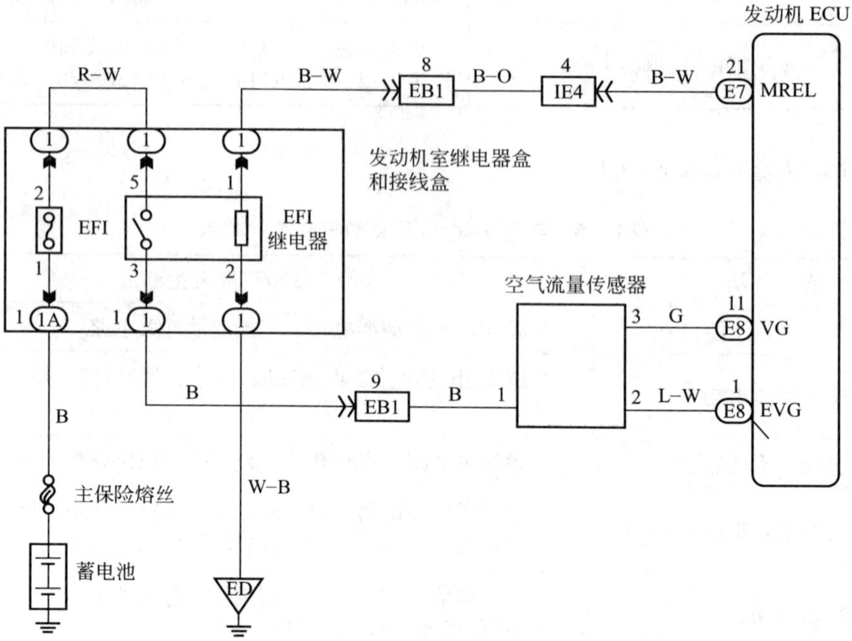

图8.10 花冠轿车1ZZ-FE发动机空气流量传感器电路

1. 读取空气流量传感器的空气流量参数

用故障诊断仪读取空气流量参数。若空气流量比为0.0g/s，说明空气流量传感器电源电路开路或VG电路开路或短路，应检查空气流量传感器总成；若空气流量比≥271.0g/s，说明EVG电路开路，应检查发动机ECU。

2. 检查空气流量传感器总成(电源电压)

断开空气流量传感器插接器，将点火开关转至ON位置，测量空气流量传感器线束侧端子+B和E_2间的电压，标准值为9～14V。不正常则检查线束和插接器(空气流量传感器+B电路)，正常则检查ECU。

3. 检查ECU

启动发动机，发动机怠速时测量发动机ECU端子VG和E_2间的电压。标准值为0.5～3.0V。若电压异常则更换ECU；若电压正常则检查线束和插接器(ECU与空气流量传感器间)。(注意：此时，变速器置于P或N挡，空调置于OFF挡。)

4. 检查线束和插接器(发动机ECU-空气流量传感器)

断开线束两端插接器，测量线束导通性和绝缘性。相连导线两端电阻≤1Ω，线束与车体间电阻≥1MΩ。不正常则更换线束，正常则更换空气流量传感器总成。

5. 检查线束和插接器(空气流量传感器+B电路)

6. 检查ECU

花冠轿车1ZZ-FE发动机ECU EFI插接器如图8.11所示，端子间的导通情况见表8-7。

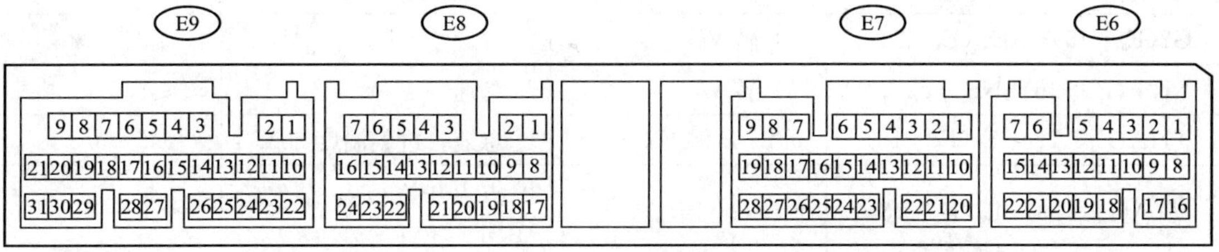

图8.11　花冠轿车1ZZ-FE发动机ECU EFI插接器示意

表8-7　花冠轿车1ZZ-FE发动机ECU端子间的导通情况

符　号	配线颜色	条　件	标准电压/V
BATT(E_6-1)-E_1(E_8-17)	R-W转BR	始终	8～14
FC(E_6-3)-E_1(E_8-17)	SB(G-R)转BR	点火开关ON	8～14
FC(E_6-3)-E_1(E_8-17)	SB(G-R)转BR	怠速	≤1.5
IGSW(E_6-8)-E_1(E_8-17)	SB(B-O)转BR	点火开关ON	8～14
W(E_6-15)-E_1(E_8-17)	W(R-Y)转BR	怠速	8～14
W(E_6-15)-E_1(E_8-17)	W(R-Y)转BR	点火开关ON	≤3.5
+B(E_6-16)-E_1(E_8-17)	LG(B)转BR	点火开关ON	8～14
STP(E_7-6)-E_1(E_8-17)	SB(G-W)转BR	制动踏板踩下，点火开关ON	8～14
STP(E_7-6)-E_1(E_8-17)	SB(G-W)转BR	制动踏板踩下，点火开关ON	脉冲产生
F/PS(E_7-8)-E_1(E_8-17)	SB(Y)转BR	点火开关ON	脉冲产生
STA(E_7-11)-E_1(E_8-17)	SB(B-W)转BR	发动	≥5.5
PS(E_7-14)-E_1(E_8-17)	L-R转BR	点火开关ON	8～14
MREL(E_7-21)-E_1(E_8-17)	B-W转BR	点火开关ON	8～14
SPD(E_7-22)-E_1(E_8-17)	W(V-W)转BR	点火开关ON，慢转驱动轮	脉冲产生
TACH(E_7-27)-E_1(E_8-17)	W(B)转BR	怠速	脉冲产生
VC(E_8-2)-E_2(E_8-18)	Y转BR	点火开关ON	4.5～5.5
EVP1(E_8-4)-E_{01}(E_9-21)	L-BW-B	点火开关ON	8～14
VG(E_8-11)-EVG(E_8-1)	GL-W	怠速，空调开关OFF	1.1～1.5
VAF(E_8-12)-E_2(E_8-18)	L转BR	点火开关ON	2.0～3.5
NSW(E_7-13)-E_1(E_8-17)	SB(B-R)转BR	点火开关ON，在非P或N挡	8～14

（续）

符　号	配线颜色	条　件	标准电压/V
NSW(E_7-13)-(E_8-17)	SB(B-R)转 BR	点火开关 ON，在非 P 或 N 挡	≤1.5
THW(E_8-14)-E_1(E_8-17)	W 转 BR	怠速，水温在 80℃	0.2～1.0
G2(E_8-15)-NE-(E_8-24)	B 转 W	怠速	≤3.5
NK+(E_8-16)-NE-(E_8-24)	B 转 W	怠速	≤3.5
THA(E_8-22)-E_2(E_8-18)	Y-B 转 BR	怠速，进气温度 20℃	0.5～3.4
VTA(E_8-23)-E_2(E_8-18)	LG 转 BR	点火开关 ON，节气门全闭	0.3～1.0
VTA(E_8-23)-E_2(E_8-18)	LG 转 BR	点火开关 ON，节气门全闭	3.2～4.9
10(E_9-1)-E_{01}(E_9-21)	Y 转 W-B	点火开关 ON	8～14
20(E_9-2)-E_{01}(E_9-21)	B 转 W-B	点火开关 ON	8～14
30(E_9-3)-E_{01}(E_9-21)	W 转 W-B	点火开关 ON	8～14
40(E_9-4)-E_{01}(E_9-21)	L 转 W-B	点火开关 ON	8～14
IGT1(E_9-10)-E_1(E_8-17)	R-L 转 BR	怠速	脉冲产生
IGT2(E_9-11)-E_1(E_8-17)	Y-G 转 BR	怠速	脉冲产生
IGT3(E_9-12)-E_1(E_8-17)	GR 转 BR	怠速	脉冲产生
IGT4(E_9-13)-E_1(E_8-17)	W 转 BR	怠速	脉冲产生
RSO(E_9-18)-E_{01}(E_9-21)	B-L 转 W-B	点火开关 ON	8～14
IGF(E_9-25)-E_1(E_8-17)	L-Y 转 BR	点火怠开关 ON	4.5～5.5
IGF(E_9-25)-E_1(E_8-17)	L-Y 转 BR	怠速	脉冲产生
KNK(E_9-27)-E_1(E_8-17)	B 转 BR	怠速	脉冲产生

8.3.3 汽油机电子控制系统主要元器件及其对发动机性能的影响

汽油机电子控制系统主要元器件及其对发动机性能的影响如表 8-8 所示。

表 8-8　发动机电子控制系统主要元件及其对发动机性能的影响

序	元器件名称	故障现象
1	ECU	发动机不能启动；发动机性能失常
2	点火线圈	发动机不能启动；无高压火花；次级电压过低
3	点火器	发动机不能启动；无高压火花；次级电压过低；怠速时闭合角乱变
4	空气流量传感器	发动机不能启动；发动机性能失常；怠速不稳；加速时回火、放炮；油耗增大；易爆燃
5	进气压力传感器	发动机启动困难；发动机性能失常；怠速不稳；油耗增大

（续）

序	元器件名称	故障现象
6	大气压力传感器	发动机性能不佳；怠速不稳
7	节气门	发动机不能启动或启动困难；发动机性能不佳
8	节气门位置传感器	发动机启动困难；怠速不稳；发动机性能不佳；易熄火
9	进气温度传感器	发动机性能不佳；怠速不稳；容易熄火；油耗增大；混合气过浓
10	冷却液温度传感器	发动机启动困难；发动机性能不佳；怠速不稳；容易熄火
11	怠速控制步进电动机	发动机启动困难；怠速不稳；容易熄火；发动机失速
12	怠速步进电机位置传感器	发动机怠速不稳；容易熄火；加速困难
13	P/N、P/S、A/C开关	发动机不能启动；怠速不稳；发动机怠速时无法补偿；怠速时易熄火
14	氧传感器	发动机性能不佳；怠速不稳；油耗增大；排气污染大；空燃比不正确
15	曲轴箱通风阀PCV	发动机不能启动或启动困难；怠速不稳或无怠速；加速困难；油耗增大
16	EGR阀	发动机温度过高、无力；发动机启动困难；减速熄火；爆燃；油耗增大
17	EGR阀位置传感器	发动机性能不佳；怠速不稳；容易熄火；排气污染增大
18	炭罐电磁阀	发动机性能不佳；怠速不稳；空燃比不正确
19	爆燃传感器	发动机工作不稳；加速时产生爆燃；点火不正时
20	磁电、霍尔点火信号发生器	发动机无法启动；发动机工作不稳；怠速不稳；间歇性熄火
21	光电点火信号发生器	发动机无法启动；发动机工作不稳；怠速不稳；容易熄火
22	曲轴位置传感器	发动机无法启动；加速不良；怠速不稳；间歇性熄火
23	车速传感器	ABS系统不工作；巡航控制系统不工作
24	可变凸轮轴电磁阀	发动机抖动、动力下降、性能变坏；爆燃；怠速不稳；三元催化器损坏
25	汽油泵	发动机不能启动；运转中熄火
26	汽油滤清器	发动机不能启动；发动机运转不稳；喷油器堵塞
27	油压调节器	发动机启动困难；发动机性能变坏；怠速不稳；容易熄火
28	喷油器	发动机启动困难；发动机性能不稳；怠速不稳；容易熄火
29	油泵继电器	发动机不能启动；汽油泵不工作；喷油器不喷油

经验点拨

（1）ECU根据空气流量传感器和发动机转速传感器的信号确定基本喷油脉宽，根据节气门位置传感器信号在大负荷或急加速时增加喷油次数。

(2) 燃烧室内积炭过多会造成启动困难、怠速不稳、低速熄火、加速不良、尾气超标、油耗增加等一系列故障。

(3) 使用进气压力传感器的进气系统，如发生泄漏，会造成混合气过浓、氧传感器输出电压值过高等故障。

(4) 如排气管冒黑烟，在熄火状态下，断开发动机冷却液温度传感器插接器。重新启动发动机，排气管不再冒黑烟，说明冷却液温度传感器有故障。冷却液温度传感器信号电压过高表明断路，信号电压过低是对地短路。

(5) 怠速时节气门位置传感器(TPS)端子 Vc 与 E_2 之间的电压如过高，应重点检查 ECU 是否有故障；相反，Vc 与 E_2 之间的电压正常，说明 ECU 上 TPS 的搭铁线正常。

(6) 使用电子节气门的车型，如同时踩下加速和制动踏板将使制动功能超过节气门控制功能，在这种模式下，虽然踩下节气门踏板，发动机仍回到怠速运行模式，使加速反应迟缓。

(7) 电子节气门一旦被灰尘污染严重，会导致发动机怠速不稳，尾气排放超标，严重时还会出现怠速熄火，但中高速时运转平稳。

(8) 曲轴位置传感器与转子的气隙过小，会造成喷油量过少，发动机启动困难。

(9) 进气温度传感器信号失真时，ECU 对混合气浓度和点火提前角的修正会出现偏差，导致发动机动力不足，加速缓慢，怠速不稳，甚至会造成冷机时无怠速。

(10) 燃油滤清器负责过滤燃油中的杂质。滤清器堵塞不降低燃油压力，但会降低燃油流量。会造成大负荷动力不足，加速无力，行驶中发动机自动熄火，在熄火瞬间车身抖动。

(11) 燃油压力调节器膜片破裂后部分燃油不经喷油器，经调节器真空软管、进气歧管、进气门直接进入燃烧室，导致混合气过浓。

(12) 在燃油压力调节器和发动机进气系统之间的真空管上装有一个电磁阀，在发动机温度达到100℃时关闭真空管，停止小负荷回油，防止燃油箱燃油蒸发过多和管路中形成气阻导致启动困难。

(13) 燃油系统保持压力应≥250kPa。如保持压力过低，应分别检查燃油泵的出油单向阀、喷油器和燃油压力调节器回油阀的密封性。

(14) 喷油器插接器松动会造成行驶中该缸缺火，在坏路上行驶时该缸缺火更加频繁。

(15) 喷油器堵塞、卡滞后会使喷油量减少，导致冷机启动性能不好，冷机时怠速极其不稳定，加速性能差，热机后启动性能和怠速略好些。

(16) 喷油器节流会造成加速缓慢，尾气中 CO 增加。在进行外观检查时，滴漏的喷油器通常发黑。要保证喷油器的正常工作状态，每 20 000～40 000km 应清洗一次。

8.4 发动机启动困难的故障诊断

随着汽车行驶里程的增加，汽车发动机的性能会逐渐变差，出现诸如发动机启动困难、怠速不良、发动机失速、发动机喘抖、动力不足等故障。必须及时发现并加以排除，从而使汽车经常处于完好技术状况。

引例

某款 6 缸奥迪轿车，冷机启动困难。

故障的原因是什么？如何尽快恢复汽车完好的技术状况？

发动机启动故障有两大类：一是发动机不能正常转动，发动机不能启动；二是发动机能转动但不容易启动。发动机启动困难的故障诊断流程如图 8.12 所示。

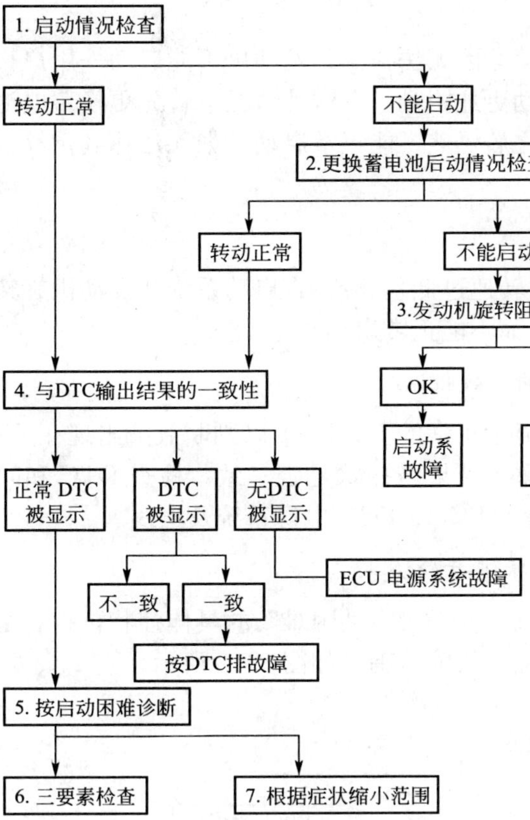

图 8.12 发动机不能启动故障诊断程序

特别提示

发动机顺利启动的条件有二：一是启动转速足够，二是发动机运行的三要素(汽缸压缩压力、点火质量、可燃混合气质量)符合要求。因此，排除发动机不能顺利启动故障时，要针对重点进行系统性检查，以找出故障原因所在的位置。

按照启动时发动机的冷热状况，发动机不能顺利启动分为：热机启动正常，冷机启动困难；冷机启动正常，热机启动困难；发动机冷机、热机均启动困难。本节仅介绍发动机启动困难的一般诊断方法。

1. 启动情况检查

发动机工作需要一定的转速，检查启动时保持发动机启动所需要的转速是否足够；达到足够的转速后，再检查发动机工作的“三要素”(点火、燃油和压缩压力)是否正常。

特别提示

如果由于启动系统的故障导致无法达到足够的转速，即使发动机情况正常也无法启动。

发动机启动所需的最低转速：汽油机为 60～120r/min，柴油机为 50～150r/min。也可用一辆同型号汽车检查发动机的正常转速，然后与用户的车辆进行比较。

2. 更换蓄电池后启动情况检查

有时，出现如下恶性循环使故障原因无法找到：发动机不能启动→用户长时间启动发动机→蓄电池亏电→转速下降→启动更加困难。在这种情况下首先更换蓄电池，然后检查转速和启动性能。如果蓄电池更换之后仍然不能正常启动，如无法达到足够的转速，则检查启动系统和发动机的转动阻力。

3. 检查发动机旋转阻力

如果启动时发动机旋转不正常(转速过低)，应检查启动系统和发动机旋转阻力是否过大(它们均可导致发动机启动转速低而不能正常启动)。

4. 检查症状与DTC输出结果的一致性

再现故障症状并调出故障码。显示正常的DTC，可以判断故障出现在无法有DTC显示的部位；显示DTC，检查DTC输出结果与症状是否一致，检查DTC和问题症状之间的关系；如果没有DTC值显示，检查ECU、ECU电源系统及连线。

5. 对“发动机启动困难”的症状进行确认

通过发动机启动情况检查，明确“发动机启动困难”的具体症状，查看是否有初始燃烧、发动机启动时间过长等，从而缩小故障范围，如图8.13所示。

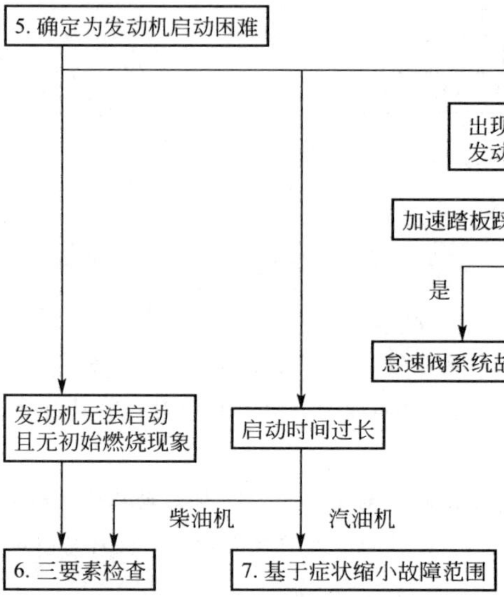

图8.13 根据“发动机启动困难”的不同症状查找故障原因

6. 三要素检查

如果未显示DTC，也未出现初始燃烧，可以认定故障出在“三要素”上。通过对点火、燃油、压缩系统三要素的检查，进一步查寻故障范围与原因，如图8.14所示。

1) 汽油机“三要素”检查

(1) 点火系统。如果点火火花很弱或者根本没有火花，没有显示与点火信号或相关部位有关的DTC，则可以判断出点火次级系统而不是点火初级系统出现了故障。

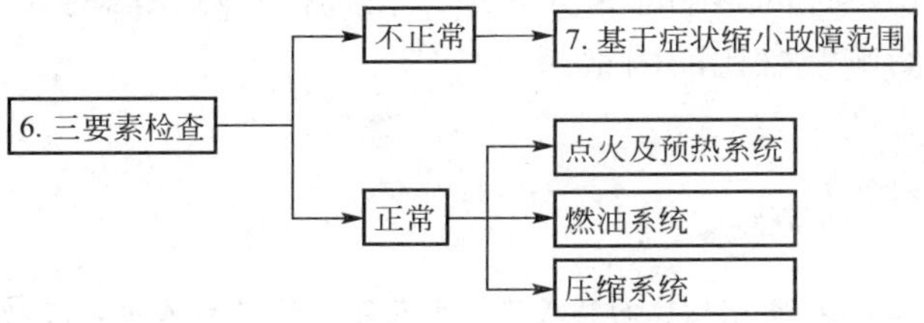

图 8.14　三要素检查

(2) 燃油系统。检查燃油是否有压力，喷油器是否工作。如果燃油没压力，可以判定故障出在喷油泵或其相关部位。

(3) 压缩系统。当发动机运转时，出现怠速不良或动力不足，之后熄火，发动机启动困难。则压缩压力下降是导致发动机启动困难的原因。

2) 柴油机“三要素”检查

(1) 预热系统。如果燃烧系统出现故障，进入汽缸的空气就不会上升到足够的温度，在这种情况下，发动机就会出现无法启动或者启动时间过长的问题。

(2) 燃油系统。如果由于供油不足造成发动机启动困难，一般不会是两个以上汽缸同时发生故障，这是因为故障很可能出现在燃油流经的零件(比如喷油器或输油管)上。因此，这些零件并不是导致故障的主要原因，在这种情况下就要系统性地检查与喷油泵相通的零件，以缩小故障原因范围。

(3) 压缩系统。对于柴油机而言，如果压缩压力不够，柴油是不会燃烧的，柴油不燃烧发动机就无法启动。

特别提示

一个汽缸压缩压力不足不会导致发动机启动困难，只有一个以上的汽缸同时出现压缩压力不足时，才会导致发动机启动困难。

7. 根据故障症状缩小故障检查的范围

根据发动机启动困难的症状进一步查找故障原因，方法如图 8.15 所示。

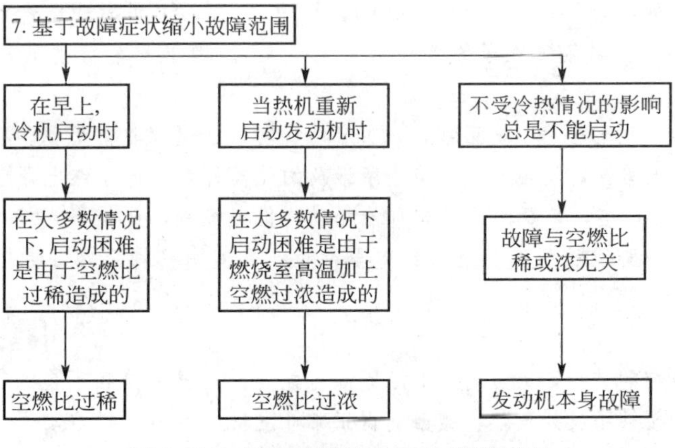

图 8.15　根据故障症状缩小故障范围

空燃比对发动机稳定性的影响非常大，所以在查找故障原因时，要根据故障出现时的情况，首先查找那些影响空燃比的因素。

特别提示

根据火花塞的潮湿情况可判断空燃比的稀或浓：火花塞清洗之后装上，启动发动机，但不能使发动机着火。拆下检查火花塞，检查其端头潮湿情况。如果火花塞变潮，则可判定混合气过浓。

应用案例

某款6缸奥迪轿车，冷机启动困难。

用故障诊断仪调取故障码，无故障码，而且该车没有冷启动喷油器。检查冷却液温度传感器，发现在10℃时，其电阻只有420Ω。拔下冷却液温度传感器插接器，用一个2 000Ω电阻插到冷却液温度传感器插接器上，冷启动时立即着车。说明冷却液温度传感器损坏，更换冷却液温度传感器后，冷启动良好。

【案例点评】

由于冷却液温度传感器电阻小，ECU认为发动机水温很高，将提供稀混合气，使得发动机冷机不易启动。同时，由于冷却液温度传感器信号在允许范围内，所以没有故障码。

应用案例

一辆宝来轿车，行驶里程为8 000km，冷机不易启动。

【诊断分析】

在检修此车时，只发现了一个氧传感器的故障码。考虑到氧传感器对冷机启动困难的影响不是很大，所以就清除了故障码。在未检查出有其他问题的情况下，根据经验判断燃油品质可能不良，于是就拆下进气歧管，清除了进气门和进气管道上的少许积炭。

第二天早上试车，没有发现故障现象，于是以为故障排除了。但是第三天此车又来维修，冷机还是启动困难，早上需启动几次才能着车。再读此车故障码时，发现了几个关于喷油器、氧传感器和二次空气喷射泵的故障码信息。根据以上检查信息，故障应在油路方面。

先接上燃油压力表，启动后熄火，第二天冷机启动时检查油压。同时，早上启动发动机时，在排气管上接上尾气分析仪，重点检查HC信息(如果启动时HC很高，说明燃油已进入汽缸，故障在点火系统；如果没有HC数值，说明故障在于燃油没有进入汽缸)。由于此车行驶里程较少，暂不考虑机械问题。

第四天早上试车时，此车居然一切正常，一次启动成功，怠速也非常平稳。在没有再现故障的情况下，根据故障码，结合电路图，发现此车故障码所涉及的元器件都指向了继电器上的87F接点和燃油泵继电器。87F接点为螺栓连接，怀疑此接点有可能松动，但经检查，此接点无接触不良的情况。拔下燃油泵继电器，发现其中一脚比较松旷。更换继电器后试车，使用一切正常，再也没有发生原来的故障现象。

【案例点评】

物体都具有热胀冷缩的特性，天冷时有些小间隙可能变大，出现接触不良的现象，从而导致冷机有故障。经几次运行后，接触不良处发热，接触变得正常，发动机就能正常启动了。对于时有时无的隐性故障，可按接触不良去分析排除。

经验点拨

(1) 点火系的曲轴位置传感器、点火器、点火线圈的故障都可能造成发动机间歇性不能启动。

(2) 热机行驶中突然熄火，熄火后立即启动，无法启动，待15min后重新启动，可以正常启动。故障原因主要集中在点火系的继电器、曲轴位置传感器、点火器和点火线圈。

(3) 冷却液温度传感器或进气温度传感器输出信号存在问题，会造成混合气过浓，或燃油压力低，产生气阻。冷机启动正常，热机启动困难。

(4) 点火器热稳定性不好，会造成热机行驶中突然熄火，15min后可正常启动。在点火线圈低压电路上串联发光二极管，启动时发光二极管应连续闪烁，否则说明点火器有故障。

(5) 点火线圈热稳定性不好，会造成热机行驶中突然熄火，自然冷却15min后可正常启动，或用冷水冷却后可立即启动。

(6) 曲轴位置传感器热稳定性不好，会造成热机行驶中突然熄火，自然冷却15min后可正常启动，或用冷水冷却后可立即启动。

(7) 主继电器搭铁不良，发动机搭铁线或和启动有关的传感器端子搭铁不良，会使进入燃烧室的燃油比正常启动时少得多，造成冷机时启动困难。

(8) 发动机点火正时不对，会造成热机不好启动、怠速游车和加速矬车。读故障码为“凸轮轴位置传感器故障”。

(9) 燃油滤清器堵塞不会降低燃油压力，但会降低燃油流量，造成发动机间歇性不能启动。

(10) 空气滤清器的滤芯过脏堵塞或新换的空气滤清器的滤网过密，可能造成发动机进气不畅，充气系数不足，发动机冷机启动困难，没有高速，也没有超速挡。

(11) 燃油滤清器堵塞，导致燃油流量过低，发动机会出现间歇性不能启动。

(12) 燃油泵过热变形、磨损或集滤器堵塞会造成燃油压力过低，发动机会出现间歇性不能启动。

(13) 三元催化转化器堵塞或消声器内部开焊造成发动机排气不畅，充气系数不足，发动机冷机启动困难，没有高速，没有超速挡，靠近中部的排气歧管被烧红。

(14) 怠速步进电动机或怠速空气阀没有开启，造成发动机充气系数不足，使得冷机启动困难。通常每行驶20 000～40 000km应清洗一次旁通空气道。

8.5　怠速不良的故障诊断

引例

一辆北京现代轿车，在不开启空调时怠速转速正常，稳定在750r/min；接通空调A/C开关时，怠速转速立即下降至500r/min，“CHECK”灯点亮后熄灭。另外，该车不接空调开关时，怠速、点火、供油均正常。

故障的原因是什么？如何才能快速准确地诊断并排除汽车的故障，恢复汽车完好的技术状况？

怠速不良是发动机最常见的故障之一。怠速不良的症状有两种：发动机怠速转动不稳、振动大；怠速转速异常(速度过高、过低、不稳定)。怠速不良的诊断程序如图8.16所示。

1. 核实怠速不良

核实怠速不良的具体症状，明确是“怠速不稳”，还是“怠速异常”，以便缩小故障排查的范围。

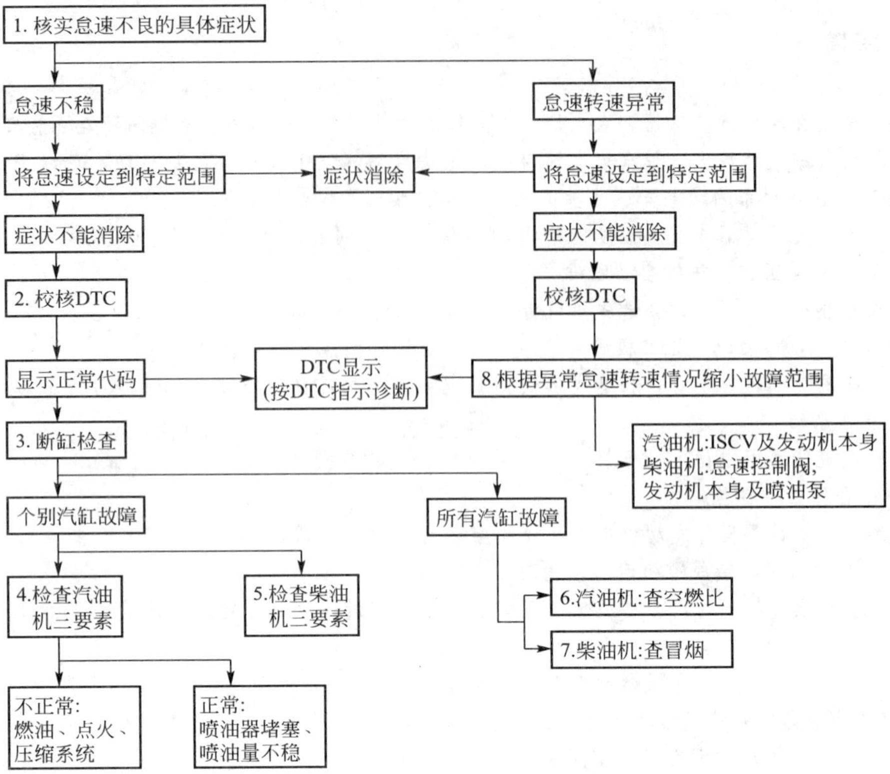

图 8.16　怠速不良故障诊断程序

特别提示

怠速不稳是指发动机怠速运转不稳、有振动。怠速异常是指发动机怠速运转不在规定范围之内。如怠速转速过高、怠速转速过低、转速波动、第一怠速过低、发动机负荷变化时转速下降等。

尽管症状是怠速不良，然而有时这种故障可能是由于怠速异常(如怠速过低)造成的；柴油机的振动高于汽油机的振动。发动机怠速运转时，如果维修人员无法找到故障原因，可以将故障车与同车型的另一辆车进行比较，然后根据比较结果做出判断。

2. 检查症状与 DTC 输出结果是否一致

代码显示正常，可以判断故障出现在无法由 DTC 显示的部位；显示 DTC，应检查 DTC 输出结果与问题症状是否一致，并针对 DTC 进行检查与排除；无 DTC 显示，则检查 ECU 及线路。

尽管 DTC 显示怠速异常，但要明确 DTC 所显示的故障与用户所述的故障是否一致，检查 DTC 与问题症状之间的关系。不一致，应采用故障再现法再现故障症状，并加以排除。

3. 断缸检查

通过断缸检查，判断是“某个汽缸工作不良”，还是“所有汽缸都工作不良”。

(1) 汽油机。如果某缸工作不良导致发动机怠速不良，就检查该缸发动机“工作三要素”；如果所有汽缸均工作不良导致发动机怠速不良，就检查空燃比(混合气过稀，还是混合气过浓造成的)。

(2) 柴油机。如果某缸工作不良导致怠速不良，则检查该缸断缸时功率强弱。功率过强则检查燃油系统，功率过弱则检查尾气是否排出白烟。尾气有白烟则检查燃油系统，尾气没有白烟则检查预热系统和压缩系统。

如果所有汽缸工作不良导致发动机怠速不良，应检查发动机的排气情况。尾气没有白烟则检查燃油系统和压缩系统；启动发动机后立即出现白烟则检查预热系统。

4. 检查汽油机工作“三要素”

如果某个汽缸工作不良导致发动机怠速不良，可以认定发动机工作的三要素之一发生了故障，即该缸点火、燃油、压缩系统发生了故障。

(1) 点火系统。通过“点火及预热系统检查”，判断发动机点火系统是否正常。如果高压火花弱小或无火花，则低压系统有故障；火花强则低压系统正常。但点火次级系统故障不在故障码的诊断范围。

(2) 供油系统。通过“燃油系统检查”，检查喷油器是否工作。

(3) 压缩系统。通过“压缩系统检查”，判断故障出自汽缸壁与活塞、活塞环间，还是气门与气门导管之间或者汽缸垫烧穿。

5. 检查柴油机工作“三要素”

当怠速不良是某缸工作不良造成时，可根据断缸时该缸动力变化情况查找原因。

(1) 如果某个汽缸的功率不足，可以根据发动机的排烟浓度缩小故障原因范围。

如果排烟正常，说明该缸燃烧正常，故障为该缸喷油不足。应检查判断是否喷油器喷油不足或者喷油器不喷油(喷油管漏油，喷油器、喷油泵有故障)。

如果排气管冒白烟，应进行燃烧系统、供油系统、压缩系统检查，从压缩和燃烧系统中查找导致发动机燃烧异常的原因。

(2) 如果某个汽缸的功率过高，应从喷油器和喷油泵中查找导致喷油量过高的原因。

特别提示

如果喷油器或喷油泵导致喷油量增加，在无负荷的情况下突然加速，可能导致排气管黑烟增加，并导致柴油机爆燃。

6. 检查汽油机的空燃比

如果所有汽缸的问题导致了怠速不良故障，检查空燃比是非常重要的。可通过“空燃比检查”，缩小故障原因范围。

7. 根据怠速异常情况缩小故障原因范围(汽油机)

如果怠速过高或不稳，检查是否进气量过大；如果怠速过低，检查进气量是否太小。

(1) 怠速过高或不稳定。对于怠速控制系统，检查是否怠速控制阀出现故障、怠速控制系统(ECU 及线束)出现故障、冷却液温度传感器范围/性能出现问题；对于发动机本身，检查是否节气门控制出现故障(节气门未完全关闭)，或进气系统漏气。

(2) 怠速过低。检查是否怠速控制阀出现故障、怠速控制系统(ECU 及线束)出现故障、冷却液温度传感器范围/性能出现问题；检查节气门体系统出现故障(节气门全关闭位置出现故障)、进气系统堵塞、发动机转动阻力过高。

8. 根据怠速异常情况缩小故障原因范围(柴油机)

(1) 怠速过高。通过检查喷油泵的调整杆是否复位到正确的位置，将怠速过高的原因范围缩小到节气门拉索或喷油泵上。

如果喷油泵的调整杆复位到正确的位置则调整怠速；如果怠速调整之后仍然不能消除故障，考虑故障是否出在喷油泵上。

如果喷油泵的调整杆未复位到正确位置，则调整节气门拉索。如果调整节气门拉索之后仍然不能消除故障，则故障原因出在节气门拉索拖滞或怠速提升装置方面。

(2) 怠速过低。检查诸如空调开关或动力转向等可导致怠速提升装置是否工作，从而将怠速过低的原因缩小到可导致怠速提升装置、发动机本身阻力过大、喷油泵上。

特别提示

喷油泵出现故障时，所有汽缸的喷油量同时减少，将导致发动机转速下降。

应用案例

一辆现代牌轿车，在不开启空调时，怠速转速正常，稳定在750r/min；接通空调A/C开关时，怠速转速立即下降至500r/min，“CHECK”灯点亮后熄灭。另外，该车不接空调开关OFF时，怠速、点火、供油均正常。

【诊断与排除】

用故障诊断仪读取发动机数据，数据如下：

点火开关ON，A/C开关关闭，IAC=84(冷机)，逐渐下降到47。发动机启动后，A/C开关关闭，IAC=84(冷机)，热机后IAC=55。发动机启动后，接通AC开关，IAC一直保持55。

从上面数据可知，发动机ECU已收到空调请求信号，但怠速控制阀未增加动作。应从怠速控制阀入手，查找并排除故障。拆下怠速控制阀，发现一个尼龙齿损坏，更换怠速控制阀后，一切正常。再用故障诊断仪读取发动机数据，怠速接通A/C开关时，IAC由50升到70；断开A/C开关，IAC由70降到50。(说明：怠速控制阀IAC采用步进电动机，IAC=70，代表运行到70步。)

【案例点评】

无论是旁通气道式，还是节气门直动式怠速控制装置，在怠速接通空调、动力转向、自动变速器等时，ECU要给怠速控制电动机一个提速信号，电动机工作，额外空气进入发动机，怠速转速升高。若转速未升高，需要查找ECU是否给出了提速信号及控制阀是否动作。

经验点拨

(1) 怠速运转正常的标准：发动机怠速转速在规定的范围内(四缸发动机怠速转速是800～900r/min，六缸发动机怠速转速是600～700r/min，八缸发动机怠速转速是600～650r/min)；运转平稳(转速起伏≤30r/min)；无断缸(即无排气冲击)；排放合格(尾气排放检测正常)。

(2) 怠速游车是指怠速转速在100r/min范围内高低变化，是一种有无规律的怠速转速忽高忽低的故障。常见以下两种情况：怠速转速在额定转速附近变化，怠速转速在1 500～2 000r/min之间游车。

(3) 发动机怠速抖动是指发动机怠速运转不平稳，转速起伏大于±30r/min，有些车还伴有排气冲击。最常见的原因是混合气过稀、混合气过浓、点火正时不对、燃烧质量过差或缺缸。

(4) 四缸发动机有一个汽缸不工作，发动机转速降到500r/min左右，ECU会通过不断调节怠速步进电动机，使怠速转速在500～800r/min间有规律地变化。

(5) 四缸发动机有两个汽缸不工作，发动机转速降到300r/min左右，ECU会通过不断调节怠速步进电动机，使怠速转速在300～800r/min间有规律地变化。

(6) ECU上喷油器搭铁线不实(松动)，使喷油器电阻值增大，发动机转速降到200r/min左右，ECU会通过不断调节怠速步进电动机，使怠速转速在200～800r/min间有规律地变化。

(7) 正时传动带错一个齿，发动机会出现怠速转速在700～1 100r/min间有规律地变化。读故障码为凸轮轴位置传感器故障。

(8) 发动机进气系统密封不良，会使怠速转速在900～1 100r/min间有规律地变化。

(9) 怠速断油控制起作用时，会使怠速在1 500～2 000r/min间有规律地变化。

(10) 进气压力传感器真空软管被废气返流造成积炭堵塞，使进气量的反馈明显滞后。ECU就会反复调整怠速步进电动机，发动机转速在500～900r/min间变化。

(11) 使用空气流量传感器的车型，如进气系统出现严重泄漏时，因这部分空气没有经过空气流量传感器计量，没有补充供油，会导致混合气过稀。

(12) 使用进气压力传感器的车型，如进气系统出现严重泄漏时，会供给又多又浓的混合气。

(13) 分别拔下冷却液温度传感器和氧传感器线束插接器，检查发动机转速是否发生变化，如发动机转速没有变化，说明怠速过高和它们没有关系。

(14) 喷油器端部堵塞造成喷油量明显减少，进入闭环控制后，ECU根据氧传感器的信号会调宽喷油脉宽，所以喷油器端部堵塞时读数据流，怠速喷油脉宽可达5ms。

(15) 熄火后拔下燃油压力调节器的回油管，如滴漏油，说明燃油压力调节器密封不良。

(16) 燃油泵过热烧蚀变形或磨损会造成燃油压力过低。打开燃油箱盖，在发动机工作时听燃油泵工作的声音，如有变形或磨损造成的噪声，必须更换燃油泵。

(17) 拔下空气流量传感器插接器后，发动机ECU进入失效保护，用TPS和CKP的信号替代空气流量传感器的信号，此时排气管若不冒黑烟，说明空气流量传感器信号失准。

(18) 热式空气流量传感器被废气返流的积炭污染，形成隔热层。读取怠速时的数据流，空气流量明显<2g/s，导致混合气过稀。

(19) 燃油压力调节器上的真空软管破裂或堵塞，会造成调节器膜片上方真空度过低，在中小负荷时不回油，导致中小负荷时燃油压力过高。

(20) 燃油压力调节器上的膜片破裂，燃油分配管内的燃油会被直接内吸入进气管，造成混合气过浓，导致怠速过高。

(21) 发动机怠速自动提升到2 000r/mim时，ECU会中断供油，待发动机转速降到1 500r/min后，为防止熄火会重新供油。

(22) 发动机达到最高转速时，ECU会限制供油，使发动机最高转速在规定范围内。

(23) 汽车达到最高车速时ECU会限制供油，使汽车最高车速在规定范围内。

(24) 发动机急减速时，ECU会中断供油，待发动机转速降到1 500r/mim时，为防止熄火会重新供油。

(25) 汽车行驶中制动时，ECU中断供油，待发动机转速降到1 500r/mim时，为防止熄火会重新供油。

(26) 怠速步进电动机和怠速控制阀过脏卡滞，开启不及时，会造成汽车低速行驶时熄火。

(27) 装有断油控制的发动机，利用进气系统真空操纵减速阀，在发动机减速时给进气歧管补充空气，以便提供较稀的空燃比，以降低排放中的CO和HC。

(28) 发动机怠速状态下，如使用空调、挂挡或动力转向统工作，发动机怠转速应略有上升。若发到机转速不上升或下降超过50r/min，应检查怠速控制系统。

(29) 启动正常，开空调怠速转速略有上升，但一挂挡(自动变速器)就熄火，故障在自动变速器。

(30) 汽车排放控制系统中CANP、PCV、AIR、EGR、TWC和氧传感器故障都有可能导致混合气过稀，使发动机出现怠速稳定性变差，怠速游车和加速迟缓等故障。

8.6 发动机失速与喘抖的故障诊断

引例

一辆飞度轿车，装备有无级变速器，因蓄电池无法充电而更换了蓄电池，但更换了蓄电池后，出现挂挡就熄火的故障。

故障的原因是什么？更换蓄电池有什么注意事项？如何消除汽车的故障？

在很多情况下可能出现发动机失速，如发动机怠速运转时，发动机转速不稳定导致发动机失速；汽车在遇到红灯时，油门踏板松开发动机立即失速；加速或爬坡时，发动机动力不足而失速。

多数情况下，再现发动机失速的症状是非常困难的。在诊断故障时为了再现这一症状，维修人员需要询问用户以确定在什么情况下发动机失速。发动机失速后会经常发生启动困难或怠速不良。

发动机“喘抖”是发动机失速造成的一个轻微症状。但是这种症状只是暂时现象，所以出现这种症状后要马上对车辆进行快速准确的检查。至于造成这种现象的原因，大体上有三种类型：发动机机械故障(如气门黏滞)、发动机电气故障(如EFI系统故障)、自动变速器变速问题。在处理此类问题时，要从几个角度进行分析。

发动机熄火和喘抖的故障诊断程序如图8.17所示。

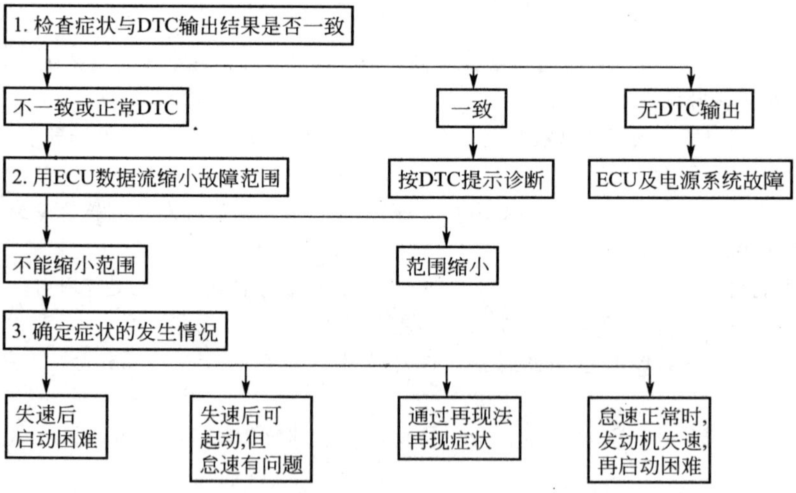

图8.17 发动机熄火和喘抖故障诊断程序

1. 检查症状与DTC输出结果是否一致

再现故障症状，并用故障诊断仪调出故障码，验证DTC所显示的故障与用户所指出的症状是否相同，DTC和故障症状之间必须有因果关系。如果DTC输出结果和问题症状一致，且故障症状连续出现，可以判定DTC显示的部位出现故障；如果故障症状并未出现，使用“故障再现法”再现故障症状，并重新诊断。

特别提示

当汽车“喘抖”时，应使用故障诊断仪的“检查模式”检查。因为，检查模式能确定瞬间或间歇故障，对于缩小故障查找范围非常有帮助。

2. 用ECU数据流缩小故障范围

故障出现时，对ECU数据流数据进行分析，进一步缩小故障范围，检查是传感器性能不良，还是执行器有故障。

3. 症状出现条件确认

(1) 当出现发动机失速后再启动困难时，可按照“发动机启动困难”的故障检修程序检查车辆。

(2) 发动机失速后能够再启动，但出现怠速故障。如果发动机由于怠速过低而熄火，按照“怠速故障”的检修程序检查车辆。

(3) 通过实施“故障再现法”使故障再现，从而判定出故障部位。

(4) 发动机失速后，能够正常再启动，怠速也正常。可通过检查供油系统或点火系统，缩小故障范围。

将故障原因缩小到供油系统。故障出现时，应首先检查燃油压力和空燃比，进一步缩小故障范围。如果燃油有压力，检查喷油器、点火系统；如果燃油没有压力，检查燃油压力供给系统(如燃油泵)和燃油泵控制系统。否则，当这种症状出现时，使用故障诊断仪根据氧传感器电压检查空燃比。

将故障原因缩小到点火系统。能够清楚地判断故障出自点火系统是非常困难的事情。所以首先将故障范围缩小到供油系统，在确认供油系统没有故障后，使用“故障再现法”检查点火系统的各个零件和插接器。

特别提示

如果点火系统或供油系统正常，应检查发动机控制系统以外的其他系统。如自动变速器、发动机机械故障、故障诊断仪未发现的空燃比太浓或太稀的原因。

经验点拨

使用转速表缩小故障范围。路试中，当发动机出现“喘抖”时，观察转速表的指针下降幅度，判断故障是不是出在点火系低压电路(发动机转速信号来自点火线圈“—”接柱的发动机，如果点火系低压电路出现故障，转速表的指针非常明显地下降)。如果转速表的指针下降很多，表明点火系低压电路出现了故障；如果转速表指针缓慢下降，表明点火系低压电路以外的其他部位出现了故障。

对于配有发动机转速传感器的发动机，此项检查无效。

应用案例

一辆飞度轿车，装备有无级变速器，因蓄电池无法充电而更换了蓄电池，但更换了蓄电池后，出现挂挡就熄火的故障。

【诊断与排除】

连接故障诊断仪读取故障码，无故障码(系统显示正常)。检查怠速及提速信号正常，检查起步离合器控制电磁阀正常，进行前进位、倒挡位油压测试也正常。但仔细查阅维修手册得知，飞度轿车在断电(更换蓄电池、熔断器)、更换ECU、维护起步离合器后，ECU均会失去对起步离合器的控制，并出现怠速时起步离合器压力过高，导致发动机挂挡冲击或熄火，因此必须对起步离合器进行校准。对起步离合器进行重新校准后，故障排除。

【案例点评】

造成挂挡就熄火的原因有：怠速转速过低；发动机没有怠速提速信号，造成怠速过低而熄火；起步离合器有故障；ECU程序出错。掌握汽车故障的常见原因很重要，多读新车型的维修手册也非常重要。

经验点拨

(1) 行驶中放松节气门踏板，因进气系统密封不良导致混合气过稀，无法有效重新点燃混合气而熄火。

(2) 行驶中放松节气门踏板，因燃油压为过低或燃油流量过少导致混合气过稀，无法有效重新点燃混合气而熄火。

(3) 行驶中放松节气门踏板，因积炭卡滞使旁通空气道不能及时开启导致重新给油时发动转速已经过低，发动机过载熄火。

(4) 行驶中放松节气门踏板，因EGR阀或炭罐清污电磁阀关闭不严导致燃烧质量过差，无法有效重新点燃混合气而熄火。

(5) CKP触头过脏，或气隙过大，会造成汽车行驶正常，但放松节气门踏板就熄火；同时还伴有怠速不稳，启动困难等故障。

(6) 喷油器堵塞造成混合气过稀，怠速时严重抖动，加速不良，急加速进气系统回火。缓慢踩节气门踏板行驶正常，但放松加节气门板就熄火。

(7) 暖机过程中结合发动机冷却液温度变化，观看发动机转速表，如达不到额定转速，说明怠速步进电动机和怠速空气阀不能开启，或不能完全开启。

(8) 发动机进气系统外部严重泄漏，怠速转速就会出现900～1 100r/min左右的怠速游车。行驶中加速不良，急加速进气管回火。缓慢踩节气门踏板，汽车行驶正常，但放松节气门踏板就熄火。

(9) 汽车行驶和加速都正常，但行驶中只要松开节气门踏板，发动机就熄火。此时，维修人员应先清洗节气门、旁通空气道、喷油器；清洗后故障没有排除，再检查进气系统的密封性。

(10) 点火继电器热稳定性不好，长时间吸合后会发热，而导致点火线圈的电磁吸力减弱，导致开关触点断开，从而造成点火系没有电源，导致发动机熄火。

(11) 进气温度传感器有故障，进入失效保护，按进气温度18.5℃进行控制。如环境温度很高，发动机长期使用备用值，就会造成混合气过浓而熄火。

(12) 进气温度传感器有故障，进入失效保护，如环境温度很低，发动机长期使用备用值(进气温度

18.5℃)，就会造成混合气过稀，冷机时会怠速抖动。

(13) 炭罐清污电磁阀始终处于开启状态，发动机ECU没有缩短喷油脉宽，环境温度很高时燃油箱内汽油蒸发量大，造成热机后混合气过浓，导致热机后发生间歇性熄火。

特别提示

间歇性或时有时无故障诊断是比较困难的。车辆发生故障时，维修人员不在现场，等维修人员赶到了现场，故障又没有了，电压、电阻、波形等全都正常。而且有些故障通常是周期性的，可能一个多月才发生一次。如上汽大众刚开始生产波罗轿车时，由于我国当时的汽油质量较差，所以驾车行驶中发动机有时会出现抖动，但还没有到修理厂，发动机就不抖动了。尽管用户反映较多，但维修厂却一次也没能赶到现场。对于这些间歇性故障，如有条件(故障发生频率较高)在汽车动态的过程中进行检查，在故障发生的第一时间检测故障，掌握故障的第一手资料，对准确地判断故障是很有帮助的。但对于发生频率较低的故障，就很难在汽车动态的过程中进行检测，因为即使连续进行多天路试，也可能出现不了故障。对于发生频率较低故障的诊断，主要靠认真分析，依据对汽车构造和原理的理解，以及严密的逻辑推理来诊断故障。

知识链接

汽车行驶正常，一放松节气门踏板发动机就熄火。

汽车行驶和加速都正常，但行驶中放松节气门踏板就熄火。此故障用故障诊断仪通常检测不到故障码，属于软故障，诊断难度较大。

故障原因分析：在行驶中放松节气门踏板时，ECU为了节油和环保会临时中断供油，待发动机转速降到1 500r/min时再恢复供油。如降到1 500r/min时不能及时供油，燃油质量过差，混合气过稀或过浓均可能造成减速熄火。

知识链接

汽车行驶正常，但制动后熄火或不能立即行驶。

(1) 发动机转速传感器和空气流量传感器线束过紧或接触不良，在制动时导致信号中断，可能造成制动时发动机熄火。

(2) 变矩器锁止继动阀卡滞在工作端会造成行驶正常，制动时因无法解除锁止，导致发动机过载而熄火。

(3) 从发动机进气系统取真空的真空助力器单向阀失效，会造成行驶正常，制动时混合气过稀，导致发动机熄火。

(4) 节气门过脏卡滞，在制动时进气系统应暂停进气。如节气门因卡滞而处于开启状态，在发动机转速降到1 500r/mim时，喷油器虽然恢复喷油，但因混合气过稀而无法点火。

(5) 燃油压力过低，在怠速、急减速、制动和滑行时会因混合气过稀，从而导致发动机熄火。

(6) 喷油器堵塞造成混合气过稀，在急减速、制动和滑行进入断油控制后，重新供油时会因混合气过稀而熄火。

(7) 在急减速、制动和滑行时EGR阀应处于关闭状态，如EGR阀关闭不严，会造成燃烧质量下降，在急减速、制动和滑行时均会导致发动机熄火。

(8) 在急减速、制动和滑行时，当发动机转速降到1 200～1 500r/min时，为防止过载熄火，怠速步进电动机要及时开启，如怠速步进电动机过脏或因其他故障没能及时开启，会导致发动机因过载而熄火。

(9) 使用自动变速器的汽车踩制动停车后，挂挡后汽车不走，需要等 30s 左右，才能继续行驶，主要是由于变矩器不能及时解除锁止造成的。

8.7 发动机动力不足的故障诊断

引例

一辆广州本田雅阁轿车，该车冷机时发动机工作正常，而热机后最高车速只能达到 130km/h。无负荷时加油，发动机转速只能达到 4 500r/min。行驶中只要发动机转速低于 4 500r/min 或车速低于 130km/h，动力均正常。

汽车动力不足的原因是什么？如何才能有效地恢复汽车完好的技术状况？

动力不足是指它的动力性差。发动机动力不足是汽车常见的一种故障现象。发动机动力不足包括动力不足(如当油门完全打开时动力不足，爬坡时车辆不能获得足够的加速)和加速不良(汽车可以平稳地行驶，但急加速时，车速上不去)。发动机动力不足的故障诊断流程如图 8.18 所示。

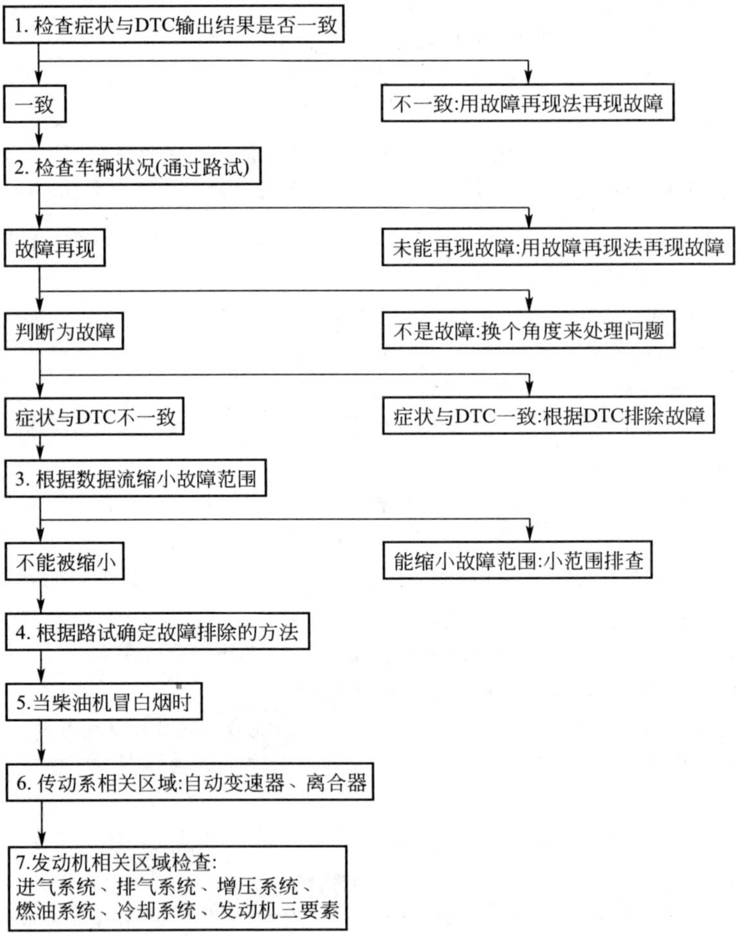

图 8.18　动力不足故障诊断程序

1. 检查症状与DTC输出结果是否一致

要验证DTC输出结果与故障症状是否一致。一致按故障码提示排除故障；不一致，要确认DTC和故障症状之间的关系，并再现故障，重新分析处理。

2. 车辆状况检查

1）基本检查

对于只有通过路试才能发现并排除的故障，在路试前先进行基本检查，故障原因很可能通过基本检查就能发现。基本检查的内容及方法参见图8.9所示。

2）通过路试对故障症状进行确认

尽可能和用户一同驾驶车辆进行路试，如果不能和用户一起进行路试，也要参照从用户得到的信息及建立在定格数据基础上的症状发生条件进行路试。通过路试，再现故障症状，判断症状是不是故障，并判断DTC输出结果、车辆检查结果及故障是否一致。

特别提示

进行路试时，将故障诊断仪置于检查模式，可以发现DTC不能输出的一些偶发性故障，例如传感器范围/性能问题或执行器的故障；将ECU数据存储在故障诊断仪中进行路试，然后对比分析故障出现时的ECU数据。

3. 使用ECU数据缩小故障范围

故障发生时，通过分析ECU数据流，进一步缩小故障范围。如查找有无DTC无法检测到的传感器范围/性能不良信息，有无执行器异常信息。

4. 根据路试确定故障排除的方法

在路试过程中务必牢记故障原因和故障症状特点。

柴油机暖机后不应冒烟。如果冒白烟，则发动机一定有了故障。因此，在无负荷突然加速的情况下检查排气管油烟的浓度，结合检查结果和负荷试验症状发生情况缩小故障原因范围。发动机在任何转速下都冒白烟的原因是燃油系统(雾化差或不雾化)、压缩系统(压力大小，柴油不雾化燃烧)、油中进水等；发动机转速从低到高时冒白烟的原因是喷油泵、进气和供油系统发生了故障，如燃油滤清器堵塞、空气滤清器污垢、喷油泵内部发生故障等。

特别提示

发动机在极低温度下启动时，可能会冒白烟，但这种“白烟”实际上是一种蒸汽(提醒认真观察)。

发动机动力不足的原因不仅会出自发动机，而且还可能出自机械系统。

应用案例

一辆广州本田雅阁轿车，该车冷机时发动机工作正常，而热机后最高车速只能达到130km/h。无负荷时加油，发动机转速只能达到4 500r/min。行驶中只要发动机转速低于4 500r/min或车速低于130km/h，动力均正常。

汽车动力不足的原因是什么？如何才能有效地恢复汽车完好的技术状况？

【诊断与排除】

用故障诊断仪检查发动机电控系统，无故障码。分别检查了燃油系统压力、点火系统，发动机ECU、机械系统，均正常。一般情况下，润滑系统和冷却不会影响发动机转速的升高。这时，忽然想起该车有可变气门正时及气门升程机构(即VIEC)，该机构由发动机ECU控制，在发动机高转速运转时，可以同时改变进气门的正时与升程，可以充分发挥发动机强劲的动力。

按照电路图对VIEC线路及电磁阀进行检查，没有发现故障。于是连接机油压力表，测量机油压力。启动发动机，使发动机达到正常工作温度，怠速时，机油压力为70kPa(标准值为≥70kPa)；转速为3 000r/min时，机油压力约为300kPa(标准值为≥300kPa)。根据以前的经验，此车的机油压力虽在标准的下限，但与正常相比仍属机油压力过低。

用举升器升起汽车，发现油底壳变形了(可能是行驶过程中被障碍物撞的)。将油底壳装复，再试车，故障排除。

但是，机油压力过低，机油压力报警灯为何不报警呢？重新启动发动机后，机油压力报警灯仍然不亮。检查发动机机油压力开关插接器，发现其导线折断了，因有胶皮包着，难以发现。

【案例点评】

对本故障进行分析：由于油底壳变形，引起机油压力下降，导致VIEC工作异常。因为VIEC只在大负荷时才工作，所以发动机转速较低或车速较低时，车辆正常工作；而当发动机大负荷工作后，VIEC异常，必然影响发动机的正常工作。

因此，检修汽车动力不足故障时，不仅要对发动机，还要对传动系、行驶系、制动系等系统进行评价。导致发动机动力不足的主要原因有：燃油系统有故障，如燃油压力低、喷油器堵塞、燃油滤清器脏、燃油泵损坏、空燃比不良等；点火系统有故障，如火花塞、高压线等元器件有故障；发动机ECU有故障；发动机机械部分有故障。除此之外，对于一些新结构的车型，更要细致地研究，不能用老观念，老思路来排除故障。

经验点拨

(1) 使用空气流量传感器(MAF)的进气系统发生较严重的泄漏时，充气量增加，混合气过稀，会造成怠速高而急加速不良。

(2) 进气压力传感器(MAP)的真空通道被积炭堵塞，会造成混合气过稀，大负荷动力不足，急加速不良。

(3) MAP的真空软管破裂，会造成怠速高，急加速不良。

(4) 热丝、热膜或翼片式MAF被积炭污染，会造成混合气过稀。

(5) 节气门系统故障会造成加速不良。

(6) 喷油器堵塞，使喷油量减少1/2，导致混合气过稀，会造成怠速抖动，急加速不良。

(7) 燃油压力过低或燃油流量过低，造成混合气过稀，会造成怠速抖动，急加速不良。

(8) 燃油压力过高，会造成加速不良。

(9) 燃烧室密封不良。燃烧室积炭过多，会造成进气门通气量减少和关闭不良；积炭过多导致气门杆和气门导管卡滞，造成气门关闭不严；气门间隙过小，或排气门烧蚀造成气门关闭不严。

(10) 进、排气不畅，会造成进气量减少，充气量不足，没有高速，自动变速器没有超速挡。

(11) 点火正时不对，会造成缓加速正常，急加速不良。

(12) 点火线圈故障会造成高压火弱。

(13) 点火系搭铁线接触不良，会造成发动机转速忽高忽低，始终加不起速来。

(14) 高压分线断路，会造成急加速提速慢。

(15) 发动机总搭铁线松动(不实)，会造成冷机启动困难，热机启动正常，急加速不良(有失火)。

(16) 发动机缺缸会造成加速不良。

(17) EGR阀密封不良，急加速时燃烧不好，加速不良。

(18) 自动变速器油温度传感器短路，会导致变矩器无法进入锁止工况，自动变速器不能进入超速挡，造成车速上不去。

(19) 液力变矩器支承导轮的单向离合器卡滞，会造成车速上不去，温和踩节气门踏板最高车速只有90km/h，猛踩节气门踏板最高车速也只有120km/h。

8.8 燃油消耗异常的故障诊断

引例

一辆日产MPV轿车油耗大，每百公里油耗18～20L，但发动机运转平稳。用故障诊断仪观察数据流发现氧传感器信号在0.19～0.28V之间缓慢变动，怠速时喷油脉宽为4.9～5.1ms。

汽车油耗为什么这么高？如何才能将油耗降下来，如何才能恢复汽车完好的技术状况？

8.8.1 燃油消耗异常的原因分析

导致发动机油耗过大的原因有三个：发动机技术状况差、汽车底盘技术状况差、驾驶操作使用不当。故障诊断时，必须分清是哪一种因素导致发动机油耗过大。

1. 汽车驾驶操作使用方面

经常性燃油消耗增加多是由于车辆使用情况与路面条件造成的，而不是车辆的故障问题。因此，要准确了解用户的使用习惯，从而做出科学分析。调查燃油消耗增加的内容见表8-9。

表8-9 燃油消耗增加的调查内容

问 题	调查目的
何时开始	了解发动机暖机与空调使用等车辆条件变化与故障之间的关系
与什么相比	找出用户所进行比较的目标车辆与用户的车辆之间的不同，然后查明引起燃油消耗增加的原因
如何使用	根据用户的使用情况查找燃油消耗增加的原因
如何测定	查明引起用户出现计算错误的原因

1) 分清何时开始的油耗异常增加

(1) 燃油消耗的季节性变化。夏季使用空调时，燃油消耗就会增加。增加程度取决于温度和湿度对空调负荷的影响。冬季燃油消耗也会增加，为了发动机暖机，高怠速运行的时间要比平常要长一些；冬季使用暖风时，也要消耗更多的燃油。

(2) 燃油消耗会随着行驶里程的变化而变化。积炭在燃烧室中积累很长一段时间后会出现爆燃现象。控制爆燃需要延迟点火正时，从而使燃油消耗增加(如果点火正时延迟 5°，燃油消耗增加约 6%)。当一辆全新的汽车行驶到 5 000～10 000km 后，燃油消耗会随之降低 5～10%(汽车过了走合期，发动机、传动系、轮胎等的机械摩擦就会减少)。

(3) 燃油消耗急剧变化，意味着汽车可能有“大故障”了。“同去年相比，燃油消耗增加了许多”，“燃油消耗突然间就增加了”。此时，车辆可能发生故障了。

2) 分清与什么相比油耗增加

(1) 发动机及排量的不同。通常，发动机越重、排量越大，燃油消耗也就越大。

(2) 汽车重量的不同。当汽车重量较大时，燃油消耗也增加。当汽车在平路上以恒定的速度行驶时，车重的增加对燃油消耗的影响不大。但是，当反复启动、加速和爬坡时，车重对燃油消耗的影响很大。

(3) 造型及车速的不同。空气阻力的增大与车速的平方成正比。低速行驶时，空气阻力不影响燃油消耗。但高速行驶时，会大大影响燃油消耗。因此，汽车在经济车速下行驶最省油。

空气阻力与风阻系数和前部迎风面积的乘积成正比。前部迎风面积大时，即使风阻系数小，空气阻力也会很大。因此，一辆大车即使风阻系数小，空气阻力也并不一定小。总之，就不能说燃油消耗会降低。

(4) 变速器和传动比的不同。通常，当传动比小时，发动机转速保持很低，节气门开度变大以相等的功率行驶。因此，发动机泵气损失量减少，而且燃油消耗降低。

一辆手动变速箱(M/T)车辆与一辆自动变速箱(A/T)车辆进行比较。在低速行驶时，由于变矩器滑差，A/T 车辆的燃油消耗要比 M/T 车辆燃油消耗高；在高速行驶时，锁止离合器开始作用，因此两辆车的燃油消耗就一样了。不过，市区内行驶时，在换挡的方便性及对时机的把握方面，A/T 还是具有优势的。

(5) 轮胎类型及胎压的不同。轮胎类型及胎压不同，行驶阻力中的滚动阻力不同，燃油消耗也就不同。

(6) 实际车辆与表列数据之间的不同。表列燃油消耗是在规定条件下测量的。因此，用户车辆使用行驶条件与标准测试行驶条件与有差异，燃油消耗也就肯定有差异。例如平均行驶速度慢、车辆停车率高、突然加速等；温度和湿度不同、风的影响、斜坡、倾斜弯曲和坎坷路面造成速度上非匀速；保持节气门开度恒定是困难的，即使是在持续行驶过程中也一样，随着时间的车辆的摩擦力变化，积炭增多；车重不同。这些都会使油耗增加。

3) 用户使用情况

(1) 发动机暖机和行驶距离。发动机长时间暖机会浪费燃油。发动机冷时，需要的油就更多，而且由于高怠速会导致高速空转。基于这些因素，当行驶距离短时，发动机处于冷状态下的行驶时间率就会增大，而且燃油消耗也会增加。

特别提示

为了降低燃油消耗，就应该尽可能地减少发动机暖机时间。即使是在冬季，也要在水温指示器开始动时(水温在 40～50℃)停止暖机。

(2) 装载情况和乘员数量。如果装载量与乘员数量增加，重量就会加大，燃油消耗也会增加。因此，汽车尤其是后备箱内勿放过多的杂物，燃油箱燃油也勿加过满。

(3) 使用空调。当空调压缩机打开时，就会消耗发动机动力，从而使燃油消耗增加。如果温度和湿度越高，压缩机运转率就会越大。如果车速越低，冷凝器的冷却性能越差，空气流量也就会降低，从而施加到发动机上的力就会增加。因此，温度较高时，在拥挤的路面上行驶燃油消耗会增加20%～30%。

(4) 电流负荷。用电量越大，发电机的负荷越大，燃油消耗也会越大。

(5) 在城市中和拥挤路面上行驶。在这种路面上行驶会增加燃油消耗，因为这时平均车速低，停车次数增多，时间变长，加速和减速次数也更多。在需要频繁加速和减速的间歇性阻塞路面上行驶时，燃油消耗要比要求车速相当低的路面上还要高一些。

(6) 公路行驶。建议以80～100km/h的车速(即经济车速)匀速行驶。

(7) 起步和加速。为了达到相同的距离或速度，快速起步或突然加速会比正常情况下消耗更多的燃油。通常，快速起步或突然加速一次，相当于汽车行驶100m所消耗的燃油量。要降低燃油消耗，就要保持一定的车与车间的距离和恒定的速度。

(8) 加速操作合理性。突然加速行驶时，车辆燃油消耗量相当于正常行驶50m的燃油消耗量。

(9) 换挡操作。通常，如果车辆行驶性良好的情况下，例如没有爆燃现象等，使用更高挡位并降低发动机转速会降低燃油消耗，换挡时机要准确及时。

2. 发动机技术状况方面

发动机技术状况差导致发动机油耗过大的常见原因有：冷却液温度传感器失常、空气流量传感器或进气压力传感器失常、节气门位置传感器失常、燃油压力过高、冷启动控制失常、喷油器漏油、气传感器失效、点火系故障、发动机机械部件故障(如汽缸压力过低)、配气相位不正确、ECU及插接器故障等。

3. 底盘技术状况方面

轮胎气压过低、制动拖滞、传动系打滑、自动变速器不能升到高挡位、液力变短器无锁止等均会导致油耗过大。

8.8.2　燃油消耗异常的诊断与排除

1. 燃油消耗过大的诊断步骤

燃油消耗过大的诊断步骤如图8.19所示。分别进行下列项目的测试，直至找到故障为止。检查冷却液温度传感器是否失常、空气流量传感器或进气压力传感器是否失常、节气门位置传感器是否失常、燃油压力是否过高、冷启动控制是否失常、喷油器是否漏油、氧传感器是否失效、点火系是否有故障、发动机机械部件有无故障(如汽缸压力过低)、配气相位是否正确、ECU及插接器有无故障。

2. 燃油消耗异常诊断注意事项

(1) 由于人们对油耗过大通常是用每百公里耗油量来评定的，而不是单指发动机的比油耗，所以诊断油耗过大的故障时，首先就确诊故障是否在发动机。

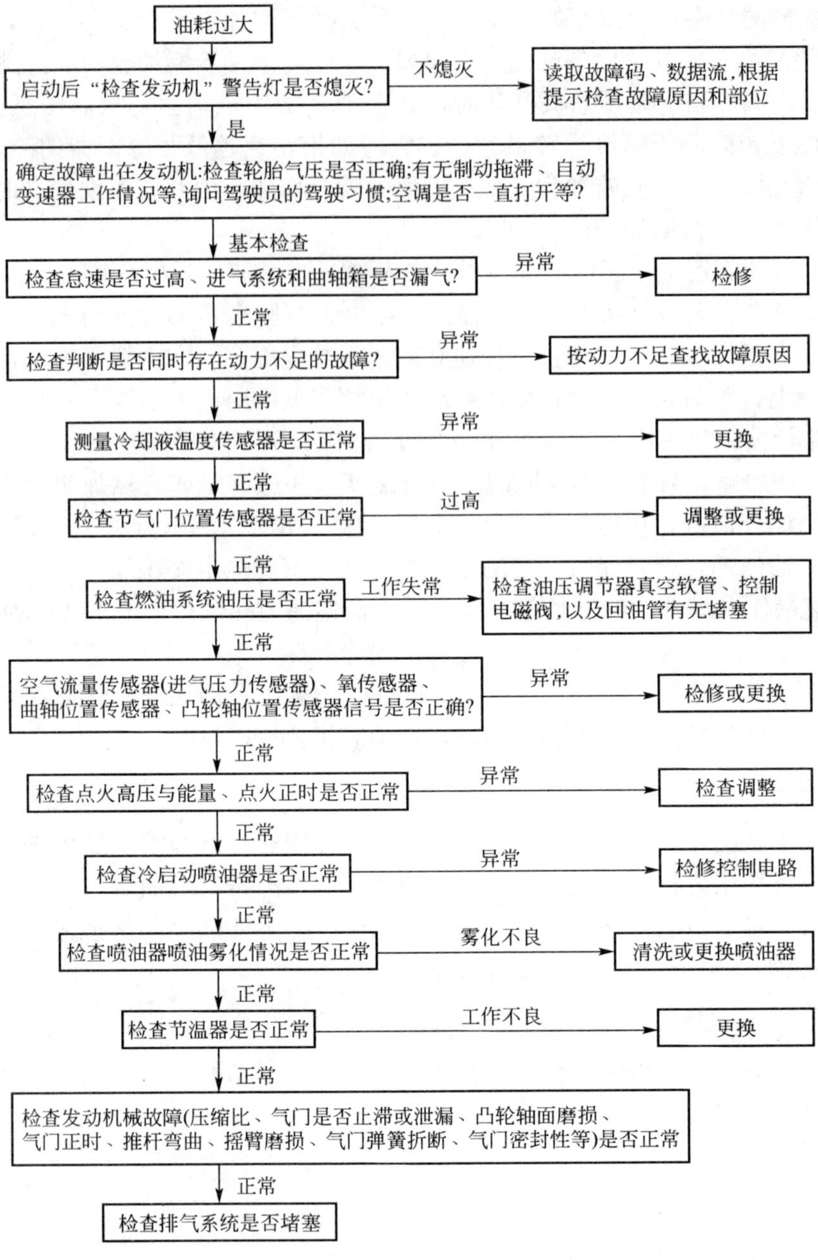

图 8.19　发动机油耗过大故障的检查程序

特别提示

驾驶员的驾驶习惯不良、轮胎气压过低、车辆负荷过大、制动拖滞、传动系打滑、自动变速器不能升到高挡位、液力变矩器无锁止等均会导致油耗过大。

(2) 凡是造成动力不足、混合气过浓、冷却液温度过低的故障都将导致发动机油耗过大。发动机怠速过高也是油耗过大的原因之一。即发动机动力不足、冒黑烟、加速不良、怠速过高是油耗过高的特征。

特别提示

混合气偏浓不会导致动力下降，相反的，动力可能略有增大，但发动机对混合气过浓没有混合气过稀敏感，一些人是难以察觉的，除非过浓达到了排气冒黑烟的地步了。

要检查混合气是否过浓，最好用废气分析仪。当然拆检火花塞检查是否潮湿，也不失为一种简单可行的方法。

(3) 用汽车故障诊断仪读取故障码与数据流，充分注意氧传感器信号数值的变化情况，并注意观察长期燃油校正系数和短期燃油校正系数的变化，其变化规律是否与氧传感器信号变化相适应。观察数据流时要仔细，维修前后要对比，最好能先记录下来。

知识链接

所谓短期燃油校正系数，是指发动机ECU对所控制的混合气浓度的短期校正的程度。氧传感器检测混合气浓度，ECU增加或减小喷油量的控制程度以燃油校正系数的方式表示出来。而所谓短期校正则是表示ECU对混合气浓度变化立即做出反应的校正过程。而燃油长期校正系数则是指发动机ECU对所控制的混合气浓度的长期校正的程度。它取决于燃油短期校正系数在一段时间内的变化情况。若ECU发现燃油短期校正系数在一段时间内一直太大或太小，就会相应的增大或减小燃油长期校正系数，这表明ECU在一段时间内一直按加浓或减稀的混合气控制发动机的工作。此时，短期燃油校正系数又恢复为中间值。这种对混合气浓度的长时间的校正工作称为长期校正，其校正的程度用燃油长期校正系数来表示。如果拆下蓄电池接头或拔下发动机ECU插接器，则其内保存的长期校正系数通常会消失。

(4) 要重视基本检查。进气系统不密封就会影响喷油量，所以应重视对进气系统密封性的检查，同时注意下列问题。

① 发动机机油尺、机油加油口盖必须安装好，否则会影响发动机运行。

② 进气软管不能有破裂、卡箍要安装牢固。因为漏气会影响空气流量传感器或进气压力传感器的信号，从而影响喷油量，使发动机怠速不稳，易熄火，动力性和加速性能差。

③ 真空管不能破裂、扭结，也不能插错。真空管插错会使发动机怠速不稳，甚至使各缸无规律地交替工作不良。

④ 喷油器应安装到位，密封圈完好。如果安装不到位或密封圈损坏，上部密封不良会漏油，造成严重事故；下部密封不良会造成漏气，使发动机真空度下降，运行不良。

(5) 对燃油蒸气蒸发控制系统的工作情况要全面检查。

(6) 有时，如果一个爆燃传感器拧得过紧，它会变得过于灵敏并导致减少点火提前角，导致燃料经济性下降。当爆燃传感器被拆下并重新安装时，按规定力矩对传感器进行紧固是十分重要的。对传感器检查的程序取决于汽车的型号及生产年份。一定要按照汽车厂建议的检验程序及技术标准进行检查。

应用案例

桑塔纳2000和桑塔纳3000更换空气流量传感器后，出现油耗升高或怠速不稳。

【诊断与排除】

更换正确的空气流量传感器。

【案例点评】

在订购和更换空气流量传感器时，应注意上海桑塔纳2000和3000轿车使用的空气流量传感器是有区别的，不能互换使用。桑塔纳2000使用的空气流量传感器的零件号是06A 906 461，内部不带温度传感器；搭载AJR或AYJ型发动机的桑塔纳3000(满足欧Ⅲ排放标准)，采用与桑塔纳2000相同机械结构的节气门，空气流量传感器的零件号是06A 906 461；搭载BKT或BKU型发动机的桑塔纳3000，采用电子节气门，其空气流量传感器的零件号是IJD 906 461，内部带有进气温度传感器，其特性和06A 906 461完全不同。

如果错误地安装了空气流量传感器，就意味着发动机不能得到正确的喷油量信号。在混合气开环控制阶段，可能会导致三元催化转化器温度过高而烧毁或燃油消耗过高；在混合气闭环控制阶段，偏差可以由氧传感器的信号来修正，从而导致空燃比控制量较大，系统工作不稳定。

特别提示

可以通过以下标记识别满足欧Ⅲ排放标准的车型，即在发动机上部的饰盖上有E_3或LPG字样，同时在车辆铭牌上的发动机型号一栏中标有BKT或BKU字样。

应用案例

一辆日产MPV轿车每百公里油耗18～20L，但发动机运转平稳。用故障诊断仪观察数据流发现氧传感器信号在0.19～0.28V之间缓慢变动，怠速时喷油脉宽为4.9～5.1ms。

【诊断与排除】

试着进行急加速与急减速试验，发现氧传感器信号几乎不变，拔下氧传感器插接器，故障诊断仪显示氧传感器信号为0.45V，喷油脉宽同时变为3.2ms。这说明故障在氧传感器本身。更换氧传感器后，故障排除。

【案例点评】

导致发动机油耗过大的原因既有发动机技术状况方面的，也有汽车底盘技术状况方面的。发动机方面常见原因有：冷却液温度传感器失常、空气流量传感器或进气压力传感器失常、节气门位置传感器失常、燃油压力过高、喷油器漏油、氧传感器失效、点火系故障、发动机机械部件故障(缸压过低等)、配气相位不正确、ECU及插接器故障等。

本例氧传感器信号低而喷油脉宽大，基本可以断定氧传感器信号低就是导致油耗大的原因。

小　　结

1. 如果维修人员检修车辆时未按照规范化的程序进行操作，有可能使故障变得更复杂，甚至可能由于他错误的推测而采取不相干的维修程序。汽车故障诊断的基本思路：

①询问客户故障症状并再现客户投诉的故障症状；②判断客户描述的症状是不是故障；③推测故障发生的原因；④检查可疑部位并找出造成故障的原因；⑤根除故障，避免类似故障再次发生。

2. 汽车故障诊断的常规步骤：①问诊；②初步观察；③读码-清码-再读码；④分析故障码；⑤阅读数据流；⑥检查测量；⑦排除故障；⑧竣工检验。

3. 按照故障检测手段不同，汽车故障诊断法分为人工经验诊断法和仪器设备诊断法；按照诊断切入点不同，汽车故障诊断法分为故障码诊断分析法和故障症状诊断分析法。

4. 人工经验诊断法是诊断人员凭借丰富的实践经验和一定的理论知识，在汽车不解体或局部解体的情况下，借助简单的检查工具，采用“问”、“看”、“听”、“摸”、“嗅”、“试”等手段，进行检查、试验、分析和确定汽车故障原因和部位的诊断方法。

5. 仪器设备诊断法是诊断人员在汽车不解体或局部解体的情况下，采用检测诊断设备对汽车各种诊断参数进行检测、试验、分析，最终确定汽车故障原因和部位的诊断方法。

6. 故障码诊断分析法是仪器设备诊断法的一种特殊形式，它以汽车故障诊断仪调出的汽车电子控制系统故障码为切入点，进行汽车故障诊断分析的一种方法。

7. 症状诊断分析法是以故障所表现出来的症状为切入点，以汽车结构原理为基础，用故障症状与故障原因之间的逻辑关系进行分析，然后采用检测和试验的手段进行故障诊断分析的一种方法。这种方法适用于汽车非电子控制系统和无故障码输出的电控汽车各个系统的故障诊断。

8. 汽车故障诊断的方法很多，如询问用户法、直观检查法、温度检查法、清洁检查法、震动检查法、电阻测量法、电压测量法、电流测量法、电源短接检查法、脱开支路检查法、元件替换法、刮火法、试灯检查法、重接或重焊检查法、比较法等。为了快速准确地识别出故障部位，应熟练掌握下列故障诊断方法：故障再现法、故障码分析法、ECU数据流分析法、发动机转动阻力检查法、发动机启动状况检查法、点火与预热系统检查法、燃油系统检查法、压缩系统检查法、断缸检查法、空燃比检查法、活塞环/气门导管漏油损失检查法、排气状况检查法和端子接触压力检查法等。

9. 随着汽车行驶里程的增加，汽车发动机的性能会逐渐变差，出现诸如发动机启动困难、怠速不良、发动机失速、发动机喘抖、动力不足等故障。必须及时发现并加以排除，从而使汽车经常处于完好技术状况。

习　　题

一、选择题

1. 点火线圈损坏不会导致(　　)。

A. 发动机不能发动　　B. 点火错乱

C. 无高压火花　　D. 次级电压过低

2. 节气门位置传感器故障不造成(　　)。

A. 发动机启动困难　　B. 怠速不稳

C. 发动机易熄火　　D. 发动机加速无力

3. 空气流量传感器故障不会造成(　　)。

A. 发动机不能启动　　B. 怠速不稳

C. 发动机易爆燃　　D. 无高压火花

4. 通过自诊断系统有发现(　　)的故障。

A. 点火系高压电路　　B. 燃油系统

C. 真空管路　　D. 喷油器电路

5. 点火器表面温度超过 100℃，表明(　　)。

A. 内部线路短路　　B. 内部线路断路

C. 内部线路接触不良　　D. 很正常

二、简答题

1. 汽车故障诊断的基本程序是什么?
2. 汽车故障诊断的一般步骤是什么?
3. 什么是人工经验诊断法? 基本手段有哪些?
4. 请列举人工经验诊断汽车故障的经验技巧。
5. 请列举汽车故障诊断的基本技能。
6. 如何根据启动状况判断发动机的故障?
7. 如何排除发动机怠速不良故障?
8. 导致汽车行驶无力的原因有哪些?
9. 试分析汽车油耗过高的原因。

第9章

柴油机电控系统

学习目标

通过学习柴油机电控系统，了解柴油机电控技术的发展与应用现状；了解柴油机电控系统的特点；了解柴油机电控系统的基本组成和工作原理；了解现代柴油机电控系统的应用；掌握柴油机电控燃油喷射系统的组成和分类；掌握电控分配泵喷射系统、电控泵喷嘴系统、电控共轨燃油系统的结构特点与检修。为全面系统地掌握柴油机电控系统的类型、结构、工作原理与故障检修打下坚实的基础。

学习要求

能力目标	知识要点	权重	自测分数
阐述柴油机电控系统的发展、组成及其功能	(1) 柴油机电控系统的发展概况； (2) 柴油机电控系统的特点； (3) 柴油机电控系统组成及其功能	10%	
掌握典型柴油机电控燃油喷射系统的组成、工作原理、各机件的类型、构造	(1) 柴油机电控燃油喷射系统的组成和分类； (2) 电控分配泵喷射系统组成、工作原理和结构； (3) 电控泵喷嘴组成、工作原理和结构； (4) 电控共轨系统的组成、工作原理和结构	50%	
掌握典型柴油机电控燃油喷射系统的检修	(1) 电控分配泵的检修； (2) 电控共轨燃油系统的检修	40%	

引言

随着电控技术在汽车柴油机上应用的日益增多，控制精度不断提高，控制功能不断强大，加上共轨技术、“时间控制”燃油喷射技术、涡轮增压中冷技术、多气门技术、废气再循环技术等在汽车柴油机上应用的逐渐成熟，使汽车柴油机在重量、噪声、烟度等方面已取得重大突破，达到了汽油机的水平，在轿车和轻型车动力竞争中，柴油机的发展势头令人瞩目，豪华客车、重型汽车中，柴油机更是一统天下。

9.1 概　　述

9.1.1 柴油机电控技术的发展

从20世纪50年代中期到20世纪70年代，人们逐渐意识到汽车排放污染和能源问题的重要性。而柴油机燃油经济性好、CO和HC排放量低的特点，引起国外各大汽车公司和研究机构的重视，对轿车和轻型车柴油机的投入加大，使柴油机在升功率、比质量、振动和噪声等方面与汽油机的差距缩小，轿车和轻型车的柴油化率逐年提高。

按对供(喷)油量、供(喷)油正时、供(喷)油速率和喷油压力等的控制方式，电控技术在柴油机供给系统中的应用，经历了“位置控制”、“时间控制”、“时间-压力控制”或“压力控制”3个阶段。采用“位置控制”和“时间控制”的柴油机电控系统中的供(喷)油压力与传统柴油机供给系统相同，称为常规压力电控喷油系统或第一代柴油机电控燃油喷射系统。采用“时间-压力控制”或“压力控制”的柴油机电控系统可对喷油压力进行控制，且喷油压力较高，称为高压电控喷油系统或第二代柴油机电控燃油喷射系统。

第二代柴油机电控燃油喷射系统基本改变了传统燃油供给系统的组成和结构，主要以电控共轨(各缸喷油器共用一个高压油管)式喷油系统为特征，直接对喷油器的喷油量、喷油正时、喷油速率和喷油规律、喷油压力等进行“时间-压力控制”或“压力控制”。

20世纪90年代以来，柴油机在轿车和轻型车动力装置中的竞争力大大提高。目前，欧美国家100%的重型车装用柴油机，90%的轻型车装用柴油机，轿车的柴油化率也达到32%，法国、西班牙等国的轿车柴油化率更是高达50%。

知识链接

作为我国柴油车发展的先行者，一汽大众凭借德国大众技术上的强大后盾，在柴油机技术的发展上已经取得了很大进步，其2003年推出的国内第一款柴油轿车捷达SDI，2004年相继推出的宝来TDI柴油轿车和奥迪A6 TDI都受到了国内消费者的广泛好评。随着社会经济的发展，对环保的要求越来越高，柴油发动机电控系统的研究和相应产品的开发必将成为我国汽车柴油发动机技术领域中的一个热点，这将大大促进我国汽车柴油发动机产品的更新换代，为在未来短时期内参与国际竞争奠定坚实的基础。

9.1.2　柴油机电控系统的优点

柴油机电控技术(EDC)与汽油机电控技术(EFI)有许多相似之处，整个系统都是由传感器、电子控制单元和执行器三大部分组成。在电控柴油机上所用的传感器中，如转速、压力、温度、油门踏板传感器等，与汽油机电控系统大致相同。汽油机电控技术在国内外已经成熟，商品化程度已很高，因此大部分传感器和电子控制单元已不是难点，也不是柴油机电控技术的难点。柴油机电控技术有两个明显的特点：一是其关键技术和技术难点就在柴油喷射电控执行器上；二是柴油电控喷射系统的多样化。

而与传统柴油机相比，采用电控技术的现代柴油机的主要优势如下：①提高燃油经济性和排放性；②改善工作可靠性；③低温启动更容易；④运转更稳定；⑤适应性能更强；⑥精确动力输出和负荷匹配；⑦增压控制的实现；⑧结构紧凑，维修方便。

知识链接

柴油机、汽油机电控技术比较

(1) 对混合气浓度的控制方式不同。汽油机一般要求混合气浓度在过量空气系数等于1的状态下工作，所以汽油机普遍采用带氧传感器的闭环电控燃油喷射系统。柴油机对混合气浓度一般没有相对固定的要求，所以对混合气浓度控制并不严格。

(2) 对喷油压力的要求不同。汽油机多点喷射系统的喷油压力一般为0.25～0.35MPa，单点喷射系统的喷油压力一般为0.07～0.10MPa，而柴油机的喷油压力高达100～200MPa，如何建立更高的喷油压力是柴油机技术发展的重点和难点。

(3) 对燃烧过程的控制途径不同。汽油机主要通过控制点火正时和点火能量来控制燃烧过程，而柴油机则是通过控制喷油正时、喷油持续时间和喷油速率来控制燃烧过程。

(4) 柴油喷射的电控执行元件复杂。柴油机燃油喷射具有高压、高频、脉动等特点。喷射压力高达汽油机喷射压力的100倍以上，同时柴油机需要对喷油量、喷油正时、喷油压力等多参数进行综合控制，而且柴油机对喷油正时的精度要求很高。这就导致了柴油喷射的电控执行元件要复杂得多，其软件的难度也大于汽油机。

(5) 柴油机电控燃油喷射系统形式多样。传统的柴油机具有直列泵、分配泵、泵喷油器、单缸泵等结构完全不同的系统。实施电控技术的执行机构比较复杂，形成了柴油喷射系统的多样化。

9.2　柴油机电控系统

9.2.1　柴油机电控系统的基本组成和工作原理

由于柴油机与汽油机使用的燃料不同，结构(尤其燃料供给系统)和工作特点也存在很大差异，因此采用的电控技术也各有特点。

1. 柴油机电控系统的组成

柴油机电控系统由信号输入装置、ECU和执行元件三部分组成。其中，信号输入装置(即柴油机电控系统传感器)用来检测柴油机与汽车的运行状态，并将检测结果转换成电信号输送给ECU。柴油机电控系统常用传感器见表9-1。

表 9-1　柴油机电控系统常用传感器

名　　称	功　　能
节气门踏板位置传感器	检测节气门踏板的位置，即发动机的负荷信号，此信号输入 ECU 后，与转速信号共同决定柴油机的喷油量及喷油提前角，是柴油机电控系统的主控制信号。
转速传感器、曲轴位置传感器	检测发动机转速或曲轴位置，与节气门踏板位置传感器共同决定喷油量和喷油提前角，是柴油机电控系统的主控制信号。
泵角传感器	检测喷油泵轴转角，与曲轴位置传感器配合共同控制喷油量，并保证在喷油正时改变时不影响喷油量。
点火正时传感器	检测燃烧室开始燃烧的时刻，修正喷油正时。
冷却液温度传感器	检测发动机冷却液温度，修正喷油量及喷油正时。
进气温度传感器	检测进气温度，以修正喷油量及喷油正时。
进气压力传感器	检测进气压力，以修正喷油量及喷油正时。
溢流环位置传感器	检测溢流控制电磁铁的电枢位置，以反馈控制溢流环的位置。
正时活塞位置传感器	检测电子控制定时器正时活塞的位置，将喷油正时提前量信号输入 ECU。
控制杆位置传感器	检测电子控制柱塞式喷油泵调速器中控制杆的位置，将燃油喷射量的增减信号反馈给 ECU。
控制套筒位置传感器	检测电子控制分配式喷油泵调速器中控制套筒的位置，将燃油喷射量的增减信号反馈给 ECU。
E/G 开关	发动机点火开关，向 ECU 输入发动机工作状态信号。
A/C 开关	空调开关，向 ECU 输入空调工作状态信号，是怠速控制信号之一。
动力转向油压开关	检测动力转向管路油压的变化，所获信号是怠速控制信号之一。
空挡启动开关	向 ECU 输入自动变速器是否处于空挡位置信号，是怠速控制信号之一。

ECU 的功用是根据各传感器输入信号和内存程序，计算出供(喷)油量和供(喷)油开始时刻，并向执行元件发出指令信号。柴油机电控系统在运算原理、控制原理、存储原理、数据传输原理及程序设计等方面与汽油机电控系统基本相同。

柴油机电控系统中所用的执行元件与汽油机有很大的不同，特别是在燃油喷射控制中所用的执行元件。由于柴油机在缸内混合时对循环喷油量、喷油正时的精度要求很高，柴油机燃油喷射又具有高压、高频和脉动等特点，再加上柴油机燃油喷射装置的多样性，这些都使得现代汽车柴油机电控系统在燃油喷射控制中所用的执行元件远比汽油机复杂，技术含量也要高得多。

2. *柴油机电控系统基本工作原理*

柴油机电控系统与汽油机电控系统一样，当由传感器检测到的发动机的某一实际参数输入微处理器后，首先与存储器中的相应参数和最优运行结果比较，如果两者相同，则电控系统保持原状态，发动机继续按当前状态运行。实际参数偏离目标参数时，微处理器将根据偏离值的大小和方向按预定控制规律进行有关信息的处理。经运算处理后微处理器输出控制指令信号，控制各有关执行器动作，使发动机相应参数或状态向目标靠近，接近程度也可由相应传感器来检测，并将检测结果反馈给ECU，实现闭环控制，使柴油机按最佳状态运行。

9.2.2　现代柴油机电控系统

1. 燃油喷射控制系统

柴油机燃油喷射控制系统内容与功能见表9-2。

表9-2　燃油喷射控制系统内容与功能

内　容	功　能
供(喷)油量控制	柴油机电控燃油喷射系统最主要的控制功能之一。在启动、怠速、正常运行等各种工况下，ECU根据发动机转速信号、负荷信号(节气门踏板位置信号)和内存控制模型来确定基本供(喷)油量，再根据冷却液温度信号、进气温度信号、启动开关信号、空调开关信号、反馈信号等对供(喷)油量进行修正
供(喷)油正时控制	柴油机电控燃油喷射系统最主要的控制功能之一。在柴油机电控燃油喷射系统中，ECU根据发动机转速信号、负荷信号和内存的控制模型来确定基本的供(喷)油提前角，再根据反馈信号进行修正
供(喷)油速率和供(喷)油规律的控制	ECU以柴油机转速信号和负荷信号作为主控制信号，按预设的程序确定最佳的供(喷)油速率和供(喷)油规律
喷油压力的控制	ECU以柴油机转速信号和负荷信号作为主控制信号，按预设的程序确定最佳的喷油压力，并对喷油压力进行闭环控制
柴油机低油压保护	柴油机机油压力过低时，ECU根据机油压力传感器信号减少供(喷)油量，降低转速并报警；当机油压力降到一定值以下时，则切断燃油供给，强制使发动机熄火
增压器工作保护	装有增压装置的柴油机，增压压力过高会造成中冷器和汽缸内最高压力升高；增压压力过低则会导致进气量不足使排气温度升高。因此ECU根据增压压力信号适当调节供(喷)油量，并在增压压力过高或过低时报警

2. 怠速控制系统

柴油机怠速控制系统内容与功能见表9-3。

表9-3　怠速控制系统内容与功能

内　容	功　能
怠速转速的控制	怠速工况时，ECU以柴油机转速信号和负荷信号作为主控制信号，按内存程序确定怠速时的供(喷)油量，并根据冷却液温度信号、进气温度信号、空调开关信号、转速(反馈)信号等，对怠速供(喷)油量进行修正控制，使怠速转速保持稳定
各缸均匀性的控制	在共轨式第二代柴油机电控燃油喷射系统中，由ECU分别对各缸的喷油器进行控制(顺序喷射控制)，ECU可以通过精确测定曲轴转速，根据各缸做功行程中曲轴转速的变化确定各缸供(喷)油量的偏差，然后进行补偿调节

3. 进气控制系统

柴油机进气控制系统内容与功能见表 9-4。

表 9-4　怠速控制系统内容与功能

内　　容	功　　能
进气节流控制	ECU 主要根据柴油机转速信号和负荷信号，控制设在进气管中的节气门开度，以满足不同工况对进气流量的不同要求
进气涡流控制	ECU 以柴油机转速和负荷作为主控制信号，按内存的程序对进气涡流强度进行控制，以满足不同工况对进气涡流强度的不同要求
气门驱动控制	ECU 根据柴油机转速信号和负荷信号，按内存程序控制气门驱动机构，以改变配气正时和气门升程，满足发动机不同工况的要求

4. 增压控制系统

柴油机的增压控制主要是由 ECU 根据柴油机转速信号、负荷信号、增压压力信号等，通过控制废气旁通阀的开度或废气喷射器的喷射角度、涡轮增压器废气进口截面大小等措施，实现对废气涡轮增压器工作状态和增压压力的控制，以改善柴油机的转矩特性，提高加速性能，降低排放和噪声。

5. 排放控制系统

柴油机的排放控制主要是废气再循环(EGR)控制。ECU 主要根据柴油机转速和负荷信号，按内存程序控制 EGR 阀开度，以调节 EGR 率。

6. 启动控制系统

柴油机启动控制主要包括供(喷)油量控制、供(喷)油正时控制和预热装置控制，而其中供(喷)油量控制和供(喷)油正时控制与其他工况相同。柴油机冷启动时的预热装置一般都是电加热装置(如进气预热塞等)，ECU 根据柴油机启动时的冷却液温度决定电加热装置是否通电以及通电持续时间，并在柴油机启动后或启动温度较高时，自动切断电加热装置电源。

7. 巡航控制系统

带有巡航控制功能的柴油机电控系统，当通过巡航控制开关选定巡航控制模式后，ECU 即可根据车速信号等自动维持汽车以一定车速行驶。

8. 故障自诊断和失效保护系统

柴油机电控系统中也包含故障自诊断和失效保护两个子系统。柴油机电控系统出现故障时，自诊断系统将点亮仪表盘上的“故障指示灯”，提醒驾驶员注意，并储存故障码，检修时可通过一定的操作程序调取故障码等信息；同时失效保护系统启动相应保护程序，使柴油机能够继续保持运转或强制熄火。

9. 柴油机与自动变速器的综合控制系统

在有电控自动变速器的柴油车上，将柴油机控制 ECU 和自动变速器控制 ECU 合为一体，实现柴油机与自动变速器的综合控制，以改善汽车的变速性能。

9.3 典型柴油机电控燃油喷射系统

9.3.1 柴油机电控燃油喷射系统的组成和分类

1. 柴油机电控燃油喷射系统的组成

柴油机电控系统由传感器、执行器和ECU组成。传感器检测出发动机或喷油泵本身的运行状态；ECU根据各个传感器的信息，控制发动机的最佳喷油量、最佳喷油时间；执行器根据ECU的指令，准确控制喷油量和喷油时间。柴油机电控系统的组成如图9.1所示。

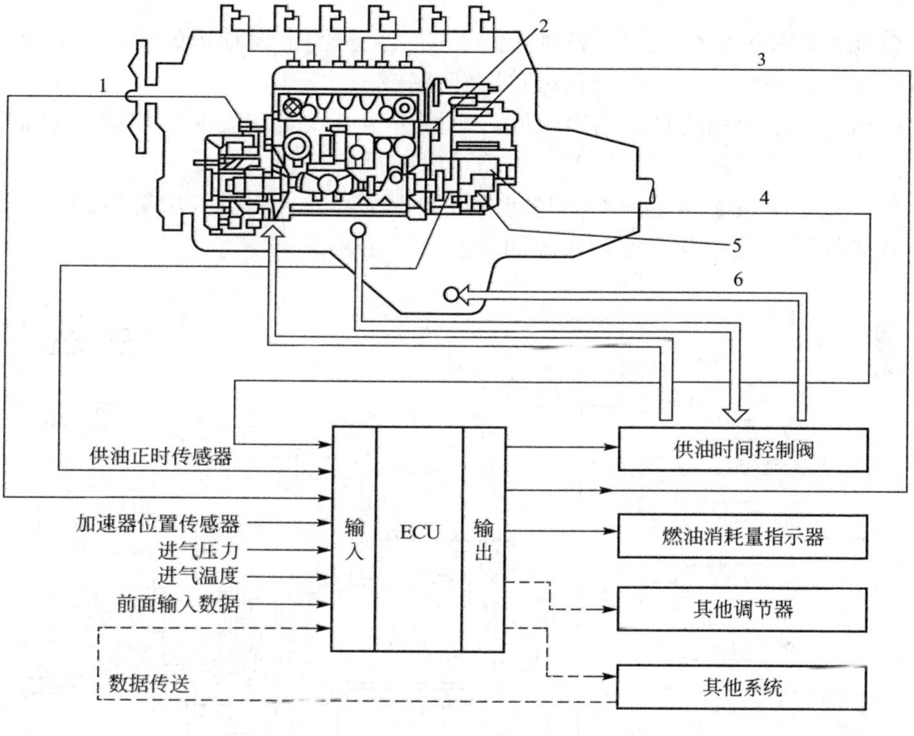

图9.1 柴油机电控系统的组成

1—发动机转速传感器；2—油量控制齿杆；3—齿杆控制电磁线圈；
4—齿杆位置传感器；5—功率放大器；6—发动机润滑油控制

2. 柴油机电控燃油喷射系统的分类

柴油机电控燃油喷射系统根据其直接控制的量(喷油量)控制方式可分为位置控制和时间控制两类。位置控制系统的特点是不仅保留了传统的喷油泵-高压油管-喷油器系统，而且还保留了喷油泵中齿条齿圈、滑套、柱塞上控油螺旋槽等油量控制机械传动机构，只是对齿条或滑套的运动位置由原来的机械调速器控制改为微处理器控制。时间控制系统可以是保留原来的喷油泵-高压油管-喷油器系统，也可以采用新型的产生高压的燃油系统，而用高速电磁阀直接控制高压燃油的喷射。一般情况下，电磁阀关闭，执行喷油；电磁阀打开，停止喷油。喷油始点取决于电磁阀关闭的时刻，喷油量取决于电磁阀关闭时间的长短。此种喷油量的控制方式与汽油机喷油量的控制方式正好相反。采用上述时间控制系统时，传统喷油泵中的齿条齿圈、滑套、柱塞上的斜槽、控制喷油正时的提前机构等全部取消。时间控制系统的控制自由度更大。

柴油机电控系统根据其产生高压燃油的机构，也可分为直列泵电控喷射系统、电控分配泵喷射系统、泵喷嘴电控喷射系统、单体泵电控喷射系统、共轨式电控喷射系统。其中共轨式电控燃油喷射是电控技术发展起来所形成的新型喷射机构，其他系统都是在原有的喷射机构上加上电控执行机构后形成的。

9.3.2 电控分配泵喷射系统

1. 电控分配泵喷射系统结构和原理

电控分配泵燃油喷射系统根据各种传感器的信息检测出发动机的实际运行状态，由计算机完成喷油量控制、喷油时间控制和怠速转速控制。

不同的机型电子控制的具体内容不同，有些机型可以实现喷油量控制、喷油时间控制和怠速转速控制三项控制，有些机型仅对喷油时间进行控制。

电控分配泵系统按喷油量、喷油时间的控制方法可分为两类：位置控制式和时间控制式。具有代表性的电控分配泵喷射系统如图 9.2 所示。

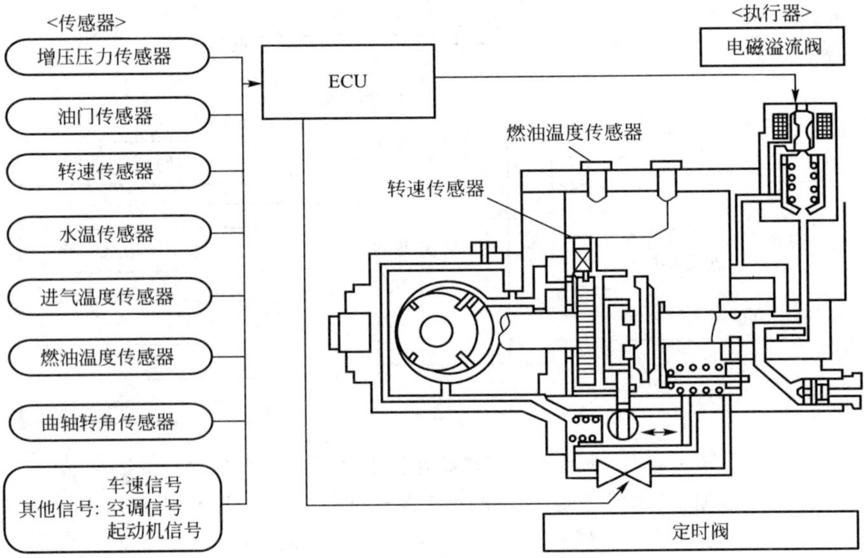

图 9.2 电控分配泵喷射系统构成

位置控制式电控分配泵系统的结构如图 9.3 所示。采用旋转螺线圈式执行机构，由于转子的旋转，改变轴下端的偏心球的位置来控制溢油环的位置。

喷油量控制。ECU 根据发动机的状态计算出目标喷油量，并将其结果输出到驱动回路，驱动回路根据 ECU 的指令一边反馈控制执行机构的位置，一边控制输出。这样，将Ⅶ分配泵的溢油环控制在目标位置，从而控制喷油量。

喷油时间控制。Ⅶ型分配泵的提前活塞内设有连通高压腔和低压腔的通道，按占空比控制定时控制阀，使定时活塞两侧的压力差变化，从而控制喷油时间。由传感器检测出定时活塞的位置，从而进行反馈控制。

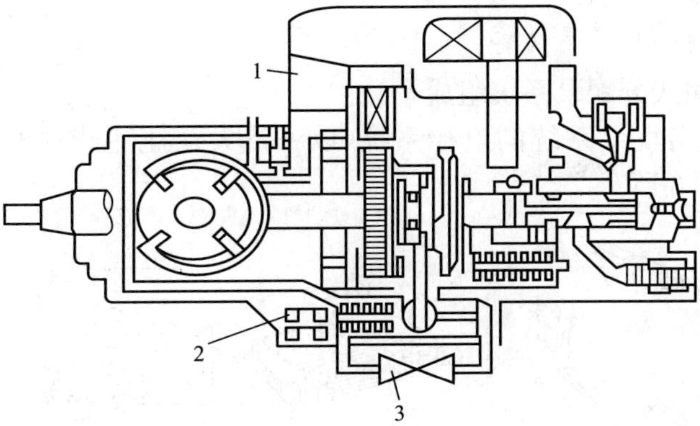

图 9.3　位置控制式电控分配泵系统的结构图

1—转角传感器；2—提前器位置传感器；3—定时控制阀

2. 时间控制式电控分配泵系统

时间控制式电控分配泵系统如图 9.4 所示。ECU 内设有时钟，利用时钟，控制喷油终了时间，从而控制喷油量。控制喷油终了的执行机构是电磁阀，对每一次喷油都可以进行控制，因此，可以取消其他的喷油量控制机构。

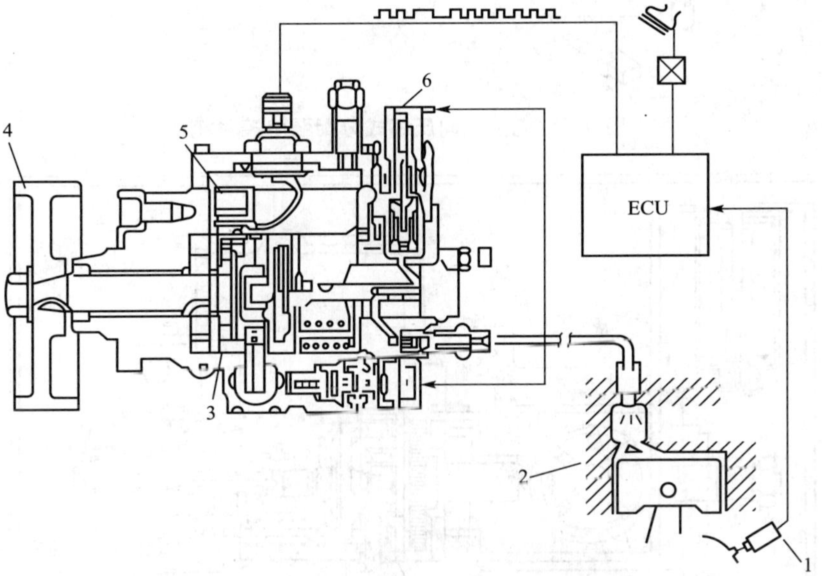

图 9.4　时间控制式电控分配泵系统图

1—曲轴角度传感器；2—发动机；3—脉冲发生器；
4—驱动轮；5—喷油泵转角传感器

知识链接

典型的时间控制式分配泵有：日本杰克赛尔公司的 COVEC-F 型电控分配泵、日本电装公司的 ECD-V3 型分配泵、德国博世公司的 VP44 型分配泵等。

3. 电控轴向压缩式分配泵系统

1）电控轴向压缩式分配泵系统组成

电控轴向压缩式分配泵系统的电控系统（以一汽大众捷达柴油轿车为例）如图 9.5 所示，燃油系统如图 9.6 所示。

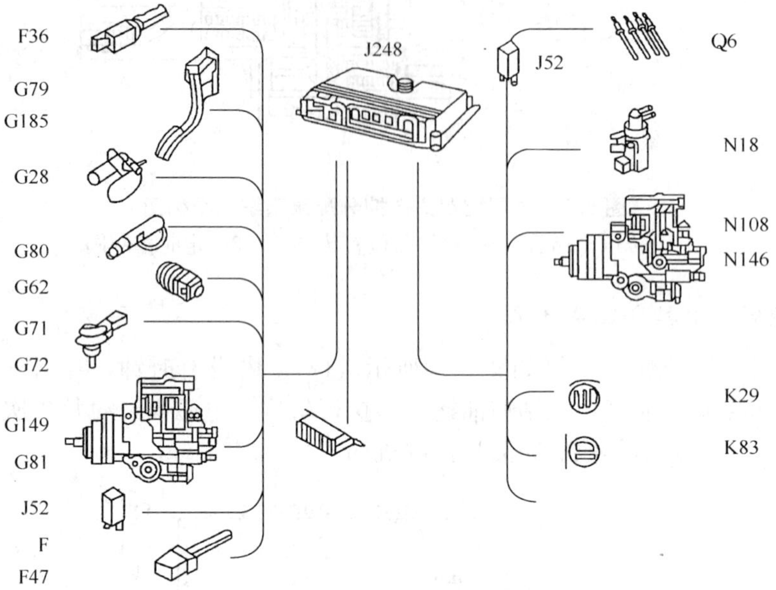

图 9.5 电控轴向压缩式分配泵电控系统

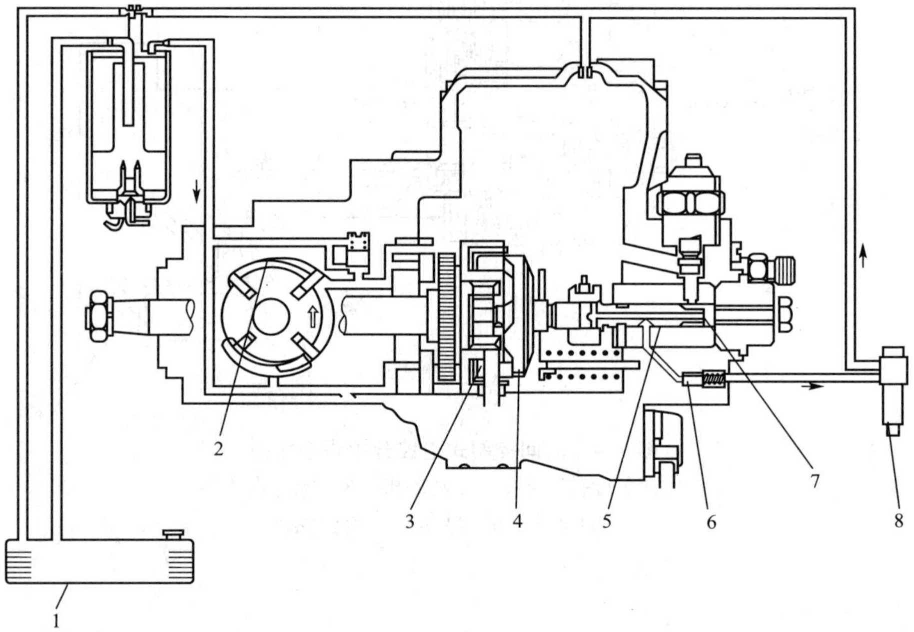

图 9.6 电控轴向压缩式分配泵燃油系统

1—油箱；2—叶片式输油泵；3—滚轮；4—凸轮盘；5—分配转子；
6—出油阀总成；7—高压泵；8—喷油器

特别提示

电控轴向压缩式分配泵的特点如下：①对重要参数的进一步处理是目前机械泵无法实现的，电子控制使发动机在整个运行期间都有极高的精确度；②灵活的匹配使发动机特性和排放控制达到最佳，全负荷喷油量曲线与调速特性和液压配置无关；③取消机械装置而显著地减少了喷油泵所需空间；④进一步改善车辆的行车特性，能与其他汽车电子系统相结合，使汽车更加舒适、经济、环保和安全。

2）电控轴向压缩式分配泵系统的结构

① 出油阀。出油阀有带回油节流的出油阀和等压阀式出油阀两种形式，如图 9.7 所示。

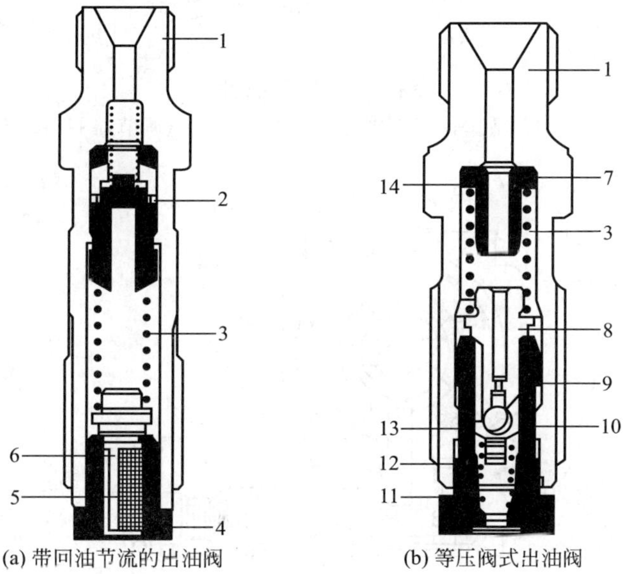

图 9.7　出油阀的结构

1—出油阀接头；2—回油节流；3—出油阀弹簧；4—阀体；5—导向面；6—卸载阀芯；7—带弹簧定位器的填充件；8—出油阀；9—等压阀；10—弹簧座；11—等压阀弹簧；12—调整套；13—阀体；14—调整垫片

② 调速机构。调速机构如图 9.8 所示，与机械式分配泵相比取消了机械式调速器，增加了调节活塞位置传感器、供油提前角调节电磁阀和油量调节器等装置。调节活塞位置传感器的作用是检测活塞的位置并以电信号输出到电子控制单元。油量调节器是一个电磁转动电位器，通过定向的占空循环(开-关比例)由电子控制单元控制。油量调节器上的偏心轴在高压活塞上移动调节活塞，因此达到调节喷油量的作用。

③ 供油提前角自动调节机构。供油提前角自动调节机构的工作原理图如图 9.9 所示。

供油提前角调节阀 N108 失效引起：发动机在怠速时爆燃和功率损失。

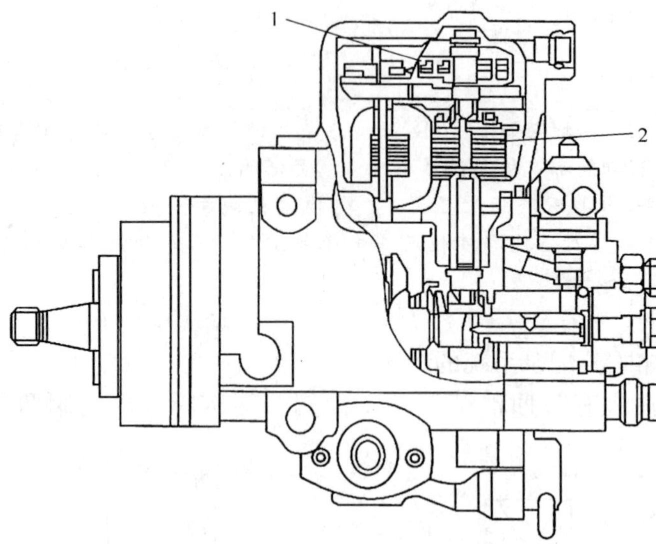

图 9.8　调速机构图

1—调节活塞位置传感器 G149；2—油量调节器 N146

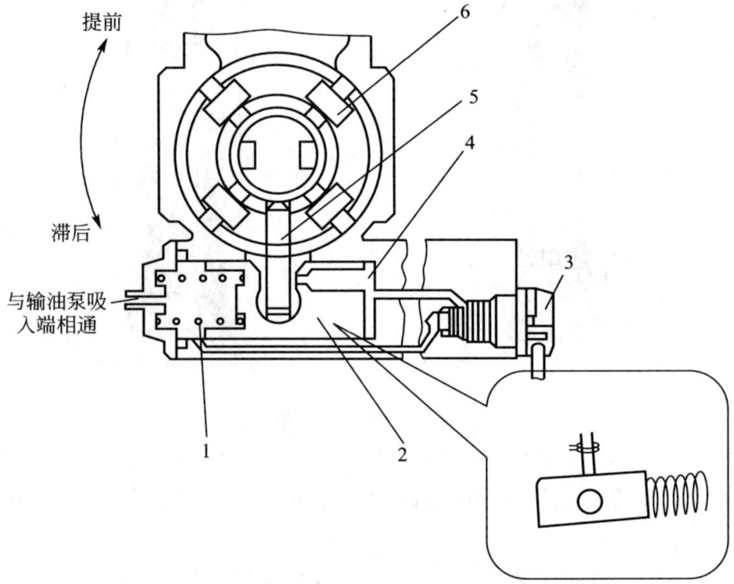

图 9.9　供油提前角自动调节机构的工作原理图

1—弹簧；2—供油提前角调节油缸；3—喷油提前角调节阀 N108；
4—压力腔；5—传力销；6—滚轮

特别提示

供油提前角调节不准会使行驶特性恶化、废气排放恶化、冷启动困难、发动机运转粗暴和功率损失等故障。

④ 停机断油机构。停机断油机构的结构如图 9.10 所示。

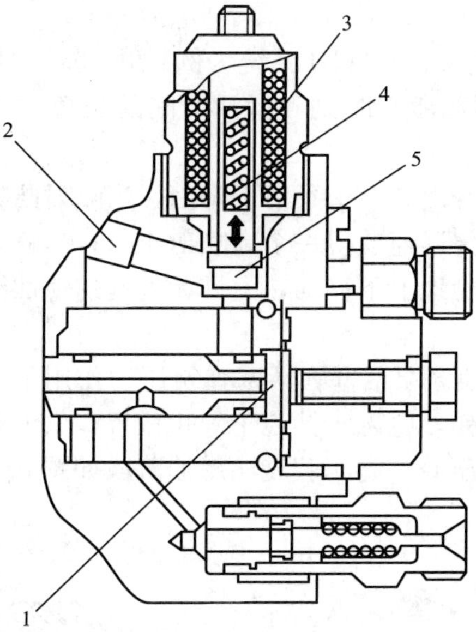

图 9.10　停机断油机构的结构

1—压缩室；2—供油孔；3—燃油切断电磁阀 N109；4—弹簧；5—电磁铁

9.3.3　电控泵喷嘴系统

知识链接

优良的混合气准备是提高柴油发动机动力性、燃油经济性，降低排放、噪声的关键因素。这就要求喷射系统产生足够高的喷射压力，确保燃油雾化良好，同时还必须精确控制喷油始点和喷油量。泵喷嘴系统能够符合上述的严格要求。因此，早在 1905 年柴油发动机的创始人 Rudolf diesel 先生就提出了泵喷油器概念，设想将喷油泵和喷嘴合成一体，省去高压油管并获得高喷射压力。20 世纪 50 年代，阶楔控制泵喷射系统的柴油发动机就已应用在轮船及卡车上。之后，Volkswagen 和 Robert Bosch 公司合作研制出适用于轿车的电磁阀控制泵喷射系统。泵喷射系统柴油机与分配式喷射系统相比有燃烧噪声低、油耗低、排放清洁和效率高等优点，这些优点得益于高达 205MPa 的喷射压力和精确控制的喷射循环。

1. 泵喷嘴结构和工作原理

泵喷嘴，就是喷油泵与 ECU 和喷嘴组合在一起，即高压油管长度为零的燃油系统。它安装在缸盖上，每个缸都有一个。由于无高压油管，所以可消除长的高压油管中压力波和燃油压缩的影响，高压容积大大减少，因此可产生所需的高喷射压力。

同带喷嘴的分配式喷射系统一样，泵喷嘴具有如下功能：①产生燃油喷射所需的压力；②按正确的时间和正确的喷油量喷油。但泵喷嘴具有分配式喷射系统所不具有的优点，发动机每个缸都有一个泵喷嘴，这就意味着不再需要高压管或分配式喷射泵。因为没有高压油管，对高压化非常有利。关于喷油量的控制，则是由电磁阀控制喷油的开始和终了，使喷油泵腔和低压系统接通或切断(ON/OFF)进行控制的。

2. TDI 系统电控泵喷嘴

1）泵喷嘴的结构组成

电控泵喷嘴的结构(以宝来轿车 TDI 系统为例)如图 9.11 所示。

ECU 精确控制喷嘴电磁阀激活时刻和激活时间的长短，从而精确调节泵喷嘴的喷射始点和喷射量。

喷射凸轮有一个陡峭上升面和一个平滑下降面，当喷射凸轮转到陡峭上升面与摇臂接触时，泵活塞被高速向下压并迅速获得一个高喷射压力；当喷射凸轮转到平滑下降面与摇臂接触时，泵活塞缓慢、平稳地上下移动，允许无气泡的燃油流入泵喷嘴的高压腔。

2）工作过程

(1) 高压腔充注燃油阶段。泵活塞在活塞弹簧压力作用下向上移动，这样使高压腔内容积扩大。喷嘴电磁阀不动作，电磁阀针处于静止位置，供油管到高压腔的通道打开，供油管内的油压使燃油流入高压腔。高压腔充注燃油阶段如图 9.12 所示。

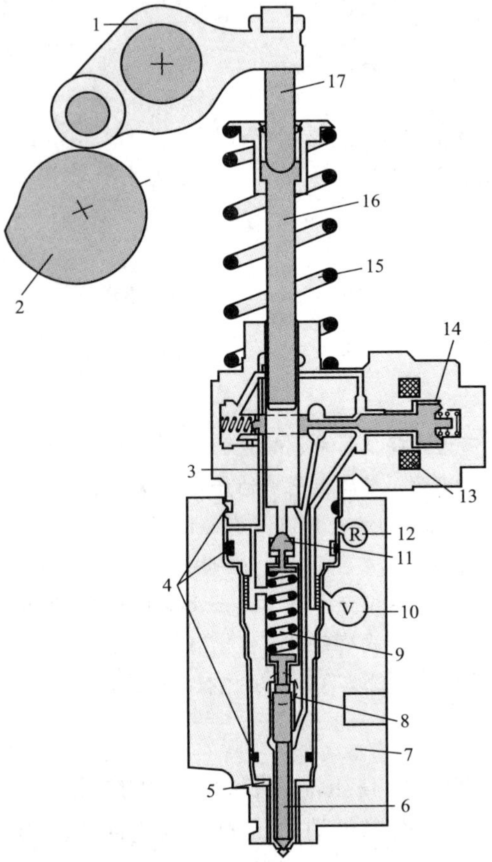

图 9.11　泵喷嘴的结构

1—滚柱式摇臂；2—喷射凸轮；3—高压腔；4—O 形环；5—隔热密封垫；6—针阀；7—缸盖；8—针阀缓冲元件；9—喷嘴弹簧；10—供油管；11—收缩活塞；12—回油管；13—喷嘴电磁阀；14—电磁阀针阀；15—活塞弹簧；16—泵活塞；17—球销

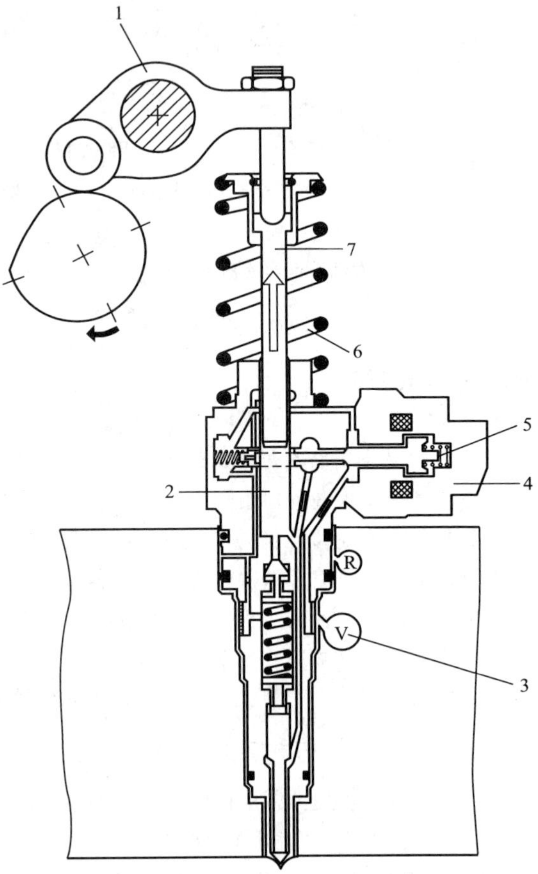

图 9.12　高压腔充注燃油阶段

1—滚栓式摇臂；2—高压腔；3—供油管；4—喷嘴电磁阀；5—电磁阀针阀；6—活塞弹簧；7—泵活塞

（2）预喷射循环阶段。

① 预喷射循环开始：喷射凸轮通过滚柱式摇臂将泵活塞压下，将高压腔内的燃油排出到供油管。发动机 ECU 通过激活喷嘴电磁阀来启动喷射循环，在此过程中，电磁阀针阀被压入到阀座内，关闭高压腔到供油管的通道。高压腔内开始产生压力，当压力达到 18MPa 时，压力高于喷射弹簧压力，喷射针阀上升，预喷射循环开始。预喷射循环开始如图 9.13 所示。

② 喷嘴针阀阻尼：在预喷射循环，喷嘴针阀行程被液力“阻尼垫”阻尼。因此，可以准确测量喷射量。在前 1/3 行程，喷嘴针阀无阻尼打开，将预喷射油量喷入燃烧室。当缓冲塞堵住喷嘴壳体的内孔时，针阀上部的燃油只能通过泄油间隙排入喷嘴弹簧室，从而形成一液力阻尼垫，限定预喷射循环的针阀行程。

③ 预喷射循环结束：喷嘴针阀打开后，预喷射立即结束。上升的压力使收缩活塞下移，使高压腔内容积扩大。于是，压力瞬时下降，喷嘴针阀关闭。此时，预喷射结束。收缩活塞的下移增加了喷嘴弹簧的压紧程度。在接下来的主喷射循环，若想再次打开针阀，油压必须比预喷射过程中的油压高。

（3）主喷射循环阶段。

① 主喷射循环开始：喷嘴针阀关闭后短时间内，高压腔内压力立即重新上升。喷嘴电磁阀仍然关闭，泵活塞下移。约 30MPa 时，燃油压力高于喷嘴弹簧作用力，喷嘴针阀再次上升，主喷油开始。压力上升到 205MPa 时，进入高压腔的燃油多于经喷孔喷出的燃油。主喷射循环开始如图 9.14 所示。

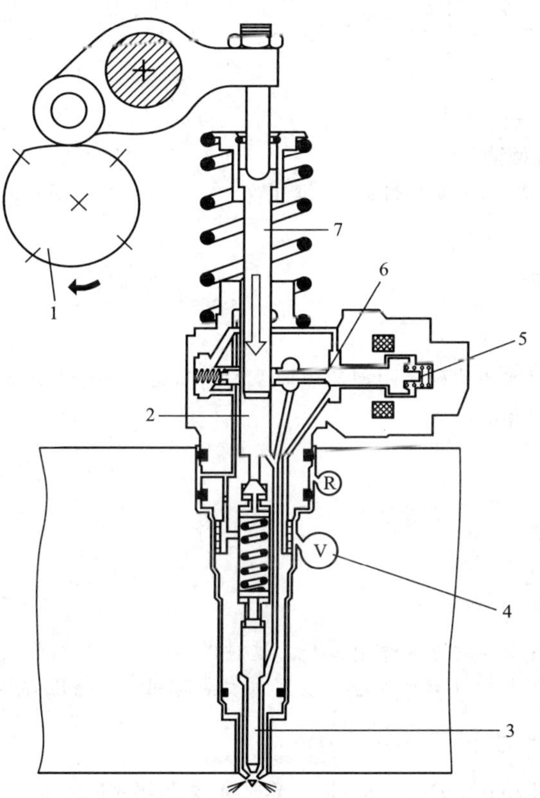

图 9.13　预喷射循环

1—喷射凸轮；2—高压腔；3—喷油针阀；4—供油管；5—电磁阀针阀；6—电磁阀座；7—泵活塞

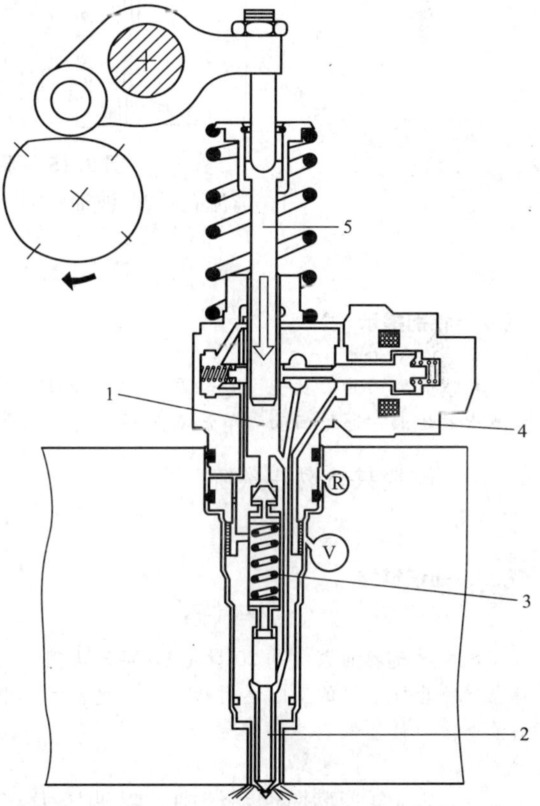

图 9.14　主喷射循环开始

1—高压腔；2—喷嘴针阀；3—喷嘴弹簧；4—喷嘴电磁阀；5—泵活塞

发动机最大功率时的喷油压力最高，高转速时，喷入的油量也大，发动机最大功率时的喷油压力最高。

② 主喷射循环结束：当发动机 ECU 停止激活喷嘴电磁阀后，电磁阀弹簧打开电磁阀针阀，燃油被泵活塞排出到供油管，压力下降。喷嘴针阀关闭，喷嘴弹簧将旁通活塞压回到初始位置，主喷射循环结束。

(4) 泵喷嘴回油。泵喷嘴回油示意图如图 9.15 所示。

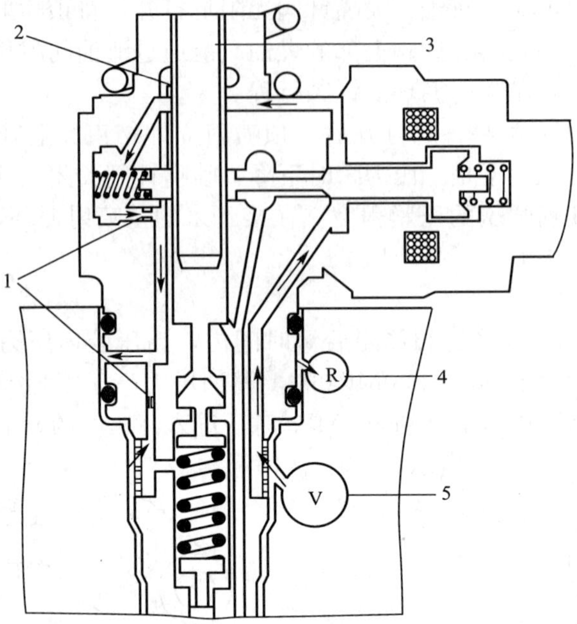

图 9.15　泵喷嘴回油示意图

1—节流孔；2—泄油；3—泵活塞；4—回油管；5—供油管

特别提示

泵喷嘴的回油管功能：冷却泵喷嘴，来自供油管的燃油冲刷通向回油管的泵喷嘴油道；排除泵活塞处泄出的燃油；通过回油管节流孔分离来自供油管内的气泡。

9.3.4　电控共轨燃油系统

知识链接

电控共轨燃油系统是 20 世纪 90 年代研制出的一种全新的燃油喷射系统。这种燃油系统通过各种传感器检测出发动机的实际运行状态，经过发动机电控单元的计算和处理，从而对喷油时间、喷油压力和喷油率进行最佳控制。

传统的泵管嘴燃油系统中，喷油压力与发动机的转速和负荷有关，不是一个独立变量。在高压电控共轨系统中，喷油压力(共轨压力)与发动机的转速和负荷无关，是可以独立控制的。由共轨压力传感器测出燃油压力，并与设定的目标燃油压力进行比较后进行反馈控制。

特别提示

电控高压共轨系统的特点可以归纳为：

(1) 自由调节喷油压力(共轨压力控制)。通过控制共轨压力而控制喷油压力。利用共轨压力传感器测量燃油压力，从而调整供油泵的供油量、调整共轨压力。此外，还可以根据发动机转速、喷油量的大小与设定了的最佳值(指令值)始终一致地进行反馈控制。

(2) 自由调节喷油量。以发动机的转速及节气门踏板开度信号为基础，发动机电控单元计算出最佳喷油量，并控制喷油器的通断电时间。

(3) 自由调节喷油率形状。根据发动机用途的需要，设置并控制喷油率形状：预喷射、后喷射、多段喷射等。

(4) 自由调节喷油时间。根据发动机的转速和喷油量等参数，计算出最佳喷油时间，并控制电控喷油器在适当的时刻开启，在适当的时刻关闭等，从而准确控制喷油时间。

在电控共轨系统中，由各种传感器(发动机转速传感器、节气门踏板位置传感器、各种温度传感器等)实时检测出发动机的实际运行状态，由发动机电控单元根据预先设计的计算程序进行计算后，定出适合于该运行状态的喷油量、喷油时间、喷油率模型等参数，使发动机始终都能在最佳状态下工作。

1. 电控共轨系统的组成和工作原理

1) 电控共轨系统的组成

电控高压共轨式燃油系统的基本组成如图 9.16 所示。从功能方面分析，电控共轨系统可以分成两大部分：电控系统和燃料供给系统。

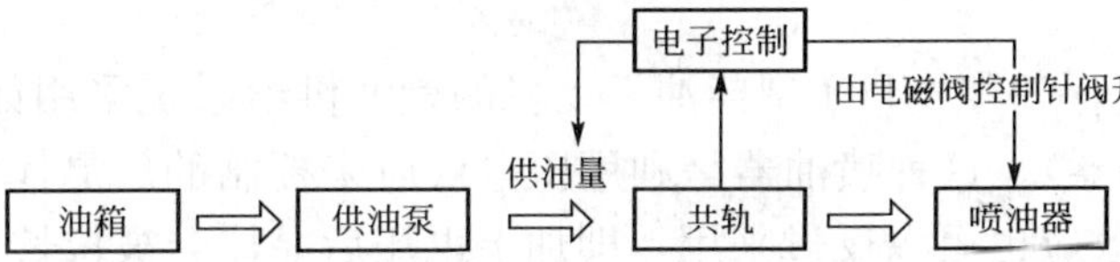

图 9.16 燃油供给系统构成框图

① 电控系统。电控系统可以分成三大部分：传感器、发动机电控单元和执行器。发动机电控单元是电控共轨燃油系统的核心部分。根据各个传感器的信息，发动机电控单元计算出最佳喷油时间和最合适的喷油量，并且计算出在什么时刻、在多长的时间范围内向喷油器发出开启电磁阀或关闭电磁阀的指令等，从而精确控制发动机的工作过程。

ECU 的输入是安装在车辆和发动机上的各种传感器和开关，ECU 的输出是送往各个执行机构的电子信息。电子控制系统的框图如图 9.17 所示。

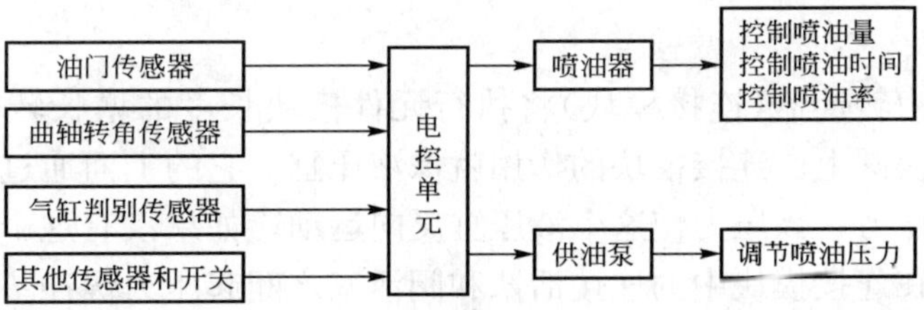

图 9.17 高压共轨系统的电子控制框图

② 燃料供给系统。燃料供给系统的主要组成部分如图 9.18 所示。燃油供给系统的主要构成是供油泵、共轨和喷油器。

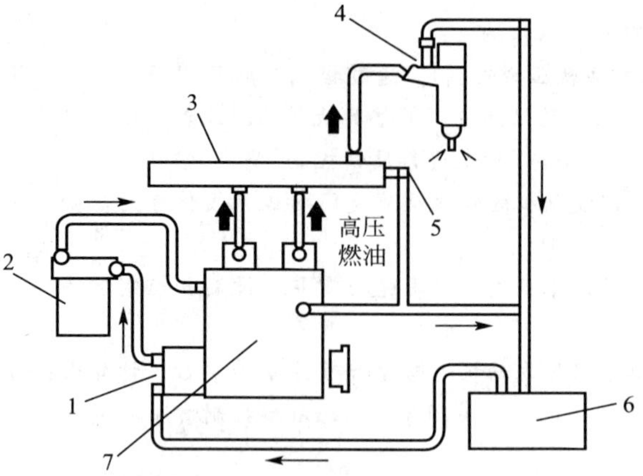

图 9.18　电控高压共轨系统的燃油供给系统

1—输油泵；2—燃油滤清器；3—共轨；4—喷油器；
5—压力限制器；6—油箱；7—供油泵

2）燃油供给系统的基本工作原理

供油泵将燃油加压成高压，供入共轨内(共轨实际上是一种燃油分配管)，储存在共轨内的燃油在适当的时刻通过喷油器喷入发动机汽缸内。电控共轨系统中的喷油器是一种由电磁阀控制的喷油器，电磁阀的开启和关闭由 ECU 控制。

2. 喷油器

新款奥迪 A6 L3.O－V6－TDI 型柴油发动机的燃油供给系统采用如图 9.19 所示的压电喷油器(Piezo－喷油器)。这种喷油器是利用压电效应来控制的。晶体发生变形时，会产生一个电动势。压电效应也可以反过来用，即加上电压后晶体会被拉长。

采用压电喷油器的好处在于：每个工作行程可产生多个触发周期，大大缩短多个喷油器之间的切换时间，可以产生很大的力以对抗共轨压力，燃油卸压时可精确地控制行程，触发电压为 110～148V，这取决于轨道的压力。

特别提示

维修时，如果更换了喷油器，则必须对喷油器进行与喷射系统匹配的操作，同时，还要进行喷油量对比(IMA)试验。

喷油器中的液力转换器(连接模块)将执行元件模块长度的增长转化为液体压力和位移，然后作用到切换阀上。连接模块的作用就像液压缸，它的上面通过压力调节阀总是作用有 1MPa 的燃油压力，该压力使这个液压缸反向运动。如果没有这个方向压力，则喷油器就会失效。燃油在连接模块中的连接活塞和阀活塞之间起压力缓冲垫的作用。当喷油器有动作但不喷油时(系统内进入了空气)，喷油器就会以启动转速来进行排气。

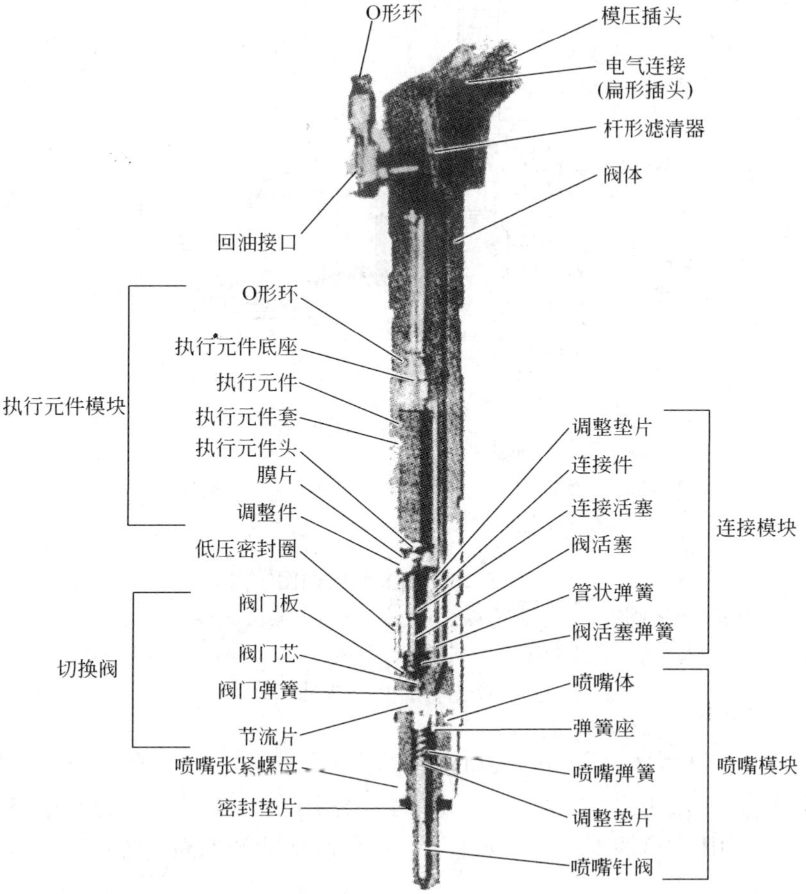

图 9.19　压电喷油器

喷油器中的切换阀由阀门板、阀门芯、阀门弹簧和节流片组成。燃油经节流片上的入口节流阀流到喷嘴针阀处并进入该针阀上部的腔内，于是喷嘴针阀的上部和下部压力就平衡了，喷嘴针阀就被喷嘴弹簧的作用力保持在关闭的位置上。当压下阀门芯时，回流通路就打开了，轨内的压力油首先流过喷嘴针阀上部的一个较大的压力出口节流阀，于是喷嘴针阀就被该压力抬离针阀座，然后就开始喷油。

由于压电元件的切换脉冲非常快，因此在每个工作行程中可以完成多次连续的喷油过程。当发动机冷机且以怠速运行时，喷油器要进行两次预喷油和补充喷油。是否进行预喷油取决于发动机的负荷、转速以及变速箱的挡位。随着负荷的增加，预喷油逐渐减少，直至全负荷时只有主喷油在工作了。两次补充喷油都是用来还原颗粒过滤器的。

3. 供油泵

由于在共轨系统中可以自由地控制喷油压力，因此供油泵的主要作用是将低压燃油加压成高压燃油，储存在共轨内，等待 ECU 的喷射指令。供油压力由压力限制器进行设定。

博世公司电控共轨系统中采用的供油泵如图 9.20 所示。

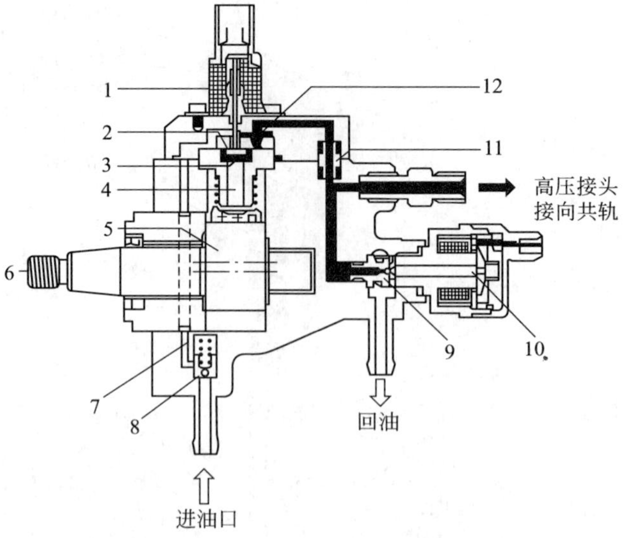

图 9.20　供油泵结构图

1—柱塞止回阀；2—进油阀；3—柱塞腔；4—泵油元件；5—偏心凸轮；
6—驱动轴；7—低压通道；8—安全阀；9—球阀；10—调压阀；
11—密封件；12—排油阀；

供油泵是低压和高压部分之间的接口，它的作用是在发动机所有工作范围和整个使用寿命期间准备足够的、已被压缩了的燃油。除了供给高压燃油之外，它的作用还在于保证在快速启动过程和共轨中压力迅速上升所需要的燃油储备、持续产生高压燃油存储器(共轨)所需的系统压力。

博世公司的供油泵像普通分配泵那样装在柴油机上。通过离合器、.齿轮、链条或齿带由发动机驱动，最高转速为 3 000r/min，采用燃油润滑。视安装空间不同，调压阀或直接装在供油泵旁或单独布置。燃油被供油泵内三个径向柱塞压缩，柱塞相互之间错开 120°。由于每一转有三个供油行程，故驱动峰值转矩小，供油泵驱动装置受载均匀，转矩为 16N·m，仅是分配泵驱动转矩的 1/9 左右。因此，共轨燃油系统对泵端驱动装置的要求比普通机械式燃油系统低。泵端驱动装置所需的功率随共轨压力和供油泵转速的增长而成正比增长。

由于供油泵是按最大供油量设计的，在怠速和部分负荷工作时，被压缩的燃油显得过多。多余的燃油经过调压阀流回油箱。但是，由于被压缩了的燃油再次降压，损失了压缩能量。这种现象除了使燃油升温外，还会降低总效率。

通过柱塞切断供油，使供油量适应燃油的需要量，可局部弥补上述损失。切断柱塞供油时，送到共轨中的燃油量减少。此时进油阀一直开着。在柱塞断油装置的电磁阀动作时，装在其电枢上的一根销子将进油阀打开，从而使供油行程中吸入的燃油不受压缩。由于吸入的燃油又流回到低压通道，所以，柱塞腔内不会建立高压。切断柱塞供油后，供油泵不再连续供油，而是处于供油间歇阶段，由此减少了功率损失。

供油泵的供油量与其转速成正比，供油泵转速取决于发动机转速。燃油系统装于发动机上，传动比的设计一方面要使多余的供油量不要太多，另一方面还应满足发动机全负荷工作时的燃油量。可选取的传动比为 1∶2 和 2∶5，视曲轴而定。

4. 康明斯 ISBe 高压共轨柴油机燃油系统

东风康明斯发动机有限公司与美国康明斯公司合作生产的 ISBe 柴油机，其燃油喷射系统使用德国博世公司技术，可满足欧Ⅲ排放标准。博世高压共轨电控燃油系统(见图 9.21)由四个主要部件构成，即燃油齿轮泵(与高压油泵固装在一起)、高压油泵(博世 VP44 分配式电控泵)、燃油油轨和电磁喷油器。高压油泵向燃油油轨输送高压柴油，但这与发动机转速无关系。高压燃油存储在燃油油轨中，连续不断地向喷油器提供高压燃油。ECM 通过控制电磁喷油器的开启来控制发动机的喷油量和喷油正时。

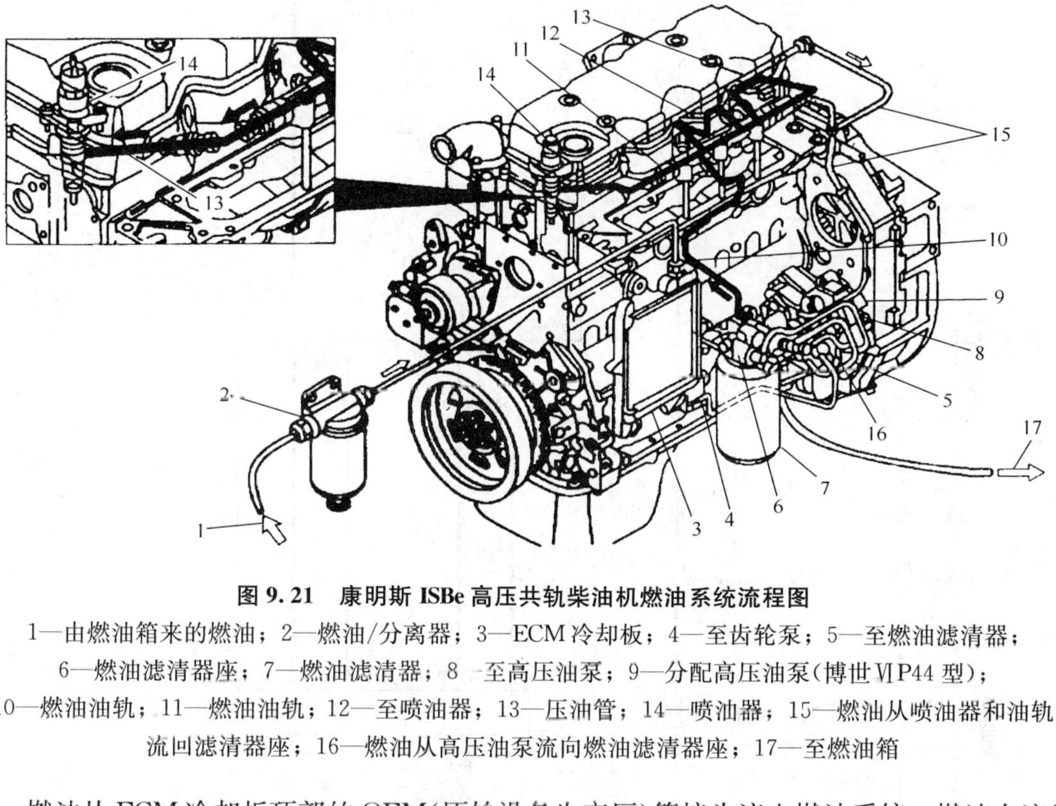

图 9.21　康明斯 ISBe 高压共轨柴油机燃油系统流程图

1—由燃油箱来的燃油；2—燃油/分离器；3—ECM 冷却板；4—至齿轮泵；5—至燃油滤清器；6—燃油滤清器座；7—燃油滤清器；8—至高压油泵；9—分配高压油泵(博世ⅥP44 型)；10—燃油油轨；11—燃油油轨；12—至喷油器；13—压油管；14—喷油器；15—燃油从喷油器和油轨流回滤清器座；16—燃油从高压油泵流向燃油滤清器座；17—至燃油箱

燃油从 ECM 冷却板顶部的 OEM(原始设备生产厂)管接头流入燃油系统。燃油在流经 ECM 冷却板时，燃油冷却 ECM 内部的电子装置。燃油流经 ECM 之后，流入与高压油泵后部相连的燃油齿轮泵。燃油齿轮泵即输油泵，是一个低压油泵，产生 0.55～1.24MPa 压力的燃油；低压燃油进入燃油滤清器过滤，然后进入高压油泵。低压燃油流入燃油控制执行器，它是一个电子控制电磁阀。燃油控制执行器的功能是 ECM 根据要求的燃油压力开启和关闭电子燃油控制执行器，以控制高压油泵的燃油流量。燃油油轨中的压力传感器感应实际的燃油压力。执行器开启时，供给高压油泵最大燃油量。没有流入高压泵的燃油直接流入分级式溢流阀。分级式溢流阀调节多余燃油润滑燃油泵的燃油量和流回油箱的燃油量。

博世 VP44 型高压油泵是径向柱塞式分配泵，3 个径向泵油柱塞使进入油泵的燃油加压到 25～140MPa，经过加压后的燃油流入油轨。

9.4 典型柴油机电控系统电路图

典型柴油机电控系统电路图如图 9.22～图 9.25 所示。

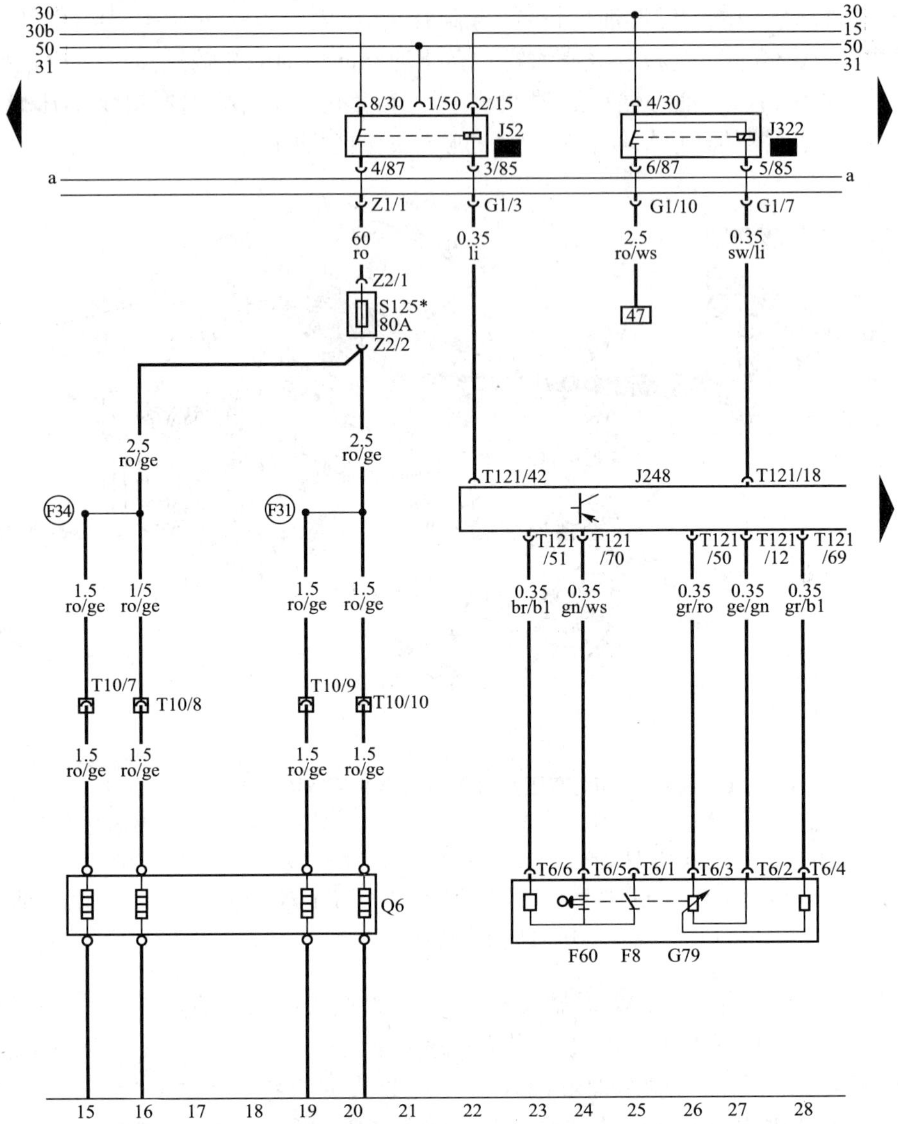

ws=白色
sw=黑色
ro=红色
br=棕色
gn=绿色
bl=蓝色
gr=灰色
li=紫色
ge=黄色
or=橙色

柴油直喷控制单元、发动机预热塞、柴油直喷继电器电路图

F8—强制减挡开关;
F60—怠速开关;
G79—节气门位置传感器;
J52—预热塞继电器;
J248—柴油直喷控制单元;
J322—柴油直喷继电器;
Q6—预热塞—(发动机);
S125—预热塞熔丝

T6—6孔插头, 在节气门位置传感器上;
T10—10孔插头, 黑色, 在水槽箱左侧;
T121—121孔插头, 在柴油直喷控制单元上;
(F31)—触头(预热塞-发动机), 在柴油直喷线束内;
(F34)—触头2(预热塞-发动机), 在柴油直喷线束内;
*—中央继电器盘上的附加支架;

图 9.22 捷达轿车柴油机电路图(一)

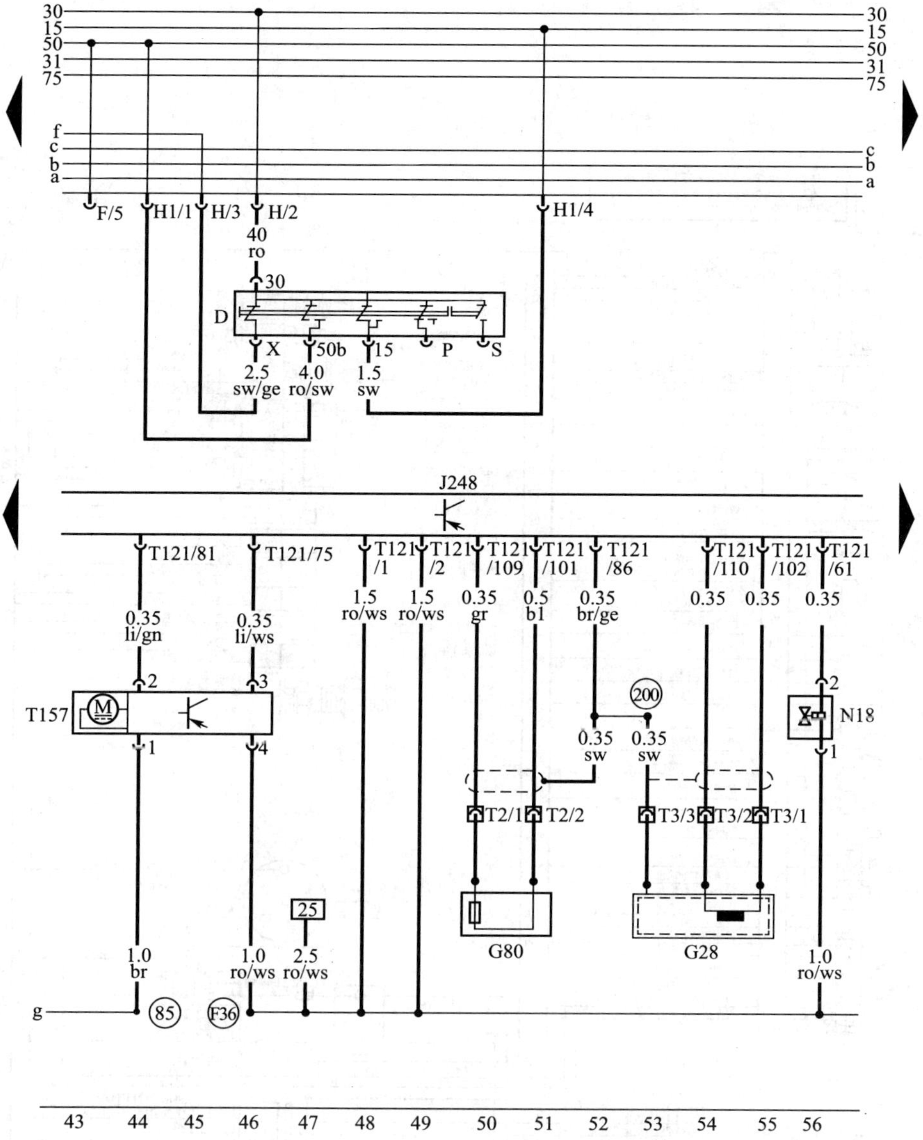

ws=白色
sw=黑色
ro=红色
br=棕色
gn=绿色
bl=蓝色
gr=灰色
li=紫色
ge=黄色
or=橙色

柴油直喷控制单元、发动机转速传感器、针阀行程传感器、
进气管翻板电动机、废气再循环电路图

D—点火启动开关；
G28—发动机转速传感器；
G80—针阀行程传感器；
J248—柴油直喷控制单元；
N18—废气再循环阀；
T2—2孔插头、发动机前；
T3—3孔插头，发动机前
T121—121孔插座；
T157—进气管翻板电动机；
(85)—负极触点，发动机舱线束内；
(200)—负极触点(屏蔽)，发动机舱线束内；
(F36)—触点(87a)，柴油直喷线束内；

图 9. 23　捷达轿车柴油机电路图(二)

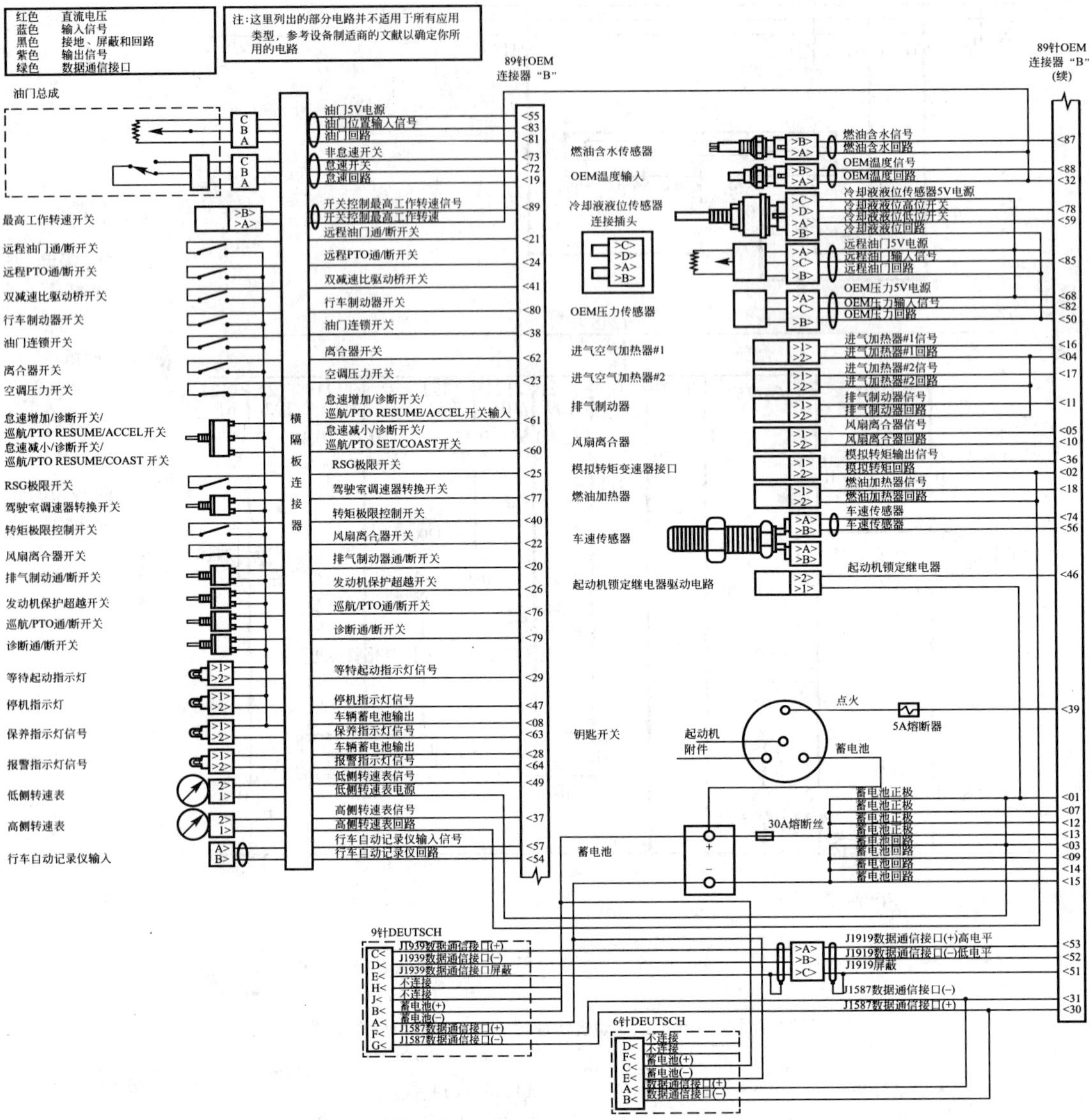

图 9.24　康明斯 ISBe 电控柴油机电路图(一)

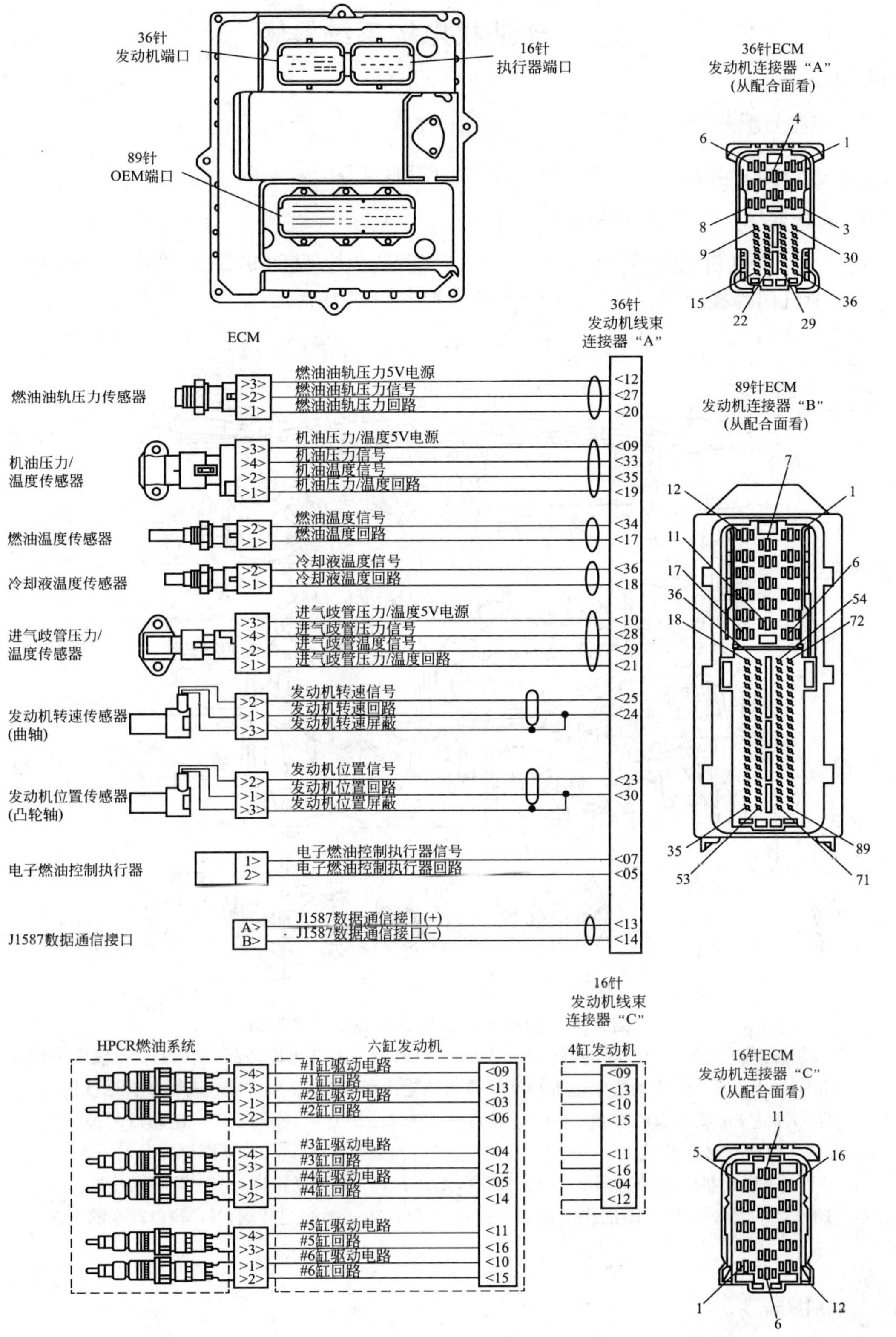

图 9.25 康明斯 ISBe 电控柴油机电路图(二)

9.5 柴油机电控系统检修

9.5.1 电控分配泵系统的维修

以一汽大众捷达柴油轿车的电子控制轴向压缩式分配泵系统为例。

1. 柴油发动机的喷射系统部件

捷达柴油发动机的喷射系统部件的安装位置示意图(见图 9.26)。部件 A 未在图中显示：A—节气门踏板位置传感器(G79)，位于节气门踏板上。

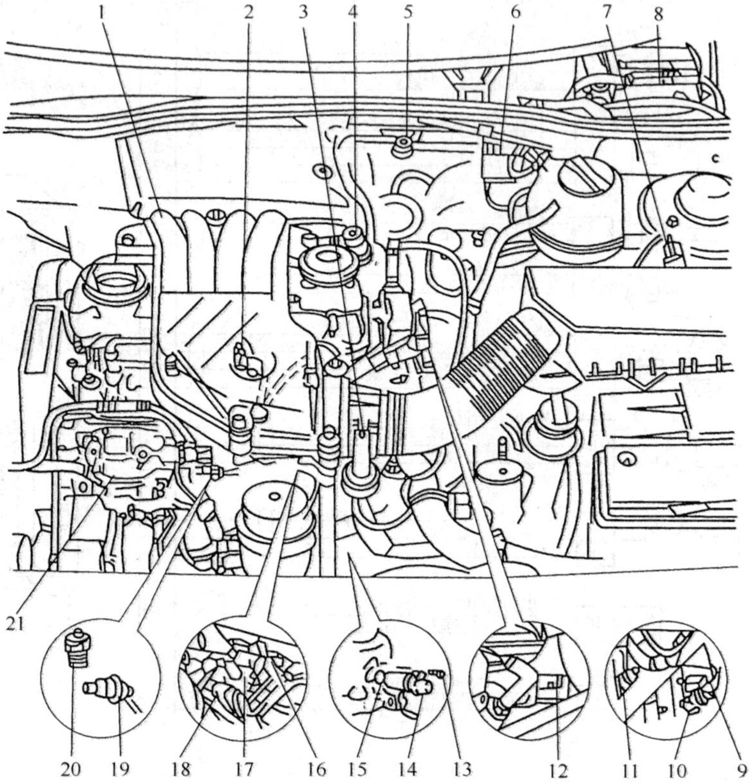

图 9.26 喷射系统部件的安装位置示意图

1—进气歧管(上部)；2—喷油器；3—进气连接件；4—废气再循环阀(机械)；5—废气再循环阀(N18)；6—低热输出继电器(J359)与高热输出继电器(J360)；7—进气歧管温度传感器(G72)；8—柴油直喷系统 ECU(J248)；9—制动踏板开关(F47)；10—制动灯开关(F)；11—离合器踏板开关(F36)；12—冷却液温度传感器(G62)；13—紧固螺栓(10N·m)；14—发动机转速传感器(G28)；15—O 形环；16—2 脚插接器；17—3 脚插接器；18—10 针插头；19—喷油提前角调节阀(N108)；20—燃油切断阀(N109)；21—喷射泵

特别提示

柴油发动机的喷射系统部件拆装注意事项：

① 3缸喷射带有针阀升程传感器(G80)。

② 柴油直喷系统ECU(J248)安装位置在流水槽内。

③ 制动踏板开关(F47)9位于制动踏板上。

④ 离合器踏板开关(F36)11位于离合器踏板上。

⑤ 冷却液温度传感器(G62)12：黑色，与冷却液温度表传感器(G2)集成为一体。如有必要，拆卸前放出冷却系统里的压力。

⑥ 2脚插接器16：棕色/黑色，连接针阀升程传感器(G80)。

⑦ 3脚插接器17：黑色/灰色，连接发动机转速传感器(G28)。

⑧ 10针插头(件18)黑色，连接燃油温度传感器(G81)、油量调节器(N46)、调节活塞运动传感器(G149)、燃油切断阀(N109)和喷油提前角调节阀喷油始点信号(简称“喷油阀”)(N108)。

2. 电子控制轴向压缩式分配泵

电子控制轴向压缩式分配泵的装配图如图9.27所示。

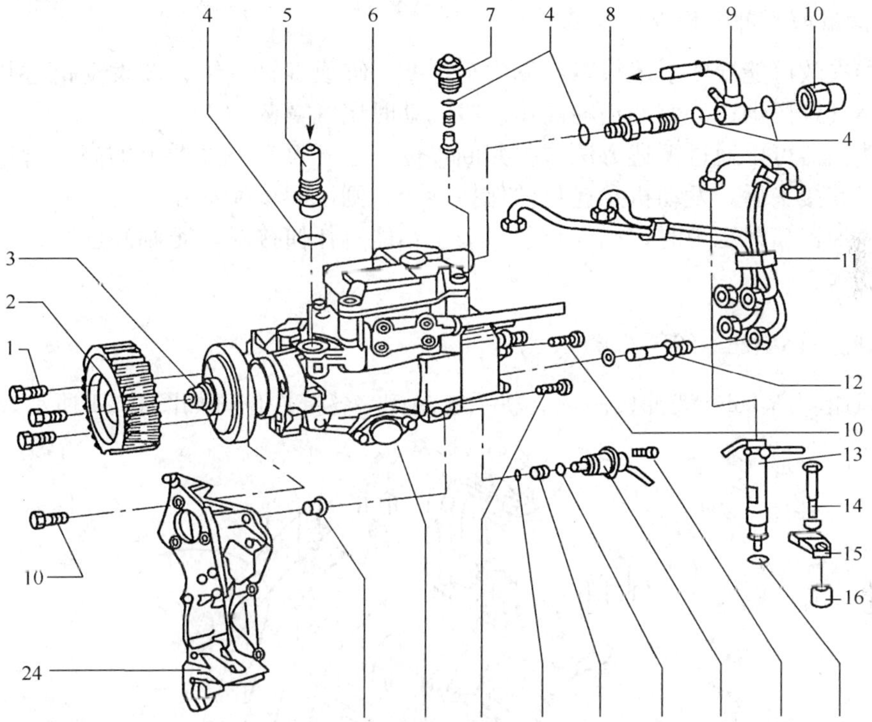

图9.27 电子控制轴向压缩式分配泵装配图

1—喷油泵链轮固定螺栓；2—喷油泵链轮；3—紧固螺母；4—密封圈；5—连接管部分(25N·m)；6—喷油泵；7—燃油切断阀；8—连接管；9—回油管；10—连接接头；11—喷油管；12—连接管(25N·m)；13—喷油器；14—紧固螺栓(20N·m)；15—支架；16—底座；17—隔热密封环；18—紧固螺栓(10N·m)；19—喷油始点阀；20—O形环；21—滤网；22—正时装置护盖；23—衬套；24—组合支架

特别提示

喷油泵维修时应注意：

(1) 喷油泵链轮紧固螺栓有两种。带有倒棱和尖角，拧紧力矩：20N·m+90°，拆卸后必须更换；不带有倒棱和尖角，拧紧力矩：25N·m，拆卸后不需更换。

(2) 紧固螺母3不能松脱，否则喷油泵的基本设定会被改变。

(3) 喷油泵6重新装配时，需动态检查并调整喷油初始信号。

(4) 喷油管需用专用工具拆卸，喷油管只能成组更换，不要改变其形状。

(5) 连接管12带有压力阀。

(6) 拆卸O形圈20时，应更换新件。

(7) 滤网21应清洁干净。

3. 动态检查并调整喷油提前角调节阀喷油始点

测试过程中，如果喷油泵喷油始点位于标定范围C中，则不需新的调整。在完成诸如拆装喷油泵或调整喷油泵正时的维修后，将喷油提前角调节阀喷油始点信号设置在标定范围C中的平均值(虚线)上。

4. 喷油器的拆卸、检查和安装

喷油器失效可能导致下述故障：①失火；②一缸或多缸敲缸；③发动机过热；④动力损失；⑤尾气冒黑烟；⑥燃油消耗高；⑦冷启动时尾气冒蓝烟。

失效喷油器可以通过下述方法进行判断：逐一松开每个喷油器上的高压管接头，如果松开一个管路接头后，发动机怠速仍然保持不变，则说明该喷油器失效。

检测喷油器喷射压力时，确保喷射口与手不能有任何接触，否则高压燃油会射穿皮肤造成严重伤害。

9.5.2 电控共轨燃油系统的维修

以东风康明斯ISBe柴油机高压共轨系统为例，各部件位置如图9.21所示。

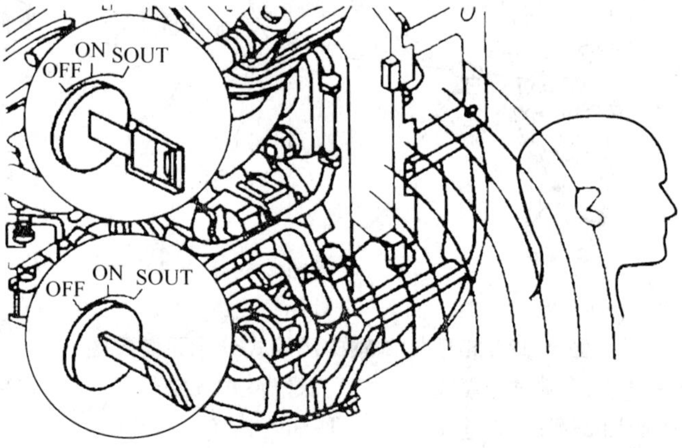

图9.28 检查EFC执行器

1. 电子燃油控制执行器(EFC)的检查(见图9-28)

当接通和断开钥匙开关后，检查燃油控制执行器有无“咔哒”声。如果断开钥匙开关时没有听到“咔哒”声，应更换燃油控制执行器。方法：从发动机上拆下燃油泵和低压油管；拆卸螺栓和燃油控制执行器；测量燃油控制执行器电磁线圈电阻，最大值应为3Ω；安装电子燃油控制执行器，更换O形圈紧固螺栓力矩为7N·m；安装低压油管，运转发动机检查有无泄漏或故障码。

2. 电子燃油加热器

电子燃油加热器安装在燃油滤清器座上，滤清器上的双金属片起节温器的作用。

特别提示

燃油加热器在大约1℃时接通，在18℃时断开。检查燃油加热器的电压是否正确，对于12V系统，加热电压应为12V；对于24V系统，加热电压应为24V。如果电压不在规定范围，则应进行维修。

3. 燃油压力测试

拆下齿轮泵到燃油滤清器进口的低压油管。将燃油压力表插入燃油滤清器座，连接好低压油管如图9.29所示。

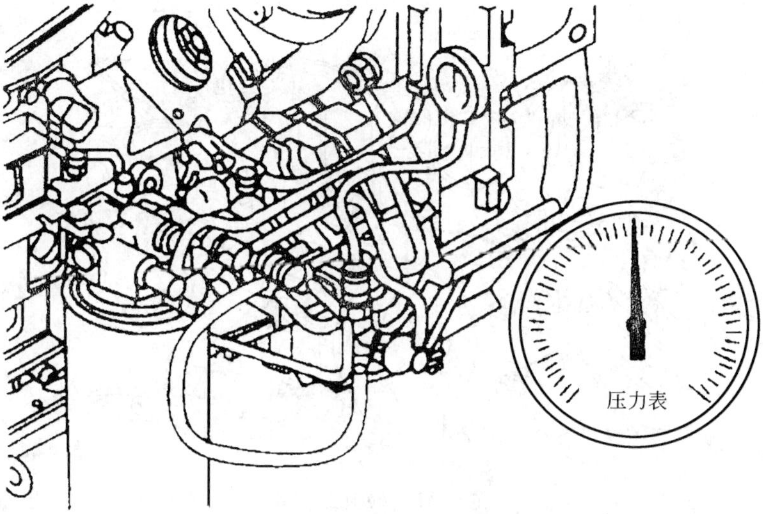

图9.29　安装压力表和低压油管

特别提示

测量怠速时的燃油压力，燃油滤清器进口处的压力应为0.5～1.3MPa；测量发动机启动期间燃油压力，应为0.3～1.1MPa，燃油滤滤清器两端的最大压降为0.2MPa。

4. 齿轮式燃油泵

从齿轮室壳体上拆下高压油泵(见图9.30)。从高压油泵上拆下齿轮式油泵。检查齿轮泵驱动联轴节和驱动轴轴端是否过度磨损。

5. 燃油回油管阻力测试

从燃油滤清器座接头处，拆下回油管，连接好压力表，重新连接好油管；在发动机启动或低怠速运转时，测量燃油回油管阻力(允许阻力为120kPa)。如果燃油管回油管阻力太高，应检查燃油管尺寸是否正确，油管有无泄漏，是否存在弯曲或堵塞，如图9.31所示。

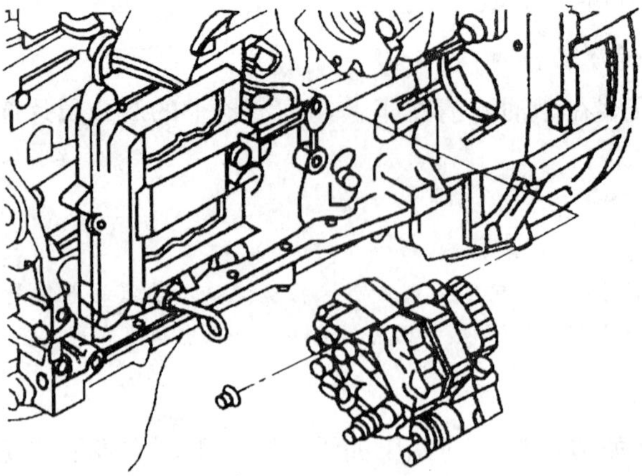

图 9.30　拆下高压油泵

图 9.31　检查燃油管

6. 燃油进油阻力测试

(1) 从齿轮泵上拆下连接 ECM 冷却板与齿轮泵的燃油管，安装燃油压力表，重新安装好燃油管。

(2) 安装量程为 0～508.0mmHg 真空表，运转发动机，测量燃油进油限力。高怠速时允许的进油阻力最大值为 50.8kPa。

(3) 如果燃油进油阻力太高，应检查油管中 OEM 燃油管尺寸正确与否，燃油管是否存在弯曲或堵塞。应保证燃油滤清器过油畅通，单向阀未发生故障。

7. 喷油器

康明斯 ISBe(四缸机)和 ISBe(四缸和六缸机)的发动机采用电磁喷油器。

知识链接

高压柴油进入喷油器侧，电磁阀被激活，带动针阀升起，喷出柴油。喷嘴孔很小，脏物或污物会使喷嘴阻塞导致针阀卡滞。在进行维护作业前，应先清洗周围所有管接头，并应将燃油管接头罩住。

燃油系统各联接螺栓、螺母应当按规定扭紧力旋紧，防止漏油，燃油连接件带有一个边缘滤清器，以分解燃油系统较小的污染物。

所有喷油器与缸盖上的公共回油管相连，泄漏的燃油通过回油管流回油箱。高压油泵中多余燃油也通过回油管流回油箱。

ECM 通过控制喷油器电磁阀的开闭来控制发动机的供油量和供油正时。

ECM 向电磁阀发送脉冲信号，提升针阀，开始喷射燃油；同时，ECM 控制喷油器实现多次燃油喷射。

(1) 拆下燃油油轨与高压油管。

(2) 拆下摇臂室盖和排气摇臂。

(3) 拆下电磁阀导线。

(4) 拆下 8mm 的喷油器压板螺栓。

(5) 使用喷油器拆卸工具从缸盖上拆下喷油器。

(6) 用安全溶剂和清洁软布清理喷油器，但不能使钢丝刷清洁喷油器。

(7) 检查喷油器端部是否有积炭，可使用黄铜丝刷清理积炭；检查电磁阀端子是否损坏；检查喷油器进油口、连接件端部和进油口是否损坏；检查 O 形圈是否损坏。

(8) 检查喷油器密封垫圈厚度是否正确，垫片厚度应为 3.0mm。

(9) 按与拆卸相反的顺序安装喷油器。喷油器压板螺栓紧固力矩为 3.5N·m，电磁阀导线连接件紧固力矩为 2.0N·m。运转发动机，检查有无泄漏。

小 结

1. 电控技术在柴油机供给系统中的应用，按对供(喷)油量、供(喷)油正时、供(喷)油速率和喷油压力等的控制方式分，经历了“位置控制”、“时间控制”、“时间-压力控制”或“压力控制”三个阶段。

2. 与传统柴油机相比，采用电控技术的现代柴油机具有燃油经济性更高、排放污染更低、工作更可靠、低温启动更容易等优势。

3. 现代柴油机电控系统包括：燃油喷射控制、怠速控制、进气控制、增压控制、排放控制、启动控制、巡航控制、故障自诊断和失效保护、柴油机与自动变速器的综合控制。

4. 柴油机电控系统由传感器、执行器和 ECU 组成。传感器检测出发动机或喷油泵本身的运行状态；ECU 根据各个传感器的信息，控制发动机的最佳喷油量、最佳喷油时间；执行器根据计算机的指令，准确控制喷油量和喷油时间。

5. 电子控制分配泵燃油喷射系统根据各种传感器的信息检测出发动机的实际运行状态，由计算机完成喷油量控制、喷油时间控制和怠速转速控制。电控分配泵系统按喷油量、喷油时间的控制方法可分为两类，位置控制式和时间控制式。

6. 泵喷嘴即喷油泵与 ECU 和喷嘴组合在一起，高压油管长度为零的燃油系统。

7. 在高压电控共轨系统中，喷油压力(共轨压力)与发动机的转速和负荷无关，可独立控制。由共轨压力传感器测出燃油压力，并与设定的目标燃油压力进行比较后进行反馈控制。

习　　题

一、填空题

1. ________、________是影响柴油机动力性和经济性的重要因素。

2. 柴油机电控系统中，进气控制主要包括________、________、________控制。

3. 在柴油机电控燃油喷射系统中，ECU 以柴油机________和________作为主控制信号，按设定的程序确定最佳的供油速率和供油规律。

4. 柴油机的怠速控制主要包括________和________的控制。

5. 柴油机的启动控制主要包括________、________、________控制。

6. 常用的节气门踏板位置传感器有________、________。

7. 第一代柴油机电控燃油喷射系统主要以________或________为特征。

8. 第二代柴油机电控燃油喷射系统包括________燃油喷射系统、________燃油喷射系统和________________燃油喷射系统。

9. 电控柴油机燃油喷射控制包括________控制、________控制和________控制等。

10. “位置控制”的直列柱塞泵供油量控制一般采用________电磁阀。

11. 柴油机电控系统的控制模式可分为________、________、________三大类。

12. 最早的柴油机电控燃油喷射系统就是以________为基础改造的。

13. 柴油机电控系统是由________、________、________三部分组成。

14. 柴油机电控系统的执行器由________、________两部分组成。

15. 发动机负荷信号和________信号共同决定柴油机的喷油量及喷油提前角。

二、判断题

1. 柴油机电控模式的功用与组成与汽油机电控模式有很大区别。　(　　)

2. 柴油机的排放控制主要是废气再循环控制。　(　　)

3. 对于不同用途、不同机型的柴油机，柴油机电控系统应有较强的适应性。　(　　)

4. 柴油机电控燃油喷射系统一般对供油量采用开环控制。　(　　)

5. 在多缸柴油机工作时，由于喷油量控制指令值一定，所以各缸喷油量就一定。　(　　)

6. 喷油提前角对柴油机的动力性、经济性及排放影响很大。　(　　)

7. 空档启动开关向 ECU 输入空挡位置的信号，是怠速控制信号之一。　(　　)

8. 冷却液温度传感器只起修正喷油正时作用，不起修正喷油量作用。　(　　)

9. 进气温度传感器只起修正喷油量作用，不起修正喷油正时作用。　(　　)

10. 进气压力传感器即起修正喷油量作用，又起修正喷油正时作用。　(　　)

三、问答题

1. 柴油机电控系统的特点是什么?
2. 试对柴油机与汽油机电控技术进行比较。
3. 现代柴油机电子控制系统的内容是什么?
4. 试述分配泵喷射系统的特点。
5. 试述共轨电控喷射系统的特点。

实训 1　认识发动机控制系统

姓　　名		学　　号		班　　级	
组　　别		日　　期		学　　时	
实训名称	认识发动机控制系统				
实训目标	(1) 熟悉发动机控制系统的组成，主要机件的功用、安装位置； (2) 掌握发动机控制系统的基本工作原理				
设备器材	发动机相关传感器一组、电控发动机台架一台、电喷轿车一辆、维修工具一套				

知识与能力储备

1. 发动机电子控制系统主要由__________、__________和__________组成，将其功用填入下表。

名　　称	功　　能	

2. 根据图 1.1 认识发动机控制系统的组成，并填写下表。

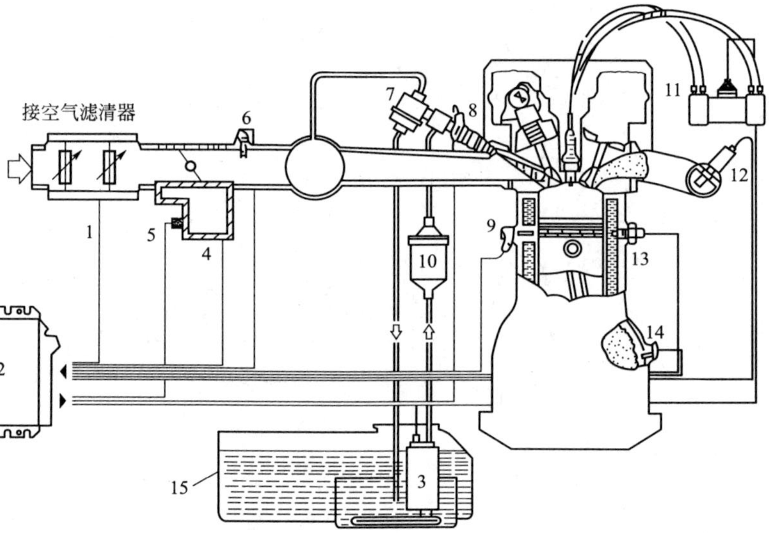

图 1.1　L 型电控燃油喷射系统组成示意图

代号	元器件名称	代号	元器件名称	代号	元器件名称
	燃油箱		燃油泵		喷油器
	汽油滤清器		氧传感器		
	空气流量传感器		冷却液温度传感器		进气温度传感器
	节气门位置传感器		爆震传感器		点火器
	电控单元		凸轮轴位置传感器		燃油压力调节器
	怠速控制阀		曲轴转速传感器		炭罐电磁阀

知识与能力储备

3. 根据图 1.2 填写发动机控制系统相关元器件的名称。

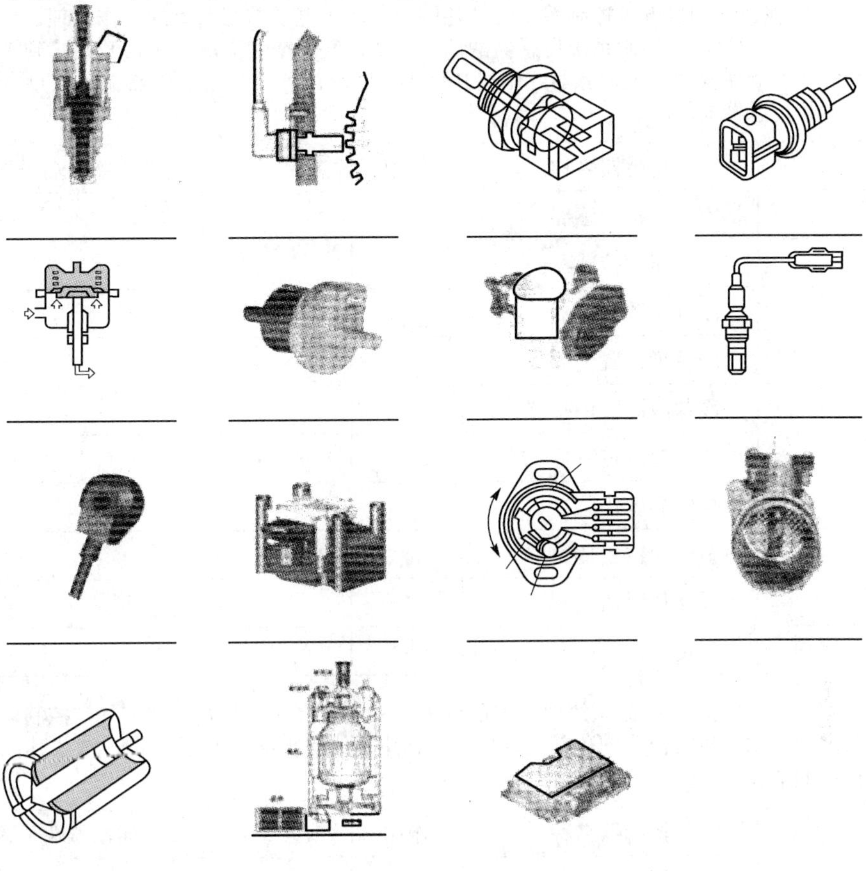

图 1.2　发动机控制系统主要元器件图示

4. 请阐述发动机控制系统相关各元器件的作用，并填入下表中。

元器件名称	作　用
燃油泵	
喷油器	
空气流量传感器	
进气压力传感器	
曲轴位置传感器	
凸轮轴位置传感器	
节气门位置传感器	
进气温度传感器	
冷却液温度传感器	
排气温度传感器	
氧传感器	
爆震传感器	
EGR 阀	
三元催化转化器	
活性炭电磁阀	

实训任务实施

1. 阐述发动机两大机构五大系统的功用，大致描述其安装位置；

2. 找出发动机电子控制系统区域，阐述发动机电子控制系统的工作原理；

3. 发动机电子控制系统传感器的认识。从进气的空气流量传感器开始，到排放的氧传感器结束；按顺序找到相关传感器，阐述其作用、安装位置、线路插接器端子数量；阐述其他常用发动机传感器的情况。

序号	传感器名称	作用	安装位置	线路插接器端子数	类型
1	空气流量传感器				
2	进气压力传感器				
3	曲轴位置传感器				
4	凸轮轴位置传感器				
5	冷却液温度传感器				
6	进气温度传感器				
7	排气温度传感器				
8	节气门位置传感器				
9	爆震传感器				
10	氧传感器				

4. 发动机电子控制系统执行器的认识。从电动汽油泵开始，到节气门控制电磁阀结束；按顺序找到相关执行器，阐述其安装位置、作用、线路插接器端子数量；阐述其他常用发动机执行器的情况。

序号	执行器名称	作用	安装位置	线路插接器端子数	类型
1	喷油器				
2	燃油泵				
3	EGR 阀				
4	活性炭罐电磁阀				
5	点火模块				
6	氧传感器加热器				
7	空调电磁离合器线圈				
8	节气门控制电磁阀				

5. 电控单元的认识。找出汽车的控制单元(见图 1.3)，填写下表。

序号	名　称	作用	安装位置	线路插接器端子数	备注
1	发动机 ECU				
2	防盗 ECU				

实训任务实施

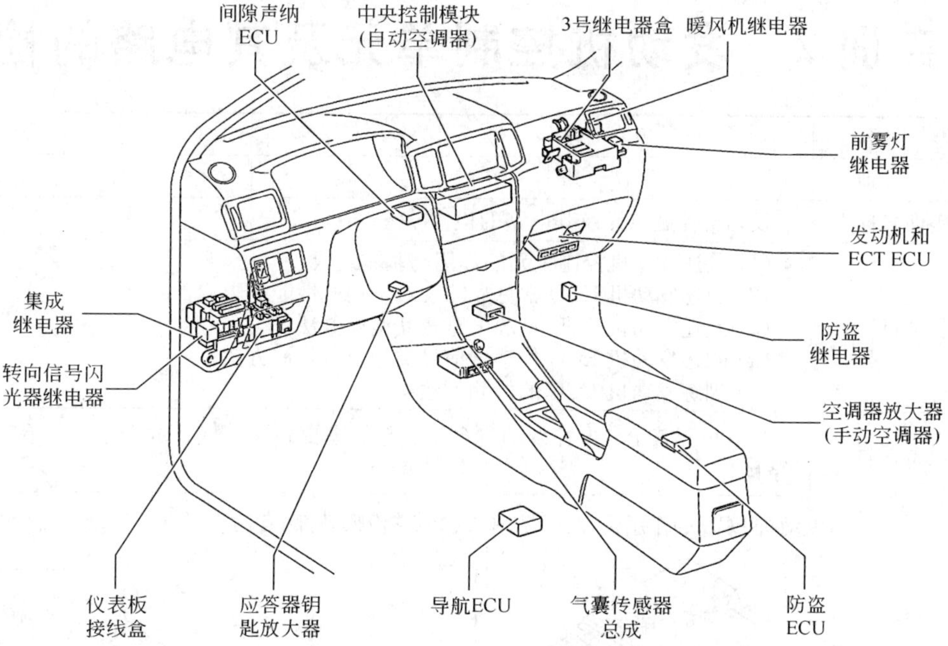

图 1.3　COROLLA 轿车相关 ECU 及其安装位置

6. 观察插接器。如何拆装插接器？端子生锈对电控系统有什么影响，在什么情况下容易生锈？

考核结果			
设备使用	□优秀	□过关	□再来一次
技能操作	□优秀	□过关	□再来一次
报告填写	□优秀	□过关	□再来一次
问题回答	□优秀	□过关	□再来一次

成绩	
评语	教师签字 日期

实训 2　发动机控制单元及其电路的检修

姓　　名		学　　号		日　　期	
组　　别		班　　级		学　　时	
实训名称	发动机控制单元及其电路的检修				
实训目标	(1) 叙述发动机控制单元的作用与基本组成； (2) 叙述发动机 ECU 常见故障及对发动机性能的影响； (3) 叙述发动机 ECU 电源电路及其检修方法； (4) 叙述发动机 ECU 传感器信号类型及其检修方法； (5) 训练发动机 ECU 的检测方法				
设备器材	控制单元若干、电控发动机台架一台、丰田轿车一辆、成套工具一套、维修工具若干				

知识与能力储备

1. 发动机 ECU 的作用是什么(见图 2.1)？它由哪几部分组成？各有何作用？请填写下表。

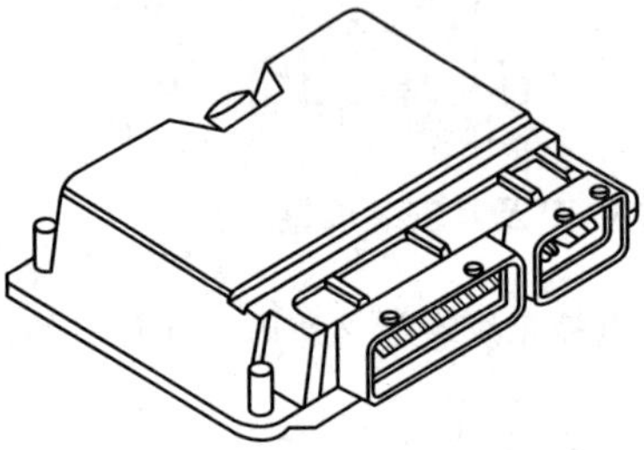

(a) 控制单元(ECU)

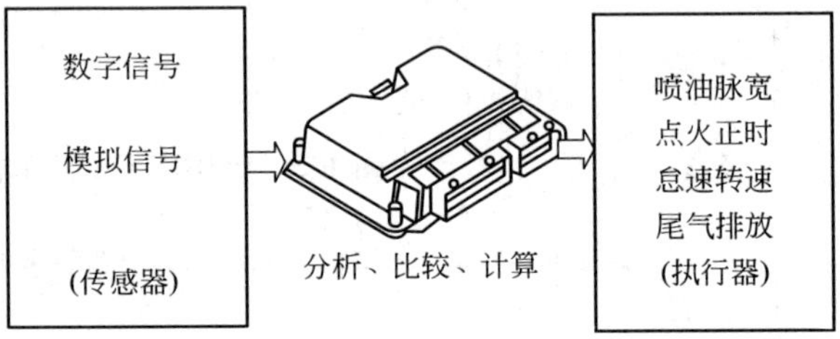

(b) 控制流程图

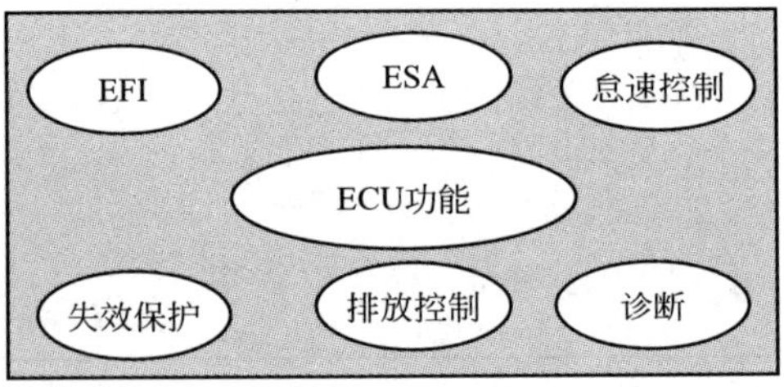

(c) 控制单元ECU的功用

图 2.1　控制单元及其功用示意图

ECU 的组成	作　　用

2. 发动机 ECU 常见故障有哪些？什么原因会导致发动机 ECU 出现故障？

知识与能力储备

3. 发动机 ECU 出现故障会造成什么后果?

4. 发动机 ECU 受潮后应该采取什么措施?

5. 如何查验发动机 ECU 的好与坏?什么情况下需要更换发动机 ECU?

6. 更换发动机 ECU 时应注意什么问题?

7. 对于大部分电控系统，接通点火开关，各个传感器、执行器的正极就被接通，ECU 需要对它们进行控制时，就接通__________。所以，温度传感器输出电压过低，而其他传感器输出电压过高时，应首先检查 ECU 上传感器的__________是否良好，传感器的导线__________。当然，也有少数执行器是通过 ECU 接通正极电源端来对传感器和执行器进行控制的。

8. ECU 的蓄电池常电端子__________(是或否)受点火开关控制，其标准电压值为__________V；ECU 的＋B 端子__________(是或否)受点火开关控制，其标准电压值为__________V。

9. 如何检修 ECU 电源电路?

10. 根据花冠轿车资料填写 ECU 各端子的含义，并指出是输入信号还是输出信号(用√表示)。ECU 插接器代号位置参见正文图 8.11。

符号(端子号)	配线颜色	端子描述	条　件	标准电压
BATT(E_6 − 1)− E_1(E_8 − 17)				
FC(E_6 − 3)− E_1(E_8 − 17)				
FC(E_6 − 3)− E_1(E_8 − 17)				
IGSW(E_6 − 8)− E_1(E_8 − 17)				
＋B(E_6 − 16)− E_1(E_8 − 17)				
MREL(E_7 − 21)− E_1(E_8 − 17)				
Vc(E_8 − 2)− E_2(E_8 − 18)				
THW(E_8 − 14)− E_1(E_8 − 17)				
VTA(E_8 − 23)− E_2(E_8 − 18)				
KNK(E_9 − 27)− E_1(E_8 − 17)				

知识与能力储备

11. 分辨下列信号的类型。

名　　称	信号类型(数字信号或模拟信号)
进气压力传感器	□数字信号　□模拟信号
进气温度传感器	□数字信号　□模拟信号
冷却液温度传感器	□数字信号　□模拟信号
氧传感器	□数字信号　□模拟信号
滑动电阻式节气门位置传感器	□数字信号　□模拟信号
霍尔式凸轮轴位置传感器	□数字信号　□模拟信号
光电式曲轴位置传感器	□数字信号　□模拟信号
空气流量传感器	□数字信号　□模拟信号

实训任务操作

1. 故障现象描述

客户投诉	发动机不能启动
维修接待员维修意见	检查发动机 ECU 电源电路

2. 再现故障症状

(1) 点火开关置于 ON 位，观察发动机故障指示灯状况，填入下表。

故障指示灯状况	情　　况	分　　析
亮，随后熄灭	正常	
不亮	发动机故障指示灯电路或 ECU 电源电路存在故障	
常亮不灭	控制系统有故障	

(2) 启动发动机，观察并确认故障现象，填写下表。

故 障 现 象	是 否 存 在	是否与客户投诉的一致
发动机启动困难	□是　□否	□一致　□不一致
发动机加速不良	□是　□否	□一致　□不一致
发动机回火	□是　□否	□一致　□不一致
发动机怠速不稳定	□是　□否	□一致　□不一致
发动机发抖	□是　□否	□一致　□不一致
发动机启动后熄火	□是　□否	□一致　□不一致
踩下节气门踏板后熄火	□是　□否	□一致　□不一致
其他		

3. 故障诊断流程的确定

(1) 发动机 ECU BATT 端子与 E_1 端子之间短路的故障诊断流程(见图 2.2)。

(2) 发动机 ECU +B 端子与 E_1 端子之间短路的故障诊断流程如图 2.3 所示。

实训任务操作

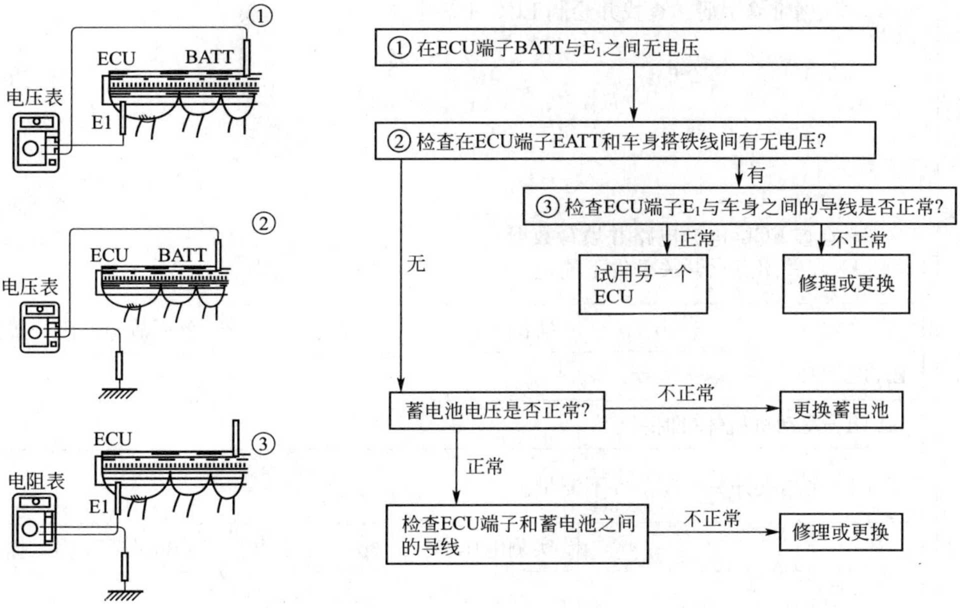

图 2.2　发动机 ECU BATT 端子与 E_1 端子之间短路的故障诊断流程

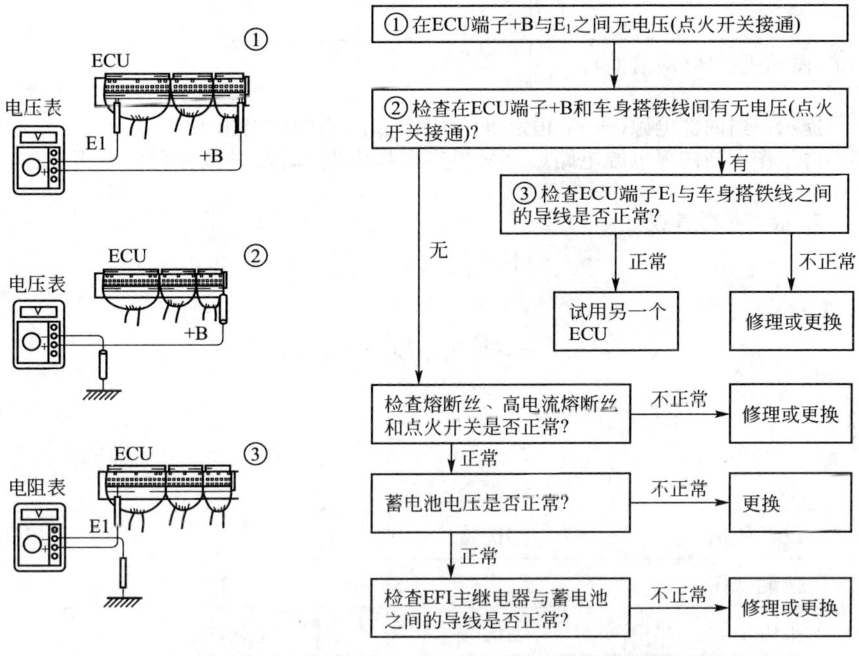

图 2.3　发动机 ECU +B 端子与 E_1 端子之间短路的故障诊断流程图

4. 检查发动机 ECU 外观，并填入下表中。

检 查 步 骤	情　况	维 修 建 议
线束插接器是否连接良好	□是　□否	
拔出线束插接器观察是否有锈蚀、松动	□是　□否	

实训任务操作

5. 根据维修手册，查找并绘制 ECU 电源电路图。

6. 检查 ECU 电源电路并填写数据。

(1) 在关闭点火开关条件下测量。

	实测电压/V	标准电压/V	分析故障原因，提出建议
BATT－E_1			
BATT－发动机机体(即搭铁)			

(2) 在点火开关 ON 条件下测量。

	实测电压/V	标准电压/V	分析故障原因，提出建议
＋B－E_1			
＋B－发动机机体(即搭铁)			
V_C－E_1			
V_1－发动机机体(即搭铁)			

提示：当内部电源(＋5V 恒定电压电路)断路或短路时由 ECU 提供 5V 电源电压的传感器都不再工作；当内部电源电路(＋5V 恒定电压电路)短路时微处理器不再工作，使 ECU 不再工作。

7. 故障排除建议

考核结果				
	设备使用	□优秀	□过关	□再来一次
	技能操作	□优秀	□过关	□再来一次
	报告填写	□优秀	□过关	□再来一次
	问题回答	□优秀	□过关	□再来一次
成绩				
评语				教师签字 日期

实训 3　EFI 燃油供给系统的检修

姓　　名		学　　号		日　　期	
组　　别		班　　级		学　　时	

实训名称	EFI 燃油供给系统的检修
实训目标	(1) 正确识别电控燃油喷射系统的类型； (2) 熟练阐述电控燃油喷射系统的组成与工作原理； (3) 熟练阐述燃油供给系统的组成与工作原理； (4) 根据发动机技术状况，正确判断并检修燃油供给系统的故障； (5) 正确识别燃油泵、喷油器、燃油压力调节器等对发动机性能的影响； (6) 能熟练检测燃油压力、燃油泵、喷油器及其控制电路
设备器材	电控发动机台架；丰田汽车一辆；燃油泵、喷油器、ECU、万用表、燃油压力表若干

知识与能力储备

1. 电控燃油喷射系统有哪些类型？请填入下表中。

序　号	分 类 标 准	类　　型
1	燃油喷射的持续性不同	
2	按喷油器的控制方式不同	
3	按进气量检测方式不同	
4	按喷油器喷射位置不同	

2. 电控燃油喷射系统机械部分由__________、__________和__________三部分组成。

3. 燃油供给系统的主要作用：把燃油从__________中吸入并通过__________泵送出去，汽油经__________和__________到达燃油分配管，送到各个__________，多余的燃油通过油压调节器、回油管回到油箱。

4. 燃油供给系统由哪些机件组成(见图 3.1)？各有何作用？请填入下表中。

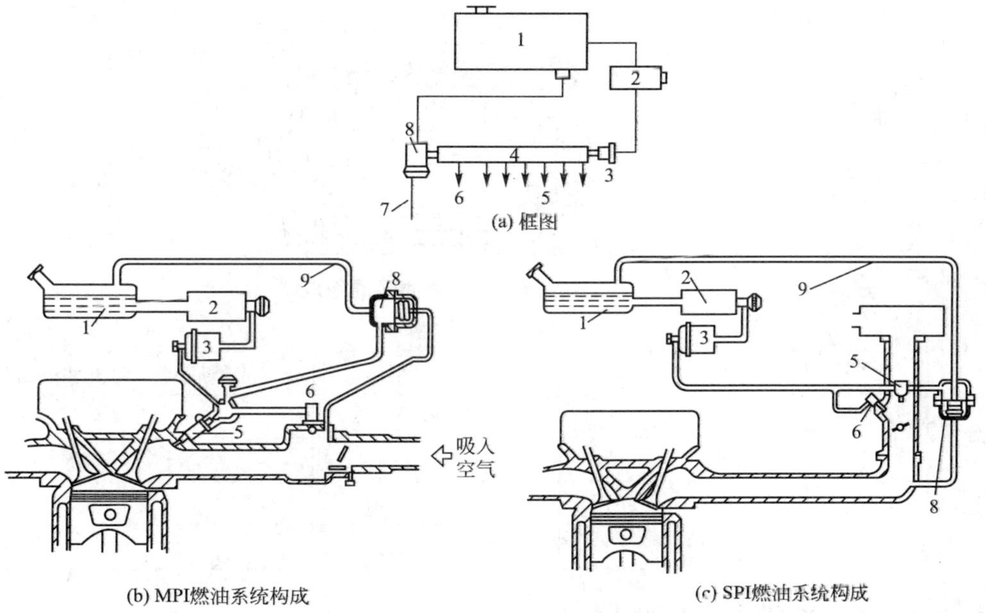

图 3.1　燃油供给系统的组成示意图

知识与能力储备

序　号	燃油系统机件名称	作　用	安装位置
1			
2			
3			
4			
5			
6			
7			
8			
9			

5. 燃油供给系统故障对发动机性能有何影响？请填入下表中。

故 障 分 类	对发动机性能的影响(导致发动机故障的现象)
燃油系统故障	
燃油泵的故障	
燃油滤清器故障	
燃油压力调节器故障	
油管故障	

6. 在进行发动机怠速不稳、加速无力、高速行驶无力等故障诊断和进行车辆 40 000km 维护时，需要对燃油供给系统进行检测。检测项目主要有外观目测、__________、__________和__________。

7. 燃油泵由哪些部件组成(见图 3.2)，各有何作用？请填入下表中。

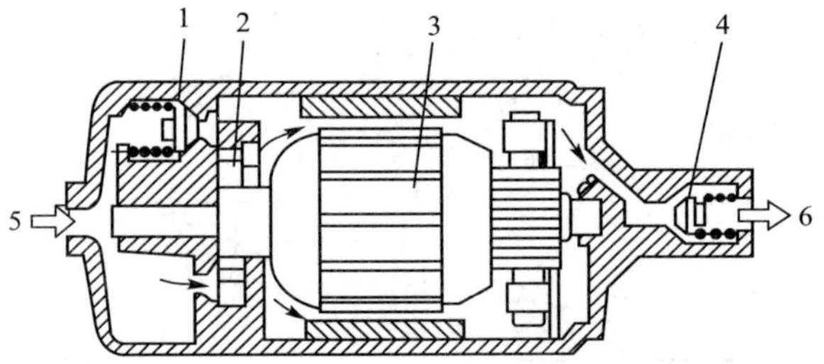

图 3.2　燃油泵的组成

序　号	名　　称	作　　用	故障后对发动机性能的影响
1			
2			
3			
4			
5			
6			

知识与能力储备

8. 燃油压力调节器的作用是____。请将燃油压力调节器的组成及机件的功用填入下表中，如图 3.3 所示。

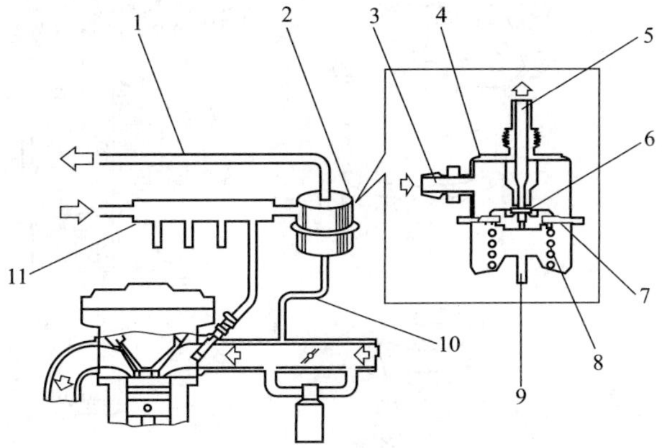

图 3.3　燃油压力调节器

序　号	名　　称	作　　用
1		
2		
3		
4		
5		
6		
7		
8		
9		
10		
11		

9. 燃油压力调节器故障特例分析：

(1) 车辆在怠速时和节气门半开时，哪一个燃油压力高？为什么？

(2) 如果燃油压力调节器的真空管脱落，对燃油压力有何影响？

(3) 如果燃油压力调节器的膜片出现破裂，会发生什么现象？为什么？简述燃油压力调节器的检测方法。

10. 喷油器的作用是____________________。喷油器由哪些机件组成(见图 3.4)？各有何作用？填入下表中。

知识与能力储备

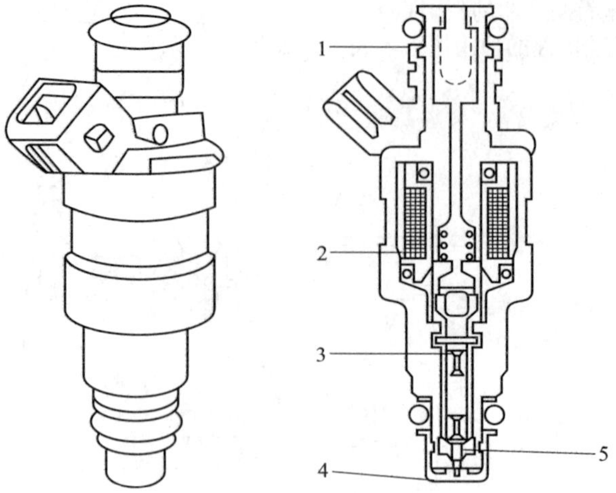

图 3.4　喷油器

序　号	名　　称	作　　用
1		
2		
3		
4		
5		

11. 低阻喷油器线圈阻值约为__________ Ω，高阻喷油器线圈阻值约为__________ Ω。关于喷油器的故障请填写下表。

喷油器故障对发动机性能的影响	
各缸喷油器喷油误差太大导致的故障	
喷油器的故障部位	

12. 汽车上燃油管有几根？作用是什么？材料有几种？维修时有何注意事项？

13. 有些汽车上看不到燃油压力调节器，为什么？

14. 新型轿车上采用了无回油管燃油供给系统，如图 3.5 所示，它由 H 形燃油导轨、喷油器、燃油脉动衰减器、油压测试口、燃油泵、燃油压力调节器和油位传感器等组成。

知识与能力储备

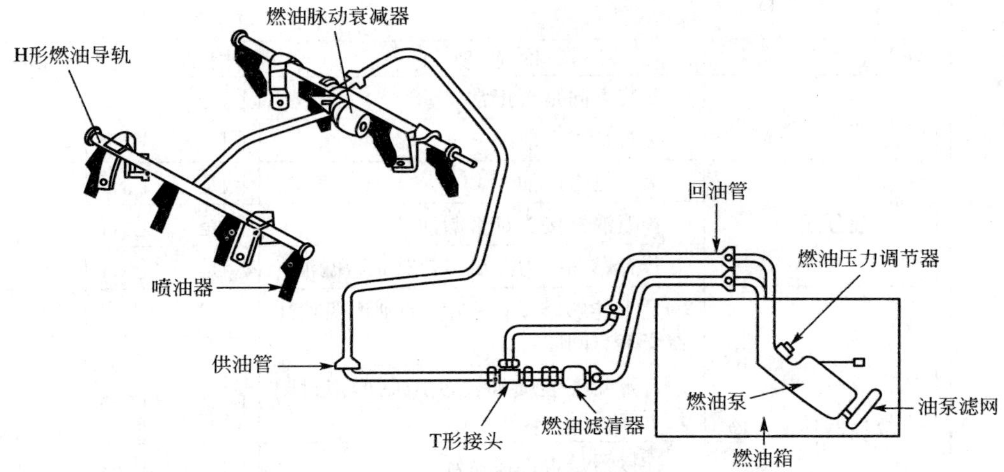

图 3.5　无回油管燃油供给系统

无回油管燃油系统中，当燃油从油箱中泵出，经过燃油滤清器到一个 T 形接头，发动机需要的燃油量流向燃油导轨，多余的燃油则经油压调节器返回油箱。因此，无回油管燃油系统也称为按需供油系统。

在燃油滤清器和喷油器之间只有一条燃油管，没有回油管将燃油导轨中多余的燃油送回到油箱中。这样，可以降低发动机对燃油的加热效应，从而降低蒸发排放。

15. 燃油供给系统检设备主要有哪些？功用各是什么？请填入下表中。

序　号	检修设备名称	作　　用
1		
2		
3		
4		
5		

实训任务操作

1. 燃油供给系统的目视检查，填入下表中。

检查系统	检查项目	检查结论	维修建议
燃油箱	是否泄漏	□是　□否	
	有无腐蚀、金属箱内是否生锈	□是　□否	
	燃油箱是否损坏或接缝是否有缺陷	□是　□否	
	是否有松动的装配螺钉和损坏的装配机件	□是　□否	
燃油管	是否存在破裂、割伤、扭结、凹痕	□是　□否	
	是否有轻度污迹、老化、漏油	□是　□否	
	连接是否松动	□是　□否	
	是否稳固地安装在车辆底盘上	□是　□否	
	各接头处是否泄漏	□是　□否	

实训任务操作

（续）

检查系统	检查项目	检查结论	维修建议
汽油滤清器	安装方向是否正常	□是　□否	
	接头是否有泄漏	□是　□否	
燃油分配管	接头是否漏油	□是　□否	
	各喷油器接头是否漏油	□是　□否	
	若有燃油压力测试口，其是否漏油	□是　□否	
喷油器外观目检	是否能够转动(不能转动则说明喷油器安装有问题)	□是　□否	
	若重新安装喷油器，其O形密封圈是否要更换	□是　□否	
	连接器是否连接良好	□是　□否	
	拔出连接器，观察是否有锈蚀、松动	□是　□否	
	喷油器外壳是否损坏	□是　□否	
燃油压力调节器	真空软管连接是否正常	□是　□否	
燃油供给系统目视结论			

2. 制定燃油压力测试工艺流程(参考图 3.6～图 3.8 所示)

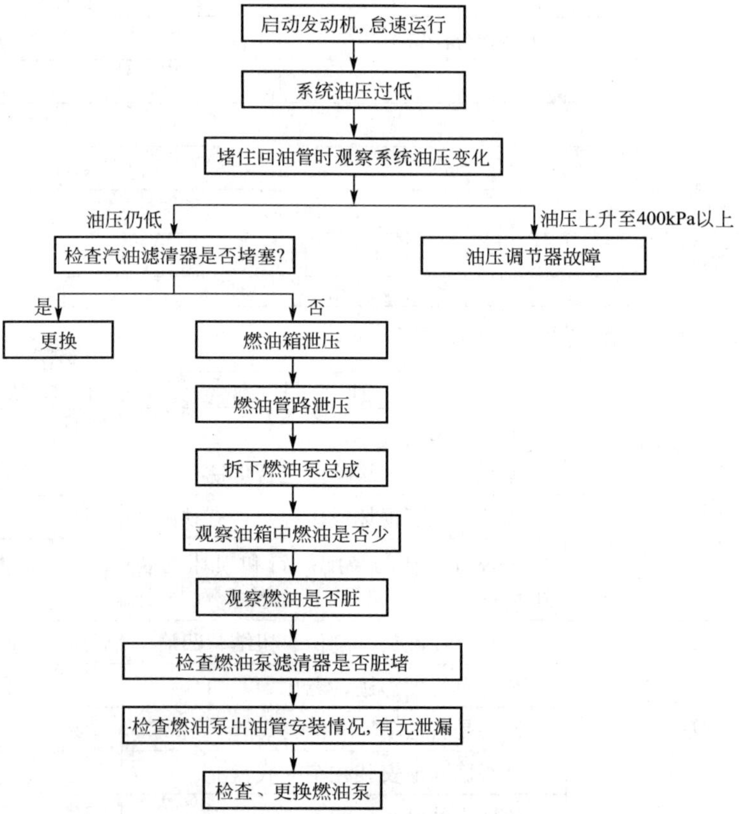

图 3.6　燃油系统油压过低检测流程

实训任务操作

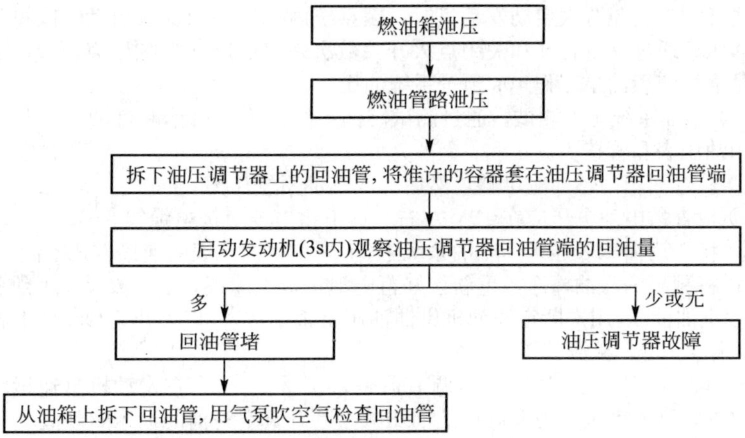

图 3.7　燃油系统油压过高检测流程

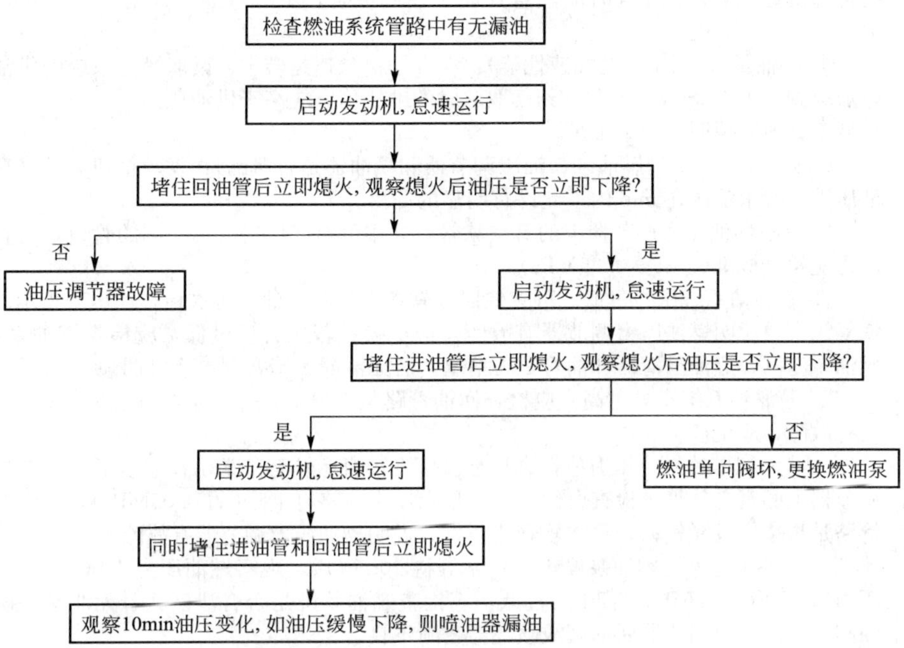

图 3.8　燃油系统残余油压过低检测流程

3. 燃油压力测试的方法步骤：

(1) 燃油系统的压力释放。①启动发动机，维持怠速运转；②在发动机运转时，拔下油泵继电器或燃油泵电源接线，直至发动机自行熄火；③再启动发动机 2～3 次，耗尽管路中燃油(系统压力为 0)；④关闭点火开关，装上油泵继电器或电动燃油泵电源接线。

注意：汽油喷射发动机为便于再次启动，在发动机熄火后，燃油系统内仍保持有较高的残余压力；在拆卸燃油系统内任何元器件时，必须首先释放燃油系统压力。同时，应避免系统燃油的溅出而造成危险。

(2) 燃油系统压力预置。①检查燃油系统所有元件和油管接头是否安装良好；②用专用导线将 12V 电源连接到燃油泵输入端子上(如丰田车系是将诊断座上的电源端子“+B”与燃油泵测试端子“FP”跨接)；③将点火开关转到“ON”位置，使电动燃油泵工作约 10s；④关闭点火开关，拆下诊断座上的专用导线。

实训任务操作

注意：为避免首次启动发动机时，因系统内无压力而导致启动时间过长，应预置燃油系统残余油压。通过反复打开和关闭点火开关数次来完成燃油系统压力预置；上述方法预置油压的实质是强行使燃油泵工作10s预置系统油压。

(3) 燃油系统压力测试。通过测试燃油系统压力，可诊断燃油系统是否有故障。测试时使用专用油压表和管接头。

① 检查油箱内燃油应足够，然后释放燃油系统压力。

② 检查蓄电池电压应在12V左右，拆下蓄电池负极电缆线。

③ 将专用油压表连接到燃油系统中(不同车型油压表的连接方式不同)；

④ 将溅出的汽油擦净，重新接好蓄电池负极电缆线，启动发动机并维持怠速运转；

a. 供油油压(用来断定发动机供油油压是否正常)：点火开关ON但不启动发动机，ECU使油泵工作2～3s，检测其压力。

b. 调节油压(用来决断油压调节器是否正常工作)：在发动机怠速运转时，断开油压调节器真空管，燃油系统压力升高后的油压减去断开真空管前的油压的差值。

c. 系统最高油压(检测燃油泵最大工作能力)：将回油管夹住，使回油管停止回油，此时压力表的测量值应比没有夹住前回油管的压力高2～3倍。在这一状态下，还应检查燃油系统的各部位是否泄漏。检查时应注意只能夹住回油管，不可弯曲；否则，软管可能断裂而导致泄漏。

d. 供油量(检测车辆的加速性能)：在发动机怠速运转中，读取燃油系统的供油压力，然后急加速到3 000r/min以上，立刻读取此时的油压值，应高于供油压力__________ kPa以上，如果低于此值则说明供油量不足。

e. 残余压力(检测燃油泵、油压调节器和喷油器是否泄漏)：发动机熄火后燃油管道内的燃油压力。要求油压在 min内不允许有明显的回落。

f. 拆下燃油压力调节器上的真空软管，并用手指堵住进气管一侧的管口，检查油压表指示压力应符合标准(0.25～0.35MPa)。

g. 若燃油系统压力过低。可夹住回油软管以切断回油，再次检查油压表指示压力：若油压恢复正常，说明燃油压力调节器有故障，应更换；若压力仍过低，应检查燃油系统有无泄漏、燃油泵滤网、燃油滤清器和油管是否堵塞，若无泄漏、堵塞则更换燃油泵。

h. 若燃油系统压力过高。应检查回油管路是否填塞，若回油管路正常，说明燃油压力调节器有故障，应更换。

i. 若测试燃油系统压力值符合标准。使发动机运转至正常工作温度后，重新接上燃油压力调节器上的真空软管，检查燃油压力表指示压力应略有下降(约0.05MPa)，否则应检查真空软管路是否堵塞或漏气；若真空软管路正常，说明燃油压力调节器有故障。

j. 发动机熄火，燃油泵停止工作，等待10min后，观察燃油压力表压力(即燃油系统残余压力)，应为0.20MPa。若压力过低，应检查燃油系统是否有泄漏，若无泄漏，说明燃油泵出油阀、燃油压力调节器回油阀或喷油器密封不良。

k. 检查完毕后，释放燃油系统压力，并拆下油压表，装复燃油系统。然后，预置燃油系统压力，并启动发动机检查有无泄漏。

	标准值	实测值	分析
供油压力			
调节油压			
系统最高油压			
供油量			
残余压力			
评价及建议			

实训任务操作

⑩ 请填写下表中相关内容。

常见故障现象	导致故障产生的主要原因	最常见原因
燃油压力过低		
燃油压力过高		
燃油压力为 0		

4. 查阅维修手册或电路图册，分析典型车辆燃油泵控制电路。参考电路图(见图 3.9)，分析其工作过程，并填写下表。

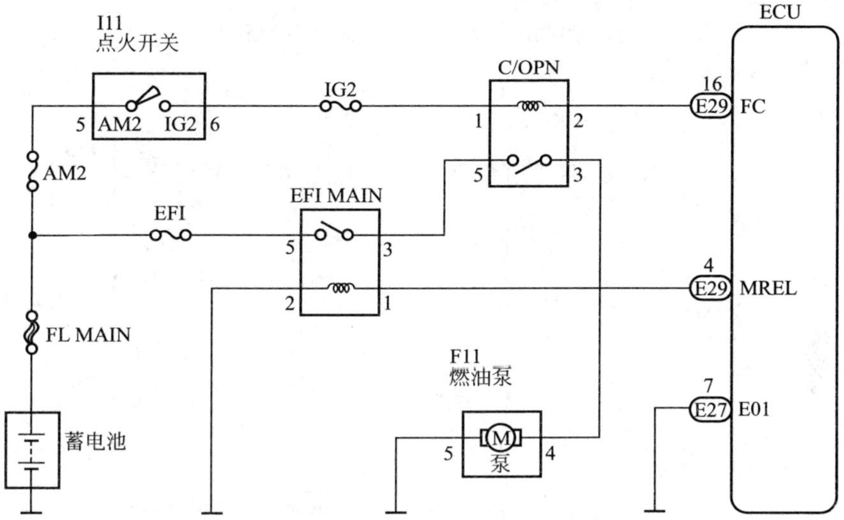

图 3.9　COROLLA 轿车 1ZZ 发动机汽油泵电路图

点火开关位置	发动机状态	燃油泵电压	燃油泵工作状态	原　　因
ON	不启动			
ST	启动			
ON	启动			
OFF	不启动			

5. 典型车辆燃油泵控制电路检修：

(1) 检查燃油泵熔断器是否熔断。

(2) 用手触摸燃油泵继电器，接通点火开关，检查燃油泵继电器是否有动作声。

(3) 如果燃油泵继电器有动作声，则检查燃油泵继电器端子至燃油泵插接器之间的电阻。其值为______ Ω，是否正常？如果正常则检查燃油泵，测量其电阻。燃油泵电阻为______ Ω，是否需要更换？如果端子至燃油泵连接线配线不正常则检修配线。

(4) 燃油泵继电器没有动作声，请检测继电器和相关电源和搭铁。查看继电器是否正常？继电器电源是否 12V 电压？继电器搭铁是否正常？

实训任务操作

	内　容	测量情况	分　析
检查熔断器	熔断器		
点火开关 ON	继电器有或无动作声		
油泵继电器有动作声	继电器至油泵间电阻		
	油泵电阻		
油泵继电器没有动作声	继电器电源		
	继电器电阻		
	继电器搭铁		

6. 典型车辆喷油器控制电路检修：

(1) 查找维修手册，绘制出典型车辆喷油器控制电路(见图 3.10)，分析其工作过程。

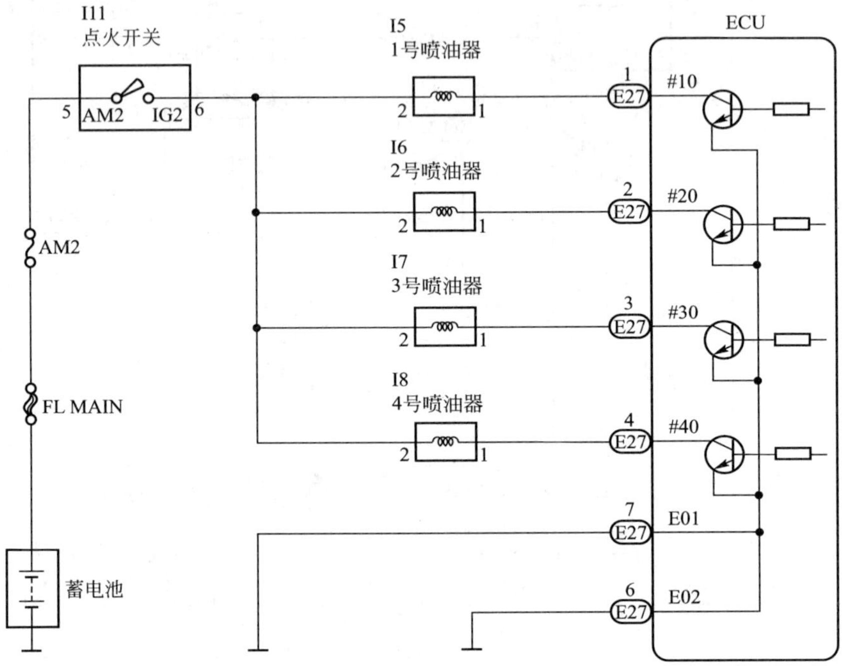

图 3.10　喷油器控制电路

(2) 喷油器线圈电阻、喷油器动作情况和喷油质量的检查。

步　骤	标准值	实测值	分　析
点火开关 OFF，拔下喷油器插接器，测量喷油器电阻			
发动机怠速运转，用手触摸喷油器			
发动机怠速运转，用听诊器检测喷油器			
喷油量的检查			
雾化的检查			
泄漏的检查			

实训任务操作

(3) 喷油器控制电路的检查。脱开喷油器，点火开关ON，检查插接器线束侧电源线的电压。正常值应为蓄电池电压。若无电压，应检查点火开关至喷油器电源线间的电路是否正常，填写下表。

故障部位	实测情况	分　析
喷油器电源线		
喷油器至ECU间连线		
喷油器		

(4) 喷油器喷油质量的检查。喷油质量检查包括喷油量、雾化和泄漏检查，需要在专用喷油器实验台上进行。将各个喷油器拆下，放置在超声波喷油器清洗机上，直接观察喷油状况和喷油量。若喷油状况差，应予以更换，如图3.11所示。

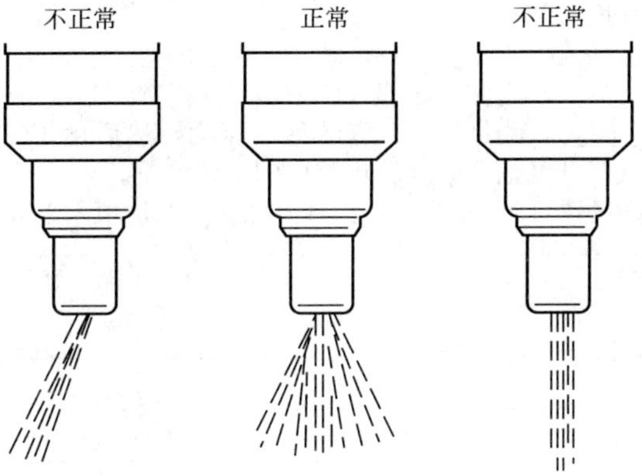

图3.11　喷油器雾化质量

(5) 用示波器分析喷油器波形。

(6) 用解码器分析喷油脉宽数据流。

考核结果			
设备使用	□优秀	□过关	□再来一次
技能操作	□优秀	□过关	□再来一次
报告填写	□优秀	□过关	□再来一次
问题回答	□优秀	□过关	□再来一次

成绩		
评语		教师签字 日期

实训 4 空气流量传感器的检修

姓　　名		学　　号		日　　期	
组　　别		班　　级		学　　时	
实训名称	空气流量传感器的检修				
实训目标	（1）正确分辨空气流量传感器的类型； （2）熟练描述空气流量传感器的用途及工作原理； （3）能够规范地检测空气流量传感器				
设备器材	空气流量传感器、万用表、解码器、示波器				

知识与能力储备

1. 空气流量传感器的作用是____。空气流量传感器一般安装在____________________。

2. 电控燃油喷射系统中测量进入汽缸的空气量主要有两种方式：一种采用____________________，直接测量进气的体积流量或质量流量；另一种是利用____________________，测量进气歧管的绝对压力，然后由 ECU 根据测量的进气歧管压力、发动机转速和节气门开度信号，换算出相应的空气流量。

3. 空气流量传感器有几种类型？各有何优缺点？请填入下表中。

传感器名称	优　缺　点

4. 空气流量传感器有哪些常见故障？对车辆性能有何影响？请填入下表中。

传感器名称	常 见 故 障	对发动机性能的影响
叶片式空气流量传感器		
热膜式空气流量传感器		
超声波式空气流量传感器		
光电式空气流量传感器		
进气压力传感器		

5. 画出热膜式空气流量传感器（图 4.1）工作原理示意图，阐述其工作原理。

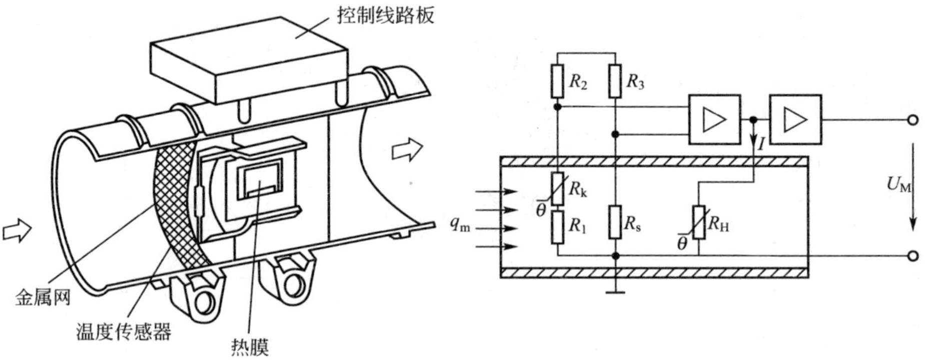

图 4.1　热膜式空气流量传感器

知识与能力储备

6. 画出花冠轿车空气流量传感器工作电路图(见图 4.2)，阐述其工作过程。

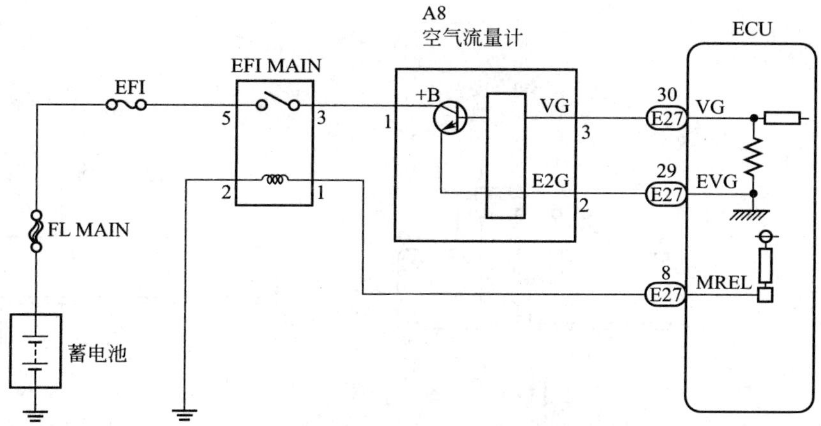

图 4.2　花冠轿车空气流量传感器工作电路图

7. 画出光电式空气流量传感器的结构原理示意图(见图 4.3)，阐述其工作原理。

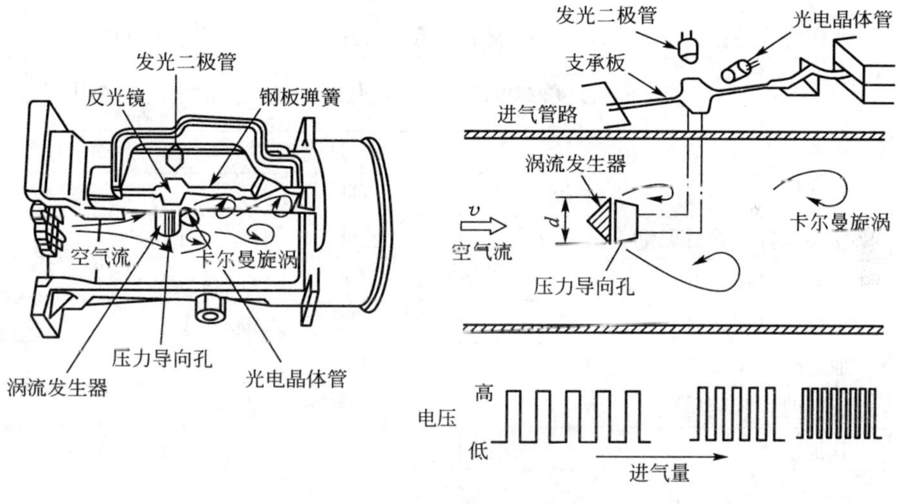

图 4.3　光电式空气流量传感器

8. 画出叶片式空气流量传感器工作原理示意图(见图 4.6)，阐述其工作原理。

知识与能力储备

9. 画出进气压力传感器工作原理示意图(见图 4.4)，阐述其工作原理。

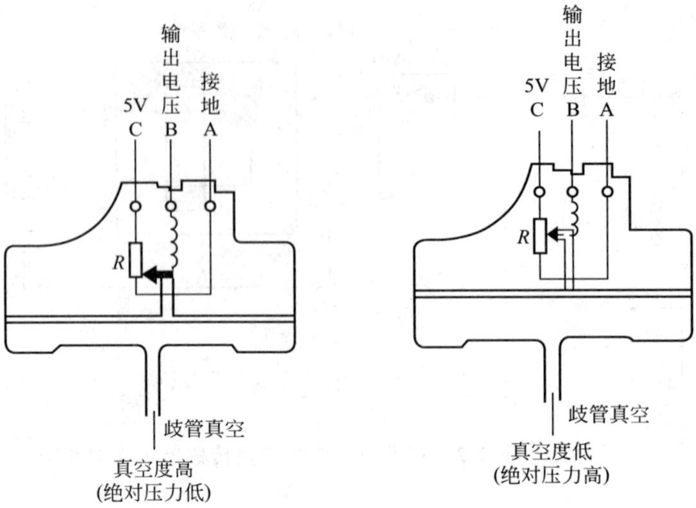

图 4.4　进气压力传感器

实训任务操作

1. 故障现象描述：

客户投诉	发动机动力差、油耗高、有放炮回火现象、发动机故障指示灯亮
维修接待员意见	检查空气流量传感器及其电路、检查发动机 ECU

2. 故障症状再现及确认，启动发动机，再现故障症状，并记录在下表中。

故 障 现 象	是或否	分　　析
发动机启动困难或无法启动	□是　　□否	
发动机排气管冒黑烟	□是　　□否	
发动机怠速过低	□是　　□否	
发动机怠速过高	□是　　□否	
加速时，发动机运转无力	□是　　□否	
加速时，听到进气管有回火声	□是　　□否	
其他		

3. 检查空气流量传感器的外观，填入下表中：

检 查 内 容	检 查 结 果	维 修 建 议
线束插接器连接是否正常	□是　　□否	
拔出线束插接器观察是否锈蚀、松动	□是　　□否	
传感器外壳是否损坏	□是　　□否	
传感器类型		

实训任务操作

4. 热膜式空气流量传感器的检测(如图 4.2 所示)

(1) 线束导通性测试。关闭点火开关，分别拔下空气流量传感器侧和 ECU 侧插接器，用数字式万用表测量对应导线两端电阻值应为 0Ω。

(2) 线束短路性测试。关闭点火开关，分别拔下空气流量传感器侧和 ECU 侧插接器，用数字式万用表测量非对应导线两端电阻值应为∞。

(3) 电源电压测试。拔下空气流量传感器插接器，接通点火开关，测量电源线对地电压，启动发动机时为 12V。提醒：ECU 会记录故障码，应及时用解码器清除该故障码。

(4) 信号电压测试。①单件测试。取一个空气流量传感器总成，将 12V 电压施加在空气流量传感器电源脚上，将空气流量传感器接地端搭铁，将数字式万用表置于直流电压 20V 挡上，空气流量传感器信号脚电压应为 1.5V 左右；使用电吹风从空气流量传感器格珊一端向空气流量传感器吹入空气测量空气流量传感器信号端子电压，上升至 2.8V 回落（理论范围 0～5V。否则，可以判定空气流量传感器有故障。②就车测试。启动发动机并使其达到工作温度熄火；挑开空气流量传感器插接器尾端防水胶堵或刺破导线外皮，将数字式万用表设置在直流电压 20V 挡；启动发动机，测量发动机怠速、急加速时的信号电压：怠速时 1.5V，急加速时 2.8V；若不符合上述变化，或电压反而下降，在电源与搭铁完好的前提下，可以断定空气流量传感器损坏，必须更换。

(5) 数据流测试。在怠速下显示：2.0～4.0g/s。如果小于 2.0g/s，说明进气系统有泄漏；如果大于 4.0g/s，说明发动机负荷过大。

(6) 图 4.5 所示为捷达轿车空气流量传感器电路图，说明端子 2、3、4、5 的作用，请填写下表。

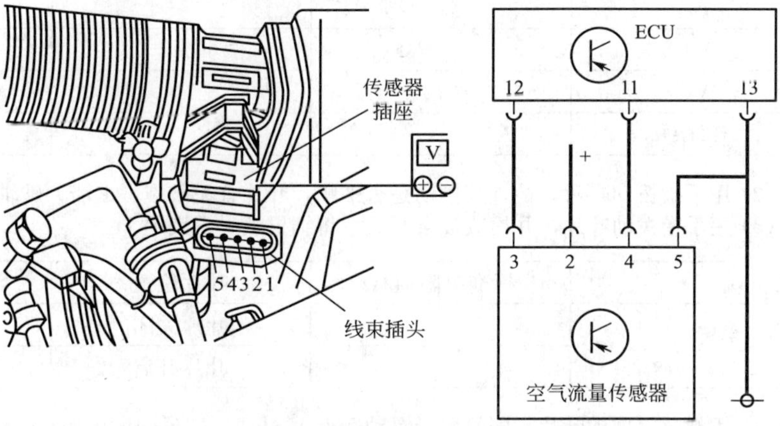

图 4.5　捷达轿车空气流量传感器电路图

	标　准　值	测　量　值	维 修 建 议
启动发动机读取 AFS 数据流			
在燃油泵继电器正常的情况下，拔下空气流量传感器，启动发动机，端子 2 与搭铁间电压			
线束插接器端子 3 与电脑端子 12 间电阻			
线束插接器端子 4 与电脑端子 11 间电阻			
线束插接器端子 5 与电脑端子 13 间电阻			
是否需要更换空气流量传感器	□是　　□否		

5. 叶片式空气流量传感器的检测

(1) 画出叶片式空气流量传感器的工作原理示意图(见图 4.6)，填写下表。

实训任务操作

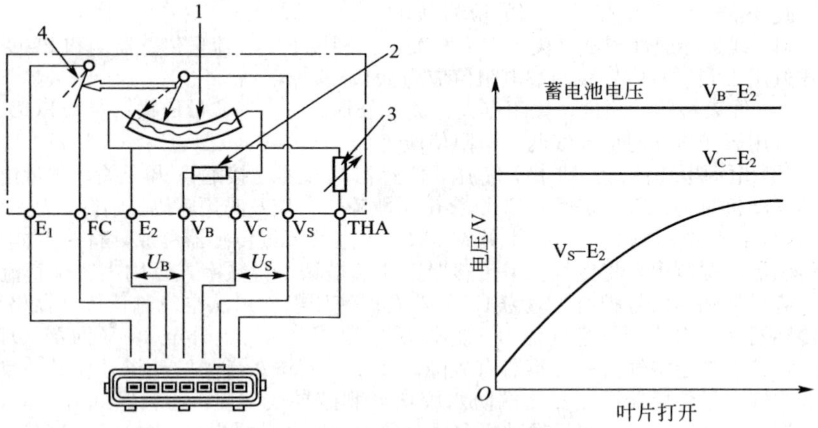

图 4.6　叶片式空气流量传感器

端　　子	名　　称	标 准 值	说　　明
FC			
E_1			
E_2			
V_C			
V_S			
THA			

(2) 用手指拨动叶片，检查其摆动是否平顺，叶片有无破裂、卡滞，转轴是否松旷。

(3) 用手指拨动叶片，并检查油泵开关。将结果填入下表中。

端　　子	标准电阻值/Ω	叶片位置	测量电阻值/Ω
$FC-E_1$		叶片关闭	
		叶片开启	

(4) 用螺丝刀推动叶片，同时测量滑动触点 V_S 与 E_2 端子间的电阻(填入下表中)。在叶片由全闭到全开的过程中，电阻值应逐渐变小；否则更换空气流量传感器。

端　　子	标准电阻/Ω	叶片位置	测量电阻/Ω
V_S-E_2	0.2～0.6	叶片全闭	
	0.2～1.2	叶片渐开	
V_C-E_2	4.00～7.00		

(5) 用电吹风或工作灯对空气流量传感器的进气温度传感器加热，测量 $THA-E_2$ 端子间的电阻值填入下表中。

端　　子	标准电阻/kΩ	温度/℃	测量电阻/Ω
$THA-E_2$	2.00～3.00	20	
	0.90～1.30	40	
	0.40～0.70	60	

实训任务操作

(6) 将叶片式空气流量传感器的检测结果填入下表中。

叶片式空气流量传感器	检 测 结 果
油泵开关	□正常　　□不正常
电位计	□正常　　□不正常
进气温度传感器	□正常　　□不正常
叶片式空气流量传感器维修建议	□继续使用　　□更换

6. 进气压力传感器的检测

(1) 画出进气压力传感器的电路原理图，并分析工作原理。

(2) 进气压力传感器的外观检查。

检 查 项 目	检 查 结 果	维 修 建 议
真空软管是否破裂、漏气	□是　　□否	
真空软管及线束插接器是否正常	□是　　□否	

(3) 进气压力传感器线路检查流程(见图 4.7)。

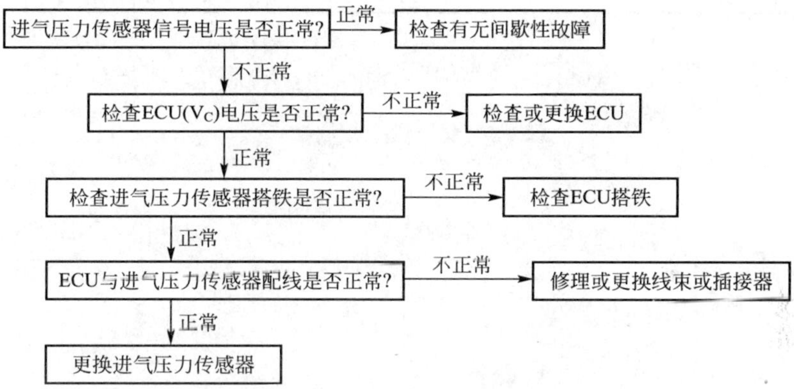

图 4.7　进气压力传感器线路检查流程图

(4) 进气压力传感器电源电压 V_C 的检查。标准电压为 5V，否则检查相关电路。

(5) 通过真空枪给进气压力传感器提供不同的真空度，测量传感器信号电压，填入下表中。

真空度/inHg	进气压力传感器信号电压/V	对应发动机工况
2.5		
5.0		
7.5		
10.0		
12.5		
15.0		

<table>
<tr><td>实训任务操作</td><td colspan="4">(6) 用示波器检测进气压力传感器波形是否正常。
(7) 将检测结果填入下表中。
<table>
<tr><th>进气压力传感器</th><th colspan="2">检 测 结 果</th></tr>
<tr><td>真空软管</td><td>□正常</td><td>□不正常</td></tr>
<tr><td>电源线</td><td>□正常</td><td>□不正常</td></tr>
<tr><td>搭铁线</td><td>□正常</td><td>□不正常</td></tr>
<tr><td>信号线</td><td>□正常</td><td>□不正常</td></tr>
<tr><td>进气压力传感器维修建议</td><td>□继续使用</td><td>□更换</td></tr>
</table></td></tr>
<tr><td rowspan="4">考核结果</td><td>设备使用</td><td>□优秀</td><td>□过关</td><td>□再来一次</td></tr>
<tr><td>技能操作</td><td>□优秀</td><td>□过关</td><td>□再来一次</td></tr>
<tr><td>报告填写</td><td>□优秀</td><td>□过关</td><td>□再来一次</td></tr>
<tr><td>问题回答</td><td>□优秀</td><td>□过关</td><td>□再来一次</td></tr>
<tr><td>成绩</td><td colspan="4"></td></tr>
<tr><td>评语</td><td colspan="3"></td><td>教师签字

日期</td></tr>
</table>

实训5　曲轴位置传感器的检修

<table>
<tr><td>姓　　名</td><td></td><td>学　　号</td><td></td><td>班　　级</td><td></td></tr>
<tr><td>组　　别</td><td></td><td>日　　期</td><td></td><td>学　　时</td><td></td></tr>
<tr><td>实训名称</td><td colspan="5">曲轴位置传感器的检修</td></tr>
<tr><td>实训目标</td><td colspan="5">（1）正确描述曲轴位置传感器的结构与工作原理；
（2）正确描述曲轴位置传感器故障对整个电控系统的影响；
（3）能够正确判断曲轴位置传感器的性能；
（4）能够对曲轴位置传感器电路故障进行检修</td></tr>
<tr><td>设备器材</td><td colspan="5">曲轴位置传感器、万用表、示波器、维修手册</td></tr>
<tr><td>知识与能力储备</td><td colspan="5">1. 曲轴位置传感器的功用是检测发动机曲轴__________和活塞运行位置，并将所检测信号及时送到发动机ECU，用以控制__________正时和喷油，同时也是检测发动机转所速的信号源。
2. 曲轴位置传感器根据产生信号的原理可分为__________、__________和光电式三种。
3. 曲轴位置传感器常见的安装位置有__________、__________、__________或__________内。
4. 曲轴位置传感器通常包括G信号和Ne信号，各是什么意思？

5. 曲轴位置传感器和凸轮轴位置传感器是同一个传感器吗？请加以说明。

6. 画出磁电感应式曲轴位置传感器的工作原理图，阐述其工作原理。

7. 画出霍尔式曲轴位置传感器的工作电路图，阐述曲轴位置传感器的工作原理。

8. 画出光电式曲轴位置传感器的工作电路图，阐述光电式曲轴位置传感器的工作原理。

9. 曲轴位置传感器异常(故障)可能会导致车辆出现哪些故障？</td></tr>
</table>

实训任务操作

一、磁电式曲轴位置传感器的检测

1. 故障现象描述：

客户投诉	发动机不能启动
维修接待员的维修建议	检查曲轴位置传感器及其线路、检查发动机 ECU

2. 故障再现。

启动发动机，再现故障现象并将结果填入表中。

故 障 现 象	该发动机状况	分　　析
发动机不能启动或突然熄火		
发动机运转不均匀，排气管冒黑烟		
发动机动力不足，行驶和加速无力		
发动机过热，排气管放炮		
其他		

3. 初步检查曲轴位置传感器并填写下表：

	检 查 结 论	维 修 建 议
插接器是否连接良好	□是　　□否	
拔出插接器观察，是否有锈蚀、松动	□是　　□否	
线束是否正常	□是　　□否	
曲轴位置传感器外观是否正常	□是　　□否	
曲轴位置传感器的类型		

4. 画出丰田花冠轿车发动机曲轴与凸轮轴位置传感器电路图(见图 5.1)，阐述其工作原理。

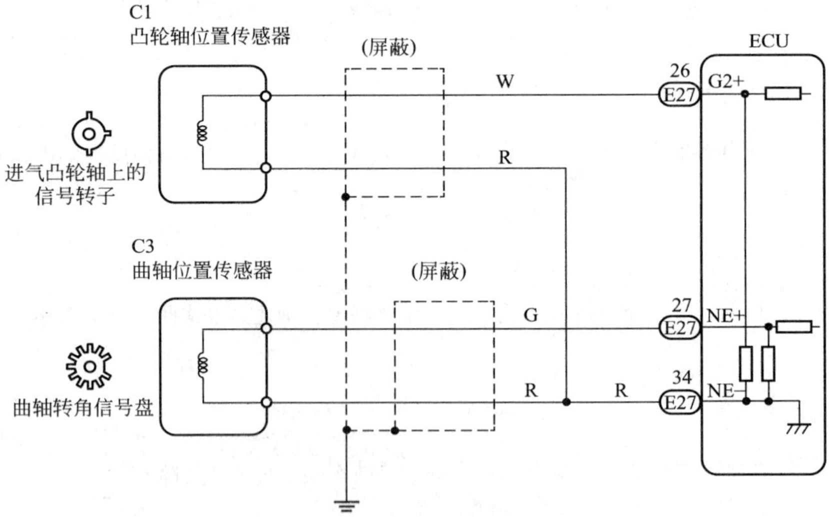

图 5.1　丰田花冠轿车发动机曲轴与凸轮轴位置传感器电路图

5. 制定磁电式曲轴位置传感器检测与更换流程(见图 5.2)。

实训任务操作

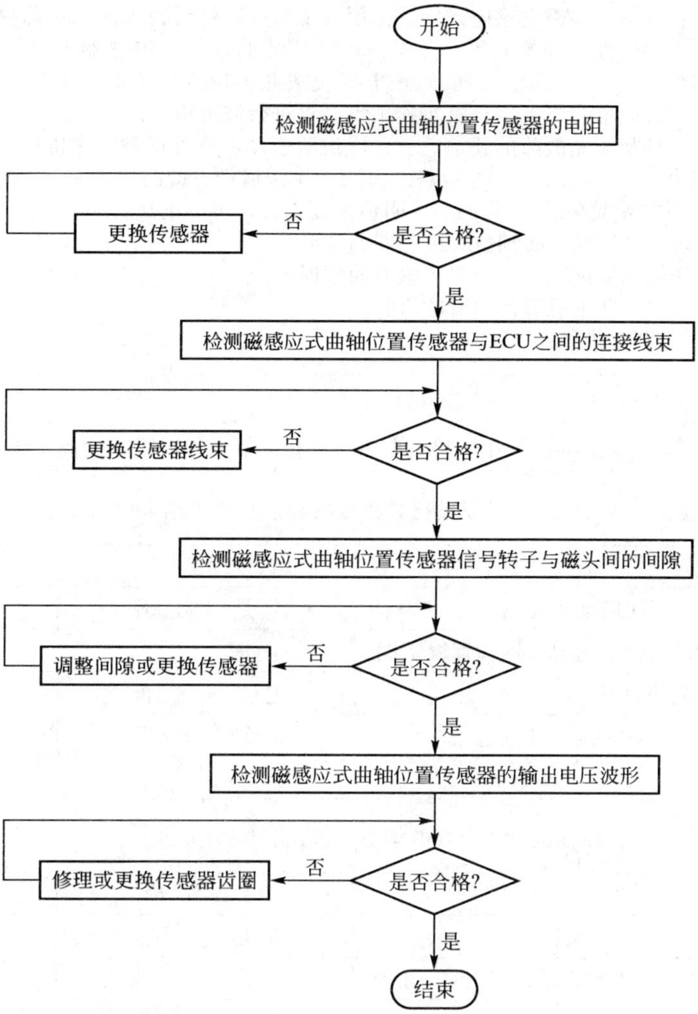

图 5.2 磁电式曲轴位置传感器检测与更换流程

6. 检查曲轴位置传感器触头与转子的气隙是否过小(正常气隙应为 0.8mm 左右)，过小会造成喷油量过少，发动机启动困难。可在触头端部贴上 0.8mm 左右的纸片(塞尺)来查气隙是不是合适。

7. 曲轴位置传感器电阻值的检测。曲轴位置传感器通常为 3 根线，端子 1 和 2 之间为磁感应线圈，电阻值由厂家确定(正常值为 450～1 000Ω 或 800～1 000Ω)。端子 3 为屏蔽线，所以端子 1 和 3 之间，端子 2 和 3 之间的电阻值应为∞。

8. 曲轴位置传感器输入电源电压的检测。关闭点火开关，断开其插接器，打开点火开关，正常的输入电压应为 12V，否则应检查电源电路(重点检查传感器的搭铁线)。

9. 检查曲轴位置传感器的信号。将汽车专用万用表转到交流(AC)挡，按功能键选择“AC”和“Hz”，旋转曲轴，让曲轴位置传感器的铁质齿圈(转子)转动，观察信号的数值和频率，二者应随发动机转速同步增加。如信号的幅值很小，可能是曲轴位置传感器触头和转子气隙过大。

10. 加热法检查曲轴位置传感器的热稳定性。用吹风机的最高挡将传感器加热至接近 60℃，测量曲轴位置传感器的电阻值，看是否正常。

11. 磁电感应式曲轴位置传感器磁性的检查。凡是磁电感应式的凸轮轴位置传感器．曲轴位置传感器、车速传感器、变速器转速传感器、轮速传感器等，如电阻值和输出电压均符合厂家规定，应进一步进行磁性检查。

实训任务操作

提示：现在许多磁电感应式传感器用人工合成磁铁代替天然永久磁铁，人工合成磁铁在受到剧烈撞击后磁性会部分丢失，此时磁电感应式曲轴位置传感器电阻值和输出电压虽然均正常，但实际已经失效退出。相反如磁电感应式曲轴位置传感器电阻值输出电压正常，磁性正常，就说明传感器自身可以正常工作，不必再进行波形检查。

提示：热机断路故障的路边急救。冷机时启动，行驶正常；热机后，曲轴位置传感器、点火器或点火线圈在出现高温时断路或短路，无法启动。此时可用物理方法降温（如用水使外壳降温，但不要弄湿端子），降温后电阻值恢复正常，可以正常启动和行驶。

12. 用示波器检查曲轴位置传感器的波形。

13. 用解码器读取曲轴位置传感器的数据流。

二、霍尔式曲轴位置传感器的检测

1. 故障现象描述：

客户投诉	发动机不能启动
维修接待员的维修建议	检查曲轴位置传感器及其线路、检查发动机 ECU

2. 故障症状再现。启动发动机，再现故障症状并将结果填入表中。

故 障 现 象	该发动机状况	分　　析
发动机不能启动或突然熄火	□是　　□否	
发动机运转不均匀，排气管冒黑烟	□是　　□否	
发动机动力不足，行驶和加速无力	□是　　□否	
发动机过热，排气管放炮	□是　　□否	
其他		

3. 初步检查曲轴位置传感器并填写下表：

	检 查 结 论	维 修 建 议
插接器是否连接良好	□是　　□否	
拔出插接器观察，是否有锈蚀、松动	□是　　□否	
线束是否正常	□是　　□否	
曲轴位置传感器外观是否正常	□是　　□否	
曲轴位置传感器的类型		

4. 画出霍尔式曲轴位置传感器的工作电路（见图 5.3），阐述其工作原理。

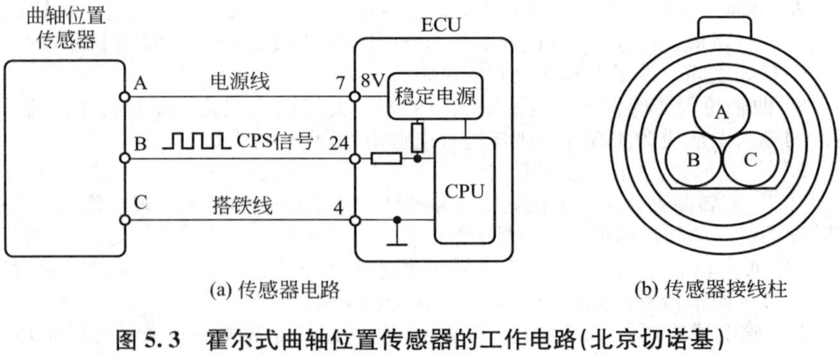

(a) 传感器电路　　(b) 传感器接线柱

图 5.3　霍尔式曲轴位置传感器的工作电路（北京切诺基）

5. 制定检测与更换流程（见图 5.4）。

实训任务操作

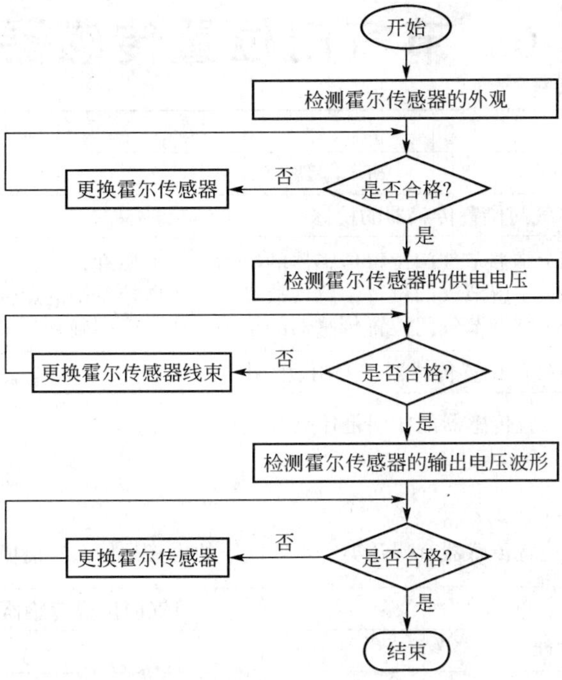

图 5.4　霍尔式曲轴位置传感器检测与更换流程图

6. 检查曲轴位置传感器的电源电压。接通点火开关，测量曲轴位置传感器电源电压(图 5.3 中端子 A 与 C)。标准电压值为 8V，否则应检查 ECU 与传感器之间的连接线路。

7. 检查曲轴位置传感器的信号电压。接通点火开关，启动发动机并使其怠速运转，测量端子 B 与 C 之间的电压，标准电压值应在 0.3～5V 范围内变化。否则，应进一步检查传感器的电源电压及传感器与 ECU 之间导线的连接情况。也可在端子 B 与 C 之间串联一只发光二极管(正极连接 B 端子)和一只 330Ω 电阻。发动机正常运转时，发光二极管应当间歇闪亮；否则，应进一步检查传感器的电源电压及传感器与 ECU 之间导线的连接情况。

8. 检查传感器的连接线束。测量传感器与 ECU 之间的连接线路，正常情况下其阻值应小于 0.5Ω。如果阻值为无穷大，说明线路断路，应更换线束。

9. 检测同步信号发生器。测试传感器三个接线柱 A、B、C 之间的电压值(测试时不要将分电器上的插接器拆下)。若传感器正常，接通点火开关(ON)时接线柱 A、C 间的电压值约为 8V。拆下分电器盖，转动发动机曲轴，使脉冲环进入同步信号发生器，这时接线柱 B、C 间的电压值大约为 5V；如继续转动，电压应在 0～5V 范围内来回变化。若测试结果与上述不符，则应进一步检查传感器导线连接情况。若传感器导线连接正常，应更换同步信号传感器。

10. 检测霍尔式曲轴位置传感器的输出电压波形。若检测到的信号波形异常或无信号说明传感器损坏，应更换。

考核结果	设备使用	□优秀	□过关	□再来一次
	技能操作	□优秀	□过关	□再来一次
	报告填写	□优秀	□过关	□再来一次
	问题回答	□优秀	□过关	□再来一次
成绩				
评语				教师签字 日期

实训 6　节气门位置传感器的检修

姓　　名		学　　号		日　　期	
组　　别		班　　级		学　　时	
实训名称	节气门位置传感器的检修				
实训目标	(1) 掌握节气门位置传感器的结构与工作原理； (2) 了解节气门位置传感器故障对整个电控系统的影响； (3) 掌握节气门位置传感器的检测方法，能准确判断节气门位置传感器的性能				
设备器材	节气门位置传感器、万用表、电控发动机				

知识与能力储备

1. 节气门位置传感器的作用是什么？

2. 节气门位置传感器有哪几类？主要端子的含义是什么？请填写下表。

分 类 标 准	节气门位置传感器的类型
根据输出特性	
根据接线端子数	
根据工作原理	
根据导通元件	

3. 电位计又称为分压器。电位计有三个接线端子（或三根引线）。一个端子接__________，第二个端子接__________，第三个端子接__________。从滑动触头引线端引出分配电压即信号电压。如图 6.1 所示，电位计最高输出电压是__________，最低输出电压是__________，从(a)到(d)输出电压依次为__________。请用欧姆定律解释。

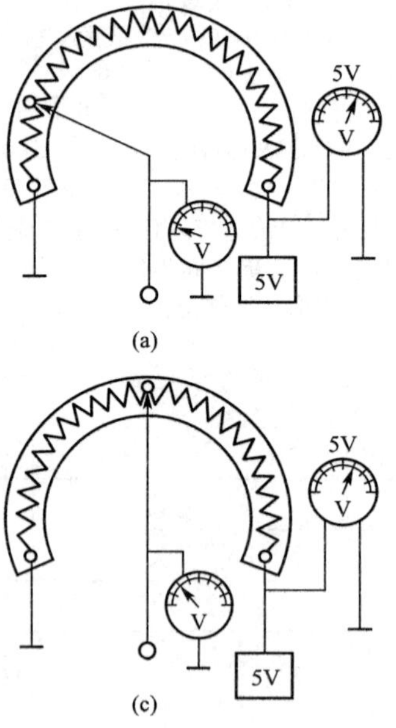

图 6.1　电位计

知识与能力储备

4. 画出触点式节气门位置传感器的原理示意图，阐述其工作原理。

5. 画出线性节气门位置传感器的工作原理示意图(见图 6.2)，阐述其工作原理。

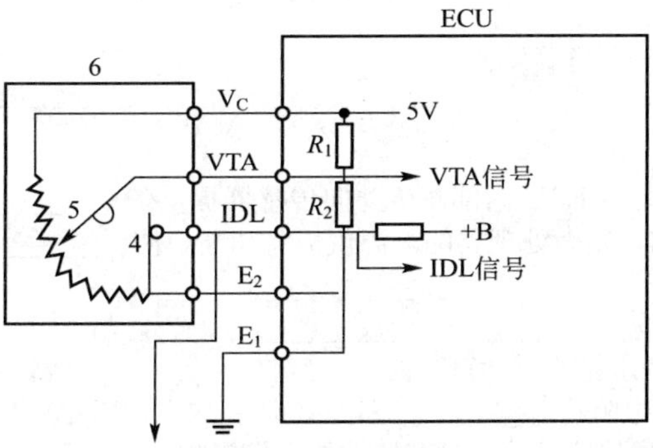

图6.2　线性节气门位置传感器工作原理示意图

6. 画出霍尔式节气门位置传感器的工作原理示意图，阐述其工作原理。

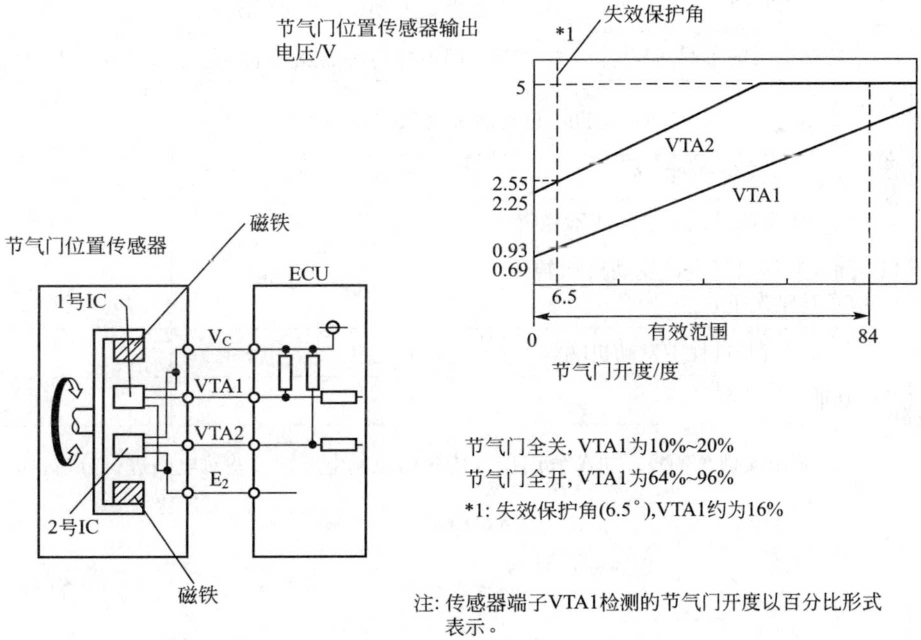

图 6.3　霍尔式节气门位置传感器的工作原理示意图

知识与能力储备

7. 请将节气门位置传感器各端子的符号与含义填入下表。

端子缩写	端子名称	备　注
V_C		
VTA		
TPS		
IDL		
PSW		
E_2		
E_1		

8. 填空：

(1) V_C 端子是由 ECU 内部产生并向传感器提供的__________电压，常称为 V_C 电压端子。如果 V_C 电路短路，则微处理器的电源供应将切断，使__________停止工作，造成发动机失速。

(2) TPS 端子是______________________________。

(3) E_2 端子是______________________________，与 ECU 内部电路的 E_1 端子相连。

(4) 若节气门开度增大，TPS 信号电压将__________(线性增加、减小、不变)，TPS 端子与 E_2 端子之间的电阻将__________(线性增加、减小、不变)。

9. 节气门位置传感器故障对车辆性能有何影响？

实训任务操作

1. 故障现象描述：

客户投诉	发动机无力，发动机故障指示灯点亮
维修接待员的维修建议	检查节气门位置传感器及其电路，检查发动机 ECU

2. 再现故障。启动发动机，再现故障现象并将结果填入表中。

故障现象	该发动机状况	分　析
发动机怠速过低、过高或不稳定	□是　□否	
加大节气门开度，发动机运转无力(有负荷情况下)	□是　□否	
节气门打开过程中发动机喘震	□是　□否	
其他		

3. 画出实训车辆发动机节气门位置传感器控制电路图，并对电路进行分析。

实训任务操作

4. 制定维修流程图(见图 6.4 和图 6.5)

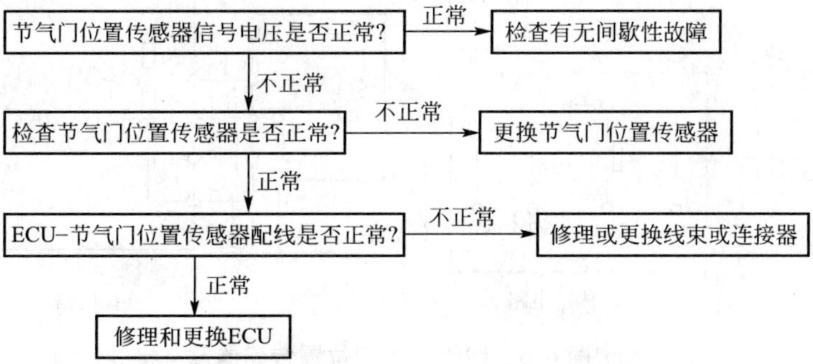

图 6.4　节气门位置传感器检修流程图

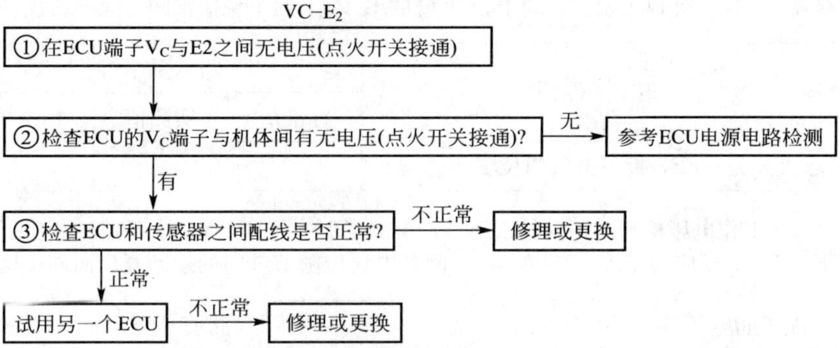

图 6.5　节气门位置传感器 $V_C - E_2$ 检修流程图

5. 节气门位置传感器外观检测(填入下表中)

检 查 项 目	检 测 结 果	分　析
线束插接器是否连接良好	□是　□否	
线束插接器是否锈蚀、松动	□是　□否	
传感器外壳是否损坏	□是　□否	
节气门位置传感器的类型		

6. 线性节气门位置传感器的检修。请参照图 6.6 进行下列检测。

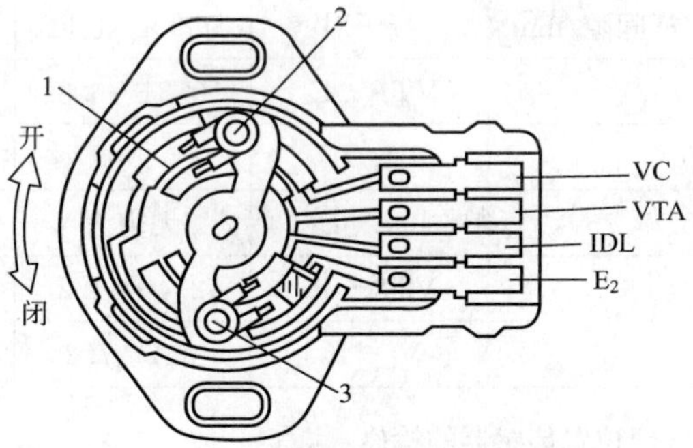

(a) 结构图

图 6.6　线性节气门位置传感器及其接线

实训任务操作

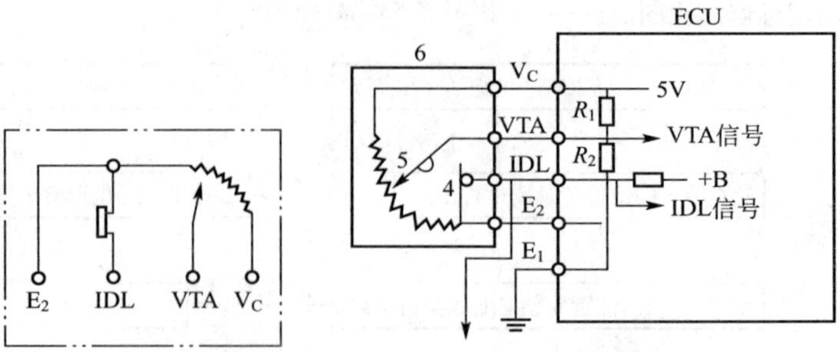

(b) 内部电路　　(c) 与ECU的连接电路

图 6.6　线性节气门位置传感器及其接线(续)

(1) 搭铁电路检测。断开点火开关，拆下传感器插接器，然后检查节气门位置传感器线束插接器 E_2 端子到 ECU 的 E_2 端子、ECU 的 E_1 端子到车身搭铁间，应导通良好。

条　　件	E_2 - E_2 间电阻		E_1 -接地间电阻	
	标准值	实测值	标准值	实测值
点火开关 OFF，拆下节气门位置传感器				

(2) 工作电压检测。正常情况下 V_C 与 E_2 间的电压及 V_C 与 E_1 间的电压均应为 5V，IDL 与 E_2 间的电压应为 12V。VTA 与 E_2 间的电压应随节气门的逐渐开启而同步增大。

端子间电压/V	标准值/V	实测值/V	维修建议
V_C - E_2			
V_C - E_1			
IDL - E_2			
VTA - E_2			

问题：V_C 与 E_2 之间的电压如过高，应重点检查__________是否有故障。相反 V_C 与 E_2 之间的电压正常，说明 ECU 正常。V_C 与 E_1 之间的电压正常，说明 ECU 搭铁正常；相反 V_C 与 E_1 之间的电压如过高，说明 ECU 搭铁不良。

(3) 传感器电阻值检查。在节气门限位螺钉和限位杆之间插进塞尺，检查各端子之间的电阻，应符合下表要求，否则应更换节气门位置传感器。

限位螺钉与限位杆间隙/mm	端子对	标准电阻/kΩ	实测电阻/kΩ	维修建议
0	VTA - E_2	0.34～6.3		
0.45	IDL - E_2	0.5 或更小		
0.55	IDL - E_2	无穷大		
节气门全开	VTA - E_2	2.4～11.2		
—	V_C - E_2	3.1～7.2		

7. 开关式节气门位置传感器的检修：

(1) 搭铁电路检查。断开点火开关，拆下传感器插接器，测量线束插接器 E_1 端子与车身之间的电阻，其电阻值应为 0，否则应检查 ECU 的 E_1 端子与搭铁部位之间是否导通。

实训任务操作

(2) 工作电压检查。接通点火开关，检测线束插接器另外两个端子与车身之间的电压。电路正常时应有 12V 左右的电压，若没有电压，则说明传感器的电源线路有故障。此时应检测传感器电源线、ECU 电源线、主继电器及熔断器等。

(3) 导通情况检查。在节气门限位螺钉与限位杆之间插入规定厚度的塞尺，检查各端子之间的导通情况，应符合下表要求，否则应更换节气门位置传感器。

限位螺钉与限位杆间的间隙	各端子间导通情况		
	IDL－E_1	PSW－E_1	IDL－PSW
0.5mm	通	不通	不通
0.9mm	不通	不通	不通
节气门全开	不通	通	不通

8. 节气门位置传感器波形的检测与分析。

9. 节气门位置传感器数据流的读取与分析。

10. 分析节气门位置传感器失效保护。

11. 分析节气门位置传感器的匹配。

考核结果				
	设备使用	□优秀	□过关	□再来一次
	技能操作	□优秀	□过关	□再来一次
	报告填写	□优秀	□过关	□再来一次
	问题回答	□优秀	□过关	□再来一次
成绩				
评语				教师签字 日期

实训7　冷却液温度传感器与进气温度传感器的检修

姓　名		学　号		日　期	
组　别		班　级		学　时	

实训名称	冷却液温度传感器与进气温度传感器的检修
实训目标	(1) 掌握冷却液温度传感器、进气温度传感器的结构与工作原理； (2) 掌握冷却液温度传感器、进气温度传感器故障对整个电控系统的影响； (3) 掌握冷却液温度传感器、进气温度传感器的检测方法，能正确判断其性能
设备器材	冷却液温度传感器、进气温度传感器、万用表、温度计

知识与能力储备

1. 发动机冷却液温度传感器(又称水温传感器)用来检测__________温度并将冷却液温度信号转变成__________信号输送给发动机ECU，作为喷油、点火正时、怠速和尾气排放的重要修正信号。请将冷却液温度传感器的具体作用填入下表中。

序　号	作　　用	作 用 详 解
1		
2		
3		
4		
5		
6		

2. 进气温度传感器用来检测__________温度，并将进气温度信号转变成__________信号输送给发动机ECU，作为喷油、点火正时、怠速和尾气排放的重要修正信号。

3. 冷却液温度传感器安装在发动机的冷却水通路上，常见安装位置有出水口、水套等处。某些老式电控发动机可能装有三个冷却液温度传感器，作用是控制散热器风扇、向发动机ECU传递水温信号、向仪表盘的水温表传递水温信号。在现代发动机上通常只有一个冷却液温度传感器，原因是______________________________。请将常见车型冷却液温度传感器的安装位置填入下表中。

冷却液温度传感器的安装位置	汽车或发动机名称

4. 进气温度传感器常见的安装位置有三处，请填入下表中。

序号	进气温度传感器的安装位置	汽车或发动机名称
1		丰田威驰
2		本田雅阁
3		捷达王

知识与能力储备

5. 画出冷却液温度传感器的电路图，阐述其工作原理。

6. 画出进气温度传感器的电路图，阐述其工作原理。

7. 冷却液温度传感器常见故障型式有哪些？信号异常对发动机性能有何影响？

8. 进气温度传感器常见故障型式有哪些？信号异常对发动机性能有何影响？

实训任务操作

一、冷却液温度传感器的检测

1. 故障现象描述：

客户投诉	发动机冷机启动困难，发动机故障指示灯点亮
维修接待员维修意见	检查冷却液温度传感器及其电路、检查发动机 ECU

2. 故障再现。启动发动机，再现故障症状，并记录在下表中。

故 障 现 象	有或无	分　　析
发动机冷机启动困难或无法启动	□是　　□否	
发动机热机启动困难或无法启动	□是　　□否	
发动机排气管冒黑烟	□是　　□否	
发动机怠速过低	□是　　□否	
发动机怠速过高	□是　　□否	
其他		

3. 制定冷却液温度传感器检修流程(见图 7.1)。

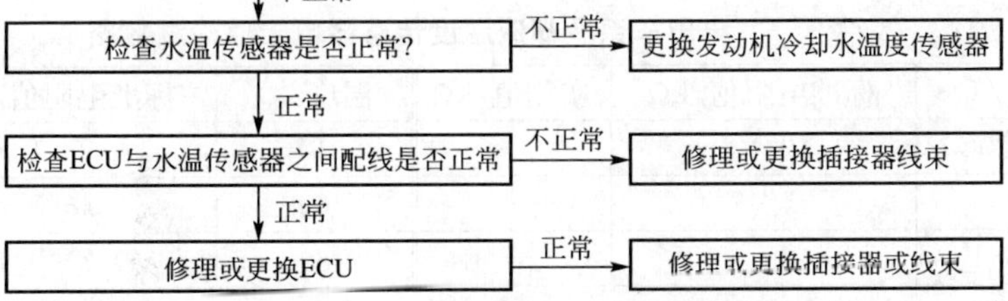

图 7.1　冷却液温度传感器的检修程序

实训任务操作

4. 冷却液温度传感器的外观检查(填入下表中)。

检查项目及部位	检 查 结 果	维 修 建 议
线束插接器是否连接良好	□是　□否	
拔出线束插接器观察是否有锈蚀、松动	□是　□否	
是否有冷却液泄漏	□是　□否	
其他		

5. 冷却液温度传感器的电源电压检查。拆下冷却液温度传感器的插接器，接通点火开关，测量线束端插接器上两端子之间的电压。正常情况下，该电压值应为 5V；若电压值不正常，则应检查线路及 ECU(见图 7.2)。

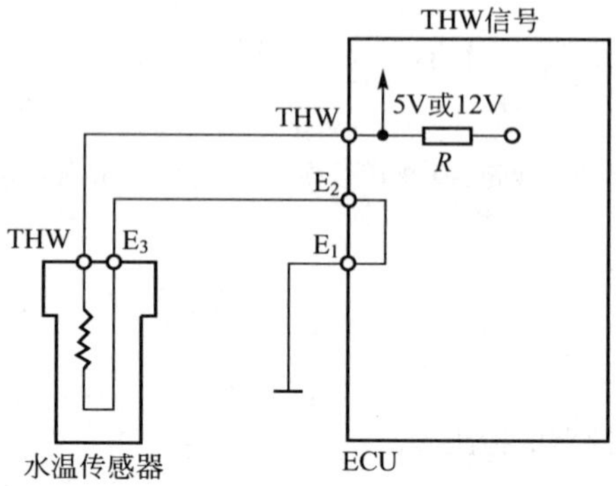

图 7.2　冷却液温度传感器电路

6. 冷却液温度传感器的信号电压检查。连接好冷却液温度传感器的插接器，接通点火开关，测量传感器两端子之间的电压。水温为 80℃时，该电压值应为 0.2～1.0V。

7. 冷却液温度传感器的工作特性(电阻值)检查。拆下冷却液温度传感器，按图 7.3 所示方法对水加热，测量不同水温下冷却液温度传感器的电阻值，将其与标准值对比，即可判定其是否正常，请填入下表。

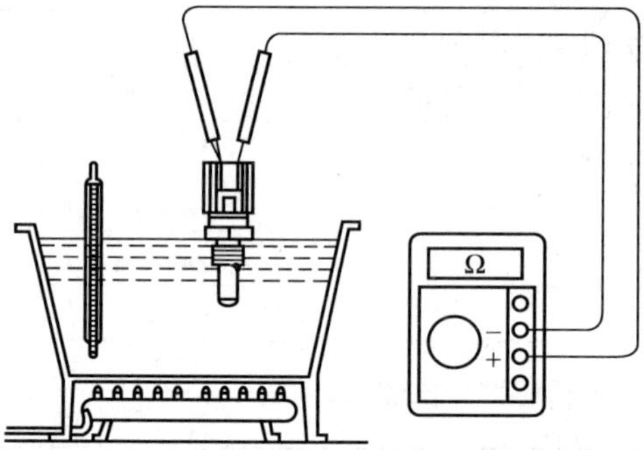

图 7.3　冷却液温度传感器电阻值检测示意图

丰田车系冷却液温度传感器电阻值检测数据

温度/℃	标准电阻值/kΩ	实测值/kΩ	温度/℃	标准电阻值/kΩ	实测值/kΩ
−20	10～20		40	0.9～1.3	
0	4～7		60	0.4～0.7	
20	2～3		80	0.2～0.4	
结论					

实训任务操作

桑塔纳2000GLi、GSi型轿车冷却液温度传感器电阻值检测数据

温度/℃	标准电阻值/kΩ	实测值/kΩ	温度/℃	标准电阻值/kΩ	实测值/kΩ
－20	14～20		50	0.72～1.0	
0	5～6.5		60	0.53～0.65	
10	3.3～4.2		70	0.38～0.48	
20	3.3～4.2		80	0.28～0.35	
30	1.4～1.9		90	0.21～0.28	
40	1.0～1.4		100	0.17～0.20	
结论					

8. 读取数据流。如数据流显示发动机冷却液温度为141℃，说明CTS搭铁线短路；如数据流显示发动机冷却液温度为－40℃，说明CTS正极断路。如数据流显示发动机冷却液温度和实测温度相差很大时，须检查CTS的电阻值。

9. 冷却液温度传感器失效保护检验。

二、进气温度传感器的检修

方法同冷却液温度传感器。请在不同温度下检测进气温度传感器的电阻值变化，填入下表中。

温度/℃	标准电阻值/kΩ	实测电阻值/kΩ	温度/℃	标准电阻值/kΩ	实测电阻值/kΩ
－20	10～20		40	0.9～1.3	
0	4～7		60	0.4～0.7	
20	2～3		80	0.2～0.4	
结论					

考核结果				
	设备使用	□优秀	□过关	□再来一次
	技能操作	□优秀	□过关	□再来一次
	报告填写	□优秀	□过关	□再来一次
	问题回答	□优秀	□过关	□再来一次
成绩				
评语				教师签字 日期

实训 8　氧传感器的检修

姓　名		学　号		日　期	
组　别		班　级		学　时	
实训名称	氧传感器的检测与维修				
实训目标	(1) 能够叙述氧传感器的作用及种类； (2) 能解释电控燃油喷射(EFI)闭环控制回路； (3) 正确检测氧传感器的波形，并根据检测波形判断氧传感器的好坏				
设备器材	加热型氧传感器、万用表、示波器、常用拆装工具				

知识与能力储备

1. 氧传感器的安装位置。氧传感器多数在________中，但是安装位置和安装数量随发动机的不同而不同。老款汽车上，只在________安装了 1 个氧化传感器，新款汽车上安装了 2 个氧传感器，一个在________，一个在________。

2. 三元催化装置需要氧传感器

(1) 三元催化装置，只有在混合汽空燃比的理论值附近时才能收到理想的净化效果。一旦空燃比偏离理论数值，那么催化剂对废气的净化能力将急剧下降。

(2) 氧传感器就是用来检测排气中的________浓度，发动机 ECU 根据氧传感器传来的电压信号，判断混合气的________。然后对________进行修正，从而使空气空燃比始终保持在________附近，最终达到理想的排气净化效果。

3. 常见的氧传感器有________和________两种：

(1) 氧化锆式的氧传感器内含有一个用陶瓷材料二氧化锆(ZrO_2)制成的元件。此元件的内侧和外侧都包含着一层铂。排气管外面的________被引导至传感器的内侧，传感器的外侧则直接与排气管内的________接触。

(2) 氧传感器是如何工作的(见图 8.1)？

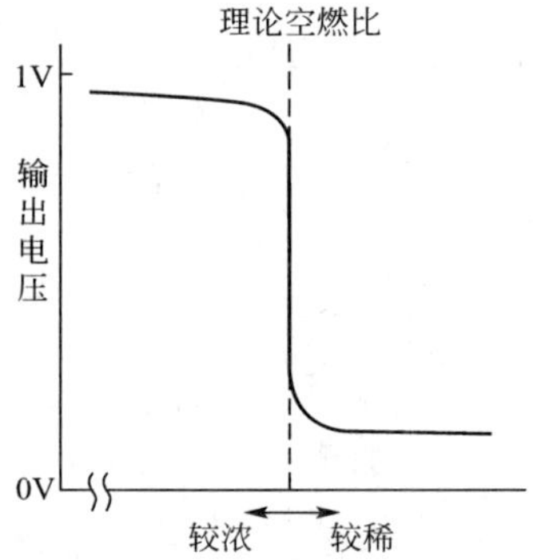

图 8.1　氧传感器输出特性

当空气-燃油混合气体较稀时，废气中的氧气________。因此传感器内、外氧气浓度的差别相对________，传感器产生的电压________。相反，当空气-燃油混合气较浓时，废气中的氧气________。这时，传感器内、外侧的氧气浓度差________，传感器就产生________的电压。发动机 ECU 根据传感器输出的电压信号，来控制燃油喷射量，使燃油混合气的空燃比保持在________附近。

(3) 二氧化钛氧传感器的________能随着混合气体的空燃比的变化而改变。当混和气体较浓时，废气中的氧气________，________值变小；反之，________值变大(见图 8.2)。

知识与能力储备

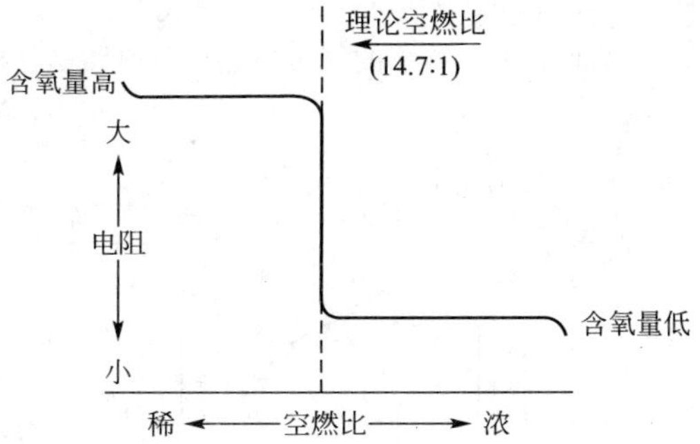

图 8.2　空燃比与二氧化钛式氧传感器电阻的关系

4. 下面哪些故障现象是氧传感器失效导致的？

□油耗过高　　□尾气排放超过国家标准　　□发动机加速无力　　□发动机怠速过高

5. 当氧传感器失效时，如何控制混合气的浓度？

6. 试分析带加热电阻的氧传感器电路(图 8.3)(以丰田威驰 2SZ－FE 发动机氧传感器为例)。

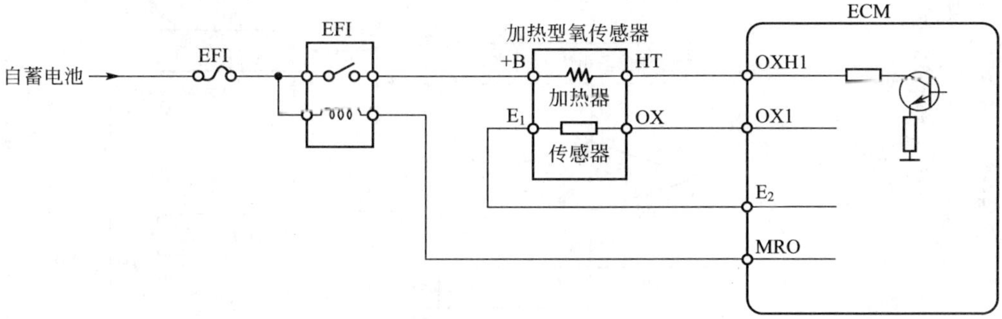

图 8.3　丰田威驰 2SZ－FE 发动机氧传感器电路

(1) ＿＿＿＿＿给氧传感器的加热器提供电源，氧传感器的信号端子是＿＿＿＿＿，

(2) 常见的带加热器的氧传感器有 3 根导线和 4 根导线两种，这两种传感器的搭铁方式是否相同？

实训任务实施

1. 就车检查氧传感器的外观

<table>
<tr><th colspan="2">检查内容</th><th>结果记录</th><th>分析</th></tr>
<tr><td colspan="2">氧传感器的安装位置</td><td></td><td></td></tr>
<tr><td colspan="2">氧传感器的类型</td><td></td><td></td></tr>
<tr><td colspan="2">氧传感器有几根导线</td><td></td><td></td></tr>
<tr><td rowspan="3">氧传感器的外观目检</td><td>插接器是否连接良好</td><td>□是　□否</td><td rowspan="3"></td></tr>
<tr><td>拔出插接器观察是否有锈蚀、松动</td><td>□是　□否</td></tr>
<tr><td>传感器外壳是否损坏</td><td>□是　□否</td></tr>
</table>

实训任务实施

2. 检查氧传感器加热电阻及其电路。

(1) 对照图 8.4，说明有加热线圈的氧传感器控制电路是怎样控制加热电阻工作的？

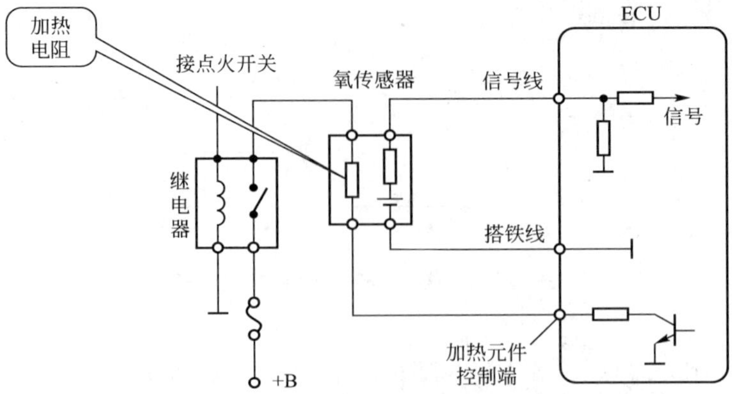

图 8.4　氧传感器加热电阻控制图

(2) 按照流程图(见图 8.5)对氧传感器加热电阻及其电路进行检查，将检查结果填写在下表中。

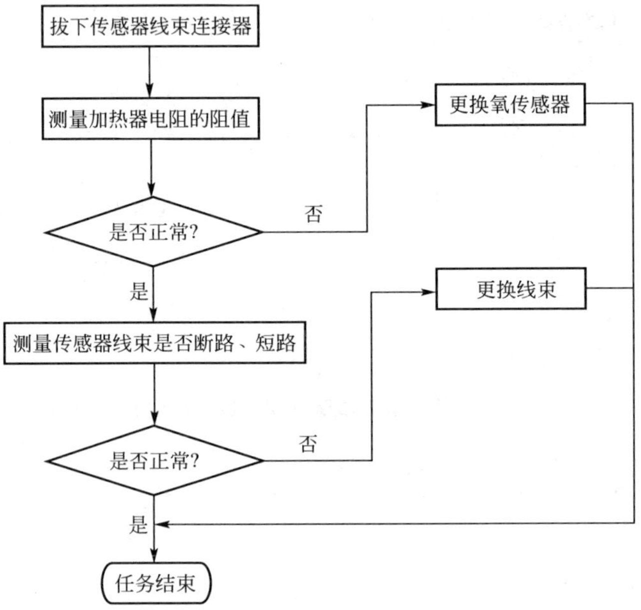

图 8.5　氧传感器检查流程图

检测内容		标准值	测量值	是否正常
加热电阻				□是　□否
加热电阻与 ECU 之间导线的电阻	断路检查			□是　□否
	短路检查			□是　□否
加热电阻与 EFI 继电器之间导线的阻值	断路检查			□是　□否
	短路检查			□是　□否
EFI 继电器的检查				

实训任务实施

(3) 氧传感器的加热电阻是否正常?

3. 检查氧传感器及其电路:

(1) 利用氧传感器的阻抗特性检查氧传感器。正常情况下,暖机时,氧传感器的电阻约为300kΩ左右;非暖机状态下其电阻为无穷大。

① 画出氧传感器的控制电路。

② 氧传感器电阻检测结果:

检 测 状 态	氧传感器的电阻/Ω	是 否 正 常
暖机		□是 □否
冷态		□是 □否
综合判断	□是 □否	

(2) 利用氧传感器的反馈电压检查氧传感器,按图 8.6 所示流程图进行。

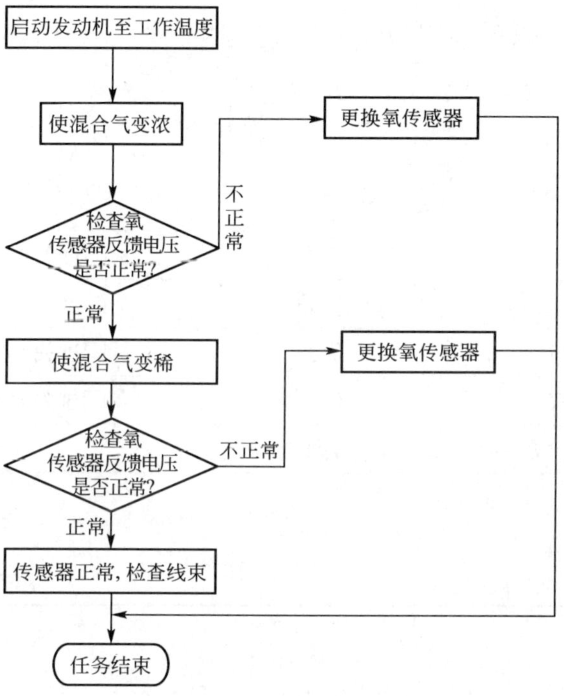

图 8.6 氧传感器检查流程图

① 启动发动机后,以转速 2 500r/min 运行 120s,达到正常温度。改变空气-燃油混合气的浓度,检查氧传感器的反馈电压。将结果填在下表中。

<table>
<tr><td rowspan="1">实训任务实施</td><td colspan="4">

检测内容	标准值	测量值	是否正常
混合气稀时，氧传感器的反馈电压			□是　□否
混合气浓时，氧传感器的反馈电压			□是　□否

② 如果检测到得反馈电压为负值，可能是什么原因引起的？

③ 采用什么方法可以使混合气变浓或变稀？

4. 用诊断测试设备的示波器检测氧传感器的波形：

(1) 发动机转速为 1 000r/min，用示波器记录氧传感器上下跳动的波形。

(2) 发动机转速为 2 500r/min，用示波器记录氧传感器上下跳动的波形。随着发动机转速的升高，氧传感器信号变化的频率__________。

5. 整理工具设备，清洁场地
</td></tr>
<tr><td rowspan="4">考核结果</td><td>设备使用</td><td>□优秀</td><td>□过关</td><td>□再来一次</td></tr>
<tr><td>技能操作</td><td>□优秀</td><td>□过关</td><td>□再来一次</td></tr>
<tr><td>报告填写</td><td>□优秀</td><td>□过关</td><td>□再来一次</td></tr>
<tr><td>问题回答</td><td>□优秀</td><td>□过关</td><td>□再来一次</td></tr>
<tr><td>成绩</td><td colspan="4"></td></tr>
<tr><td>评语</td><td colspan="3"></td><td>教师签字

日期</td></tr>
</table>

实训9　电控点火系统的检修

姓　名		学　号		日　期	
组　别		班　级		学　时	4
实训名称	电控点火系统的检修				
实训目标	(1) 能够叙述电控点火系统的组成及工作原理； (2) 正确检查电控点火系统各组成元件及IGT、IGF、G信号的波形； (3) 能够按计划排查电控点火系统的故障； (4) 能够按计划检查和调整电子/电控点火提前角				
设备器材	电控发动机(或汽车)及维修资料、数字万用表、点火正时灯、示波器、解码器、连接线、扭力扳手、火花塞套筒、常用拆装工具、厚薄规、螺钉旋具(螺丝刀)				

知识与能力储备

1. 传统触点式点火系统的组成与工作原理。回忆传统触点式点火系统的组成，填写表9-1，完成并填写表9-2。

表9-1　点火系元器件名称

元器件代号	名　称	安装位置
1	蓄电池	发动机舱左前
2		
3		
4		
5		
6		
7		

表9-2　传统点火系统

步骤	操作内容	完成情况
(1)	将传统触点式点火系统各元件用导线连接起来	□
(2)	打开点火开关，转动分电器轴，观察火花塞是否有火花	□
(3)	断开点火开关与点火线圈之间的导线，重复步骤3，观察火花塞是否有火花	□
(4)	断开点火线圈与分电器之间的导线，重复步骤3，观察火花塞是否有火花	□
(5)	拆下分电器上的中央高压线，让中央高压线直接连接一个火花塞，打开分电器盖	□

2. 电子管点火系统由哪些元器件组成？与传统点火系统有什么不同？

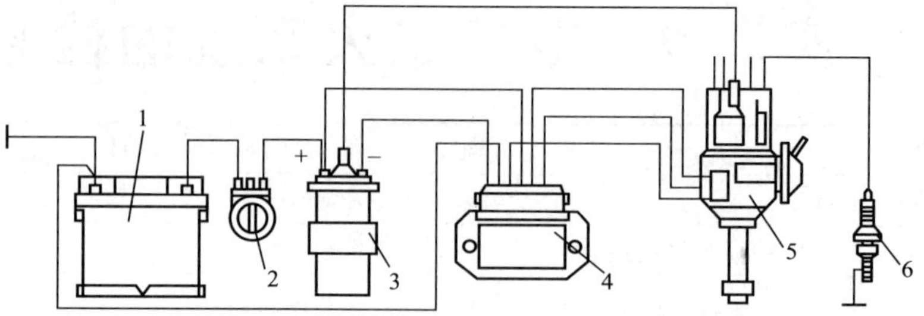

图 9.1　电子点火系

(1) 根据图 9.1 填写表 9-3。

表 9-3　电子点火系组成

元器件代号	名　称	安装位置
1	蓄电池	发动机舱左前
2		
3		
4		
5		
6		

(2) 电子点火系统的点火正时控制装置与传统触点式点火系统相同，不同的是电子点火系统用__________取代了传统点火系中的触点，根据信号发生器产生的电信号来控制点火线圈初级电流的通断。

(3) 电子管点火系统中的信号发生器的工作原理及结构类似于凸轮轴位置传感器，常用的类型有__________、__________和光电式三种，其中前两种应用更广泛。

3. 有分电器电控点火系统。

(1) 根据图 9.2 填写表格 9-4。

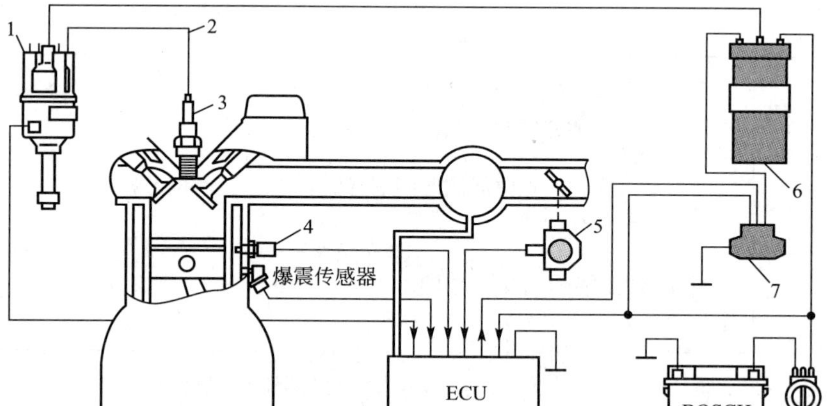

图 9.2　有分电器电控点火系统

知识与能力储备

表 9-4 有分电器电控点火系统

元器件代号	名 称	安装位置
1	分电器	排气凸轮轴末端
2		
3		
4		
5		
6		
7		
8	点火开关	
9		

(2) 有分电器电控点火系统是在晶体管点火系统的基础上，根据各传感器传来的信号，通过发动机__________控制点火正时和初级电流的通电时间，即增加了电控点火提前(ESA)功能，取消了离心式、真空式点火提前装置。

(3) 有些有分电器电控点火系统的点火线圈、点火器、分电器完全分开安装；有些点火线圈安装在分电器内，点火器安装在分电器外；有些点火线圈、点火器均安装在分电器内。

4. 无分电器电控点火系统。

(1) 双缸同时点火方式。

① 根据图 9.3，填写表 9-5。

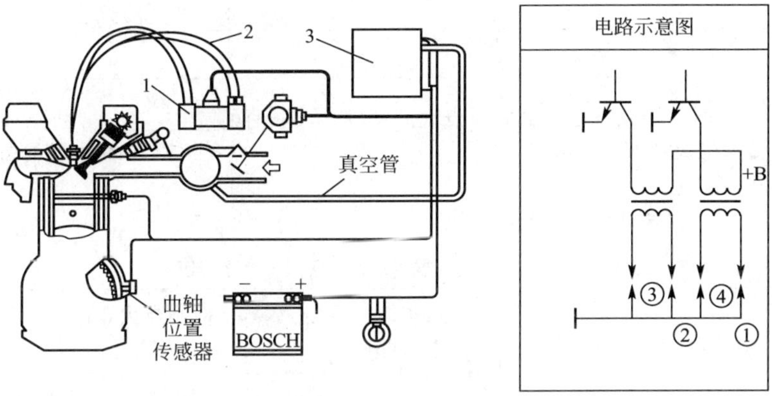

图 9.3 双缸同时点火的无分电器电控点火系统

表 9-5 双缸同时点火无分电器电控点火系统组成及位置

元器件代号	名 称	安装位置
1		
2		
3		

② 这种点火系统是在分电器电控点火系统的基础上，取消了__________，将点火线圈产生的高压电通过__________直接传递给火花塞。一般是__________个汽缸共用一个点火线圈，即一个点火线圈分别与__________个火花塞相连。

知识与能力储备

③ 这种点火系统的火花塞在__________行程点火一次，__________再点火一次。

(2) 单独点火方式。

① 根据图 9.4，填写表 9－6。

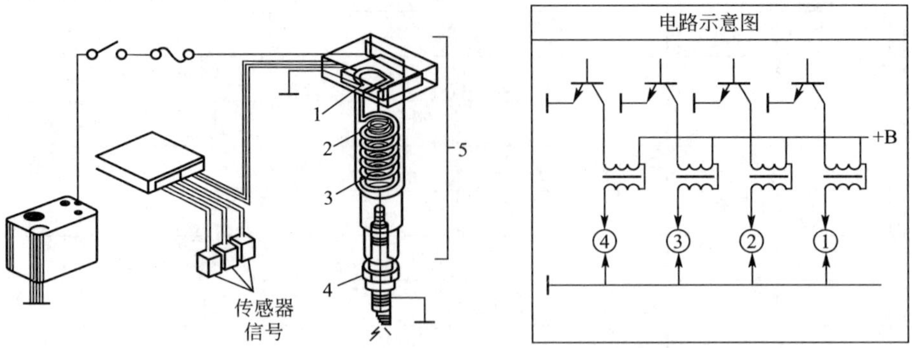

图 9.4 单独点火的无分电器电控点火系统

表 9－6 单独点火系统

元器件代号	名　　称	安 装 位 置
1		
2		
3		
4		
5		

② 这种点火系统是双缸同时点火的基础上，取消了__________，将点火线圈产生的高压电直接传递给火花塞。一般是__________个汽缸用一个点火线圈，即一个点火线圈与__________个火花塞相连。

5. 试对比几种点火系统的区别，填入表 9－7 中。

表 9－7 点火系统比较

系 统 名 称	控制初级电流通断部件	控制点火正时部件	分配高压电部件
传统点火系统	触点	分电器凸轮、离心提前、真空提前装置	分电器
晶体管点火系统			
有分电器电控点火统			
无分电器双缸同时点火系			
无分电器单独点火系			

6. 电控点火系统的组成：

(1) 在汽车上找到电控点火系统的电子控制单元(ECU)、点火器、分电器、火花塞、高压线、熔断器等组成元件。

(2) 参照图 9.5，描述电控点火系统的控制过程。

知识与能力储备

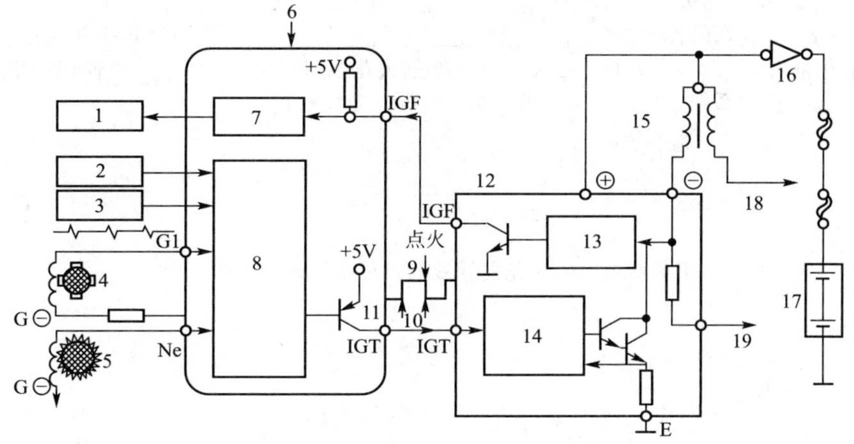

图 9.5　有分电器电控点火系统控制原理图

有分电器式电控点火系统的控制过程：

7. 电控点火系的点火线圈。

(1) 如图 9.6 所示，写出（a）～（b）分别属于哪种点火系统所用点火线圈？

(a)________________、(b)________________、(c)________________、(d)________________

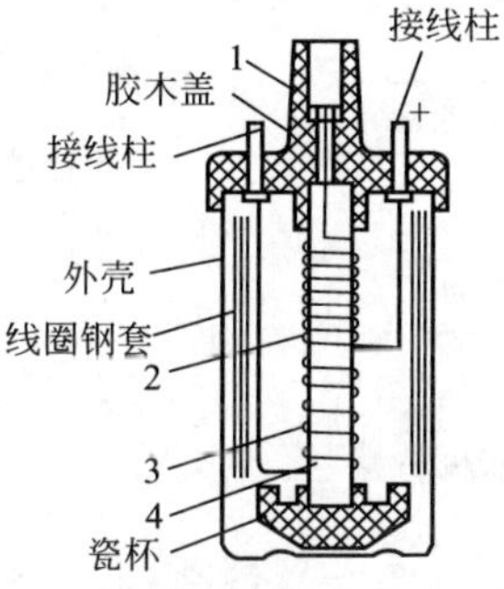

(a) 系统点火系统用点火线圈

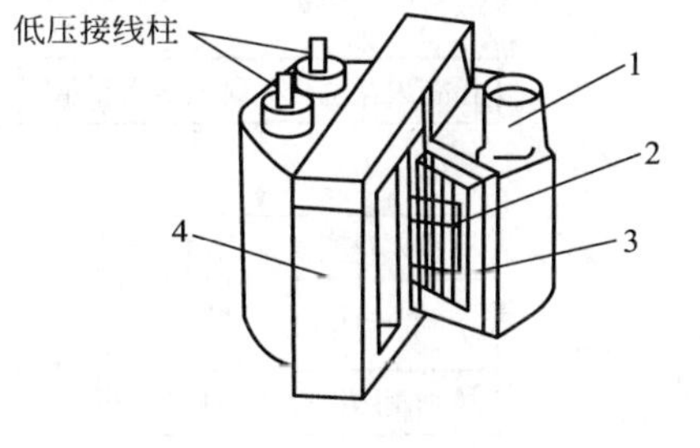

(b) 有分电器式电控点火系统用点火线圈

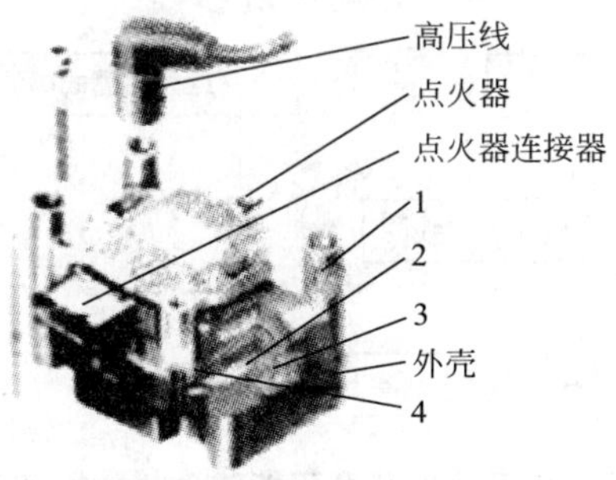

(c) 双缸同时点火电控点火系统用点火线圈

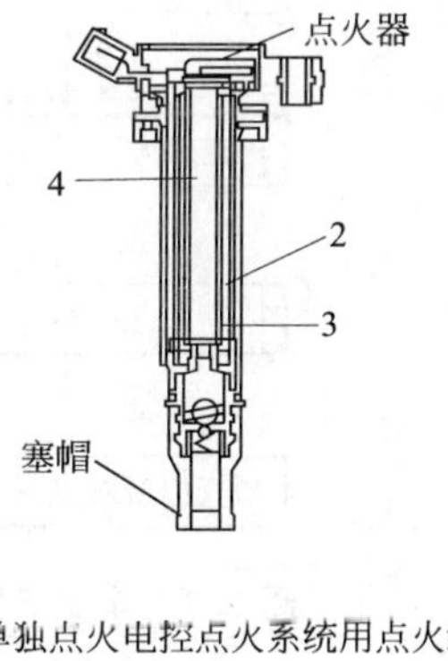

(d) 单独点火电控点火系统用点火线圈

图 9.6　点火系统用到的各种点火线圈的结构

<table>
<tr>
<td>知识与能力储备</td>
<td>
(2) 电控点火系统采用采用__________(闭磁路/开磁路)的点火线圈。
8. 火花塞的作用是______________________________。普通火花塞间隙是__________，使用寿命约__________；白金、依金火花塞的火花塞间隙是__________，使用寿命约__________。
9. 点火系统常见故障有哪两大类?
10. 由于火花塞不跳火或火花弱导致的常见故障现象有哪五种?
</td>
</tr>
<tr>
<td>实训任务操作</td>
<td>
11. 读取故障码。
(1) 关闭点火开关，连接解码器；□
(2) 点火开关开到点火挡或运转发动机；□
(3) 读取故障码。故障码是____；□
(4) 按读取故障码排除故障；□
(5) 排除故障后消码；□
(6) 重新试机，再读取故障码，如果还有故障码，重复(4)～(6)，如果没有故障码向下进行。□
(7) 关闭点火开关，断开连接，取下解码器。□
12. 无故障码时，检查排除有分电器式电控点火系统故障，故障排除流程如图 9.7 所示。
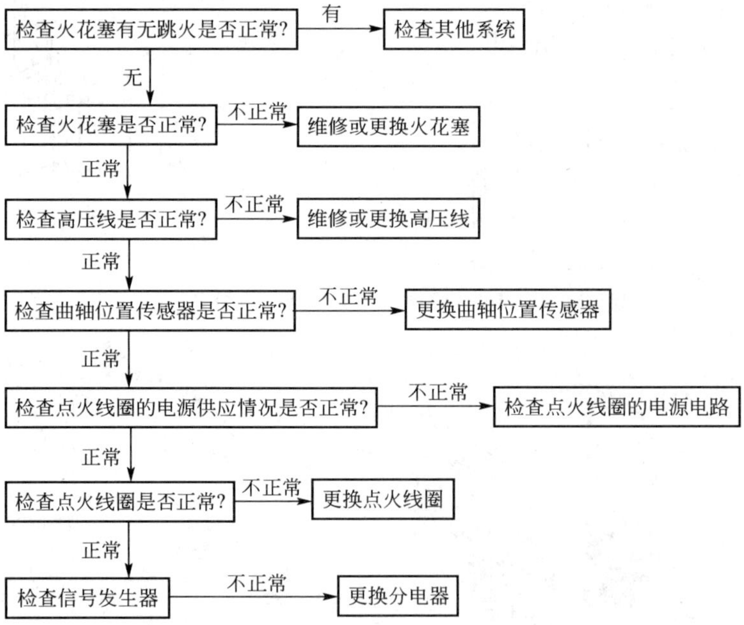

图 9.7　丰田 5A-FE 发动机无故障码火花塞不能跳火故障检查流程图
(1) 火花塞测试，将结果填入表 9-8 中。
</td>
</tr>
</table>

实训任务操作

表 9-8 火花塞测试步骤

步 骤	操 作 方 法	完成情况
①	从火花塞上拆卸高压线	□
②	拆下火花塞	□
③	将拆下的火花塞安装到各条高压线上	□
④	将火花塞搭铁	□
⑤	脱开4个喷油器的插接器	□
⑥	检查当发动机启动时，是否有火花产生	□是 □否
⑦	火花塞能跳火不等于点火系统正常，还需要观察火花塞跳火时的火花强度，只有火花足够强，才能保证在压缩时正常跳火，点燃可燃混合气	□强 □中 □弱

(2) 检查火花塞，将结果填入表 9-9 中。

表 9-9 火花塞的检查

步 骤	检 查 内 容	情 况
①	检查火花塞绝缘体是否有裂纹	□是 □否
②	检查火花塞螺纹是否损坏	□是 □否
③	检查火花塞铜密封垫片是否完好	□是 □否
④	观察火花塞绝缘体裙部(靠近中心电极的绝缘体)及中心电极侧电极的颜色成什么颜色	
⑤	观察火花塞中心电极、侧电极是否被烧圆	□是 □否
⑥	用厚薄规检查火花塞间隙	□是 □否
⑦	根据以上的检查，判断该火花塞是否更换	□是 □否

思考：火花塞间隙过大过小对点火系统有什么不良影响？

(3) 检查高压线，将结果填入表 9-10 中。

表 9-10 高压线的检查

步 骤	检 查 内 容	情 况
①	高压线是否紧紧地插在点火线圈和火花塞上？	□是 □否
②	高压线是否有裂纹，绝缘层是否老化？	□是 □否
③	高压线的绝缘罩是否有裂纹或硬化？	□是 □否
④	拆下高压线	□是 □否
⑤	高压线上是否有白色或灰色的粉末沉淀物？	□是 □否
⑥	检查高压线电阻，是否正常？	□是 □否
⑦	判定高压线是否正常。正常、更换、维修？	□是 □否

实训任务操作

(4) 检查曲轴位置传感器。在发动机上找到曲轴位置传感器的线束插接器，用专用电表检测曲轴位置传感器插接器端子之间的电阻值及电压，将测量值分别填在表 9-11 中。根据以上检查，判定曲轴位置传感器是否正常(不正常请更换)。

表 9-11　曲轴位置传感器的检查

电阻/电压测量值	标准值(冷)	标准值(热)	是否合格
			□是　□否
			□是　□否
			□是　□否
建　议			□是　□否

(5) 检查点火线圈的电源供应情况(填入表 9-12 中)。

表 9-12　点火线圈的检查步骤

步　骤	内　容	情况记录
①	拆下分电器盖上的螺栓，打开分电器盖	□
②	检查分电器盖是否破损	□
③	观察分电器盖上个高压线插孔是否锈蚀	□
④	打开分电器盖用手指按分电器盖的中心电极，观察是否有弹性	□
⑤	观察分火头是否有烧蚀、破损	□
⑥	拆卸分火头	□
⑦	拆下防尘罩的两个塑料卡扣，拆下防尘罩	□
⑧	将点火开关 转到 ON 位置	□
⑨	用专用电表测量点火线圈正极(+)与车身搭铁间的电压	□
⑩	判定分电器盖是否正常，点火线圈的电源供应情况是否正常	□

(6) 检查点火线圈。用专用电表测量点火线圈的正极(+)和负极(-)端子两端之间的电阻值，将测量值填入表 9-13 中。

表 9-13　点火线圈检查记录

序　号	测量值	标准值(冷)	标准值(热)	是否合格	是初级？次级线圈？为什么？
第 1 次					
第 2 次					
结论					

(7) 检查信号发生器。用厚薄规测量信号转子和感应线圈之间的间隙(即气隙)，如果测出的气隙与标准值不符，则更换分电器；信号发生器转子及固定部分上的齿必须对齐，否则就无法测出正确值；用专用电表测量分电器线束插接器各端子两端之间的电阻值。根据以上的检查，判断信号发生器是否正常，填入表 9-14 中。

实训任务操作

表9－14　信号发生器的检查

内　容	测 量 值	标准值(冷)	标准值(热)	是 否 合 格
间　隙				□是　　□否
电　阻				□是　　□否
结　论				

(8) 更换分电器。拆卸线束插接器，用一字螺丝刀拆下分电器盖上的高压线；拆下分电器螺栓，拉出分电器总成；确定一缸压缩上止点位置(顺时针转动曲轴，曲轴上的缺口对准零位，排气凸轮轴缺口的位置对准图示位置)；重新安装分电器总成；检查好高压线和线束插接器并检查点火正时。

13. 电子控制点火正时检查及调整：

(1) 故障再现，启动发动机完成下列操作，将结果填入表9－15中。

表9－15　点火正时检查

启动发动机，将发动机预热至正确工作温度。突然加速，观察发动机的工作情况		符 合 现 象	结　论
操作步骤1	发动机速度急速提高时有短促而轻微的突爆声(轻微爆震)，而后很快消失		
操作步骤2	发动机转速不能随节气门开大而增大，发动机发闷且排气管出现“突突”声		
操作步骤3	发动机出现严重的金属敲击声，即爆震(鼓缸)		
发动机情况			

(2) 点火系统常见的故障原因有两个：缺火(火花塞不能跳火)和点火不正时。下面哪些故障症状是由点火不正时引起的，而与缺火无关。将结果填入表9－16中。

表9－16　由点缺火不正时引起而与缺火无关的故障

故 障 现 象	与缺火有无关?	故 障 现 象	与缺火有无关?
发动机不能启动/难于启动	□有　　□无	燃油消耗过大	□有　　□无
怠速不稳	□有　　□无	发动机过热	□有　　□无
发动机加速不良	□有　　□无	发动机回火	□有　　□无
排气管发炮	□有　　□无		

(3) 每小组按照表9－17准备好点火正时检查与调整所需的资料、工具。

表9－17　点火正时检查工具设备列表

资料、工具的名称	数　　量
丰田5A－FE发动机(或威驰汽车)	1台
5A－FE发动机维修资料	1套
点火正时灯	1把
跨接线	1根
常用拆装工具	1套

实训任务操作

(4) 检查点火正时，点火正时记号参见图 9.8 所示，检查过程及情况填入表 9－18 中。

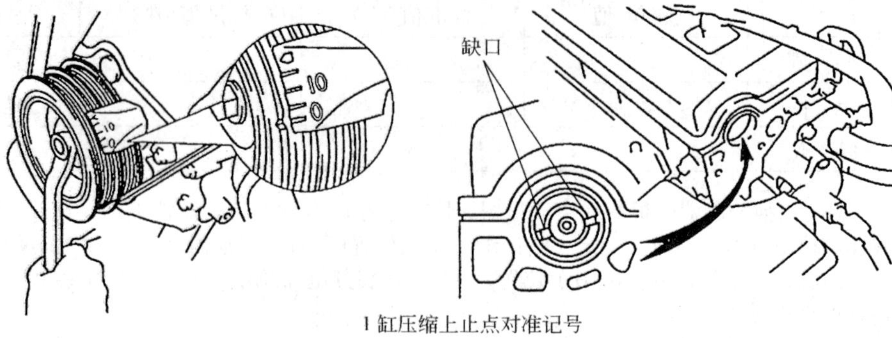

1 缸压缩上止点对准记号

图 9.8　点火正时记号

表 9－18　点火正时的检查方法列表

步　骤	内　　容	观 察 情 况
1	查找并验证 1 缸压缩终了上止点(飞轮或皮带盘上有标记，也可以通过观察最后一缸的进排门)	□
2	预热发动机，让发动机温度达到正常工作温度	□
3	连接点火正时灯(将点火正时灯的信号夹夹住__________，红色夹子夹住__________，黑色夹子夹住__________)	□
4	检查和调整点火正时*	□
5	比较断开跨接线与接通跨接线时点火提前角是否一致*	□是　　□否
6	提高发动机转速，观察点火提前角是否增大	□有　　□无
7	拆下正时灯，收拾工具，清洁场地	□

* 步骤 4(检查和调整点火正时)说明：

① 用跨接线短接诊断插座的 TE_1 和 E_1 端子(车型不同，采用的办法也不同)；

② 检查发动机怠速是否稳定，其转速是否为 700±50r/min，如果不正确，请用怠速调整螺钉设定怠速(目前，新出厂的大多数轿车没有怠速调整螺钉，需要用解码器设定怠速)。

③ 启动发动机，用点火正时灯对准曲轴前端的点火正时标记，打开点火正时灯开关。

④ 观察点火提前角的大小，此时为__________。如果点火提前角不稳定，可以移动信号夹或将信号夹反过来夹的方式使点火提前角稳定：

让发动机熄火，松开分电器固定螺钉；启动发动机，逆时针转动分电器壳，此时点火提前角如何变化__________(增大或减小)；此时发动机的转速和声音如何变化__________；顺时针转动分电器壳，此时点火提前角如何变化__________(增大或减小)；此时发动机的转速和声音如何变化？__________。

⑤ 将检查出的点火提前角与标准值比较，判断该发动机点火正时是否正确。

⑥ 如果不正确，应该如何调整点火正时？

⑦ 将点火提前角调整到标准后，扭紧分电器固定螺钉(扭紧力矩 20N·m)。(扭紧分电器固定螺钉时，不能让分电器壳体转动)

⑧ 校验点火正时，如果不正确，按以上步骤重新调整点火正时。

* 步骤 5(比较断开跨接线与接通跨接线时点火提前角是否一致)说明：

让发动机转速在 1 000 ～1 300r/min 下保持 5s，然后让发动机怠速运转；取下诊断插座上跨接线；在怠速时检查点火正时，此时为__________°；是否在规定的范围内？__________(是或否)；与短接端子相比，点火提前角相差多少度？__________。

实训任务操作

14. 如何检测无分电器电控点火系统的点火提前角？

(1) 目前我国大多数新出产的轿车采用的点火系统是无分电器电控点火系统，这种点火系统要么没有高压线(单独点火)，要么有高压线，但无法通过高压线获取一缸信号(双缸同时点火)，因此无法用传统的__________检测点火提前角，并且这种点火系统的点火正时是不可调的。

(2) 这种点火系统的点火正时检测，只能通过手持式汽车诊断电脑的__________功能来检测，一旦检测到点火提前角与标准值不符，则只能检测点火正时标记是否对准。如果正时标记对准，则需对发动机控制系统进行系统分析，找出导致点火不正时的原因。

(3) 在老师的指导下，尝试制定一个用手持式汽车诊断电脑检查大众捷达5阀发动机点火正时的工作计划，并按计划实施。

15. 爆震传感器的检查：

(1) 当爆震传感器产生故障时，发动机的点火提前角不正常，必须先排除爆震传感器的故障。爆震传感器内装压电元件，当发生爆震时，发动机汽缸将产生剧烈的震动，传感器内的压电元件将产生变形，从而产生电压。常见类型有两种：一是普通型(谐振型)，二是扁平型(非谐振型)。一般安装在__________。请准备好表9－19所示工具。

表9－19　爆震传感器检查工具设备

资料、工具的名称	数　量
丰田5A－FE发动机(或威驰汽车)	1台
5A－FE发动机维修资料	1套
点火正时灯	1把
数字万用表	1块
示波器	1台
跨接线	1根
常用拆装工具	1套

(2) 爆震传感器的检查：

① 外观检查，检查完闭在□中打√。

a. 外壳情况　□；b. 端子情况　□；c. 插接器情况　□；d. 导线情况　□

② 电阻测量并把结果填入表9－20中。

表9－20　爆震传感器电阻检查

端　子	标　准　值	测　量　值	结　论
			□正常　□不正常
			□正常　□不正常
			□正常　□不正常

③ 电压检查并把结果填入表9－21中。

表9－21　爆震传感器电压检查

端　子	标　准　值	测　量　值	结　论
			□正常　□不正常
			□正常　□不正常
			□正常　□不正常

<table>
<tr><td rowspan="1">实训任务操作</td><td colspan="4">④ 波形检查并画标准波形、实际检查波形，做出判断。

(3) 用点火正时灯检查爆震传感器线束断开前和断开后的点火提前角。
① 发动机启动，预热至工作温度。 □任务完成
② 将发动机转速控制在 4 000r/min，节气门半开。 □任务完成
③ 用点火正时灯检查发动机的点火提前角。
未断开爆震传感器线束时，点火提前角为__________。
断开爆震传感器线束时，点火提前角为__________。
(4) 识读爆震传感器电路图。</td></tr>
<tr><td rowspan="4">考核结果</td><td>设备使用</td><td>□优秀</td><td>□过关</td><td>□再来一次</td></tr>
<tr><td>技能操作</td><td>□优秀</td><td>□过关</td><td>□再来一次</td></tr>
<tr><td>报告填写</td><td>□优秀</td><td>□过关</td><td>□再来一次</td></tr>
<tr><td>问题回答</td><td>□优秀</td><td>□过关</td><td>□再来一次</td></tr>
<tr><td>成绩</td><td colspan="4"></td></tr>
<tr><td>评语</td><td colspan="3"></td><td>教师签字

日期</td></tr>
</table>

实训 10　怠速控制系统的检修

姓　　名		学　　号		日　　期	
组　　别		班　　级		学　　时	
实训名称	怠速控制系统的检修				
实训目标	(1) 能够叙述怠速控制系统的作用及基本原理； (2) 能识别不同的怠速控制阀； (3) 能正确检查发动机的怠速转速； (4) 能根据给定的计划对常见怠速控制阀进行检查，并判断其好坏				
设备器材	丰田 5A－FE 发动机(或威驰汽车)、5A－FE 发动机维修资料、解码器、汽车传用万用表、转速表、维修导线、常用拆装工具				

知识与能力储备

1. 怠速控制系统的组成：

(1) 怠速控制系统由__________、发动机 ECU、各种传感器和开关组成。

(2) 在图 10.1 中补全各组成部件的名称。

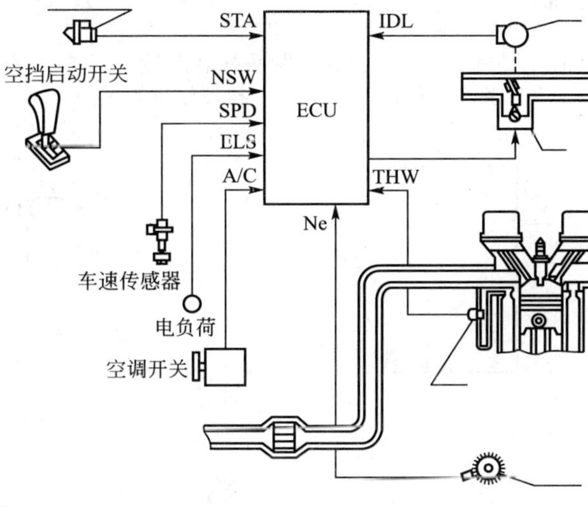

图 10.1　怠速控制系统的组成

2. 怠速控制系统的功用：

(1) 启动控制。当发动机 ECU 接收到__________信号(STA)，确定发动机将启动，ECU 将根据发动机__________信号(NE)和__________温度信号来控制怠速控制阀的开度，使发动机更容易启动。

(2) 预热控制(快怠速控制)。发动机启动后，发动机 ECU 根据__________温度来调节__________的开度，控制发动机的怠速转速，从而保证发动机在低温时怠速稳定，同时使发动机温度尽可能快地上升到工作温度。

(3) 反馈控制。发动机 ECU 将__________速度和储存在 ECU 内的目标怠速转速相比较。然后控制怠速控制阀，将__________怠速转速调整到目标怠速转速。

(4)其他控制。例如，当突然松开节气门踏板时，发动机 ECU __________怠速控制阀，防止发动机转速过低。车型不同，发动机其他控制功能不同。

3. 怠速控制系统的分类：

(1) 怠速控制系统根据进气量的控制方式不同，主要分为____________________和____________________两种类型。

知识与能力储备

（2）按怠速控制阀类型不同可分为__________、__________和__________怠速控制系统。

（3）旋转滑阀式怠速控制阀通过电动机带动__________转动，改变空气旁通道的开启面积，从而控制进气量，控制怠速转速。

（4）步进电动机式怠速控制阀通过步进电动机带动阀芯转动，改变阀芯的__________，以改变阀芯与阀座之间的间隙，从而控制进气量，控制怠速转速。

（5）观察卡罗拉轿车节气门体，怠速时，它是如何改变节气门的开度来控制进气量，从而控制怠速转速的。

（6）占空比是指__________。

实训任务操作

1. 检查发动机的怠速转速。

步　　骤	情　况	分　析
启动发动机，发动机暖机至正常工作温度		
将解码器连接到诊断插座上，测量发动机转速		
将转速表的测试表笔接到诊断插座的转速信号输出端子测量转速		
发动机怠速是否正常	□是　　□否	

2. 识读与分析丰田5A－FE发动机怠速控制系统电路图。

（1）按照图10.2，在试验车（或发动机台架）上找到相应的元件、线束、线束插接器。

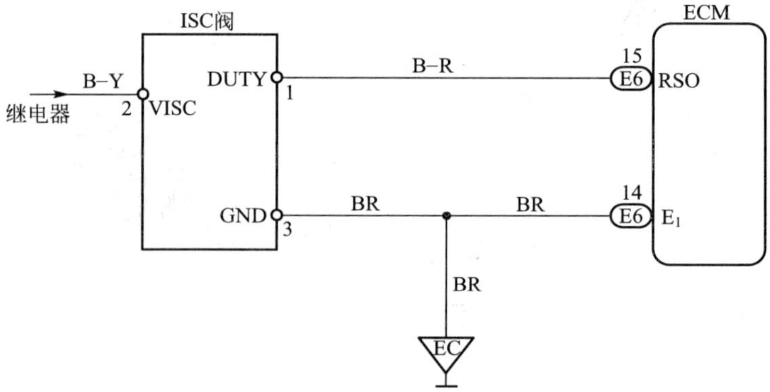

图10.2　丰田5A－FE发动机怠速控制系统电路图

（2）电路说明。给怠速阀提供电源的是__________，发动机ECU通过__________向怠速阀发出控制信号？怠速阀的搭铁端子是__________。

3. 检查旋转滑阀式怠速控制阀：

（1）旋转滑阀式怠速控制阀都是根据发动机ECU输出的__________来控制阀的打开程度，分新旧两种类型，但在结构和原理上完全不同。

结构上：新型旋转滑阀式怠速控制阀包括__________组电磁线圈，__________、永久磁铁和阀；旧型旋转滑阀式怠速控制阀包括__________组电磁线圈，__________、永久磁铁和阀。

新型旋转滑阀式怠速控制阀的工作原理：IC（集成电路）根据发动机ECU输出信号的__________，控制流入电磁线圈__________的方向及大小，使阀门转动，从而控制进气量。__________较高时，IC将阀门向__________方向转动；较低时，IC将阀门向__________方向转动。

旧型旋转滑阀式怠速控制阀的工作原理：怠速控制阀根据发动机ECU输出信号的__________，改变流向两线圈的__________的方向，从而改变阀门的开度，达到控制进气量的目的。

实训任务操作

(2) 检查方法也不同。

新型怠速控制阀的检查(以丰田5A－FE发动机为例)：从节气门上拆下怠速控制阀，重新连接怠速控制阀的线束插接器。将点火开关扭至ON位置，检查怠速控制阀的工作情况。正常为怠速控制阀在0.5s内，从半开到全闭合，再到全开，最后半开。与正常条件相比，所检查的怠速控制阀是否正常。

旧型怠速控制阀的检查(以丰田5S－FE发动机为例)：

① 检查怠速控制阀各端子间的电阻值(及测量两线圈的电阻值)，将检查结果填入下表中。

检查端子	标准值	测量值	是否合格
＋B和RSC	17～24.5Ω		□是　□否
＋B和RSO	17～24.5Ω		□是　□否

② 测试怠速控制阀的工作情况。分别向＋B端子和RSO端子提供电压，观察怠速控制阀的运行情况，将检查结果填在下表中：

提供电压的端子	怠速阀是否动作	怠速阀是打开还是关闭
＋B和RSC	□是　□否	□打开　□关闭
＋B和RSO	□是　□否	□打开　□关闭

③ 所检查的怠速控制阀是否正常？

4．怠速控制阀的搭铁电路、电源电路的检查，将检查结果填在下表中。

检测内容	断路检查			短路检查		
	标准值	测量值	是否正常	标准值	测量值	是否正常
怠速阀搭铁线搭铁短路、断路的检查			□是□否			□是□否
EFI继电器端子3和怠速阀电源端了VISC端子之间的电阻			□是□否			□是□否

如果EFI继电器与怠速阀之间的线束正常，则需要检查ECU的电源电路。

5．步进电动机式怠速控制阀的检查：

(1) 画出步进电动机式怠速控制阀端子图。

(2) 认识与分析步进电动机式怠速控制阀电路图。

(3) 检查怠速阀是否可以正常工作。

启动发动机，然后关闭发动机，听怠速控制阀是否有“咔嗒”声。如果有“咔嗒”声，则怠速控制阀工作__________(正常或不正常)。

实训任务操作

（4）检查怠速控制阀是否可以正常工作。

按下表测量怠速控制阀各端子间的电阻，将检查结果填写在表中。

检测端子	标准值	测量值	是否正常
B1 和 S1	10～30Ω		□是　□否
B1 和 S3	10～30Ω		□是　□否
B2 和 S2	10～30Ω		□是　□否
B2 和 S4	10～30Ω		□是　□否

（5）检查怠速控制阀的运行：

① 从节气门体上拆下怠速控制阀。

② 将蓄电池的正极连接到怠速控制阀的 B1 和 B2 端子上。

③ 按顺序将负极依次连接到端子 S1、S2、S3 和 S4 上，观察怠速控制阀的运动情况。怠速阀的阀芯是伸出来还是缩回去？怠速阀是关闭还是打开？

④ 反过来，按顺序将负极依次连接到端子 S4、S3、S2 和 S1 上，观察怠速控制阀的运动情况。怠速阀的阀芯是伸出来还是缩回去？怠速阀是关闭还是打开？

⑤ 被检查的步进电机式的怠速控制阀是否正常？

6. 整理工具设备，清洁场地。

考核结果			
设备使用	□优秀	□过关	□再来一次
技能操作	□优秀	□过关	□再来一次
报告填写	□优秀	□过关	□再来一次
问题回答	□优秀	□过关	□再来一次

成绩		
评语		教师签字 日期

实训 11　排放控制系统的检修

姓　　名		学　　号		班　　级	
组　　别		日　　期		学　　时	
实训名称	排放控制系统的检修				
实训目标	（1）叙述汽车废气的成分以及排放控制系统的组成； （2）叙述催化器、曲轴箱强制通风(PCV)系统、燃油蒸发控制(EVAP)系统的作用与工作原理； （3）按照给定的计划，检查、清洁、更换燃油蒸发控制系统； （4）检测汽油发动机尾气成分，并根据检测结果分析发动机的故障原因； （5）知道我国汽车尾气的排放标准，并根据该标准判断发动机排放是否合格				
设备器材	丰田威驰汽车、发动机、尾气分析仪、万用表，多媒体课件、视频资料				

知识与能力储备

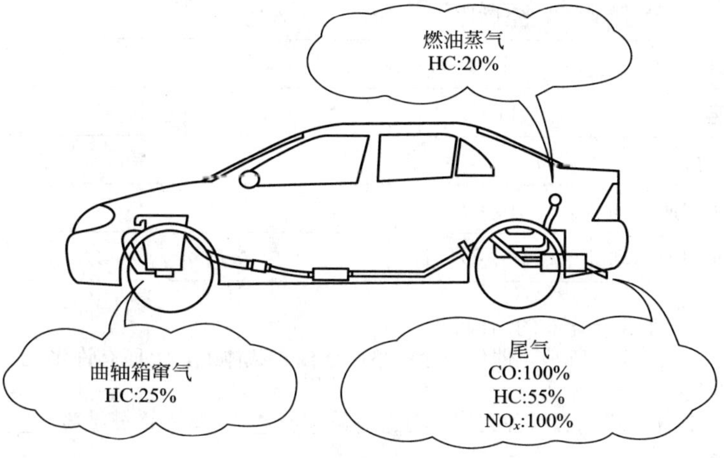

图 11.1　汽车废气来源

1. 从图 11.1 可以看出，汽车产生的废气主要来源于以下 3 个方面。

（1）______________(又称为排气)：是指从排气管排出的气体，是汽车废气的主要组成部分。它主要由__________、水蒸气、__________、__________、__________、氮气和少量的氧气构成。

（2）______________：燃油箱等处的燃油蒸发成气体进入大气。它的主要成分是碳氢化合物。

（3）______________：部分未燃烧的燃油蒸气在压缩冲程时，从活塞和汽缸壁的间隙窜入曲轴箱。它的主要成分是未燃混合气中的碳氢化合物(HC)。

2. 将下列废气中有害成分的名称圈出来。

CO_2，H_2O，CO，HC，NO_x，N_2，O_2

3. 下列废气中因为空气—燃油混合气燃烧不完全而产生的成分名称圈出来。

CO_2，H_2O，CO，HC，NO_x，N_2，O_2

4. 将下列废气中因为温度过高而产生的成分名称圈出来。

CO_2，H_2O，CO，HC，NO_x，N_2，O_2

5. 根据图 11.2 分析，将结果填写在后面的表中。

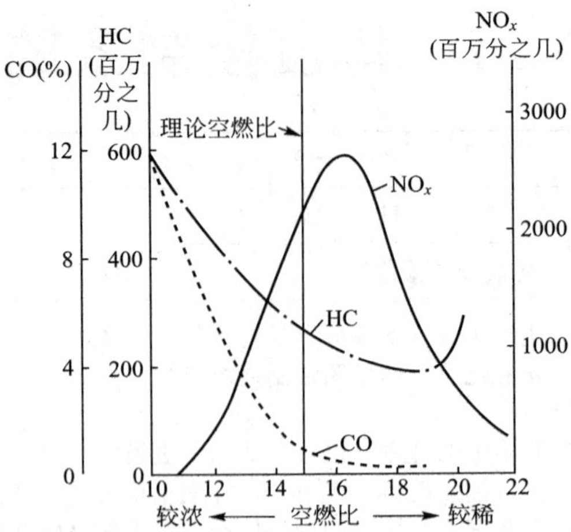

图 11.2　空燃比和排放的关系图

工　　况	空燃比	CO 含量	HC 含量	NO_x 含量
暖机	5∶1			
怠速	11∶1			
高负荷	(11～13)∶1			
高速匀速运动	14∶1			
中速匀速运动	(16～18)∶1			

6. 三元催化转化器的结构。

(1) 如图 11.3 所示，催化剂涂在整体格栅式载体上，上面有许多孔，__________通过这些孔时被净化。

(2) 整体式载体有两种类型：陶瓷型和__________型。格栅越薄，__________能力越强。

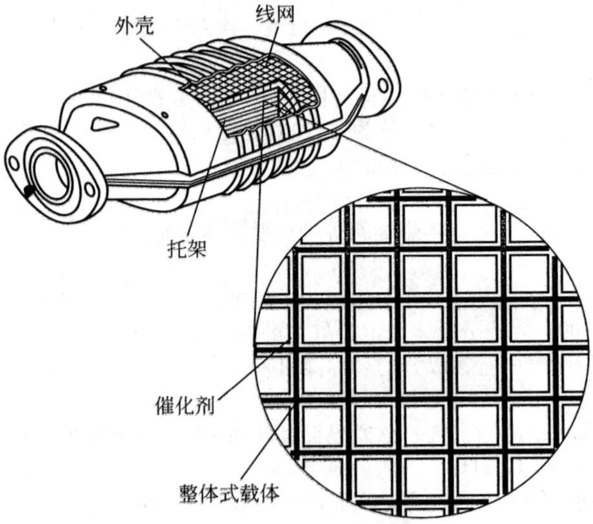

图 11.3　三元催化器结构

知识与能力储备

(3) 混合气在空燃比为________时，三元催化转化器的效率最高。因此，使用三元催化器的发动机，需要有空燃比反馈系统，通过排气管内氧传感器监测废气中______________的________的含量，然后，发动机控制单元根据氧传感器传来的信号调整________，使三元催化器的转化效率达到最高。

7. 阐述曲轴箱强制通风的原理(见图 11.4)

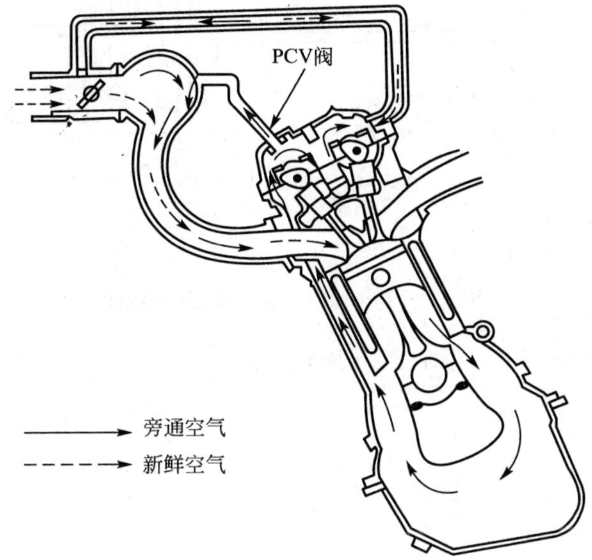

图 11.4　曲轴箱通风系统

8. 燃油蒸发控制(EVAP)系统的作用是：暂时将燃油箱蒸发的________存储下来，在需要时，再送回发动机燃烧室内燃烧。在发动机上找到以下零件，并说明它们的作用，完成下表。

零件名称	安装位置	作　　用
活性炭罐		
炭罐电磁阀		
燃油箱盖真空泄放阀		
燃料止回阀		

9. 分析 EVAP 系统图(见图 11.5)，在图上用铅笔画出燃油蒸气流动的路线，用其他笔画出空气流动的路线。

知识与能力储备

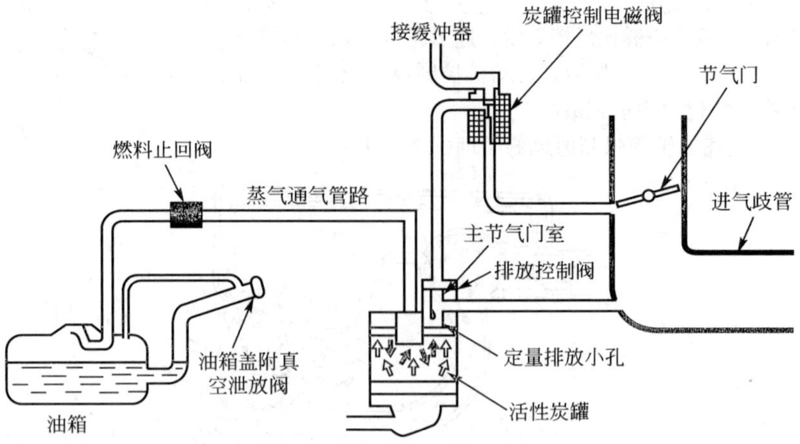

图 11.5　EVAP 系统图

10. 在现实生活中，有时会发生燃油箱瘪了的故障，这是什么原因导致的呢？

实训任务实施

1. 检查车辆的基本情况并填表。

项　　目	内　　容
生产厂家	
车辆型号	
VIN 码	
发动机型号和尺寸	

2. 检查排气系统：

(1) 让发动机处于怠速工况，并用举升机举起汽车，作举升机时，应该注意哪些安全事项？

(2) 慢慢地从头到尾将整个排气系统听一遍，如果听到排气系统发出“咝咝”声或爆破声，则说明系统开始失效。

(3) 应该重点在什么地方听漏气的声音？你听到有漏气的声音吗？如果有，排气管的什么地方漏气？

(4) 检查燃油蒸发排放控制用的炭罐电磁阀(VSV)。

① 取下 VSV(从 VSV 上拆下两条燃油蒸发排放软管；拆下 VSV 接头和导线夹；卸下螺栓和 VSV)；

② 检查 VSV 是否导通(见图 11.6)。

电阻标准值：在 20℃时为__________，实际测量电阻值为__________。(如果电阻值不正确，则应更换 VSV。)

③ 检查 VSV 是否搭铁 。每一个端子和主体之间不应导通。如果导通，则应更换 VSV。

④ 检查 VSV 工作状况。

实训任务实施

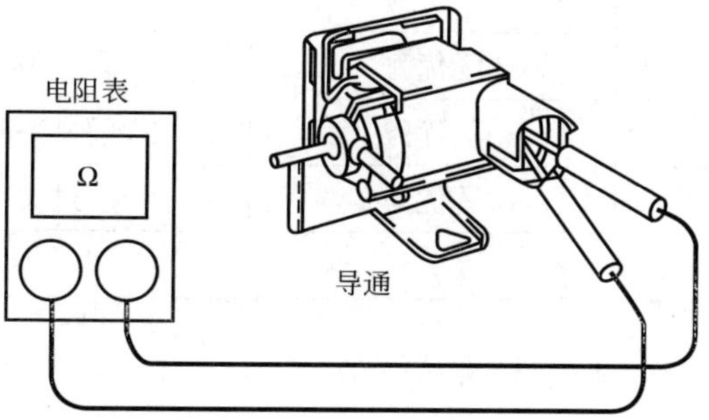

图 11.6　VSV 是否导通检查

(5) 检查空气从通气口 E 到通气口 F 流动是否正常_________(正常或不正常)。

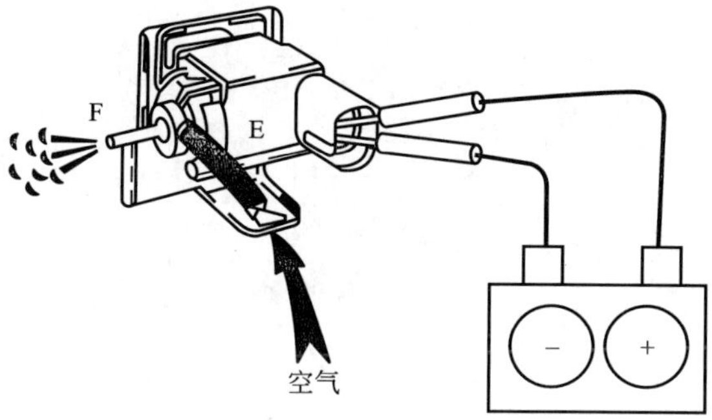

图 11.7　VSV 的检查

① 检查怠速时 VSV 阀的电源电压：电压为__________ V(如果有电压，则检查 ECU)。

② 发动机转速升高到 2 000r/min，检查 VSV 阀的电源电压：电压为__________ V(如果没有电压，或电压不正常则检查 ECU)。

3. 写出 PCV 系统、EVAP 系统的检查意见。

4. 若有尾气分析仪可检测观察，并填写预热前后、一缸断火的气体含量的变化。

气体名称	刚 启 动	预 热 后	一缸断火含量	分　　析
CO				
CO_2				
HC				
O_2				
NO_x				

5. 整理工具设备，清洁场地。

考核结果	设备使用	□优秀	□过关	□再来一次
	技能操作	□优秀	□过关	□再来一次
	报告填写	□优秀	□过关	□再来一次
	问题回答	□优秀	□过关	□再来一次
成绩				
评语				教师签字 日期

实训 12　智能可变气门系统(VVT－i 或 VTEC)的检修

姓　　名		学　　号		日　　期	
组　　别		班　　级		学　　时	
实训名称	智能可变气门系统(VVT－i 或 VTEC)的检修				
实训目标	(1) 了解可变气门正时系统的发展与分类； (2) 叙述 VVT－i 系统的功用、原理和组成； (3) 绘制 VVT－i 系统检查的流程图； (4) 正确检查凸轮轴正时机油控制阀(OCV 阀)及其电路； (5) 正确检查凸轮轴正时齿轮总成(带 VVT－i)				
设备器材	丰田威驰汽车、发动机、万用表、尾气分析仪				

知识与能力储备

1. 可变配气技术主要分为可变气门正时和可变气门升程两大类。即前一种技术控制气门打开的时间，后一种技术控制气门打开的开度(升程)。请指出下表中这些技术分别属于哪一种。

车　　系	采用的系统名称	哪种可变配气技术
丰　　田	VVT－i	
	VVTL－i	
本　　田	VTEC	
	i－VTEC	

2. 使用可变配气技术有无下列优点，完成下表。

使用可变配气技术有无下列优点？	有或无
发动机在低转速时能增加转矩输出，大大增强驾驶的操纵灵活性	□有　　□无
发动机的功率和转矩能兼顾高低转速的动力输出	□有　　□无
发动机的转速能够设计得更高	□有　　□无
改善燃料消耗率	□有　　□无
减少废气排放	□有　　□无

3. 据图 12.1，在有 VVT－i 的发动机上找到可变气门正时系统各部件。

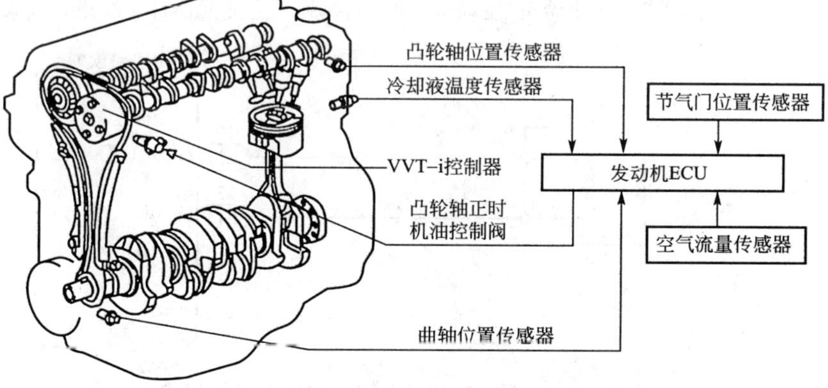

图 12.1　装备 VVT－i 的发动机

知识与能力储备

4. 影响配气正时控制的因素有哪些？发动机 ECU 是如何进行气门正时控制的？

5. VVT－i 控制器的作用的什么？阐述 VVT－i 控制器的结构。

6. VVT－i 系统执行器的作用是什么？阐述其结构。

实训任务实施

1. 故障现象描述。

客户投诉	发动机冷机启动困难，发动机怠速不稳，在高负荷条件下发动机动力不足
维修接待员意见	检查可变气门控制机构及其电路、检查发动机 ECU

2. 故障再现。启动发动机，再现故障症状，并记录在下表中。

故 障 现 象	有　　无	分　　析
发动机冷机启动困难		
发动机怠速不稳		
发动机在高负荷下动力不足		
其他		

3. 在什么样的气门正时情况下，发动机怠速不稳，冷启动困难？在什么样的情况下，高负荷时发动机动力不足？

4. 按照图 12.2，在实验车(发动机台架)上找到相应的元器件、线束、线束插接器。

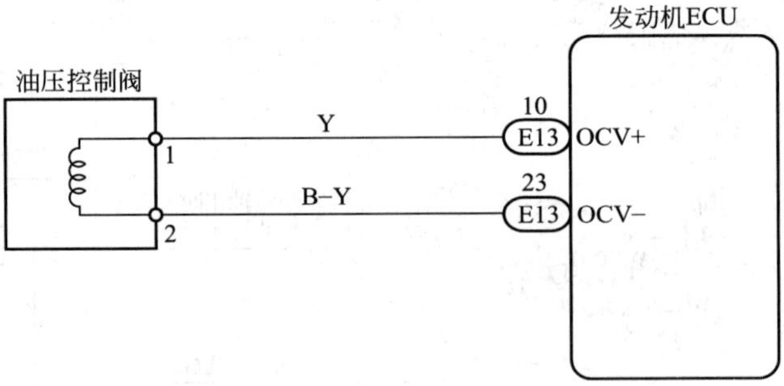

图 12.2　VVT－i 的发动机及线束

实训任务实施

5. 检查并排除 VVT-i 系统故障。

(1) VVT-i 系统不能正常工作，故障可能发生的部位有：

①气门正时不正确；②凸轮轴正时机油控制阀(OCV 阀)损坏；③凸轮轴正时机油控制阀(OCV 阀)的线路有断路；④VVT 控制器总成损坏；⑤发动机机油中有异物，或者 OCV 阀滤清器堵塞；⑥发动机 ECU 有故障。

(2) 讨论并绘制一个 VVT-i 故障检查流程图。

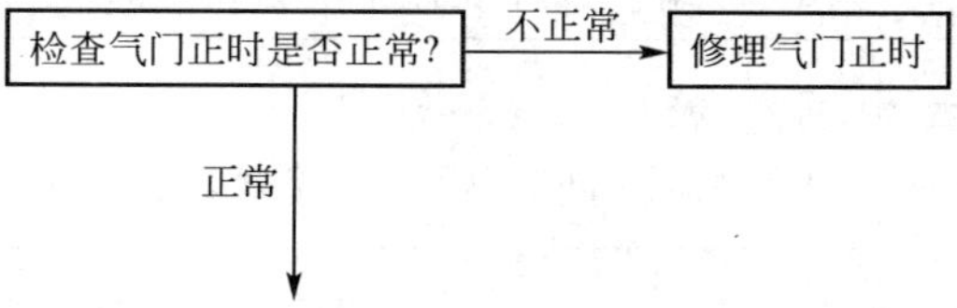

图 12.3　VVT-i 的发动机检查流程

6. 检查凸轮轴正时机油控制阀(OCV 阀)及其电路。

(1) OCV 阀的动作测试。

发动机暖机。用汽车故障诊断仪运行 OCV 阀(如果没有该设备，也可通过断开 OCV 阀插接器和直接供给 OCV 阀蓄电池电压的方法来实现对 OCV 阀的控制)，检查发动机怠速转速，将检查结果填在表中。

OCV 阀的动作	发动机怠速情况	标 准 值	是 否 正 常
OCV 关			□是　　□否
OCV 开			□是　　□否

(2) 检查 ECU 与 OVc 之间的线束及插接器(见图 12.4)，将检查结果填入表中。

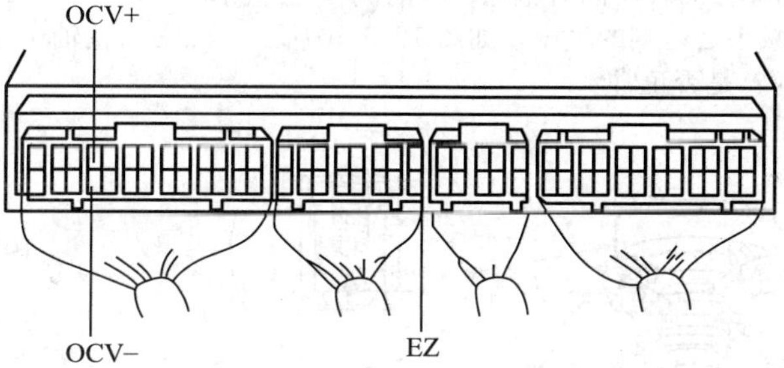

图 12.4　VVT-i 的发动机插接器

步　　骤	轻拉线束检查	目 视 检 查
断开 OCV 阀插接器	□端子丢失	□端子锈蚀或有水
	□端子卷边松动	□端子弯曲变形
	□线芯破损	□有金属碎片
□断开发动机 ECU 插接器	□端子丢失	□端子锈蚀或有水
	□销子卷边松动	□端子弯曲变形
	□线芯破损	□有金属碎片

实训任务实施

测 量 项 目	测量值	标准值	是否断路、短路
ECU 端子 OCV＋与 OCV 阀端子 1 是否断路			□是　□否
ECU 端子 OCV－与 OCV 阀端子 2 是否断路			□是　□否
ECU 端子 OCV＋与 ECU 端子 E_2 端子 E_1 是否短路			□是　□否
ECU 端子 OCV＋与 ECU 端子 E_2 端子 E_1 是否短路			□是　□否

(3) 检查 OCV 阀总成。

① 用欧姆表测量 OCV 阀端子间的电阻，将检查结果填在下表中。

测　量　值	标　准　值	是 否 正 常
		□是　□否

② 从发动机上拆下 OCV 阀，将蓄电池正极(＋)与端子 E_1 连接，负极(－)与端子 E_2 连接，观察 OCV 阀的动作情况，将检查结果填在下表。

操 作 方 法	阀的工作情况	是 否 正 常
接通蓄电池电压	□打开	□是　□否
	□没有动作	
断开蓄电池电压	□关闭	□是　□否
	□没有动作	

7. 检查凸轮轴正时齿轮(VVT-i 控制器)的工作情况。

① 将 150kPa 的气压同时施加在提前侧和延迟侧，如图 12-5(a)所示。

② 逐步减小延迟侧的气压，如图 12.5(b)所示，观察凸轮轴正时齿轮总成是否转动，它的转动方向如何？是否正常？

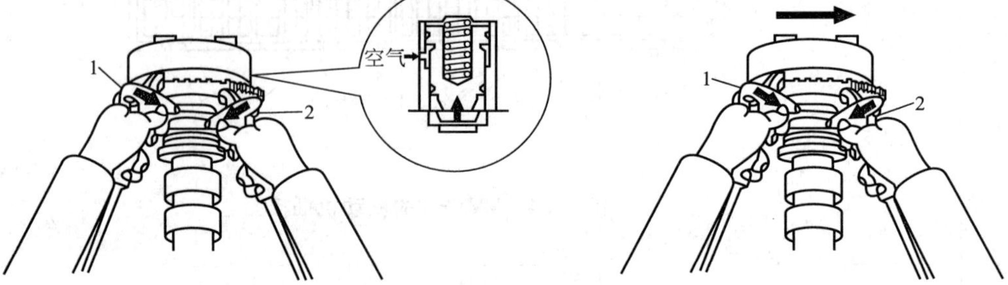

(a)　　(b)

图 12.5　VVT-i 的发动机凸轮轴正时检查

③ 当凸轮轴正时齿轮达到最提前的位置时，断开正时延迟侧空气压力，然后再断开正时提前侧空气压力。

④ 用手转动凸轮轴正时齿轮。正时齿轮未转到最大延迟位置时，转动是否平滑？是否正常？

⑤ 将正时齿轮转到最大延迟位置，齿轮是否被锁定？

8. 检查油压控制阀滤清器是否堵塞。

<table>
<tr><td>实训任务实施</td><td colspan="4">(1) 油压控制阀滤清器安装在什么位置？

(2) 拆卸油压控制阀滤清器需要先拆卸哪些部件？</td></tr>
<tr><td rowspan="4">考核结果</td><td>设备使用</td><td>□优秀</td><td>□过关</td><td>□再来一次</td></tr>
<tr><td>技能操作</td><td>□优秀</td><td>□过关</td><td>□再来一次</td></tr>
<tr><td>报告填写</td><td>□优秀</td><td>□过关</td><td>□再来一次</td></tr>
<tr><td>问题回答</td><td>□优秀</td><td>□过关</td><td>□再来一次</td></tr>
<tr><td>成绩</td><td colspan="4"></td></tr>
<tr><td>评语</td><td colspan="3"></td><td>教师签字

日期</td></tr>
</table>

实训 13 发动机控制系统故障的诊断

姓　名		学　号		日　期	
组　别		班　级		学　时	
实训名称	发动机电子控制系统的故障诊断				
实训目标	(1) 熟悉故障诊断的基本流程； (2) 熟悉发动机控制系统的故障诊断方法； (3) 熟练使用解码器、示波器				
设备器材	丰田威驰汽车、电控发动机、万用表、解码器、示波器、通用工具、尾气分析仪				
知识与能力储备	1. 汽车故障诊断的一般步骤是什么(八大步骤)？ 2. 请列出汽车电子控制系统故障诊断程序。 3. 解码器有何功用，传感器、示波器、万用表的作用有何不同？ 4. OBD 故障码有哪些？请了解其含义。 5. 如何使用示波器检测控制系统元器件的性能？ 6. 发动机电子控制系统元器件异常对发动机性能有何影响？				

实训任务操作	一、解码器的使用 解码器有通用型解码器和专用型解码器两种，各种解码器的使用方法基本相同，本文以丰田智能-2型解码器为例介绍解码器的使用方法。 1. 故障码DTC的读取。以电控燃油喷射系统为例介绍智能故障诊断仪的使用方法，其他系统类推。 (1) 将故障诊断仪连接到故障自诊断插座（DLC3）。 (2) 将点火开关置于ON位置，并接通故障诊断仪电源开关。 (3) 选择以下菜单项：Powertrain/Engine and ECT/DTC Current。 (4) 确认DTC和定格数据后将其记录下来。 (5) 确认DTC的详细内容。 2. 故障码DTC的清除： (1) 将故障诊断仪连接到DLC3上。 (2) 将点火开关置于ON位置，并接通故障诊断仪电源开关。 (3) 选择以下菜单项：Powertrain/Engine and ECT/DTC/Clear。 (4) 按照检测仪屏幕上的提示清除DTC。 3. 读取数据表。使用故障诊断仪读取数据表，可以读取开关、传感器、执行器及其他数值或状态，而无须拆下任何零件。这种非侵入式检查非常有用，因为可在扰动零件或配线之前发现间歇性故障或信号。在故障排除时，尽早读取数据表信息是节省诊断时间的方法之一。 (1) 将故障诊断仪连接到DLC3。 (2) 将点火开关置于ON位置，并接通故障诊断仪。 (3) 选择以下菜单项：Powertrain/Engine and ECT/Data List。 (4) 根据检测仪屏幕上的提示读取数据表。 4. 执行主动测试。使用故障诊断仪进行主动测试，无须拆下任何零件就可以进行继电器、VSV、执行器和其他项目的测试。这种非侵入式功能检查非常有用，因为可在扰动零件或配线之前发现间歇性故障。排除故障时，尽早进行主动测试可以缩短诊断时间。执行主动测试时，能显示数据表信息。 (1) 将故障诊断仪连接到DLC3。 (2) 将点火开关置于ON位置，并接通故障诊断仪。 (3) 选择以下菜单项：Powertrain/Engine and ECT/Active Test。 (4) 根据检测仪上的提示进行主动测试。 5. 检查模式。和正常模式相比，检查模式检测故障的能力更强。而且，正常模式下检测到的项目在检查模式下同样能够检测到。 (1) 确保满足相应工作条件。进行发动机电子控制系统检查的条件如下：蓄电池电压≥11V；节气门全关；变速器处于P或N位置；空调开关置于OFF位置。 (2) 将点火开关置于OFF位置。 (3) 将故障诊断仪连接到DLC3。 (4) 将点火开关置于ON位置，并接通故障诊断仪。 (5) 选择以下菜单项：Power train/Engine and ECT/Utility/Check Mode。 (6) 确保MIL灯以0.13s闪烁。 (7) 启动发动机(MIL应熄灭)。 (8) 模拟顾客描述的故障状况。 (9) 模拟完故障状况后，检查DTC、定格数据及其他数据。 (10) 检查完DTC后，检查相应电路。 二、示波器的使用 使用示波器检测相关传感器、执行器的信号波形，判断元器件的性能。 三、发动机控制系统典型故障的诊断与排除

实训任务操作

1. 制定发动机控制系统故障诊断基本程序。

2. 对客户所述故障现象进行分析(填写下表中)

发动机控制系统检查表		检查员姓名________	
客户姓名		车型与车型年份	
驾驶员姓名		车架号码	
车辆进厂日期		发动机型号	
车牌号码		里程表读数	

故障症状表	□发动机无法启动	□发动机无法启动　□无初始燃烧　□燃烧不完全
	□启动困难	□发动机启动缓慢　□其他________
	□怠速情况差	□首次怠速不准确　□怠速转速不正常　□高速(　　r/min) □低速(　　转/分)　□怠速不稳　□其他________
	□驾驶性能差	□喘抖　□回火　□排气消声器爆震(着火后) □喘振　□爆震　□其他________
	□发动机熄火	□启动后不久　□踩下节气门踏板后　□松开节气门踏板后 □空调操作期间　□从N挡换至D挡　□其他________
	□其他	
产生故障频率		□经常发生　□偶尔发生(　次/天　次/月) □仅有一次　□其他________
故障出现条件	天　　气	□晴　□多云　□下雨　□下雪　□多变 □其他________
	室 外 温 度	□炎热　□温暖　□凉爽　□寒冷(约　　℃)
	地　　形	□公路　□郊区　□市内　□上坡　□下坡 □道路崎岖　□其他________
	发动机温度	□冷机　□暖机　□暖机后　□任何温度 □其他________
	发动机工况	□启动　□刚启动之后　□怠速　□高速空转　□行驶 □匀速　□加速　□减速　□空调开关ON/OFF □其他________
检查发动机报警指示灯状态		□持续点亮　□有时点亮　□不点亮
DTC检查	正常模式(预先检查)	□正常　□故障码(代码　　)　□定格数据(　　)
	检查模式	□正常　□故障码(代码　　)　□定格数据(　　)

实训任务操作

3. 故障码的读取与清除。假设故障码为 DTCP0100/31，即电控燃油喷射系统空气流量传感器有故障。

4. 故障码为 DTCP0100/31 的故障诊断。空气流量传感器传感器的电路如图 13.1 所示。

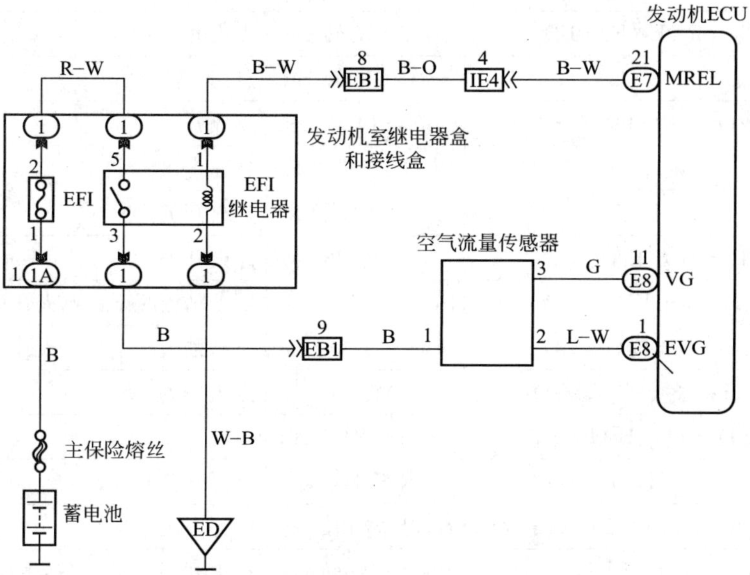

图 13.1　空气流量传感器传感器电路图

(1) 读取空气流量传感器的空气流量参数。

用故障诊断仪读取空气流量参数。若空气流量比为 0.0g/s，说明空气流量传感器电源电路开路或 VG 电路开路或短路，应检查空气流量传感器总成；若空气流量比≥271.0g/s，说明 EVG 电路开路，应检查发动机 ECU。

(2) 检查空气流量传感器总成(电源电压)。断开空气流量传感器插接器，将点火开关转至 ON 位置，测量空气流量传感器线束侧端子＋B 和 E_2 间的电压，标准值为 9～14V。不正常则检查线束和插接器(空气流量传感器＋B 电路)，正常则检查 ECU。

(3) 检查 ECU。启动发动机，发动机怠速时测量发动机 ECU 端子 VG 和 E_2 间的电压。标准值为 0.5～3.0V。若电压异常则更换 ECU；若电压正常则检查线束和插接器(ECU 与空气流量传感器间)。(注意：此时，变速器置于 P 或 N 挡，空调置于 OFF 挡)

(4) 检查线束和插接器(发动机 ECU-空气流量传感器)。断开线束两端插接器，测量线束导通性和绝缘性。相连导线两端电阻≤1Ω，线束与车体间电阻≥1MΩ。不正常则更换线束，正常则更换空气流量传感器总成。

(5) 检查线束和插接器(空气流量传感器＋B 电路)。

(6) 检查 ECU。COROLLA 轿车 1ZZ-FE 发动机 ECU EFI 插接器如图 13.2 所示，端子间的导通情况如下表所示。

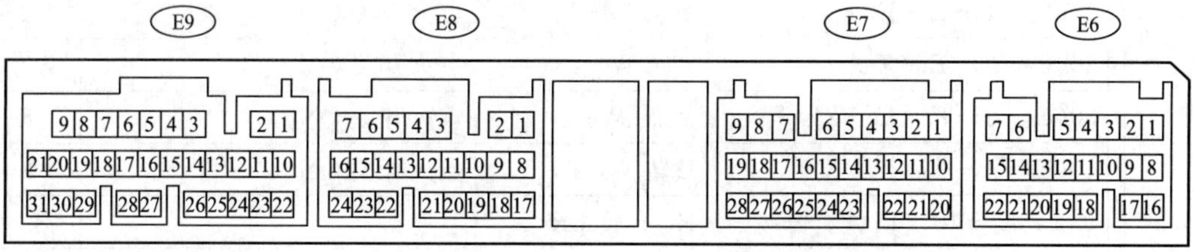

图 13.2　COROLLA 轿车 1ZZ-FE 发动机 ECU EFI 插接器示意图

实训任务操作

花冠轿车 1ZZ-FE 发动机 ECU 端子间的导通情况

符　　号	配线颜色	条　　件	标准电压/V
BATT(E_6-1)-E_1(E_8-17)	R-W 转 BR	始终	8～14
FC(E_6-3)-E_1(E_8-17)	SB(G-R)转 BR	点火开关 ON	8～14
FC(E_6-3)-E_1(E_8-17)	SB(G-R)转 BR	怠速	≤1.5
IGSW(E_6-8)-E_1(E_8-17)	SB(B-O)转 BR	点火开关 ON	8～14
W(E_6-15)-E_1(E_8-17)	W(R-Y)转 BR	怠速	8～14
W(E_6-15)-E_1(E_8-17)	W(R-Y)转 BR	点火开关 ON	≤3.5
+B(E_6-16)-E_1(E_8-17)	LG(B)转 BR	点火开关 ON	8～14
STP(E_7-6)-E_1(E_8-17)	SB(G-W)转 BR	制动踏板踩下，点火开关 ON	8～14
STP(E_7-6)-E_1(E_8-17)	SB(G-W)转 BR	制动踏板踩下，点火开关 ON	脉冲产生
F/PS(E_7-8)-E_1(E_8-17)	SB(Y)转 BR	点火开关 ON	脉冲产生
STA(E_7-11)-E_1(E_8-17)	SB(B-W)转 BR	发动	≥5.5
PS(E_7-14)-E_1(E_8-17)	L-R 转 BR	点火开关 ON	8～14
MREL(E_7-21)-E_1(E_8-17)	B-W 转 BR	点火开关 ON	8～14
SPD(E_7-22)-E_1(E_8-17)	W(V-W)转 BR	点火开关 ON，慢转主动轮	脉冲产生
TACH(E_7-27)-E_1(E_8-17)	W(B)转 BR	怠速	脉冲产生
V_C(E_8-2)-E_2(E_8-18)	Y 转 BR	点火开关 ON	4.5～5.5
EVP1(E_8-4)-E_{01}(E_9-21)	L-BW-B	点火开关 ON	8～14
VG(E_8-11)-EVG(E_8-1)	GL-W	怠速，空调开关 OFF	1.1～1.5
VAF(E_8-12)-E_2(E_8-18)	L 转 BR	点火开关 ON	2.0～3.5
NSW(E_7-13)-E_1(E_8-17)	SB(B-R)转 BR	点火开关 ON，在非 P 或 N 位	8～14
NSW(E_7-13)-(E_8-17)	SB(B-R)转 BR	点火开关 ON，在非 P 或 N 位	≤1.5
THW(E_8-14)-E_1(E_8-17)	W 转 BR	怠速，水温在 80℃	0.2～1.0
G2(E_8-15)-NE-(E_8-24)	B 转 W	怠速	≤3.5
NK+(E_8-16)-NE-(E_8-24)	B 转 W	怠速	≤3.5
THA(E_8-22)-E_2(E_8-18)	Y-B 转 BR	怠速，进气温度 20℃	0.5～3.4
VTA(E_8-23)-E_2(E_8-18)	LG 转 BR	点火开关 ON，节气门全闭	0.3～1.0
VTA(E_8-23)-E_2(E_8-18)	LG 转 BR	点火开关 ON，节气门全闭	3.2～4.9
10(E_9-1)-E_{01}(E_9-21)	Y 转 W-B	点火开关 ON	8～14
20(E_9-2)-E_{01}(E_9-21)	B 转 W-B	点火开关 ON	8～14
30(E_9-3)-E_{01}(E_9-21)	W 转 W-B	点火开关 ON	8～14
40(E_9-4)-E_{01}(E_9-21)	L 转 W-B	点火开关 ON	8～14
IGT1(E_9-10)-E_1(E_8-17)	R-L 转 BR	怠速	脉冲产生
IGT2(E_9-11)-E_1(E_8-17)	Y-G 转 BR	怠速	脉冲产生
IGT3(E_9-12)-E_1(E_8-17)	GR 转 BR	怠速	脉冲产生

实训任务操作

（续）

符　　号	配线颜色	条　　件	标准电压/V
IGT4(E_9－13)-E_1(E_8－17)	W 转 BR	怠速	脉冲产生
RSO(E_9－18)-E_{01}(E_9－21)	B-L 转 W-B	点火开关 ON	8～14
IGF(E_9－25)-E_1(E_8－17)	L-Y 转 BR	点火怠开关 ON	4.5～5.5
IGF(E_9－25)-E_1(E_8－17)	L-Y 转 BR	怠速	脉冲产生
KNK(E_9－27)-E_1(E_8－17)	B 转 BR	怠速	脉冲产生

5. 竣工验收。

考核结果				
	设备使用	□优秀	□过关	□再来一次
	技能操作	□优秀	□过关	□再来一次
	报告填写	□优秀	□过关	□再来一次
	问题回答	□优秀	□过关	□再来一次
成绩				
评语			教师签字 日期	

实训 14　电控发动机综合故障的诊断

姓　名		学　号		日　期	
组　别		班　级		学　时	
实训名称	电控发动机综合故障的诊断				
实训目标	（1）熟悉故障诊断的基本流程； （2）熟悉人工经验诊断发动机故障的基本方法； （3）熟悉故障诊断的基本技能； （4）掌握电控发动机综合故障的诊断方法				
设备器材	丰田花冠轿车、电控发动机、维修手册、万用表、解码器、示波器、通用维修工具、尾气分析仪				
知识与能力储备	1. 汽车故障的表现形式有哪些？症状现象是什么？ 2. 汽车故障诊断的一般步骤是什么(八大步骤)？ 3. 询问客户故障症状有何技巧？ 4. 如何避免故障的再次发生(根除故障)？ 5. 人工经验诊断汽车故障的基本手段有哪些？ 6. 简述“看”故障的技巧。 7. 简述“听”故障的技巧。				

知识与能力储备	8. 简述“摸”故障的技巧。 9. 简述“试”故障的技巧。 10. 再现汽车故障现象的方法有哪些？简述其方法。 11. 如何利用转动阻力法判断发动机的故障？ 12. 如何利用启动发动机过程中的现象判断发动机的故障？ 13. 如何确定点火系统的故障范围？ 14. 如何检查燃油系统的故障的范围？ 15. 如何通过汽缸压缩压力检查发动机的故障？ 16. 如何利用断缸法检查发动机的故障？ 17. 请列出发动机启动困难的故障诊断程序。

知识与能力储备	18. 请列出发动机怠速不良的故障诊断程序。 19. 请列出发动机失速与喘抖的故障诊断程序。 20. 请列出发动机动力不足的故障诊断程序。 21. 请列出发动机燃油消耗异常的故障诊断程序。
实训任务操作	1. 基本技能训练： (1) 问诊； (2) 故障再现法； (3) 故障码分析法； (4) ECU 数据流分析法； (5) 发动机转动阻力检查法； (6) 发动机启动状况检查法； (7) 点火与预热系统检查法； (8) 燃油系统检查法； (9) 压缩系统检查法； (10) 断缸检查法； (11) 空燃比检查法； (12) 活塞环/气门导管漏油损失检查法； (13) 排气状况检查法； (14) 端子接触压力检查法。 2. 故障诊断基本步骤训练： (1) 问诊。通过问诊并填写《问诊表》，掌握故障情况，为准确决断并排除故障奠定基础。 (2) 初步观察。根据问诊情况，做好重点观察，为作出准确判断打下基础。例如，打开发动机引擎盖观察，发动机部件是否完整，真空管有无脱落，电器插接器有无松脱，是否存在漏油、漏液、漏气、漏电现象；打开点火开关，观察仪表指示情况，获取相关有用信息；检查发动机怠速运转是否平稳，排气管是否冒黑烟或有燃油味等异常现象。 (3) 读码-清码-再读码。连接故障诊断仪，读取并记录故障码，然后清除故障码。启动发动机，待冷却液温度达到 80℃以上，发动机高速运转数秒，创造故障再现条件并再现故障现象，再次读取并记录故障码。 (4) 分析故障码。使用维修手册查阅故障码产生的原因、影响情况及排除方法，且不能忽视偶发性故障码。如果未显示故障码，要考虑 ECU 不能监视的系统，如很多车型的点火线圈存在故障时不会有故障码显示，应采用其他方法判断其是否存在故障。

<table>
<tr><td>实训任务操作</td><td colspan="4">（5）阅读数据流。数据流可以提供运转状态的实时数据。对于数据流中超出正常值的数据，应参照维修手册列出的故障原因进行分析，它对准确找到故障原因非常有益。能否正确全面地分析数据流体现着维修人员的技术水平。
（6）检查测量。根据故障现象、故障码内容及数据流的相关数值确定测量项目。可以使用万用表、二极管测试笔、废气分析仪、燃油压力表、真空表、汽缸压力表、示波器、模拟信号发生器、喷油器检测清洗仪等进行必要的测量。选择仪器的原则是能快速、准确地找出故障。
（7）排除故障。根据以上工作记录并参照维修手册或相关资料，对故障进行检查分析，得出诊断结论和修理方案。如清洗节气门、气门和进气道，调整或更换元器件，电路故障查找，清洁搭铁线等。
（8）竣工检验。再次使用故障诊断仪、废气分析仪等设备进行检测，确认故障已被排除。对于发动机熄火、加速闯车、动力不足的故障必须进行路试，待故障完全排除后，方能竣工交车。如果故障仍未排除或未全部排除，则根据需要再重复以上的诊断步骤。
3. 典型故障的诊断：
（1）电控燃油喷射系统故障诊断(略)；
（2）发动机动力不足故障诊断(略)；
（3）发动机怠速不良故障诊断(略)；
（4）发动机失速故障诊断(略)；
（5）发动机动力不足故障诊断(略)。</td></tr>
<tr><td rowspan="4">考核结果</td><td>设备使用</td><td>□优秀</td><td>□过关</td><td>□再来一次</td></tr>
<tr><td>技能操作</td><td>□优秀</td><td>□过关</td><td>□再来一次</td></tr>
<tr><td>报告填写</td><td>□优秀</td><td>□过关</td><td>□再来一次</td></tr>
<tr><td>问题回答</td><td>□优秀</td><td>□过关</td><td>□再来一次</td></tr>
<tr><td>成绩</td><td colspan="4"></td></tr>
<tr><td>评语</td><td colspan="3"></td><td>教师签字

日期</td></tr>
</table>

实训 15　电控发动机控制系统综合故障的诊断

<table>
<tr><td>姓　　名</td><td></td><td>学　　号</td><td></td><td>班　　级</td><td></td></tr>
<tr><td>组　　别</td><td></td><td>日　　期</td><td></td><td>学　　时</td><td></td></tr>
<tr><td>实训名称</td><td colspan="5">题目：按照维修手册提供的程序诊断与排除发动机的故障。
故障范围：曲轴位置传感器、凸轮轴位置传感器、进气温度传感器、空气流量传感器、节气门踏板位置传感器、喷油控制电路、点火控制电路、VVT－i控制电路</td></tr>
<tr><td>实训目标</td><td colspan="5">训练并掌握电控发动机综合故障的诊断方法</td></tr>
<tr><td>设备器材</td><td colspan="5">电控发动机、维修手册、解码器、示波器、万用表、尾气分析仪、常用维修工具</td></tr>
<tr><td>知识与能力储备</td><td colspan="5">1. 汽车故障诊断的一般步骤是什么(八大步骤)？

2. 人工经验诊断汽车故障的基本手段有哪些？简述技巧。

3. 再现汽车故障现象的方法有哪些？简述其方法。

4. 请列出汽车电子控制系统故障诊断程序。

5. 如何使用解码器调取故障码？清除故障码？读取数据流？进行主动测试？检查模式测试？

6. OBD故障码有哪些？请了解其含义。</td></tr>
</table>

知识与能力储备	7. 如何使用示波器检测控制系统元器件的性能？ 8. 发动机电子控制系统元器件异常对发动机性能有何影响？

实训任务操作

整车型号	
车辆识别代码	
发动机型号	

项　目	作业记录内容	备　注
一、前期准备		
二、安全检查		
三、仪器连接内容		
四、故障代码检查（不启动发动机）	故障代码记录（只记录故障代码，不记代码定义内容）	
五、正确读取数据和清除故障码	1. 定格数据记录（只记录故障发生时的数据帧内容）。 （1）基本数据： Injector（Port）　ms IGN Advance　dag Engine Speed　rpm Vehicle Speed　km/h Coolant Temp　℃ （2）定格数据中除基本数据外的反应故障码特征的相关数据。	

（续）

	项　目	作业记录内容	备　注
实训任务操作	五、正确读取数据和清除故障码	2. 与故障码特征相关的动态数据记录。 3. 清除故障码。	
	六、安装状态检查	目视检查、处理并记录	
	七、确认故障症状	确认故障症状并记录症状现象（启动发动机状态） 1. 启动发动机时： 2. 发动机不同运行状态时： 3. 故障灯显示状态：	
	八、故障代码再次检查	1. 故障代码再次检查记录（只记录故障代码不记代码定义内容）。 2. 定格数据记录（只记录故障发生时的数据帧内容）。 （1）基本数据： Injector (Port)　　ms IGN Advance　　dag Engine Speed　　rpm Vehicle Speed　　km/h Coolant Temp　　℃ （2）定格中除基本数据外的反应故障码特征的相关数据。	

（续）

<table>
<tr><td rowspan="5">实训任务操作</td><th>项　目</th><th colspan="2">作业记录内容</th><th>备　注</th></tr>
<tr><td>八、故障代码再次检查</td><td colspan="2">3. 与故障码特征相关的动态数据记录（不启动发动机状态）。

4. 清除故障码：</td><td></td></tr>
<tr><td>九、根据检测出的故障码。标出相关信号波形的测试点，并画出正确波形</td><td>示波器正表笔连接ECM端口编号：

示波器负表笔连接ECM端口编号：

发动机转速：</td><td>每格电压/V：　　　每格时间/s：</td><td></td></tr>
<tr><td>十、元器件测量和安装状态检查</td><td colspan="2">注明元器件名称/插接件代码、编号和测量结果，以及元器件安装状态说明：</td><td></td></tr>
<tr><td>十一、电路测量</td><td colspan="2">注明插件代码和编号，ECM针脚代号以及测量结果：</td><td></td></tr>
</table>

（续）

	项　目	作业记录内容	备　注
实训任务操作	十二、故障点确认和排除	1. 故障点的确认： 2. 故障点的排除说明：	
	十三、故障代码再次检查	1. 维修后故障代码读取：	
		2. 相关定格数据记录：	
		3. 与原故障码相关的动态数据检查结果：	
		4. 故障码最终清除结果记录：	
	十四、四气体尾气测量 注：①转速的确定参照本车仪表中发动机转速值；② NO_x 值不读	正常怠速 HC：　　ppm CO：　　% CO_2：　　% O_2：　　% 2 500r/min HC：　　ppm CO：　　% CO_2：　　% O_2：　　%	
		内容	备注
	十五、安全文明作业		

<table>
<tr><td rowspan="4">考核结果</td><td>设备使用</td><td>□优秀</td><td>□过关</td><td>□再来一次</td></tr>
<tr><td>技能操作</td><td>□优秀</td><td>□过关</td><td>□再来一次</td></tr>
<tr><td>报告填写</td><td>□优秀</td><td>□过关</td><td>□再来一次</td></tr>
<tr><td>问题回答</td><td>□优秀</td><td>□过关</td><td>□再来一次</td></tr>
<tr><td>成绩</td><td colspan="4"></td></tr>
<tr><td>评语</td><td colspan="3"></td><td>教师签字

日期</td></tr>
</table>

实训 16　柴油发动机电控系统总体认识

姓　　名		学　　号		日　　期	
组　　别		班　　级		学　　时	
实训名称	柴油发动机电控系统总体认识				
实训目标	(1) 了解柴油发动机电控系统总体组成及工作原理； (2) 准确识别柴油发动机电控系统的主要传感器和执行器； (3) 掌握典型柴油机电控燃油喷射系统的组成、工作原理、各机件的类型、构造				
设备器材	电控柴油发动机实训台(康明斯 ISBe 柴油机)、解剖柴油发动机实训台架；故障汽车(捷达柴油轿车)、维修工具				

知识与能力储备

1. 柴油机电控系统由传感器、执行器和发动机电控单元(ECU)组成。其功用：

(1) 传感器________________________________；

(2) 发动机电控单元(ECU)________________________________；

(3) 执行器________________________________。

2. 根据图 16.1 认识柴油机电控系统的组成，标注方框内容并填写下表。

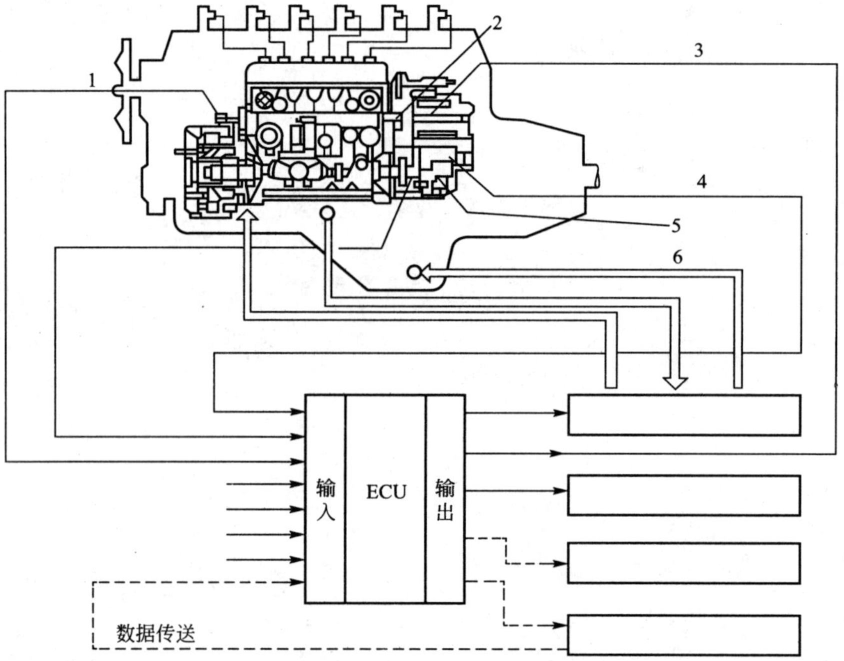

图 16.1　柴油机电控系统的组成

代号	元器件名称	代号	元器件名称	代号	元器件名称
	发动机转速传感器		油量控制齿杆		齿杆控制电磁线圈
	齿杆位置传感器		功率放大器		发动机润滑油控制

3. 请阐述柴油发动机电控系统相关各元器件的作用，如下表所示。

知识与能力储备

名　　称	柴油机电控主要部件	功　　能	安装位置
传感器			
执行器			
ECU			

实训任务实施

1. 阐述柴油发动机电控系统的功用，并大致描述其各部件安装位置；
2. 找出柴油发动机电控系统区域，阐述柴油发动机电控系统的工作原理；
3. 对照捷达整车，认识柴油发动机燃油喷射系统部件的安装位置，并完成下表。

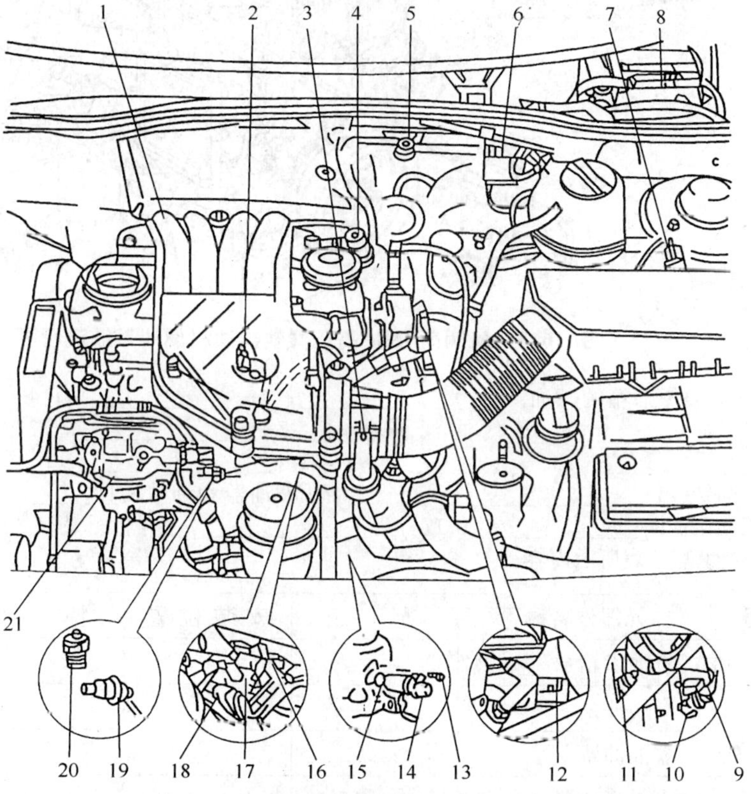

图 16.2　喷射系统部件的安装位置示意图

实训任务实施

代号	元器件名称	代号	元器件名称	代号	元器件名称
	进气歧管(上部)		喷油器		进气连接件
	废气再循环阀(机械)		废气再循环阀(N18)		继电器(J359)与(J360)
	进气歧管温度传感器(G72)		柴油直喷系统 ECU(J248)		制动踏板开关(F47)
	制动灯开关(F)		离合器踏板开关(F36)		冷却液温度传感器(G62)
	发动机转速传感器(G28)		O 形环		2 脚插接器
	3 脚插接器		10 针插头		喷油提前角调节阀(N108)
	燃油切断阀(N109)		喷射泵		

4. 康明斯 ISBe 柴油机燃油系统流程认识(见图 16.3)

(1) Bosch 高压共轨电控燃油系统主要由________、________、________和________组成。

(2) 填写图注空格。

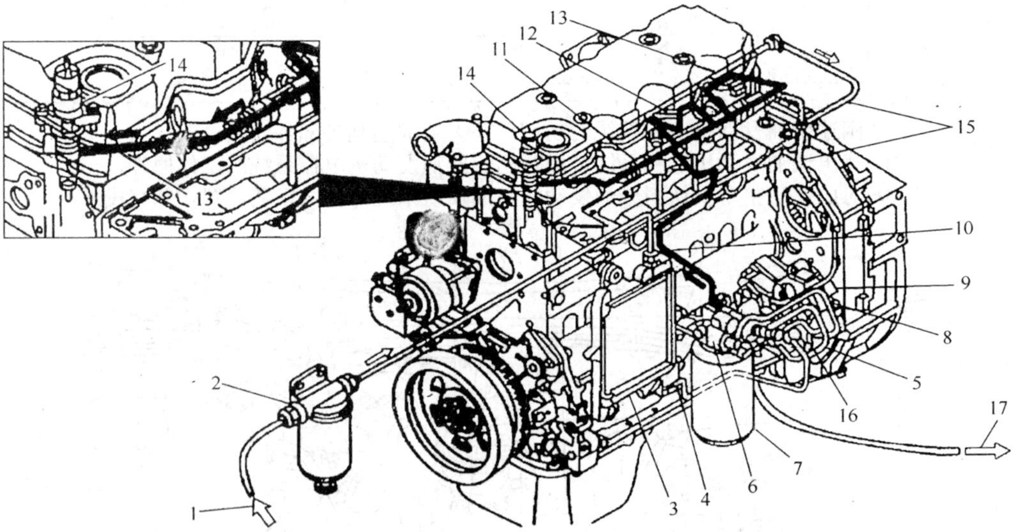

图 16.3 康明斯 ISBe 高压共轨柴油机燃油系统流程图

1—来自燃油箱的燃油；2—________；3—________；4—至________；5—至________；6—燃油滤清器座；7—________；8—至________；9—________；10—________；11—________；12—至________；13—压油管；14—________；15—燃油从喷油器和油轨流回________；16—燃油从高压油泵流向________；17—至________。

(3) 填写下表所示内容。

序号	元器件名称	功 用	安装位置	特 点	类 型
1	燃油齿轮泵				
2	高压油泵				
3	燃油油轨				
4	电磁喷油器				

<table>
<tr><td rowspan="4">考核结果</td><td>设备使用</td><td>□优秀</td><td>□过关</td><td>□再来一次</td></tr>
<tr><td>技能操作</td><td>□优秀</td><td>□过关</td><td>□再来一次</td></tr>
<tr><td>报告填写</td><td>□优秀</td><td>□过关</td><td>□再来一次</td></tr>
<tr><td>问题回答</td><td>□优秀</td><td>□过关</td><td>□再来一次</td></tr>
<tr><td>成绩</td><td colspan="4"></td></tr>
<tr><td>评语</td><td colspan="3"></td><td>教师签字
日期</td></tr>
</table>

参 考 文 献

[1] 嵇伟. 汽车电喷发动机常见故障诊断与分析. 北京：机械工业出版社，2008.
[2] 吕秋霞. 汽车发动机电控系统检修. 北京：人民交通出版社，2007.
[3] 马俊艳，张学军. 电控发动机维修. 北京：北京邮电大学出版社，2007.
[4] 韩建国. 汽车电控系统检测与维修实训. 北京：机械工业出版社，2008.
[5] 蔡兴旺，胡勇. 汽车发动机构造与维修. 北京：北京大学出版社，2008.
[6] 黄嘉宁. 汽车发动机电控技术. 广东：华南理工大学出版社，2008.
[7] 李春明. 汽车发动机燃油喷射技术. 3 版. 北京：北京理工大学出版社，2008.
[8] 张吉国，王洪章. 汽车发动机电控系统原理与维修. 北京：北京大学出版社，2008.
[9] 王秀红，田有为. 汽车发动机电控技术. 辽宁：大连理工大学出版社，2007.
[10] 张俊. 汽车车身电控技术. 北京：中国人民大学出版社，2009.
[11] 丰田汽车公司. COROLLA 修理手册. 2007.
[12] 丰田汽车公司. 丰田诊断技师. 2007.
[13] 栾琪文. 汽车电控柴油机结构原理与维修. 北京：机械工业出版社，2006.
[14] 魏建秋，章炜. 国产车用柴油机结构与维修. 北京：机械工业出版社，2008.
[15] 张西振，田有为. 汽车柴油机电控技术. 北京：人民交通出版社，2007.
[16] 邹长庚. 现代汽车电子控制系统构造原理与故障诊断. 北京：北京理工大学出版社，2004.
[17] 陈高路. 汽车发动机控制系统检测与维修工作页. 北京：人民交通出版社，2009.
[18] 陈春明. 汽车电喷发动机规范化维修. 北京：人民交通出版社，2008.
[19] 李清明. 汽车发动机故障分析详解. 北京：机械工业出版社，2007 .
[20] 王文清. 汽车故障诊断技术. 北京：中央广播电视大学出版社，2007.
[21] 解福泉. 电控发动机维修. 北京：高等教育出版社，2007.

【推荐阅读资料】

1. 杂志类

《汽车电器》、《汽车维护与修理》、《汽车维修与保养》、《汽车杂志》、《汽车与驾驶维修》、《汽车之友》、《轿车情报》、《汽车改装》、《汽车配件与维修》、《车迷》、《汽车工艺与材料》、《大众汽车》、《汽车测试报告》、《中国汽车市场》、《汽车制造业》、《商用汽车》、《汽车与安全》。

2. 网站类

(http：//www. sohu. com)汽车频道

(http：//www. sina. com. cn)汽车频道

(http：//www. qclt. com)汽车论坛

(http：//www. pcauto. com. cn)太平洋汽车网

(http：//www. autohome. com. cn)汽车之家

(http：//qipei. hc360. com)汽车配件网

北京大学出版社高职高专机电系列规划教材

序号	书号	书名	编著者	定价	出版日期
1	978-7-301-12181-8	自动控制原理与应用	梁南丁	23.00	2012.1 第 3 次印刷
2	978-7-5038-4869-8	设备状态监测与故障诊断技术	林英志	22.00	2013.2 第 4 次印刷
3	978-7-301-13262-3	实用数控编程与操作	钱东东	32.00	2013.8 第 4 次印刷
4	978-7-301-13383-5	机械专业英语图解教程	朱派龙	22.00	2013.1 第 5 次印刷
5	978-7-301-13582-2	液压与气压传动技术	袁 广	24.00	2013.8 第 5 次印刷
6	978-7-301-13662-1	机械制造技术	宁广庆	42.00	2010.11 第 2 次印刷
7	978-7-301-13574-7	机械制造基础	徐从清	32.00	2012.7 第 3 次印刷
8	978-7-301-13653-9	工程力学	武昭晖	25.00	2011.2 第 3 次印刷
9	978-7-301-13652-2	金工实训	柴增田	22.00	2013.1 第 4 次印刷
10	978-7-301-14470-1	数控编程与操作	刘瑞已	29.00	2011.2 第 2 次印刷
11	978-7-301-13651-5	金属工艺学	柴增田	27.00	2011.6 第 2 次印刷
12	978-7-301-12389-8	电机与拖动	梁南丁	32.00	2011.12 第 2 次印刷
13	978-7-301-13659-1	CAD/CAM 实体造型教程与实训(Pro/ENGINEER 版)	诸小丽	38.00	2012.1 第 3 次印刷
14	978-7-301-13656-0	机械设计基础	时忠明	25.00	2012.7 第 3 次印刷
15	978-7-301-17122-6	AutoCAD 机械绘图项目教程	张海鹏	36.00	2011.10 第 2 次印刷
16	978-7-301-17148-6	普通机床零件加工	杨雪青	26.00	2010.6
17	978-7-301-17398-5	数控加工技术项目教程	李东君	48.00	2010.8
18	978-7-301-17573-6	AutoCAD 机械绘图基础教程	王长忠	32.00	2013.8 第 2 次印刷
19	978-7-301-17557-6	CAD/CAM 数控编程项目教程(UG 版)	慕 灿	45.00	2012.4 第 2 次印刷
20	978-7-301-17609-2	液压传动	龚肖新	22.00	2010.8
21	978-7-301-17679-5	机械零件数控加工	李 文	38.00	2010.8
22	978-7-301-17608-5	机械加工工艺编制	于爱武	45.00	2012.2 第 2 次印刷
23	978-7-301-17707-5	零件加工信息分析	谢 蕾	46.00	2010.8
24	978-7-301-18357-1	机械制图	徐连孝	27.00	2012.9 第 2 次印刷
25	978-7-301-18143-0	机械制图习题集	徐连孝	20.00	2011.1
26	978-7-301-18470-7	传感器检测技术及应用	王晓敏	35.00	2012.7 第 2 次印刷
27	978-7-301-18471-4	冲压工艺与模具设计	张 芳	39.00	2011.3
28	978-7-301-18852-1	机电专业英语	戴正阳	28.00	2013.8 第 2 次印刷
29	978-7-301-19272-6	电气控制与 PLC 程序设计(松下系列)	姜秀玲	36.00	2011.8
30	978-7-301-19297-9	机械制造工艺及夹具设计	徐 勇	28.00	2011.8
31	978-7-301-19319-8	电力系统自动装置	王 伟	24.00	2011.8
32	978-7-301-19374-7	公差配合与技术测量	庄佃霞	26.00	2013.8 第 2 次印刷
33	978-7-301-19436-2	公差与测量技术	余 键	25.00	2011.9
34	978-7-301-19010-4	AutoCAD 机械绘图基础教程与实训(第 2 版)	欧阳全会	36.00	2013.1 第 2 次印刷
35	978-7-301-19638-0	电气控制与 PLC 应用技术	郭 燕	24.00	2012.1
36	978-7-301-19933-6	冷冲压工艺与模具设计	刘洪贤	32.00	2012.1
37	978-7-301-20002-5	数控机床故障诊断与维修	陈学军	38.00	2012.1
38	978-7-301-20312-5	数控编程与加工项目教程	周晓宏	42.00	2012.3
39	978-7-301-20414-6	Pro/ENGINEER Wildfire 产品设计项目教程	罗 武	31.00	2012.5
40	978-7-301-15692-6	机械制图	吴百中	26.00	2012.7 第 2 次印刷
41	978-7-301-20945-5	数控铣削技术	陈晓罗	42.00	2012.7
42	978-7-301-21053-6	数控车削技术	王军红	28.00	2012.8
43	978-7-301-21119-9	数控机床及其维护	黄应勇	38.00	2012.8
44	978-7-301-20752-9	液压传动与气动技术(第 2 版)	曹建东	40.00	2012.8
45	978-7-301-18630-5	电机与电力拖动	孙英伟	33.00	2011.3
46	978-7-301-16448-8	Pro/ENGINEER Wildfire 设计实训教程	吴志清	38.00	2012.8
47	978-7-301-21239-4	自动生产线安装与调试实训教程	周 洋	30.00	2012.9
48	978-7-301-21269-1	电机控制与实践	徐 锋	34.00	2012.9
49	978-7-301-16770-0	电机拖动与应用实训教程	任娟平	36.00	2012.11
50	978-7-301 20654-6	自动生产线调试与维护	吴有明	28.00	2013.1
51	978-7-301-21988-1	普通机床的检修与维护	宋亚林	33.00	2013.1
52	978-7-301-21873-0	CAD/CAM 数控编程项目教程(CAXA 版)	刘玉春	42.00	2013.3
53	978-7-301-22315-4	低压电气控制安装与调试实训教程	张 郭	24.00	2013.4
54	978-7-301-19848-3	机械制造综合设计及实训	裘俊彦	37.00	2013.4
55	978-7-301-22632-2	机床电气控制与维修	崔兴艳	28.00	2013.7
56	978-7-301-22672-8	机电设备控制基础	王本轶	32.00	2013.7
57	978-7-301-22678-0	模具专业英语图解教程	李东君	22.00	2013.7
58	978-7-301-22917-0	机床电气控制与 PLC 技术	林盛昌	36.00	2013.8
59	978-7-301-22916-3	机械图样的识读与绘制	刘永强	36.00	2013.8

北京大学出版社高职高专电子信息系列规划教材

序号	书号	书名	编著者	定价	出版日期
1	978-7-301-12180-1	单片机开发应用技术	李国兴	21.00	2010.9 第 2 次印刷
2	978-7-301-12386-7	高频电子线路	李福勤	20.00	2013.8 第 3 次印刷
3	978-7-301-12384-3	电路分析基础	徐　锋	22.00	2010.3 第 2 次印刷
4	978-7-301-13572-3	模拟电子技术及应用	刁修睦	28.00	2012.8 第 3 次印刷
5	978-7-301-12390-4	电力电子技术	梁南丁	29.00	2010.7 第 2 次印刷
6	978-7-301-12383-6	电气控制与 PLC(西门子系列)	李　伟	26.00	2012.3 第 2 次印刷
7	978-7-301-12387-4	电子线路 CAD	殷庆纵	28.00	2012.7 第 4 次印刷
8	978-7-301-12382-9	电气控制及 PLC 应用(三菱系列)	华满香	24.00	2012.5 第 2 次印刷
9	978-7-301-16898-1	单片机设计应用与仿真	陆旭明	26.00	2012.4 第 2 次印刷
10	978-7-301-16830-1	维修电工技能与实训	陈学平	37.00	2010.7
11	978-7-301-17324-4	电机控制与应用	魏润仙	34.00	2010.8
12	978-7-301-17569-9	电工电子技术项目教程	杨德明	32.00	2012.4 第 2 次印刷
13	978-7-301-17696-2	模拟电子技术	蒋　然	35.00	2010.8
14	978-7-301-17712-9	电子技术应用项目式教程	王志伟	32.00	2012.7 第 2 次印刷
15	978-7-301-17730-3	电力电子技术	崔　红	23.00	2010.9
16	978-7-301-17877-5	电子信息专业英语	高金玉	26.00	2011.11 第 2 次印刷
17	978-7-301-17958-1	单片机开发入门及应用实例	熊华波	30.00	2011.1
18	978-7-301-18188-1	可编程控制器应用技术项目教程(西门子)	崔维群	38.00	2013.6 第 2 次印刷
19	978-7-301-18322-9	电子 EDA 技术(Multisim)	刘训非	30.00	2012.7 第 2 次印刷
20	978-7-301-18144-7	数字电子技术项目教程	冯泽虎	28.00	2011.1
21	978-7-301-18519-3	电工技术应用	孙建领	26.00	2011.3
22	978-7-301-18770-8	电机应用技术	郭宝宁	33.00	2011.5
23	978-7-301-18520-9	电子线路分析与应用	梁玉国	34.00	2011.7
24	978-7-301-18622-0	PLC 与变频器控制系统设计与调试	姜永华	34.00	2011.6
25	978-7-301-19310-5	PCB 板的设计与制作	夏淑丽	33.00	2011.8
26	978-7-301-19326-6	综合电子设计与实践	钱卫钧	25.00	2013.8 第 2 次印刷
27	978-7-301-19302-0	基于汇编语言的单片机仿真教程与实训	张秀国	32.00	2011.8
28	978-7-301-19153-8	数字电子技术与应用	宋雪臣	33.00	2011.9
29	978-7-301-19525-3	电工电子技术	倪　涛	38.00	2011.9
30	978-7-301-19953-4	电子技术项目教程	徐超明	38.00	2012.1
31	978-7-301-20000-1	单片机应用技术教程	罗国荣	40.00	2012.2
32	978-7-301-20009-4	数字逻辑与微机原理	宋振辉	49.00	2012.1
33	978-7-301-20706-2	高频电子技术	朱小祥	32.00	2012.6
34	978-7-301-21055-0	单片机应用项目化教程	顾亚文	32.00	2012.8
35	978-7-301-17489-0	单片机原理及应用	陈高锋	32.00	2012.9
36	978-7-301-21147-2	Protel 99 SE 印制电路板设计案例教程	王　静	35.00	2012.8
37	978-7-301-19639-7	电路分析基础(第 2 版)	张丽萍	25.00	2012.9
38	978-7-301-22362-8	电子产品组装与调试实训教程	何　杰	28.00	2013.6
39	978-7-301-22546-2	电工技能实训教程	韩亚军	22.00	2013.6
40	978-7-301-22390-1	单片机开发与实践教程	宋玲玲	24.00	2013.6
41	978-7-301-14453-4	EDA 技术与 VHDL	宋振辉	28.00	2013.8 第 2 次印刷
42	978-7-301-22923-1	电工技术项目教程	徐超明	38.00	2013.8